"江苏当代作家研究中心"研究丛书

编委会

江苏当代作家研究中心研究丛书

# 当代江苏作家在海外

王尧　余夏云　主编

译林出版社

**图书在版编目（CIP）数据**

当代江苏作家在海外 / 王尧，余夏云主编．—南京：译林出版社，2021.9
ISBN 978-7-5447-1177-7

Ⅰ.①当… Ⅱ.①王… ②余… Ⅲ.①作家 - 人物研究 - 江苏
Ⅳ.①K825.6

中国版本图书馆 CIP 数据核字（2021）第 193401 号

**当代江苏作家在海外　王　尧　余夏云／主编**

责任编辑　赵　奕
装帧设计　韦　枫　侯海屏
校　　对　蒋　燕
责任印制　单　莉

出版发行　译林出版社
地　　址　南京市湖南路 1 号 A 楼
邮　　箱　yilin@yilin.com
网　　址　www.yilin.com
市场热线　025-86633278
排　　版　南京展望文化发展有限公司
印　　刷　南京玉河印刷厂
开　　本　718 毫米 × 1000 毫米　1/16
印　　张　40
插　　页　2
版　　次　2021 年 9 月第 1 版
印　　次　2021 年 9 月第 1 次印刷
书　　号　ISBN 978-7-5447-1177-7
定　　价　158.00 元

# 目　录

辑二：我们的反思

# 地方与全球：当代江苏作家在海外

王　尧　余夏云

## 何来的江苏？

贯穿20世纪，在江苏出生，或者有江苏经历的作家，不在少数。从清末的李伯元、曾朴、刘鹗到现代的叶圣陶、钱锺书、杨绛，以迄当代的苏童、叶兆言、毕飞宇，可谓群星璀璨、不胜枚举。江苏，作为一个地理概念和行政区划，它的魅力和影响，当然无远弗届，不必画地为牢。白先勇在小说集《台北人》中，频频回首金陵旧事，以悲金悼玉之笔，娓娓铺叙南京与台北之间暮暮朝朝的双城故事，在时间的错失和空间的错置里，写来如昆曲水磨般余韵悠长的抒情文字。其极致处，自然早已超脱个人的小情小感和青春记忆，不断复归到兹事体大的江南文化和南方历史之中，见证了南京，或言江苏的有容乃大。

从个别的"记忆之所"衍为群体性的"情感结构"，当代江苏的魅力，无疑受惠于古往今来人们对"江南"的无尽想象和论辩。杨念群关于"何处是江南"的大哉问，早已明示，所谓"江南"当不是泾渭分明的地区观念。千百年来文人知识分子对它踵事增华的书(重)写、定义，已经使它变成可以不断援引、参照的政治与文化资本。它既是各方势力角逐、争夺的对象，同时也是斗争的所在。用布迪厄的场域观念来看，正是"江南"自身的高自标置，导致了一种"江南与其他"的二元结构出现。这个结构，既是江南屡起屡仆，不断遭受追捧与劫毁的因，也是它自己滋生繁衍的果。烟雨蒙蒙、人杰地灵、物富人丰，不过是个表面江南，暗涌其下，是内外、华夷、故地他乡的角力、辩证。是为此，杨念群说，江南的概念不仅是历史的、地理的、文化的，更是变动的、多面的、暴虐的。[1]

1　杨念群：《何处是江南：清朝正统观的确立和士林精神世界的变异》，北京：三联书店，2010。

对于王德威这样精熟当代西方暴力论式的学人来讲，江南文化会有如此瘆人的结果和表现，当不是意外之事。毕竟历史的构造和起步，都端赖于章法严明的排他律和叙事法，而且愈是那些表面看来运转有序、整齐划一的所在，愈是蛰藏残暴因子的最佳温床。从医院、监狱这样的异类空间，到市井街巷这般的生活世界，福柯所谓的权力法则，如毛细管般无处不在，规训、惩戒着世人的行止，吐露着吊诡的暴力诱惑：扬善必先惩恶。王德威说："作为一种记忆、评价过往事件的叙事行为而言，历史有其道德训诫的终极目标。然而就在此终极目标达成之前，记述巨奸大恶、佞臣昏君，还有种种常规以外的事物往往成为常态。就此而言，历史只能以负面形式展现其功能，亦即只能以恶为书写前提，借此投射人性向善的憧憬。"[1] 同理以推："江南"既奉温柔敦厚之名，以诗书礼教为任，则其内必然萦怀种种隳礼败德的不堪记忆，并时时召唤各路蛮夷的魍魉身影。

新的时代语境下，这样的蛮夷身影，自不妨来自海外，或言西方。既然古往今来，"江南"的形象必要依托于正反两面的文化拉锯来迤逦呈现，那么，当代江苏及其文学也必然经此路数来一展它巨大的包容力和韧性。全球化的进程，早已驱使万邦来朝的"天下"缩减为万国之一的"中国"[2]。面对夷物夷器，国人"初则惊，继则异，再继则羡，后继则效"的体验进程，促使了欧美诸国的现代化成果不断成为时人热捧、热议的对象，甚至一度衍为历史本体论的原型构造。当初，梁启超在《新中国未来记》中汲汲规划国族前景之时，表面上好似启用了一种亦未可知的未来时态，可行文中却处处流露出对已然成形的西方模板的覆辙姿态，以一种完成式的口吻，重讲了一遍西方现代化的故事，对时间的发展表现出了一种根本敌意而非期待。[3] 尽管梁启超的小说，在叙事想象方面乏善可陈，不过，却为今日愈演愈烈的现代化和西化，以及普世主义的论辩，埋下伏笔。正是在这个层面上，《新中国未来记》方才充分显示了它的寓/预言属性。

学者们早已直言不讳地指出，即使现代化不完全等同于西化，但至少也是由西方所激发和底定的。在"冲击—回应"的格局里面，当代中国的文学

---

1　王德威：《历史与怪兽：历史·叙事·暴力》，台北：麦田，2004：10。

2　罗志田：《天下与世界：清末士人关于人类社会认知的转变——侧重梁启超的观念》，《中国社会科学》，2007年第5期。

3　王德威：《被压抑的现代性：晚清小说新论》，北京：北京大学出版社，2005：346。

与其说是走向世界的，倒不如说是被卷入世界的。它的被动形象，在由苏童小说改编的《大红灯笼高高挂》中得到了异常鲜明的展现，原初的、诡秘的、情色的主题和风格，迅即引起西方的巨大兴趣，并被轻易地置于“现代文明”的视镜之下加以把玩审视。这种做法，一方面很自然地延续了东方学所欲建立的等级秩序，通过对比，把空间差异化约为时间差异，但另一方面，也恰恰是借助于强调差异，西方世界表现出了一种对多元文化主义的包容和接纳。“东方主义”这种功过参半的观察方式，很快使得问题的症结回转到张艺谋们身上，即这种投西方所好、自我异化的文化呈现是问题重重的。因为它抽空了历史，仅仅使得文化变成了一些耀眼的符号和图腾。比如灯笼，这个原本在《妻妾成群》中“缺席”的意象，却在电影中以一种相当仪式化的存现方式——点灯灭灯——使得封建父权变成了一种直观可见的视觉消费。显然，这一改编抽空或者说弱化了人物备受摧残及人性晦暗、挣扎的层面，使之沦为表面的民俗表演。

针对这一问题，周蕾曾经提供过另一番极不同的辩解。她说，如果可以将张艺谋的跨文类改编，看成是一种广义的文化翻译行为，即他不仅是在做电影改编，同时也是在将一国的文化加以整理、介绍和传播，如此一来，他就势必面临一个跨国和跨语种的问题，特别是在此过程中产生的选择和丢失的问题。通过强调本雅明翻译来世的主张，周蕾认为，应当赋予张艺谋以充分的创作自由，允许他对中国文化进行加工制作，已便达到更好的交流效果，同时为中国文化赋予新的活力和内容。而且，从电影屡屡在西方获奖这一事实来看，张艺谋对西方读者的迎合，在某种意义上，具有重大的价值：他使得中国被关注，使扭曲得到了相应的弥补。[1]

周蕾的辩解，当然言之成据，她着力破解原文中心主义，赋予译者以更大的主动性，可是仔细分辨，不难发现：这个所谓的译者之所以会具有如此大的能动性，其实是由他所要满足的对象，即西方观众所赋予的，缺少了他们的认可和回应，这种创造性的改编，很难被认定为是成功的，或至少说是有效的。而且更进一步，在周蕾的讨论中，她始终无视中国观众的存在。在80年代“寻根热潮”以及90年代“怀旧风潮”愈演愈烈的当口，当本土受众与民

1　周蕾：《原初的激情：视觉·性欲·民族志与中国当代电影》，孙绍谊译，台北：远流，2001，第4章“表层的力量”。

间文化、世俗传统有了一次直接、正面的交接后，这种回避，显然在无形中指认了，周蕾所谓的文化翻译，其实并未真正打开“翻译”的内涵，恰恰相反，竟因之而剥夺了部分读者的权力，在某种意义上，不自觉地落入到其所批评的西方中心主义之中。

不过，对于这样的困局，周蕾其实是有其洞察的，在成名作《妇女与中国现代性》中，她就曾明确指出，当西方已经侵入中国肌理内部，特别是在西方思维成为学界解释中国的主导架构之际，回避西方主义显然有掩耳盗铃之嫌。[1]为此，在给定的语境中发力，在夹缝中取得回击的策略，是整个清末已降文人知识分子最重要的功课之一。张艺谋向西方观众的输诚，不过是这一现实传统的一个当代表现。只是视觉化的观视，使得这个现实变得更加赤裸，同时也更加的笼统化、整体化，即在跨文化交际的大背景下，当我们有心来处理中西问题的时候，往往会把目光锁定在更大层面上，或者说更抽象层面的中西问题上，而无暇抽手来处理江苏、上海或陕西这样的地方概念。即使是研究者所念兹在兹的“在地性”观念，在更多的时候，也只是被笼统地折算成“在中国”。“中国性”“西方性”往往成为中西对话的起点。譬如，在周蕾的讨论中，阴郁、颓败的江南很轻捷地就被转变成了中国。职是之故，探讨“江苏”的意义，不仅在于向传统致敬，也在于通过辨析当代学术中的地理暴力和学术霸权，来进一步叩问全球和地方关系。在此意义上，我们说，“江苏”不妨是一个学术辩证的起点，是各种观念冲突的文学场域。循乎此，在本文的定义里，我们把出身江苏或者最终籍归江苏的作者，一并认定为江苏作家，以此来扩充这一辩证、冲突的容量与能量。

## 何处是江苏？

回顾中国现当代文学研究的种种，一方面，我们要说，地区和地区的概念始终没有得到充分的澄清，在更多时候，它们仅仅是作为限定研究范畴的术语出现，如上海文学、东北作家群，以及我们这里提及的江苏作家；但另一方面，像台湾、香港又因其特别的少数族裔形象，而成为“中国文学”这个整体

1　周蕾：《妇女与中国现代性：东方与西方之间的阅读政治》，蔡青松译，上海：三联书店，2008。

范畴以外的特例，受到了台湾文学、香港文学的礼遇。诚然，香港和台湾因其特殊的历史际遇和政治因缘，有必要从另类的视角加以概括和总结；但是，这绝不意味着“政治体制”可以成为我们区划中国文学版图的唯一指标，甚至成为平面化其他地理概念的依据。

以如今备受追捧的城市文学研究为例，学人们业已指出，城市本身并不是一个静态的背景，或缄默的所在，仅供人们予取予求地改造装扮。作为修正，我们有必要注意到：城和人之间更为复杂的互动关联，以及彼此定义，即城市不仅提供了书写的背景和动力，同时也牵制和左右了人们的想象。当然，与此同时，这些想象性的文字，又进一步地转变成时人定格城市、维持或修改城市风格的重要依据。郑毓瑜说，以这样一种突破二元的方式来处理城市与想象、现实和书写的关系，我们必然要回向一个由来已久却被罔顾的研究范式，即“在一般文学研究里，‘背景’或‘环境’常常只是聊备一格，或是以前言交代，或在注释里说明，与文本分析既难以密切相融，甚至容易限制解读的可能性，而使文学仅仅流于地域史或建筑史的补充资料，相对来讲，文学以外的其他学门之研究成果也无法有效地运用”。[1]

可以说，像“城市”这样具体的地方概念，其重要性之所以会日益吃重，并不是基于一种刻板的写实主义考据癖——试图在虚实之间建立一种具体而严苛的对照关系，相反，突出“城市”，恰恰是要打破前景与后台的机械化分野，为文学书写找到一个历史化的空间和脉络。换句话说，寻求地方观念，并不是要在一个实际的或想象的世界里，把一个具体而微的地理坐标界定出来，而是要重新搭建起一个有机的历史舞台，在复杂的社会实践过程中重新领会文学的生产、消费和传播等一系列行为。

如此一来，像“城市”这样的观念，就不仅仅是人类学者所谈论的一种“地方性知识”，无论雅俗、远近，都可以为各种术语所规范和解析。王汎森曾经特别强调，“感觉世界”(structure of feeling)和“自我认知的框架”(frames of self-perception)，与时事的变迁以及思想的转移等存在密切关系。过去主掌西方历史和思想发展的概念是“理性”，但如今这一思路，已经越来越多地受到来自“感性情绪”的反诘乃至反叛。一方面，新思想、新名词、新概念纵

1 郑毓瑜：《文本风景：自我与空间的相互定义》，台北：麦田，2005：16。

然推导和规整了一代人物的思考和行动，但是，其人对知识的接受和落实，却不得不依赖于更为感性和多样化的主体经历和情感表达。王汎森以南社为例，举证像柳亚子、陈去病这样名动一时的人物，透过对诗酒的流连、逸乐的沉溺，展现出了一种不安于现在、不满于现状的少壮风气，“其中固然少不了革命的、民族主义的想法，但是这些思想都在《民报》等刊物中阐述再三了，他们的诗词所发挥的作用毋宁是以文学催促旧的渐渐消灭，暗示民族的更生，整体而言是在带动一种感觉世界的变化，而这种变化歆动了一时的文化界，与革命思想交互作用”。[1]

也许，正是在这样一个强调理性和宏观，必须不断向个体落实的层面上，王德威等人对既往的“抒情体统”有了全新的解释，把它的定义从起初的文类概念，推而广之“成为一种言谈论述的方式；一种审美愿景的呈现；一种日常生活方式的实践；乃至于最重要也最具有争议性的，一种政治想象或政治对话的可能”。[2]在此，“抒情”所要处理的当不只是具体历史语境下，个体有何等何种的“情”，更重要的是，面对此情此景，其人该如何应对，如何“抒”展的问题。与此相类，关心“江苏”这样的“地方”概念，也毋宁是抒情的。因为它不仅是要叩问江苏的“主体性问题”，并有意将之讯唤出来，更为关键的是，在面对“中国”“西方”“现代性”“全球化”等“史诗”观念时，“江苏”又当如何以它的能动性予以化解，与之对话。

少数族裔（minor）如何进入主流文化，并在当中找到“讲故事的权力”（the right of narrate），历来是第三世界学者关心的话题。“地方”的可见度，一方面取决于它是否有故事可讲，另一方面也在于吾人怎样讲好这个故事。新生代作家葛亮，生于南京，长于南京，对南京的“过去”、秦淮的旧事，当然有种种无以复加的想象和记忆。在小说《朱雀》里，他巧设时代与女性命运的经纬帐，用类似于悲喜剧（melodrama）的情节、桥段，安排了一段段错综复杂的人物关系，直击了生命无常的图谱。可故事的内容尽管丰沛淋漓，却总有一种用力过度的嫌疑。在历史的起落之外，葛亮仍要辐辏空间的力量，令各色人物从五湖四海齐聚南京。这样一种寓言性的写法，当然点明“南京”在它繁缛糜烂的情色历史之外，此时此刻正负担着来自世界各地游子思妇的把

1　王汎森：《中国近代思想文化史研究的若干思考》，《新史学》，2003年第14卷第4期。
2　王德威：《抒情传统与中国现代性》，北京：三联书店，2010：72。

玩和消费，而且这一次，他们竟是故事的主角和参演者，而非后事的品鉴人。

"南京"貌似灵韵（aura）犹存，但总已有了一种赝品（kitsch）的趋向。它时时刻刻在意全球化的潮流如何将它的"原貌"改写得面目全非，犹如剧中混乱的人物关系一样，不知伊于胡底——乱伦、交媾和怀孕。表面上，这是一个关于变异和杂交的故事，可是事实上，它也一再暗示历史的暴虐无常，每每会以常态化的方式反复出演，以至于各不相同时段之间竟有某种惊人的相似性。这种对历史同质性的探讨，或许可以视为历史的循环论的一个重要表现，但此外也不妨解读成，是第三世界作家们试图以此来探索后殖民语境下的本土文化出路，并进行现代反抗的一种思考，即通过情色和日常，对现代性背后的大叙述，以及全球化所强调的科技、进步、繁荣等思维逻辑发出质诘和反省。

在此，通奸和乱伦并不是病态，而是一种历史情感。通过怀旧，它将历史和东方"剧场化"，显示了像南京这样的"地方"，在全球现代性面前并非是扁平的，相反，由现代性引起的焦虑，刺激了"身份认同"工作的开展。"剧场化"本是列文森用来修正他早期"博物馆化"见解的一个重要概念。20世纪60年代，在对中国现代戏剧的翻译情况做了有针对性的研究之后，列文森发现，地方戏背后的地方性意识有可能妨碍民族国家的统一性，而且早期知识分子虽然也尝试抑制过地方戏的发展，但是，地方戏并没有如他曾经所料想的那样完全变成博物馆中遗迹。相反，依然活跃在中国城市的舞台上，并广受欢迎。为此，他辩解说："在世界主义（西方）影响下的城市舞台上，传统戏曲不再与具体的乡土背景相联系，而只与特定的乡土意识相联系；不再是朴素的和原初的乡土戏剧，而是一种尚古主义的孑遗。"[1]简而言之，这些戏剧之所以还在流通，原因在于它们已经"被剧场经理人和西方口味的观众的观察视角所改变"，它们是为了迎合新的意识形态和市场观众而被重新发明的。而且正是这种发明，使得原先遮藏于后的地方性，从妨碍民族国家形成的阻力，变成了通向国家主义和世界主义的动力。

尽管"剧场化"在列文森看来，是解决地方主义、民族主义和世界主义冲突的最为有效的方式，但是，也不得不指出，"剧场化"所带来的巨大代价，

1　何恬：《地方主义与世界主义》，《读书》，2009年第1期。

就是将“地方”过分地“去历史化”，而且这种压缩又恰恰是由所谓的西方口味和世界观众所主导的。这就很难不令人想到“东方主义”的操作轨迹，即以一种猎奇的口味想象东方，把它变成一个异域的“他者”。如此，葛亮的小说，表面上好像积极地探索了“南京”的历史和身份，试图在全球化的版图中，将“南京”作为一个救赎的原点，对于同质化的现代性叙事和实践，提出了一种掺杂身体和欲望的反抗方式。此举就好比张艺谋电影中“转过身来的菊豆将自己‘引用’成物恋化了的女人，并向她的偷窥者展览她承负的疤痕和伤痛，这一民族志接受东方主义的历史事实，但却通过上演和滑稽模仿东方主义的视觉性政治来批判（‘评估’）它。以其自我臣属化、自我异国情调化的视觉姿态，东方人东方主义首先是一种示威——一种策略的展示”。[1]

可是，无论转身的动机是示威还是迎合，其直接的根源都在于，“菊豆们”对观看的目光太过在意，以至于内心总是怀揣对这种目光做应答的冲动。这个冲动的一个后果就是，使得所有自然的行动，都变成意义的建构，召唤着一个“符号的帝国”。在这个方面，陆文夫显然做出了他有力的嘲弄。

## 怎样的江苏？

在《美食家》这部脍炙人口的小说中，无产阶级的革命家高小庭，由于对好逸恶劳的邻居朱自冶戒慎恐惧，所以一心一意想要改造他，拼命地想将他凡俗的日常生活政治化、崇高化，可结果却令人瞠目结舌。尽管历史几经流转，可朱自冶总能全身而退，自得其乐。而且更为气人的是，他对“吃”永无餍足的欲望本能，虽腐朽不已，却不为革命的话语所收编、整顿，反而愈挫愈勇，竟在80年代反客为主，成了时代的宠儿。陆文夫借绵密细致的讲述，一方面深刻反映了时代的流转和历史的无常，但另一方面也暗暗嘲讽了那种“崇高”修辞的滑稽可笑。表面上，它看似无孔不入，足可赋万事万物以意义，其实这种过度政治化的符号操演，如何又不是另一种饕餮的欲望呢？而当这两种截然不同的“吃”法相遇，最终暴露出来的是：人类过分的敏慧狡黠，才是带来历史暴力和现世不安的真在根源。本无特别指涉的欲望本能，因为上纲

1 周蕾：《原初的激情：视觉·性欲·民族志与中国当代电影》，孙绍谊译，台北：远流，2001：248—249。

上线的解释、加码，结果导致了吃也吃不得、吃也吃不好的困境。反而，唯有像朱自冶那样，对吃“不以为然”，既不将之神圣化，也不将之阶级化，反而有了某种“道在屎溺”的大彻大悟。

今天我们面对全球现代性的浪潮，该如何对待本土的记忆和历史，在某种意义上，就如同《美食家》里的人物在风云变化的时代中怎样看待“吃”和“吃”的意涵一样。当我们越来越在乎“本土”的意义和价值时，其实，我们就已经愈来愈偏离“本土”的真实面目，把它当成我们可以拒绝或者接纳全球化的一个重要符号依据。换言之，“本土”是一个在场的缺席者：当我们今天在言之凿凿地谈论它，以及由此而生的“本土性”和“本土感”时，其实常常将它混淆于有关本土的隐喻、修辞或者说能指，此举就好比昔日的人类学者一本正经地把“东方”和“东方想象”混为一谈。

在此，地方和世界的对话，不首先表现为宏观上的伦理诉求，即思考如何在一个更为广阔的历史文化脉络里，协调好人与自身及外部的关系，而是一个关于正视“本土”是什么的起点性问题和本体论思考。近年来学者们所做的一系列努力，特别是史书美等人关于华语语系（Sinophone）的见解，就积极展现了这一思路。对于史书美而言，过去的文学史以汉字来综理、中国来绳墨的框架结构，既无视地区的差异，更不见中国的多元。荦荦大端全部诉诸“中国”来一言以蔽之，无疑存在一种“陆上殖民”的嫌疑。虽然“陆上殖民”较之过去的“海上殖民”重心不同，但其对“他者”予取予求的姿态并无多大差距。从军事侵略转到文化剥削，只是殖民的形态更为隐蔽而已。同根同种的“血族神话”牢牢地牵扯压抑着各种少数族裔的声音，使之扁平化和同质化。史书美在类似的“英语语系”（Anglophone）、“法语语系”（Francophone）等后殖民概念中找到灵感，以为用“声音”来讲述历史的方式大有可为，至少它可以把“同文同轨”策略下钳制的多音性凸显、释放出来，并且借由这些声音，观察到发言主体的位置和能动性。

当然，这种急于和过去一刀两断，用“本土性”来做抗争资源的做法，本身过于政治化。作为修正，王德威认为，所谓的“华语语系”不必局限在各种“叛离”的经验和位置之上，丰富边缘发声、寻觅少数族裔的途径，也可以在“中国”的内部构造中进行，甚至在所谓的“主流中国”内进行，如山东的莫言、上海的王安忆、陕西的贾平凹、四川的阿来等等，如何用他们极不同的地方记忆，使得板块内部日渐模糊的边界重新明晰起来，使“中国”立体化，并据此成为对话世界的新起点和新形象。[1]

尽管近来的努力试图一再弥合东西、南北、地方全球之间的等级，为非西方文学、地方文学提供一个具有发言权的公共平台，甚至有志于重新塑造歌德在百年前提出的“世界文学”观念，不断放大“文学”的所指，但是仍有一系列问题需要被正视。

哈佛大学丹穆若什（David Damrosch）教授在其专著《什么是世界文学？》中提出：

1. 世界文学是民族文学间的椭圆形折射。

2. 世界文学是从翻译中获益的文学。

3. 世界文学不是指一套固定经典文本，而是指一种阅读模式——一种以超然的态度进入与我们自身时空不同的世界的形式。[2]

在丹穆若什的定义中，“世界文学”具有相当的流动性，它甚至不是各国文学在全球语境下会最终交汇并走向的“美丽新世界”或者说“终极体系”，它更像是一种文化的中介，以相当个人化的阅读来理解他者的文化。这种对文学的整体性和连续性所做的解构，一方面证实了所谓的“文学”可能是一些散点化的存在，它并没有一以贯之、起承转合的宏大历史，更遑论世界史；另一方面也说明所谓的“世界文学”不过是一个长时段的建制过程，而非目标。为此，丹穆若什在他的结语中启用了“如果有足够大的世界和足够长的时间”这个标题。不过，正如王德威所追问的，当我们以所谓的“散点”“辐射”等后现代概念来解构“文学”之后，情形又将会是怎样？“文学”作为一个重要概念，到了“后”的时代它是否还具有原初的凝聚力？能将各类不同的书写经验进行整合、提炼？而作为文学从业者的我们，又是否还怀有重新定义历史、文学和世界的野心？

在王德威的观念中，所谓的“整体观”未必要混淆于“本质论”，文学尽管充满流动性，但这丝毫不妨碍它可以拥有一种普遍的专注和承诺，或者说一些触类旁通的关节点。这些东西可能是时间、历史、记忆，抑或是社会干

---

1　相关的讨论见王德威：《“根”的政治，“势”的诗学：华语论述与中国文学》，《扬子江评论》，2014年第1期。

2　大卫·丹穆若什：《什么是世界文学？》，查明建、宋明炜等译，北京：北京大学出版社，2014：309。

预、跨科际实践。换句话说,“世界文学”仍然可以是一个体系性、系统性的存在,不必以语言、阅读作为自我设限的依据。其实,可以很轻捷地反问,是否没有被翻译或者在翻译中失利的作品就不具备“世界性”?而这样的“世界性”又是谁的“世界性”?

而这些提问,又势必会触及史书美所谓的“认可机制”,即将哪一些或哪一类文学引荐到世界文学之列,同时忽略另一些文学。史书美明确指出,“认可的机制,将‘西方’视为认可的主体,而将西方之外的世界视为认可的客体,并将客体封存于‘再现’之中”。[1]尽管目前中国“走出去”的战略工程正如火如荼地开展,可是最终检测其实效的依据,依然落足在他国的接受度上。换言之,“走出去”之外,仍有“走进来”这个更深层次的问题。中国文学是否具有“世界性”,主导权仍牢牢地掌握在西方人手中。诺贝尔奖正是其最大的表征之一。不过吊诡的是,“走出去”和“走进来”的辩证,貌似是在重申跨文化实践的双向性和互动性,但其实际暴露出来的却是一种单向度的文化霸权问题。这就不得不引导我们思考,为什么中国文学走向世界,最终会演变成被西方认可?

要想澄清这个问题,首先要认清所谓的“全球化”从来都不是一个均质概念。在充满迷思的“全球”表述中,我们被许诺了一个无中心、无边界、人人可以自由参与的绝对空间。在当中,甚至民族国家的观念都将失效:透过重新确立文学的自主性和审美性,来展望一个“文学的共和国”。但问题是,这种巨大的包容性,实际上也塑造了许多充满问题的主体。在多元文化主义的号召下,全球化一方面允许你带着差异进入,但另一方面也只允许你带着差异进入。因为单一化将被视为政治不正确的表现。显而易见,《妻妾成群》《我的帝王生涯》《碧奴》《米》《青衣》会成为江苏作家被翻译次数最多的作品,正是与全球化对“异质性”的美好承诺是息息相关的。

而且这种翻译口味的趋同性,无论是采用主流的英语、法语,还是相对小众的日语、意大利语、西班牙语、荷兰语、瑞典语、韩语,被翻译的篇目如此集中,就更加暴露出在这个无中心的全球体系中,实际仍暗藏一个中心、一套不容动触的标准,所谓的“世界读者”毋宁就是“西方读者”。这个标准,或

1 史书美:《全球的文学,认可的机制》,《中国学术》,2005年第18辑。

许可以被称为“可译性”。但它不是宇文所安在谈论北岛诗歌时所采用的那个概念,即其文学的内容、风格,甚至语言形态,都完全西化,因此很容易从中国翻译到西方。它是指英语作为一种主导语言,已经成为世界各国的“第二母语”,人们可以熟练地阅读它、使用它,因此很容易把源语言是英语的中国文学翻译成本国语言。而且即使是在翻译中,英译本并没有被直接地参考或利用,也可以明确地看出,其人对中国文学的选择权已经完全禅让给了英语世界。以《碧奴》为例,在葛浩文2007年的译本*Binu and the Great Wall: The Myth of Meng*之后,相继出现的芬兰语版*Uskollisen vaimon kyyneleet myytti Meng Jiangnüsta*(2007)和法译本*Le mythe de Meng*(2009)等,均采用了葛浩文式的标题:“孟传奇”。

可以肯定这样的“可译性”,是同整个西方的学术生产机制,或者说全球学术等级制有着密切联系的。刘禾已经清楚地揭示过,五四新文学对鸳鸯蝴蝶派的打压,实际上就是一种有效的“理论对文本的压制”。陈光兴等思想界的学者也明确指出,“西方及其他者”的构造,往往可以被置换成“西方理论和非西方文本”的关系。“理论神话”的背后,是所谓的普世原则,“理论”被认为是超越特殊,放之四海而皆准的。只是,当非西方世界被允许以“异”的形象出现时,它们注定只能成为理论的一个注脚或再现。也因此,这些表面上看来各有特性的主体和主体性,实际上是问题重重的,特别是当“殖民”“后殖民”“女性”“反讽”“卑贱”“欲望”等一系列西方概念施诸充满差异的文本时,这一问题就暴露得更加无遗。

最后需要声明,一方面文学既不是不可译的,它可以拥有本雅明所说的“来世”,作家作品的传播,也十分有助于民族文学间的交流互动,文化壁垒的消除,但另一方面,我们也无须把中国文学地位的抬升,乃至跻身世界文学之列的期望,寄托在翻译或顾彬说的外语能力之上。真正打动人的,也许依然是那些模糊但共同的东西,我们暂且还是称它为“文学性”吧。

# 辑一：他者的凝视

# 引　言

严格来讲，江苏作家的提法是一种后设发明，它是对原本自成体系的独立作家论述所进行的一种去语境化归纳方案。这种方案，使得如下一种情境得以浮现，即原本不可能出现在同一论述框架内的作家，或者说，他们虽都与江苏关联密切，却从来无缘聚首，而如今借由纸媒，竟因缘际会形成一个颇为可观的省籍联盟。王德威曾经发挥"关键"的意涵，指出南京文学史、新加坡文学史上种种文学的时间/事件/实践，所能开启的承前启后式思考。在其看来，关键既是一种属性上的论辩，同时也更是一种时间上的起承、沟通。而继续发挥这种"关键"的思路，我们自不妨说，空间上的连锁亦大有深意存焉。江苏不仅处于它历史纵轴的无尽变动里，而且也面对着日趋繁难的全球化横轴。职是之故，在此纵横捭阖之中，江苏作为一个关键，自始至终都存在于海内、海外，其何曾又是中国的特属?

而如此"怪异""关键"的江苏形象，当然也直指其异托邦的特质。如果说，乌托邦代表良辰愿景的不绝如缕和遥不可及，那么，异托邦则转不可能为可能，以规训和戒律造就一个现实的他乡，来遥指社会暗涌的各类欲望或恐惧。福柯将异托邦处理成虚实之间、惯常与例外关系里的自我质诘和人我交互，就宛如镜中的自我似是而非，在内外、正反、真假之间做足辩证，彼此介入，相互干预。对福柯来讲，异托邦绝非一些初具规模的空间区划或地理界限，而是界限不断地被质疑、颠倒甚至超越的进程与实践。它关联着权力，以及权力如毛细管式交错分布、迭代变更的历史与现实。

据此，"江苏"的本意当然不在爬梳作家于籍贯或生活履历上的地理重叠，而是，借此思考学术上的研讨在聚焦、定义，甚或回避江苏之际所暴露出来的权力问题。这个问题，在所谓的后殖民之后，已经成为普遍的追问。东方主义也变成了对西方目光进行描述和读解的题中应有之义。萨义德对"东方学”的观察，起始是在于破解学科自然化的神话，将内中种种不成文的规则拿到面上暴露，但是，经年累月的发展，却适得其反地促成了另一种新的遮蔽，即东方学在很大程度上被换算成了东方主义，而东方主义也同时成为西方霸权与中心意识的替换物。应该追问：霸权模式是否只有一种？当其在不断地暗示中国文学也不落人后，并足以用“现代”或“后现代”的思路来考量之时，西方是真的在宣称中西可以等量齐观吗？还是变相发明了另一意义上的“西方主义”？即透过扭曲、戏仿西方来自我更新，绝无可能仅在工具的层面上启动“西方”及其知识。西方作为中介与工具，并非雁过无痕、百利而无一害的。或者说，在跨文化的实践里，我们既然要认识、提炼东方的自主性，那么循此，承认西方的能动也就顺理成章，无可回避。在此意义上，东方主义和西方主义都没有办法在一个封闭的结构或空间里实现，它们始终处于中西的联结和相互干预之中，彼此投影，成为一个巨大的异托邦。

本辑所选的23篇文章，与其说是在重点勾勒江苏作家的地方意识，毋宁说它们强调了多样化的个体经验和书写形态。江苏始终隐匿为一种隐形的欲望，它试图聚合各种现代、后现代的表述方案来自我生成，也自我破解。在这些研究者看来，作家们无论是在搬演往事或者现实，还是在讲述神话或者童话，他们都努力把自己变成一种例外状态，追索一种特别的风格。他们所秉持和发扬的传统，运用的技法和意象，均已超越了江苏的界限，变成一种“世界中”(worlding)的状态。海德格尔借着将“世界”动词化，所诉求的是时间流程里，观念、感知的不断复杂化和开放性。对他来讲，物之为物，总也是因为它身处自身事物化的状态里，不能或已。由此，“世界中”岂是简单地融入世界寻求开敞的可能？它分明是在挑战全球化那种将物被动卷入，并加以命名和观看的方式。在此，我们所想到的是王德威的判断，他说，以“世界中”的角度来看，“‘文’不是一套封闭的意义体系而已，而是主体与种种意念器物、符号、事件相互映照，在时间之流中所彰显的经验集合。”以同样的思路来评价江苏作家的海外研究，我们不妨说，跨文化交际事实上打开了一个新的经验范畴。尽管这个范畴以超离本地的界限为特征，但是，它的关键并不是把自我写进西方或者世界的文学体系与话语模式之中，恰恰相反，它要开放自身来容纳世界。用胡志德的话说，这是“把世界带回家”，而不是我们过去所汲汲渴念的“走向世界”。

以内向聚合的观念——“把世界带回家”——来处理中国文学的外传经验，将使我们注意到“文”的增益面，而与此相对，“走向世界”的行动路线，则因为起讫分明，致使丢失、亏损凸显出来。因此，当我们试图比较两辑的文字时，一个格外突出的特点就出现了：从乡土写实、国族经验到地方记忆、女性身份，以迄先锋文化、后学思潮，各种论述在辑一内轮番出演，琳琅满目，而进入辑二，中国文学的外传形象则孤立于翻译，并且每有折损掏空的走向和预兆。进一步来看，这两种思辨中国的方案，其实发端于它们对两类完全不同的“读者”类型所做的选择。翻译所要处理和带出的是普通大众和公共接受的问题，而研究侧重学院精英的思辨。以“质”的思维来管控“数”的问题，常态化的答案当然不出否定与负面的判断。换句话说，翻译的问题，在目前的境遇里，遭遇一个表达和诉求的落差，面对一个量与质的不对称关系。

但是，这个问题在本辑的研讨中也并非不存在。我们仅需看一看范小青和苏童各自所占的研究篇幅，就可以明白问题的症结所在。当所谓的“质”与“量”如此高度匹配吻合之时，我们应该警惕，它正在将我们导向一种质的数量化，即某种“重要性”和“中心化”。如此，数的多样与多元则被无情忽略了。这句话的意思，自然不是要去强求各位江苏作家能在数上整齐划一，而是指这些深入透彻的作家研究在着力发现一个作家时，同时也就开启了屏蔽另一些作家的工作。在这个层面上，文学批评其实和文学史研究具有共通性。他们以选择和淘汰作为研究的基本原则。就此我们说，“关键”其实很难逃离目前对它最为核心的理解，即它是关于重要的、不可或缺的描述。它在“开启”之际和之前，就已经在“锁定”历史的意义。而面对此情此景，我们所应追问的，当不是它锁定了什么，而是到底能够锁定多少。换句话说，在时间的开始和关闭之间，在“世界中”的进程里，如果我们的目光仅在于探索有限的几位江苏作家，那么，这个“世界”其实是何其的狭隘和围绕中心打转，它和全球化又何异之有呢？而我想，这正是辑一文字所能提供给我们的一个理解入口。

# 中国现当代文学中的“美食怀旧”书写

## ——以陆文夫为个案

/［美国］冯　进

2005年陆文夫去世，台湾大学教授、食物学者逯耀东评价说，“知味者陆文夫”是个“异数”。[1]因为他既非苏州土著，也非膏粱子弟，先天素养不足，后天财力有限，却以描写苏州美食享誉海内外，被尊为“陆苏州”，出人意料。陆氏对“美食家”这一封号也自认是“拔高”。他说，要成为美食家，需要几个条件：财富、机遇、敏锐的味觉、懂得烹调原理、善于营造氛围的手段等。[2]反观自己，生于江苏泰兴农村，对“人间天堂”里的风景人事，崇拜爱恋有之，却谈不上有多深厚的文化素养。特别是关于姑苏饮食的知识，他自陈多得益于20世纪五六十年代和“鸳鸯蝴蝶派”小说家的交往。

陆文夫和苏州饮食文化的关系充满了独特的张力。一方面他对苏州美食欣赏、赞美和憧憬，另一方面他又时刻在点评苏州、批判苏州，并力求改造苏州。本文将以陆文夫和苏州美食的“纠结”关系为个案，探讨中国现当代文学中的“美食怀旧”现象。笔者将首先简述中国现代作家“美食怀旧”的文化背景，然后梳理陆文夫的“姑苏之恋”，最后审视他的中篇小说《美食家》中体现的文化、性别、政治等因素的交织互动，特别是其中男性中心的历史叙事模式。

本文的“美食怀旧”与马克·斯维斯洛基的“烹饪怀旧”（culinary nostalgia）类似，指“通过食物对另一时空特意的回忆和再现”[3]。斯维斯洛基的《烹饪怀旧》一书提供了上海“烹饪话语”在中国历史不同阶段产生、变化和运用的谱系，弥补了从K. C. Chang[4]和E. N. Anderson[5]两位历史学家和人类

---

1　逯耀东：《知味者陆文夫》，《书摘》2007年第7期，第39—41页。

2　陆文夫：《吃喝之道》，陆文夫：《深巷里的琵琶声：陆文夫散文百篇》，上海：上海文艺出版社，2005年，第156页。

3　Mark Swislocki, *Culinary Nostalgia: Regional Food Culture and the Urban Experience in Shanghai* (Stanford University Press, 2009).

4　K. C. Chang, ed., *Food in Chinese Culture* (Yale University Press, 1977).

5　E. N. Anderson, *The Food of China* (Yale University Press, 1988).

学家的编著发表以来，英文学术界在中国食品史研究方面长达二十年的空窗（Judith Farquhar的半本著述也许是其间的唯一例外[1]）。不过，他过于偏重中国男性精英知识分子的作品，却忽视了其中隐藏的男性中心的叙事范式及其对食品话语的影响。

本文同样关注话语生成的过程和机制，但在探索“美食怀旧”话语在中国文化现代化背景下的建构和嬗变时，更重视性别研究的视角。斯维塔拉娜·博伊姆考量欧洲社会主义阵营解体对集体记忆的影响时说[2]，怀旧包括“修复型”（restorative）和“反思型”（reflective）两种。前者寻根溯源，力图恢复乌托邦式的过往，而后者既惆怅、反讽（ironic）地享受怀旧情绪，却又“推迟回归家园”。[3]笔者认为，陆文夫糅合了现代文学中修复型、反思型两种美食怀旧方式，赋予苏州特定的历史意义，实际上用文字构建了一个拥有自身“时间节奏”（temporal rhythm）的“时空体”（chronotope）[4]；同时，他也继承了中国美食怀旧话语中男性中心的视角，将苏州文化“性别化”（gendering），并以此构建个人的文化权威身份。

## 一、关于“美食怀旧”

“美食怀旧”很大程度上是现代中国的独特文化现象。在古典文学中不乏以饮食为修身、治国的隐喻，探究口腹之外微言大义的篇什。到了晚明，风气一变，饮食阐述更成为涵养个性、追求欢愉的艺术形式。但古人和现代知识分子的食物话语对中国文化传统表现出不同的态度。后者面对的是在欧风美雨冲击下逐渐破碎、蜕变的传统文化，他们的美食怀旧是创伤性集体记忆的体现；无论描绘“故乡的食物”还是追寻古籍中的美食，他们都在试图恢复或重组传统文化的断简残篇。本节将勾勒现代文学中美食怀旧的传承、背景和分类，为分析陆文夫提供参照。

老子《道德经》中说“治大国如烹小鲜”，《吕氏春秋·本味篇》也记载了伊尹以“至味”讽谏商王汤的故事。这些都是寻求形而上、超拔价值的食物话语。宋代陈达叟《本心斋蔬食谱》和林洪《山家清供》比前代简略、实用的食物书更富文学趣味，但仍提倡通过食物淬炼高尚的道德。例如，林洪在记

1 Judith Farquhar, *Appetites: Food and Sex in Postsocialist China* (Duke University Press, 2002).
2 Svetlana Boym, *The Future of Nostalgia* (New York: Basic Books, 2001).
3 Swislocki, *Culinary Nostalgia*, 3, 18.
4 Ibid.

载近百种隐士“清供”的制法时，大量引用唐宋诗歌名句，以“山林之味”贬抑“庸庖俗饤”，以“被褐怀玉”之士的“山舍清谈”，贬抑“贵公子”的“金谷之会”。他谈“青精饭”一味时，论及李白、杜甫：“当时才名如杜李，可谓切于爱君忧国矣，夫乃不使之壮年以行其志，而使之俱有青精、瑶草之思。”讲到“傍林鲜”（煨竹笋），他比“不瘦也不俗”的苏东坡更激进，认为食笋宜全素：“大凡笋贵甘鲜，不当与肉为友。今俗庖多杂以肉，不思才有小人，便坏君子。”[1]

这种用饮食暗喻崇高道德的倾向到了明代有所变化。根据巫仁恕的研究，晚明江南一带生活奢侈，宴席斗富司空见惯，而膳食书籍的出版也十分兴旺，清代更是达到食谱出版的高峰期。除了实用性很强的菜谱类书籍大量涌入坊间，这时期“文人化”的饮食理论也逐渐成形。以李渔《闲情偶寄》和袁枚《随园食单》为代表，文人谈吃不但强调感官描写，从色香味各方面把他们的经历写得“活色生香”，而且提出关于理想膳食的构想：反对奢侈，提倡中庸节制的饮食方式；反对大鱼大肉，提倡素食养生；提倡烹饪时保持食物的“本味”“真味”等。[2]

逯耀东说：“食谱之作，儒道二家各有分教，分别见于目录学的农家或方技家。明清以后，食谱多出于文人之手，因而食谱之作转而与书画笔砚同著录于谱录类，被视为艺术的一种，《四库全书总目提要》即作如此的分类。自此饮食已跃出儒、道二家的维生及养生的范畴，独立成类，这是中国饮食文化重大的转变。”[3]明末江南文人摒弃“学而优则仕”的人生设计，崇尚真情、真气和独立思考、反抗世俗礼教的羁绊。他们注重对日常生活情趣的开发和欣赏，开创记录山川美景和个人情感经历的“小品”文体，在饮食文学方面也自出机杼。这一时期的美食话语，一方面是文人强调个性、情趣，美食入文，成为艺术；另一方面他们对自身继承的文化传统依旧充满信心和安全感。李渔在《闲情偶记》中大谈对螃蟹的痴情，袁枚《随园食单》探寻、记录各家厨子的独门秘籍，并不以专注饮食小道为耻。高濂《遵生八笺》也体现了这个时期美食话语的特点。

高濂生活于万历年间，做过小官，也兼通医理，在书中分八个部分系统阐述养生思想，其中《饮馔服食笺》关注食疗。但“遵生”之论兼及衣食住行的

1 林洪：《山家清供》，北京：中国商业出版社，1985年，第2、27页。
2 巫仁恕：《明清文人品味的演化与延续——以饮食文化为例》，明清教学史料与文献网站资料，www2. scu. edu. tw/history，2012年12月20日阅读。
3 逯耀东：《老蚌怀珠》，逯耀东：《大肚能容：中国饮食文化散记》，北京：生活·读书·新知三联书店，2002年，第228页。

方方面面，烹调、旅游、静坐、按摩、做操，乃至打家具、制药丸等无所不包，一年四季的保养又各有侧重，可谓既综合全面，又灵活机动，借鉴了他从事休闲文化活动的心得经验。高濂继承了文人的饮食思想，强调适口充肠、因地制宜，随时而动，食物无须多么名贵、稀罕。如唐人的“冰壶珍”，不过是酒后入口的冰冻菜汁（齑）。他又提倡素食，觉得“味含土膏，气饱霜露”的蔬菜滋味远胜大鱼大肉。还注重烹饪返璞归真，崇尚朴实、清淡，以鲜洁为务，以养生为本。这些都符合明清以来“文人菜”的特点。另外，高濂隐居杭州，泛舟西湖，对藏书、赏画、论字、侍香、度曲等无不精通，还有《牡丹花谱》与《兰谱》传世，爱好广泛。他所选择的生活道路与平生未登仕途的李渔和早早归隐的袁枚异曲同工，都有关注个性、适意恣肆的倾向。

高濂也讲求饮食的精神层面，对儒释道三家经典和历代文人的著述兼收并蓄。他的论述总体朴实平易，说养生之道“无问穷通，贵在自得，所重知足，以生自尊”，“三教法门，总是教人修身、正心、立身、行己、无所欠缺。为圣为贤，成仙成佛，皆由一念做去”。还引用黄庭坚《食时五观》，提倡我们要诚心正意，吃饭时自我反省：“一曰计功多少，量彼来处。二曰忖己德行，全缺应供。三曰防心为过，贪等为宗。四曰正事良药，为疗形苦。五曰为成道业，方受此食。”[1]他关注个人的体悟，教导大家常存感恩、惜福、俭朴、上进之心，但也将各家经典信手拈来，理所当然地信赖、维护中国文化传统的权威性。

民国时代的美食怀旧可追溯到明末“三袁”和李贽推崇的“性灵说”。由于科举制度的废除，中国知识分子已无法凭借掌握儒家经典走上仕途、安身立命了。他们改弦更张，或进入学府、书斋，致力于教学、研究；或投身市场，通过写作谋生，成为职业作家。在中国文化现代化的情境中，古代文人以食物比喻治国或追求崇高的宏观历史叙事方式被打断，观照日常生活的微观叙事方式出现了，明清文人笔下的个人体验更进一步世俗化、日常化、个性化。为了方便讨论，本文将现代文学中的美食怀旧话语分为“学士派”和“市井派”两种，分别对应“反思型”和“修复型”怀旧，尽管两派文字说到底都是话语的建构，彼此之间的界限也并不泾渭分明。

“学士派”一如既往地追寻传统文化的踪迹。如黄子平所说，周作人谈《故乡的野菜》，引用《西湖游览志》、《清嘉录》乃至《本草纲目》；梁实秋《雅舍谈吃》所引古籍不下二十种。[2]然而，他们翻故纸堆、引经据典的行为正表现出宏观历史叙事方式遭到现代化大潮冲击与消解后，文人谋求另一种历史

1 高濂：《遵生八笺》，合肥：黄山书社，2010年，第39—40页。
2 黄子平：《故乡的食物：现代文人散文中的味觉记忆》，《杭州大学学报》2006年第4期。

叙事方式的焦虑。叶圣陶《藕与莼菜》怀念故乡苏州的风物，礼赞农村妇女的健美、自然，叹惋的是都市化造成传统和自然的缺损。周作人更是将有关文化的构想糅合在食物的阐述中。他在绍兴出生，十几岁时到南京的江南水师学堂读书，后去日本东京留学，回国后在北京大学任教，离开故乡的时间远超"钓于斯游于斯"的岁月。但他偏对故乡的食物"喋喋不休"，多次提到绍兴的野菜、水果、水产、糕点，从20世纪20年代一直写到60年代生命最后的时光。

故乡的食物是周作人传播文化精神、重构（或虚构）文化传统的工具。他认为普通人的生活都由柴米油盐的琐碎细节组成，"看一地方的生活特色，食品很是重要，不但是日常饭粥，即点心以至闲食，亦均有意义，只可惜少有人注意，本乡文人以为琐屑不足道，外路人又多轻饮食而着眼于男女……其实男女之事大同小异，不值得那么用心，倒还不如各种吃食尽有滋味，大可谈谈也"。[1]他认为关注饮食之道就是记录民间历史、保留中国文化传统，其重要性甚至超过弗洛伊德心目中驱动人类历史的性欲。同时，周作人倡导士大夫的古典文化"趣味"："雅，拙，朴，涩，重厚，清朗，通达，中庸，有别择等"；反对"大俗若雅"，"似是而非的没趣味，或曰假趣味，恶趣味，低级趣味"，并据此标准褒扬李渔、贬低袁枚。[2]他向往"安闲而丰腴"的古典文化，批评现代中国的"干燥粗鄙"，从北京茶食的缺陷，谈到"我们于日用必需的东西以外，必须还有一点无用的游戏与享乐，生活才觉得有意思。我们看夕阳，看秋河，看花，听雨，闻香，喝不求解渴的酒，吃不求饱的点心，都是生活上必要的——虽然是无用的装点，而且是愈精炼愈好"。[3]而且，他要求人各异面，保持自己的真率、生气，对带"野气"的食物大为青睐，推崇绍兴乡间的冷饭、腌菜，说"咬得菜根则百事可做"是因为："第一可以食贫，第二可以习苦。"[4]但更重要的是那些"清淡的滋味"代表了他的美学理想：优雅、朴素，这正如他沉溺其间的苦茶和日本茶食。周概括日本茶道艺术的精粹为"忙里偷闲，苦中作乐"，"在不完全的现世享乐一点美与和谐，在刹那间体会永久"。[5]出于对日本文化的欣赏，他甚至将东京称为"第二故乡"，认为那里的饮食和生活方式证明日本文化和中国文化同出一源，只是日人更善于选择，保留了中国文化

1 周作人：《卖糖》，钟叔河编：《周作人散文全集》（第8册），桂林：广西师范大学出版社，2009年，第31—33页。
2 周作人：《笠翁和随园》，钟叔河编：《周作人散文全集》（第6册），第752—755页。
3 周作人：《北京的茶食》，钟叔河编：《周作人散文全集》（第3册），第376—377页。
4 周作人：《苋菜梗》，钟叔河编：《周作人散文全集》（第5册），第786—789页。
5 周作人：《喝茶》，钟叔河编：《周作人散文全集》（第3册），第568—570页。

传统的精粹部分。[1]

怀旧总标志着缺失和相异性，因为怀旧者追忆的是早已逝去或从未存在的过往。唐小兵指出，20世纪中国乡土文学展示的“既是对文明的不满又是这种不满的药方”，因为这种“治疗式写作”让作者确立“沉思式的主体”（contemplative subjectivity），并帮助他们对未来进行不同的构想。[2]黄子平也提到中国现代作家通过“故乡的食物”回忆特定的时空，用味觉记忆来建构人生经历、地域身份和文化传承。[3]不过，林语堂、鲁迅、叶圣陶等现代作家背井离乡，飘零异域，对故乡食物的描述倾向于“反思型”怀旧，因为他们对传统文化的崩坏和破碎既惆怅也享受，却未必希望复现和回归“正统”。而日本文化更成了周作人的理想投影，成全了他对中国古典文化传统的虚构。

与此相对照，陆文夫“再教育”的提供者、“鸳鸯蝴蝶派”作家则炮制出“市井派”的美食话语。和“学士派”不同，他们的美食怀旧避免有关文化传统的“形而上”讨论，而是努力复现家长里短的市井风情。民国时期，这些作家除了通俗小说外，还撰写了大量休闲娱乐的散文和杂文，发表在《礼拜六》《游戏新报》《休闲月刊》《游戏世界》《紫罗兰》等杂志和报纸副刊上，描摹美食美景，点评生活现象，介绍苏州掌故，类似于当代报纸的“生活版”和“文化版”的专栏作家。他们不仅以文字出名，还深谙生活的艺术，周瘦鹃就不但会吃，还是莳花种草、构建盆景的专家和收藏古董的高手。[4]

五六十年代，陆文夫和周瘦鹃、范烟桥、程小青等过从甚密，通过他们领略了苏州精致的生活艺术：美食、园艺、盆景、古董。[5]他回忆，前辈们常带他一起去“吃厨师”：由美食家周瘦鹃指定某大厨，约定时间去吃他的拿手时鲜菜；每吃一次，大厨都要准备好几天，他也因此领会到苏帮菜的精致微妙之处。[6]陆文夫对苏州文化和生活方式的感悟很大程度上来自这个阶段的实质体验，他美食家的资历也得益于民国文人的点拨、熏染。

陆文夫和“鸳鸯蝴蝶派”作家交往，得以窥见了民国文人的生活方式、思维范式，也为自己的创作找到灵感。例如，《美食家》把苏州面馆中的独特语汇和氛围写得栩栩如生，其实他的“小说家言”可以追溯到朱枫隐发表于1933年的《饕餮家言》。朱枫隐是苏州吴县人，曾参加1922年七夕由范烟

---

1　周作人：《日本的衣食住》，钟叔河编：《周作人散文全集》（第6册），第657—666页。
2　Xiaobing Tang, *Chinese Modern: the Heroic and the Quotidian* (Duke University Press, 2000) 87.
3　黄子平：《故乡的食物》。
4　参考周瘦鹃：《紫兰小筑九日记》，王稼句选编：《吴门柳：名人笔下的老苏州》，北京：北京出版社，2001年，第176—187页。
5　陆文夫：《得壶记趣》，《深巷里的琵琶声：陆文夫散文百篇》，第69—72页。
6　陆文夫：《吃喝之道》，《深巷里的琵琶声：陆文夫散文百篇》，第157—158页。

桥、郑逸梅等发起组织的“星社”。该社收罗周瘦鹃、包天笑、程小青、程瞻庐等当时的知名作者68名，一般被认为是“鸳鸯蝴蝶派”文学社团。据范烟桥回忆，他们只是找几个趣味相投的朋友不时聚聚，谈谈说说，写点东西发表，并不一本正经。倒是每次茶会都有“苏州人家的主妇”亲手制作的“别出心裁、比市沽不同风味”的点心品尝，让他回味无穷。[1]

朱枫隐同样对苏州的各色小吃、食肆津津乐道，详细考证、记录苏帮菜的来龙去脉。他说，过去苏州面馆不卖其他点心，但面条的花色多得让人目不暇接。肉面叫“带面”；鱼面叫“本色”；鸡面则称“壮(肥)鸡”。鱼、肉等佐面之物，总称为“浇头”。双浇者叫“二鲜”，三浇者叫“三鲜”。面又分“大面”和“中面”，中面比大面价格稍廉，但面条和浇头较少。又有“轻面”，那就是面条比大面少而浇头比大面多，但价格不变。大面之中分“硬面”和“烂面”。没有浇头的面叫“光面”，又叫“免浇”。冬天吃面，将浇头放在面底，就叫“底浇”。夏天嫌汤过热，可吃“拌面”，分“冷拌”“热拌”，“鳝卤拌”和“肉卤拌”。又有“素拌”面，用酱油、麻油和糟油搅拌；喜辣者更可加辣油，称为“加辣”。喜欢面条上多放葱的，就要“重青”，如不喜用葱，则要求“免青”。[2]除这些非内行不能明白的“切口”之外，苏州人吃面讲究汤清而鲜、面细而“健”，浇头精致鲜洁，且四季各有不同的特色。例如，夏季才供应小肉面、卤鸭面、鳝丝面、白汤面，以及用卤汁面筋或麻菇为浇头的素面。苏式面从日常饮食中体现了百姓生活的精致和对“非时不食”传统的坚持。这些文化信息都在《美食家》对苏州美食的描绘中得到充分体现。

陆文夫对苏州美食的描述接近于“鸳鸯蝴蝶派”的市井风味，而不是周作人的学士风范，他改造苏州的理想也可被解读为“修复型”怀旧，但他同时也吸收了“反思型”怀旧对文化再生的关注。陆文夫对苏州食物的关注受到童年记忆的影响，也出于以小见大、评论历史、改造社会的高尚目标。他出生于泰兴，常把自己描述为苏州的外来户。相比于童年记忆中泰兴的民生寒苦、战乱频仍和衣食不周[3]，苏州在他笔下是繁荣富足、幸福生活的象征。半个世纪后，他依旧念念不忘深巷里出售的白米，小贩一声叫卖马上唤起他平安、富足的幸福感。[4]他还特别青睐苏州的传统评弹艺术，声称从中学到了情

1 范烟桥：《星社感旧录》，王稼句选编：《吴门柳：名人笔下的老苏州》，第113—116页。
2 朱枫隐：《饕餮家言》，王稼句选编：《吴门柳：名人笔下的老苏州》，第145—165页。
3 见陆文夫：《故乡情》，《深巷里的琵琶声：陆文夫散文百篇》，第35—39页；陆文夫：《乡曲儒生》，《深巷里的琵琶声：陆文夫散文百篇》，第73—76页。
4 陆文夫：《深巷又闻卖米声》，《深巷里的琵琶声：陆文夫散文百篇》，第29—31页。

节布局、细节描绘、气氛渲染的窍门以及原汁原味的苏州方言。[1]

然而，在对苏州的传统文化恋恋不舍之余，他对苏州也提出了不少批评。在他的记忆中，新中国成立前苏州的贫富分化、社会不平等凝聚在茶馆卖唱女的形象中。[2]正因为看到穷人三餐不继、富人穷奢极侈，他才在中学毕业后毅然加入中国共产党，投身于"拯救苏州"的事业。新中国成立后担任记者、专业作家时，他依旧主张文学不但要"有趣"，更要"有用"，对作家的社会使命感深信不疑。[3]因此，他对当代苏州饮食文明的缺失痛心疾首：饭馆不像过去那样尽心尽力烹调，更强调室内装潢、餐具堂皇、服务烦琐，而不是菜色的原汁原味；餐饮业不懂"情调"，对饮食的文化层面莫名其妙等。[4]值得注意的是，他始终采用男性评判女性的视角，把自己定位为男性文化权威，批评苏州的民众太"娘娘腔"，小富则安，缺乏开拓精神和冒险精神[5]，其实把苏州文化"女性化"了。可见，他的美食怀旧不但兼采修复、反思两种手法，而且继承了古代和现代中国文人食物话语中的男性视角。

古代女性出版的膳食书籍数量极少，在文化地位上更远远不及男性作品。浦江吴氏所著《中馈录》收于元代陶宗仪的《说郛》，和清代曾懿所著《中馈录》同为女性著述，但都属于实用菜谱类，篇幅简短，缺少文化、文学方面的诠释。现代作家中以"美食文"出名的女作家也是凤毛麟角。研究20世纪文学对食物的描述时，乐刚指出："现代女作家似乎觉得'肠胃写作'(alimentary writings)十分'腻味'(fed up)，毫无乐趣。"[6]"食品文学"生产中的性别失衡现象，除了20世纪初期妇女解放运动号召女性走出家庭、走出厨房的激进话语影响以外，还同男性中心的主流话语密不可分。

《美食家》的叙事其实也实行了这样一种微妙的性别政治。陆文夫在这篇小说中用苏州美食的沧桑变化评点中国现代历史，是对文人以饮食比喻大道，特别是对"学士派"美食怀旧以食物话语重构文化传统的认同和回归。在这点上，他有意识地和"鸳鸯蝴蝶派"以市井为根基、避免宏观叙事的"市井派"范式保持了距离。但贯穿小说的，依旧是古今各种食物话语中男性中心的视角。因此，陆文夫《美食家》中体现的性别政治值得我们关注。

---

1 陆文夫：《向评弹学习》，《深巷里的琵琶声：陆文夫散文百篇》，第326—327页。

2 陆文夫：《门前的茶馆》，《深巷里的琵琶声：陆文夫散文百篇》，第145—147页。

3 陆文夫：《有用与有趣》，《深巷里的琵琶声：陆文夫散文百篇》，第292—294页。

4 陆文夫：《吃空气》，《深巷里的琵琶声：陆文夫散文百篇》，第161—163页；《吃喝之外》，陆文夫：《深巷里的琵琶声：陆文夫散文百篇》，第164—167页。

5 陆文夫：《被女性化的苏州人》，《深巷里的琵琶声：陆文夫散文百篇》，第199—201页。

6 Gang Yue, *The Mouth That Begs: Hunger, Cannibalism, and the Politics of Eating in Modern China* (Durham: Duke University Press, 1999) 8.

## 二、《美食家》的性别政治

《美食家》以苏州为背景，通过两位男性角色彰显了对食物截然不同的两种人生态度。第一人称叙事者"我"是位共产党干部、苏州老字号饭店的经理；"我"的对立面是题目中的"美食家"朱自冶。"我"对"吃"中反映的社会不平等、炫富式消费和浪费不满，希望通过在饭店取消招牌菜、供应大众菜来改造社会。反之，朱自冶将所有的财力、精力灌注在吃的事业中，对人生的其他方面，例如穿衣、住房、男女关系都漠不关心。两人的人生轨迹因为20世纪中国的巨大社会变迁，如国共内战、中共建国、"反右"运动、"大跃进"、"文革"、"改革开放"等重大历史事件交织在一起。"我"从坎坷经历中学会尊重人民多元的嗜好和口味，"文革"后改正了"极左"思想，为保存苏帮菜的传统、恢复它往日的荣耀努力。但在"我"心目中，朱自冶依然象征了奢侈、懒惰、不劳而获和道德败坏。[1]

"我"在小说最后慨叹，朱自冶这个"吃的化身"像"妖魔"一样伴随、折磨了自己四十年。虽然"我"憎恶他，反对他，努力摆脱他的影响，美食家始终阴魂不散。实际上，朱自冶作为"他者"，是"我"的敌人，也是"我"性格某方面的外化，代表的是"我"身上被害怕、被压抑、被控制的"食欲"和对人生欢愉的渴望。朱自冶对美食一心一意的追求，虽然被"我"看作腐朽和阶级压迫的象征，却暗示了"我"提倡的高尚道德背后的阴影。进一步说，《美食家》也暴露了陆文夫本人有关苏州文化论述中的潜流。这篇小说中的两个男性角色分明，象征了他性格和经历的两个方面。像"我"一样，陆文夫曾是加入人民解放事业的热血青年，尽管他受到"鸳鸯蝴蝶派"作家的影响，对苏州老字号的态度并非一味否定。相反，他和朱自冶一样，对苏州美食一咏三叹，眷恋不已。

《礼记》说"饮食男女，人之大欲存焉"，认为对食物和性的欲望是人天然的本能。《美食家》通过食品这个中心意象对纷繁变异的中国现当代历史做反讽式点评，似乎忽视了性欲，而专注于食欲。不过，陆文夫在叙事中运用了男女性别政治，不但把烹饪艺术，而且把对社会的批评和改造界定为专属于男性的领域。

在《美食家》中，他通过塑造边缘化的女性形象开创了有关中国文化和政治的男性中心叙事。这篇小说中的女性是根据道德（即使不是政治）正确

1　陆文夫：《美食家》，北京：人民文学出版社，2006年，第93页。下文选用的小说页码都根据这个版本，不再另外加注。

性划分阵营的。美食家夫人孔碧霞虽然厨艺精湛，会唱戏，“画几笔兰花”，在1949年前的上流交际圈内素有风流美名，但她是一位国民党政客的姨太太，在文中政治面貌可疑。她和朱自冶的姻缘，起因是美食家在老字号“大众化”后食不下咽，四处游荡觅食。孔碧霞洗手做羹汤，不但让朱自冶重尝美食，而且用“大观园”式的菜肴提高了这个过去只知道饭馆“通俗食物”的土财主的档次，揭开了“堂子菜”，或曰“青楼菜”的庐山真面目。青楼菜据说是1949年前在高级妓院流行的菜式，由美丽聪慧的“小姐”亲自下厨，细致如绣花，淡雅无烟火气。[1]在民国时期，堂子菜被文人雅士目为在西化大潮中保留了纯粹苏帮菜风味的最后阵地。[2]孔碧霞用这种“最高的物质文明和文化素养的结晶”刺激了朱自冶的味蕾，而且引导他过上更为优雅的生活。他们“一个会吃，一个会烧；一个会买，一个有钱。两人由同吃而同居，由同居而宣布结婚，事情顺理成章，水到渠成”。婚后朱自冶的面貌焕然一新，他“注意言谈，也注意外表。笔挺的中山装，小口袋里插着两支钢笔。这恐怕是孔碧霞参照她前夫的形象加以塑造的”。孔碧霞又用朱自冶的钱改造房产，打造了一个“树木竹石，池塘小桥”的中式庭院，“围墙很高，大门一关自成天地”。[3]

孔碧霞这个形象复现了原汁原味的老苏州风情，也暗示了20世纪的政治运动也不能完全根除的、文人对过往更优雅精致的生活方式的怀旧情绪。孔碧霞的烹饪代表了文人菜的正宗，她和朱自冶的结合也可以被看成古典文化和现代资本的珠联璧合，但她在共产党领导下的当代苏州遭到的却是双重歧视和边缘化。小说中固守传统的饭馆名厨杨中宝小看她，觉得女人哪里会做菜。革命者“我”也对她缺乏好感，认为她注重打扮是“矫揉造作，搔首弄姿”[4]，帮助朱自冶“关起门来逃避改造”[5]，“吃得天昏地黑也没人看见”[6]，更是罪不可赦了。

“我”对孔碧霞的厌恶不光有政治立场的根源，还出于父权社会对女性“正当”行为的规范。这一点，我们参照“母亲”和“祖母”的形象更容易看出。和孔碧霞相反，“我母亲”多年守寡，四十年代是为朱自冶料理家务的管家。在动乱艰苦的年代，她上有老，下有小，苦苦支撑着家庭，她身上代表的

1 参考刘正权：《青楼菜》，《短小说》2011年第11期，第34—35页。
2 包天笑著，政协苏州市委员会文史编辑室编印：《衣食住行的百年变迁》，1974年。
3 陆文夫：《美食家》，第34—38页。
4 同上，第33页。
5 同上，第38页。
6 同上，第37页。

是儒家提倡的女性美德：孝顺，贞洁，慈爱。“祖母”把“我”抚养长大，当时年过古稀，因为不理解通货膨胀的概念，声泪俱下地指责“母亲”不孝顺，不愿意花几个铜板买一块她最爱吃的乳腐酱方（红烧肉）。“妈妈怎么解释也没有用，只好一面在配给米里拣石子，一面把眼泪洒在淘米箩里。我在这两条泪河之间把心都挤碎！”[1]因为母亲和祖母的眼泪，“我”强忍屈辱，为朱自冶跑腿，张罗美食小吃，为的是挣钱给祖母买酱方。这里，“母亲”不但是孝顺的儿媳、慈爱的母亲，而且言传身教，用儒家提倡的传统美德培养出同样孝顺的儿子。

“母亲”和孔碧霞这两个形象体现了传统的文化价值观和生活方式，虽然她们所属的阶级、阶层不同，但同样是20世纪现代化之前男权社会的产物。“我”对两者的褒贬可能代表了作者对“旧中国”阶级压迫的批判，但将女性作为比喻来构建历史叙事的做法，不仅暴露了作者男性中心的视角，而且在叙事中也产生了一种独特的张力。小说中只有男性才有权赋予食品文化意义。“我”是作者实行社会批评的中心视角和声音，陆文夫以这个第一人称叙述者勾勒了20世纪的中国历史。“我”也在经过历史洗礼之后成长为一个更善于自省、头脑更开放的人物。相比之下，故事中的少数几个女性从无机会描述她们关于食物的经历和体会。无论是大厨孔碧霞还是家庭主妇“母亲”，都从来没有谈论过美食在她们生活和生命中的意义。

有趣的是，“独出一张嘴”，会吃不会做的美食家朱自冶却应邀去“我”的饭馆做报告，为年轻一代厨师讲课。这个情节可能是作者为揭露美食家的浅薄而设，但身为“反吃斗士”的“我”，对苏州名菜津津乐道就别有玄机了。事隔多年，“我”虽然对充当朱自冶跑腿的经历耿耿于怀，但同时又使用诸多“专业术语”，栩栩如生地描绘了在老字号朱鸿兴吃“头汤面”的经历。[2]通过这样的细节，陆文夫其实把“我”塑造成了又一个“美食家”，将对美食和传统生活方式的依恋和推翻旧社会的革命热情两相对照。

更重要的是，作者其实赋予两位男性角色文化与政治上的权威，让他们成为食物话语的唯一生产者和创立者。尽管妇女在主中馈、延后嗣的食物经济和生殖经济中都不可或缺，她们在这两方面的双重沉默，却是男性知识分子关于自身主体性和文化权威的梦想能够存在的关键。换句话说，本书的历史叙事借助于“女性交易”（the traffic in women）来实现，女性形象为建立男性之间的关系和实现作者关于中国现代历史文化的点评服务，女性被作为文

1　陆文夫：《美食家》，第11页。
2　同上，第3—4页。

化商品生产出来，被男性交换和消费。因此，小说暴露的不光是“我”可疑的政治纯洁性，还有作者本人男性中心的话语习惯。

《美食家》的美食怀旧话语借用女性形象暗喻历史和现实，对中国文化进行男性中心的构想，20世纪初期男作家通过塑造“新女性”形象设想中国文化的现代化，并构建自身身份的做法一脉相承。[1]这种性别政治在现代文学中能占据主导地位，也因为传统文化中男性文人占据了文化创立者和鉴赏家的霸主地位，把自己确立为承继传统、改革政治和文化生产的唯一权威。因此，即使“饮食男女”同样适用于描写男女的自然欲望，父权社会最终授权只有男性才能在“自然”领域中注入“文化”意义。

## 三、结论

陆文夫在《美食家》和《姑苏菜艺》[2]等文中提到，苏帮菜的真谛是家常菜和高档菜和谐共存、华朴相济。陆文夫本人复杂的文化传承——对乡村生活的记忆、对社会主义理想的追寻、对传统文化的吸收、对民国文人的追随等，“食材”丰富多彩，足以为他这个苏州外来户“创造传统”的事业加色添香。从他的文字中可以看出，他既是考察和评判苏州文化的观察者，也是经历和创造苏州文化的参与者。作为他苦心孤诣打造的时空体，女性化的“苏州”在他曲折迂回的历史叙事和构建自我身份的过程中，都发挥了不可或缺的作用。

陆文夫对苏州文化，特别是其饮食文化的态度说到底是承续了父权社会的视角。尽管他锐身自任，希望成为“社会主义现实主义作家”来改造苏州、完善苏州，但在对苏州的过去、当下和将来指点江山时，他依仗的是对文化和道德加以评判的传统男性权威。《美食家》中的美食怀旧话语源远流长，既借用了古代文人美食家的文化威望，也是现代作家在新的文化、政治情境下尝试微观历史叙事模式的产物。作为当代作家，陆文夫坚持男性中心视角，强调食物的道德层面，致力于文化改造，继承了民国以及更早的文人传统，也实现了对现代文学中“学士派”和“市井派”两种美食怀旧话语的融合和修正。陆文夫的美食怀旧，对他的“鸳鸯蝴蝶派”“师父”们来说既是致礼也是反叛。

---

1 详细讨论见 Jin Feng, *The New Woman in Early Twentieth-century Chinese Fiction* (West Lafayette: Purdue University Press, 2004)。

2 陆文夫：《深巷里的琵琶声：陆文夫散文百篇》，第171—175页。

# 卞之琳
## ——中国现代诗研究

/［荷兰］汉乐逸　著　陈圣生　摘译

〔**译者按**〕卞之琳作品，主要是诗作，在西方各国有不少翻译介绍。英国1936年首先出版艾克敦（Harold Acton，由陈世骧协作）编译的《中国现代诗选》一书中发表卞诗十四首；1947年出版的白英（Robert Payue）组织编译的《当代中国诗选》一书收卞诗十六首。外国人译介卞诗散见各书刊中，例如苏联《外国文学》1974年10月号发表三十年代中国七诗人中有卞诗二首的译文；瑞典教授马悦然（Goran Malmgvist）在1979年出版的《东方研究》第33—34期上发表了所译卞诗七首；加拿大多伦多大学1980年春出版的《青鹤》（Blue Crane）第3卷第1期发表了麦度克（Keith Robert Maddock）译介卞诗三首；荷兰1983年出版汉乐逸与人合作编译的《交汇：中国1919—1949年诗五家》收卞诗十二首；等等。评介亦常散见法、美等国出版的有关现代中国文学史、论专著（以上都包括海外华人如陈世骧、许芥昱、聂华玲等用外文所编译的现代中国文学选集中的内容及刊物上发表的译介，台、港同胞评论家的论述）。荷兰莱顿大学汉学研究院任职的汉乐逸做系统研究的英文博士论文，于1983年底在荷兰弗洛利斯（Floris）出版社正式出书，书名为《卞之琳——中国现代诗研究》。原书大开本，长达二百页，这里从中摘译出一小部分。正文中有若干由译者加以概述处，原书注释甚详，现随译文适当插入正文，略有补充。非原书原文翻译处与补注，都用方括号括出，以资区别。

卞之琳由于将西方的和中国传统的诗歌艺术创造性地结合起来，已成为20世纪最杰出的中国诗人之一。他的诗不像同时代的浪漫诗或政治诗那么好懂，需要花一番功夫分析才能为人所理解。然而，花点功夫是值得的。卞之琳的诗不仅可以分析得透彻，而且要比他的某些同时代诗人所写的大量通俗作品更有欣赏价值，因此更有持久性。只要将他的诗多读几遍并进行认真的比较，我们便可以发现其中包含着对人类知性的完整看法和个人经验的结晶。卞之琳的观点，一方面来自西方象征派和后期象征派诗歌潮流，另一方面与中国传统哲学和艺术思想（包括释道两家的基本观念）有广义上的联系。由于其心理运用十分精巧，这种观点对当代西方读者也很有吸引力。

对卞之琳创作历程研究的结果，使我得出如下三点基本看法：

（1）他是把诗当作一种艺术形式或一种高级的技艺来喜爱的，并不热衷于以诗作为直截了当地表达思想感情的工具。他持久不渝地关心诗的形式这点便表明他是把诗看作为特定艺术创造过程的结果，如同一种艺术品，而不是一种便利的交流工具。

（2）他与通常被称为象征派的法国诗人有明显的亲缘关系，这既表现于诗作技巧的精致上，也表现在他们都持如下相同的诗学观点：诗的本质存在于由词语和韵律相互激荡所产生的审美世界，而不是产生于思想感情的世界。无论从他选择来加以研究和翻译的西方诗作来看，还是从他自己采取的理论模式来看，卞之琳与象征派传统始终保持着密切的联系。他与英国玄学派诗人的某些近似，更进一步说明他与象征派文学的因缘。

（3）因此，卞之琳的诗才，在不因时势所逼而有意写作一系列实用主义作品时，才得到最富有成果的发展；具体地说，在他一生的创作中，1930—1937年间他写出了最有特色和最有意义的东西。

[阅读或评论他的作品时，还必须注意到另外一点：]他写诗的自觉动机并非在放映系统的哲理或心理内涵，但读者可以有自己的解读方式；读卞之琳的诗很有可能读出作者本人始料不及的意义来，这正如他所敬慕并在某些方面加以效法的法国象征派诗人保尔·瓦莱里所说的："一部作品不存在真实的意义，作者不会比谁更合理和更准确地揭示它。"

## 一

卞之琳的青少年时代正处于五四新文学运动时期。1920年胡适发表了他的白话诗集《尝试集》。同年，文学研究会成立，其他文学社团和各种新型的文学杂志也随之创设，并开始广泛介绍和翻译西方文学作品。

1921年，冰心的《繁星》和郭沫若的《女神》也问世了，这两本白话诗集对卞之琳早期有深刻影响。《繁星》虽然没有历久不衰地影响着卞诗的风格，但它给予卞之琳心灵的最初触动却是肯定无疑的，而且，我们可以从这两人的作品中找到某些类似的迹象。例如，诗人与日常生活中一些琐细物事邂逅而引起意味深长的玄想，这是后来卞诗的一个突出特点，而它在冰心的一些小诗中也已有明显的表现，如《繁星》中第52首：

轨道旁的花儿和石子！
只这一秒的时间里，
　我和你
　　是无限之生中的偶遇，
　　　也是无限之生中的永别；
再来时，
万千同类中，
何处更寻你？

两人的另一相似地方是都把人生与大海紧密相连，认为个体生命从未完全与海隔绝。冰心曾这样吟咏：

大海呵，
　哪一颗星没有光？
　哪一朵花没有香？
　哪一次我的思潮里
　　没有你波涛的清响？

与此相比，郭沫若的《女神》则属于另一种境界。它在风格上受惠特曼的影响比较明显，不仅大部分是长句子的自由体白话诗，而且不少诗行采用了意思不完全的短话和感叹句；题材也很广泛，主要都以一种自我表现的情态出现。《女神》给予卞之琳以深刻的印象。尽管郭、卞二人作品中所反映的个人气质相距遥远，卞之琳仍认为《女神》开始在艺术形式上划清了新诗与旧诗的界限［语见《成就与开端：纪念诗人闻一多八十生辰》，现收入人民文学出版社出版的卞诗论集《人与诗：忆旧说新》——译者补注］。

闻一多、徐志摩二人二十年代中期的诗作对卞之琳的影响很大。他在1925年还在上初中时就通过邮局订购《志摩的诗》。这本诗集对于卞之琳的启发作用，介于《女神》和《死水》之间。闻一多的《死水》出版于1928年。

在中国新诗人的作品中，就数《死水》这部诗集对卞之琳的助益最大：影响所及，不仅在诗的形式上，而且在语调上，戏剧性的独白或对话的运用上。卞后来自称，从闻一多那里学到的这种技巧，使自己所写的诗达到“非个人化”的境界。

二十年代后期，卞之琳在上海读完高中。其时，他对英国文学增强了兴趣，读过莎士比亚的《威尼斯商人》，并译了柯勒律治的《古舟子咏》(后来作废了)。早在这时，他就找到白话诗和外国文学这双轨作为此后生涯中探索的途径。

## 二

[在北京大学外文系学习期间，卞之琳首先接触的是]如拜伦、雪莱、济慈和华兹华斯的英国浪漫派诗。从1930年开始，[他在选修法语后]又大量阅读了波德莱尔、马拉美、魏尔伦和其他19世纪象征派诗人的作品，对这种诗比对英国浪漫派诗更感兴趣。偏好法国诗在以后若干年继续成为他的特点。[这年秋冬间]他突然开始自己的诗创作。

1931年初，徐志摩从上海到北京大学教课，读了卞近作诗稿，大为激赏，准备安排给刊物发表，带回上海二十来首给沈从文，后者未征卞同意，即用了卞的真姓名[，分送《诗刊》等发表]。沈甚至认为可印成一本集子，径自取名《群鸦集》；发表评论[译者按：即在南京《创作月刊》上发表的《群鸦集附记幻》]。九一八事变发生，11月徐志摩乘飞机失事身亡，诗集未出版。

1932年秋天，卞之琳又进入一度写诗时期，得新诗十八首，由沈从文帮助，于1933年5月，印行三百本一版。卞在北大学习期间还与同学何其芳、李广田过往甚密，1933年以后，这三位年轻作家便计划合出诗集，以北大文学院当时所在的街道为名。当年初夏日本[入侵]军[一度]兵临北京城下，激起中国诗人的呐喊浪潮。[次年]卞之琳写了较长的《春城》一诗，以冷嘲热讽抒发愤激的感情：“北京城：垃圾堆上放风筝……”[原引全诗英译文略——译者]

[《文学季刊》及其附属月刊《水星》1934年先后创刊，卞供稿并协助编辑后，去日本京都特约为国内中华文化基金会译完斯特雷切《维多利亚女王传》，回国至济南教中学一学年。1935年底先于《汉园集》在上海出版了诗集《鱼目集》。]《新诗》月刊于1936年10月创刊，戴望舒约卞之琳与冯至[实还有梁宗岱、孙大雨——译者]同为编委。这一刊物虽然不久[次年八一三事变后——译者]便夭折了，但三位诗人得到这次共事的机会是很有意义的。他们都把精致的规则作为诗的传统加以实行，并且都受到西方诗的熏

陶，同时又发展了自己独特的诗风。他们在对于西方的诗模式的看法上也都更推崇象征派和后期象征派，而不是浪漫派。这三个人还是西洋诗的积极翻译者。

然而，这三位诗人尽管都不满于愈来愈毫无约束的自由诗，都受左翼评论家文学考虑以外的非难，但他们三人的艺术道路还是有明显差别的。冯至固然在二十年代中期已建立一定的诗名，但他最有表现力的诗作是写于四十年代。1936年，他刚从德国留学归来，与其说以诗人的姿态出现，不如说主要还是一个学者、翻译家和评论家。他与卞之琳真正有意义的交往，应该推到抗日战争时期。

戴望舒的诗歌理论与卞之琳有数处不同。戴望舒倾向于采用较易理解的意象。虽然他说过诗的题材“不单是真实”，但总的来看，他的诗以日常的感性经验来衡量要比卞诗易被接受；他的意象不怎么依赖于词语的奥秘用法上。戴望舒还清楚地表明他反对音乐性为诗律中必不可少的成分，而卞之琳则逐渐坚定地维护诗的音乐性，并认为它是诗的固有的组成因素。

[1937年上半年，卞之琳在江南一带游转，]所写的收于《装饰集》中的诗作，可以说是他1930年以来所形成的富有个性的诗风和诗艺的最后产物。

就在第二次世界大战前夕，卞之琳在中国诗坛上占有了一个独特的位置。他首先得益于闻、徐这两位新月派诗歌大师，后来便超越他们所敬仰的浪漫主义，深入探讨了19世纪法国象征主义诗艺。接着他又向艾略特、叶芝、里尔克、瓦莱里、纪德和弗吉尼亚·伍尔夫等大师取经，再结合中国传统的诗艺和佛、道两家的玄理，终于成就了自己独辟蹊径的诗风。

## 三

卞之琳战前的诗创作固然可以像他本人所做的划分那样分为三个阶段：第一阶段（1930—1932）主要接受19世纪和20世纪初法国诗歌的影响，第二阶段（1933—1935）受艾略特的《荒原》以及《荒原》出现之前的艾略特短诗的影响，第三阶段（1937）他对叶芝、里尔克和瓦莱里尤感兴趣；然而，在这三个阶段中，他的诗风和主题没有截然的差别。为了更令人满意地分析他的诗，我们最好还是把他战前的全部诗作看成一个整体。

从形式来说，战前的卞诗虽然自由体与格律体并见，但格律体在发展过程中还是居主流的地位，即使表面上看来是自由体的诗作，仔细分析起来，仍有格律的成分。卞诗明显的格律特点可分为“体式”和“韵式”两方面来谈：

卞之琳战前的诗作包含多种多样的“体式”。其中，自由诗（有时也分节）很普遍，但诗行长短整齐、脚韵谨严的格律诗同样常见；四行体不少，十四行亦有之；只是没有一种体式可称典型的卞之琳诗体。真正有诗节结构的卞诗，多数押了规则的脚韵。此外，主要的脚韵在行间还常有正韵与近似韵的回响。卞诗另一形式特点是顿数整齐，有些诗（如《一块破船片》）根据顿数整齐这一规律可以发现排印上分行的诗句其实是属于同一行的。

[卞诗的“协韵”方式也有很多种，除了通常使用的“阳韵”（在行末重读的音上押韵）之外，还有“阴韵”（在行末重读和轻读的两个以上的音上同时协韵），如《叫卖》一诗中的“小玩意儿，/好玩意儿”，《傍晚》一诗中各节的第三、四行：“想要说什么呢？/怎又不说呢？”“脚蹄儿敲打着道儿——/枯涩的调儿？”“可是没有话了，/依旧息下了”。]

也有一些很微妙的协韵方式，使看似自由体的诗（如《距离的组织》）有了形式上的连贯性，那里“阳韵”和“阴韵”混用。卞诗中偶尔还袭用旧诗韵，如《白螺壳》（1937）中用“石阶”与“忍耐”协韵，那里的“阶”不像在现代汉语中那样读为“jiē”而是按古音读为“gāi”。

“近似韵”在卞诗中也时有出现，如《记录》一诗中除第二、四行押韵之外，第一节的第一、三行就押了近似韵：“时候”与“懒腰”两词后面的一个母音是较接近的。

[在诗的主题和意象上，]卞之琳许多诗的意象常以暂时将自我意识在幻想中巡游或放逐为背景。那个“被放逐”的自我趋向于表现一种往复的、个性鲜明的意境。从这种意义来说，这种特定的意境赋予看似无关联的一些诗作以共同的生气，使其中含义不明的意象有了整体感，从而能为人所理解。这种意境从《墙头草》（1932）、《秋窗》（1933）、《影子》（1930）等诗中都可以觉察到，《影子》一诗表面上（“戏剧性”地）对另一个人，实际上显然是自己对自己说话。这种从自己的影子中寻找安慰的主题，在中国古典诗中常有所见。李白的《月下独酌》（之一）就是很有名的一例：“举杯邀明月，对影成三人。”[原引全诗略——译者]

在卞之琳的另一些诗中，丢失了的影子或存在物有可能是特指人际关系的破裂，如《中南海》（1932）就是明显的例子：

轻轻的，轻轻的，

芦叶上涌来了秋风了！

我不学沉入回想的痴儿女
坐在长椅上
惋惜身旁空了的位置。
可是总觉得丢了什么了——
到底丢了什么呢，
丢了什么呢？
我要问你钟声啊，
你仿佛微云，沉一沉，
荡过天边去。

最后一节不无反讽意义地从“戏剧化独白”试图转为“戏剧化对白”，这只能更加突出了诗人孤独不安的心态。

《路》(1937)是更巧妙的一首诗，那里所“丢”的东西几乎与令人感喟的过去整个时期区分不开。全诗都以“戏剧化独白”的语调写成，结尾包含辛烈的反讽意义［原引全诗略，原诗见《雕虫纪历》增订本——译者］。

总之，在以上那些诗例中，所“丢失的”都涉及诗中主体自己；“失落的”或疏远的状态的发展，是相对于家园和童年的安全氛围，这点可由十四行诗《望》为证：

小时候我总爱看夏日的晴空，
把它当作是一幅自然的地图：
蓝的一片是大洋，白云一朵朵
大的是洲，小的是岛屿在海中，
大陆上颜色深的是山岭山丛，
许多孔隙裂缝是冷落的江湖，
还有港湾像在望风帆的归途，
等它们报告发现新土的成功。

如今，正像是老话的沧海桑田，
满怀的花草换得了一把荒烟，
就是此刻我也得像一只迷羊

辗转在灰沙里，幸亏还有蔚蓝，
还有仿佛的云峰浮在缥缈间，
倒可以抬头望望这一个故乡。

这首诗每行十二单音节，令人想起马拉美和波德莱尔常用的亚历山大诗体，[主题则是典型的“神游八极”，]其中“海”与“陆”互换了。

《春城》(1934)这首诗中也出现失根和孤独的主题：

悲哉，悲哉！
真悲哉，小孩子也学老头子，
别看他人小，垃圾堆上放风筝，
他也会“想起了当年事……”
悲哉，听满城的古木
徒然的大呼，
呼啊，呼啊，呼啊，
归去也，归去也，
故都故都奈若何！……

我是一只断线的风筝，
碰到了怎能不依恋柳梢头，
你是我的家，我的坟……

在好几首诗中，原来的安定状态与后来的疏离状态的对比，都通过“水”“陆”这两种对立的意象来表现。“水”(包括“海”等)不仅代表个人童年的亲切性，而且代表混沌未分的原始状态。相对的“陆”便意味着自我的生活，带有挣扎和追求的苦难历程。[这种含蕴以不同方式体现于《海愁》(1932)、《半岛》(1937)、《芦叶船》(1933)等诗。——原引各诗全文及分析略。原诗见《鱼目集》与《雕虫纪历》增订版。]但在有些诗中，这种玄学式的“水”“陆”对峙，化入中国传统的“荒漠”或“塞外”的意象中，这时，诗中的主体角色便在极度的孤寂中经历了千辛万苦，如《远行》(1930)一诗便表现了这种意境[原引全诗及分析略——译者]；而《水分》(1937)一诗的第一、二节就又出现沙漠行旅的意象：

“蕴藏了最多水分的，海绵，/容过我童年最大的崇拜，/好奇心浴在你每个隙间，/我记得我有握水的喜爱。//然后我关怀出门的旅人：/水瓶！让骆驼再多喝几口！愿你海绵一样的雨云/来几朵，跟在他们的尘后！”//［原诗全文见《雕虫纪历》增订版］在用“海”或“水”这种母题（“原始意象”）作为象征式地通往人类想象世界的背景时，《一块破船片》（1932）要算这类诗中最简单的一首。创造性的想象，能够调和“水”“陆”，把个人经验提高为一个统一的整体，并且是个别与普遍之间的交会场所。而《圆宝盒》（1935）是最完整和全面地处理“想象”这一题材的佳篇，值得细加考究。《泪》（1937）这首诗也涉及“想象”的作用，它将被隔离的两者交合为“空虚的一点”，“像珠像泪”；它们与《圆宝盒》中的“珍珠”“水银”“灯火”“雨点”一样，都是想象的结晶，“宝盒”之所以也是“圆”的，像作者自己所解释的那样，因为它能包容周纳一切，具有完整的含义，从而可以认为是想象的象征。当然，《泪》一诗中“墙内树”的意象，还可以让人联想到《诗经·郑风》中的《将仲子》一诗。［《泪》全诗曾收入《十年诗草》，《雕虫纪历》增订版收了最后几行，仍名《泪》——译者。］

类似上面所述的哲理性的隐喻技巧用在《断章》（1935）中特别为人所称道。在这类诗中，卞之琳所采用的转化手法可以联系到道家经典著作《庄子》，各种观点的相对性也一直占有重要的地位。类似的隐喻在《投》（1931）一诗中也表现得很突出，其中最后一行所用的“尘世”一词便是佛家对无常的人世的称法。《航海》（1935）一诗所用的“蜗牛”意象，在佛经中常用来象征作客于人世的“众生”，这里也暗示诗人的生活旅程。《无题五》（1937）一诗中从“襟眼”变为“世界”，它们“有用”都正是因为是空的，也多少令人回想《道德经》中这样的段落：“三十辐共一毂，当其无，有车之用；埏埴以为器，当其无，有器之用；凿户牖以为室，当其无，有室之用。故有之以为利，无之以为用。”

卞诗中，从一个想象角度向另一个想象角度的变换，常常表现为诗人自觉存在的“内在”世界与难以达到的“外部”环境的对立。这种情状明显地表现于《归》（1935）这首诗中：

> 像观察繁星的天文家离开了望远镜，
> 热闹中出来听见了自己的足音。
> 莫非在外层而且脱出了轨道？
> 伸向黄昏的道路像一段灰心？

这是一幅自我意识的图画：诗中主体由于深受外界的异化，一旦离开“热闹”

便连自己的足音也不知道是发自哪里了。处于物质世界中的自我孤立感在《登城》(1932)一诗中表现得更为巧妙；这首诗在中国传统的登临凭吊旧物的诗题上，还成功地加入新鲜的心理内涵。《半岛》中的“小楼已有了三面水/可看而不可饮的”“用窗帘藏却大海吧，/怕来客又遥望出帆”等诗句，同样表现了力求从外部局限中逃脱出来而不可能的自我意识。

卞之琳创作与西方的亲缘关系从他的《西窗集》(1936年出版，但交稿日期是1934年)中可以得到第一手的佐证资料。收于这个集子的诗文绝大部分译自早期象征派和后期象征派作家的著作，基本上没有浪漫主义。然而，卞之琳所受的那些作家的影响，大多反映在作品的情调和气氛上，而不是实际的遣词谋篇上。例如，马拉美的《秋天的哀怨》[散文诗]在一般意义上似与卞之琳早期诗作中的秋天和落日景象有关。《秋天的哀怨》的前半篇有关罗马衰亡的史实，好像在卞之琳的《距离的组织》的头两行里得到回应；后半篇的开头：“我就这样子读一篇这一类心爱的诗(这种诗的脂粉要比青春的红晕更使我陶醉哩)，……”很可能对卞之琳的《秋窗》(1933)中下面一节有某些启发：

看夕阳在灰墙上，
想一个初期肺病者
对暮色苍茫的古镜
梦想少年的红晕。

不过，总的来说，卞诗中不大有外国直接的影响痕迹(包括文字结构)。只有很个别的原作与译诗可能有关联，如所译的哈代的《倦行人》[现已收入卞译《英国诗选》——译者]，至少在主题上与他自己的诗《长途》(1913)有些近似。当然，《长途》一诗，如作者在《雕虫纪历》自序中所说的，还存在魏尔伦一首诗和瓦莱里[《海滨墓园》的一行诗]的影响痕迹。但此诗显然采用的是典型的中国传统意象，如“蝉声”“杨柳”“西去的太阳”等。就是“倦行人”这样的主题，在中国古典诗中也很常见，鲍照的《行路难》便是著名的例子。

卞之琳写作《车站》(1937)时已多少接受了艾略特的影响，该诗中“活生生钉一只蝴蝶在墙上/装点装点我这里的现实”，与艾略特在《普鲁弗洛克情歌》中描写诗中的主体(“我”)被钉于墙上的情景可能有联系，因为《庄子》中有人蝶不分的意象，《车站》可能综合采用了庄、艾的隐喻。

卞诗除了接受法国象征主义的影响外，还时常令人想起英国玄学派诗人的技巧。这是不足为怪的，至少从艾略特开始，象征派诗与玄学派诗常被认为存在着共通之处。卞之琳阅读艾略特作品之后便开始阅读英国玄学派诗人的作品。他很赞赏它们的精致和凝练，它们的语句虽然费解，但紧凑而富有表现力，而且常常运用一些令人惊叹不已的“巧喻”。不过，总的来说，卞之琳认为玄学派诗人不如象征派诗人那么有吸引力，也不那么接近中国传统诗风。

## 四

卞之琳于1938年末动笔写作的《慰劳信集》从技巧来说与他已有的诗歌造诣十分相称，但其中总共二十首诗的内容却是一个新的起点。它们不像上述的战前诗作那样采用那么多的隐喻和典故，而与五十年代的诗作颇有共通之处。《慰劳信集》完全基于对“真人真事”的描绘。象征主义风格以及随之而来的一些“世纪末”的意象已不复存在。隐喻手法还保留着，但与他战前诗作中的隐喻手法相比，好懂多了——其含意之显豁程度，有时可能会给人过于钝直之感。《前方的神枪手》《西北的青年开荒者》等诗，性质明显就是这样的。这些诗最明显的一个特点是人际关系（尤其是与团体的亲缘关系）在其中占有突出的作用。原因在于：卞之琳1939年写《慰劳信集》中大部分的诗以前，曾到八路军772团作战的前线生活了半年左右，已取得了足够的现实经验。

《慰劳信集》里有些采用十四行体形式的短诗还与冯至的《十四行集》（1942）中某些诗作发生题材上的巧合现象。例如，卞之琳的《空军战士》第十一行的“责任内逍遥”，冯至的《一个旧日的梦想》第三行的“想依附着鹏鸟飞翔”，都取材于《庄子·逍遥游》；而且，冯至正是从头上的飞机联想到“大鹏”而后才偶然地开始了《十四行集》的写作。卞之琳与冯至不同在于：他在那首诗中有意地借用了瓦莱里的变体短行的十四行［《风灵》，卞译现已收入《英国诗选》中法国诗十二首附辑——译者］形式，《空军战士》每行都只有五个字。同样采用这一道家的意象，冯至倾向于主观的哲理想象，期望追随鹏鸟“去和宁静的星辰谈话”；而卞之琳那首诗的基调却是全心全意服务于集体的决心，笼罩着乐观的情调，但从文学典故来说，第九、十两行的“也轻于鸿毛，也重于泰山”，又使人联想到司马迁《报任安书》中的内容，即“人固有一死，或重于泰山，或轻于鸿毛，用之所趋异也。太上不辱先……”

《空军战士》在形式上也有它的特点：它虽然也是五言诗，但与传统的

“二、三”顿法不同，它采用了独创的“三、二”顿法。王力在《汉语诗律学》一书中对此有所阐发。

包括《慰劳信集》在内的《十年诗草》与冯至的《十四行集》，同于1942年出版，如许介昱所说，这两本诗集的出版，代表着中国新诗中“玄学派”的抬头并显露出高超的水平（见许编英文本《二十世纪中国诗》——原注）。卞、冯二人就各人的诗学而言，是同一个文学思潮中两位各自独立的大师；他们所受的教养尽管有许多相似之处，但他们诗歌的兴趣、风格以及形象来源仍有本质上的差异。

## 五

[在抗美援朝期间，卞之琳又爆发了一次诗歌创作的高潮。]1950年11月在23天里写了二十多首诗。后来收在《翻一个浪头》（1952）诗集中的这个阶段作品约有800行，数量上已接近共只1 000多行的《十年诗草》。从《夜行》（1950）一诗可以窥见《翻一个浪头》诗集内容的一斑[此诗现尚留存于《雕虫纪历》——译者]。

尽管这一阶段所写的新诗在政治内容上是无懈可击的，它们并非都得到很好的接受。《天安门四重奏》据说采用了不必要的隐晦手法，因此受到《文艺报》上[发表两则读者意见]的批评。光凭这一孤立的事例也能预见：类似的批评将使卞之琳无法在时代风气与他自己的审美标准之间找到调和的路子。

卞之琳在《雕虫纪历》（1979）自序中对他在朝鲜战争期间所写的诗做了这样意味深长的评价：“这些诗，大多数激越而失之粗鄙，通俗而失之庸俗，易懂而不耐人寻味。”而后来他十分乐意地参加了江、浙农业合作化试点工作。由于现场经验的激发，他又写了好几首诗。据他自己的看法，这些诗虽然“都还试吸取了一些吴方言、吴农谚”，“多数是试用一点江南民歌的调子，特别是《采菱》这一首，那却又融会了一点旧词的调子”，但“也不易为读众接受”[见《雕虫纪历》自序]。其原因之一，可能是这些诗过于含蓄。根据卞之琳后来在诗歌形式问题上与其他诗人和批评家发生的激烈争论来看，更重要的原因是这些诗与他的其他作品一样，所采用的新格律还没有被大家（普通读者）觉察出来。因此，尽管他在1953年写的《采菱》《采桂花》等诗具有浓厚的传统色彩（《采菱》一诗与汉乐府中的《江南可采莲》有相似之处），它们仍然没有成为卞之琳未来创作事业的丰厚基础。1958年写的几首十三陵水库工地杂诗成了他诗作的尾声，此后事件接着事件，他至少有三十年没有写诗。

在1958—1959年的诗歌形式争论中，卞之琳引人注目地坚持了他的理论立场，即：新诗形式应该多样化，同时还要提倡和建立符合中国现代口语习惯的新诗格律（以音组或“顿”为节奏单位），他的观点在二十年之后发表的文章中仍没有实质上的更动。

## 六

在诗歌形式的争论之后二十年里，卞之琳的诗人身份几乎完全为翻译家和学者的身份所遮盖。1959年10月，《文学评论》发表了卞之琳与叶水夫、袁可嘉、陈燊合写成的《十年来的外国文学翻译和研究工作》一文。显然，其中关于诗歌翻译问题一章是卞之琳执笔的；那一章不仅对中国诗的看法与他以前的主张难以区分，就是措辞等文字风格也相近。卞之琳的意思是：外国诗歌的翻译实践对于中国新诗的发展具有重要作用，译诗经验表明，尽管中国还没有大家所公认的新格律，但可以试用相当的格律来翻译外国诗。他写道：“利用我国传统格律基础和外国格律基础可能有的共通处，尽可能使用相当的格律来翻译外国诗歌，得到成功，对于我们建立新诗的格律，就有参考价值，有利于促进它的形成。”他还解释，所谓“得到成功”，关键就在于要有“显明的节奏感”以便传达出原诗“语言内在的音乐性”；就是与中国传统诗律距离很远的外国格律体，如“无韵体”，也可以用相当的格律来翻译；经验表明，以顿（或音组）为每行格律单位，要比单字（单音）为单位，更为成功。

对于中国白话诗格律的见解，卞之琳在《雕虫纪历》自序中也做了深入、全面的阐述。其要点与他在1956年出版的《哈姆雷特》中译本里的实践和主张是相吻合的。也就是说，诗应该有“内在的像音乐一样的节拍和节奏”；诗“行”由顿或音组构成；根据口语结构，大部分音组由两三个单音字组成，少则可以一字，多则可以到四个字，但四字顿的收尾一定是一些不重读的“虚字”，否则便要分解为1、3，2、2，或3、1两个顿。卞之琳认为，这是汉语的基本内在规律，是客观的；至于朗诵或阅读时，则有主观的因素在内（可将客观的语言节奏或音调加以变化）。卞之琳再次强调了顿不仅是汉语白话诗最重要的结构原理，而且也是中国“旧体诗和民歌”以及“多数外国语格律诗”的结构原理。总之，在卞之琳的心目中，诗歌研究的基础自始至终是中外古今兼收并容的。

听觉上的节奏，在卞之琳的思想中已经升到全新的意义层面，不仅涉及一种文学现象，而且深入它潜在的哲理。在纪念闻一多先生的那篇文章中，谈到诗歌形式的自由时，便援引了恩格斯的名言“自由是对于必然的认识”，接着又写道：“世界上一切事物的变化都是有客观规律的，也不妨说是有内在节奏的，‘生生之为易’就是一种大节奏。”

第二次世界大战前所写的诗构成了卞之琳创作的重心，以后他从未真正背离那时候建立起来的诗歌写作风范，这种风范事实上已渗透到中华人民共和国成立后他的莎士比亚和瓦莱里等人诗作的翻译之中。他新近关于诗的性质的论述，既强调了语言在诗歌艺术中的作用（这与象征派观点颇为接近），也意味深长地阐发了“节奏”在诗歌艺术中的哲理意义。他的诗歌创作另一重要倾向，就是“能跳出小我”（见《雕虫纪历》自序），从而为更广阔的诗路做了准备，这与艾略特的“非个人化”的诗论（他翻译过一些）对他的影响有一定的关系。

回顾这位20世纪中国杰出诗人的创作生涯，使人深深地想起他在大约半个世纪以前所写的《圆宝盒》一诗的片段：

你看我的圆宝盒
跟了我的船顺流
而行了，虽然舱里人
永远在蓝天的怀里，
虽然你们的握手
是桥——是桥！可是桥
也搭在我的圆宝盒里……

# 制造记忆的谱系学：对故乡的重新想象[1]

/［美国］卡罗琳·菲茨杰拉德　著　秦　烨　译

> 我写旧题材，只是因为我对旧社会的生活比较熟悉，对我旧时邻里有较真切的了解和较深的感情。我也愿意写写新的生活，新的人物。但我以为小说是回忆。必须把热腾腾的生活熟悉得像童年往事一样，生活和作者的感情都经过反复沉淀，除净火气，特别是除净感伤主义，这样才能形成小说。[2]
>
> ……记忆具有场所的选择性：它们的自然习性就是寻求特殊的地点。为何会有这种天性？部分原因是场所能够为种种记忆提供便捷的联结点；另一原因是场所能够促生各类情境，使回忆可在情境中进行自我调配。或者更准确地说，场所是为了记忆的内容而凝结的情境；而它们本身用来定位我们的记忆。[3]

1980年，"文化大革命"结束后不久，汪曾祺曾暗自回忆思忖："是谁规定过，解放前的生活不能反映呢？……旧社会的悲哀和苦趣，以及旧社会也不是没有的欢乐，不能给今天的人一点什么吗？"[4]同年八月，他开始写《受戒》，一则描写解放前江苏农村所发生的小和尚剃度与初恋的故事。汪曾祺自述他被另一次"百花齐放的气候"所感召[5]，在长达三十多年的中断之后重返小说写作。抗日战争期间，汪曾祺师从沈从文先生，在昆明的西南联大学习，之

---

1　FitzGerald, Carolyn, 2008. "Imaginary Sites of Memory: Wang Zengqi and Post-Mao Reconstructions of the Native Land", *Modern Chinese Literature and Culture*, vol. 20, no. 1(Spring 2008), 72–128. 该论文包含"制造记忆的系谱学：对故乡的重新想象"、"一间寺庙内凝固的文化：在语言中寻根"、"记忆的时代错误：反复迭代的沉醉"和"湘行二记"四个部分，因篇幅所限，译文选取了原文的总论及第一部分，略有删节，特此说明。

2　汪曾祺：《〈桥边小说三篇〉后记》，见钟敬文、邓九平主编《汪曾祺全集》卷三，462页，北京师范大学出版社1998年版。以下版本相同，不另注。

3　Casey, Edward. 1987. *Remembering: A Phenomenological Study*. Bloomington: Indiana University Press, 189.

4　汪曾祺：《关于〈受戒〉》，见《汪曾祺全集》卷六，338页。

5　同上，339页。

后他于1947年出版了第一部短篇小说集。在接踵而至的毛泽东时代，汪曾祺三十年间却只发表了三部短篇小说。他在“反右”运动中被贴上右派标签、又在“文化大革命”中被谴责声讨，这使他停止创作小说并将自己的创造力集中于样板戏的写作。由于那些样板戏作品隐含着他与“四人帮”之间的关联，汪曾祺1980年重新开始创作小说时依旧跟当局之间存有潜在的问题。然而在后毛泽东时代，随着邓小平所推行的政治与社会改革不断深入，他的境况得以改善。汪曾祺回忆这段岁月时，将其喻为吹遍全中国的一缕和煦清风。[1]

汪曾祺最初并不确定自己是否能够找到哪家杂志愿意刊登《受戒》。不同于毛泽东时代出版的文学作品普遍都是谴责中国封建社会的罪恶，汪曾祺的故事所勾勒的是1949年以前美好而怀旧的生活写照。在其散文《美学感情的需要和社会效果》中，汪曾祺描述了当他告诉友人们自己想写故事的计划之后众人的反应：

> 他们感到很奇怪：你为什么要写这个作品？写它有什么意义？再说到哪里去发表呢？我说，我要写，写了自己玩；我要把它写得很健康，很美，很有诗意。就叫美学感情的需要吧。创作应该有这种感情需要。[2]

《受戒》的与众不同之处，不仅在于从正面的角度描绘前毛泽东时代，还在于对佛教寺院生活的刻画，这并非毛泽东时代的通俗作品会涉及的常见题材。这则故事也不是旨在传播某种宗教寓意。恰恰相反，它将僧侣们描绘成喜欢打牌、赌博和浪漫女性的普通人，虽然也显示出他们受过良好培养、擅长诵经与举行宗教仪式。尽管如此，汪曾祺描摹佛教文化的决定，反映出了一种在后毛泽东时代被视为可接受的拓展题材的努力，以及一种不甘把政治置于小说中心的倾向。他因此表达出面对政治控制的反抗情绪，这类情绪在其1984年的一幅和尚自画像中同样可见一斑。

此外，汪曾祺的小说反映出一种寻找中国当代文学新方向的尝试。但是，汪曾祺表达出对于聚焦往昔悲伤的不情愿，例如他在《〈桥边小说三篇〉后

1 汪曾祺：《关于〈受戒〉》，见《汪曾祺全集》卷六，339页。
2 汪曾祺：《美学感情的需要和社会效果》，见《汪曾祺全集》卷三，284页。

记》中论证小说应该力求除净“火气，特别是除净感伤主义”[1]。

与汪曾祺及其友人们的怀疑态度背道而驰的是，《受戒》在杂志社编辑李清泉推翻其他编辑对发表该文的反对意见之后，便登载于《北京文学》同年十月号刊。尽管被某些评论家指责为“缺乏教育意义”和“太过脱离现实生活”[2]，总体上这篇小说还是颇受好评。它同样也受到读者们的热烈追捧，次年经由民众投票荣获《北京文学》年度奖。此外，《受戒》随后在香港和台湾再版时，被不少评论家列为过去百年内百篇最佳小说之一。《受戒》曾两次被译成英文，第一次是1990年胡志挥题为《一位年轻和尚的爱情故事》的译本[3]，另一次是1995年方志华的译本《受戒》。[4]

看完这篇小说以后，许多知识分子对于能够深情地阅读和回想中国传统的过去表达出欣喜与自由之感[5]。例如，梁清濂在《北京日报》上发表的《这样的小说需要吗？——读短篇小说〈受戒〉有感》一文中，提及阅读这部不以政治主题为中心的小说时的激动之情：

> 因为这篇小说实在太特别。它没有写政治，没有革命，只写了解放前的一个和尚庙里的生活。它距离建国以来的文学正统较远。这样的作品见诸公开的刊物，好像还是第一次。但，读了这篇小说，人人都说好……作者以他丰厚的生活，给我们造了一个欢乐的世界，美好的世界，允许发展人性的艺术的世界。对于我们这些多年来，一切都离不开呆板的条条框框的人，见到这样的世界，不能不说是感到一股清风，不能不引起一种对自由的向往和对美的快感。[6]

与梁清濂一样，青年作家们都用惊奇和兴奋来评价汪曾祺：“小说竟可以用这种方式写！”[7]

汪曾祺写完《受戒》以后，开始创作《大淖纪事》，故事背景设置于其故

1 汪曾祺：《〈桥边小说三篇〉后记》，见《汪曾祺全集》卷三，462页。
2 陆建华：《汪曾祺的春夏秋冬》，169页，河南人民出版社2005年版。
3 Wang Zengqi. 1990a. “The Love Story of a Monk.” In *Story after Supper*. Trans. Hu Zhihui. Beijing: Chinese Literature Press, 75–103.
4 Wang Zengqi. 1995. “Buddhist Initiation.” In Zhihua Fang, ed. and trans., *Chinese Stories of the Twentieth Century*. New York: Garland Publishing, 173–201.
5 关于《受戒》不同的批评讨论，请参见陆建华：《汪曾祺的春夏秋冬》，168—170页，河南人民出版社2005年版。
6 梁清濂：《这样的小说需要吗？——读短篇小说〈受戒〉有感》，载《北京日报》1980年12月12日。（原文实际刊登于当月11日第三版，译者校）
7 汪曾祺：《却顾所来径，苍苍横翠微》，见《汪曾祺全集》卷六，59页。

乡江苏高邮的一个湖畔。凭借这篇小说，他荣获了1981年的《北京文学》奖以及该年度最佳短篇小说奖。根据其子汪朗的回忆，汪曾祺仿佛找到了自己的生命之路[1]。随后的二十年间，他继续创作了一百多篇小说和二百多篇散文，主要涉及自己1949年前与故乡高邮以及"第二故乡"即战时的云南昆明相关联的经历。其中的代表性作品包括《故乡人》(1981)、《昆明的雨》(1985)、《昆明的果品》(1985)、《昆明的花》(1985)、《故人往事》(1985)和《翠湖心影》(1984)。这些作品同样广受读者青睐，并屡次转载收录于汪曾祺的作品合集，例如《云烟渺渺——汪曾祺与云南》(2000)、《五味：汪曾祺谈吃32篇》(2005)。并且，除了这些小说与散文以外，汪曾祺还创作了许多追忆昆明与高邮地方文化的绘画作品，并加以题词，例如《昆明炭梅》。

汪曾祺的写作聚焦于其青年时期的故里，不仅书写个人的过去，而且将自己的写作纳入前现代(premodern)的乡土文学传统之中。但是，与大多数乡土文学不同，他将一种独特视角寄寓于故乡(the native land)，并以此来强调记忆的心理运作与语言的形式实验，从而彻底地改写了该传统。笔者聚焦于汪曾祺的《受戒》及其他文章，探究他对往昔故乡的重构。根据皮埃尔·诺拉的"记忆之所"(lieu de mémoire, sites of memory)理论[2]，笔者认为，在众多集体记忆已被摧毁的这一历史时刻，汪曾祺与寻根作家们开始将乡村书写为前现代文学与文化传统之所在。另外，笔者借鉴王德威的术语"想象的乡愁"(imaginary nostalgia)[3]，用"记忆的想象之所"(imaginary sites of memory)一词来描述汪曾祺对这类文本生成场域的建构。

许多学者把寻根文学中的先锋性和实验性要素理解为外国文学通过译介对当代中国文化产生冲击的证据。然而，尽管汪曾祺和寻根作家们均受外国作家们的影响，只有通过语言创造性地重塑记忆之所的场域，他们才能以过去的回忆恢复文化传承的空间感知，这种文化延续性在许多方面已被破坏殆尽。再者，虽然李陀、梅仪慈等学者倾向于关注寻根运动的"离心"(centrifugal)性与边缘性，汪曾祺及寻根文学的作家们实际上是由非正统文化与正统文化之间的矛盾关系所造就的。当他们的作品被描述成"后现代"和反正统时，这些作家不仅把语言实验作为对过度政治化的写作形式的一种反抗，而且把语言实验作为建构民族文化多元概念的一种手段。

---

1　汪朗：《写了个小和尚的恋爱故事》，见《老头儿汪曾祺：我们眼中的父亲》，167页，中国人民大学出版社2001年版。

2　Nora, Pierre. 1989. "Between Memory and History: *Les lieux de mémoire*." Trans. Marc Roudebush. *Representations* 26 (Spring), 7–24.

3　Wang, David Der-wei. 1993. "Imaginary Nostalgia: Shen Congwen, Song Zelai, Mo Yan, and Li Yongping."

汪曾祺关于新中国成立前的乡愁书写和美术作品，与毛泽东时代及后毛泽东时代早期较为政治化的文学大相径庭。借由对1980年代中期寻根作家们产生的巨大影响，这些作品在集体记忆之当代性重构的形成过程中，发挥了关键性的作用。不但众多青年作家敬仰汪曾祺，将他奉为导师及“汪气”创始人，而且汪曾祺也为他们的作品撰写大量序言和导论。此外，这些年轻人还写文章研究汪曾祺及其写作风格，例如王安忆的《汪老讲故事》(2001)。

像王安忆一样，这些年轻一代的作家开始书写往昔失落的故乡，并且将乡村视为新中国成立前的文化传承之所在。例如，被广泛引用的《文学的根》(1985)一文中，韩少功指出乡村“凝结”的传统文化里可以找到“文化的根”，就像藏在“地下的岩浆”[1]。韩少功的这篇文章聚焦湘西的农村并追索“浩荡深广的”楚文化在何处消逝。与之相反，其他寻根作家则广泛描绘了形形色色的村庄，略举数例如下：李锐的银城、古华的芙蓉镇、莫言的高密东北乡、贾平凹的商州以及王安忆的小鲍庄。

随着生根(rooting)或者“定位”(situating)的进行，汪曾祺和那些寻根作家在乡村所写的作品，成为各自记忆的“联结点”(point of attachment)[2]，他们将其写作置于有关故乡之文学的文本传统之内。唐小兵在其论文《超越怀乡病：对鲁迅〈故乡〉的细读》中概述了这一传统，并将自己对鲁迅《故乡》的阅读思考置于其中：

> 故乡的意象或概念最能凸显感知的主要结构，它不断激起忧郁的乡愁，并在达到形而上学高度的同时却仍有一番寓意。该词的字面意思是“古老的乡村”(old country)，这却使存在主义中的时间性与只强调乡土气息，甚至常为田园牧歌式的景观敌对起来。[3]

诚如唐小兵所指出的那样，关于“强调故乡的乡土性”这一怀旧书写，其起源可以追溯至汉朝以及司马迁的《史记》，盛行于唐朝：“当时的诗圣们擅长把思乡病提升为人类的原始渴望。”[4]唐小兵论述了故乡书写的前现代传统，而王德威则绘制出现代及当代“乡土文学”的谱系。根据王德威所言，这一传统贯穿了前毛泽东时代与后毛泽东时代，而且在大陆和台湾两地都存

1 韩少功：《文学的根》，载《作家》1985年第4期。
2 Casey, Edward. 1987. *Remembering: A Phenomenological Study*. Bloomington: Indiana University Press, 189.
3 Tang, Xiaobing. 2000. *Chinese Modern: The Heroic and the Quotidian*. Durham: Duke University Press, 75.
4 Ibid.

在。王德威注意到鲁迅是第一个将故乡确定为现代中国文学的题材之一的先驱，并援引鲁迅在现代中国小说典藏集中的序言："一个作家着手写作乡土文学之前，他发现自己早已离家流亡，迫于生计居于他乡。除了回忆父亲的花园，一座不复存在的花园，他还能做什么？"[1]王德威由此引申鲁迅的观点，认为"乡土文学"本质上是流亡作家所创作的"无根的"文学，那些作家都把小说作为缅怀失落家园的媒介。

虽然王德威认定沈从文是乡土文学作家，但他也注意到在某些方面，沈从文与其他民国时期的乡土作家存在根本性的分歧。相较于那些作家作品，沈从文所刻画的湘西并不仅仅力图逼真地描写某个现实之地；他有意识地在流亡文学传统范畴之内写作，这一写作传统包括陶渊明的《桃花源记》以及屈原的《楚辞》。尽管沈从文指出近代文学中虚构的湖南和现今被诸如土匪、贫困等社会弊病蹂躏的湖南两者之间存在着巨大的鸿沟，但他也敏锐地意识到，中国文学作品中想象性的湖南影响并塑造了自己对真实湖南的认知。由于沈从文认为他的乡愁在某种程度上是文本建构或"幻想的"产物，因此王德威创造出一种新的说法——"想象的乡愁"，来描述沈从文对乡土的幻想：

> 他所重构的"故乡"，不应仅仅看作是地理意义上的乐园，而且是拓扑意义的坐标，是一种文本创造，务须以多种方式的解读方能厘清它的轮廓。而他的乡愁与其说是原原本本的回溯过去，更不如说是以现在为着眼点创造、想象过去。这种"想象的乡愁"是沈从文乡土写作中最复杂巧妙的组成部分之一，其持久的影响力在1980年代的乡土小说中可见一斑。[2]

按照王德威的观点，沈从文的"想象的乡愁"借此成为民国时期乡土小说和1980年代更具自觉性、实验性以及互文性的寻根小说之间的纽带。另外，金介甫（Jeffrey Kinkley）与王德威持相近观点，他将沈从文视作一个关键人物，连接前毛泽东时代与后毛泽东时代关于"想象的乡土群落"的乡土写作。[3]但是，与以上学者相反，林恪（Mark Leenhouts）则在对韩少功的研究中

---

1 Wang, David Der-wei. 1993. "Imaginary Nostalgia: Shen Congwen, Song Zelai, Mo Yan, and Li Yongping."

2 Ibid.

3 Kinkley, Jeffrey. 2003. "Shen Congwen and Imagined Native Communities." In Kirk A. Denton, ed., *Columbia Companion to Modern East Asian Literatures*. New York: Columbia University Press, 425.

指出其所谓“民国时期乡土文学的怀旧情绪”与80年代寻根文学“现代的、审美的主体性”之间的根本性分歧。[1]考虑到以上差异，林恪得出结论说，使用术语“乡土文学”来形容1980年代的寻根作品并不恰当。汪曾祺在《〈汪曾祺自选集〉自序》(1986)中也做出类似区分，把自己的作品和乡土小说相分离：“我不认为我写的是乡土文学。有些同志所主张的乡土文学，他们心目中的对立面实际上是现代主义，我不排斥现代主义。”[2]因此，有关当代寻根写作是否应被定义为乡土文学的意见分歧，显然源自对“乡土文学”和现代主义是否相互排斥这个问题缺乏共识。

除了林恪之外，许多学者也探讨了寻根小说的先锋性。李陀在《抵抗的写作》一文中，将寻根文学潮描述为“次要的话语”，其可以“挑战集权化力量”的“开创性运动”。[3]他在论述这一令人不安的发现时，文章里充斥着形容词的最高级，比如“最好”、“最坏”、“绝对正确”或者“完全错误”。汪曾祺为了“通过写作来抵抗写作”，因此试图改变写作风格从而让自己远离1949年后绝大多数现代中国文学作品所铭刻的共产主义辩证逻辑。[4]同样，在《〈中国寻根小说选〉序》一文中，汪曾祺点评道，除了聚焦乡村之外，寻根小说的关键属性是其倾向于语言的形式实验以及相异时序格局。[5]

汪曾祺所精选的寻根文学的特征也可用以描述其自身的写作。伴随着某种强烈的地域观念，其作品的特点在于语言的形式实验。他不仅有效转变时间的框架与叙事的框架，而且将文言与当代民间土语及方言相混合，还打破了的散文、小说、诗歌、音乐和绘画的体裁界限。汪曾祺的乡土写作在融合文言文与方言、试验不同的时间架构等方面都反映出沈从文对他的影响。但是，不同于沈从文对与儒家文人相关联的小品文的轻视，汪曾祺的小说则是以更强的类散文风格(essay-like style)为特征。他与沈从文的另一差异在于其通过文本性和记忆，不仅呈现甚至创造出一种故乡的幻象。沈从文的作品关注前现代文学中想象的湖南和被社会弊病荼毒的当代湖南两者之间的鸿沟，然而，汪曾祺与寻根作家们对现实主义地叙述描写现代性所导致的乡村的种种苦难并不感兴趣。相反，他们旨在重构故乡以及过去的文本传统并使之充满生机。正如金介甫的点评，“倘若沈从文是怀乡(nostalgic)，那汪曾祺

---

1 Leenhouts, Mark. 2005. *Leaving the World to Enter the World: Han Shaogong and Chinese Root Seeking Literature*. Leiden: CNWS Publications, 2.

2 汪曾祺：《〈汪曾祺自选集〉自序》，见《汪曾祺全集》卷四，94页。

3 Li Tuo. 1993b. “Resisting Writing.” Trans. Mary Scoggin. In Liu Kang and Tang Xiaobing, eds., *Politics, Ideology, and Literary Discourse in Modern China*. Durham: Duke University Press, 274.

4 Ibid.

5 汪曾祺：《〈中国寻根小说选〉序》，李陀主编，3—5页，香港三联出版社1993年版。

则是‘新怀乡’(neonostalgic)”。[1]

考虑到汪曾祺小说的实验性和他所激发的先锋派寻根运动,更不必说汪曾祺自己关于使用“乡土”一词来表征寻根文学的疑虑,单独列出汪曾祺作为现当代乡土文学谱系中的关键人物看似是自相矛盾的。尽管如此,本文还是沿用王德威、金介甫,以及大陆学者诸如丁帆、刘绍棠等人探讨汪曾祺小说与当代寻根文学时的术语“乡土”。笔者决定这样做是因为即便他们改写传统,汪曾祺和寻根作家们显然还是在关于故乡的乡愁流亡文学传统之内进行写作。实际上,汪曾祺的小说经常被大陆学者归类为乡土小说。

再者,虽然众多寻根文学作家在某些方面自诩为一场旨在废黜毛主义政治话语核心地位的去中心化或“外围的”开创性运动的组成部分,这些作家还致力于重新连接更早时期的文本传统。他们不但渴望重建一系列民族文化传统,而且立志找回“民族的文化精髓”。[2]例如,寻根作家李杭育在《“文化”的尴尬》一文中谈及寻根小说作者们矛盾的立场:

> 假如我不当作家,这个矛盾就不存在了,我可以毫不惋惜地打发掉这个并不可意的民族意识……一方面,很清楚地知道我所承受的民族意有多么糟糕,一方面又不得不顽固地捍卫它,生怕除此而外我就什么也没有了。[3]

李杭育的评论反映出寻根作家“尴尬的”处境、他们在“文革”之后力图重建中国文化的追求、他们关于非正统和正统文化的矛盾态度。寻根作家们广泛援引神话传说、道家思想、近代诗学、传奇,甚至像《儒林外传》那样的话本小说,进而共同编织一段色彩斑斓的文化织锦。不过,他们这么做是由于“民族意识”紧迫感的激发。例如,韩少功在《文学的根》一文中解释自己对乡村书写的兴趣:“乡土是城市的过去,是民族历史的博物馆。”[4]他将乡村与过去连接在一起作为民族与文化原真性的象征,事实上是反讽地回应毛泽东在第二次世界大战期间将城市喻为“外来的、反动的”而将农村喻为“民族的、

---

1 Kinkley, Jeffrey. 1993. “Shen Congwen’s Legacy in Chinese Literature of the 1980s.”

2 Yeh, Catherine Vance. 2001. “Root Literature of the 1980s.” In Milena Doleželová and Oldrich Král, eds., *The Appropriation of Cultural Capital: China’s May Fourth Project*. Cambridge: Harvard University Press, 252.

3 李杭育:《“文化”的尴尬》,载《文学评论》1986年第2期。

4 韩少功:《文学的根》,载《作家》1985年第4期。

革命的"[1]。尽管强调"农村在国家建设中的恢复性力量"，韩少功和其他寻根作家在全世界及儒家意识形态中表达"突出民族主义意识形态"这一观念。[2]

寻根者们聚焦乡村并将其作为重构民族文化身份的必经之所，表现出对地域的迷恋，与当代法国学者皮埃尔·诺拉将地域视为"记忆之所"(lieu de mémoire, sites of memory)异曲同工。诺拉在《回忆与历史之间：记忆之所》中断言，当代法国人承受着有关过去的错乱感，所以他们转向历史的"记忆之所"，并将其作为帮助他们连接民族集体记忆和"历史连续性"的手段[3]：

> 我们关心的"记忆之所"是记忆在特定的历史时刻结晶并隐藏自身之处，是与过去决裂的意识和记忆已被撕碎的感觉两者紧密联系的转折点——但记忆是以被撕碎这种方式来构成在特殊场域之化身的问题，历史连续性在那些记忆场域中依然存在。[4]

诺拉对历史与集体记忆做出区分，历史是一项关于过去的科学研究，集体记忆则是"一种无关过去的记忆，它不停地重新发明传统，将自己祖先的历史与英雄、起源、神话中未分化的时代相连接"[5]，他声称由于缺失了通过民族传统与过去产生"未分化的"(undifferentiated)持续性连接，人们开始对记忆念念不忘："我们如此多的谈论记忆，正因为它所剩无几。"[6]

与诺拉所描述的当代法国的现状相类似，汪曾祺与其他寻根作家同样全神贯注于记忆被"撕碎"之后，中国某一历史时期连接乡村的集体记忆和文化根源。毛泽东时代终结的初期，遗留下了一种意识形态的真空状态，由于经年累月对传统习俗的破坏、不断重复的殖民战争与内战，以及现代的种种革命，这种真空很难被传统文化所填补。因此，汪曾祺和年轻一代作家将他们的文学植根于乡村的土地，那是他们很多人"文革"期间曾经生活和工作

---

1 Mao Zedong. 1943. "Talks at the Yan'an Forum of Art and Literature" (毛泽东《在文艺座谈会上的讲话》) In Kirk Denton, ed., *Modern Chinese Literary Thought: Writings on Literature, 1893–1945*. Stanford: Stanford University Press, 1996, 480.

2 Chen, Nancy. 2001. *China Urban: Ethnographies of Contemporary Culture*. Durham: Duke University Press, 1.

3 关于诺拉有关民族认同的概念化以及各种不同思想的深入探讨，请参见胡泰慧心的文章。(Tai, Hue-Tam Ho. 2001. "Remembered Realms: Pierre Nora and French National Memory." *The American Historical Review* 106, no. 3 June, 906–922. ) 她指出，诺拉的民族记忆概念不如寻根小说那样多元化。尽管如此，笔者还是借用诺拉有关法国记忆的著述，因为它们为讨论当代中国记忆实践提供了有效术语及理论框架。

4 Nora, Pierre. 1989. "Between Memory and History: *Les lieuxde mémoire*." Trans. Marc Roudebush. *Representations* 26 (Spring), 7.

5 Ibid, p.8.

6 Ibid, p.7.

的地方。乡村于是成为个人记忆之所，成为集体记忆与“结晶并隐藏”的早期文本传统相互关联的地点。

尽管汪曾祺和寻根文学的其他作家力图重新连接前现代的集体文化记忆并挑战权威话语，他们这样做却面临着诸多障碍。可以肯定的是，1980年代见证了政府限制的放宽，实际上已开始质疑严格强调对一切形式的文化生产进行政治和阶级斗争为中心的文学指导方针。[1]然而，作家们显然不确定他们在强调“文化”超越政治的重要性这条路上能走多远，这一点在汪曾祺为自己作品的意义的辩护、对差点被禁止出版的《受戒》的批评中都显而易见。

此外，回顾“五四”反传统和毛主义革命的历史，知识分子们探寻文化根源的努力包括恢复并重新连接到几十年来一直被攻击为“封建”的过时的传统。以湖南作家韩少功为例，他描述了自己试图将地理概念上的家乡与其家乡前现代时期的楚文化的相互连接过程中所面临的挑战：

> 至于历史悠久的长沙，现在已经成了一座革命城，除了能找到一些辛亥革命和土地革命的遗址之外，很难见到其他古迹。那么浩荡深广的楚文化源流，是什么时候在什么地方中断干涸的呢？[2]

面对从无形的过去中产生的断裂之感，寻根作家们富有创造力的文学实验的灵感，至少部分源自某种必然性，而非完全来自1980年代早期所译介的外国文学。鉴于真实历史遗迹的缺失，寻根作家们力图通过语言创造性地再现并想象在现实中已被极大程度地破坏殆尽的一切。

鲁迅1919年在重访出生地绍兴两年以后，创作了《故乡》，萧红《呼兰河传》与沈从文《边城》的写作时间则是远离各自原生地超过十年。汪曾祺离开家乡四十年之后才动笔构思《受戒》，尽管他曾在完成《受戒》一年之后于1981年重返高邮，在80年代与90年代还曾多次重访故里。汪曾祺却没有任何理由假设他所描写的寺庙依然存在。诚如汪曾祺传记作者陆建华的观察，高邮附近众多寺庙都在“文革”期间被洗劫一空。但是，汪曾祺和其他寻根作家还是竭尽全力地去虚构再造消逝的一切，通过文本想象忧郁的乡愁以及设定对往昔的本原渴望之所在；而且他们的努力对创造力与文化复兴的爆发大有裨益，使80年代成为当代中国文化史上最振奋人心的时期之一。

---

1 Kang Liu. 1993. “Subjectivity, Marxism, and Cultural Theory in China.” In Liu Kang and Xiaobing Tang, eds., *Politics, Ideology, and Literary Discourse*. Durham: Duke University Press, 44.

2 韩少功：《文学的根》，载《作家》1985年第4期。

# 南方的堕落与诱惑

/［美国］王德威

苏童天生是个说故事的好手。从《妻妾成群》到《城北地带》，从《一九三四年的逃亡》到《我的帝王生涯》，苏童营造阴森瑰丽的世界，叙说颓靡感伤的传奇。笔锋尽处，不仅开拓了当代文学想象视野，也唤出影视媒体的极大兴趣。

苏童的魅力何在？他引领我们进入当代中国的“史前史”，一个淫猥潮湿，散发淡淡鸦片幽香的时代。他以精致的文字意象，铸造拟旧风格；一种既真又假的乡愁，于焉而起。在那个世界里，耽美倦怠的男人任由家业江山倾圮，美丽阴柔的女子追逐无以名状的欲望。宿命的记忆像鬼魅般的四下流窜，死亡成为华丽的诱惑。苏童当然也写了不少他类作品。但就算是最具有“时代意义”的题材，也常在他笔下化为轻颦浅叹，转瞬如烟而逝。苏童的世界令人感到“不能承受之轻”：那样工整精妙，却是从骨子里就淘空了的。

评者对苏童的成绩已有不少的观察：他的颓废题材及创作姿态最易让我们联想到世纪末的美学；他对遥远历史的凝视，其实反照了当代大历史的无常及消弭；他的家史演义小说暗藏了一则衰败的国族寓言；他对女性角色及角度的运用，已形成性别错位的奇观。这些批评都言之成理，但似乎仍未深入探讨苏童小说的地缘神景——南方，而我以为这是阅读的重要线索。检视苏童这些年来的作品，南方作为一种想象的疆界日益丰饶。南方是他纸上故乡所在，也是种种人事流徙的归宿。走笔向南，苏童罗列了村墟城镇，豪门世家；末代仕子与乱世佳人你来我往，亡命之徒与亡国之君络绎于途。南方纤美耗弱却又如此引人入胜，而南方的南方，是欲望的幽谷，是死亡的深渊。在这样的版图上，苏童架构——或虚构——了一种民族志学。

苏童生长于苏州，定居于南京。两座城市都饶有历史渊源。姑苏烟雨，金陵春梦，多少南朝旧事，曾在此起伏回荡。一个作家的创作视景，当然不必与他的创作环境相辅相成。但苏童对于他生于斯长于斯的地方，显然有一份自觉与爱恋。顺着古运河的无数支脉，扬子江的滚滚长流，他“飞越”枫杨树故乡遍地烂漫的红罂粟，踏遍（苏州？）“城北地带”、香椿树街的青石板块。一种奇异的族类在此生老病死，一种精致的文化在此萎靡凋零。而苏童以他恬静的、自溺的叙述声调，为我们叙述一则又一则的故事。

是的，“故”事。相对于那铺天盖地的历史，苏童只会，或只能，说故事。南方的“堕落”是从头就开始的宿命：南方或者是那巫蛊蔽障的原始国度，或是那淫靡虚浮的末世天堂。南方没有历史，因为历史上该发生的一切都归向了北方。偏安在时间的逻辑之外，南方却兀自发展了自己的传奇。但不论传奇多么绚丽动人，也不过是已经过去——死了——的故事，或是与现在及未来无关的虚构。但什么又是历史呢？历史不也是时间的蝉蜕，往事的遗骸，不也是说故事的一种方法吗？而又是什么样的历史时刻，使苏童南方的故事如此动听？最重要的，南方到底在哪里？是在中原地理之南，还是在你我政治、文化及身体意识阂域之南？

在文学地理上，南方的想象其来有自。楚辞章句，四六骈赋都曾遥拟或折射一种中州正韵外的风格。所谓文采斑斓、气韵典丽的评价，已是老生常谈。而历来南渡、南朝、南巡、南迁、南风的历史事迹，在政治及经济的因素使然外，又已发展出独特文化象征的系统。“南朝自古伤心地”固然要让骚人墨客不堪回首，但掉过头来，谁能不承认“上有天堂，下有苏杭”？明清以来，沈璟的声律学说，公安诸子的性灵小品，以迄江南的戏曲丝竹，海上的狭邪说部，不论雅俗，都为“南方”的想象，添加声色之美。

而在20世纪末苏童大事敷衍南方种种，他塑造枫杨树村、香椿树街等故乡，为家族的来龙去脉，故乡的人事风华，追根究底。乍看之下，南方作家写南方，内行人谈内行事，还怕说不实在？然而苏童的写作终要证明他那个南方其实毫无新意：一个我们总是早已熟悉的神话南方。苏童擅写过去的时代，更善于把当代也写成了过去，实在是因为他因循约定俗成的文学想象，赋予南方“旧”生命。

苏童小说中有两处主要地理标记：枫杨树村及香椿树街。前者是苏童想象的故乡，后者则是故乡父老移居（或逃亡）落籍的所在，一处江南市镇中的街道。枫杨树与香椿树构成了巴赫金所谓的时空交错的地缘背景；历史及社会的力量在此交相为用，肇始了各色的人间故事。而从枫杨树到香椿树所形成的动线，又似乎呼应了现代史由乡村到都市的政治、经济力量转移现象。

苏童写故乡，以《飞越我的枫杨树故乡》一类作品为最：

直到五十年代初，我的老家枫杨树一带还铺满了南方少见的罂粟花

> 地，春天的时候，河两岸的原野被猩红色大肆侵入，层层叠叠，气韵非凡，如一片莽莽苍苍的红波浪鼓荡着偏僻的乡村，鼓荡着我的乡亲们生生死死呼出的血腥气息。

在罂粟花苞的掩映中，苏童叙说阴悚的宗亲仪式，神秘的游荡疯妇，狂诞不羁的浪子，百年相传的禁忌及传说，当然还有充满出走、逃亡、迁徙的家族历史。作为家族的末代子孙，苏童幻想飞越回到老家，“重见昔日的罂粟地。那将是个闷热的夜晚，月亮每时每刻地下坠，那是个滚滚沸腾的月亮，差不多能将我们点燃烧焦。故乡暗红的夜流骚动不息，连同罂粟花的夜潮，包围着深夜的逃亡者”。

苏童绚丽感伤的文采，已经由此可见一斑。就像现代中国乡土文学中鲁迅的绍兴，沈从文的湘西，老舍的北平一样，枫杨树成为又一座地标。我曾以“想象的乡愁”一词，综论自沈从文以降，乡土文学逐渐显露的美学自觉。众所周知，原乡的渴望来自作者（与读者）个人离乡背井后的感情投射。但如沈从文等的作家明白，因之而生的乡愁除了是真情流露外，也代表了文学传统的溯源寻根，更暗示了文学写作“望乡”姿态的搬演。故乡之成为故乡，必须透露似近实远、既亲且疏的浪漫想象魅力。当作家津津乐道家乡可歌可泣的人事时，其所关注的不只是斯土斯人的写实心愿，更是一种今非昔比的异乡情调。回忆及想象故乡双管齐下；由过去找寻现在，就回忆/幻想敷衍现实，时序错置乃成为乡愁文学的一大关目。由此类推，空间位移也启动了作家本人回望故乡的地理位置，以及捕捉、置换（不断退后的）原乡的叙事策略。

苏童有关枫杨树家乡的描摹，延续此一“想象的乡愁”特征，踵事增华之处，较前人只有过之而无不及。但枫杨树不是久居之地，故乡的人事注定随时间的流逝，四散漂流，于是有了《一九三四年的逃亡》。故事中的我上溯家族沧桑，努力追记父祖一辈的事迹，却辗转诉说了一个淫冶的、狂纵的乱世奇谈。只要比对莫言的《红高粱家族》，我们即可看出苏童志不在召唤史诗般雄浑苍朗的格调。他所专注的是家族崩解前的情欲悸动，历史消弭前的传奇征兆。1934年是个灾年，地主陈文治收藏少男精血的白玉瓷罐散发着瘟疫之源，小农陈宝年晋升为城市小资产阶级。天灾蔓延，人祸横生。而这一切竟烘托出一邪媚恣肆的纵欲气息。死亡成为庆典，堕落带来欢乐。历史的位移使我们不再能清楚地刻画什么发生了，什么没有发生。1934年的“逃亡”是一个时代的结束，更是开始。

《一九三四年的逃亡》发表于1987年，这里的逃亡饶富经济史因素；学者如唐小兵已指出，陈宝年的由乡村转往都市，预示了一种新的人口流动及生产模式的趋势。而1934年的躁郁不安似也折射了新时期的政经局势。然而比照前述的论辩，我要说逃亡不再只是“逃入”另一个历史的阶段或命定时期，更是“逃出”历史本身的必然与应然。多年之后苏童回顾家乡先人的逃逸路线，其实应看到了各样时间轨迹错综交汇后，所产生的种种偏岔或巧合。欲望流转、臆想窜藏。苏童小说中的男女凭借原始的生命力，为大历史的血脉打开奇异的管道，而这一切终汇集在叙事者天马行空的原乡呓语幻想中。

当苏童小说里的人物来到“城里”，都不免要进驻城北的香椿树街。这是苏童纸上的第二故乡，绝大部分小说的发生地点。城北地带是个龌龊肮脏的区域，前清曾是厂狱行刑的所在。主要的街道香椿街空负虚名，一棵香椿树也没有。而在危墙死水的边缘，丛丛鬼火般的夜繁花却在三更盛开。太阳从来不能蒸发城北地带的煞气。但这样的氛围却成为苏童诗意视景的泉源。

苏童的善于说故事，在《城北地带》中再一次得到证明。四个主要的少年角色各自带出一连串荒唐血腥的冒险。这四个少年曾结伴度过一段顽劣时光。但在跨入成年的门槛前，却各自经历了改变一生的事件：一个因为强暴罪入狱，一个死于帮派械斗，一个与有夫之妇私奔，而最后一个莫名其妙的因“检举特务”而成为英雄。

这里有不可言说的家族秘密、有猥琐淫逸的肉体游戏。含冤而死的少女阴魂不散，雨夜中撒出一颗颗蜡纸红心；风情万种的荡妇历尽波折，拐带了她的小情人逃向他乡……读多了苏童作品，这些情节都不算新鲜。但看苏童如何把它们串联在一块儿，说得活灵活现，还是一绝。

但让《城北地带》一气呵成的主要因素，还是苏童的抒情视景。苏童的故事是可卑可怖的。但他以有情眼光，娓娓叙述各个人物的生死悲欢，并将其融入香椿树街四季轮转的神秘循环中。在小说最动人的时刻，苏童终能将不堪一顾的生命抽样，幻化成阴森幽丽的传奇——就像那闪烁暧昧光芒的夜繁花一样。所谓化腐朽为神奇，苏童这样的抒情集锦风格，堪称重对沈从文(《湘行散记》)、萧红(《呼兰河传》)、师陀(《果园城记》)这一脉小说传统，赋予一世纪末的诠释。

在苏童的抒情架构中，与其说城与乡暗示了历史经济模式的转变，不如说是他无限乡愁的一体之二面。离开了枫杨树老家的父老们，四散奔逃，终又纷纷落籍城北香椿树街上。但他(她)们的颓败行径一如既往；城市生活也许改变了他(她)们的职业与面貌，宿命的劣根性依然流动在每人的血液中。叶落归根，他（她）们终究是要还乡的，只是他（她）们回得去吗？

《米》是连锁苏童城与乡想象的最佳范例。这本小说中的五龙因逃荒来到城里，受尽屈辱，辗转投靠一个米店的门下谋生。为了吃饭，还有什么不能忍受？但五龙凭他旺盛的生命（及生殖）力终于混出名堂；他成了城北的恶霸，所有的淫行劣迹无一不擅。苏童夸张变态的性欲，疯狂的野心，腐烂的身体，破败的家族，真是得心应手。在《米》的高潮里，五龙浪荡一生，众叛亲离，而且恶疾缠身。他包了一节火车，装满白米，一心“衣锦还乡”。城里的人再怎么发达或落魄，还是要还乡的。然而，“火车是在向北开吗？我怎么觉得是在往南呢？”昏迷中的五龙问着随行的儿子。这句话意思深远。枫杨树老家坐落在江北，五龙欲望的原乡却总是“南向”的。回到前述的南方想象，我们要说五龙这样的角色哪里能再还乡？他的意识只能追随深不可测的欲望，不断“南下”，堕落至最原始的无名也无明之地，而死亡的威胁与诱惑早已随侍在侧。

五龙最后死在北上的火车里，他一口金牙被好儿子撬下偷走。弥留时“他知道自己仍然沿着铁路跋涉在逃亡途中”，而且我要说可能是南北不分。

在苏童的虚构民族志学中，他不仅描述了南方的空间坐标（枫杨树与香椿树），而且有意赋予其一种时间的纵深——虽然所谓的纵深终将证明为毫无深度。他的小说充斥着颓败的家族史话，自不待言。到了九十年代，他更是把家族史话敷衍成为国族史话；《我的帝王生涯》及《武则天》等作改写历史材料、民间传说，形成浩大的演义。在断瓦残垣的家国废墟中，苏童式的颓废英雄喃喃倾诉逝水年华。他们一无所长，却是最好的说故事者。

苏童的家史故事中，《妻妾成群》写少女颂莲因家贫自愿嫁给半百富户陈佐千为妾，逐渐堕落，原是控诉封建淫威的最佳题材。但苏童的女英雄对豪门之内的情欲世界，有着惊人的适应力。她在妻妾争宠的斗争中，绝非省油的灯。苏童写没落大户的势派，显然有张爱玲《金锁记》的影子，但在处理人欲的贪婪与扭曲时，他最重要的灵感，还是出自《金瓶梅》吧？陈佐千一辈子耽于女色，临了却摆不平妻妾间的欲望，而颂莲在内的女人们已被逼成变态怪物。陈的儿子却是有心无力：“老天惩罚我，陈家世代男人都好女色，轮到我不行了……我怕女人。”饱暖思淫欲，但《妻妾成群》里的男男女女到最后好像把思淫欲的力气也耗尽了，剩下的只有绝望与疯狂。

苏童自承擅写女人，评者也多作如是观。其实他故事中最引人注意的角色，应是那些耽美且倦怠的男人。或老或少，这些男人过早的衰颓并丧失生殖机能。换个角度看，他们从未真正成熟，根本就像张爱玲所谓“酒精缸里泡着的孩尸”。

作为现代中国文学一种原型人物，男性的颓废人物可以上溯到郁达夫的性挫败文人、新感觉派作家（施蛰存、刘呐鸥等）的洋场“才子加流氓”，张爱玲笔下的玩世浪子等。他们各怀心事，特立独行，共同之处是对新中国的革命建设，绝难使得上劲。1949年后，他们被打入冷宫，自是想当然耳的事。四十年风水轮流转，他们在苏童的南方世界里，转世投胎。这一回苏童让颓废的英雄不再只是落拓文士或花花公子而已。他们可以是刘沉草般的末代地主，倾家荡产，他们更可以是谜样的燮国末代皇帝，断送江山。在像《我的帝王生涯》这样的作品中，苏童完成了他欲望帝国的大业，让自己及笔下的那个年轻皇帝为所欲为，终以最“华丽”的国破家亡收场。

《我的帝王生涯》讲的是个扮皇帝的故事。小说中的少年皇帝是在一连串偷龙换凤的阴谋下，僭登龙位的。皇帝本人或许无知，他周遭的人等却是各怀鬼胎。但皇帝到底是皇帝，万岁爷就算是个冒牌的，戏也总得演下去。而我们的小皇帝虽然望之不似人君，人君所可能有的缺点，他都一应俱全。由登基到罢黜，他的问题不在于扮皇帝扮得不像，而是扮得太像了。苏童的小说由是透露着深沉的反讽。翻开历史，有多少“真命天子”其实是昏君懦主，不配一统江山。“假作真时真亦假”，在苏童笔下，两千年的帝王史有如儿戏，但这却是一场要命的儿戏。

苏童以伪自传的形式，虚拟一位末代皇帝回忆当年宫廷生活的种种。字里行间，爱新觉罗·溥仪的影子，似乎呼之欲出。但苏童的野心大于仅敷衍“一”个废帝的荒唐往事。他回到历代宫闱轶事间，堆砌、变换许多我们耳熟能详的情节：江山美人、垂帘听政、兄弟阋墙、阉宦弄权、藩镇贾祸、后妃争宠、卧薪尝胆都是何其眼熟的关目。我们也同时似乎看到了瀛台泣血的哀艳、烛影摇红的诡谲、靖难之变的暴虐、南朝风月的颓靡；外加狸猫换太子式的深宫疑案、乾隆下江南式的微服历险，真是五花八门、高潮迭起。借此苏童再度证明他是当代小说家中最有魅力的说故事者之一，但更值得注意的是，他的“故事”抹去了所述内容原应有的历史纵深，刻意呈现出一场场表演式的即兴与造作。苏童在自序中希望我们“不要把《我的帝王生涯》当历史小说来读”，其意或即在此？

相对于《我的帝王生涯》，《武则天》是本令人失望的小说。一代女皇武则天那样丰富多变的生命，原应是苏童一显身手的好材料。但这回苏童似乎失了准头。就像书中武则天所震慑、压抑、诛杀的无数男性一样，我们的男作家也臣服在女皇的天威之下，无从捉摸她的风采与残酷。

这是一本讲权力的欲望，欲望的权力的小说。大到天下，小至男女，都成为权力与欲望相互征逐的赌注。其极致处，君臣夫妇反目，母子兄弟相残，实在令人栗然。但仔细看来，《武则天》中的角色们似乎演了一场宫廷版的《妻妾成群》(或《大红灯笼高高挂》)。民初的少女颂莲搬到了大唐的深宫中，苦其心志，劳其筋骨，从床第的政治斗到家国的政治。武媚娘代表颂莲"疯狂"后的另一种可能：唯她的"疯狂"使她攀上了权力的顶峰。相形之下，苏童的男性角色们依然沉浸在颓废耽美的氛围里。从懦弱的高宗到命运多舛的太子到武后的男妾们，这些男性不是颓而不举就是举而"不知"颓——性欲成了他们最后的能耐。苏童显然仔细做了历史功课。在书中，他大量铺陈、罗列史料掌故，形成又一种奇观：武媚娘与太子李治的乱伦恋情，太子贤的身世之谜，王皇后与萧淑妃的恐怖下场，宫闱男宠与娈童的秽闻，兔死狗烹的庙堂斗争……这些遗闻轶事足可满足许多有历史癖的读者，但在过分堆砌漫漶的史料中，则天女皇却变得面目不清。苏童有关她聪敏机智、狠毒善变的种种描写都不能辐辏出一个叙述重心。而失去了女皇这一重心，再多对权力与欲望的渲染，都显得虚浮空洞。

或有论者要指出，历史的漫漶，人物、意义重心的倾颓，原本就是苏童这一脉作者念兹在兹的主题，也许《武则天》最后要表达的，就是一场架空的权、欲游戏；女皇这一人物的晦而不明，反显出她作为一空洞君权神话的意义。我却不作如是观，《武则天》的问题在于苏童一方面要持续他"扮皇帝"的叙事游戏，一方面却又亟亟要回归到史实记录。他一方面告诉读者一切的阴谋、情欲与权力都是空虚不足恃的，一方面又告诉我们历史铁案如山，由不得你不瞠目结舌。他敷衍女帝建国传奇，却又不忘预告男性王朝复辟的必然。对苏童这样不断求变的作者，我无意要求《武则天》必须写得像《我的帝王生涯》的续集。但我以为折冲在历史与想象、男性的叙述与女性的叙述等议题间，《武则天》一书显示的是妥协多于创新，犹疑多于批判。或更进一步，以"南朝"的想象书写、怀柔北方帝国的历史，苏童未能克竟全功。

在前面的讨论里，我指出苏童十年来的作品已建构(或虚构)出一个有关"南方"的民族志学。我也指出，作为"南方"子民的后裔，苏童占据了一个暧昧的位置。他是偷窥者，以外乡人的眼光观察、考据"南方"内里的秘密；他也是暴露狂，从本地人的角度渲染、自嘲"南方"所曾拥有的传奇资本。南方的堕落是他叙事的结论，但更奇怪的，也是命题。

但想象中南方的堕落不能止于纵欲滥情，浪荡挥霍而已。堕落的"完成”还需要一个终极步骤——死亡。看苏童怎么安排他的角色死亡，真是一大奇观。《罂粟之家》的刘沉草被击毙在罂粟花粉缸中，或五龙死在北上列车的米堆里，只是明白的例子。《园艺》中的牙医孔先生离奇失踪，同时他院中的花朵却开得离奇妖艳——他该不是成了最好的肥料吧？《肉联厂的春天》里的屠宰工人阴错阳差，冻死在冰库中，永远音容宛在。《一九三四年的逃亡》里，男人算计男人，女人谋害女人，都不得好死。而《刺绣》中老处女最伟大的创作是一幅乱针刺，刺在自己的血管上，死而后已。

书写死亡当然不是苏童一人的专利。年轻作家像余华、格非、北村、孙甘露的作品，都显露相同的迷恋。余华的《现实一种》《一九八六年》等作写死亡如无物，冷冽撼人。这些作者虽然总在幽冥边缘打转，但死亡在发生时却显得毫无分量：死真是轻于鸿毛。诚如南帆所见，死亡及悲剧在他们作品中“失去了社会学或者心理学的深度……先锋小说之中悲剧的意义已经转移到叙事层面上。死亡不断地出现，但死亡主要是作为一种叙事策略巧妙地维系故事的持续过程”。更进一步说，“尸体即是叙事悬念——（就像）许多侦探小说都喜欢用尸体作开场白”。但我要说与侦探小说不同的是，苏童一辈的作者从不汲汲探求死亡之所以发生的动机。宿命成了最好的借口。而揭开宿命的底牌，所谓诠释的根源其实付诸阙如。究其极，“他们所爱好的是死亡景象而不是死亡原因”。

当苏童把这样的死亡叙事与他的“南方”颓废美学连成一气，才算别有所得。格非、余华、叶兆言等也是江南才子，但没有人能把死亡附会或附丽在“南方”的庞大绚丽的布景上。死亡之于苏童绝对是压轴好戏：是南方最后的堕落，也是最后的诱惑。

我刻意使用“诱惑”一词，因为联想到法国学者布迪厄对它的解释。布迪厄对文化生产、消费的观察使他意会到，符号的神奇魅力来自它与指涉物的脱节，并自行衍生繁殖无限新意。换句话说，苏童的“南方”写作如果成了他的正字标记，正是因为他的“南方”早已抽空需要被指涉的实体，悬浮飘荡，却反而摇曳生姿。这一意符与意指的断裂，是我们社会迷思的开始。而对布迪厄而言，迷思是一种诱惑，而且是死亡的诱惑：“当实体（真实、真理）死亡，却把自己重又构成一种幻象，诱惑就开始了。”

而我们甘心读着苏童华靡的死亡故事，为之着迷不已时，我们也已加入被诱惑的行列，成为他“南方”家族的一员了（而我在引经据典，强为苏童做解人时，是在驱除这一诱惑，还是壮大这一诱惑？）。苏童的人物从小到老，都是戏弄死亡的高手。《一九三四年的逃亡》中那个随洪水漂来的婴尸，大概是最年轻的死亡/诱惑象征吧。苏童的少年角色，无一不在死亡边缘铤而走险。短篇《狂奔》《纸》《红桃Q》《犯罪现场》等，写的都是启蒙故事，但每一个启蒙后的教训竟是生命暴虐的、匆促的结束。中篇《刺青时代》是几个好勇斗狠的孩子在“文革”中结党械斗；与其说成人世界里的你死我活也许影响了他们，不如说他们对暴力及死亡有本能的好奇与爱恋。他们弄假成真，死亡到底发生了，却依然不能给他们带来“真正”的教训。以往的伤痕文学讲天外飞来的横祸，身不由己的痛苦。《刺青时代》顾名思义，则是那几个孩子自我铭刻伤痕，预演死亡。刺青正是将死亡化为美学符号，将终极威胁化为终极诱惑的过程。

苏童又有《板墟》等作，写莫名其妙的祸事，不请自来的死亡。正经的读者由这里看到天地不仁，我们却不妨视为劫数难逃，或更诡秘的，自谋死路。在《白沙》里，活得不耐烦的主角为自己布置了一场盛大的狂欢，然后在众目睽睽之下，在开麦拉快门声中，走向大海。而《告诉他们，我乘白鹤去了》则是老而不死的衰弱老者，诱惑（！）年幼孙辈为他挖洞，好自我活埋而死。临终他一一嘱咐，乘鹤西归去也。自导自演的死亡游戏，真是莫此为甚。

我们于是来到《仪式的完成》。再没有一个例子比这个短篇更能说明苏童的南方想象与民族志学调查的暧昧关系，或死亡与诱惑间的秘密引渡。小说中的民俗学家下乡搜集民俗故事，无意中听到了拈人鬼的传说。这是地方“从上古一直延续至民国十三年”的仪式。每三年从活人中抓阄拈出鬼祭奠族人先祖亡灵；适时村人汇聚祠堂轮流拈取供桌上的锡箔元宝，拈得有鬼符者即为鬼。“人鬼者白衣裹身，置于龙凤大缸内，乱棍打死。”民俗学家感动了，进而主动要求重演拈人鬼的仪式。无巧不巧，他拈中了鬼符，于是被罩上白幔，移入大缸——

> 民俗学家恍惚看见了那口大缸，缸上的裂纹和锡钉，还有一寸深的雪水和青苔。民俗学家猛地尖叫一声，不，放下我，快放下我！……
>
> 他站起来踢掉那匹白幔，双手拍着衣服、裤子，还有头发。他对老人说，这是模拟，这是假的，我是研究民俗的，我可不是人鬼……
>
> 到这儿就够了，已经够逼真了。

但故事到这儿还不够。民俗学家离开村子的那夜，仿佛有鬼引路。他终被车撞死，尸体却在那口缸里找到。警察打开死者遗物，“有一个塑料封皮的笔记本，本子上写满了密密麻麻的字”。笔记本中掉出一张锡箔纸，背面书着一个鬼符,还有红墨水写的一个大字,鬼。

苏童的南方阴气弥漫,人鬼不分。他的地方故事,鬼话连篇。而苏童自己及他的(理想)读者深深被迷惑了。我们随他进入那个"南方",徜徉在枫杨树侧、香椿街头,不知伊于胡底。就像那民俗学家一样,我们看着看着,终要陷入诡秘的田野调查/秘戏中,成为"南方"堕落奇观的一部分。但这是死亡,还只是诱惑?苏童的写作仪式仍然没有完成,人鬼的喊喊召唤,依旧从字里行间传来。

# 解读苏童《碧奴》的神话结构

/［美国］李　桦

作为参与国际写作项目——重写神话的三十二位作家之一，苏童重写了中国的民间传说——孟姜女哭长城的故事，取名《碧奴：孟姜女哭长城的传说》，于2006年出版。苏童曾明确指出《碧奴》的故事就是一个巨大的隐喻，眼泪和长城都有深刻的象征意义。[1]严格来讲，孟姜女的故事并不是一个神话，而是一个民间传说，但是苏童在重写过程中，将很多神话的元素融入了他的再创作中，使他写的故事成了一个神话叙述。本文将重点分析《碧奴》中的神话元素和隐喻，以论证苏童用新颖和个人化的方式呈现中国古老的民间传说，同时他把对当代中国社会和政治的批判用寓言的方式表达出来。

## 孟姜女传说的历史溯源

苏童承认他在写作前曾认真研读了顾颉刚关于孟姜女故事的变迁和发展的论文。早在1924年，历史学家和民俗学家顾颉刚，就发表了一系列关于孟姜女传说的考据论文。在文中，他系统地追溯了故事的起源，并检视了2 500年来这个故事所经历的几个重大变更。最重要的是，顾颉刚对故事每次所经历的变更都进行了有创见的和合理的解释[2]。根据顾的考证研究，孟姜女的故事最早出现在《左传·宋襄公》中，这个大约公元前549年的最早记录只是简要地记述了一个小故事：年轻的妻子在迎接她在战争中阵亡的丈夫杞梁的棺木时，拒绝了齐公的不恰当的吊唁请求。文中甚至没有提及这位服丧女子的姓名。[3]在此后的两百年间，类似的记述亦见于战国时期（公元前475—前221年）的《檀弓》和《孟子》，以及西汉（公元前206—25年）早期的一些诗歌中。唯一的变更就是，这些记述都提到杞梁的妻子善哭，并且她

1　苏童：《最瑰丽的想象来自民间》，《文学报》，2006年8月25日。
2　顾颉刚：《孟姜女故事研究集》，上海：上海古籍出版社，1984年，第2—73页。
3　同上书，第2页。

的悲调在当地甚为流行。[1]从西汉末期起，故事的重点开始从悲调转向城墙的倒塌。最早记录城墙倒塌的文献见于刘向（约公元前77—前6年）所编的《列女传》第四卷《贞顺传》中的《齐杞梁妻》。文中写到杞梁妻在城墙边哭她的丈夫，导致城墙倒塌。值得注意的是，直到这个时期，杞梁妻的故事还和秦始皇和长城没有一点关系。戏剧化的变化出现在唐代（618—907年）。在一首由和尚贯休（832—912年）所写的题为《杞梁妻》的诗中，顾颉刚注意到故事令人吃惊的三点变化：杞梁生活在秦朝（公元前221—前206年），杞梁被征服劳役，死后他的尸骨被埋在长城下，杞梁妻哭倒长城。在唐代的其他一些诗歌中，又加入了杞梁妻踏上旅程为丈夫送冬衣的情节[2]。顾颉刚将这些情节的变化归结于当时的历史背景：唐初期，唐太宗、唐高宗和玄宗连续扩展疆域，向邻国频频发起战争，使百姓饱受边疆战争和劳役之苦。所以，顾颉刚认为，杞梁妻哭倒长城只不过是当时的百姓借此委婉宣泄他们对连年战争和劳役的不满，及对唐君王统治的愤怒。[3]这些唐代诗歌中的故事描述就成了以后孟姜女传说的原型。虽然唐代以后，在不同地区，有不同的故事版本，但他们都保持了之前提到的三个基本元素，并在唐代的故事原型基础上进行加工。

## 《碧奴》中的变更

严格来说，孟姜女的故事应被归为传说或传奇，而不是神话。M. H. Abrams曾经对神话、传奇和传说进行了区分，他的阐述有助于我们了解苏童的重写孟姜女。Abrams说：

> 一个神话是整个神话体系中的一个故事。神话是一个集合名词，是指从古代流传下来的一整套故事系统。在某一特定文化中，人们相信这些故事的真实性，这些故事用神和其他超自然的存在解释了世界和事物发生和存在的原因。为什么世界是这样的，有些事情为什么会发生，为某些社会习俗和仪式提供了合理的解释，为人们的生活日常树立了规范……如果故事的主人公不是超自然的力量，而是普通的人，那么这种故事就被称为传奇，而不是神话。如果世代相传的故事涉及了超自然的

1 顾颉刚：《孟姜女故事研究集》，上海：上海古籍出版社，1984年，第3—4页。
2 同上书，第29—30页。
3 同上书，第20页。

> 力量，但它们又不是神，而且故事不是神话体系中的一部分，那么这些故事就被称为传说。[1]

从顾颉刚对孟姜女故事的历史溯源我们可以看出，虽然在个别记录中，孟姜女被描述为来自天宫的仙女的化身，但在大多数故事版本中，孟姜女都是作为一个普通妇女的形象出现的。[2]尽管民间的想象力赋予了她哭倒长城的超自然能力，她从来也没有成为一个“神”，而且她的故事也并不是神话系列中的一个。我们并不清楚，苏童是如何界定神话、传说和传奇的。在《碧奴》的前言中，苏童在谈到孟姜女的故事时，使用了“传奇”一词；当他谈到故事的发展和流传过程时，使用了“民间”一词，以解释故事的流传途径；当他谈到故事的人物特点和力量时，他使用了“神话”一词。从他对这些不同词汇的使用，我们也许可以推测，苏童把孟姜女的故事视为一个传奇，但是同时也认可了2 500年来，故事所保存下来的一些神话元素。意识到故事中神话元素的力量，苏童在重写这个故事时就放大了这些神话元素，所以将这个故事变成了一个神话叙述。

在《关于神话》(*Work on Myth*)一书中，Hans Blumenberg认为神话的生命力在于“主题与变更的关系”(the relation of “theme and variations”)。神话的主题保持不变，但在后世的流传过程中，不断加入小的变更[3]。孟姜女故事对读者的持久的吸引力印证了神话的这两个特点。

Blumenberg强调“标志的连续性”(iconic constancy)的重要性，它使神话超越时间和空间。他说“[神话]在任何时间段都不能被本地化，但故事本身的重要意义弥补了这个缺憾”[4]。在孟姜女故事中，丈夫杞梁被征劳役，妻子的恸哭和长城的倒塌都是故事的“标志”(iconic)。在重写这个故事时，苏童保持了这些“标志”(icons)的连续性，使杞梁的被征劳役成了妻子踏上征程的动机和最终哭倒长城的原因。但是，苏童把叙述的重点转移到妻子在路上所遭遇的各种艰辛，并加入了大量奇人怪事。在以往的各种故事版本中，孟姜女在寻夫路上的种种遭遇往往被忽略，这可能也是苏童的《碧奴》与孟姜女传统故事的最大分歧所在。一个女人的眼泪使长城的一部分倒塌，这传递了一个强大的、富有启发性的信息，同时是对一个女人所经历的艰辛的想象

---

1 Abrams, M. H. *A Glossary of Literary Terms*. 7th ed. Toronto: Harcourt Brace College Publishers, 1999, p.170.

2 顾颉刚：《孟姜女故事研究集》，上海：上海古籍出版社，1984年，第60—61页。

3 Blumenberg, Hans. *Work on Myth*. Trans. Robert M. Wallace. Cambridge: MIT Press 1985, p.34.

4 Ibid., p.149.

性补偿。其实最惊心动魄的部分是她在路上所受的苦难。这也许正是苏童把叙述的重点放在旅途上的原因。

苏童强调孟姜女"用眼泪解决了人类的巨大困境"[1]。苏童的话呼应了Blumenberg的观点：神话为"减少现实的绝对权威"提供"呼吸空间"。换句话说，神话"为人们解决实际生存所面临的问题提供了理性的解释"[2]。下面，我就将分析苏童如何在《碧奴》中使用神话因素来解决孟姜女所面临的实际困境。苏童对故事的处理与传统的故事版本有以下不同：首先他给了孟姜女一个不同的名字碧奴；他把重点完全放在碧奴在旅途上的经历，而且将现实与魔幻现实相结合；他赋予她的眼泪魔力以唤醒记忆和忏悔，最终导致了长城的坍塌；他用寓言性的叙述反映当代中国的社会和政治问题。

## 正名（Appellation）

Blumenberg指出"与神话紧密相连的是寻找和命名一个主体，使故事得以流传"[3]。他强调对诸神和物命名的重要性，因为"这些名字在本质上反映了每件事物的灵魂"[4]。在神话中，给一个主体命名，就是赋予了神或物一种特殊的属性，在神话和读者之间创造了一种熟悉感和信任感。苏童充分理解命名的重要性，所以他创作的第一步就是为主人公找一个特殊的名字——碧奴，以取代那个大众化的名字孟姜女。

我在前面已经提到，顾颉刚在研究孟姜女传说的历史时指出故事的女主人公在开始仅仅被称为杞梁妻，直到唐天宝六年（747年）她才有了自己的名字孟仲姿。但是，顾颉刚怀疑"孟仲姿"有可能是对"孟姜女"的误传，或反之。[5]孟姜女并不是一个具体的名字，而是对美女的统称。这个词可以在《诗经》中找到。孟指姐妹中排行老大的子女，姜是一个比较普通的姓氏，女指女子或女人。所以孟姜女只是泛指一个姜家的排行老大的女子。当苏童重写孟姜女的故事时，很显然他不喜欢这个泛指的名字，并说用一个模糊的大众化的名字来称呼他小说的女主人公是对她的不敬。[6]所以他给孟姜女取了

---

1 苏童：《碧奴：孟姜女哭长城的故事》前言，重庆：重庆出版社，2006年。
2 Blumenberg, Hans. *Work on Myth*. Trans. Robert M. Wallace. Cambridge: MIT Press, 1985, p.xi.
3 Ibid., p.51.
4 Ibid., p.49.
5 顾颉刚：《孟姜女故事研究集》，上海：上海古籍出版社，1984年，第28页。
6 苏童：《最瑰丽的想象来自民间》，《文学报》，2006年8月25日。

一个名字叫碧奴。这不仅仅是给女主人公正名，同时给读者提供了一个识别女主人公的标志，在读者和故事间建立了一种联系。碧意为青绿色或翠玉，奴古意为罪人。在苏童的故事中，奴可以理解为主人公的非自由状态。所以“碧奴”这个名字是美丽和禁锢的结合，暗示了主人公的命运。另外，苏童也略微改变了杞梁的名字，他把“杞”换成了“岂”。

## 地点和时间的不确定性

Blumenberg指出神话故事很少将时间地点具体化和本地化；只是流传的历史过程将它们放在某些特定的背景下。[1]我们也可以在苏童的故事中发现这一点：他没有把时间和空间背景具体化，而只是含糊地提到故事发生在一个有君王的时代。这不仅仅是因为苏童想使故事更加具有普遍性，还因为孟姜女的故事在2 500年的流传过程中，时间和地点都发生了戏剧般的变化。顾颉刚的研究显示故事的发源地在山东，在春秋（公元前770—前476年）时期是齐国的领土。在随后的700年中，故事的地点始终在山东境内。可是到三国（220—280年）时期，故事的地点因为不同的版本分别转移到山西、陕西和湖北。接着，在随后的1 500年中，随着故事的广泛流传，故事的地理背景遍及河北、河南、湖南、广东、广西、福建、浙江和江苏。这些省内都有孟姜女庙。顾颉刚认为孟姜女故事地点的变更和不同历史时期文化中心的转移有关。在春秋战国时期，文化中心在齐国和鲁国，所以故事发源于齐国的首都。到西汉（公元前206—25年），文化中心转移到长安。自西汉以后，孟姜女的故事沿着长城向周围各省流传。南宋以后，江苏和浙江成为中国南方的文化中心，所以在随后的300年中，故事的地理背景转移到这两个省。在同一时期，自从辽于916年在北京建都后，北京地区成为中国北方的文化中心，所以故事的地理背景围绕着山海关一带。到现今为止，故事的发生地主要集中在江苏、浙江和山海关。[2]

在苏童的故事中，桃村是碧奴和她的丈夫岂梁的家乡，我们可以依稀辨别出桃村在中国南方，因为夫妻俩以养蚕为生，而且岂梁的前生是一棵桑树。后来，岂梁被征劳役到北方的大燕岭去修长城。苏童说具体什么时间，具体长城的哪一段倒塌了，并不重要。重要的是一个女人的眼泪让长城的一部分倒塌了[3]，所以桃村和大燕岭都具有普遍性和象征意义。

---

1 Blumenberg, Hans. *Work on Myth*. Trans. Robert M. Wallace. Cambridge: MIT Press, 1985, p.39.

2 顾颉刚：《孟姜女故事研究集》，上海：上海古籍出版社，1984年，第36—67页。

3 苏童：《最瑰丽的想象来自民间》，《文学报》，2006年8月25日。

## 超自然的人物

苏童给他的故事添加的最引人注目的神话元素是赋予了他的人物超自然的能力。《碧奴》中的人物都与自然界中的万物相连。其中某些人物可以自由地在人类和非人类之间转换。这些神奇的人物以及它们的非人类的前生都赋予了故事一种超现实的氛围。故事中，女人的前生都是地上细小谦卑的植物、动物或者物品，比如蘑菇、地衣、干草、一枚螺蛳壳、一个水洼、一根鹅毛，甚至甲虫、蚯蚓。女主人公碧奴的前生是一个葫芦。男孩子的前生总是和辽阔的天空相连，比如太阳、月亮、星星、云彩、苍鹰或山雀。可是，碧奴的丈夫，身为孤儿，前世并不是来自天空，而是一棵桑树。另外，在小说中，一路陪伴碧奴到大燕岭的老妇人化身为一只青蛙，她历尽千辛万苦寻找自己的儿子。苏童说他开始的时候想设计一位寻子的母亲，与碧奴寻夫的情节平行。但是，因为担心这一设计会破坏叙述的整体性，所以他决定让一只青蛙来承载老妇人的灵魂。同时，这也给予了作者更大的自由度来安排碧奴和青蛙的互动。所以读者看到青蛙一路上以各种不同的方式陪伴着碧奴：有时，她藏在碧奴的包袱中，有时她离开碧奴几天又突然出现。在碧奴旅途的最后阶段，青蛙指引着碧奴爬上了大燕岭，最终和碧奴一起在山顶恸哭，直到埋葬岂梁尸骨的那段长城坍塌。

## 眼泪与记忆

在一次访问中，苏童说这是一部关于“眼泪的传奇”，他说：

> 我在写的时候能够感觉到人物的泪水。单纯用写实的方法铺陈哀伤，会非常乏味，所以我把故事背景架空了。那是一个乱世，那个叫碧奴的女子来自一个不允许哭泣的村庄。这是一个奇幻的铺垫——来自不能哭泣的村庄的女子，最后以眼泪成为一个传奇。当碧奴经受了苦难，明白了苦难，最后自觉地释放自己的情感时，她本身就成了一个隐喻。

在小说中，碧奴的眼泪与记忆紧密相连。她的眼泪不仅是她个人苦难的释放，更重要的是唤醒了人们的记忆。在叙述中，所有的人都抗拒碧奴的眼泪，因为她的哭泣使离乡的人们回想起他们的家乡、父母、妻子、儿女和他们做人的尊严。拒绝碧奴的眼泪是拒绝回忆过去，他们才可以心安理得地继续现在的生活。这一情节暗喻了对物质生活和现世快乐的迷恋和历史记忆的遗忘之间的张力。如果我们把这种张力或矛盾做寓言化的解读，我们可以很容易地看到这是当代中国社会的写照。

小说以介绍北山桃村当地的一种禁忌开头：当地人从会走路开始就不许再哭泣，因为许多年前，他们的祖先由于在国王的弟弟——信桃君的葬礼上哭泣而被杀。所以从一开始，眼泪就与痛苦的记忆相连。但是，流泪是人不可被剥夺的功能，所以住在北山的人学会了从身体不同的部位释放眼泪，比如耳朵、嘴唇、乳房、手掌和脚。碧奴的母亲教会了她用头发释放眼泪。但是，在寻夫的旅途中，碧奴的眼泪逐渐从她的手、脚趾、乳房流出来，最终她突破了禁忌，泪水从她的眼睛里流出来。

碧奴的眼泪引起了鹿孩们的恐慌。这些鹿孩被训练模仿鹿的奔跑，供贵族们狩猎寻欢。碧奴的眼泪让他们想起了早已消失在记忆深处的母亲和故乡。碧奴的眼泪也令他们想起了为人子应尽的孝道，以及作为人的良心与德行。但是，所有这些想法对鹿孩来说都是有害的，因为它们将成为自由的鹿孩的包袱，并会影响他们成为马人的雄心。所以鹿孩们用尽各种方法阻止碧奴的眼泪，同时他们也小心地藏起自己的眼泪。用这种方法，他们拒绝了过去的记忆。但是，他们还是无法抵制泪水唤起的乡愁，其中的一些鹿孩放弃了鹿孩的事业，跑回了家乡。

在五古城，士兵和百姓同样拒绝碧奴的眼泪，因为她的眼泪具有神奇的效果：令人们反思和忏悔。面对碧奴的眼泪，人们不由自主地跪下来，审视自己的行为：屠夫忏悔他曾设计陷害自己的竞争者；放荡的妇人坦白她的奸情；体面的绅士忏悔自己的抢劫行为。在这一章中，泪水帮助人们恢复了良心。

在大燕岭，眼泪也是被禁止的，因为简羊将军相信眼泪会扰乱石匠们的心，使他们想家，延误工期。但是，随着碧奴的到来，石头被她的泪水沾湿了，工匠们说石头在哭泣。在小说的最后，青蛙、蝴蝶和金龟子——这些冤魂的化身，都蜂拥到长城上，加入碧奴的哭泣。石匠们再也忍不住自己的泪水，因为他们想起了自己的母亲、姐妹和妻子儿女。最后，简羊将军也离开了大燕岭，回到他草原上的家乡。碧奴的眼泪不仅仅哭倒了长城的一部分，更重要的是唤醒了人们关于过去的记忆，帮助他们站起来反对暴政，放弃修长城的苦役。

眼泪在这部小说中具有高度的寓言性。人们被统治者剥夺了哭泣的权利，但是他们设法找到其他的方式哭泣。他们最终恢复了用眼睛哭泣的功能，并且用泪水摧毁了长城——帝王权威和权力的象征。

## 小说的寓言化解读

苏童强调故事的核心是眼泪，但眼泪并不意味着软弱和忧伤；相反是意志和力量的象征。在书的前言中，苏童说这个故事不仅仅是关于一个女人的传奇，也是关于她来自的那个阶级的传奇。他说当这个阶级没有其他的方式保护自己的时候，眼泪就成了他们唯一的武器。从苏童的话里，我们可以看出他所要传达的政治和社会话语：人们的自由意志是反对暴政的最有力的武器。

在小说中有一个暗杀的小情节：信桃君的后代等待时机暗杀国王，为先辈报仇。苏童将暗杀者的弓箭与碧奴的眼泪对比，象征了两种反抗的形式：暴力和非暴力，坚硬与柔软。碧奴最终用柔软的泪水达到了她的目标——找到自己的丈夫，哭倒了长城，可是那个暗杀者用了三种不同的方式都没有达到自己的目标，最终被捉住杀害。泪水比弓箭更有力和具有破坏性，因为它们包含了人的尊严、情感和记忆。在书的前言中，苏童还说，这是一个乐观的故事，而非一个悲惨的故事。碧奴用她的泪水来解决人类生存的困境。所以泪水成了一个文化象征，一个反抗现实的武器和人性的证明。

苏童没有具体化故事的历史和地理背景，所以要表达的话语是具有普遍性的。但是，我认为《碧奴》中的社会批判对当代中国社会是有所指的。苏童对社会具有敏锐的观察力，他将自己对社会和政治弊病的观察投射到小说中。在小说中，以寓言的形式呈现出来的各种社会问题随处可见：童工，行贿受贿，在一个金钱至上的社会里的道德沦丧，历史记忆的遗忘，社会暴动，缺乏言论自由，审查制度，地方官员虚报政绩，等等。值得注意的是，在小说中，有一些人是被训练成马人、鹿人甚至猪人供王宫贵族狩猎取乐。狩猎是在贵族中流行的消遣方式，但由于三年战争，无论良马还是劣马都被征用打仗去了，贵族们无法再骑马狩猎。一个贵族听从了门客的建议，把一些身强力壮的年轻人训练成马匹，这样贵族打猎时就可以把他们当马骑。其他的贵族也都跟着他学。苏童用嘲讽的笔调写到国王非常欣赏贵族们这一体贴、节俭的解决方式，因为贵族们节约了战争中的马匹，国王宣布所有的马人都可以解除劳役。所以在年轻人中，马人成了具有竞争性和非常流行的职业。他们被训练得像马一样嘶叫，比真正的骏马跑得还快，但是他们又比真马温顺得多，还能自己照顾自己。但是，随着马人的兴起，狩猎活动的繁荣，潜在的猎物——鹿、野猪、兔子等都逃到了深山里，贵族们没有足够的猎物了。所以鹿人的出现解决了这个问题。贵族的门客们从大街上召集流浪少年，训练他们像鹿一样奔跑跳跃。那些像鹿一样灵巧的孩子被选出来参与贵族的狩猎。效仿这一举动，不同的孩子被训练成不同的猎物，以满足贵族们的不同的狩猎喜好。小说中的马人鹿人可以直接联系到社会现实——有权势的阶层无情地盘剥弱势群体。在中国，随着社会的快速工业化和商业化，许多农民离开土地到城市谋生。他们从事各种危险和繁重的体力劳动，但是却拿着微薄的收入，有时甚至被欠薪。有些儿童在非法煤矿和砖窑里沦为童工奴隶。《碧奴》里的鹿人就是用寓言的方式讲述了童工的遭遇。

在小说中，我们还看到了人肉市场，在那儿，男女老少像商品一样等待着被买卖。苏童特别描写了市场上的两组女人。一组是衣着光鲜，擅长女红的年轻女子，自豪地等待着被富人买到家里做缝工。另一组是衣着破烂，来自山区，没有一技之长的老年女子等着被买去当作大牲口，在田里拉车犁地。这个场景也可以寓言化地解读为当代中国社会现象的写照。在城市里，农村来的没有受过什么教育、没有技能的女孩子生存的主要出路便是到娱乐场所工作，或到工厂当工人，或到城里人家里当用人。

小说中另一个重要的寓言是国王的金船，一个中国版的“皇帝的新装”。国王带着他的官员和仆人乘着金船巡游他的国土。但是他的行程非常难以捉摸，因为它随着天文星象而定。国王的旅途沿着一条不存在的运河前进。据说本来金船造好之日也是运河完工之日。可是当金船造好后，送到国都的时候，运河还没有开工。这时一个天才和大胆的画家画了一幅想象出来的运河图，并呈现给国王。国王非常欣赏画上的宏大景象，决定在运河上巡游一番。没有人敢告诉国王运河实际并不存在。所以国王坐上他的金船，数百名纤夫拉着船在陆地上前行，寻找虚幻的运河码头。沿线的地方官员向国王呈报虚假夸大的工程项目，以突显他们的政绩。五谷城的人谈论着国王和他的金船的到来，但人群中的一个小男孩说从来就没有什么运河，船一直在陆地上走，所以国王迟早会发现真相，发现他的官员们都在骗他。人们说这是小孩子都知道的真相，难道官员们会意识不到如果国王发现真相，他们就会有大麻烦吗？他们一定有什么难言之隐！这则寓言影射了政治制度中的官僚和腐败。

在五谷城，碧奴被带到当地一个官员的家中，因为官员需要碧奴的泪水来治疗他家人的怪病。凡是会流泪的妇女儿童都被带到了官员家的厨房里，卖他们的眼泪，来熬上汤。碧奴的眼泪被认为是最宝贵和最有效的，因为她流下了世界上最悲伤的眼泪。这里又传达了苏童的一个社会批评：穷人的苦难是富人的补品。

同样在五谷城，妇女被禁止在公共场合说话，因为如果官员听到她们说什么不妥的话，就会割掉她们的舌头。所以五谷城的女人都小心管好自己的舌头，她们知道什么时候要装聋作哑，什么时间地点说什么话。人们甚至发明了一种特别的药帮助女人控制她们的舌头。同样的，这是苏童对言论审查制度的讽刺。

在这部小说中，苏童对百姓的态度也是批判性的。他呈现了一个冷漠无情的民间社会。当碧奴决定给丈夫送冬衣时，村里的女人们都笑话她，觉得她是一个智力障碍者，虽然她们也很想念去服劳役的丈夫。但大燕岭太遥远了，对旅途艰辛的恐惧阻止了她们去寻夫。同时，她们又憎恨碧奴，因为她的举动突显了她们的自私和胆怯。另外，虽然百姓被统治者和贵族剥削，但他们自己也剥削和欺压比他们更弱势的人。小说中到处可见碧奴被村民们，被境遇相似的妇女，被路过的镇子上的人，被鹿人们和马人们嘲笑、侮辱和掠夺。同时，碧奴自己有机会的时候也欺负别人。她给丈夫做的棉袄被鹿人抢走了，但是后来碧奴在暴乱中也偷了另一个女人的棉衣。发现丈夫死后，碧奴对自己的偷窃行为很后悔，并且相信这是报应，因为岂梁不能穿她抢来的衣服。我们可以看出小说中的道德底线很模糊。这也反映出苏童对当今社会道德水平的看法。在一个经济高速发展的世界里，荣誉、尊严、同情心、诚实和其他许多正面的品德正从民间社会消失。

## 结语

苏童指出孟姜女故事的流传和发展证明了民间想象力的强大。故事发源于一个小小的事件：一个女人要求给她死去的丈夫一个合适的吊唁仪式，然后逐渐演变成一个女人用泪水摧毁长城的传奇。孟姜女是一个普通的妇女，但是民间的想象力将她一步一步放大，最终赋予她超自然的力量来完成一个只有神才可以完成的任务。人们将他们数百年来所受的暴政和劳役之苦浓缩在碧奴的眼泪里[1]。所以苏童说这个故事不仅讲述了一个女人的命运，更揭示了生活在社会底层的人的命运。[2]

---

1 苏童：《最瑰丽的想象来自民间》，《文学报》，2006年8月25日。

2 苏童：《碧奴：孟姜女哭长城的故事》前言，重庆：重庆出版社，2006年。

《碧奴》中的人物对世界的反应主要是靠本能，而不是靠道德或反抗意识。无疑，苏童深知孟姜女传说的宏大主题——人民反抗暴君，但是他宁愿将故事放在人性和本能的层面上，而不是阶级对立的层面上，尽管在小说中阶级的二元对立也很明显。碧奴决定给丈夫送棉衣是因为岂梁被征劳役时还穿着夏衣，所以他需要一件厚衣服来抵抗北方的严冬。支撑着碧奴走完全程的力量就是对丈夫的担忧。她没有野心推倒长城，推翻统治者。但这些本能和生活的基本需求证明了它们更有力和更具颠覆性。

顾颉刚曾总结了孟姜女2 500年来在流传过程中的变更。正如前文概括的，随着文化中心的转移，故事也顺应了地方风俗和时代背景发生了变化，并且借助人们的想象力，故事不断发展以满足人们的情感需要和对社会公义的诉求。毫无疑问，苏童的《碧奴》是对孟姜女故事的又一次改写，就像以前的各种变更一样，它也承载了时代的烙印。苏童反复强调《碧奴》是一个巨大的隐喻。他的话建议读者应该在寓言的层面上解读这部小说，很自然地，我们也在书中发现了无处不在的对社会和政治的批评。它折射出当代社会存在的许多问题，并发出了一个强有力的警告：看似最软弱的却可以战胜最强大的，就像泪水可以摧毁长城。

一些批评家和苏童自己都将《碧奴》与他的《米》、《我的帝王生涯》和《武则天》并列起来，归入历史小说一类。苏童认为《碧奴》是他以往的历史小说的延伸，而不是新的起点。他特别将《碧奴》与《我的帝王生涯》进行比较。他说两部作品都充满了想象和幻象，但是《碧奴》在人物塑造上更成功。苏童承认他写《我的帝王生涯》的时候，太急于展示故事的传奇性——一个帝王命里注定成为一个街头的杂耍艺人，所以人物的塑造显得概念化。和《我的帝王生涯》里的端白相比，碧奴更加有血有肉。

尽管苏童说《碧奴》是他到目前为止最好的长篇小说[1]，出版此书的重庆出版社说书出版的第一个月内销量就超过八万册[2]，但读者和评论家的反应似乎没有证实这一点。文学批评家在评论这本书时都很谨慎，并没有像苏童所期待的那样给予太多的溢美之词。也许是因为政治原因，评论家并不重点解读故事中的寓言和隐喻，尽管苏童反复强调这个故事就是一个巨大的隐喻。评论家们的评论主要集中在小说的风格和技巧。例如，陈思和认为这部小说延续了苏童20世纪80年代的先锋小说的风格，强调自由的想象、新颖的

---

1　苏童、张学昕：《〈碧奴〉：控制和解放的平衡》，《文艺报》，2006年10月14日。

2　苏童：《〈碧奴〉是我最满意的作品》，《南京日报》，2006年10月15日。

技巧和叛逆的精神。[1]郜元宝则公开表示了他对这部作品的失望，批评小说的无节制的想象，以及苏童无视当代中国的现实。[2]可是，我认为这些评论对这部小说的理解不够全面，因为他们忽略了苏童隐藏在《碧奴》中的强有力的社会批判。

现代中国文学中，有很多作品是重写民间传说或神话。最著名的重写之一就是鲁迅的《故事新编》，这本在1922年和1935年期间完成的小说集，从一个崭新的角度重写了中国古代的传说和神话。在八个故事中，《补天》和《奔月》是在神话的基础上加工而成的；《理水》和《铸剑》是以民间传说为原型；《采薇》、《出关》、《非攻》和《起死》则是改写了《史记》、《庄子》和《墨子》中的历史故事。虽然原始故事的来源不同，读者都可以从重写的故事中读出鲁迅对当时社会文化现象的嘲讽和批判。无疑，当重写这些故事时，鲁迅通过在故事中加入当代的用语，甚至直接引用文坛或政坛宿敌的话，或直接以这些人的性格为原型，将他对敌人的愤怒和社会政治现象的不满宣泄出来。从这一点来看，苏童的重写孟姜女与鲁迅的《故事新编》有些共同点，即两位作者都赋予了旧故事很强的象征性和批评讽刺社会的功能。

1 陈思和：《自己的书架：陈思和评〈碧奴〉》，《文汇读书周报》，2006年10月30日。
2 郜元宝：《岂敢折断你想象的翅膀》，《文汇报》，2006年10月。

# 乌托邦里的荒原

——格非《春尽江南》

/［美国］王德威

格非曾是1980年代大陆先锋小说的健将，成名作是1987年的《迷舟》。这个中篇小说以民初军阀战争为背景，写一场不明所以的军事任务和情欲冒险。凄迷的背景，神秘的巧合，出人意表的转折，格非笔下的历史如此曲折隐晦，裂痕处处，以至于拒绝任何微言大义。相对的，历史也因此涌现各种可能，成为一种诱惑，一种充满隐喻的诱惑。这诱惑挑逗格非的人物和读者寻求真相，却也埋伏着挫折和凶险。

对格非而言，以小说书写历史无他，就是呈现时间和叙述的危机，和危机中不请自来的诗意。正如《迷舟》主角在军事任务的旅途中，"回忆起往事和炮火下的废墟"，竟"涌起了一股强烈的写诗的欲望"。

历史、叙事和诗的碰撞是先锋小说的叙事核心。大历史从来标榜严丝合缝，一以贯之。先锋作家反其道而行，他们直捣叙事的虚构本质，一方面夸张文字想象的无所不能，一方面又拆解任何符号表演的终极意义；一方面揭发现实的荒谬，一方面"打着红旗反红旗"，放肆荒谬的想象。这样二律背反的姿态代表作家面对历史的惶惑与抗争的方式，但更重要的，也投射了一种乌托邦的辩证。

评者陈福民论格非早期创作有如下的看法：他的小说在形式探索与语言试验之外，"关涉到形成叙述与叙述行为忧郁品格的隐秘的诗学立场……从而突出人与历史本身的联系，最终重现一个纯粹自我存在的乌托邦冲动"。在中华人民共和国历史语境里，我要说这一"乌托邦冲动"是审美的，也是政治的；是"纯粹自我的"，也是关乎群体的。格非早期小说之所以迷人，正是因为在这一语境里，他以动人的文字演绎乌托邦的——也是诗的——魅惑与反挫，追寻与怅惘。

《迷舟》之后格非的一系列中短篇小说像《青黄》《褐色鸟群》《唿哨》都是脍炙人口的作品。1990年代初格非也开始写作长篇如《敌人》《边缘》《欲望的旗帜》等，这些作品延续以往的风格，但也许因为是写作形式和“形势”的改变，力道不如以往。1994年，格非的创作戛然中断，而且一搁就是十年。当他再度提笔时，新世纪已经来临。2004年格非写出《人面桃花》，继之以2007年的《山河入梦》以及本文介绍的《春尽江南》。这三部小说形成一个系列，论者或谓之“乌托邦三部曲”，或谓之“江南三部曲”。无论如何，格非的乌托邦意识就此浮上台面。作为三部曲的压轴，《春尽江南》如何呼应前两部的主题，又如何与先锋时代格非的乌托邦诗学对话，是以下讨论的焦点。

## 一

格非的“乌托邦三部曲”以《人面桃花》《山河入梦》《春尽江南》涵盖百年中国追寻现代经验的起伏。《人面桃花》以辛亥革命为背景，《山河入梦》将场景转到五六十年代各种运动中的社会主义中国，《春尽江南》则描写世纪末中国“具有社会主义特色”的市场化现象。这三部作品中的人物关系有某种传承，但这不是格非的重点，他显然无意我们熟悉的家族三代接力式的大河小说。相反，人物之间如有似无的关系反而加深了我们对历史断裂、人生无常的感触。在第一部里，知书达理的少女陆秀米因缘际会卷入革命狂潮，成为一个不可思议的革命者。第二部里，红色干部谭功达（陆秀米的儿子）一心向党，立志报效祖国，然而他的热情和理想过犹不及，注定成为政治的牺牲品。在述说政治寓言外，格非更想要传达在诡谲的历史氛围里，个人身不由己的命运与抉择。辛亥革命抛头颅洒热血的同时，也关乎阴错阳差的啼笑因缘，社会主义运动虽然“毫不利己，专门利人”，种种私密欲望却是此起彼落，只能以非常手段因应。

格非的故事并不让我们意外，他的叙事风格和他要讲述的内容所形成的反差才更吸引我们。格非的文字典丽精致，令人发思古之幽情，想想《人面桃花》《山河入梦》这样的小说题目就可以思过半矣。但格非将这样的风格嫁接在后现代、后社会主义式的情景上，陡然唤生突兀和荒唐的氛围。在很大意义上，这一风格延续了他先锋时期的标记：在特定历史转折点，暴力与混沌架空了常态表意结构，却也激发出了始料也是“史”料未及的诗情。

如上所述，在描写史与诗交汇点的同时，格非投射自己的乌托邦想象。在以往作品里，乌托邦总是以隐喻形式表现，爱欲、物象、声音、颜色、古典诗歌等。触动乌托邦想象的人物内心总耽溺在飘忽的欲想里。他们有着诗人易感的气质，外在历史风暴如何强大，也无碍他们自己的追求——哪怕是一场徒劳。他们的姿态有时让我们想起了存在主义式荒谬英雄。

但在《人面桃花》《山河入梦》里，乌托邦成为一个具体空间或政治设置。《人面桃花》里桃花岛上花家舍原来是化外江湖之地，却成为革命兴革的理想倒影。而《山河入梦》中的花家舍则是一个完美到了可怕的人民公社式所在。无论是陆秀米还是谭功达都被推向台前，直接介入这些乌托邦的构造。我以为格非这样的场景、事件安排失之过露。但我更要探问的是格非将过去的隐喻的乌托邦寄托和盘托出时，他的叙事策略是什么？

这一问题到了《春尽江南》变得无比明显。《春尽江南》的主人翁谭端午（谭功达的儿子）是个诗人，在80年代末的南方小城里小有名气，到了90年代显然难以为继。所幸端午的妻子庞家玉是个精明能干的律师，也就得过且过。家玉其实有段过去：当她还叫李秀蓉的时候是个文艺女青年，和端午有过一夜激情，事后端午偷了她的钱一走了之。数年之后，秀蓉改头换面成了家玉，居然和端午成了夫妻。家玉的"变脸"当然有点匪夷所思，但格非应该是有意为之。中国从80年代到90年代的改变之剧烈往往让人有恍若隔世的错觉，一个小人物的改头换面又算得了什么？

90年代以后的花家舍的改变又何尝不是如此。小说中段，我们得知花家舍已经成为高级销金窟，外观高雅，里面人欲横流。这是社会主义市场化突飞猛进的成果。不仅如此，格非告诉我们《人面桃花》里作为盗匪窝的花家舍已经成为舞台表演项目……一百年来中国对乌托邦的追求原来不过如此。在新世纪的第一个十年里写他的"乌托邦三部曲"，格非的感慨不可谓不深。

《春尽江南》写乌托邦的幻灭，尚不止于对花家舍作为一个理想空间的一再倾覆。格非花了更多篇幅描写后社会主义种种怪现状，包括端午夫妻各自经历的情欲诱惑，学界到商场的尔虞我诈。小说后半段写到家玉投资的房子居然让租户霸占，拒不搬迁，最后做律师的她必须动用黑道力量才能摆平。在这些情节里格非所运用的笔调完全是现实主义路数，甚至有了辞气浮露的痕迹。比起《人面桃花》《山河入梦》，《春尽江南》距离格非早期那种如梦似幻的、神秘而且抒情的风格更遥远了。这本小说给我们最大的震撼是读来"不像"是格非了。当乌托邦与现实开始对号入座，乌托邦作为隐喻的力量消失。而乌托邦的失落莫非也正是一种诗意的失落？

这让我们再一次思考小说题目《春尽江南》的反讽意义。"江南"在格非的心目中当然有特殊意义，这是桃花岛花家舍的所在也是世外桃源的延伸。作为地域、文化甚至意识形态的坐标，"江南"千百年来明媚丰饶的形象早已深植人心。而相对中原所代表的密不透风的正统，江南的风流天成尤其是诗词歌赋咏叹的对象。然而到了21世纪，格非却要在《春尽江南》中写他举目所见的江南空气污染，建筑丑陋，各种华洋事物杂乱无章。传说中的江南才子佳人早已无从得见，有的是跳梁群丑，或像谭端午这样无所事事的废人。

对照《人面桃花》《山河入梦》里的革命情节，我们理解江南更有一层政治含义。从元代以来江南就是遗民聚散之地，明清之际更是孤臣孽子盘桓的渊薮，以至于在清初帝王眼中，江南“不仅是各种反清运动的频发地，亦是悖逆言辞生产的策源地”。果如此，格非想象现代乌托邦试验发源于此，也就不足为怪。然而春尽矣。如今的江南卫士当道，市侩横行，还谈什么革命理想，批判精神？江南不再是乌托邦，而是“荒原”。

## 二

谭端午不仅是《春尽江南》的主人翁，也是格非构想中承载当代历史精神的主体。如果与历史宿命对抗的“乌托邦冲动”必须有诗意作为后盾，谭端午以诗人的面貌在小说中出现，自然是顺理成章的事。反讽的是，《春尽江南》不是乌托邦小说，而是为乌托邦预做悼亡的小说。这使谭端午的角色变得暧昧起来。

谭端午出现在小说开始时，很能代表格非想象的80年代末的文人姿态。他醉心文艺，倜傥不羁；他可能并没有太多才气，但在小城的情境里已经足够使唤。他轻易就勾引了女青年李秀蓉上床。但要不了多久，谭端午就开始见识到现实的压力。他的工作无趣，人际关系贫乏，他与“变脸”之后的秀蓉或女律师家玉的婚姻也乏善可陈。比起周遭人物，谭端午其实明白自己的困境，也偶有挣扎改变现状的心思。然而他既无动力，也无能力。他每天抱着《新五代史》消遣时光，仿佛自己也就是那个混沌不明的时代的传人。

论者已经指出，谭端午的塑造延续19世纪俄国小说的“多余者”。他们夹处历史裂变中，有理想却没有能量，最后只能为时代所遗弃。即使如此，我以为这个角色还可以更复杂饱满一些。对格非而言，诗人的无所作为代表了乌托邦向当代历史的臣服。想想“乌托邦三部曲”前两部里的人物，辛亥之际的陆秀米或是五六十年代的谭功达虽然未必完成他们的理想，但他们以肉身之躯挺向革命狂潮，见证了时代的巨变。陆秀米和谭功达不是诗人但他们的抉择与成败却透露诗意。此无他，他们的“乌托邦冲动”成就了他们的想象力和勇气。但格非眼里的90年代后的中国不再提供这样的条件。

诗人是怎样在当代中国消失的？小说前段处理了1989年诗人海子之

死。海子崛起于80年代中期，他的诗歌风格质朴、意象恢宏，带有社会主义诗歌的雄浑，却又体现"新时期"对审美乌托邦的渴望。1989年3月26日，海子在山海关卧轨自杀，震惊了他的崇拜者。他的死被视为是"新时期"结束的象征，一个属于诗的年代的消逝。

由海子所象征的"诗人之死"因此成为《春尽江南》的潜台词。借由谭端午的例子，我们见证的却是"诗人不死"。诗人不死，但诗人的生活却是行尸走肉，在暗示了这个时代又掉入鲁迅尝谓的"无物之阵"。这也正是格非的乌托邦辩证尽头的最大的无奈。无独有偶，当代大陆另一位小说家蒋韵的《行走的年代》也同样处理了"诗人不死"的吊诡命题。蒋韵也视80年代为一个诗的时代，一个天地旷远的"行走的年代"。她的小说中也有一段不可思议的"变脸"的情节，在此存而不论。所可注意的是，小说中曾经行走四方的诗人到了市场时代摇身一变，成了房地产商人，而他最新的广告词不是别的，就是海子生前最后一首诗，《面朝大海，春暖花开》。

比起蒋韵那位成为"成功人士"的诗人，谭端午的落寞可能更让我们心有戚戚焉。唯其如此，谭端午的何去何从也更让我们关切。但这个角色没有完全发挥。格非企图从谭的无所作为折射社会的市侩与丑陋，从而多写当代中国"多余者"的悲哀。问题是，当端午成为一个社会怪现状的折射镜的同时，他的诗情，不论好坏，也被小说叙事搁置了。小说最后暗示端午会走上写小说的路子，而书末附录他早年诗歌作为一种对诗人前世"遗骸"的悼念。

从"三部曲"的计划来看，《春尽江南》既然写的是乌托邦的失落，因此所呈现的叙事变得平铺直叙似乎也就理所当然。但我认为这却让作品本身的复杂度降低。格非触及的其实不应只是社会怪现状而更应是小说叙事和诗歌在文类本体学上对话的难题。诗人以文字意象触动电光石火的灵机；小说家在叙事流变中追踪生活曲折无尽的长河。但两者之间又不必是决然对立。回到陈福民论格非早期小说的特色，在于"关涉到形成叙述与叙述行为忧郁品格的隐秘的诗学立场从而突出人与历史本身的联系，最终重现一个纯粹自我存在的乌托邦冲动"。我要说谭端午是个失败的诗人是一回事，格非写谭端午这个失败的诗人又是一回事。我理解格非对当代中国"乌托邦冲动"不再的感叹，但作为曾经的先锋创作者，他如何保持自身"隐秘的诗学的立场"，而不完全向现实以及现实主义叙事撒手，应该是他写三部曲的初衷。如此，《春尽江南》的乌托邦辩证——也是诗的辩证——就有继续发挥的余地。

我想到1964年两位西方左翼阵营大师阿多诺和布洛赫的一场对话。阿多诺指出资本主义文化工业无所不在，复制一成不变的“今天”，俨然完成一种令人无所逃遁的“乌/恶托邦”。布洛赫反驳阿多诺，认为“美丽新世界”无论多么完美，总不能排除有些我们心向往之的事物仍然付诸阙如；而只要我们仍有对那尚未实践的、难以命名的事物有所憧憬，乌托邦的冲动就萦绕不去。

回到《春尽江南》的叙事。我认为格非所希望传达的当代历史危机感，正是那种有关乌托邦想象辩证的胶着状态。“三部曲”的结局似乎是悲观的。但我们要问诗人“不死”，是否只是因为诗人已经完全被当代社会驯化？抑或是诗人隐匿了身份，徐图大举？就着《春尽江南》的叙事逻辑，格非写出了乌托邦里的荒原。但在时间的另一个转折点上，诗人未尝不可能写出荒原里的乌托邦。

# 自我意识的童话：格非与元小说的几个母题

/ 张旭东 著 朱 康 译

格非是中国先锋文学的代表人物之一。通过细读他那些具体的文本，我们能够阐明1980年代后期中国实验小说的几个母题——记忆、时间、自我或主体性以及历史。将零碎的集体记忆整合为个人意识，这是元小说的特征，格非借此呈现出一种叙事的自由状态；而以历史为参照，尤其是以后毛泽东时代中国特殊的历史时刻为参照，这种状态便可以被准确地把握。在这一章里，我重新把格非这一案例与社会空间联系起来，与改革全盛期的集体经验联系起来，从而以现代主义所具有的历史的真理内容为目标，试图把格非的写作的辩证法转化为一种批判性的思考方式。

虽然可以说，这种真理内容与后现代主义的真理内容相似，但我将表明的是，它更少以“后现代”的方式发挥作用，而更多地代表了特定关头的现代冲突。新的社会领域浮出历史，而它的意识构造则在能指的层面上，通过先锋小说审美的新奇性与朦胧的解放感，而且在道德上乃至政治上将它正当化。叙事迷宫使格非的作品具有“后现代”的外观，但我将证明的是，格非的叙事迷宫并不是作为雅克·德里达所构想的“语言的自由游戏”而存在，相反，它作为一种符号的掩体，为时间、记忆和历史提供意象和叙事的庇护交流空间。先锋小说是对新时期的一种默默的肯定，与其说它带来了主体和叙事的终结，不如说在变化了的历史可能性条件下，表明了某种自我与历史的起源。因此，“新小说”所表征的不是后现代主义所欢呼的“人的终结”，而是一种社会性意识史的开端。在这个意义上，当对于格非（和他的同辈作家）的阅读在形式史和叙事史中展开时，批评本身就从审美行为变成了集体经验的历史记录。

通过细读格非发表于1986年到1989年间的短篇小说，我想考察的是：元小说中记忆和个人视角的作用，名称、意象和故事的物化和半自律性的结构，艺术家对自己的工作不断地自我描绘，作为历史时间构造的叙事结构，以及最后，通过在元小说的旅程中有预谋地消解意义而达成社会个体性地确立。此后我将回到两个基本的问题：（1）先锋小说同白话文文学革命（新文学运动）以来的中国现代文学遗产的关系，这一关系再次呈现了在历史过程中不断变化、反复出现的中国现代性问题；以及（2）社会经验与叙事的可传达性：当代中国现代主义（以及仍有待被界定的中国“后现代主义”的概念）与后革命的生活世界对峙时，也力图保持自己在这个异化了的世界里自我表达和被人理解的权利和可能。我对所选文本的解读，正是在与这些历史和理论主题的互动中展开的。

## 记忆的起源：《追忆乌攸先生》

格非的处女作《追忆乌攸先生》发表在1986年的《上海文学》上，故事是从一个刑侦场面开始的。三个穿警服的人带着令乡下人感到新奇的手铐和测谎器之类的东西在村里四处打听关于死者（乌攸先生）的细枝末节；而对于那些被询问的“缺乏热情”的村民来说，整个询问的过程似乎只是一个阴谋，强迫他们披露自己最隐秘的和最“私人”的关于过去的记忆。这些记忆看起来已经死灭，但仍然“像姑娘的贞操被丢弃一样容易使人激动”。对于乡下人来说，乡村医生乌攸先生的惨死，与他同他的女弟子杏子关系“暧昧”有关，而事实上，杏子已经被村里让人又爱又怕的“头领”给强奸和谋杀了。色欲的爱恋，冷漠的旁观（在鲁迅那里，这是民族精神麻痹的象征之一），连同无时间线的乡村节日的复归，使过去变得鲜活与完整——虽然它的规模缩小了，它的位置也只是记忆的一个遥远的角落。“那天确实是端午节”，由此开始，格非第一次对场景做了长段的描写：

> 妇女们有的通宵未睡，到河溪里去采苇叶，用竹筏、舢板以及脚盆之类的东西装回来包粽子。清晨，河上的薄雾像蒸汽一样还没有退去，空气里又一股浓浓的苇子的清香。男人们开始淘米，用大号的筛箩。小孩子们就跟在大人后面转，用剥了皮的柳条打溪里的水。这时有一个小媳妇从村东到村西，她一路叫着，村子里的人马上就知道了今天要枪毙乌攸先生，村子里的所有人都看着她跑。只有几个小伙子不知道发生了什么事，小媳妇的叫声他们一点都没有听清楚，因为他们光顾着看小媳妇粉红的衬衣里面的小肉团在跳动了。事后，小伙子向人们谈起那天早上的情形时，他们说，他们第一次看见那个媳妇跑，周围的一切生命都停止了。

"色欲"(如果不是审美)的弥漫解释了他们不愿说出真相的原因。不仅如此,作者不动声色的揶揄也表明:对于故事的内在秩序而说,调查员如此热情地遵循的程序恰恰是使记忆变得不可能的东西,就像测谎器甚至使一个唠叨的人变得说不出话来。

警察也出现在另一篇小说《蚌壳》的现场:他们(那种既被他人误导,同时也误导他人)的测量、记录、跟踪、盘问形成了一个重大的自主领域。在这里,叙事者"我"和他的对话者小羊在交流上的困难再次证实了事件领域和语言领域在结构上的不可通约性,而小羊很快就成了叙事者的性伙伴(后来医生和他的女病人再次重现了这种关系):"谈话像是被冰冻住了,我们只能在一些无聊而又断断续续的句子之间尴尬地徘徊。过不多久,这些干涩的句子又一次次被重复……"然而,并行是语言之外可被预言且不可避免的运动,它沿着命运的逻辑展开,或者它以叙述策略为依据而沿着欲望的逻辑展开:"我觉得我的双脚在踏进这个令人窒息的门洞时,我就预感到了以后将会发生的一切,这一点也许在那年春天我离开原野上那座孤零零的瓦屋时就感觉到了。……我觉得在我和小羊之间,一切像注定要发展成为癌肿的小疖正在急剧膨胀,这一点让我兴奋不已。"

完全当代性的(radical contemporary)经验——诸如城市居民任意的性冒险——在无时间性和史前史之中看到了它自身的游戏规则,这指明了想象领域和日常生活领域之间在意识形态上的亲密关系。格非的小说是以这样一种方式被建立起来的:他将想象和日常生活这两个维度组合在一起,而对于其中的任何一个,他都没有赋予叙事的稳定性;相反,它们借助于经验的悬置和问题的特色做派(mannerism)而彼此指涉,使写作的辩证法变得清晰可见,而这种辩证法正是我试图从审美和社会两方面出发来破解的对象。某种"理智的图谋"与那种推动叙事发展的真实动机静心策划的裂痕占据了格非小说的中心地带。这暴露出那些表层的"案情"与元小说建构的深层目标之间存在距离:作者有意识地把叙事结构建立在一个远非任何外在秩序所能触及的地方。对于叙事的推动力来说,外在秩序作为现实自身,似乎只是一种普遍的混乱,本身亟须整理。

虽然这里对于侦探小说的运用显得虚假,但是"侦探小说"的元素在格非的作品里也并不是一种偶然的、仅仅服务于某种局部效果;不如说它与叙事整体相伴而生,并通过自身的瓦解将某种规则推到了前台。《追忆乌攸先生》的篇名已标明了它的母题:记忆。"时间叫人忘记一切。"村里长辈对年轻人这样说道。这篇小说就像格非许多其他小说一样,变成了反抗这一格言的一场旷日持久的阴谋运动。警察在这一叙事构成中具有特殊的功能。由于他们突然卷入这些事件——在小说的描写中，这种卷入带来了暴力而不是带来了希望——或如本雅明所说，人们从“空洞的、均质的时间”中惊醒过来。就像启示总是从最世俗、最平淡、最无希望的时刻开始，时间的裂痕和遗漏变成了格非叙事的迷宫。

在1980年代，与之前叙事风格的时尚相比，格非的叙事非常清晰，在意识形态和品位上也非常周正，这并不是因为它在意识形态和审美意义上更透明或者更折中，而是因为它的叙事性是通过叙事的不断解构与重构得以实现的。对于格非来说，历史与小说之间不存在边界；也就是说，历史首先是一个诗学的建构，就像叙事首先是一种语言的作用。然而具有反讽意味的是，就像诸多其他先锋作家一样，格非愿意选择记忆——通常是最个人化的记忆（例如性爱或自我认同）——作为检测自己的写作哲学的中心场地，仿佛元小说已经给了他风格（与政治）的许可证来唤起陈旧的、无法抵挡的童年幻想、社会诱惑以及集体记忆的尘封的储藏室，而一个热心形式的实验者宁愿与这些东西保持距离。

请注意，在意象的自我指涉性（auto-reflexive）结构中，叙事者毕竟不像他假装的那样不偏不倚。不仅如此，作为中心行动元（actant），他在名称和故事的想象空间里努力扩张自己的经验的领地。在《追忆乌攸先生》中，我们看到了这一艰辛的扩张过程（用格非自己的话来说，即“还原”），它存在于视点的隐秘发展中，存在于视点向更高（有时是更深）层次的内在运动中，随着村社生活画面的逐渐展开，它显露了出来。在小说一开始（或者在记忆的远端），叙事者是以恶孩子，他提议带他的弟弟去看“真正的杀人”场面。他的弟弟杀不死一只鸡，却在回来的路上得出了这样一个结论：“杀人要比杀鸡容易得多。”这是“老K……以后三天中唯一的一句话”。在这里叙事者立足于存在的领域，而在这个领域里，语言仍然在前语言的意义上存在，或者说，由于法律没有成文，因而具有更为可怕的力量。诗意在于童真，残酷则是自然孕育的结果，就像村子里的人对枪毙那天的回忆掺杂着色情的幻想。当警察引起记忆的骚动，过去场景的突然闪回变成了乡村生活自身的神话记载。同时，这种骚动（作为一场自然的灾难）也提供了一个物质背景，在这个背景中，自我意识通过辨别叙事与所指世界之间的距离得到了实现。现实主义必须通过占用“现实”本身来捕捉和维持这一距离，而元小说则将这一距离变成了审美体制中的一个象征化的空间。就这一点而言，在“事件”半自主的飞地之外，四处游荡的讲故事的人变成了心灵的眼睛，以一种令人不安的冷漠沉思着名称与意象。这种冷漠激发了寓言性阅读，而寓言性阅读作为文本效果史的一部分，首先必须对文本的风格进行修辞和技艺分析。我们以这种眼光来阅读下面的句子：

> 村里的人请来了两个见习法医，他们都是第一次解剖人体。他们把赤裸裸的杏子放在一张三只脚的乒乓球桌上，每个人都拿着一把杀猪刀。杏子安静地躺在桌上，就像人们常看到她夏天浮在溪水里一样，脸色红润富有生气。这两个见习法医手足无措，不知从哪里下手。尸体足足解剖了一整天，尸体被搅得不成样子，被分割成大小七块，最后法医得出结论：
>
> 杏子被强奸时窒息而死。

暧昧不明的生活样式深深陷进了自然史的连续统一体（continuum）之中。当无时间的集体记忆成了从事件的沼泽中挣脱而出的个人景观时，这一生活样式就在“三只脚的乒乓球桌”这一场景中，在残破的尸体意象里变得清晰了。在这种意识的景观里，记忆的混乱成了一种无时间的野蛮状态，只有它内部的突变才能带来想象中的兴奋。那种无回忆的意识状态同这种无语言的野蛮是浑然一体的。在这个村子里，乌攸先生是一个异数，因为只有他拥有书籍，而书的在场却使他成了某种极其柔弱的存在。行刑前他还曾“努力地张着嘴”，但却说不出任何东西，因为他的舌头“一个月前就被割掉了”。暴力与沉默的交织变成了一种传统，对于这种存在方式，格非的小说《陷阱》一句突兀的插话倒像是总结：“他们无非是造成一个他们自古以来就居住在那里的自然状态。”

当无名的过去不断涌现的时候，有某种类似普鲁斯特式“跳跃”的东西；也就是说，非意愿记忆用感觉、名称与意象的巨大洪流，接管了叙述和记忆的冲突所经历的一个长期的僵局，在感觉、名称与意象的构造之中恢复了在日历时间之外的那些过去的“精神岁月”。这种从具体的物质对象里重新组织经验的企图，使得格非的小说像是一组普鲁斯特式的探案。在格非的笔下，当那些无法为理智所捕获的记忆突然从幽深的时间中纷呈叠出时，警察的位置就已经被叙事者替换了。

在普鲁斯特那里，过去的灵韵（aura）有一个确定的历史支撑点，即早期的资产阶级生活。在被垄断资本主义所包围的私人内部世界的残留飞地里，这种生活在回望中被审美化了。相反，对于格非和他的同辈作家来说，拯救却是对于启蒙迫不得已的执迷。元小说那种可疑的游戏性背叛了这种执迷，由此，过去在破碎的形式中舞蹈，狂欢化的意象汇入了个人史，在那里，通过中止和驱散对于启蒙的执迷，想象的共同体，实际上即想象的社会文化系统被揭示了出来。与普鲁斯特笔下的贡布雷相比，在《追忆乌攸先生》中，"我"所经历的刚刚流逝的过去更为古老也更为抽象，它可以一直追溯到史前的部落时代，格非关于那个村子所提供的少许"人类学"信息——"首领"及"首领"被崇拜的方式——证明了这一点。对神话的调用绝不是先锋派的发明，事实上这是寻根派作家惯用的策略，他们赋予"落后"的人类学材料以一种审美现代性。元小说作家作为社会群体，作为邓小平时代的产物，断然拒绝了由不再迷信"文化大革命"的一代人所提出的人道主义、历史主义议程。同时，元小说作者们也根本不把神话内容看作一种文化；恰恰相反，对他们来说，"文化"或者"文明"不过是讽刺和寓言的大仓库。他们继续向前，在符号的网络中重新分配史前史，常常在当代城市感受性的喜剧场景中上演神话戏。因此，"头领"对乌攸先生的暴揍被叙事者"我"瞅个正着——那个时候"我"正从打开的"阁楼的窗子"远眺着拥挤的"广场"；而当警察找到一条线索时，他们高兴得说话都"夹着一些扭秧歌的调子"。可以看出，在格非叙事语言的肌理中，乡村场景和城市意象以一种纯粹个人的、略带怪癖的方式混合在一起。

在格非本人的"个人画廊"里，《追忆乌攸先生》不仅是个人意识诞生的石版画，也是客观环境的风景图。在这种自然环境里，对空无（vacuum）和空白（blank space）的寻求正是格非小说的起源。那些真空往往出现在自然法的断裂处，显形为历史的或仅仅是个人生活的零星记忆。但就是在这些瞬间里，想象的主体自信地把一切都看透了。这意味着：新的经验将新的生活秩序作为自身的基础，并随着时间的展开慢慢成熟。对于"自然状态"来说，这种为新的经验所捕捉，又为这种经验所充满的时间，暗指的却是又一个"历史的起点"，而在1980年代，每两三年就要宣布一次"起点"的重新确立。作为一种恢复记忆的努力，格非的故事讲述把自己放在对于自身历史（作为史前史）的理解之中。因此，《追忆乌攸先生》有了这样的结尾："当小脚女人满身是泥赶到枪毙现场，乌攸先生已经被埋掉了，她看到了地上的血水和几根像猪鬃一样的头发。雨还在下着，远处有一队迎亲的队伍，吹吹打打，穿着红衣绿袍正消失在河堤的另一边。"

独立的个人视角从神话之网中剥离之后，变成了一种全知视点，因而投射出一幅超个人的图景。这样，对童年经验的现象学还原就融入了对历史画面的构造。这种叙述策略同中国现代文学的伟大经典——比如鲁迅的《在酒楼上》和《祝福》——是颇为相似的，某种个别性从集体经验的背景中凸显出来，并寻求通过叙事行为重建自身的客观性。《追忆乌攸先生》可以看作是此种努力在一个新的社会和象征环境里的再创造，元小说里的空白与省略变成了这一环境的特殊指引物。在对这种"还愿"的明确意识中，空洞的时间重新变得生动起来。这种由想象所触动的时间是格非与读者的共同经验，正是这一新的时间维度决定了格非作为作家被读者接受的方式。意识结构自我呈现的努力在格非1990年代的作品中得到了加强，虽然这一意识同时给自己的定位只是安全地把玩脱离了历史的语言。

格非的作品形成了两组经验的会合：一方面，读者遇到了一种神秘的存在方式，鲁莽的性、恣意的暴力、可疑的地方史、久远的传说和肆意的谣言向读者揭示了这种存在，而所有这些内容又都与童年记忆有关，那记忆难以名状、支离破碎但又气味芬芳，四处闪烁着光芒，暴露了黑暗的、压抑的群体记忆的年代。作为一种有意营造的整体性，神话的意象网络均匀地散入（并舒适地栖居于）元小说的建筑结构之中，而元小说所构筑的就是一些半自主的故事飞地。神话的意象网络是神秘的（如果说它富有"异域风情"不算合适的话），这个重新栖身于语言之中的无时间的、沼泽般的世界只是在文学和历史书写的支配性话语之中被建构了出来，因而就其社会性而言，它不仅同邓小平时代不相关联，也远离了现代中国。这样一来，过去就作为诗和色欲的世界再度出现了，它那模糊的边界变成了鼓动的环境，激发了极具当代性的想象。当格非的写作小心翼翼地记录下当代"自我"艰辛的生长史、成人史，他的发展、冒险以及在物化的世界里不时迷失，这个悬置的主体位置最后所获得的自我，也在叙述的现实化过程中，作为一种元小说的形而上学效应而被捕获。

与这种幻境般的乡村交替出现的是无名的、往往表现出不安的个人所拥有的城市经验。这一个人通常并不是叙事者"我"，他的匿名性和抽象性变成了一种被动的装置，全部的社会、文化症候或者感受都通过它汇聚到了一起。这一叙事支撑点乐于从传统的叙事束缚中挣脱出来；通过沉溺于自己的幻想和幻觉，通过一路上不断追逐飞逝而去的意象（这条道路仿佛是由交叉小径组成的迷宫），当然首先还是通过在回忆、反思和重构叙事经验的层面重置叙述声音，这一支撑点的功能恰到好处地消解在了关于虚构的虚构之中。所谓的"元小说"为新的主体位置提供了明晰的意象，也给予了这个主体决意想要拥有的社会和象征空间。如果不是1980年代社会和象征资本无序地聚集在中国城市的中心地带，这个空间将不可能形成；如果不是新时期意识形态幻象和历史可能性有着相互一致的部分，这个空间也将无从想象。就审美而言，围绕后革命时代的游荡者展开的物质环境建构了元小说风格的内部世界，然而这个游荡者，这个“人群中的人”，感受到了静观的冲动。他拥有一个安全的甚至难以触及的物理的和象征的空间，他怀着某种自我意识从这个空间里远远地眺望着世俗世界。因此，先锋小说可以看作因外部世界和内部世界的混合而产生的社会寓言，而在这种混合状态里，邓小平时代中国的社会环境成了私人风景的小宇宙。

外部和内部这两个经验领域在格非的小说里紧密地交织在一起，它们一同熔铸了格非写作的实质。细微的、即刻的反应，情绪的变化，做派（mannerism）以及怪癖（idiosyncrasies）建构了内部世界，但这个内部世界更多地被视为修辞策略而非内容。因此我们可以认为，构成格非的诗体学（prosody）的是一个双重的努力：一方面，它试图在新近出现的文化空间里重新设置经验，并由此重建一套新的社会和文学经验；另一方面，它借助一种后叙事的（post-narrative）讲故事方式探究象征空间，并由此界定了这一空间。作为整体的元小说文体所构成的这种内在运动，其性质不同于先前诸多的文学革新潮流。在充分风格化的故事讲述这一层面之下，你能感受到作者的无处不在，他不断抹去痕迹，同时又铺开一张由名称、意象和事件的片段构成的几乎无法穿透的网，这使他热切的行为变得明显可感了。突然的遭遇，同陌生人片段化的、心不在焉的对话，对某些事物病态的着迷，特别是已然成为日常生活叙事规范的性方面的震惊，这些东西组成了一幅拼贴画，而隐含着的主体性或意识构成就从这幅画面里显露了出来。这一切作为一种抒情经验被重新生产了出来，这种经验正是元小说构型的基本单位。

抹去痕迹的行为是一种策略性的背叛，它就像骚动不安的自我意识：在它的社会位置和诗学结构里，自我意识已成为自己的客观世界。一方面，在元小说的层面上，生活经验的重构需要预先对读者进行适当的评判。谜语期待着谜底，元小说作为一种文体，以同样的方式期待着读者。“谎言一旦离开了合作者便无法存在”；在《蚌壳》中，不贞的丈夫需要他妻子的合作来相信自己的谎言，这或许是对作家写作经验的一次小小的滑稽模仿，而写作经验是格非小说主要的经验源泉。另一方面，就像记忆的神话内容一样，元小说所暗指的社会环境并未在日常生活领域被安顿下来——这是个太棘手的问题，无法在认识上加以把握，可是，它所吁求的正是某种文化主义和唯美主义。为了传达这一社会环境实际的性质，必须用一种幻境的风格来建构它。

在这一层面上，元小说指向了现实主义意义上的叙事的终结，因为对于元小说而言，现实不是一个史诗概念，而是一个神话概念，它代表了叙事的彻底的他者和对立面。在格非看来，在最古老的意义上，讲故事就是一种“阐释人与世界的关系”[1]的努力，它运用种种技巧与手法建立了一个记忆的世界，而遗忘的**大地**正是通过记忆的**世界**来言说的。就我对格非的解读而言，在意象的后叙事结构里捕获历史知识是至关重要的。这一任务要求对历史、叙事和主体性的概念同时进行批判性的重构。

## 元小说的经验：《褐色鸟群》

把罪犯和线索换成时间中的意象是格非的“侦探”故事所采用的基本手段。记忆和自我形象的不断建构已成为元小说故事讲述的物质空间，这表明个人的时间经验发生了戏剧性的变化。《褐色鸟群》被认为是1980年代最复杂、最隐晦的短篇小说之一，我们可以在这篇小说里看到，一种不厌其烦的自我分析和自我建构发生在了所谓的社会生活的外部空间里。在这个虚构的世界中，一种将时间带入静止状态的想象性的斗争使自我的建构成为可能。

这篇小说围绕着一个作家（“我”）的焦虑和幻觉展开，他受出版社的资助，临时居住在一个叫作“水边”的公寓里。尽管有了一个安静的工作环境，可他写作小说的进度却十分缓慢，因为他相信，或者是他的记忆，或者是时间自身已经出了问题。他住在一个没有季节甚至没有时间的环境里，那里唯一的时间标志是每天飞过的鸟群；他害怕当鸟群消失的时候时间也消失。一天一个叫“棋”的年轻女人来访，她告诉他，他们过去常常同几个共同的朋友一起鬼混——而他却无论如何都想不起这些朋友了。从棋的视角所看到的事物明显有所不同。例如，她告诉我们，“水边”只是“锯木厂旁边的臭水沟”，但是这位招待她的主人自从“离开城市”后一直住在那里。对于棋来说（她称这位主人为“格非”），作家的记忆“完全让小说给毁了”。

《褐色鸟群》整体上是“我”讲给棋的一个多层次、多结局的故事，这个故事的主题是“我”对一个过路女人挑逗性的、幻境般的、幻觉似的追踪，而这个追踪行为变成了一个带有错综交叠、相互指涉与分离脱节等手法的叙事谜语。伴随着“棋”随意的、暗示性的问题“后来呢”，“我”耐心地、缓慢地建立了一个博尔赫斯式的迷宫。棋那种对于叙事者进行“精神分析”的渴望，

---

1 格非在“批评家俱乐部”的发言，参见《上海文学》1989年第6期，第62页。

作家的自我反思，以及他有时在对话状态里对于听者的观察，不时打断“我”建立自我迷宫的过程。对话的动力就这样形成了：

> 晚上，棋没有离开我的寓所。当然也没有一对男女在一处静僻之所的夜晚可能有的那种事。整个晚上她都在静静地听我说故事，关于我的婚姻的故事。我想棋的聪颖机智使她在意念深处一定存在着某种障碍或者她宁愿称之为压抑。这是不是我们在看画时她发现的呢？在整个晚上她充当了一个倾听诉说的心理医生的角色，这也许不仅出于对我的怜悯，而且我似乎看出我们都信奉这样一句格言：
>
> 回忆就是力量。

在《追忆乌攸先生》里我们遇到了那个警句：“时间叫人忘记一切。”而“回忆就是力量”这句格言似乎就是对它的回应。实际上，与空洞的时间相抗衡的记忆的构造已被视为爱好冒险的“自我”的大本营了。随即我们便会看到，“力量”在此既表示了一种叙事动力，也意味着一种誓死追逐自我—客体的欲望能量。格非的小说不仅将自我变成了一种自我的书写系统，而且进一步说明了这个系统如何叙事性地建构了自身，因为在格非看来，记忆只能通过语言的运作并在语言的运作内部才能被塑造成形。

尽管元小说自我指涉的幻境中的起起落落——换句话说也就是小说本身——使《褐色鸟群》的戏剧性张力不断发生偏向，这种张力仍然存在于故事讲述者“我”的建构性原则与听者“棋”的解释性原则之间，并且只显现于想象的缝隙之中。对我来说，棋和“我”之间的对话，似乎是在对格非的写作进行戏仿：

> 后来呢——棋问。
>
> 后来我就再也没有见过她，她捡起靴钉，转身走远，在人流中消失了。
>
> 棋审判一样的目光紧盯着我，让我觉得不舒服。棋说，你有自恋情结。我说大概有吧。棋沉默了片刻，继续说，事情好像还没完。我说，什么事情？
>
> 你和那个女人的事。
>
> 我不由得一怔。
>
> 那个女人捡起靴钉后，朝一个公共汽车站走去，她上了一辆开往

郊区的电车，你没能赶上那趟车，但你叫了一辆出租车来到郊外她的住所——棋漫不经心地说。

事情确实如棋所说的那样，不过她说错了一个无关紧要的细节，我当时没有足够的钱叫出租车，而是租了一辆自行车来到了郊外。

不过，我说，你怎么知道事情还没完呢？

根据爱情公式，棋说。

爱情公式？

我想事情远未了结并不是棋所说的所谓爱情公式的推断，它完全依赖于我的叙述规则。

事实上，《褐色鸟群》将自身呈现为讲故事的人所操纵的语言游戏，而这个讲故事的人有时宁愿放弃自身而投入一次“对话”，一次对事件和意象的世界的移情与联想。他在这一过程中一边做梦一边保持着意识。然而，这一过程中彼此交流的部分可能更接近于故事之谜背后那朦胧的内部世界。我将这一部分视为对于艺术家工作的仪式性模仿，它包含着一种小心翼翼的自我描绘与自我分析的努力。在这个意义上，《褐色鸟群》是关于幻想的幻想，而这正是写作的正常情境。小说一开始就是“我”在“水边”写作。随后的部分可以看成是对写作过程一次详细的、想象性的演练，它包括了对于意象和事件的设计。叙事者同那个陌生女人的相遇包含着各种自相矛盾的场景，如果把这些场景看作是出现在前叙事的写作形式里的一套交替出现的叙事选择与解决方案，那并没有什么特别新奇之处。对我来说，这里令人感兴趣的似乎不是那一事实，即那些场景只是针对故事梗概的诸多选择与解决方案，而是这种情况：它们将自身呈现在一个完整的形式（元小说的形式）里，不能或不愿进入任何一种更高层次的、能够提供某种象征统一体的叙事结构。换句话说，这是由彼此相连的讲故事单元，也就是体验（Erlebnis），或者说抒情类的“事件”所形成的构造，它确定了叙事世界的可感度与经验性。此外，我们更想知道的是这种叙事法则的社会条件。

元小说的精神分析特征，一方面在于符号学意义上生成的私人空间的符号，另一方面，对于在社会、物质空间里构造自身的新的主体位置来说，它又表现一种认识论上的必要性。社会、物质的空间里产生了个人位置，但个人位置不再那么容易接近这个空间；在最最身体性的意义上，世界与人之间的震惊遭遇，已经成为时间美学的题材内容，同时也成为时间美学的真理内容。波德莱尔在大街上所遭遇到的“震惊体验”，在元小说里得到了表征，但这种表征不能只是被解读为1980年代后期社会系统剧变的寓言。工作中的艺术家所做的自我描绘，并不简单指向关于写作的写作；在格非的小说中，这种自我描绘进一步获得了一种历史的特殊性。

格非尝试了许多种方式，企图将汹涌而至的能指纳入更耐久的设计之中。我们会发现，在不懈的自我治疗的努力中，正是这种相遇、推测、检验、建构和重构的行为，而不是在这一过程中发明和放弃的任何临时解决方案，赋予了没有形式的生活以形式。记忆的混乱在《追忆乌攸先生》中代表了史前的残酷，但它常常作为个人在精神空间里所遭遇到的叙事危机，不断重返格非后来所创作的小说。值得注意的是，在格非的小说里，同一种经验、情绪或者印象片段会不断重现。当《褐色鸟群》里的叙事者"我"在下雪的晚上追踪那个过路女人时，"像是听到了一种轻微的刷子在羽绒布上摩擦发出的声响"——响声发生在这样的时刻，叙事者"我"在狭窄的桥上遇到一个"像蝴蝶一般歪歪斜斜的骑车人"，奔往与"我"相反的方向，而"我"的衣袖擦到了她的衣袖。这种声响让我感到"轻松"了一些，因为叙事者担心自己迷失在桥边老人所谓的"雪夜错觉"之中，但他现在感到"能够通过它（那种声响）把自己和现实连接起来"。对于过路女人的追踪似乎意味着追求更多"故事"的欲望，这种欲望迫使诸多的叙事走向了自身的"终结"，同时，如衣袖擦过的声响这样的身体性细节揭示了一种抒情机制，这种机制将元小说那些半自主的单元组织了起来。

《褐色鸟群》通过对于技巧和手法的不懈控制而展开，就像波德莱尔在诗体学上同忧郁和通感保持共谋关系一样，这种控制似乎精于算计它的寓言效果。我们可以在两个相互交织的过程中看到这种控制：一方面，我们感到，任何一种建立叙事秩序的"智性"努力（就像棋所说的"爱情公式"）都消散在梦游、激情和幻想的谜题之中；另一方面，对于叙事法则几乎让人觉察不到的移植，使这个继题在元小说层面获得了解答。这种转换不能仅仅用手法和技巧来解释，虽然格非和他的同路人都认为法和技巧是小说的全部；如果不对诗学所触及的大量社会能量和个人欲望进行疏导和编织，这种转换将是不可能发生的。

在格非的小说中，色欲在记忆的保存上发挥着重要作用，我们在《追忆乌攸先生》中已经看到了这一点。而在格非1990年代以来的小说里，色欲更为平均地渗透在所讲的故事之中，变成了先锋小说规定性特征之一。众所周知，苏童的大部分作品都充斥性爱场面，譬如《妻妾成群》。余华一贯迷恋加诸人体之上的暴力和残忍，这可以视作小说和人体之间性爱关系的主题变奏。

将色欲归结为作家自身的性幻想和性压抑是不恰当的。然而，作家对于性幻想和性压抑虚构性的解决，可以解读为具有社会—政治切关性的符号。元小说这种文本并没有使这种解决更具诱惑力；相反，由于在结构上脱离了艾略特所说的"情感"，元小说提供了一个利用色欲（或任何社会的、心理学的或语义学的指涉对象）讲故事的框架。弗洛伊德的白日梦模式在审美的游戏性之下偷偷夹进了私人的欲望想象，就算运用此种模式，也不能以令人满意的方式解释色欲的意义。对于"形式"和精神分析的真理内容之间的任何联系，格非都坦率地予以拒绝，在他看来，"如果你在小说的外部大搞形式，而读者产生了一种心理分析的愿望，我觉得小说就失败了"[1]。在《蚌壳》中，医生/分析师竭力要把某种"现象"同病人编造的"故事"分离开来，可这种努力最终也归于失败。

在我看来，在一般的元小说中，任何关于叙事的自我—空间建构的解释，都必须首先探讨运作中的诗学，在格非的小说中就更应坚持这一要点。正是通过这种诗学，而不是从这种诗学的外部，社会参照系被启动了起来："乏味的青春期"——这是批评家陈晓明的说法——有一套令人厌烦的陈规，用这套陈规对性接触进行抒情性的重构，在太多情况下变成了一串令人激动的意象，而这些意象使某个特定的生活时刻继续保持着生气。"我一生中最重要而又最模糊的经历就是这样开始的。"《陷阱》里的这句话指出格非小说中的每一个时刻被建构的方式。在能指结构中被取消的色欲，规定了一种高蹈的风格以一种强化了的现实，也规定了一种形成中的意识在1980年代后期面对消费社会的来临时获得一种语言的支撑。色欲直接引导着作者和读者之间的关系，在维持父权制体系的社会总体性和华语总体性解体之后，这种关系如果没有破裂，也变得问题重重了。色欲以放纵的"纯虚构"的方式，提出了一种具有多重意义的交换：主体向"视点"背后的退却，"意识"作为行动元之一在叙事结构中的重现，坚持在私人幻想飞地这一断片化的集体乌托邦之上——抒情性的冒险将古老的东西和暂行的东西连接在了一起，作家在想象的深度上工作，这一工作方式戏剧化地表现为侦察、搜集与案例相关的细节，汇集线索以及追踪罪犯。"我"骑着一辆租来的自行车追随一位过路女人，对这一事件的描写不仅夸张地隐喻了诗人追逐在他心灵的黑暗中一闪而过的意象，而且也照亮了作家与自己的意象之间那种根本上从属于色欲的关系。

1　格非在"批评家俱乐部"的发言，参见《上海文学》1989年第6期，第62页。

这样，讲故事的技艺的自我指涉运动便将色欲作为自己的产品，并通过色欲使自身插入了常规化的日常生活的肌理之中。在先锋小说里，色欲和性常常成为一般的社会利益交换的中轴，在这一点上，新时期社会历史的特殊性被翻译成了元小说迷人的意象。

在《褐色鸟群》里，棋代替警察出现，而在格非的其他小说里，棋则代替了医生。棋的到来、倾听以及对故事制作的参与，完成了元小说最理想的状况之一：在两个对话者之间展开的对话；调查者与证人所玩的猫鼠游戏；在分析师和病人、引诱者和被引诱者、作家和他创造出的人物（通常是女人）——她走出小说来听他讲故事——之间不停的位置转换。“棋”这个字似乎意味着禅意、直觉与两个弈者之间的转换与较量。正如关于记忆起源的理解意见从集体经验转移到了个人经验，棋所体现的不再是原始混乱的暴力；相反，她是来自充满诱惑的世界的信使。值得注意的是，这个“他者”第一次出现就有一种似是而非的美，一种似是而非的性魅力，而这也正是现实本身的歧义性。在格非的笔下，女性的形象展示了社会利益的寓言替代物，这一利益以叙事诱惑为基础。诱惑存在于先锋派实验的中心地带，这一事实告诉了我们某些关乎社会关系的暧昧、勉强与短暂的事物——正是它们使元小说得以诞生，并最终预言了文学市场上生产者与买主之间的商业关系，而这种文学市场的境况一直要到新时期仓促的终结后才会变得清楚。在这方面，我们可以认为元小说是它自己的前史（prehistory）与后史（posthistory）在风格上进行协商后结下的果子。新时期早期的世界与之后的消费社会，都在元小说中以象征的方式得到了表达。

在格非的大部分小说里，写作变成了制作，变成了实验。在写作中，想象中的对话与阐释的循环将小说推向了一个未知的领域；在某种程度上，写作甚至筹划了发生在未来的、同世界之间的对抗：世界的象征秩序变成了元小说叙事法则虚拟的敌人。看来格非必须发明一个搭档来一起探索世界，这个搭档有时就是世界自身，即它的世俗性（worldliness），但格非宁愿通过一种想象的对话，有时是一种想象的分析来探讨这个世界。将激情应用于构思的目的，这是格非讲故事的一个基本方法；叙事者设想自己被女性来访者诱惑，是为了将她包裹进自己的历史。对他来说，棋不仅是一个他者，一个个人，而且也是他性和个性化的化身，她传达了外部世界的信息；事实上，她是那个外部世界的密码的携带者，而他为了写作割断了自己同那个世界的联系。棋似是而非的美证明了在格非及其同辈作家的整个创作中，女性形象具有一种绝对的歧义性。运用现实原则（the principle of reality）只是为了使思辨原则能够进入并获得那个外部世界。这种色欲的（必然也是男性至上的）活动和机会主义揭示了自我与他者之间不稳定的、常常不协调的关系的轮廓，而自我与他者的关系则变成了元小说的一个显著的主题。

在格非的小说中，叙事者用不安的，有时是绝望的方式构造由诸多虚构性的解决方案所组成的迷宫，叙事者的这一方式让人联想起卡夫卡的《地洞》，在后者那儿，想象的逻辑受到了科层化（bureaucratization）的大规模地面建筑的规定、压抑和操控，而科层化模糊的在场和抽象的威胁正是这个地洞居住者殚精竭虑所要逃避的，为此他（它）动用了所有的本领和特长，一种特殊的、神经质的方式，在只属于自己的空间里昼夜不停地盘算、计划、劳作。工作中的艺术家，同样在这种不安和压力的阴影中劳作，他们的焦虑、快感、"纯虚构"的想象力乃至讲故事的热情，像巨大地面建筑之下的地下工程，暗地里针对社会经济总体性的解体和一个新时代的形成，后两者影响了一系列审美、叙事策略。所有这一切，都在先锋小说重新汇集碎片化了的抒情时刻的努力中被细致地记录下来。因此在元小说中，一种"形式的形式"（我们曾讨论过"幻觉的幻觉"）的必要性似乎是对只能被感受为碎片的世界的回答。因此，恢复这种构造的元层次，既体现了对于内在性的渴望，也通过将直接的感觉确定性的表象赋予历史上的新事物，庆贺了这种新事物的到来。从这一角度看，在格非的小说中，叙事和自我之间形成的是一种建构性的关系。这种关系使我们以元小说结构为中介，理解和分析当代的主体建构。

元小说标志着中国现代文学诸多建构性时刻中的一个，用早期卢卡奇的语言来说，在那里"形式"——一种形式的整体和强度——被召唤了出来，赋予作品以力量和远见卓识，为重新赋予生活以语言上的秩序提供了支持。[1]根据这种形式史与社会史之间隐含的类比关系，现代主义文本的内在张力变成了一种经验教训。从当代中国现代主义所处的全球语境的内部去观察，对形式的欲求导致了一种想象的一体化，它被并入了西方高峰现代主义和二战后跨国文化生产（这二者之间的基本差异反映了后革命主体所面对的多多少少一致的现代风格所具有的内在多样性和活力）所设计的象征秩序。在1980年代早期，这种一体化是现代派规定性的特征之一。从历史的观点来看，这样一种对于形式的欲求，常常与现代中国不断变迁的社会经验一同期待着（如果还不能说是相符）新的现实、新的感受、新的立场、新的世界观的形成。按照产生同一构造的事物或意象之间的关系，格非和余华的作品可以

1　参见Georg Lukas, *Soul and Form*, translated by Anna Bostock (Cambridge, Mass., 1971), p.1。

看作后现代作品；但是这一构造和格非努力捕捉的无形现实之间的关系，却在隐喻的意义上把他们放回到作为漫长进程的现代性或现代主义的行列之中。

自我的问题既是困难的，也是有趣的。我们业已看到这个"自我"拒绝成为纯粹的心理学的对象，拒绝成为仅仅被探究的客体。它有意识地将自己展现为一种正在生成的东西，并在这一过程中幻想式地加入世界的法则。在格非的小说里，自我作为一种意识状态，总是在同另外的意识状态进行交流。"自我"的特权有能力将另外的（首先是它自身的）意识变成某种"环境"（milieu）。值得注意的是，在格非的笔下，自我与环境之间的外在关系，被把握及表述为意识的不同状态或不同环节之间的过渡与中介。有了这种认识，我们就能将格非的"纯虚构"技巧理解为对自我"孤立于"他人的克服，以及修补个人意象同集体经验之间的缝隙的努力。这种努力在格非看来就是一种生活样式，它为经验的还原提供了一种补全，对他来说，经验的恢复正是写作的本性。[1]

下文这段具有典型意味的对话表现了格非小说中那个写作的起点，而上文所说的补全的技巧则给这段对话提供了解释。《褐色鸟群》仔细描写了可称为"零度"意识和交流的东西，而这个场景可以看作是格非写作的独特标志：

> 我想我们都已忘记了时间，也许在天亮之前我们会一直这样默坐下去。我试着找出一些无关紧要的话题来润滑一下现在多少变得有点尴尬的气氛。我觉得我的大脑像是一个空空落落的器皿，里面塞满了稻草和刨灰。就在这个时候，我想到了棋在和我初见时刻谈到的那个李劼。
>
> 你是怎么认识李劼的？我说。
>
> 棋的脸上慢慢地浮现出一层红晕。她似乎立刻沉浸在幸福的回忆之中。

在《蚌壳》中我们发现了一种更成熟也更稳定的关系，在那里，男女对话迅速陷入了充满令人激动的情节的性游戏。叙事者认为他的任务就是恰到好处地讲一个条理分明的故事，但是，他不曾脱离过主体性的骚动，那种骚动甚至渗透在格非最具有叙事取向的作品之中。《迷舟》里时时侵袭着萧的

---

1　参见格非《迷舟》一书中的《自传》。

那种飘忽不定的虚无感,《青黄》中因调查毫无进展而产生的意识的悬置,《风琴》里冯保长酒后的恍惚,《蚌壳》里令人“上瘾”的沮丧,乃至《大年》里豹子行窃时的极度紧张,这些都表现出某种意识的梗阻(“我觉得我的大脑像是一个空空落落的器皿,里面塞满了稻草和刨灰”)。在所有这些情形中,意识的梗阻或者悬置状态既是自我重构的起点,也是想象切入历史的突破口。

由于意识的这种悬置状态,在格非的描述中没有什么确定之物;一切事物的意义都在他者之中,一切都取决于它将如何在意识的不确定性中生成,这些不确定性漂浮在作为调节机制的叙事结构当中。意识的悬置也进一步解释了格非小说的探案特征。它在讲故事的层面上表明了,想要在诗学上追寻和建构自我形象,唯有同语言结成共谋关系。有时这种写作的共谋变成了格非的题材内容。这种叙事或许就像你在做梦的同时记录梦境一样悖谬。在《褐色鸟群》中,叙事者承认他在跟踪陌生女人的时候怀有一种犯罪感:“我心里意识到一丝隐隐的恐惧感,这种恐惧感只有当一个罪犯在明朗的月光下撬锁行窃才会有的。”我们注意到,这种恐惧感与一种极度的兴奋是难分难离的。

在格非的小说中,每当意识抓住了自我的时间,并试图把个人经验当作某种新鲜的东西,它就会发现自己陷入了机械时间的紧紧包围之中,以至于不得不把刚刚获得的一切作为意识的空白或单纯的想象游戏提供给读者。先锋小说不仅是符号的胜利狂欢,同时它也是“苦恼意识”的象征化,在黑格尔《精神现象学》里,“苦恼意识”被界定为分裂的、二元的、仅仅是矛盾着的意识。[1]在格非的许多小说中,那种不断制造出来的虚构,那种叙事网络表面上的悖谬现实,似乎把自我从读者的视野里清除了;但事实上,它却戏剧性地展现了如何打破在它自己的社会和知识地盘上建起的牢房。作者意识到他必须在那种“难以言传的经验”中打开一条通路[2],这意味着回忆或回溯自我意识从自身的史前史中出现的路径。这正是格非通过“还原”所意指的东西。

从一开始,格非的写作所铭记的主体位置就试图摆脱单纯的心理学范围,从而进入到更深的现实之中,并在他者中发现自己的生活。探索这种现实,把它作为一系列倏忽即逝的“此刻”把握住,正是格非的现实主义原则。他那些面客独坐、彻夜长谈的场景是1980年代后期的文学令人难忘的乌托

1 G. W. F. Hegel, *Phenomenology of Spirit*, pp.126–129.
2 格非《迷舟》一书中的《自传》。

邦时刻之一，在那里，对永久性的形而上学追求在想象状态里获得了有效性，在那里，我们一种理想的但又是现实的方式遭遇到了他性的缺席。由于不断提及一些名称、场所与活动（像乡村的酒店、某个诗会、城市广场，或者不经意提及的“一些自称为‘彗星群体’的年轻艺术家”在“城市公园”举办的“一个大型未来派雕塑的揭幕仪式”），这样的对话情境创造了一种模糊而又准确的1980年代后期的共同体的感觉。如果说叙事者听起来像个心不在焉的讲故事的人，那是因为格非的故事只有一个意想的听众：时间。与时间殊死搏斗的意识，似乎是格非小说里令人困扰的乐观主义的真正根源。

通过把时间确立为意识的唯一尺度，格非的故事似乎变成了私人内在性的纯粹声音。这样元小说不仅幻想着过去，而且发明了一种时间在其中停滞的理想状态（就像在“水边”一样）。然而，在意识的这种停滞状态里，真正的活动存在于想象的情境之中，存在于它内部的矛盾之中：在这里叙事者似乎相信，通过扭曲时间，他也会使时间变得充实与具体；他似乎相信，由此他更“接近了”作为整体的社会经验，这种经验不仅是抽象的，而且基本上超越了所有艺术技能的范围。这是元小说为了自身被接受而创造的幻境。在这个想象的空间里，读者同纯粹的声音展开了交谈，同时也发现，通过主体间的交流而形成的对于时间的执迷，包围着他自己以及其他的一切。《褐色鸟群》是从主体的观念论和自我建构发展出来的，这个主体在符号迷宫里找到了一种关于破碎之物的叙事。这并不意味着这个主体放弃了寻求交流，相反，正因为把自我降格为一种纯粹的声音，它在叙事中重新又获得了可传达性。可传达性植根于新的生活形式的历史特性，而格非的童话正是在对这种可传达性的探索中建立起来的。

## 时间的构造：《迷舟》

在时间的建构之下，主体的困扰透露出虚构所携带的、以某种方式呈现出来的历史断层和交叠。这在格非的故事讲述之中始终是真实的，格非讲故事的目的就在于将一种不可思议的形式赋予沉睡的记忆。在他的大部分小说里，历史以其多样的形式——个人史、家庭史、群体记忆以及遗忘（而遗忘作为黑暗的环境因为救赎的亮点而变得可见）——将自身展现为一个由巧合与重现组成的博尔赫斯式谜语。有种阴影始终伴随着格非的叙事，它构成了格非小说的一个维度。格非用一种完全无时间的方式，展示了时间的持续运动，展示了那常常看不见的命运之轮的旋转。也就是说，作为一种被还原的经验，作为名称与意象的诗学构造，历史参与了“我”的自我建构和自我解构。当历史宣称自己是风格的无意识的时候，叙事性的“我”就是时间处于停顿状态的症候，是历史处于危急关头的症候。

在格非的空间里，时间运动的速率和范围并不总是具有历史性，更别说宇宙性了。格非的背景环境范围很小，我们常常能在地理和文化上将它辨认出来，例如1980年代后期位于长江三角洲的农村或城市环境等等；他也通过策略性地泄露与时尚、广告、性格伦理、街道名称、艺术团体及其短命的口号、特殊的风格等有关的信息，故意暴露了这些环境在社会学上的真实性。这种场景在所有其他方面都是清晰的，但却在叙事者本人的“形式的伦理学”或价值论意义上显得模糊不清。这就要求读者去把握“元小说”非历史化、非政治化写作方式本身所承载的历史信息和政治内容。从这个角度看，格非早期作品的客观内涵明显超越了小说中主角的直接经验范围，而且也超越了读者的直接经验范围，而把作者归入了“新时期”以来的集体性文学和思想潮流。同“朦胧诗”作者们一样，“元小说”作者也在呼唤自己的同代人，即能够印证和呼应其具体社会经验和集体记忆的读者。这种作为同代人的读者不仅能够细致入微地辨认出“元小说”形式工艺中包含的技术含量和社会性劳动的经济信息，也能一眼看出其中透露的欲望信息和政治信息。只有在这个严格的意义上，“元小说”才能够在离“文学表象性”最远的“形式实验”的空间里，出人意料地获得一种“文学再现”价值和历史认识价值。

在格非的小说里，时间总是这样或那样地陷于停顿。比如《陷阱》里那座城市便是“缺乏时间概念”的。另一方面，时间却又往往猝不及防地展开。《风琴》的主人公冯金山感到所有的灾难仿佛一场噩梦，弥漫在“他精力中最杰出的部分”，又像是“大地突然降雪”；而在另一位主人公赵谣的记忆里，“时间常常在人们毫无准备的情况下出现错乱”。格非似乎对“突然”有一种特殊的偏爱，他笔下人物的行动和意念总是“突然”发生，就连阵亡士兵的家属也是“突然”出现在萧的指挥部里（《迷舟》）。这种突然性把时间之流变成了零星瞬间的构造；而此时的意识不如说是一个意象的灌木丛。停滞的、空洞的时间不再被奉为一种经验的连续统一体了。事实上，对于格非来说，首先正是时间的瓦解使写作成为可能。陈晓明认为，先锋作家在新时期“文化衰颓”和社会崩溃的时刻（不）合乎时宜的到来预示了他们的意义；要理解他的这种观点，就必须依据我们正在讨论的这种问题，必须依据这种问题确立它同世界的关系以及通过这种关系理解世界的方式。

异质的时间片段在意识中交替和交叠，这不仅造成了格非小说特有的纹理和复杂性，而且在一个更基本的意义上确立了叙事被重构的方式，而作为时间的人工制品（artifact），叙事的这种时间性甚至适用于它的创造者。这种叙事结构作为一种时间的构造，为分析受形式约束的自我意识的社会结构提供了一个操作框架。

格非写于1988年的短篇小说《迷舟》在他早期作品里占有一个特殊的位置：它似乎是格非由一种静态的、抒情诗式的时间分析向一种动态的、以叙事为导向的时间构造过渡中的第一个平衡点。

萧，一支军阀部队的旅长，回到家乡一带从事同（蒋介石领导下的）北伐军的战斗活动。敌军刚刚攻占了兰江对岸的榆关要塞，指挥官正是他的哥哥。一个老太太来到他在棋山的指挥部，告诉他他父亲刚刚去世的消息。在新来的警卫员陪同下，萧秘密渡过涟水，去他的家乡小河村参加葬礼，同时也侦察一下这个具有战略意义的中立地带。在那里他看到了过去的心上人杏，她现在已经结婚了，嫁给了一个打鱼人。杏的丈夫很快察觉了她与萧的私通，随即把她吊在房梁上，像劁猪一样割除了她的性器，随后把她遣回老家榆关。杏的丈夫在扬言报复后消失了。萧没有告诉任何人自己决定在重返驻扎于棋山的军队之前，冒险去一趟榆关，那是他哥哥的军队占领的要塞。第二天早上，萧设法从榆关安全返回时，不可思议地摆脱了渴望复仇的杏的丈夫，但却被他的警卫员枪杀在他母亲的院子里。警卫员是萧的上级派来的，他一直在盯着萧以防他有任何可能的叛变举动。

这篇小说并不是特别复杂，但作者为了方便我们的阅读，在开头给我们画了一张地图。这张由两条河流和三个地名组成的地图既可充当进入虚构的路牌，也可被用作一个叙事分析的坐标。两条河流（涟水和兰江）将故事的空间划分为三个部分，分别代表着军事意义上的安全地带（棋山要塞，指挥部）、敌军地带（榆关，或杏的家乡）、中间地带（小河村，或萧的家乡）。这似是主人公萧作为一个尚不明确的“我”面对的“象征秩序”。

一旦他渡过了第一条河流，他就跨入了记忆和想象的丛林，在那里“此刻”作为意识之中的一块空白，被简化成了保留着大量意象的空洞的时间。忧郁和不安这两种情绪的交替，构成了萧的内在生活，他依附于时间经验的空洞性来寻求自我认同。虽然被置于自我困扰的中心（这给予这位年轻的军阀以一种知识分子气质，并使他对当代读者产生了吸引力），然而萧并不知道他是谁，又将去向哪里。他缺少感知的能力，这表现在小说的开头他同警卫员见面的时候，“阳光正对着他”使得“他的双眼不能完全睁开”。这束阳光预示着，在相当程度上，持续的自我认识恰恰引发了萧那里的盲点。这种自我意识使他对“这个美丽的村落不久以后给他带来的灾难一无察觉”，这是作者在“第一天”的第一段告诉我们的内容。

意识和无意识的结构性关系存在于《迷舟》叙事的戏剧性的中心。就这种关系而言，我们或许应该注意的第一件事情是，事件链条的两个端点总是在任意的、非人为因素的作用下陷入恶性循环。以民族主义革命为大背景的军事活动，与通过叙事游戏追逐着萧的宿命论力量没什么关系。父亲的死亡只是返乡的一个随意的理由；我们知道，“孝”绝不是年纪轻轻就离家参军的萧所关心的问题。当他划火柴的时候，他的手指“有些颤抖”，萧知道，“那不是源于悲痛而是睡眠不足”。

可以说，历史的任意性和解构的自我意识之间的遭遇在其他方面并没有产生什么效果，而在这场遭遇中，令人感兴趣的是无尽的过去的意象，它们的突然出现，使历史沐浴在可被救赎的过去的灵韵之中（就像在萧的记忆中与杏联系在一起的那股熟悉的果香）。在被还原的过去所吹来的微风中，萧的不安、急迫、忧郁的消极状态，他对于行动和胜利突发的雄心壮志都获得了意义。涟水仿佛是一条时间的界河，而通过跨越了这条河，萧将不同的时间编织到了一起。小说中的计时小标题（“第一天”“第二天”……）为小说的展开提供了一个形式的、机械的框架。从“第一天”在河上呼吸潮湿的、芬芳的空气到“第七天（结局）”直接面对“黑乎乎的枪口”，萧便是在这两种状态中摆荡。这两种极端状态谋求的是同一种效果：萧的经验的丧失。这种经验的无能在小说中一次又一次被赋予了梦幻般的表象，“我”在“内心深处”感受到的那根“纤细的鹅毛”就是一次具体的体现，它“在拨动内心深处隐藏的往事”，此刻，他正也正凝望着母亲“瘦弱的肩膀”并感觉到内疚。但这种感觉，就像构成萧的自我意识的所有感觉一样——“转瞬即逝”。这种无能也体现在难以消退的爱的冲动上，萧感到“杏的秀颀的身影”所激起的“无穷的联想”把他自己淹没了，这使他“像是在夏季的热风中闻到了一阵果香那样贪婪地吸了一口气”。这种无能跟随着萧，一直到他的死亡时刻。在《迷舟》最后的场景中：

天已经突然亮了。黎明的暗红的光消失之后，天空飘飘洒洒地下起了小雨。面对那管深不可测的枪口，萧的眼前闪现的种种往事像散落在河面上的花瓣一样流动、消失了。他又一次沉浸在对突如其来的死亡的深深的恐惧和茫然的遐想中。他回忆起道人闪烁其词的忠告，现在，迫使他跨入地狱之门的似乎不是盛满美酒的酒盅，而是黑乎乎的枪口，他莫名其妙地感到了一丝遗憾。他看见母亲在离他不远的鸡埘旁吃惊地

> 望着他。她已经抓住了那只母鸡。萧望着母亲矮小的身影——在抓鸡的时候她打皱的裤子上沾满了鸡毛和泥土，突然涌起了强烈的想拥抱她的欲望。他在听到枪声的一刹那，感到有一股湿乎乎的液体贴着他的肚皮和大腿往下流。

意识和无意识之间的猫鼠游戏展开为机械时间（“第一天”“第二天”……）与还原的时间之间的纠缠。虽然小说用一种时隐时现的精神氛围抒情性地建构了萧的形象（对于军队指挥官来说，这种经验完全是意识的困扰和混乱），但从叙述或结构上说，小说支持着那些将萧推向毁灭的宿命性力量。因而萧，一段不平凡的个人史的主人，大量回忆和感觉的拥有者，只能像一个婴儿一样无助地滑向一个蓄谋已久的圈套。他的个人意志不过是小说中所展开的命运力量的借口。他身不由己地要渡过第二条河流，而我们知道，这条河流将是萧生命的最后边界。他的死是一个预言的应验，因为它早已存在于萧的意识深处。“紧紧困扰着他”的“不祥的预感”送来一条消息，他错误地认为这消息与“即将开始的大战”有关。他的母亲也这样解读这条消息，这个无助的女人目击了这个家庭中父亲和儿子的死。在她看来，“他的眼神和丈夫临终前的眼神一模一样，深陷在眼眶里的眼球没有丝毫新鲜的光泽”。

事实上，意识和无意识之间的斗争是一场生与死的事件，具有反讽意味的是，后者正是萧向那个预测吉凶的道人问询的内容。无意识的力量如同死亡的阴影，在整个故事里作为拉康所说的“他者的话语”而存在。根据拉康的逻辑，我们可以认为，正是语言本身驱动着叙事走向它的结局。《迷舟》并没有特意渲染这种无意识之于主体的宿命论意味（尽管它为萧安排了一次占卜生死的算卦）。

这个关于萧失败生涯的故事是一篇关于语言、自我和历史的小说。在阅读的过程中，我的兴趣在于洞悉无意识的内容，它作为缝隙和省略，作为遗忘，作为对历史尽力的追赶而存在于语言内部。乍一看，爱情似乎是无意识力量的代理人——这篇元小说作品的可读性就在于爱情与死亡的故事，在故事里，阻止萧准时回到他的指挥部、使“他又一次改变了自己的初衷”的是“他意念深处滑过的一个极其微弱的念头……他想到了杏”。但这种解释很容易遭到否定。杏在叙事中很难说是一种实质性的因素；进而，正如我们所看到的，萧的意识在他和杏的暧昧事件发生之前就已经相对混乱不堪了。毕竟萧不是被复仇的丈夫，而是被自己的警卫员杀死的，看起来警卫员才是游戏规则的执行者。那个“极其虚弱的念头”是某种更深邃的事物的符号，正如杏在叙事里不是作为欲望的对象，而是作为欲望的能指存在着。“杏”与“性”在语音上的一致似乎表明女主人公并非简单地是一种具体欲望的对象，它作为一种普遍症候指示出欲望的存在方式。“杏”早在《追忆乌攸先生》中就出现过了；作为一个类型，“杏”代表着与《褐色鸟群》中的“棋”完全不同的女性形象系列。棋是外部世界的样本，是现实的原则，而杏则是在记忆中开放的想象的花朵。与棋那种似是而非的美相比，杏总是带着某种不可捉摸的圣洁，与男主人公相聚在他所投身的事业的中途，而男主人公的个人生命注定要在灾难中结束。在格非的作品里，女性的世俗形象和想象形象直到《蚌壳》中的小羊才真正结合到一起，在那里，由新出现的城市空间所滋养的一种完全的当代性的生活形式变成了一个陈规俗套，使得1980年代种种思想游戏和文化中介失去了存在的必要性。

杏的圣洁是一个可疑的观念，萧与杏之间的通奸则是一个追寻往昔气息的仪式。在记忆的祭坛上，杏是一个牺牲品，她不是像棋那样听“我”讲故事，而是将她的注意力献给“我的故事”。一旦杏同萧的意识的混乱结为一体，她就变成了海妖（a siren），把迷失的萧引向他命运的终点。不过这里没有歌声，取而代之的是杏被丈夫毒打时发出的“哭叫”。正如海妖在歌声中已化为纯粹的美的魅惑，“性”在小说最后也被排斥了出去。三顺——杏的残忍的丈夫，放弃了杀死萧的念头，可能就因为“萧对于一个已经废掉的女人的迷恋感染了他”。这些事件证明了古典的智慧——格非很少错过表达他对古典文学的艳羡的机会——爱情与激情（我愿意加上自我意识）一样，只是将人引向命运启示的盲目的向导。

具有命运威力的无意识结构如果不是存在于爱情之中，那一定存在于另外的地方。从一开始就一定存在着真正的“他性”，存在着被遗忘的年代，它们位于构成萧心智混乱状态的个人时间或心理时间之下；这种破碎的无意识必然是一种“他者的话语”（拉康）。如果我们从《迷舟》的叙事统一体中剥离出一种时间制度，那种遗忘的时间、那种个人历史的史前史看起来就只能是父亲的时间。

从作品的开头，“父亲”已经作为一个巨大的磁场吸引着萧的意识，使他偏离了现实的航线。父亲的存在作为一种缺席的在场，匿名地为整篇小说定下了基调。《迷舟》“引子”里的一段文字像是在详细介绍萧的身世，但事实上，它悄悄地把一部漫长的史前史同叙事的“此刻”安置在了一起：

> 他的父亲是小刀会中为数不多的幸存者，也是绝无仅有的会摆弄洋

枪的头领之一，他的战争经历和收藏的大量散失在民间的军事典籍使萧从小便感受到了战火的气氛。萧的梦中常常出现马的嘶鸣声和隆隆的炮声。终于有一天，他走到父亲身边询问他为什么投身于一支失败的队伍，父亲像是碰到了痛处，他的回答却是漫不经心的：从来就没有失败或者胜利的队伍，只有狼和猎人。

父亲的在场给萧的战斗投下一片阴影。这片阴影在萧徒劳的抗拒中从他意识的深处复活过来，勾画出了萧内部世界的场景。几乎萧的每一次行动都植根于这个场景。当萧走入他已故的父亲"阴暗的尘封的"书房，坐在父亲的写字桌前，他像是赴早年的约定来领取死者留给他的遗言。凝望着墙上父亲的画像，注视着父亲"苍劲、粗粝"的字迹，萧面对着巨大的命运发来的消息。他不仅看到"雕花红木制成的高大的书架"照出的自己的身影，而且在父亲写给兄长的一封书信里发现了自己的名字，信里预言了他的死，也预言了他的部队耻辱性的结局。

在那个阴暗的尘封的房间里，死者作为被扼杀的历史而活着。这部历史的总体延伸入一个如此巨大的时空，以至于现在融入了被压抑的过去的闪光的意象。萧感觉到了父亲的预言给他带来的"耻辱"；就是在这个耻辱的时刻他审视着发生过的一切，然而所采用的却是一种否定的方式。他将抗拒历史作为他最后的责任，随之，时间重又变得明确可分了，而事实上，"他像是第一次从小河村的这些天浑浑噩噩的梦魇中苏醒过来"。在这一个人史的制高点上，过去不仅结晶为一个整体，而且渴望将它那些最为纷乱的时刻，融入这个整体恢复自身的过程。而这样一个危险时刻，一丝"微弱的念头"就足以揭示隐藏在后面的那只操纵整个游戏的手。对于那些一闪而过的致命的念头，格非是这样描述的：

他想到了杏。

他的眼前出现了杏那温柔而迷惘的目光。像是一阵清冽的果香在他面前飘拂而过。他回忆起在榆关过的那个炎热的夏天，临水而筑的药房竹楼。他想起了在纷飞的战火中她影子重重叠叠地闪现的时刻，想到了他来到小河的这些天给她带来的灾难。一种深深的原罪感在他的心头暗暗滋长了。

对岸的情形究竟怎样，萧是否见到了杏，他又怎样度过他一生中的最后夜晚，故事精妙地留下了空白。我们看到的只是，在自我意识最后搏斗中，三重时间——日历的时间、记忆的时间和遗忘的时间——汇合到了一起，此刻，萧除了死心塌地地听从命运的安排，再也没有其他的选择。

作为虚构，且仅仅作为虚构，《迷舟》使时间成为想象的伙伴；然后一旦想象成为时间的构造，这种虚构就变成了一个历史的寓言。正如萧没有走出父亲的阴影，当代意识的任何个人想象也无法摆脱它同历史之间的父子关系。那个遥远的年代像一个巨大的遗忘的网络，静静地匍匐在我们语言的四周。瓦尔特·本雅明在《弗朗兹·卡夫卡逝世十周年纪念》中对这类创造性遗忘有一段极富洞察力的评论："被遗忘的东西从来不仅仅是指个人的东西，任何被遗忘的东西都是同史前时期被遗忘的东西混淆在一起，通过无数非持久性的、变化无常的结合，不断创造出新的产物来。"[1]

## 解构即创世（Genesis）：《青黄》

我们不妨把《追忆乌攸先生》到《大年》这部分作品归于"乡村蒙太奇"一类。而把《陷阱》至《蚌壳》这部分小说归入"城市景观"一类。这两条"交叉小径"并不通向格非虚构世界的"内部"，但帮助我们确定了格非在更大的语境中的位置，同时也描画出格非的小说叙事于自我展开的过程中在特定社会空间里划出的轨迹。《青黄》（1989）就是一个颇有说服力的个案；作为这两条路径间移动的交点，它像一个小宇宙，浓缩了格非的童话世界。

小说一开始，叙事者"我"就着迷于一个"充满魅惑"的词语——"青黄"，这是他在研究当地妓女史的时候从麦村地志中发现的。他这一兴趣起初似乎纯粹是学术性的，也没投入特别多的热情。"青黄"这两个汉字本身的意思非常清楚，然后作为"一个颇有争议的名词"，"青黄"似乎令人生疑地存在于甚至更为可疑的历史结构的中心，这个词引发了"经久不息"的传说、拙劣的学术研究，以及从地方志的歧义性和空隙中生出的幻想。它最终激发了"我""再次"回到麦村进行学术研究——麦村是一个偏僻的乡下渔村（虽然叙事者没有挑明这一点，但是很明显，"我"的出发地是座大城市，有着研究型大学）。在临走之前，叙事者"我"碰见了他的研究生导师——新近出版的《中国娼妓史》的作者。这位教授做了一个"不耐烦的手势"，告诉他："你到了那里将一无所获。"

---

1 Benjamin, "Franz Kafka" , in *Illuminations*, p.131.

"我"的旅行注定要陷入迷途，而随着对于旅行的谨慎、详细的描写，《青黄》的故事缓慢地推进。旅程无规律地前后摇摆：一方面是"思想"老开小差，悠闲自得（甚至自我放纵）、漫无目的，又不时陷入幻觉；另一方面则是对于事实，或更确切地说，对于故事着了魔的追逐，即一种由"我"内心的黑暗王国中某种朦胧的东西所推动的追求。《迷舟》出版于1989年，这是格非第一部短篇小说选集。在序中，吴洪森告诉我们小说《迷舟》的创作背景：

> 记得86年夏，我俩去千岛湖（名为考察）旅游。白天四处闲逛，晚上在旅馆里神聊。县文化馆长给我们介绍了当地风土人情，其中关于九姓渔户的故事使我们极好奇，特地到该渔户的所在地去了一趟，结果空无所获。那儿的人知道他们的祖先是陈友谅的部下，可这所谓的"知道"是因为县志上这么写的。他们矢口否认该船队的妇女史上有卖淫的传说，他们关于祖先所记得的是帮助太平天国打过胜仗，可是县志上并无记载。两年后格非把这次经历写成了《青黄》，可是现实的经历在小说中只是一个引子，其余的天知道他是怎么弄出来的。一次上当的寻访在他的小说中竟变成了一个如此有滋有味、引人入胜的故事，真叫人惊叹！[1]

《青黄》的内在动力沿着两个相互交织的轨迹显露了出来，它们彼此独立但却相辅相成：一个是虚构的构筑，另一个是元虚构的反思；一个追求象征层面上的（"青黄"在寓言维度上的）意义，另一个则追求想象层面上的"自我"。《青黄》这篇小说对于解读元小说来说特别有趣，关键就在于当代主体性的自我构筑，这一主体性在现实性和本真性的解体过程中确立了自我的主张。

值得注意的是，小说第一节里，当异乡人"我"到达麦村时，格非以前的作品似乎都一一重现了。一连串的想象——地势不平的村庄朝着飘雨的、阴沉的天空敞开，忧郁的"顶着凉篷的破船"漂浮在河面上——让人联想起鲁迅的《故乡》或者《在酒楼上》开头的场景。就像六十多年前深受鲁迅影响的那些乡土作家的作品，格非的《青黄》（只是它是元小说）包含着城市和乡村的冲突、不同时空框架的交错以及语言和主体的不确定性，但正是以主体的名义，个人冒险开始了。不容错过的是第一节开篇的句子，一个当代的旅行记录却运用了史诗的笔调："埃利蒂斯说，树木和石子使岁月流失。对于一件四十年前发生的事，人们不至于忘记得那样快。我来到麦村三天后的一个

---

1　吴洪森：《序》，格非：《迷舟》，第3页。

傍晚，在苏子河边的一片低矮的榛树林里，我遇到了一个正在给羊圈加固木栅栏的老人。”当老人的转述、“我”的独白以及最寻常的描写、谈话和传说全都运行于同一种克制的韵律和高蹈的风格时，这种史诗意味就直接滑入了元小说的复杂性之中；然而，所有这一切都受讲故事的规则的支配，它在形式和题材内容之间维持着一个结构性的距离。老人的回忆正是从这句话开始的：“那条顶着凉篷的破船是在黎明的时候到岸的。那时正巧碰上了仲夏时节的梅雨。”

修辞特质和叙事策略的相互协调赋予了虚构的“拼贴图”某种统一的行动时空。元小说层面上所发生的“二次装配”，将麦村的日子同“我”所搜集到的故事焊接成了一个叙事。主体性的叙事者的在场，因为后者只是叙事游戏的行动元之一。相反，主体性存在于阅读的最终效果之中，由此，主体性的重构通过自身的消散得以实现。只有在叙事者“我”成为听者的地方、成为故事的收集者而不是恢复经验的行动者的地方，格非故事讲述的内部所出现的戏剧性转换才能够被确认，因为对于元小说而言，只有在经验得到重构的地方，经验才是可能的。换句话说，经验总是某种有待被规定的东西，某种有待通过写作的化学反应被创造出来的东西。对于格非及其同辈来说，由乔伊斯一直到博尔赫斯所代表的现代主义体制是一个象征的实验室。

然而，伴随着主体位置的转换，听者——有时是他者或被倾听的对象——获得了一个悖论性的内部世界，一种不同的自我意识投射在了这个内部世界之中，同时自我意识也从这个内部世界向外张望。这个内部世界，这种感觉的内在性，正是在构建元小说的自律性的过程中确立起来的。在元小说的自律性里，叙事主体着了魔似的在符号网络中寻求自身的蒸发，然而也着了魔似的谈论、审查与分析自身，仿佛要在一个陌生的情境里理解这个陌生的“自我”。对于自我的探寻被记录在自由漂流的独白和闪耀着光芒的评论中，而这些独白与评论交织着抒情的语言、景色的风格化表现以及对于客体无止歇的描绘——或者说重构。例如，小说开头对于老人的这番描绘：“悲伤的阴影重叠在他的脸上，使他的皮肤看上去像石头一样坚硬。我在那圈散发着羊腥膻的木栅栏前踯躅了好久，老人才开始和我搭上了话，他在回忆往事的时候，显得非常吃力，仿佛要让时间在他眼前的某一个视点凝固或重现。”

《青黄》对于“真相”的寻求发生在一系列这样的描写之中。当“我”来到麦村的时候，那位老人和村里的所有人一样，不愿谈论那些“不光彩的事”。过分热心甚至有些一厢情愿的旅行者—调查者遭遇到沉默寡言的村民，这正是格非小说开头的原型。对于叙事者来说，这个村子就像作为整体的客观领域，“缺乏热情和好奇心”，精心抛出的词语“青黄”没有激起任何反响。叙事者“我”不得不移情于自己的对象，以使探寻活动继续下去；因此，叙事者有了那种“奇怪的印象”：“他（老人）在揭示一些事情的同时也掩盖了另一些事”。移情作为小说中“发现”与“分析”活动的感应能动性，与其说揭示了写作的心理机制，不如说揭示了认知冲突的社会状况。叙事者无止歇的甚至全然迷失的自我意识在波德莱尔那里找到了自己的先人——后者在移情中看到了诗人的特权。波德莱尔写道：“诗人享有这无与伦比的特权，他可以随心所欲地成为自己和他人。就像那些寻找躯壳的游魂，当他愿意的时候，可以进入任何人的躯体。对他来说，一切都是敞开的；如果某些地方好像对他关闭着，那是因为在他看来这些地方不值一看。”[1]瓦尔特·本雅明在他的波德莱尔研究中指出，商品自身就是这里的言说者，波德莱尔的敏感同马克思称之为“拜物教”的东西产生了共鸣。一种相似的主客体关系在格非的小说中——尤其在《青黄》中——被记录了下来，虽然是以不同的方式，同时也有着不同的含义。

如果移情体现了一个人的“自由”，而这个人发现对象（商品）的世界对他或她不再有兴趣，那么被放弃的自我在对象中的虚幻化身就是拜物教的文体学，它包含了自我与世界的异化关系，而这个世界无法回报他或她凝视的眼神。在讲故事的人与听众之间，在旅行者与当地人之间，甚至在意象与元小说空间所包围的事件之间小心翼翼地重建交流关系的努力，反映了一种日益非人化世界的隐秘的焦虑。如果在《青黄》里，商品还不是实际的言说者，那是因为1980年代后期集体经验总体性的消退——考虑到对于这种总体性的历史的和政治的理解——同时也是一种“存在的澄明”（海德格尔），它带来了这样一个世界：经验在其中生长而非凋零。元小说的世界得以建立的基础是新兴的感觉、知觉和想象的世界中产生的灵感；元小说在经验上的原材料则是邓小平时代中国的社会关系和物质环境，两者作为膨胀的个人史而被小说捕获（用格非的说法——“还原”）。在一个既具有历史性也有虚构性的空间中，一切东西——从黑暗的、尘封的过去到充满震惊体验的大街上所遇到的女性过路人，从本土的奇闻轶事到国际象征资本——似乎都对中国先锋作家大开方便之门，等待着他们进入其中。

中国和外部世界之间的差异并没有毁坏移情的活动——这种活动被看

---

1　此处采用郭宏安的译文。见波德莱尔：《巴黎的忧郁》，郭宏安译（上海：上海译文出版社，2009），第26页。

成是所谓的“纯小说”技巧——华丽的新世界正是通过移情被接受了下来。在逐渐接近作为想象与幻想空间的未知世界的过程中，一条现实社会的、同时优势认识论方面的裂缝出现在了先锋写作的内部，而且还在不断地扩大。一定程度上，元小说可以看作是一种符号的拜物教，或者不过是“虚构”的拜物教，由此，主客体间的结构性距离或历史的歧义性可以被转化为一种意象和事件的戏剧。

历史的歧义性催生出格非的叙事者那梦游般的旅行。他旅行在故事、传奇和想象的丛林里，而这一切产生了一种记忆和想象的幻觉经验。《青黄》的主体部分包括收集来的故事、无意间听到的流言以及情色的丑闻，这些道听途说彼此盘根错节，抓住了就拖出一串。调查者（叙事者）的活动贯穿这些细枝末节、赋予它们以一种叙事和形式强度的唯一决定性因素。

反过来，这种行动构建了一张意义的不可能性之网。关于词语“青黄”，唯一的解答是一个乡村郎中提供的，但这个信息的提供者告诉我们的研究者，这个解答也只是一个推测：“在这一带我也没有听说过这个词，不过，它也可能存在，在九姓渔户的船上，妓女一般分为两类，‘青黄’会不会是那些年轻或年老妓女的简称？女人们总是像竹子一样，青了又黄。”

在走向意义的途中，叙事者被那种将自我从自身挣脱出来的努力压垮了，而这两者都在意义的岔路上使自身获得了自由。《褐色鸟群》里的那种关键性的经验——梦游，在一个更为自觉的层面上由《青黄》重复了一遍。叙事者遇见、听见与看见的东西不仅被并入了故事（故事其实是虚构性的客观领域），而且在形而上学的层面上，对于“充满魅惑”的词语的调查转化为意义的后现代旅行。一切都被悬置了起来，一个故事引向另一个故事，一个事件导向另一个事件，而终结或目的（end）以及确定性都变得不可能了。叙事者自己似乎被正在枯萎的过去紧紧抓住，他真正的“任务”，即追寻意义和历史确定性，引诱着他走入了一个黑暗的谜语之中。只需稍加留心，便可发觉叙事者同自己的那种解构活动之间的默契。在整个旅途中，叙事者从容地享受着这种悬浮游荡的快乐。在寻找的旅途中，他似乎只是在东游西荡，但这种迷途和延宕却又像是有意为之，甚至出于一种精心的设计。时间与叙事的竞争关系（《褐色鸟群》中对之有着生动的描绘）不再是叙事的感应能动性了，这是因为探究这个神秘的词——“青黄”——成了自我放逐的阴谋。

“蓄意”构成了叙事者那种心不在焉状态的基础，这是因为迷失成了叙事者推进自己充满焦虑的研究最有效的方式。任何一条小路都使他改变初衷，引他走向一个未知的命运；任何一个暗示都召唤出过于活跃的联想。似乎他就是来搜寻一些细枝末节的事情，从而得以安宁地沉溺于幻想之中。在写作中，与他人交流的焦虑消失了，似乎叙事者已然不知所以地感到了安全。小说一开头，当主人公同大路边的老人之间“因找不到合适的话题来闲聊”而陷入沉默时，气氛是相当轻松的，用格非的话说，“这一切都非常自然”。《青黄》的叙事者就像卡夫卡的K，在他身上同样混合着敏锐和心不在焉。就像K一样，当叙事者陷入某种可疑的情境时，他似乎并不过分忧虑；就像K一样，他满足于四处漫步，拜访没有恶意的人们，倾听别人讲述奇闻轶事，躺在陌生的房间里出神（或许更恰当地说，焦虑）。这种习惯暴露了格非的叙事者的真实身份。他既不是一个土地测量员，也不是一个民俗学家，而是一个在梦游中搜寻灵感的作家。

当叙事者真的迷失在虚构之流里，当时间、意义、自我和历史的蒸发被视为常态以及自在的真理，这一启示的时刻事实上并没有到来。只有当叙事者在徒劳的追寻过程中把握一种独特的落实感（settledness）时，启示的时刻才能够到来。就在他放弃自己的当口，他成了“他自己”。小说设置了一个空间—时间的进程，在这个意义上，我们可以认为《青黄》是一种重新表述个人经验的特殊方式。当一切都悬浮起来，一切都漂游不定时，对于自我的凝视却几乎没有停止过；在艺术家的元小说画像里，写作的程序预设了对于自我的凝视。在第三节一开头，我们遇到了当代主体的另一幅自画像：

> 我的调查一无进展。时间的长河总是悄无声息地淹没一切，但记忆却常常将那些早已沉入河底的碎片浮出水面，就像青草从雪地里重新凸现出来一样。在麦村的日子里，我在白天像游魂一般四处飘荡，追索往昔的蛛迹，却把一个又一个黑夜消耗在对遥远过去的玄想之中。

即使在“调查”过程中，这种自画像也时常保留在某种独特的叙述句法当中。如果不将自我形象的结构记在心里，读者就不会接受叙事活动中出现的这样的句子：“站在那堵行将颓圮的院墙下，我对一只木制的稻箱凝视了很久”，或“传说中那个事件的片段……时常混杂着童年的记忆一起侵入我的梦中”。在这个意义上，《青黄》里的“自我”与其说被叙事解构了，不如说被叙事编织了出来。这里最引人注目之处在于这样一种写作的辩证法：意识越充分地放任自己沉浸于纯虚构的逻辑，它就越能把握到自身的自由状态，把握到自我在他者之中存在的状态。它在他者的密度中消逝得越彻底，在黑格尔“精神”发展的意义上就越具有“真理性”。

如果我们决定将这种写作的辩证法转化为一种批评的辩证法，我们就可以认为：后叙事世界里的后现代道路为某种朦胧的但却充满朝气的自我意识的出现铺好了路，使后者得以获得想象性的解放。《青黄》的戏法不过就这么简单：散播虚构的碎片，却收获了一个更完整的自我。然而无可否认的是，在虚构的尽头重新获得的自我需要社会史的、文化的以及意识形态的定义与修正。

从元小说中自我的"事业"着眼，后现代的歧义性同前现代的歧义性正相符合。未来能被想象成什么样，取决于这个自我意识脱离传统的僵化秩序之后，如何在过去的经验一闪而过的时候将它们一举捕获；取决于这个彻头彻尾的新事物如何被表征为一种历史经验，表征为新生形式中的历史性。

在格非的小说中，"过去"往往表现为某种反常的、常常令人困扰的"当下"的问题。过去在当下顽强的存在具有"空缺"的形式。这儿有一种"还原"过去的冲动——在这个意义上，"青黄"一词代表历史中被抹除的一页，在那里，"九姓渔户"必定经历过的痛苦和灾难作为虚构的谜语被记录了下来。

《青黄》是一次意义的冒险，它成了以元小说的方式上演的"当下"所发生的事件进程。主体性最明确的标志既不在于虚构性，也不在于历史性自身，而是再次表征这两者之间的关系时所遵循的建构性原则。在整个故事的写作里，主体性只是闪闪烁烁地出现，但最终它在一个幻觉性的时刻里，将整个枝蔓丛生的故事都"据为己有"了。

> 一个黄昏接着一个黄昏，时间很快地流走了，在村落顶上平坦而又倾斜的天空中，在栅栏和窗外延伸的山脉和荒原中没有留下一丝痕迹。我整日整夜被那个可怜的人谜一般的命运所困扰，当我决定离开那里的时候，我突然有了一种不真实的感觉。这个村子——它的寂静的河流、河边红色的沙子、匆匆行走的人和他们的影子仿佛都是被人虚构出来的，又像是一幅写生画中常常见到的事物。

如果不从生成着同时又瓦解着的主体着眼，我们就很难理解这样的场景，句子和叙事自身。格非也让他的读者明白了：语言对他来说意味着可传达性的最后堡垒，意味着渴求着自我的最后避难所。语言的迷宫不是历史与主体的终结，而是它们的起源。在这个意义上，黑格尔在19世纪关于"精神"的思辨有了一种后结构主义的声调。黑格尔在《精神现象学》中谈论

"理念的分析"——"理念"(idea)在他那儿的含义就是我们所熟知的"表征"(representation/Darstellung)——的时候,告诉了我们关于"被表征的东西"如何"变成纯粹自我意识的财富"。这一过程牵涉到历险和承担困苦、权力和魔法,它是元小说作家的起点。黑格尔写道:"但是精神的生活不是害怕死亡而幸免于蹂躏的生活,而是敢于承当死亡并在死亡中得以自存的生活。精神只当它在绝对的支离破碎中能保全其自身时才赢得它的真实性。……精神所以是这种力量,乃是因为它干预面对面地正视否定的东西并停留在那里。精神在否定的东西那里停留,这就是一种魔力,这种魔力就把否定的东西转化为存在。"

在历史和理论上展开的社会发展还有待观察,尽管元小说只是曲折地表现了社会发展,它仍然构成了后革命一代成长教育的记录。这个通过象征的方式被书写出来的主体位置,同时受到了历史以及文化变相的规定,如此一来,异化变成了自我建构与自我理解的可能性条件的一部分。在童话世界里,虚构的图景总是指向主体经验。后结构主义的"人的终结"更应该理解为自然史上的"人的开端"。在当代中国,想象性的语言作品总是指明了——不管积极地还是消极地——自我反思在个人经验中的苏醒及其在物质环境中的出现,而个人经验已经受到了物质环境的规定。

格非的读者见证了经验的巨变。他或她已经认识到,一个读者不能再用一种自然的或前文学的方式来接收文学信息了,作品也不再天然地将作者与读者联系起来。作品不是经验融合的催化剂(在艾略特的意义上),它早就成了一个不可化约的分化领域,这一领域通过将经验包裹进自己的结构来提供经验的真实。这样,作品的概念就从中介与交流一极转入了建构一极。

格非的读者也必须承认,在令人目眩的社会文化变迁中,作为整体的集体经验破碎了,同时,以差异与异质性为基础的个人经验却弥漫于表征的真空。自从朦胧诗式微以来,作为公共形象的读者已经蜕变为原子化的"个人"。新风格的前卫精神在语言领域反映了重新安顿这种经验的紧迫性。

新一代作家面临着挑战——他们要在小说结构中捕获无情的时间。他们所用的素材并不直接接触日常领域,而是与历史缠绕在一起的叙事和认识的剩余物。因此,"还原"也是重构有待历史化的事物。面对精心设计的元小说作品,读者会提出这样的问题:在一个以集体经验的碎片化为特征的环境里,如何才能理解主体的起源?如何才能将一种争取诗学自律性的风格看作社会变化的表征?如何才能将这种审美努力界定为现代主义,同时还坚持它其实是别的东西?最后,如何才能表明这种自我指涉的问题已作为形式—

话语空间在社会交流中发挥着作用？此外，人们会问，由这种叙事所传达的新经验实际上是什么，或者包含在这种语言结构中的主体在社会—意识形态层面上意味着什么。总之，对于“文化意识”的历史条件，人们有充分理由要求一种更为详细的分类。

根据这些问题，过去十年的文学史，甚至过去百年的文学史，可以看成一个统一体。正是这个统一体赋予了1980年代某种历史形式，使它同1990年代的意识形态与文化工业区别开来。集体经验的解体和主导表征模式的破裂（包括各种现代主义和“新潮”）构成了1980年代中国先锋文学的现实情境。这种情境尽管充满陷阱和诱惑，却能使当代作家站在一个独一无二的优越位置上，时间经验和空间经验都外在于这个位置，但可以同意识的生成一起从内部加以把握。批评在历史和理论两方面都同写作的辩证法相互交织；它面对着自身的辩证法，由此，对于题材内容的探查成为对于文化文本的客观诠释。

# 不确定的历史与记忆：论格非早期的中短篇小说

/ 杨小滨 著 愚 人 译

小说写作……使我有可能重获无法表达的现实经验和记忆。

——格非

格非是他那一代中国先锋作家中最年轻的一位。他与绝大多数他的同时代人不同，他的职业是在学院教授文学。也许是由于学术生涯的缘故，格非的小说在处理历史和个人经验方面似乎专注于叙事技巧或形式上的可能性。格非通过揭示集体与个人记忆在不可调和的叙事碎片中的缺陷，来挑战主流话语赖以构成的宏大历史总体性。在格非的叙事中，主体的声音颇为清晰；但是，它并不是用另外一种绝对的声音取代宏大历史话语，而是展示了其自身游离分散的表述。格非小说中"无法表达的"经验与内存表现为不可知的、无法消解和遗忘的叙事碎片。

## 重新认识或重新呈现过去的陷阱

《陷阱》是格非的早期短篇小说之一，格非的叙事者甚至在小说真正开始之前就承认了他的叙事局限。更加离奇的是，故事是"从她的自序开始的"[1]，她是一个名叫牌的女孩，那是离家出走的"我"偷听来的。偷听本身出于与故事毫不相关的一个偶然意外，它不仅成为"我"即将深陷其中的现实，而且也是叙事者现在讲述故事的原因。换句话说，主要叙述完全来自一个不带任何决定性的历史历程的偶然事件。叙事者不再对叙述的真相承担责任；确切地说，一种叙述可能始于另一种叙述，或者可以不加组合地任意切换成另一种叙述。在某种程度上，牌的叙述是不连贯的：她一会儿声称她离家出走是因为害怕，继而又说她不得不离家出走。谭运长在他讨论这个短篇小说

1 格非：《迷舟》，第12页，北京，作家出版社，1989。

的文章中指出了这个问题却没有回答这个问题，然而他却敏锐地觉察到，这个问题也许没有任何意义，如果牌的叙述本身是不可信的，那么她的所有陈述都是不真实的。[1]当牌后来再次讲述她的过去，声称应该对她离家出走负责的父母（根据她先前的陈述）早已死去的时候，这样的疑虑更是有增无减。

前后矛盾的陈述瓦解了叙事的总体性和绝对性。如果我们将这个片段与五四时期妇女离家出走的同类主题故事相比较，我们就可以看到，格非的叙事并没有为女主人公的离家出走提供一个合情合理的理由。鲁迅的小说《伤逝》中的年轻女性子君或者冯沅君书信体短篇小说《隔绝》中的“我”是离开（或者决定离开）令人窒息的家去追求“自由恋爱”。鲁迅与冯沅君的小说至少部分地顺应了从父权压制到自我解放的历史理性秩序的解放话语。在鲁迅的小说中，这样的历史后来当然变成了毫无结果的哀叹。格非通过脱离解放话语来击破这样的历史：牌离家出走的理由令人困惑，这就打乱了整个宏大历史的逻辑。

格非也探讨了真实与幻觉、可以预期与不可能之间的复杂关系。在另一个关于导致她离家出走的故事中，牌说她看见一个老人用一些细长的树枝在河边搭桥。她试图说服老人这样的桥是没有用的：

> 你的桥不牢。我说
> 它是给鸽子走的
> 鸽子能飞过河去　不用桥鸽子也能飞过去
> 它是给没有翅膀的鸽子走的
> 所有的鸽子都有翅膀
> 没有翅膀的鸽子没有翅膀[2]

对话一直在继续，直到她回家并发现一些不相识的老人占据了她的家。她无法进入她自己的家，因为老人们认为她进入屋子是非法的。在格非的许多故事中，非现实压倒了现实。在很多情况下，现实似乎只能服从于那些导致不幸的美好或者戏剧性的幻觉。

这些梦境般的幻觉不仅是悲剧性的，而且还可能是喜剧性的或者荒诞的。总而言之，所有这一切都寓言性地直指现代中国无法实现的文化想象。牌向她从前的男朋友黑桃讲述她离家出走的之后一个版本的故事，当牌和“我”一

1　谭运长：《形上学游戏：评格非的小说〈陷阱〉》，《广东学》1987年第12期，第40页。
2　格非：《迷舟》，第20—21页，北京，作家出版社，1989。

起去拜访黑桃时，黑桃竟然没有认出她来。黑桃可以被寓言性地诠释为曾经为“寻根”文学所钟爱，现在被喜剧性地戏剧化的一个怀旧形象。甚至在他回想起牌的时候，他的旧情复燃也只不过持续了很短的时间，接着他又恢复了“木然而立”[1]的姿态。重温旧梦的初衷根本没有希望。作为一个流浪者，牌“一直朝北走”去“寻找救星”[2]的努力实际上以失败而告终。历史救星应该是远见卓识的社会解放者或者怀旧的精神赎救者，这样的角色不再具备把整个叙事引向一个完美的结局的超强功能。因此，牌对黑桃的拜访就是对回到原初的戏仿性探索，因为黑桃自己就是“遗忘心理学家”，象征着逃离原初。

黑桃以各种方式毁灭了牌的幻觉，所有这一切都与审美想象或创造的危险有关。他暗示那是为鸽子搭桥的老人设下的陷阱。这个老人必须被看成艺术或者幻象的象征，因为他的所作所为只是出于幻象（“没有翅膀的鸽子”），完全没有任何实用价值。正如黑桃认为的那样，他的不切实际和审美的活动仅仅是具有特殊实际指向的一种伪装，那就是把牌从家里引出来，好让老人占据她的屋子。这是审美的危险陷阱，这样的伪装给现实带来了灾难。占据了牌的屋子的那些人好像在演戏：美/幻与恶/真在他们的表演中融为一体。然而，陷阱不仅存在于牌关于她自己的故事之中，而且还存在于她的故事叙述之中，由此可见，她的叙述作为艺术（人为捏造）就像老人的桥一样不稳定，或者就像伪装成占领她屋子的那些人。换句话说，对陷阱的表现本身就是一个陷阱：自反的形式暴露了再现性叙述的自我解构倾向。

黑桃说服牌把遗忘和回避的艺术当作重新找回或构想过去的天籁福音来接受。原初恰恰可以被寓言性地理解为对再度体验的拒斥。究竟什么是真实也受到了质疑。他警告“我”，牌已经“成了你众多记忆混合物的复制品。这都是你过于沉湎冥想记忆泛滥所致”。[3]正如黑桃暗示的那样，牌现在只不过是叙事者精神形象的“复制品”，我们不仅会怀疑牌的陈述，而且还会怀疑她是否存在。然而，根据黑桃的暗示，牌只是一个想象中的人物，牌也否认黑桃的存在。叙事者后来确实收到过牌的一封信，她在信中提到，黑桃在他们进城拜访他之前就已经死了。叙事者可以“推测我们深夜拜访黑桃可能是一次幻觉”。[4]叙事中的这种自我否定破坏了表现过程的连贯性。因此，陷阱（尤其是表现陷阱）不仅是其他人安排的，而且还可能是那个人自己的

---

1 格非：《迷舟》，第20页，北京，作家出版社，1989。
2 同上，第22页。
3 同上，第24页。
4 同上。

设计。叙事者声称(同时又是自我反驳),“实际上”[1](这样的“实际”总是可疑的),当天夜晚,他们没有找到黑桃,却参加了一个葬仪。在这个似是而非的葬仪上,人们穿着溜冰鞋滑翔而过,计算机操纵着灵车,立体音箱里播放着事先录制的哀号。最滑稽可笑的是,“我”最终发现死者原来是一头猪。表现的“事实”或者“表现性”就这样被理性叙事的迷惑错置,这正是横贯整个短篇小说的最大陷阱。

《陷阱》的叙事是幻觉、幻想、伪装、欺诈、游戏和闹剧的杂烩,因此可以被看作是对表现与现实的谎言的彻底揭露。最为显见的是,故事的发展逆转了各种宏大叙事对真实的见解,这样的见解正是中国现代叙事的核心。所有的表现继而被揭示为误差,所有的现实则被揭示为非现实。任意和冒险的叙事逻辑破坏了宏大叙事的总体性。

格非通过不断地否认先前的陈述或与先前的陈述自相矛盾来引起我们对叙事自足性危机的关注,表面上整合的叙事变得断断续续和前后矛盾。从这个意义上来说,格非戏仿的不是某种特殊的叙事种类或者类型,而是所有在整体上一致或者稳妥的叙事,尤其是严格同质的宏大叙事。如果说历史的基础是记忆和叙事,那么格非复原的就是记忆与叙事中的那些不确定因素。在他的《褐色鸟群》里,叙事者生活在与世隔绝之中,没有日历和时钟,他根据迁徙的褐色候鸟估算季节的变换。一个名叫棋的女孩走过来,向叙事者展示她的画夹,叙事者感觉到“我的记忆深处痛苦地抽搐了一下,但并未就此而唤醒往事”,他的“如灰烬一般的记忆之绳像是被一种奇怪的胶粘接起来”。[2]夜晚,叙事者对她讲起自己的故事,“尽量用一种平淡而真实的语调叙述”。[3]然而他的关于他遇见另一个女人的叙述却并不“平淡而真实”,他在他所谓的结尾处停住了。只是在棋这个故事讲述的倾听者不可思议地接着讲完了他的故事之后,叙事者自己才继续他的叙述:他徒劳地跟踪一个女人来到郊区,以及他在女人消失后遭遇的神秘事件。棋再次为他讲述了故事的结尾,叙事者后来也确认了这一点。叙事者与叙事对象的角色互换破坏了表现的稳定性,打乱了话语的制造者与接受者之间的关系。

但是故事并没有到此结束。叙事者在小睡之后被迫讲述了很多年后发生的事情:“我”在另一个城市遇到了那个女人,但是她否认她在十岁以后去

1 格非:《迷舟》,第24页,北京,作家出版社,1989。
2 同上,第30—31页。
3 同上,第33页。

过他第一次见到她的那个城市。然而，她记忆中的某些部分与叙事者的叙述交叠在一起。[1]接着，他与那个女人之间的关系有了进一步的发展：他们终于结婚，而她却在他们的新婚之夜死去。当棋知道故事已经真正结束的时候，她离开了。几年后，叙事者看见棋穿着同样的外套，抱着同样的画夹走来，然而她一点都不明白他在说什么，她否认她就是棋，然后消失在远方，就像不知疲倦的褐色鸟群。

《褐色鸟群》在叙述中套叙述，由无数古怪事件组成的多层叙述构成。叙述"框架"包括棋的来访以及叙事者讲述他的神秘爱情故事。尽管叙事者的记忆经常被棋的陈述所悸动，他仍有记忆困难，因为他的"意念深处一定存在着某种障碍"或者"压抑"。[2]可以假设，心理障碍来自他的个人经历，他的爱情和婚姻结局悲惨。那就是为什么他意识到他对棋的叙述就像一个病人在对一位心理分析医生倾诉。[3]叙事者用不同寻常的方式讲述他的故事。中间他停顿过几次。在第一个停顿中，他像是在否定他的痛苦记忆，声称他从此以后再也没有看见过她。棋还在贸贸然继续向他讲述这个故事，依据是（正如叙事者假定的那样）她对叙事常规的敏感。在这里，叙事者将叙事常规解释为叙事的心理学基础，而棋则在其中扮演了不断进行盘问的心理分析医生的角色。

第二个停顿发生在棋所谓的"非常庸俗的结尾"[4]之后，棋再次讲述了他在沟渠里发现尸体的故事。至此，叙事者的"大脑像是一个空空落落的器皿，里面塞满了稻草和刨灰"[5]，他回想起棋先前提到过的一些人。叙事者似乎只有通过部分释放压抑才能重新获得他失去的记忆，他只有通过唤醒他对愉悦的记忆才能避免或者至少延迟痛苦不堪的记忆。很显然，叙事者与中国现代文学范式中自信的叙事主体不同，他被围困在强制的表述与压抑的表述之间。更有甚者，他作为叙事者——以居高临下的姿态向一名女性听者讲述故事——的身份是可以替代的：他中断的叙事必须由她来补充。他的完整叙

1　在此之前，叙事者诉说他跟着一个女人来到一座木桥，他看见女人穿过木桥，但是她的靴印在河边消失了。他遇到了两个人：半路上，一个骑着自行车的人迎面而来，跟他擦袖而过；另一个是手提马灯的花白胡须老人，老人告诉他没人能穿过这座木桥，因为木桥早在二十年前就被洪水冲毁了。正当"我"准备赶回去的时候，他发现了沟渠边的自行车以及先前跟他擦身而过的那个人已经僵硬的尸体。这个女人现在还记得，在一个暴风雪的夜晚，她丈夫提着一盏马灯来到那座木桥（据她说，毁坏木桥的是偷窃木材的小偷而不是洪水），她看见了一些鞋印和自行车的胎辙；第二天，人们在河里找到了一具尸体和一辆自行车。

2　格非：《迷舟》，第33页，北京，作家出版社，1989。

3　同上，第33页。

4　同上，第42页。

5　同上，第43页。

事依赖于这样一位替代他、从他异化而来的叙事者。因此，叙事主体的力量不再是绝对的，而且变得无能为力和自我瓦解。

遭到瓦解的恰恰就是无法提供一幅没有瑕疵的过去图景的连续独白，甚至相互补充的叙事对话（叙事者与棋之间的对话或者“我”与那个女人之间的对话）也没有使整个故事变得统一完整，而是揭开了交流中无法弥合的差异。棋对叙事者的叙述的补充中也存在着误会、省略和疏漏。这个女人对过去的记叙与叙事者的记叙互相重叠却又相互矛盾。叙事者与棋，叙事者与女孩的相遇包含了遗忘或者误会。

故事的结局显示了叙事者的困惑：棋来了——也许她不是棋，也许她就是棋，只是她已经不记得曾经发生过的一切，正如开头的叙事者那样，或许她只是不愿承认自己的身份。这个场面与开头那个部分一模一样；然而，那不仅仅是重复，而且是带有反讽意味的重复，或者失败的映射，映照出映射的无能为力。在小说的开头，叙事者看见棋的时候，她身穿“橙红（或者棕红）”的衣服，“怀里抱着一个大夹子，很像是一个画夹或者镜子之类的东西”，裹在“草绿的帆布”[1]里。大夹子确实是画夹，因为棋向他展示了绘画。在小说的结尾，一切似乎又回到了开头：“她依旧穿着橙红色（或者棕红色）的罩衫”，“她怀里抱着那方裹着帆布的画夹，而远远地看起来，那更像一面镜子”。[2]然而，叙事者的假设错了。那个女孩不是棋，那个看上去像是棋曾经怀抱过的夹子其实只是一面镜子。

这里出现的问题，比如真实与镜像，就是所有叙事表现中固有的问题。显而易见，叙事表现的基础就是对真实的假设。毫无疑问，再现的符号是要读作符合“本真的”对象。然而，在格非的叙事中，这个貌似透明的再现符号具有反讽意味地产生了模仿本真却又无法还原其实质的镜像。所以，落空的不仅是叙事者对棋的期望，而且还是读者对叙事中表现本真的期望。格非通过质疑叙事再现的本真性，戏仿了在目的论式的团圆中达到高潮的时间概念。就这样，叙事者再次被留在了一个无限的空白之中，一个缺乏时间逻辑的空白，为此叙事者一开始就担心“这些鸟群的消失会把时间一同带走”。[3]时间本身向非同一性或者异质性开放，而不是封闭在同质的结尾之中。

叙事框架中对真实性的疑惑在很大程度上反映在叙事者对他的爱情故事的记叙里。“我”相信自己先前遇到而后来再次邂逅的那个女人就如同棋

---

1 格非：《迷舟》，第29页，北京，作家出版社，1989。
2 同上，第62页。
3 同上，第29页。

的"镜像",她否定了他们曾经相遇的可能性,尽管再现的符号,比如她的栗树色靴子,可能确证了叙事者的陈述。除了女人的否认之外,叙事者的记述并没有遭到彻底的驳斥。总而言之,女人承认坍塌的桥的存在(尽管她对桥之所以坍塌的解释与叙事者的解释不相符合),她甚至回想起她丈夫在一个暴风雪的夜晚看见的事情,她的记叙与叙事者有一致的地方,也有不一致的地方。从外表上看,没有任何模棱两可之处:像这样包含了相互争讼的种种次要叙事的叙事既不是绝对确定的,也不是绝对否定的。再现叙事遭到了彻底的戏仿(而不是被完全舍弃):格非的小说通过揭除再现性"现实主义"的面具,突出了解构的潜力,即坚持在质疑的过程中不给出任何确定答案。

## 宏大历史的岔道歧路

在格非的小说中,解构的力量只有在与个人经历和民族、地域或者家庭、历史相关联时才会产生作用。格非的小说绝大多数可以被看作是对表现以往历史的原型或模型的再书写甚至戏仿。原型或模型的关键因素得到了保留,但却无助于它们通常假定会产生的意义。例如,在《迷舟》和《大年》里,"北伐军"和"新四军"的正统历史形象遭到个人欲望或者日常事件的污染。这些名词所标志(或者虚构)的统一历史"本质"面临着解体的危险。

打着历史叙事幌子(通过简短的开场白介绍的历史背景)的《迷舟》并没有导致历史事实的客观化,而是导致了主体表现的脱漏。这段开场白用确切的日期、地点、部队番号、历史上的真实人物以及新闻报道风格的叙事表现了历史真实,最后才提到故事的主角,孙传芳部守军三十二旅萧旅长的失踪。然而,小说中站在北伐军(历史进步势力)对立面的主人公萧不像是一个"反面人物"。他身陷风流韵事、违反军纪、家庭变故这样的麻烦之中,等等,所有这一切打乱了他在创造历史的过程中注定应该扮演的角色。萧的下落不明不仅给"雨季开始的战役",而且还给应该把反面人物明确地放在确定的敌对位置的历史叙事蒙上了"一层神秘的阴影"。[1]他的失踪在编好程序的历史地图上留下了一个空白。

故事从媒婆马三大婶带来萧的父亲意外死亡的消息开始。萧回到他的故乡小河村是为了他父亲的葬仪和侦察任务。他很快与刚刚在小河村跟三顺结婚的杏暗中私通,他仍然在记忆中保留着对自己在榆关的青春回忆,然

1 格非:《迷舟》,第100页,北京,作家出版社,1989。

而榆关现在已经被他哥哥率领的北伐军部队占领。他们的私情暴露之后，作为惩罚，三顺阉割了杏，杏被人送回了榆关娘家。落到三顺手中又被莫名其妙放掉的萧决定去榆关再次看望杏，他回来后被他的警卫员杀死，因为后者接到了命令：如果萧前往他哥哥占领的榆关就杀死他。

格非这篇小说的故事逻辑并没有像他的其他许多叙事那样离经叛道。然而，这样的逻辑放在宏大历史逻辑的背景中就变成了藐视现成秩序的一种戏仿。萧不时地置身于历史的十字路口，然而，具有讽刺意味的是，他却没有行使他被赋予的历史功能。小说一开始，他身负历史任务回归小河村，他的使命的纯洁性却由于他父亲滑稽地从屋顶上掉下来摔在水缸里意外死亡而遭到玷污。再者，他此行的侦察任务无非就是参加祭奠仪式。有意思的是，萧的父亲会摆弄洋枪，是为数不多的小刀会头领之一。小刀会的失败是因为仅仅想依靠小刀改变历史，萧的父亲能够熟练使用洋枪这个事实就是杂交的独特历史现象。有一天，萧询问父亲为什么投身于一支失败的队伍，父亲的回答却是用狼和猎人取代失败或者胜利的概念。当时，年轻的萧提出的问题已经表现出他对正义与非正义战争的传统定义的困惑，萧的父亲把这个问题带到了更加暧昧的隐喻领域，在这个领域中，历史似乎被等同于不可靠的自然世界。事实上，萧的父亲扮演了一个重要但失败的历史角色，他死得毫无意义。像这样充满喜剧色彩的死亡，带来死讯的不是历史学家，而是村里的媒婆，一个传播丑闻的类型化人物，她的话语微不足道。

事实上，萧“曾涌起一种莫名其妙的激动，他不知急于回家是因为父亲的死，还是对母亲的思念，或者是对记载着他童年的村子的凭吊的渴望”。[1]从表面上看，萧受到了许多冲动的驱使，然而，其中没有一种冲动与宏大历史的中心主题有关。确切地说，根据接下来的叙述，驱使他的是“更深远而浩瀚的力量”，是深埋在他的记忆中对一个姑娘朦胧暧昧的个人欲望。萧的侦察任务仍然没有完成，因为他从他不得不参与的历史戏剧中抽身而退。罗纳德·詹森（Ronald Janssen）将之理解为“中心化权力的意象在故事中被萧在关键时刻所经历的命运线索所驱使”。[2]他的命运既不像宏大历史要求的那样意味深长，也不像道家告诫的那样可以预测。当历史戏剧转向个人欲望的舞台的时候，萧的命运和格非叙事的命运都变得离奇古怪和不能确定。

最戏剧性和荒谬的情节发生在结尾。杀死萧的既不是他军事上的敌人，也不是他的情敌，而是他自己的警卫员，后者没有意识到萧是去榆关探望杏。

---

1 格非：《迷舟》，第108页，北京，作家出版社，1989。

2 Ronald Janssen, “Chinese Voices: A Review”, *Modern Chinese Literature* 8 (1994). p.197.

小说中的历史逻辑一而再、再而三地错位或者改变方向。首先，萧的家庭意外取代了他的军事行动。参加父亲的葬礼被他与杏的约会所取代。过去的延续似乎取代了现在。当我们即将透过个人传奇目睹错位的历史戏剧全景的时候，历史力量并没有忘记其责任及其始终蕴藏的潜在活跃性和致命性。萧的警卫员杀死他是假定萧会背叛他的历史角色。这样的处决在一定程度上是合理的，尽管他没有叛变和投降敌人，他却歪曲了自己的历史作用。然后，小说的结尾再次让纯属个人悲剧的虚构故事与笼罩个人命运的历史幽灵的冲动之间产生错位，尽管是以一种似是而非和不合理的方式。

然而，错位不仅是一个内文的现象，而且也以互文的方式起作用。从这个意义上来说，《迷舟》是对规范的中国现代叙事的戏仿，后者中的历史责任与风流韵事往往协调一致，并且在很大程度上互利互惠。[1]例如，杨沫的《青春之歌》就可以被看作是这样的叙事模式。林道静生活中的男性形象卢嘉川、江华和余永泽分别起到了不同的历史作用，而林道静必须在实现她对历史主体的追求的同时实现她对爱情的追求，反之亦然。林道静追求的主体性很难用自足来评价，这并不令人惊奇，因为这样的主体性仍然处于一种依附状态，依赖于男性历史话语的塑造和操纵。这样的结构原型可以追溯到1920年晚期：丁玲的《韦护》、洪灵菲的《流放》、胡也频的《到莫斯科去》、蒋光慈的《鸭绿江上》，等等。在这些作品当中，个人与历史之间的联系是如此牵强附会，以至于两者之间只有冲突才具有潜在的永恒性。（比如，只要想一想《韦护》中的文丽嘉的意识形态转变有多么不自然。）

如今，在格非的《迷舟》里，这样的冲突被推到了前台。恋爱情事不能被纳入宏大历史的图景，反而变成触发历史的非理性力量的致命或凶险要素。杏与“性”同音，这个字不仅使传统意义上的浪漫情调变得庸俗，而且还彻底阻断了对历史远景的展望。然而，杏转移了萧对他的历史责任的关注，虽然她不是直接导致萧的悲剧的祸水红颜，但她却是萧不由自主地违犯禁忌的诱因。总而言之，杏不再充当协调历史与浪漫的中介，她最终导致了萧的历史角色与浪漫角色之间的分裂与冲突。历史反讽就这样从历史剧男女主人公的“角色误扮”中诞生。

---

1　哈琴在她关于后现代主义的书中对戏仿做了（重新）定义，戏仿就是“具有批判间距的重复，在相似性的中央允许对差异的反讽显示”（Linda Hutcheon, *A Poetics of Postmodernism: History, Theory, Fiction*, New York: Routledge, 1988, p.26）。在中国先锋派小说中的后现代主义戏仿与原型保持的“批判间距”并不是对一维空间的颠覆，而是一种在内在化和神话化的话语中挣扎的文化反省行为，因为parody（戏仿）一词中的希腊语前缀para同时含有counter（反面）或against（反对），和near（邻近）或beside（旁边）的意思（Linda Hutcheon, *A Poetics of Postmodern-ism: History, Theory, Fiction*, New York: Routledge, 1988, p.26）。

## 缠绕不休的历史叙事

在格非看来，非理性挫败了理性的历史，原因不仅在于盲目的欲望（比如萧对杏的欲望），而且还在于想必是理性的假设（比如警卫员的假设）。这样的历史多重决定论正是格非叙事的根本动力。格非小说中的反讽始终就蕴含在自我困惑的叙事当中。他的另一个短篇小说《青黄》就是“追踪‘不在’”[1]的故事，一个没有目标的调查最终产生了“青黄”一词各种各样，甚至不可思议的结论。那是关于大约四十年前一支叫作“九姓渔户”的当地妓女船队。根据一位教授的理论，《青黄》是一部失传的妓女生活编年史，而不是民间盛传的一位漂亮少妇的名字。然而《麦村地方志》对妓女船队被禁后的情况语焉不详。格非从一开始就展示了指向蕴涵在官方或者知识权威炮制的历史中的含混暧昧、充满裂隙和自相矛盾的叙事。

小说的主要章节描述了叙事者对麦村不同的人的采访，他们对过去的个人回忆构成了当地历史的复杂图景。第一个采访对象是一位老人，他特别提到那个姓张的男子和他女儿的到来。然而，他没有详细述说事情的来龙去脉，他只是大概描述了那天的气候以及他们身后熊熊燃烧的船只。他在记叙中承认他的不知情并且提出了疑问：“他也许担心村里的人不肯收留他们而放火烧掉了那条船”；“我还不知道他的名字。他的女儿好像叫小青”；“以后的事我也不怎样清楚”；“中年人……也许是对村子里的水土不太习惯”；“他也许是一个很好的父亲”。[2]老人的陈述本身就是对范式化的历史叙事的戏仿，它昭示了表现的不确定性。从更为广泛的范围来看，对叙事者来说，老人的叙事之所以难以捉摸的原因也是不可确定的。显而易见，老人“在回忆往事的时候，显得非常吃力”[3]，然而，他的模样却“造成的一个奇怪的印象”，“他在揭示一些事情的同时也掩盖了另一些事”。[4]也许只是因为“他说话时齿音很重，喉音混浊不清，这使我在记录时遇到了一些麻烦”。[5]因此，由于各种各样有意或者不可避免的原因，历史充满了脱漏或者困惑。

第二个采访对象是九年前在家里接待过叙事者的外科郎中。他在采访中声称，他还记得那个姓张的男子的葬仪，然而当话题转向他自己遇到那个

---

1　陈晓明：《无边的挑战：中国先锋文学的后现代性》，第108页，长春，时代文艺出版社，1993。
2　格非：《迷舟》，第176—177页，北京，作家出版社，1989。（重点为笔者所加）
3　同上，第176页。
4　同上，第177页。
5　同上，第176页。

姓张的男子的时候，他显得有些“心不在焉”。他说，他“从来没有和那个外乡人说过一句话，他的心思……也许……他的女儿……”[1]，他甚至没有把话说完。“九姓渔户”的历史再次变得若即若离和令人生疑：这样的历史仅仅存在于没完没了的引述或者无法复原的省略之中，而真实的事件却被不断推迟。至于“青黄”这个词，外科郎中认为它指年轻妓女（青）和年老妓女（黄）的划分。

然后，一个名叫康康的年轻人讲述了大水是怎样冲毁了姓张的男子的坟墓的，漂浮的棺材里空无一物。人们甚至怀疑姓张的男子是否真的死了，尤其因为外科郎中在棺盖钉死之前没能看见死者的尸体（根据先前的采访）。老年小青关于她儿子的死的故事更是加深了这样的怀疑。小青告诉采访者（叙事者），她的儿子在淹死之前声称自己看见过一个老人，那个老人在各方面酷似死去很久的姓张的男子。然而，小青儿子看见的那个老人是否就是姓张的男子也同样难以确定，也许那只是另一个跟他长相酷似的人，也许那只是幻觉。更有甚者，小青还无动于衷地声称，她的父亲“也可能不是亲生的”[2]，这更是增加了那个姓张的男子令人迷惑的神秘感。不同的叙事声音之间的关联和冲突再次制造了叙事的不连贯和绝对历史的紊乱，这样的历史被瓦解成为不可能统一的神秘碎片。

小青在提到“九姓渔户”的时候声称，她没把卖淫的职业像村民那样看得那么严重。她对继母为了保护她不受性侵犯而招致杀身之祸感到歉疚，而她自己对强暴已经习以为常。虽然如此，她在说明船队形成的历史背景时对传说的解释是，“直到后来”[3]发生了严重饥荒，船上的女人才逐渐变成了妓女。她为这段历史所做的辩解，其中的讯息显然可以被读作她对卖淫无动于衷的一种开脱。小青对卖淫的态度模棱两可。我们看到，不仅村民们（对他们来说，船队和船民是不光彩的）与小青（声称对卖淫无动于衷）的叙事声音互相冲突，甚至连同一个采访对象的叙事也是自相矛盾的，比如小青，她至少是不知不觉地希望澄清自己声名狼藉的家族史的起源。

格非的叙事通过唤起空缺，即总体性话语压制下的时间成为一种“多元声音”，其中的每一个叙事声音都与潜藏的对手发生外在的或内在的冲突。

历史的霸权与总体声音的瓦解同时也呈现在一个意义与表现难解难分的世界里。叙事者“我”在对“青黄”一词或者“九姓渔户”的调查没有结果

1 格非：《迷舟》，第183页，北京，作家出版社，1989。
2 同上，第189页。
3 同上，第194页。

之后，拜访了九年前曾经在外科郎中家里过夜的卖麦芽糖老人李贵。那天夜晚，当外科郎中离家外出急诊时，被雷雨惊醒的“我”发现李贵在失踪了几个小时后又浑身泥泞地出现在门口，脚指头还在向外渗着血。李贵是另一个反复无常或者自我否定的叙事者，他现在否认他曾经在那天夜晚离开过他的屋子，但是他又承认他经常梦游。“我”惊讶地发现，李贵的狗名叫“青黄”是因为皮毛的颜色。然而，在整个故事结束之际，“我”又在一本明代《词综》里偶然看到了“青黄”这个词条，青黄是一种草本植物。

至此，对“青黄”一词原意的探索终于有了结果。然而，这样的结果却衍生出偏离了既定意义的各种不可确定的结果：“青黄”唯一能够肯定的意义与历史预设没有任何关联。把握历史真实的尝试以失败而告终：从中产生的一切成为某种偶然多样和前后矛盾的东西。对过去历史的不同叙事也偏离了原初，无法在想象中拼凑出一部完整的编年史。然而，没有任何叙事能够避免主观介入：任何叙事者，包括作为作者的叙事者，似乎都加入了从自身的位置出发重新构建过去的行列。

我们可以从吴洪森为格非的第一个短篇小说集《迷舟》所作的序中读到与这个故事的来源有关的一则有趣的轶事：

> 记得86年夏，我俩（吴洪森与格非）去千岛湖（名为考察）旅游……县文化馆长给我们介绍了当地风土人情，其中关于九姓渔户的故事使我们极好奇，特地到该渔户的所在地去了一趟，结果空无所获。那儿的人知道他们的祖先是陈友谅的部下，可这所谓的“知道”是因为县志上这么写的。他们矢口否认该船队的妇女史上有卖淫的传说，他们关于祖先所记得的是帮助太平天国打过胜仗，可是县志上并无记载。两年后格非把这次经历写成了《青黄》……[1]

这段文字至少为我们指明了格非这篇小说的由来。这个段落对于我们的重要意义在于，真正的过去或者被信赖权威历史的人们合法化，或者被希望增强历史的地方色彩的人们神话化。格非显然深入阅读了这些历史读物。《青黄》中每个叙事的片面性同样来自对道德禁忌的内在诱惑和抵御。在某些情况下，道德禁忌对真实经验进行了审查过滤。例如，第一个老人“与村里的许多人一样，对于那件‘不光彩的事’不愿重新提起”。[2]那就是“我”觉

1　格非：《迷舟》，第3页，北京，作家出版社，1989。
2　同上，第175页。

得他的叙事中既有所揭露又有所隐瞒的原因。外科郎中对张姓男子之死的好奇，看林人（另一个采访对象）对后者张姓男子性生活的好奇分别使他们看不见整体。通过不同的声音拼凑出来的残破画面无法产生完整和绝对的过去的记载。

张旭东在他对格非的研究中敏锐地观察到《青黄》（或者一般意义上的格非小说）里挥之不去的一个沉思的和自我凝神的叙事主体。另一方面，同样重要的是，像这样一个由不同声音编制的网络所构成的现代主体实际上打破了叙事者声音的一统天下。因此，“自我形象的建构”[1]必须得到解构，不是透过叙事者的自我瓦解倾向，而是透过他的无法将他对过去事件的反思理性化。叙事主体的“遭遇想象性解放的自我意识”[2]以及“恢复过去的冲动”只能面对经久的意义传播，无法企及可能确立他历史身份的绝对自足的认识。张旭东认为，“人的开端”作为比“人的终结”[3]更为确切的阐释仍然被悬置在对构形的欲望与毁形的现实之间。格非展现了叙述历史真相的困难，他奇迹般地创造了现代认知主体，虽然如此，这个主体的探索历程却经常遭到打断和回避。

## 似曾相见和迷乱的主体历史

叙事的异质模式在格非的《湮灭》（1993）中再度出现，多元声音在对那个名叫金子的女人的描述中相互冲突。他的另一个短篇小说《锦瑟》（1993）是在无穷无尽的叙事中套叙事，形成了一种自我吞噬的回旋叙事。小说的标题沿用了唐朝诗人李商隐的著名诗篇《锦瑟》：

锦瑟无端五十弦，
一弦一柱思华年。
庄生晓梦迷蝴蝶，
望帝春心托杜鹃。
沧海月明珠有泪，
蓝田日暖玉生烟。
此情可待成追忆？

1 Xudong Zhang, *Chinese Modernism in the Era of Reforms: Cultural Fever, Avant-Garde Fiction, and the New Chinese Cinema*. Durham, N. C. : Duke University Press, 1997, p.197.
2 Ibid.
3 Ibid., p.198.

只是当时已惘然。

格非小说中的主人公冯子存多次提到这首诗的第三行，他在整个转世来生中沉迷于庄子的“梦蝶”。[1]庄子的寓言质疑现实的真实性，李商隐的诗关注记忆的朦胧，而格非的叙事则是一个对记忆与历史迷惑不解的自我吞噬的迷宫。李商隐的诗注定了格非叙事的抒情格调，冯子存就像李商隐那样迷失在他记忆或追忆的遐想之中。遐想的主体就像庄子那样变成了不稳定和自我质问的主体。

在安葬美少妇的那个夜晚（他第一次看见这个女人就有一种神秘的似曾相识的感觉），冯子存听见有人在河对岸呼唤他的名字，他昏昏沉沉地穿过一片竹林走向墓地。村民捕获了他并且将他处死。从此之后，故事的叙事结构开始逆向展开。在冯子存死去的前一年，有人问他为什么不去京城求取功名，冯子存讲述了他是怎样去省城赴考，写不出以《锦瑟》为指定标题的文章的故事。在他回家的路上，他的姐姐向他讲述了她从茶商那里听来的故事。冯子存趁着她沉睡之际在一棵树下悬吊而死。在茶商的故事中，身患重病的冯子存接到皇帝召见的邀请。他在病榻上翻来覆去地阅读《锦瑟》这首诗以期感悟其中的深刻含义。他向妻子讲述了他刚才做的梦，但是直到他死也没有讲完。根据冯子存的记述，他在梦里变成了沧海国的国王，亲自出征讨伐西楚国。西楚国包围了他的王国，冯子存带领他的百姓离开沧海去蓝田牧羊采玉。[2]一天，在王子前来刺杀他之前，他正在向园丁讲述他前一天夜晚做的梦。他讲述的梦境又回到了整个故事（叙事框架）的开头，只是细节上稍有不同：在安葬美少妇的那个夜晚，冯子存听到她在窗外呼唤他的名字，他不知不觉地穿过麦地朝墓地走去……这个最后的梦也可以被读作他转世轮回的先兆，因为叙事的时空是自我吞噬的。

这个无穷嵌套结构与庄子的寓言相应：庄子梦见自己变成了蝴蝶，反过来蝴蝶又梦见自己变成了庄子。如果说庄子的梦境就是蝴蝶的现实，那么他的现实必然就是蝴蝶的梦境。现实与梦境在叙事里你中有我，我中有你是传统的中国神秘主义的一部分，格非以此抗衡线性的宏大叙事。从这种意义上来说，格非的《锦瑟》也驳斥了被现代理性化了的庄子寓言，比如在王蒙的短篇小说《蝴蝶》中，历史辩证法对混乱的时间进行了重新组合。同样引用了

1 庄子的这段原文如下：“庄周昔梦为蝴蝶，栩栩然蝴蝶，有知周也，俄而觉，则蘧然周也。不知周之梦为蝴蝶，蝴蝶之为周，周与蝴蝶必有分矣，此谓物化。”

2 沧海和蓝田暗示了李商隐的诗。

庄子寓言的这篇王蒙小说展示出目的论的时间性，在这样的时间性中，个人历史只是国族历史的一个提喻（synecdoche）。叙事的基本线索围绕着主角张思远，他回想起他过去从党委书记（政治动乱之前）到老张头（他流放山村时期），再到副部长（他平反之后）的（政治）“生命”的“转世”。这里的“转世”显然包含着辩证历史的本质：张思远（或者中国）只有通过在政治动乱中洗涤灵魂才能净化他的精神并且最终进入一个灿烂光明的新时期。尽管王蒙叙事运用了意识流技巧，故事的线性发展是显见的。

比照之下，《锦瑟》中用来揭示转世来生的叙事是倒退发展而不是向前发展，甚至是杂乱的。宏大历史不再占据主导优势；更加确切地说，故事中晦暗不明的事件萦绕着不可追忆性。格非的故事戏仿了用居高临下的主体讲述模式强化中国现代小说的表现理性。在格非的《锦瑟》中，依然还在的叙事主体陷入了个人追踪的无尽的自我吞噬之中。再者，叙事的抒情性带回了古代哲人和诗人旨在挑战现代主体绝对理性的自我魅惑之声。叙事框架由环环相套和层出不穷的叙事组成，直到最后的叙事回到原来的叙事框架。一个叙事主体被另一个应该是从属的叙事主体所替代，直到最微不足道的从属叙事主体取代了最主要的叙事主体。因此，这里没有任何自足的叙事主体，如果每个叙事主体都可以被看作是一个元叙事主体的话，那么就根本没有元叙事主体，没有任何绝对和超越的主体能够操纵这个陷入既连续又回旋的叙事沙漏之中的整个叙事。抒情的声音再也无法展望目的论的时间性或者将解放的理性历史绝对化。更加确切地说，接连不断的回想促使叙事朝着不可追忆逆向发展。

冯子存这种追忆前世般的叙事形成了一个周而复始的精神轮回，无法最终展现完整的主体形象。记忆的困难与似曾相识的经验交替出现。对冯子存来说，“那些琐碎的往事仿佛突然藏到了时间的背后，他对过去时光的追索常常一无所获”。[1]与此同时，冯子存在一开始第一次见到这位美貌少妇的时候，“他觉得这个女人好像在哪儿见过，一时又想不起来”。[2]这个让他遭遇不幸的女人的视觉形象让冯子存陷入了模糊记忆的陷阱之中。在上述片段中，冯子存第一眼看到这个女人“浮靡而俗艳的笑容”[3]就被深深地吸引住了，他就是因为这个女人的死“昏昏沉沉”走向墓地的时候被捕的（没有任何理由）。这样一个形象在冯子存讲述的关于他在乡试考场上失利的故事中再次

1　格非：《雨季的感觉》，第178页，北京，新世纪出版社，1994。
2　同上，第182页。
3　同上。

出现：在考场面对指定的试题《锦瑟》，冯子存不知不觉地想起了“妓女搔首弄姿的笑脸”，[1]这让他无法静下心来写文章。至于使冯子存从一种人生转向另一种人生的，是否就是他的追忆无法确定，然而，可以肯定的是，使一种叙事转向另一种叙事的正是追忆。追忆这个词在李商隐的诗中被用来追踪仅仅是“惘然”的“当时”，这也是冯子存的体验的隐秘动力。小说人物冯子存在不同的时间和地点陆续改变自己变迁（转世来生）的叙事功能，行使不同的功能，却再也没有找到他原来的家。叙事中呈现的怪诞和叙事自身的怪诞（Unheimlichkeit，即“无家可归”，正如海德格尔所提示的）表明了处于流放状态的小说人物和叙事主体。从叙事的层面上来看，叙事的声音相互交叠。从情节的层面上来看亦是如此，初次来到村庄的冯子存与率领民众逃难的冯子存都体现了无家可归的人类，无论他是一个独善其身的文人还是最高权贵。

格非叙事的无穷嵌套结构起源于西方文学和艺术，比如埃舍尔（M. C. Escher）的石版画和木刻画，其中的拓扑游戏达到了自我迷乱的巅峰。在格非的作品中，冯子存不能从统一整体上把握的复杂个人经历偏离了线性的历史观念。叙事主体无法维持它的全知全能并且经常暴露出这种叙事主体自身的缺陷与不稳定身份，以此质疑作者主体性的绝对理念。

---

1 格非：《雨季的感觉》，第190页，北京，新世纪出版社，1994。

# 想象往事，叙述历史

## ——重读中国1990年代的三本历史小说

/［美国］白睿文

“我不会为怀旧而怀旧，也不知道什么叫为怀旧而怀旧……”

——叶兆言

“……人与历史的距离亦近亦远，我看历史是墙外笙歌雨夜惊梦，历史看我或许就是井底之蛙了。什么是真的？什么是假的呢？”

——苏童

## 一、前言

早在1960年代夏志清教授就提出他的“感时忧国”（obsession with China）的论说。当时夏教授通过他的理论来说明二三十年代的中国作家对他们自己国家的过度关怀。无论这些作家身在国内或国外，他们的心境都无法离开中国与中国所面对的各种问题。

1990年代可以说是中国文学史上前所未有的百花齐放的时代，社会的开放性与国际信息的普遍为当代中国作家的文学想象力（literary imagination）提供了一种新的空间和一个空前的“解放”。

王安忆、叶兆言和苏童都是1980年代冒起的中国作家。1954年在南京出生、上海长大的王安忆早在1981年以她的第一本小说集《雨，沙沙沙》，就开始引起文坛的荡漾。往后的二十五年，王连续发表二十余本著作，包括七本长篇小说。到了1990年代无疑王是一位充满了魅力和创造力的当代大陆作家。南京作家叶兆言（原籍江苏苏州）也是于1980年至1981年在各个文学杂志上开始发表他的短篇小说。但叶得等到1995年发表《悬挂的绿苹果》才能引起读者的注意。叶兆言的著作包括《夜泊秦淮》、《花煞》与《花影》。因为叶一向是描绘“历史中的人之情性，被看作是‘新历史小说’创作倾向的代表性作家”。[1]

与前者相比，1963年出生的苏童是比较晚才开始他的写作生涯。但是在1987年苏的第一本中篇小说集《一九三四年的逃亡》问世时，他好像在一夜之间忽然变成了中国文坛最引人注目的先锋作家之一。几年后他被称为“八十年代最成功的作家之一”。[2]但是到了1990年代这三位江南才子才女的写作背景、风格、题材，甚至文笔都出现过一种大转向。这种转向对三位作家来讲都显出一种更为成熟的写作状态，但这种“新”的写作状态只能体现在一种“旧”的历史上。

在本篇论文当中我会讨论三本在1990年代初期、中期出版的长篇小说：王安忆的《长恨歌》(1996)、叶兆言的《一九三七年的爱情》(1996)与苏童的《我的帝王生涯》(1992)。无论是文学风格、叙述方法、历史背景或具体内容，三本著作之间的差异非常之大。但同时每一本都体现各个作家对历史与历史叙述的一种奇特探索。在这里我想从这些差异当中出发，试图理解分析和诠释三位作家的历史观与叙述一种想象中的历史的方法。

## 二、王安忆：四十年的沧桑

王安忆继1994年的长篇历史小说《纪实与虚构》之后，于1996年又推出了一本新的二十七万字长篇小说《长恨歌》。《长恨歌》不但是王女士规模最大的著作，同时它可以说是王最成功的作品。本书跟随着主人翁王琦瑶从1946年参加上海小姐选美比赛一直到1980年代快六十岁的王小姐被勒死在上海的公寓中。王琦瑶的生活在还未开始之前已经结束了。她1946年选上上海小姐选美的第三名时便是她一生的精华与巅峰。往后的四十余年王琦瑶似乎不断地试图追回当年的华丽。就在这儿作家细心地描写王琦瑶与七个不同男性的可悲恋爱故事。但在这个(或七个)恋爱故事的背后还有另一个爱情在运作，那便是王琦瑶与上海这座城市的一段恋情。实际上王安忆的用意不在写王琦瑶其人而是直接写上海，“但这个女人(指王琦瑶)是这个城市的影子”。[3]为了使读者了解王安忆的历史观，这么一个故事究竟能够告诉我们什么呢?

1 见叶兆言，《五异人传》(北京：中国社会科学出版社，1993年)的后封面语。

2 McDougall and Kam, *The Literature of China in the Twentieth Century* (New York Columbia University Press, 1997), p.417.

3 王安忆，《重建象牙塔》(上海：上海远东出版社，1997年)，页192。

作家把本书命名为“长恨歌”就马上给予读者一种强烈的历史感。虽然在表面上王不过是在写四十年代到八十年代的上海，“长恨歌”这样的一个主题直接把王琦瑶的故事与一千多年前在马嵬坡所发生的传奇悲剧连在一起。难道王琦瑶是杨玉环的现代化身吗？难道王琦瑶被绞死之时不过是杨玉环生活的最后一刻的重演？不，杨玉环是野草中的孤玫瑰，当贵妃死时，她的恨已绝。但王琦瑶可不一样，因为作家从来不把琦瑶当一个个人来看待，在作家的眼光中其主人翁是一种“人群”。“每间偏厢房或者亭子里，几乎都坐着一个王琦瑶……一群王琦瑶”[1]，王安忆引用杨贵妃传奇性之死来写她自己现代的“长恨歌”，是对历史的一种倒退，也是对时代的一种反讽。杨玉环是一个世代的大美人，而王琦瑶只是某一个地方在某一年的选美季军。玉环是皇上的独爱（贵妃死后唐玄宗甚至跟随着她到月亮上去一起度过他们的下一辈子，见白居易的《长恨歌》），而王琦瑶不过是七个男人的暂时伙伴（琦瑶死后谁会去陪伴着她？）。杨贵妃是为国家而牺牲的，王琦瑶是为金钱而牺牲的。杨贵妃之死是一场悲剧的落幕，但王琦瑶死后是否还有千千万万个“王琦瑶”在等待同一个悲惨结局？王琦瑶归西的那时刻不但是告别旧上海的时刻，而同样是告别昔日的那种超出个人的历史史诗。往后历史注定不断地重演，但这场演出只是一种堕落的退化，愈演愈淡。

从《长恨歌》这首名诗的框架里来阅读王的小说可以很明显地看到一种时间的倒退和一个寓言式的传说的解构。这种时间/历史的倒退，从一人到一群，从伟大到平庸，从有意义之死到无意义之死也是王安忆的美学的主要部分。

除此之外，作家在处理时间的流逝时也使读者真正地体会到一个异常缓慢的时间感。比如在第一章的前五篇，本书没有任何有关历史或时间的线索。就像作家所形容的鸽子自由地飞翔，她散文式的文笔也自由流畅而不带一点历史痕迹地纵横上海这座都市。只有在第二章当作家提到女主角的年龄——十六岁（页48）与当地时间——1946年（页62），时间才开始进入读者的视野。即使从第一部的第二章开始本书的可读性大为增加，它仍然保持一种非常缓慢的速度。这个感觉因为《长恨歌》的长短也有所扩展。

有趣的是，自从第一部的第二章王提供我们一些时间的线索之后就很少再提到时间。像在本书的第二部，当叙述者忽然漠不关心地宣布已是五十年代，我们会马上迷惑地想起被忽略的内战甚至解放。这种传统历史观的解构

---

1　王安忆，《长恨歌》（台北：麦田出版社，1996年），页34。

或许便是本书最大胆之处。[1]在《长恨歌》里,时间/历史的转动只能从字缝里感觉出来。

用来代替传统的历史叙述是一种尼采式的“永恒轮回”(eternal return)时间叙述。对王安忆小说中的历史观来说,其全部意义好像都建立在模拟、复制与重复(imitation, reproduction and repetition)之上。主人翁王琦瑶到了十七岁时——参加上海小姐的选美比赛——她一生的高潮早已经过了,而到了十九岁王似乎已完全麻木了。往后的几十年她似乎在不知不觉当中不断地争回当年已逝的光华。

王琦瑶走向“上海小姐/沪上淑媛”的道路是从片场开始的。就在那个制造梦想的片场,一位程先生看上了年轻的王小姐。程先生便是一个用照相机制造“沪上淑媛”的文化工程师。这时的王琦瑶正陶醉在由电影、照片、杂志组成的一种映象文化(image culture),一种可以复制与重复的文化中。虽然在往后的三十余年里,王已与所谓娱乐圈隔绝,在她下半生的所有关系上她还是不断地模拟、复制与重演在片场和爱丽斯公寓早已演好的一场戏。[2]在一方面这是一个怀旧的表现,但它似乎远远超过纯粹的怀旧。因为时间的转变、历史的推移根本无法改变王和她的独特生活方式。王琦瑶并不在乎怀不怀旧,因为在她的心灵上她还是片场上的那位十六岁沪上淑媛。

这种怀旧/关系复制也不限于王琦瑶的专用,在《长恨歌》的第三部出现的“老克腊”便是怀旧的另一个老手。不同的是老克腊所“怀”的是一种他从未看见或体验过的“旧”。他渴望的就是一种已与现在隔绝的往事,他希望在一种陌生的历史当中找回他自己。他生活在一种想象中的历史里而只有从活生生的“老上海”历史挖出来的王琦瑶有资格来当他的导游。像老克腊、张永红这样的角色都把他们所有的梦想投射在王琦瑶的身上,因为他们没有属于他们自己的历史,他们不过是不完美的复制品。他们的出现便是对当下的否定,同时他们也加强前所论的时间/历史倒退。这种堕落的恶性循环会继续演下去,一直到临死时才会得到片场当年的华丽,一直到重闻霓裳羽衣曲的旋律……

1 这种轻描淡写历史的小说叙述策略也在钱锺书的长篇小说《围城》里早就出现过。在本书的第一页,作家很清楚地告诉读者故事发生在充满了历史意义的1937年,但往后的四百页,钱几乎没有再提到时间或时间对小说人物的影响。除此以外,读者也可以在这两本书之间看到许多非常相似之处:比如内战时方鸿渐等人偷偷地打麻将与“反右”时王琦瑶等人的打法是完全一致的等等。

2 本书的关系重复非常之多也非常复杂,但最明显的便是第二部王、康明逊和萨沙的三角关系,与第三部王、长脚和老克腊的三角关系。

## 三、叶兆言：金陵的眼泪

叶兆言是当代中国文坛少见的变色龙。他的作品曾被称为“新历史小说”、“怀旧小说”和“先锋小说”，叶也被形容成鸳鸯蝴蝶派的当代接班人。而王德威教授曾指出叶是继《红楼梦》《金瓶梅》等书之后的“人情小说”的另一位创作者。[1]同时，与莫言、苏童、余华等作家相比，他的作品也带着一定的通俗性。但到了1996年叶在文学创作上又有了新的尝试。虽然叶自己对他当年的长篇小说《一九三七年的爱情》并不十分满意[2]，这部奇书还是为书写历史题材打开了一个新的窗口。

《一九三七年的爱情》一书的主体本身便是一种自我矛盾。在1937年这样充满战火气味的一个年头，怎么可能有爱情？但在往后的三百多页作家描述的就是发生在最不平凡的时代的最不平凡的爱情。主人翁丁问渔是中国出生日本长大欧美留学的大学教授。丁这位多次被形容成“书呆子”的中年男子同时也是一个有情无爱的老色鬼（丁或许可被形容成所谓“才子加流氓”）。但偏在震天动地的1937年丁问渔突然一见钟情地爱上了年纪比他小约二十岁的雨媛小姐。想不到雨媛是丁二十年前所疯狂追求的雨婵的小妹，而更不可思议的是丁爱上雨媛的地点便是在雨媛自己的婚礼上！之后本书详细地讲述丁教授追雨媛的缓慢过程和他们最后的闪电结合。

但以上所述的男女异情不过是《一九三七年的爱情》的一半情节。叶不像王安忆那样，把四十年的历史轻描淡写，他反而把南京1937年的历史写得再清楚不过。我们甚至可以说除了丁问渔、雨媛两个角色外，南京这座都市与它当年的历史就是这本小说的另一个主人翁。

叶兆言的写史法就是大方大胆地写。叶在创造本书时参考了大量的史料，他甚至把许多当年的真实事件虚构化然后把它们写进他的著作（拉车夫和尚的奸尸案子是其中的一个例子）。这种强烈的历史叙述使读者无法判断叶到底是把这段历史当作他故事的背景，还是把这段恋爱故事当作他历史的布景。作家最初的构想好像是后者，但写到后来似乎两者都不是。叶道：“我本来想写一部纪实体小说，写一部故都南京的1937年的编年史，结果大大出乎意料。”[3]作家所提的结果是一种融合：一段难以想象的恋情与一段似乎不

1 见王德威为《花煞》所写之序论《艳歌行》。叶兆言，《花煞》（台北：麦田出版社，1998年），页13、16。

2 见叶兆言，“写在后面”，《一九三七年的爱情》（南京：江苏文艺出版社，1996年），页342—345。

3 同上注，页342。

相干的历史悲剧,但到最后它们俩还是相依为命。

把本书的两个主人翁(丁问渔与当年的历史)连在一起的另一个线索便是一种无所不在的兴亡之感。[1]这兴亡之感很明显地表现在两个主人翁的身上。从丁问渔热烈的恋爱到他悲惨的死亡,或从1937年初古都南京的重新繁华到年底残局的来临……或许另一个可能便是写惊醒麻木多年的丁问渔为"兴",写金陵走向一种言语无法形容的悲剧为"亡"。作家本来想纯粹地写历史,但像叶兆言这样的说故事高手还是无法忽略故事的情节。结果是故事和历史融为一体。

在本书叙述的过程当中作家想时时刻刻不断提醒我们当时的历史背景。为了加强这种历史感,作家还把当时的许多政坛和文坛的名人纳入他的叙述。虽然把胡适之、蒋介石、张爱玲、邓小平等人物这样写进他的小说有给予读者一种做作的感觉的危险,但只有这些人物的出现才能真正地带读者进入那个时代。

既然凡是读过本书的人都会强烈地感到昔日的影子,本书的男主人翁丁问渔偏偏对时间与历史的转变毫无感觉。引用海派作家刘呐鸥的话,丁教授就是"一个时间的不感症者"。丁问渔对他周围环境的无关之感与《长恨歌》的王琦瑶和《围城》的方鸿渐是完全一致的。但像前所论的,《长恨歌》和《围城》是两部把历史淡化的著作(因此其人物对历史的麻木是很自然的),但《一九三七年的爱情》对历史的处理完全不同。丁问渔是一位在不知不觉中被历史活埋的人物。只在1937年的南京,这座人物逃不掉的真正"围城"当中,主人翁对历史的盲目与麻木才显出一种最冷酷的反讽——而且因此这种讽刺比王安忆、钱锺书要尖锐得多。

到了1990年代,南京1937年所发生的大屠杀已是一件家喻户晓的悲惨历史事件。凡是中国人一想到1937年就难以避免地联想到在当年年底金陵所流下的眼泪。但叶兆言并没有像读者预测的那样写三十余万人在日本的剑刀之下所流的血与泪,叶不过是描画这场悲剧的序幕。这样做很好,也把当年的残酷恐惧表现得更为突出。因为即使作家有最好的想象力和最完全的第一手史料,墨笔写出来的字眼还是无法形容金陵城1937年的冬天所发生的一切。

1 这也是三百年前的另一个南京传奇《桃花扇》的重要主题。在孔尚任的《桃花扇》里,这种兴亡之感也是同时指李香君和侯方域的恋情与明朝的衰亡。

## 四、苏童：我想象中的历史

论者以上所讨论的两部佳作都是描绘一种很容易辨认的历史事件或时代。虽然故事是虚构的，地点和时间是无疑的。但苏童除了编一个故事外，他还虚构一整个历史。在后现代的书写世界里，《我的帝王生涯》便是写史的另一个尝试。

苏童在本书中描画燮国（一个虚构的王国）的最后一个皇帝端白从王子到帝王到平民到和尚的整个过程。在本集子的“自序”里头作家曾对本书有如下的表白：

> 《我的帝王生涯》是我随意搭建的宫廷，是我按自己喜欢的配方勾兑的历史故事，年代总是处于不详状态，人物似真似幻，一个不该做皇帝的人做了皇帝，一个做了皇帝的人最终又成了杂耍艺人，我迷恋于人物峰回路转的命运，只是因为我常常为人生无常历史无情所惊慑。[1]

“似真似幻”这词用得很好，因为虽然整本书的大小人物、故事情节和历史背景，都是作家的一种“幻境”，处处还可以见到过去几千年历史所留下的“真实”痕迹。虽然作家强调他想象中的宫廷是“随意”建起来的，他还是无法完全逃脱历史的各种束缚。把中国古今几千年历史的各种碎片捡起来重建成一个后现代的颂歌便是苏童的《我的帝王生涯》。

虽然本书（间接的）引用或暗示各个朝代的历史人物和事件，最为明显的就是清朝的所谓“末代皇帝”的影子。当然主人翁端白与溥仪都是某朝的末代皇帝和史上难以见到的从帝王走向平民的人物，但另一个线索便是溥仪的自传——《我的前半生》。在苏童的书中，《我的前半生》的影子非常明显（甚至《我的帝王生涯》的几段话，比如“我的下半生是在苦竹寺里度过的”[2]会使读者非想到《我的前半生》不可）。溥仪的自传是种懊悔录，在某些方面也可以把它看成一种长篇自我批评材料。整本书（尤其是最后一章）同时也带着一种强烈的道德意识。苏童的帝王化身端白的非道德化叙述是对溥仪的自我素画的一种否认，同时它也是对传统道德观的一种否认。

---

1　见苏童，“《后宫》自序”，《苏童文集·后宫》（南京：江苏文艺出版社，1994年），页1。

2　苏童，《我的帝王生涯》，收于《苏童文集·后宫》，页180。

《我的前半生》是一位历史人物的被宣传化的自传(autobiography-as-propaganda),而《我的帝王生涯》是一位当代作家扮演皇帝的试验。不像溥仪的书那样从出生讲起,苏童的叙述是从端白登上龙位那天开始。苏童不在乎端白的所谓"前半生",他只在乎他的"帝王生涯"。人人皆有一个"前半生",但纯粹的"帝王生涯"恐怕是苏童独有的。本故事甚至可以说是作家陶醉在一个自我世界里的一个尝试,但这所谓自我世界同时也是种最为荒唐与颓废的世界。

与溥仪一样,端白也是一位所谓的傀儡皇帝,他们的权力"似真似幻"。但只有端白一人到最后还忠于其戏。端白从头到尾便是个傀儡人物(puppet character)。到本书的第三章当端白扮演皇帝的岁月已结束了,他还是无法走出表演的舞台。因此端白到后来还是选在舞台上表演杂耍。对于端白其人物来讲人生如戏,但在苏童的世界里历史本身是否也如戏?这是作家对昔日的一种冷笑。

苏童从第一页开始就对燮宫即将来临的灭亡提供了各种沉重的恶兆。在本书还未开始之前燮宫的末日的降临似早已被宿命决定了。叙述者不断地重复类似"秋深了,燮国的灾难也快降临了"[1]的话语,同时鸟的叫声也常被形容成"亡……亡……亡……"。[2]作家似不愿意让这种想象中的历史自然地发展,因此他就用各种预言或恶兆来主宰它。

苏童使历史的可疑性与荒唐性更为凸显的另一种方法就是编一个完全虚构的朝代实录和各种史籍(这也是主宰历史的另一种策略)。在《我的帝王生涯》里端白多次提到一本《燮宫秘史》,而且他还常替读者指出本书的许多失实之处。端白不但是历史舞台的表演者,他还是历史幕后的修写者。"两年后问世的《燮宫秘史》对我和蕙妃相遇凤娇楼的事件做了诸多夸张和失实的描写,书中记载的痴男怨女只是无聊文人的想象和虚构……"[3]如上的一段一方面把一个本来已经完全虚构的历史故事分成正史与外史,另外一方面体现作家对自己的一种讽刺,《我的帝王生涯》是否不过是一个"无聊文人的想象和虚构"的结晶?

与以上所论的两本著作相比,只有《我的帝王生涯》一书表现一种完完全全的虚构历史。这是一部被作家苏童与主人翁端白全面主宰的历史故事。在苏童的文学天地里人物和历史完全融为一体,因为人物的一生便是写史的材料。

---

1　苏童,《我的帝王生涯》,页3。
2　同上注,页151、167、174。
3　同上注,页150。

## 五、逝者如斯乎?

本文所论述的三本长篇小说对中国历史的关怀甚至着迷是无疑的。但同时三位作家对国家和历史的处理与夏志清教授所形容的"感时忧国"现象已有种很大的脱离。一个主要的原因是二三十年代的所谓"感时忧国"文学作品里常见的道德成分到了1990年代早已经化为乌有。在王安忆、叶兆言和苏童的世界里读者已经看不到类似"救救孩子……"或"祖国呀祖国,你怎么不强大起来!"的独白。[1]经过十年浩劫与多年改革之后,似乎除了不断地写作以外当代作家已没有什么"使命"可言。但即使三位作家都无法被纳入"感时忧国"的文学品类,他们的作品的确呈现一种对历史的叹气,一种悲伤无声的叹气。

虽然三本书都属于"新历史小说/怀旧小说"[2],但它们写史的方法与策略都有所不同。王安忆的《长恨歌》和叶兆言的《一九三七年的爱情》都是描写现代中国历史的某一个年代,但恰恰是这两本小说的主人翁(王琦瑶和丁问渔)对当下的历史漠不关心。王、丁两人生活在现代历史的风暴里,但从头到尾是"两个时间的不感症者"。既然作家都能够大胆地面对历史,为什么他们笔下的人物无法面对它呢?而且为什么王、叶两个作家会选上王琦瑶与丁问渔这两位生活在自己封闭的世界里的人来当他们历史小说的代言人?

而与《长恨歌》和《一九三七年的爱情》刚好相反,《我的帝王生涯》里的人物不但拥有一个非常强的历史意识(historical consciousness),而且他还去操纵装置它。在本文的第二、三部分,论者已指出王琦瑶和丁问渔与历史/时间的隔阂体现一种对历史的反讽。但同时在某些方面如此处理是否也显示作家对历史的一种回避?难道只有在一个完全虚构的历史当中,作家才能够使其人物真正的接受历史"不可承受之轻"?

往事如烟,不堪回首?似乎在1990年代中国作家不断地回首,不断地想象往事,不断地重写历史。在一个新世纪即将来临的时刻当代作家还试图寻找已逝的时光,还是在纵横历史的沧桑。昨日的影子不断地重现在当代作家的眼前,但好像只有在一个崭新虚构的历史里(像苏童的《我的帝王生涯》),作家才能够自然自在地天马行空。

---

1 见鲁迅的《狂人日记》与郁达夫的《沉沦》。

2 王德威曾指出怀旧小说的崛起与"八〇年代的寻根文学有密切关系……"。见王德威,《艳歌行》,收于叶兆言,《花煞》,页19。

# 去神圣化？韩东和于坚的明确诗观

/［荷兰］柯　雷

众多诗人的元文本产量颇丰，我选择西川、韩东、于坚三人作为研究对象的原因之一是：西川是被公认的“崇高”美学的代表，韩东、于坚则被看成是“世俗”派作家的代表；尽管这样说有一定道理，但我们应当提防这个定位被本质化。关于韩东、于坚的元文本，这里有一点补充说明。总的来说，80年代初以降，这两位诗人在某种程度上是联袂登场的，虽然在90年代末，两人关系恶化了，彼此的冲突是半公开的。韩东、于坚算是两位最重要的“口语”诗人，也是民间刊物《他们》的撰稿者。《他们》办刊时间最长，读者群最广，对中国当代诗歌面貌的形成颇有影响。1986年，两人在太原举行的《诗刊》年度“青春诗会”上进行了对话，会后联合发表的文章是他们的早期元文本之一。另外还有1994年连续刊发在《他们》上的这两位诗人的访谈录。韩东和于坚以各自的方式成为1998—2000年“民间写作—知识分子写作”论争中“民间”阵营的重要代表，这场论争也成为两个人某些非常激烈的元文本段落产生的背景。

标题中的“去神圣化？”点明了两点。第一，70年代末至80年代初早期朦胧诗中出现了夸大自我的悲剧英雄主义，近年来与诗歌崇拜现象有关的诗人身上也有类似特征。韩东和于坚的写作均以“去神圣化”，或至少以“去神秘化”而著称。同时，韩东和于坚针对“崇高”话语，围绕着杨炼和海子等诗人进行的“去神圣化”，虽然至少在修辞意义上取得了成功，但我们发现，他们也建构了一种自身的“世俗”崇拜，超出了奚密所说的回击“崇高”派的反崇拜行为。韩东和于坚赋予诗人以一种普通人的真实性，但归根结底，他们想象中的诗往往也同样高谈阔论，与诗歌崇拜者以及韩、于声称反对的“知识分子”并无二致。照此看来，他们的观点其实是崇拜“普通性”，作为一项积极的甚至神圣的事业，要求的是无条件的忠诚。因此，标题中的“去神圣化”后面，我加了个问号。

我的研究资料主要是韩东、于坚自1980年代中期至2000年代中期的文章、访谈等。与西川的诗学观念相比，诗人形象问题，即什么是诗人，诗人意味着什么，对韩东、于坚来说，都有着重要意义。本文第一节考察他们作品中出现的中国诗人形象，作为其诗观中互相关联的其他方面的一个大背景。第二节表明，虽然这两个人的诗学观念有亲缘关系，但他们在元文本竞技场上却表现出截然不同的风格。在这里，我依旧使用阳性代词，以反映男性在元文本竞技场上的垄断地位。

## 韩东和于坚眼中的诗人形象

本文的各部分议题大致是从我们所谓的诗歌和诗人本体论，转向韩东、于坚对中国诗坛现状的评论。

### 诗歌从何而来？

在韩东和于坚发表于1988年的《在太原的谈话》一文中，于坚断言，重要的不是诗歌在何处发生，而是通过何人呈现：

> 只有当诗歌不是选择时尚或文化或哲学或历史或西方东方等等，而只选择诗人自己，它才是好诗。

两人的作品中都曾反复出现如下的关于诗歌的概念：诗是一种先于诗人、以诗人为媒介的抽象体。韩东在《关于诗歌的两千字》(1997)一文中详尽地讨论了这一点：

> 诗早在诗人们出现以前就已产生，它先于诗人而存在，但并不急于降临人间。诗歌选择诗人，并通过诗人而出生，诗人不过是诗歌的生产渠道。经过生产阵痛的诗人们误以为是他们创作了诗歌，并试图将这一生殖的后果据为己有，就像人类的父母对其子女的当然拥有。子女并非由父母所生，灵魂、预定的形象以及生产的程序皆来自上天，归咎于神秘。父母不过是流水线上作业的普通工人，他不是设计师、机械师或老板，机械而被动地工作着，这是他作为一名工人基本的品质。……利用或运用诗歌以达到个人的成就是可鄙的行为，认为诗歌乃是个人自私的营造是心理上的下流。……真正伟大的诗歌不属于任何人，他只是借助诗人和他名字下降于具体的时代，这真是一件无可比拟的荣耀之事，问

题在于我们是否做好了准备。

诗人天然的感受性及其神性

这两位诗人中，就使诗人察知诗歌临近的特性而言，韩东的言论也比较多：

> 任何心胸狭窄、刚愎自用、傲慢自得、自以为是之辈皆与诗歌无缘……那些犹豫不决、蝇营狗苟、投机钻营和心神不定的人更是如此，诗歌绝不会像一片树叶飘落在他那躲闪的头顶上。作为一个诗人，我们需要集中精力，毫不怠懈，其次需要腾空自己，像腾空一个房间，不抱任何成见。……至于诗歌是否降临那是它的事，是神秘而高远的事，我们只是希望成为有幸者，用血肉之躯承接它箭矢般的光芒。

韩东通过他的诗作和诗学，对其他人作品中的豪言壮语进行着解构，但有的时候，他自己使用的意向却也流露出同样的风格，上段引文即可为例。韩东表达自己诗观的文章，最早见于老木1985年编的《青年诗人谈诗》一书中。文章很可能是写于80年代初期，其中，他的怒气冲冲很可能是针对朦胧诗人的：

> 贫穷的中国，在精神上居然产生了这样一批俗不可耐的贵族。可笑？可悲！那些质朴的东西哪里去了！那些本源的东西哪里去了！怎样解释民间和原始的东西具有经久不衰的巨大的艺术魅力？怎样解释“归真返璞”？

为了跻身韩东所说的感受诗歌光芒的那些人之列，人就必须具有天然的诗人气质。1994年，韩东在与刘立杆、朱文的访谈中说道：

> 诗人的品质，诗人的可能性，他开始就包含的那种因素，那种神秘的东西肯定是天然的……我们的努力就是使这些东西尽可能地释放出来。

于坚则更多地关注诗歌一旦选择了诗人之后所发生的事情。自始至终，于坚的主要关注点之一是语言及其与诗人的关系。早年，继1986年青春诗会之后，同年他在《诗刊》上发文，提出“语感”是诗人最明显的特质。韩东接受了“语感”这个说法，并在随后的《谈话》中表示支持。在诗人天性这一点上，于坚和韩东也意见一致。

> 诗最重要的是语感。……语感不是抽象的形式，而是灌注着诗人内心生命节奏的有意味的形式。

> 语感不是靠寻找或修炼或更新观念可以得到的。它是与生俱来的东西，它是只属于真正的诗人的东西。

诗人的天性，即韩东所说的诗人的可能性、于坚所说的语感，并不仅仅是一种天资，而是使诗人成为神明。韩东在《三个世俗角色之后》(1989)的结尾处写道：

> 诗人不是作为某个历史时刻的人而存在着，他是上帝或神的使者。……他和大地的联系不是横方向的，而是纵的，自上而下，由天堂到人间到地狱，然后返回。……他的障碍是肉体的障碍，因为他食人间烟火。但他真实的目的是非肉体的。……

> 诗人永远像上帝那样无中生有，热爱虚幻的事物，面对无穷无尽的未来和未知。所不同的只是，上帝创造世界只用了六天(第七天休息)，而诗人将用一生的时间写完一本诗集，发扬他不可多得的神性。

至于诗人的神性地位，于坚在《重建诗歌精神》(1989)中写道：

> 诗人不再是上帝、牧师、人格典范一类的角色，他是读者的朋友……他不指令，他只是表现自己生命最真实的体验。

在这篇文章中，于坚宣布一个新的时代从他这一代人开始，他也参与了整个现代时期中国诗人最喜爱的一种活动。他认为，新诗特征包括冷静客观、平实亲切、平凡普通，以及反映真实的生活经验，哪怕它是压抑的、低贱的、粗俗的。他把上述这些特征与他没有指名道姓的一些追求崇高和纯粹的同辈诗人的写作相对立，指出他们属于过去了的时代。他的所谓过去，从五四文学开始，到1942年毛泽东《在延安文艺座谈会上的讲话》的发表，再到1949年左翼文学观成为国家文化政策，都没有终止；甚至到1978年先锋诗歌出现在《今天》上时，也没有终止。于坚如此是把民国诗人、1942年以来的主流诗人及80年代一部分先锋诗人统统归纳为过气的诗人，他在其他几篇文章里，也毫不隐讳地重复着这一有力的修辞行为。在80年代的同辈诗人当中，他目标清晰地瞄准朦胧诗，但这也是80年代末（于坚写文章的时候）盛极一时的“崇高”诗歌崇拜。

于坚关于诗人神性地位的说法，体现了他和韩东共同的诗学观念，因为两人都含蓄地区分了两种“诗人”：其一是一种抽象的、理想化的诗人概念，其二则是这个抽象体在当代诗坛的（不）真实的具体化身。对于坚而言，“不再是上帝角色”的“不真正”的诗人，失去了他们一心向往的神明般的身份，而新时代的“真正”的诗人，包括于坚在内，则根本就不会追求这样的身份。

几年之后，在《诗人何为》（1993）一文中，于坚对作为神明的诗人这一概念的敌意似乎锐减了：

> 在世界看来，诗人永远承担着精神救赎这种角色。我并不否认，在今天，总体话语以及它所建构的价值网络濒于崩溃的时代，需要有新的神，来引领我们……

> 伟大的健康的诗歌将引领我们，逃离乌托邦的精神地狱，健康、自由地回到人的“现场”“当下”“手边”。

批评“崇高”美学的人把乌托邦主义看作其特质之一。

1994年，在一次与朱文的访谈中，于坚将成熟的诗人描绘成“神性奕奕”的人，这个词语改自成语“神采奕奕”。在《穿越汉语的诗歌之光》（1999）中，于坚称诗人为“神灵”及操作语言的使者。这篇文章是“民间写作—知识分子写作”论争中的一个关键文本，读者不妨注意以下引文中“知识分子”一词的贬义用法。在同一篇文章中，于坚也提出了“诗人写作”概念，大概是指我们之前所见的“真正的诗人”所从事的写作。这确认了诗人的神性地位。

> 难道还有比诗人写作更高的写作活动吗？诗人写作乃是一切写作之上的写作。诗人写作是神性的写作，而不是知识的写作。

诗歌制作

关于诗歌的实际“制作”，韩东语焉不详。我们以上已读到他心目中的诗人幻想着自己致力于创造性活动，但其实只是机械的、被动的媒介。韩东在《关于诗歌的十条格言或语录》(1995)一文中发表过类似的意见：

诗歌的方向是自上而下的。它是天空中缥缈的事物。由于写作者的等待和渴望而产生重力，降于人间。诗歌不是向下的挖掘，它不是煤。写作者不是劳动者，他必须放弃用力的姿态。

于坚没有降低诗人天然的诗歌感受力的重要性，但同时他也认为诗人是更为主动的角色，并且，他把诗人描绘成从事韩东认为是无用功的那种向下挖掘着的人。在《穿越汉语的诗歌之光》中，于坚对“诗人写作”做出如下说明：

前几天，我在昆明武成路附近的一个废墟中拾到一扇木头雕刻的窗子。当时周围有些人看见我把一扇烂窗子绑到单车上，非常不屑，可能以为我要拿回去当柴烧。这扇窗子由于长时间的烟熏，已经一片漆黑。第二天中午，我在阳光下清洗这个窗子……这个被黑烟的积淀层遮蔽着的窗子终于呈现了出来，我才发现这扇窗子不仅有格子，格子之间还雕着几朵花……这时候我忽然听到了从前创作这个窗子的那个木匠的凿子凿响木头的声音，我看见花一朵朵从他的手心间开放出来。我当时的心情，相信与从前那个木匠是一样的。这是一种造物的心情，一种除去了遮蔽之物，看见了世界之本真的心情。一块木头，在别人看来只是木头，只是窗子或许甚至只是烧柴，但在诗人看来，却是花园。这就是诗人，这就是诗歌……

诗人写作是谦卑而中庸的……

此文与下面《从隐喻后退：作为方法的诗歌》(1997)一文中的宣言如出一辙，《从隐喻后退》是《传统，隐喻及其他》(1995)的续写。于坚提出的具体性有些靠不住：他极力主张从隐喻后退，但他本人所使用的正是隐喻，把木头比作花园，把诗人比作木匠等。《从隐喻后退》是典型的于坚风格的文章，充满着对“崇高”、悲剧英雄式的及浪漫主义诗观的攻击，也表达了他对语言的高度关注：

> 诗人不是才子，不是所谓的精神王者，也不是什么背负十字架的苦难承受者。诗人是作坊中的工匠，专业的语言操作者。

> 具体的写作行为拒绝传统写作中的神秘主义写作（在中国，有许多诗人声称，他们要在秋天或月光下才能写作）倾向……

“诗人背上的十字架”，是中国当代诗学运用基督教意象及术语的例子之一，这已成为更大的诗歌宗教话语的一部分，奚密在探讨“崇高”诗歌崇拜时已经说明过这一点。但这些意象也出现在“世俗”派这里，强化着“世俗”派自身对诗歌神圣性的（重新）建构，例如，前文所述的韩东对《圣经》故事“创世记”的援引。

顺便要说的是，我们不应该对在先锋派或整个中国（现代）文化及其历史语境中出现的基督教意象及术语的意义做简单的臆测，因为这些意象的“西方”与“中国”含义可能存在着本质上的差别，但此议题不在本书研究范围内。

语言用法

诗歌“制作”把我们引向语言用法这个话题。韩东和于坚以采用所谓的口语而著称，他们是相对于正式语或书面语而言，因此他们也常被称为“口语诗人”，尽管这样的标签是其艺术的一种简化。在与刘立杆、朱文的访谈中，韩东说：

> 我诗歌的基本语言就是现代口语。……自然，我的语言不能说是和日常会话等同的，但口语显然是我的一个源泉。……如果是书面的近亲繁殖，我们的语言势必将越来越丧失应用的价值，越来越萎缩、无趣，趋于消亡。

同样，于坚也对口语的长处做了详述。他把正式语和口语对立起来，将之与普通话和方言[1]、北方和南方的对立相联系。以下文字引自《诗歌之舌的

1　学者倾向于把“方言”译成“regional language”。此后，我把“方言”译成“dialect”，以将语言问题置于其所属的大众社会政治和文化话语之中，并且在翻译两个术语时避免使用“language”一词。

硬与软：关于当代诗歌的两类语言向度》(1998)的开篇：

> 尤其在南方，普通话可能有效地进入了书面语，但它从未彻底地进入过口语，方言总是能有效地消解普通话，这甚至成了人们的一种日常的语言游戏。……普通话把汉语的某一部分变硬了，而汉语的柔软的一面却通过口语得以保持。这是同一个舌头的两类状态，硬与软，紧张与松弛，窄与宽……

只有屈指可数的几个中国当代诗人长期严肃关注国家语言政策在语言上、政治上以及艺术上的影响，于坚是其中之一。普通话与各种方言之间巨大的差异，显然影响着以方言为母语者的诗歌实践。有不少诗人感到，他们在“写”诗的时候难免要改用普通话，结果他们用方言朗诵作品时就会出问题。但近年来方言创作和方言朗诵的地位有所提升，而人们对使用中文有别于其他语言的汉字地域性的诗性潜能越来越感兴趣。

根据于坚的描述，普通话以及对普通话俯首称臣的那些人具有雄霸诗歌创作的野心。这点与他的一个总的看法有关：在他看来，中国现代诗歌已变成一个僵化的、包罗万象的、在根本上受到政治驱动的套话体系，能指与所指之间的距离已大到无法接受。他在《从隐喻后退》一文中表述这些观点时，所使用的语言学及文学术语虽有待商榷，但我们应当把此文看作一种修辞性干预，而不是学术论文。

在这篇文章中，于坚的意图是显而易见的。他讲了一个故事，虽然有些荒唐，但富有感染力。其实，这个故事依赖于现代汉语的特质而非诗歌的普遍内在特性。他说第一个看到大海的人发出近乎谐音的感叹词“嗨”。“嗨”通常相当于“嗨哟”，但这里表达的是自己见到大海时的惊叹与敬畏之情，是所谓真实经验的一种表达。作为一种反双关的方式，或许可以把“嗨”翻译成“See！”(而非“Sea”)。其实，最初看见大海的人很接近上文提到的诗人先知(拉丁语的pieta vates，英语的poet-seer)，于坚“去神圣化”的声名也不影响这一意象的恰当性。一旦第一个看见大海的人试图描述大海，把“嗨”这个声音传递给其他人，词也就离开了所指的事物，(诗性)表达疏离了真实的经验，“隐喻”霸权则开始生效。按照于坚的用法，“隐喻”指的是许多不同的东西，比如一般性的明喻、象征符号、意象，但也包括固定表达或如同陈词滥调的语言等。这些与于坚所说的对事物“最初的命名”及“重新命名”形成了对比。在他这里，所谓好诗，是指后两者。

虽然这个论点破绽百出，但于坚把最初命名者的“海/嗨！”与现代诗人习惯于高呼的“永恒而辽阔！”相对立，并因此而表示难过，其言下之意却非常明了。于坚接着写到，宏大文学文化史是诗人脖子上的磨石，深深植根其间的系统催生了语言的常规表征，这种表征反过来又控制着诗人。

根据于坚的看法，诗人所做的，应该是反其道而行之。就像他在与朱文的访谈中说的：

> 成熟的诗人不为语言的魔力所左右，他清醒、冷静、理性地控制这种魔力，他的方式是在解构语言中建构语言。

在《从隐喻后退》一文中，于坚将解构语言延伸至解构隐喻。这再次证明，在他的观念里，这两者是难以区分的。以下为相关论述：

> 诗是一种消灭隐喻的语言游戏。

> 诗是语言的解剖学。

> 拒绝隐喻，就是对母语隐喻霸权的拒绝，对总体话语的拒绝。拒绝它强迫你接受的隐喻系统，诗人应当在对母语天赋权力的怀疑和反抗中写作。写作是对隐喻垃圾的处理清除。

> 作为一个主观的、虚构的世界，诗所提供的语言现实就是，消除想象的方法，消除幻觉和罗曼蒂克的方法、消除乌托邦和恶之美学的方法。

> 从诗歌的根本的写作向度上看，有两类，一类是词根为“前进”的诗歌；一类是词根为“后退”的诗歌。

“恶之美”出自波德莱尔的《恶之花》，这是经常被引用、影响了中国当代诗歌的外国诗作之一。“知识分子诗人”疑似对外国诗歌顶礼膜拜，这让于坚大动肝火。

在当代中国，“前进”一词也带有强烈的主流色彩。如前文所述，于坚的“前进”和“后退”概念，与“硬”和“软”之间类似的对立并行不悖：书面语对口语，普通话对方言，北方对南方。

诗歌之于读者是何物?

一首诗歌一旦写成,它对于读者而言为何物?读者与诗歌相遇后会产生什么反应?在《关于诗歌的十条格言或语录》中,韩东如是说:

> 诗歌与学识无关,它是天真未泯之人的事。写作者和阅读者靠天真而非学识沟通。一个好的写作者并不比一个好的阅读者对诗更有发言权……一个好的阅读者肯定优于一个较次的写作者。

然而,与其他中国当代诗人无异,韩东和于坚的诗观都不是以读者为导向的。于坚的说法多少有点儿自相矛盾:

> 成熟的诗人并不针对他同时代的读者或诗人写作,他无视这些人,他只为语言写作,他强迫读者接受他的说法,这种强迫是"抚摸"式的。

韩东和于坚都不认为是读者赋予诗歌以生命。笼统地讲,他们也不怎么考虑作者意图及读者经验之间是否脱钩或者有分歧。根据于坚的说法:

> 在诗人的潜意识深处,有一个由他所置身的社会,时代的政治、文化、宗教、家族遗传、历史、审美价值、人生阅历的影响形成的活的积淀层。……诗人只要把直觉到的组合成有意味的形式,成为语感,他的生命就得到了表现。

因此,于坚着重将诗人的生活表达置于社会语境中。同样地,在于坚和韩东的《在太原的谈话》(1986)一文中,他说道:

> 诗人的人生观、社会意识……都会自然地在诗人的语言中显露出来。

几乎同一时间,《诗刊》刊登了青春诗会会议纪要,其中记录的韩东的言论就更明显地让我们联想到中国的传统诗观:

> 从一首真正好的诗里,我们可以看见作者的灵魂、他的生活方式和对这个世界的理解。

韩东不认为能把内容从诗歌的其他部分中剥离出来，未将诗歌看作传达内容的工具：

> 但这一切必须融会于诗歌之中，而不仅是通过诗歌的形式来表达的。

从《奇迹和根据》(1988)一文可以看到，韩东把诗歌形式视为重中之重，尽管他的表达方式比较抽象：

> 诗歌不为某种文化的完善而成立……诗歌有其更深远的目的，这就是赋予世界以形式。对诗歌形式的解释也许需要文化的帮助。也可能这种解释只存在于我们称之为文化的那个单位中。但解释不能替代形式。……诗歌作为形式存在的超越性和独立无依。它直接和人类的心灵有关，是心灵的活动和需要。……它是人类和世界情感关系的有形存在。

在《在太原的谈话》中，韩东重申了形式与内容是密不可分的。在这里，他说的不是人类的心灵，而是个体的心灵，更确切地说，是两个个体的心灵。在中国传统诗歌概念中，阅读诗歌也是读者了解诗人的手段，韩东在此提出了一个现代的版本：

> 读一首真正好的诗你会感到那种心灵的亲近，这种亲近不仅是有了共鸣……你用你的灵魂感受到了另一个灵魂的真实，是活的灵魂。诗歌不表达什么，它本身就是一个人的灵魂，就是生命。即使表达也只是以这唯一的形式来表达的。诗歌的美感完全是由个人的生命灌输给它的，又是由另一个具体的生命感受到的。除此之外，诗歌毫无意义，我不能设想那种没有生命迹象同时又具审美价值的诗歌。

### 诗人相对于“世间”环境

韩东和于坚的观点都与中国传统诗学有所关联，都是将诗歌及其与读者的互动置于某种社会语境中。然而，他们坚持认为，诗人没有义务去扮演任何社会角色，还应该主动规避社会角色。在《三个世俗角色之后》中，韩东批评同辈们是“政治动物”、“文化动物”及“历史动物”，尽管这种定位在一定程度上是受环境所迫。韩东力劝他们冲破藩篱。这篇文章言辞激烈，充满怨气：

在一个政治化的国度里，一切都可以从政治角度加以理解。而艺术范围内的变化往往是不为人知的。大家没有这个兴趣，也没有这个精力。所以了解中国事务的中国人或外国人都认为中国没有艺术。……

北岛的成功就是这样被人们曲解的。北岛本人也承认自己的成功多半是由于政治上的压力。后来他利用这一点让我们感到失望。但作为一个人生存和不朽的努力无论如何是被允许的。……

北岛并没有利用中国人。但他利用了外国人，其实质是一样的。

西方人不了解中国，也没有这种愿望。西方人至今对中国的要求仍然是殖民主义的，在精神领域，这么说一点也不过分。中国人仍被当成稀有的文化动物，在一块古老的土地上生存供观赏之用。这就是西方人对中国人的全部概念。

中国人只能站在中国人的立场上，否则就是不本分。而人的立场被西方垄断着。

就这样，中国人做人的权利被剥夺了。如果你不满足于做一个低级动物的话，那么好，你可以做一个富于神秘色彩的文化动物，这就是中国人。阿城就是这样取得西方人的信任的。……

当我们摆脱了卓越的政治动物和神秘的文化动物两个角色之后，我们就来到了艺术创造的前沿。这里还有另一个陷阱，这就是深刻的历史动物。

与韩东、于坚的其他一些说法，尤其是有争议的说法一样，韩东对北岛、阿城的评论有待商榷，甚至是站不住脚的，至少会因不全面而造成误导，关于北岛诗歌政治的说法有很多，有杜博妮、李典等人对北岛作品的细致研究，北岛的诗歌也被卷入了关于中国现代文学与其他文学之不对等交流的讨论中。在此无须多讲，只说一下韩东在2003年，即在《三个世俗角色之后》一文论及北岛的14年之后，在和常立的访谈中，提到自己那一代人努力摆脱北岛及80年代朦胧诗的压倒性影响，堪称是一种弑父行为。

在与刘立杆、朱文的谈话中，韩东再三反对中国诗人以政治迫害为卖点的行为。当被问及因持激进政治观点而被视为“异见者”的先锋诗人时，他说道：

> 首先，由我国的政治生活所决定。一个诗人如果他不是循规蹈矩的，他坚持自己的艺术主张，就会为外界不理解，被同行所嫉妒……我国政治生活的一大特点，就是安定团结为好。任何异己的、反常的、突出的和叛逆的东西，对于社会的政治秩序而言都是一种威胁。因此说，我们的诗歌要想不流于大众化，还有自己的想法，自己的个性，甚至还有病态的挥之不去的东西要表达，要求得到传扬、扩散，当然会引起一阵骚动。……这种标新立异的先锋文学与政治的冲突本来是很正常的、很自然的一件事……一是在特殊的政治背景下，坚持个人化的艺术追求的确会碰到一些问题……

《〈他们〉，人和事》(1992)一文最初刊登在《今天》上，随后被《诗探索》(1994)节选发表。文中，韩东又一次声明，诗人绝对没有所谓非诗的责任，即没有任何政治、社会、道德责任。写作是以诗歌自身成立为目的，这也绝不是一种逃避主义。上文已提到，韩东因谴责他人的浪漫悲剧英雄主义而闻名，但他自己的诗观也常常反映这种东西。下面是其中最严肃、最说教的段落之一：

> 在一个充满诱惑的时代里，诗人的拒绝姿态和孤独面孔尤为重要，他必须回到一个人的写作。任何审时度势、急功近利的行为和想法都会损害他作为一个诗人的品质。他是不合时宜的、没有根据的，并且永不适应的。他的事业是上帝的事业，无中生有又毫无用处。他得不到支持，没有人响应，或者这些都实际与他无关。他必须理解。他的写作是为灵魂的、艺术的、绝对的，仅此而已。他必须自珍自爱。

但是在同时，韩东也警告诗人不要妄自尊大，这也是典型的韩东风格：

> 诗人与读者的关系应该是诗与读者的关系。不需要读者出场。读者阅读你的诗歌也没有必要知道你的生活，知道你诗之外的所作所为。当一个诗人对诗人与读者的关系孜孜以求时，我觉得他是在谋求不可能

达到的明星的地位。

于坚同样也常常评论诗人角色及诗人的特性，在《诗人及其命运》(1999)一文中，他谴责诗人自宋朝起开始“上升”，自视高于诗歌。诗人意识到自古就有的天赋言论权，但从宋朝起才开始不把它当作一种抽象的特权，而是看作一种使诗人与众不同的东西。于坚发现，在一些人当中，这种趋势一直延续至今，使诗人变得比诗歌更重要，这在人们对诗人之死异乎寻常的关注中可见一斑。海子、戈麦、顾城等当代诗人自杀之后，媒体跟风炒作，这也是于坚常常提及的事例之一。

在于坚看来，诗人自以为是是不对的。他同时也描绘了当今社会对诗人冷漠忽视的一幅冷酷画面：

> 诗人是具有魅力的人。我青年时代漫游云南，到过不少部落。我发现云南大地上那些部落中的巫师，总是一个部落的灵魂、历史、母语所在，但这个灵魂是在日常生活之外，只是在节日或庆典中才发生功能，唤起人们的记忆、耻辱、尊严、感激和畏惧。和古代不同的是，古代的巫师只是通灵活动的组织者，通灵者是部落所有的人。但现在的情况不同了，巫师在部落中要么至高无上，要么被遗忘。在云南我见过不少巫师，他们无不是部落中最贫穷最孤独的人。这是诗人的命运，这是诗人自己无法选择的命运。

在《诗人及其命运》及其他文章中，于坚都发表过一些可堪质疑的言论，他说，直到宋朝时，在中国社会中，诗歌都还是普遍存在于普通大众日常生活里的中心元素。

他继而预言，在一个全球化的世界里，第一个被遗忘的人将会是诗人，诗人已经变成了博物馆导游。然而，

> 真正的诗人应当反抗诗人在我们时代的命运。上升使诗丧失了存在的价值。拒绝上升，诗人应当坠落。坠落，一个需要重量的动词，坠落比上升更困难。

“动词”一般译为“verb”。在这里，我将之译成 word that moves，这是受启于于坚在他的诗歌和诗观表述中都有意抠语言及学术语字眼的做法。“坠

落”一词常常意味着“退化”，于坚的用法大概意在挖苦诗人在他人眼中的天职，即“上升”至更高境界。

韩东式的诗人的孤独是一种自豪的、荣耀的孤独，而于坚却把孤独当作悲惨命运的一部分，他认为诗人应当努力改变它。他赞同韩东的诗歌无用论——这一说法是参考了庄子。庄子认为，在无形的、更高的境界中，无用之用才为大用：

> 诗歌应该对于人生是有用的。无用之用，就是诗歌之用。

诗歌的敌人和“真正的诗人”的敌人

我们之前注意到，韩东、于坚含蓄地区分了两种“诗人”：其一是一种抽象的、理想化的诗人概念，其二则是这个抽象体在当代诗坛的（不）真实的具体化身。尤其是后者，促使他们不厌其烦地谈到韩东在《论民间》（1999）一文中所识辨的、威胁着真实而正确的诗歌的三个“庞然大物”。《论民间》是“民间写作—知识分子写作”论争中的重要文本，也是我所说的“世俗”诗歌崇拜的代表之作。这三个“庞然大物”是：体制、市场与西方。体制指的是文化政策、正统文学及国家认可的意识形态；市场则是铺天盖地的中国生活商品化；西方也包括国外汉学家。韩东、于坚的观点中有反西方情绪，也有强烈的反对知识分子之意，论争的语境使得他们话里话外的意思更加尖锐。让我们来回顾一下韩东、于坚眼中诗歌的敌人，当然也是“真正的诗人”的敌人，因为“真正的诗人”是诗歌的真正信徒。

在接受朱文的采访时，于坚说，传统诗歌观念的侵蚀，已经使得读者缺乏敬意。那些未曾掌握真正的文学技能但也在写作的人傲慢无知，引申地看，这样的傲慢无知也出现在体制准许的文学类型中；读者对诗歌缺乏敬意，就源于此：

> 中国传统是把写诗看成抒情言志的日常卡拉OK，人们不会轻易地去从事舞蹈、作曲、绘画、写小说这些艺术，却人人敢于写诗……千年轮回，诗已不是专业艺术……在中国，凡读过书的人，很少有不在年轻时写过一两首诗的。

相比之下，于坚在回忆起对1997年鹿特丹国际诗歌节的印象时写道：

> 诗人不是大众的讥讽对象，也不是大众的卡拉OK，更不是胁肩谄笑

于御前的侍者，而是倍受尊崇的古老而新鲜的智慧。

就商业化而言，韩东在回应刘立杆和朱文的问题时像往常一样板脸说教：

> 这种商业化的大背景是应该给予否定的。……古老的艺术家们一开始就是站在与此对立的立场上的，如今他们成了不合时宜的一小撮。并非像有人声称的那样：商业化有什么不好？商业化使本来就不适合写作的人都去经商了，而真正坚持下来的都将被证明是天生的艺术家。……这完全是一种合理化的解释。……如果一个诗人既有强烈的金钱欲望，又有很高的艺术天赋，在今天的背景下金钱的欲望当然会损害他的写作。从各方面说，商业化无疑是写作的一个障碍。企图对此进行合理化解释的人居心何在呢？在商业化的压力下，写作者的精力分散是一个问题。同时，作品的实现也会被艺术以外的法则所左右。你没有读者，作品不能变成金钱，就没有价值。……有很多人对此进行佐证，说在西方国家所有的艺术行为都是和商业有关的，都是在商业化的系统内得以实现的，因此中国的商业化进程对于诗人也是没有坏处的，是合理和必要的。在西方一种很普遍的东西，就是不可怀疑的。西方的今天就是中国的明天。真难以相信，诗人们对历史价值的判断和政治家们竟如此一致。

碰巧，于坚就是给商业化以"合理化解释"的人之一。在与朱文的访谈中，他说道：

> 商业化征服不了诗歌，它会征服大批"才子"，真正的诗歌只有在商业化的社会中才会幸存。

至于把西方当作诗歌的敌人这一点，韩东和于坚都意识到，中国当代诗人崇洋媚外、一味盲从和追念西方的榜样，他们对此表示反感，但并不是反对西方或西方诗歌本身。在与朱文合著的《古闸笔谈》(1993)一书中，韩东谈道：

> 每一个作者都得从阅读开始。那么在今天，具有权威和说服力的自

然是翻译作品。我们都深感无传统可依，伟大的中国古典文学或文学传统似乎已经作废。……事实上我们已经成了文学传统的孤儿。

为了寻求安慰，大家不约而同地转向西方。怎样把自己嫁接到西方文学传统之上成了今天很多诗人的努力方向，为了使自己变得坚强有力，也为了“走向世界”。可惜的是，这一努力只能通过翻译作品间接达到。在文字上，我们向翻译作品学习，然后模仿写作类似的东西。然后，还须再次翻译成英文或其他文字向西方推行，占领“国际市场”。……且不说他们把西方文学传统偷换成人类文学传统的狡诈，而且功利性十足地（也是毫无理由地）认为西方文学传统具有无可比拟的优越。

然而，在《从我的阅读开始》（1996）一文中，韩东对西方的影响不再不以为然：

在我所读的文学作品中，西方作家的作品占了很大的比例。……因此有人称我们这代作家是“喝狼奶长大的”。……但在讨论中却缺乏实际意义，并且有可能把面临的问题引向歧途。

他强调，所有的阅读，不论文本出自哪里，都是现代汉语。援引南京诗人鲁羊的话说就是，很可能对今天的中国读者而言，与文言文相比，现代汉译西方文学的外语味更淡些。

与上文相比，于坚“反西方”的主张来得更为强烈，其中他最喜欢攻击的目标是（中国的）流亡诗歌：

恐怕没有布罗茨基那种意义上的流亡文学，汉语诗人到了英语国家，必然是自成小圈子，自我欣赏……流亡诗人除了“流亡”二字令西方人肃然外，恐怕很少有人想得起来他们是诗人。流亡，在中国诗人，大多是逃避存在……布罗茨基是不想走被赶走的，这些流亡诗人恰恰相反，以流亡欧美为荣，争先恐后，何不流亡越南、缅甸、突尼斯？以流亡而自豪，骨子里是殖民文化人心态。

“英语国家”英译为countries of the English language很不顺，为的是保留与“汉语诗人”英译为poets of the Chinese language的并行句式。于坚以“英

语”来转喻多种外国语言，这本身就很成问题。

1995年，在接受麦约翰的采访时，于坚说：

> 我觉得把诗歌和政治扯在一起是错误的。变化和革命给诗人施加的影响是有限的。1989年之后，几位诗人写信告诉我他们绝不会再写作。我完全不能理解那样的态度。我在1989年写了一些好诗。无论身边发生什么，我首先是个诗人。这并不意味着我有一种象牙塔心态，压根儿也没有。作为公民，作为普通人，我当然关心所发生的事，我会发表己见。自1989年以来不少诗人离开了中国，可我不理解他们的做法。……
>
> 无论发生了什么，那些人始终保持着与母语的联系。如果一位诗人甘愿与母语断绝关系，他还怎么写下去？作为诗人，我需要与中国、中国人和中国语言保持直接联系。这有利于我的诗歌。你知道的，有些事情只不过是一些作家离开中国的借口。可恶。任凭情势怎样，诗人都没有逃跑的借口。不止于此：跟中国一刀两断，在西方以权威以及中国文学发言人自居。外国多多少少自动接受了流亡诗人的角色。是不是让人想不通？

于坚接受陶乃侃的访谈题为“抱着一块石头沉到底”，在这个访谈中，他陈述了自己对西方及相关问题的看法。这个标题的典故出自屈原。诗人屈原投河自尽后，他的非凡品质被后世诗人追忆；屈原被看作怀才不遇的象征：他为官刚正不阿，后来被称为爱国诗人；当然，“爱国诗人”这个称号是后人追予的，也就是说，人们以“中国”身份代用了屈原的楚人身世。在这个访谈中，于坚更显得好战、混乱、逻辑不清，甚至可以说是视野闭塞、耍机取巧。他的一些言辞激烈的长篇大论，好像意在回击诗坛上来自别人的修辞性威胁，比厘清问题要重要一些，用语峻厉高调，触人眼目。当然，我无意否认于坚数年来对于厘清诗坛上的一些问题很有贡献，他一直关注作为诗学关键部分的语言问题，即为其中一例。

关于西方和中国诗歌，于坚针对国内受众的话语与他偶尔针对外国读者有所不同。面对外国读者时又另说一套。20世纪80年代，国内几乎是不加评判地对外国文学和文学理论大唱赞歌，在20世纪90年代，先锋诗与西方的关系却成为一个尴尬的话题，其间既有批判性的反思，也涉及（中国）身份问题。从这个角度看，于坚的批评也是言之成理的。他指出一些同代人为了与西方“接轨”，迫不及待地寻求在国外出版著作或发表文章的机会（“接轨”是一个流行词汇，意指有操纵色彩的自我提升）。顺便要说的是，于坚本人一直对外国人持欢迎态度，甚至有时刻意招揽。例如，1990年，他在其第三本私人印制的中文诗集的英文序言里向朗费罗、惠特曼及弗罗斯特等人致谢。这不过是于坚数年来积极吸引外国关注、对中译外国文学也很是精通的一个例证。把读者群扩展到国外，这样的愿望无可厚非。写作者当然希望自己的作品有人读，受众尽可能地多。然而，如王家新所言，于坚行为的异乎寻常之处在于，他指责别人这样做好像是违反了一种暧昧不明的民族主义法则，但这个看起来好像又没有用在他自己身上。

面对国内受众，于坚有一套不同的说辞，从下面与陶乃侃的访谈中可以得见：

> 英语对并非其母语的人来讲只是二流语言，但它已居世界语言的位置，世界的普通话，正在导致世界交流工具的模式化、标准化，变成一种电脑语言，每个人都能使用的语言。我觉得今天的汉语仍然保持着它古代就具有的诗性……它不是像英语那种人们普遍可以掌握的语言，汉语是一种更古老的智慧，它自产生就是一种诗性的语言，掌握汉语要有灵性，我觉得汉语本身就是对全球一体化、物质化的一种挑战。

于坚话锋一转，委婉指出作为很多中国人“第二语言”的英语是“二流语言”。随后，他将英语与推行失败的世界语相提并论，等于是颠覆了英语的全球性意义。同时，他联系普通话在国内扮演的角色，暗示英语称霸全球的野心：

> 在英语现代化的终端则是“克隆”，经济复制、文化复制、现代化的复制，这个世界不正在这样搞吗？最终就是人被复制。但是汉语由于它的独特性、区域性，由于它具有五千年历史的诗性，它不可能成为一种世界通用的语言工具。汉语是……能传达与西方逻辑不同的世界观的语言……能成为引领人类文明的另一种方向的语言。英语通向电脑，汉语则通向人……当英语带领人们朝现代化方面前进，使人变成物质的奴隶时，汉语却使人保持人与大自然、古代文明传统和万物有灵的旧世界的联系。

小说批评家谢有顺在“民间写作”与“知识分子写作”论争中站在“民间”一方。他与于坚合写了《真正的写作都是后退的》(2001)一文，文中于坚对充满模仿、派生、复制的现代化过程表达了类似的关注：

> 别人创造，你来共享。一个崇拜耐克牌商标上的钩子的中学生或者一个梦想把孙子送到美国去留学的卖肉的老太婆这么想，一个商人或外贸部官员这么想，倒也无可厚非，问题是，今天中国那些用汉语写诗的也这么想……有大学诗歌教授甚至已经宣布，汉语诗歌要入关，标准是掌握在发达国家的汉学家那里了……我的愤怒是诗人的愤怒，如果民族主义在这个国家已经遭到了所有知识分子的唾弃，那么诗人应该是最后一个民族主义者，他是母语的守护者和创造者啊。我是一个母语意义上的民族主义者，在此意义上，我永远拒绝所谓的“国际写作”。

在随后于坚与陶乃侃的访谈中，抛开他对“西方”的歪曲不谈，可以看出，正是于坚斥责的他的同代诗人的被殖民心态，才使得他本人把从爱尔兰到拉美等多个国家称为“边缘”。另外，他曾多次告诫说，让诗歌脱离政治，但他又把“文革”看作当代诗歌的决定性因素之一，这两个说法可是互不相容的。

> 从我出国的感受来看，西方是一个已经完成的社会，人们生活在一种养尊处优的状态中。早期现代化给人带来的忧虑日益减少，他们的诗在表现人生和人性上能使我激动的很少，游戏之作较多。我以为西方的20世纪的好诗恐怕在60年代以前就被写完了，现在世界杰出的诗人作家几乎都来自边缘，爱尔兰、俄国、捷克、波兰、拉美……当代中国诗歌其实是非常优秀的，只是养在深闺人未识。……中国近几十年的社会情况和历史记忆都与西方不同，还是一个尚未完工、因而充满创造活力和种种可能性的社会。中国诗人经历了“文化大革命”，对人性有更深刻的感受。

在中国语境中，“养在深闺”的诗歌让人想到封建帝国时代的女性写作。如果说是男人多方力阻古代女性及其作品进入公众视野，那么又是谁阻隔了一统当代诗坛的中国(男性)诗人？虽然先锋诗歌与主流诗歌很是不同，但大多数诗人都有出版和发表机会。

《穿越汉语的诗歌之光》大约与于坚、陶乃侃的访谈同一时间发表，文中，于坚说：

> 我以为20世纪最后二十年间，世界最优秀的诗人是置身在汉语中。我们对此保持沉默，秘而不宣。

关于这一奇怪的宣言及深闺意象，一种可能的解读是：当代中国诗歌并未在国际上获得充分认可，于坚对此感到灰心丧气，沮丧之下转而对中国诗歌夜郎自大起来。

读者不禁要问，在这里，谁是于坚预期的受众呢？显然不是不懂汉语的外国人，也不大可能是汉学家。于坚曾经说汉学家的汉语水平相当于小学生，尽管他这句话是在1998年韩东和朱文推动的挑衅性的“断裂”问卷调查中说出的。当时，一些当代小说家和诗人（包括几位颇具社会争议性的人物）回答了调查问卷，对功成名就的个体和根基稳固的体制——从鲁迅、中国作家协会到海外汉学家——做出评判。“断裂”调查鼓励问卷回答者打破旧习、摆脱文学史经典。关于汉学家，韩东当时如是说：

> 除非将当代文学降低到汉语拼音的水准，否则汉学家的权威便是令人可笑之事。当然他们能促成某些事物。但他们因为幼稚而损坏的方面更多更深重。汉学家是一伙添乱的人。

后来，韩东澄清了“促成事情”的意思，说这是指他们能帮助中国诗人“到国外去参加笔会，或者去做驻校诗人”。

在《关于诗歌的十条格言或语录》一文中，韩东所描述的汉学家对当代中国诗歌的成就一无所知。他的话不是完全没有道理，但这里不妨补充一句。我们无须使用缺少根由的“边缘化”概念也能观察到，与中国本土化同样无知的广大读者群相比，汉学家的数量可以忽略不计。韩东认为，在中国，当代诗歌比较受冷落，但下文中出现的“我们”大概没有包括他自己：

> 现代汉语的外延大于古代汉语。古代汉语活在现代汉语中，而不是相反。现代诗歌之于古代诗歌并不是一个强大帝国衰落后遗留下来的没落王孙。古代诗歌之于现代诗歌不过是它值得荣耀的发端。这是两种截然不同的史学观。西方汉学家们总是乐于赞同前者，而我们又总是

乐于赞同汉学家。这是双重的被动、误解和屈辱。

于坚和韩东多次采用这样一种批判角度，将同时代人看作抽象的诗人形象的腐败现身。于坚的反知识分子精神的例子能说明问题。当朱文问及于坚“愤怒诗人”的名头时，于坚回答：

当我把沉浸于诗歌深处的脑袋偶尔浮出诗坛的水面看见有那么多漂浮物、垃圾在喧嚣之际，我确实无法不愤怒，在中国诗界，尤其是在所谓先锋派的圈子里，我时常有被强迫在公共厕所中占一个蹲位的感受，你一方面要写作，一方面又得向一堆垃圾证实你的价值……当你总是听到很有诗歌才华的某某，最近靠剪刀糨糊剪贴性知识出书，并换了五百元一双的皮鞋了……听到某位……诗人，跑到某国洗盘子去了，心中总是有一种被出卖的感觉，似乎在这个国家，从没有人把诗真正当作一回事……诗人在今天已成为这样一种形象：闲人，大谈文化，怀才不遇，郁郁寡欢，苍白修长，自杀，用斧子砍人……我作为诗人，经常被幼稚、糊涂、不明真相的读者将我与这一形象混为一谈。

用斧头砍死他人的自杀者，指的是顾城自杀前杀害了谢烨这一事件。2004年，在接受马铃薯兄弟的访谈时，韩东也一样义愤填膺：

坚持“知识分子”身份的那些人表现出的做作、浮夸、自我感动以及伪善让我本能反感。我以为最大的恶不是恶本身，而是伪善。

20世纪90年代末韩东和于坚进入了半公开的冲突状态。2001年，杨黎采访韩东，言谈之间，韩东的愤怒已经蔓延到于坚身上。作为反知识分子论争中的领头者，在20世纪八九十年代，于坚和韩东的名字屡屡被人们同时挂在嘴边。这次访谈中，韩东找于坚的碴儿，特别提到于坚那些著名的长诗，认为他野心勃勃，挥霍语言，没有字斟句酌地写：

这种东西根本就不用看了……就是看到这个人很牛逼……于坚在以知识分子的方式反驳知识分子……他已经丧失了自己的语言。他要证明他自己比(“知识分子”原型)西川更博古通今，更有文化。谈起诗歌来也是什么唐诗宋词。……同时在美学的这个方向，他也转向，他也要证明他比对方更有文化更有胸襟，做得更大。本质上是一个叛徒，自鸣得意。他也加入了这个秩序……我觉得他的诗歌在90年代有很大的变化，我觉得这种变化的趋向就是知识分子。

在这段对自己人的怒骂中，最令人注意的是“叛徒”字眼。反过来，这也让人想到受害者于坚有“被出卖”的感觉。尽管韩东在“世俗”派中是“去神圣化”的始作俑者，但他把诗人描述成置身于神圣事业的人。用布迪厄的话说，从事这种事业的合法性前提是无条件的忠诚。

## 元文本风格

韩东和于坚之间的冲突大致出现在“民间—知识分子”论争的时候。以《论民间》为例，此文是韩东在这场争吵中最实质的贡献，但文中，他对“民间”阵营最具代表性的人物于坚只字未提。于坚显眼的缺席，恰与韩东在《论民间》中塑造的真正诗人的形象相符，因此也与韩东本人的形象相符：真正的诗人，是一个孤独的勇士。

轮到于坚登场时，他比韩东更卖力地塑造了一个类似的自我形象。具体来说，也是一位勇士，但他不仅孑然一身，而且顽强不屈，充满浪漫情怀。我们回想一下他的愤怒，因为“得向一堆垃圾证实你的价值”，读者还会把他与那些跟他不对付的诗人“混为一谈”。于坚从一开始就把自己塑造成一个局外人形象，如在唐晓渡与王家新合编的《当代中国实验诗选》(1987)中所示：

我属于“站在餐桌旁的一代”。上帝为我安排了一种局外人的遭遇，我习惯于被时代和有经历的人们所忽视。毫无办法，这是与生俱来的，对于文学，局外人也许是造就大师的重要因素，使他对人生永远有某种距离，可以观照。

2001年，在于坚与谢有顺合写的《真正的写作都是后退的》一文发表的时候，于坚和其他论争参与者的文字逐渐充满污言秽语。于坚写道：

有时令我丧失写作欲望的问题是，值得为这个视诗人为傻B的时代如此严肃认真地写作吗？许多朋友觉悟了，聪明起来，再也不当傻B。我是最后的不可救药的诗人，我是为过去写作的。

大概同一时间，于坚在接受朵渔的访谈时谈道：

> 在昆明，我其实就是一个人，没有任何人围着我，我极少和文学界来往，我的朋友搞文学的极少……在中国诗歌界，我不也是越来越孤独吗？左派动不动要把我批判一下，最近《华夏诗报》还有文章说我是“诗歌的敌人”。“知识分子写作”也在骂我，我可能最终还要得罪年轻人。

2002年，于坚谈起自己参加1997年鹿特丹国际诗歌节的情况，给采访者金小凤留下了深刻的印象。金小凤引用于坚的原话，讲一个学中国诗歌的女学生参加诗歌节，学生说读于坚的作品让自己感到难过，因为她觉得不那么优美，于坚就此回应道：

> 我不是制造景泰蓝的，我搞的是岩石的表面，那类的东西非常粗糙，会伤害你的。

《棕皮手记》是于坚多年短文集的总名，其中有下面一段文字，强化了于坚的孤独形象，他把自己描绘成与世隔绝的样子：

> 多少年来，我一直都住在翠湖北路的一个大院子里，从未搬过，那个大院也从未改变。但门牌倒是变了五次，翠湖北路2号、翠湖北路1号、翠湖北路25号、翠湖东路3号，以致邮件也收不到了，就像一个人周围的人都变了，只有他没有变。于是昔日那些认识他的人再也找不到他了。

孤独的勇士像韩东和于坚所谈及的多种诗人形象一样，都既含蓄又外显。上文讨论的几个形象都指向“世俗”派对诗歌和诗人形象的崇拜，超越了一切作为对“崇高”派之回应的反崇拜行为。虽然“世俗”派主张关注日常，告诫诗人不要自我膨胀，但韩东和于坚反其道而行之，将诗人身份看作极重要、极具社会意义的优秀品质。这又一次说明，中国现当代诗人是如何重视对自身的诗人形象的维护，他们是把诗人形象当作一种抽象之物去珍惜，以各种不同的方式或相继或同时去实现它、阐释它，凡此种种，大部分出于对艺术家的浪漫想象。在韩东的作品中，诗人的优秀品质主要体现在诗人的神圣地位及道德操守方面；在于坚的作品中，诗人的价值主要在于与无处不在的艺术腐败做斗争。

我们注意到，这两位诗人在诗人形象及相关问题上，偶尔各执一词，但其诗学观念整体上在许多方面却是相互兼容的。然而，他们在元文本竞技场上的操作风格截然不同。打个比方说，韩东饮食节制，于坚则暴饮暴食。或者，我们可以用德语中的Verneinung（大意为“否定”）来概括韩东的综合表现，用Bejahung（大意为“肯定”）来概括于坚的综合表现，尽管于坚一直在“解构”他所反对的诗歌。韩东则是一个“伟大的否定者”，他自己好像也意识到了这一点：

> 在说起诗时，我习惯于说一些排斥性的概念，如诗不是什么，诗人不是什么。所有说诗是什么，诗人该怎么做的说法都是偏颇的。

当马铃薯兄弟问及韩东写作是贴近还是远离群众的时候，他以其一贯的风格作答："似乎都不是。"

至于“诗到语言为止”这一格言，韩东说“这是一种‘排斥性的意向’”，又说，

> （“诗到语言为止”）也没有理论上的表述。……这种一次性的话变成了真理就可怕了。

于坚“拒绝隐喻”及“解构语言”的做法大获成功，并常常与韩东一道向自己发现的中国诗坛上的各种庞然大物开战。然而，虽然他发出了许多否定的声音，但于坚的诗歌生产给人留下的印象是：这些文本就希望“在场”，希望占据话语领地。他的元文本也是这样。相比之下，韩东在诗歌创作和元文本领域常会让人感觉像是在“玩消失”，这些作品虽然被写出来了，但似乎既勉勉强强又吞吞吐吐，往往写出来只是因为想要把正在讨论的问题“谈到消失”。

韩东和于坚的旗帜性文章见于多个多作者合集，二人的文字被争相复制、引用，他们的分量之重在当代中国元文本竞技场上由此可见一斑。或许不出所料的是，上述“否定”与“肯定”的对比也表现在各自的产量上。韩东发表的文字数量可观，于坚则产出了数量惊人的元文本。看起来，这不仅仅是因为于坚有话可说（确实是这样），也不是为了赚钱，也不是因为他的许多文章无论经过怎样的编辑，都依然可以说是敷衍写成的，更不是因为他不费吹灰之力的自我重复［就自我重复而言，例如，他的《诗言体》（2001）一文，

标题暗指“诗言志”的传统概念，但在精神与肉体的对比之下容纳了很多杂乱的观点，而且这些观点大部分早就在其他地方发表过]。于坚惊人的元文本生产力还源于他在回收再用自己的文字方面有超乎寻常的积极性，甚至放在90年代中期出现的出版狂潮中来衡量也还是很多。

在回收再用自己的作品时，于坚有时并不澄清新出的文章是另一篇文章的翻版，比如他的做法之一是省去标题。一个显著的例子是《拒绝隐喻：棕皮手记、评论、访谈》(2004)，这是他个人选集的第五卷，也是最后一卷。书的头80页左右，上文讨论过的一些文章被完全或接近完全地照搬，但没有带原来的标题，也没有提出处。这样，资料就变成了他对诗歌持之以恒的思考的一部分。全篇被分为几年一期的大版块，原文中一块与另一块之间有时甚至连空行都没有。文中还有一些没加标注但并非不重要的修改，例如，汉语作为“世界上最富有诗意的语言”改为汉语作为“世界上最富有诗意的语言之一”。其他类似的例子还有：于坚和朱文的一次谈话形成的文字，本是未发表但在1993年被四处传播的打字稿，两个人的名字都在上面，但在1994年《他们》上发表时却略去了朱文的名字。2003年，在《在诗集与图像：2000—2002》一书中于坚再版了《真正的写作都是后退的》一文，但合作者谢有顺却被署为采访者。由此可见，于坚不仅是个十分高产的作家，而且也热衷于塑造形象以支撑其地位。

韩东和于坚的风格不同，但在“世俗”派和“崇高”派诗歌及其元文本的框架内，两人都是“世俗”派，积极反对“崇高”阵营。但是，他们的立场根本不那么“纯粹”，这一点，从其对诗歌及诗人形象之神圣性的建构上可见一斑。

韩东和于坚对中国诗坛现状的诸多评判表明，两人的元文本输出比西川更有策略，更渴望对先锋文学的发展产生影响；于坚尤其如此。

# 归去未见朱雀航

## ——葛亮的《朱雀》

/［美国］王德威

朱雀是南京的地标之一。在上古中国神话里，朱雀被视为凤凰的化身，身覆火焰，终生不熄。根据五行学说，朱雀色红，属火，尚夏，在四大神兽中代表南方。

早在东晋时期，朱雀已经浮出南京（建康）地表。当时秦淮河上建有二十四航（浮桥），其中规模最大、装饰最为华丽的就是朱雀航。朱雀航位居交通枢纽，正对都城朱雀门，往东有乌衣巷，东晋最大的士族王、谢的府邸皆坐落在此。多少年后，王、谢家族没落，朱雀航繁华不再，唐代诗人刘禹锡因此写下：

> 朱雀桥边野草花，乌衣巷口夕阳斜。
> 旧时王谢堂前燕，飞入寻常百姓家。

葛亮选择《朱雀》作为他叙述南京的书名，显然着眼于这座城市神秘的渊源和历史沧桑。南京又称建业、建康、秦淮、金陵，曾经是十朝故都："金陵自古帝王州"，从三国时期以来已经见证过太多的朝代盛衰。而南京的近现代史尤其充满扰攘忧伤，《南京条约》、太平天国、国共斗争以及南京大屠杀，无不是中国人难以磨灭的记忆。

然而《朱雀》又是一本年轻的书。葛亮生于南京，刚刚跨过三十岁的门槛。他写《朱雀》不仅摩挲千百年来的南京记忆，更有意还原记忆之下的青春底色。小说横跨20世纪三个世代，但葛亮要凸显的是每个时代里的南京儿女如何凭着他们的热情浪漫，直面历史横逆，甚至死而后已。神鸟朱雀是他们的本命，身覆火焰，终生不熄。

在古老的南京和青春的南京之间，在历史忧伤和传奇想象之间，葛亮寻寻觅觅，写下属于他这一世代的南京叙事。而连锁今昔的正是那神秘的朱雀。仿佛遥拟六朝那跨越秦淮河的朱雀航，葛亮以小说打造了他的"梦浮桥"——跨过去就进入了那凌驾南方的朱雀之城，进入了南京。

## 一

葛亮创作的背景与众不同，他出生于南京，目前定居香港，却首先在台湾崭露头角，2005年以《谜鸦》赢得台湾文学界的大奖。《谜鸦》写一对新时代的男女因为饲养一只乌鸦而陷入一连串的离奇遭遇，葛亮以流利世故的语气描绘都会生活，对一切见怪不怪，却终究不能参透命运的神秘操作。这是一则都市怪谈，有谜样的宿命作祟，也有来自都会精神症候群的虚耗，颇能让我们想起30年代上海新感觉派作家如施蛰存的《梅雨之夕》《魔道》一类作品。诚如葛亮所说，他想写一则

> 关于宿命的故事……这样的故事，剔除了传奇的色彩，其实经常在你我的周围上演。它的表皮，是司空见惯的元素与景致，温暖人心，然而，却有个隐忍的内核，这是谜底的所在。[1]

同《谜鸦》收入同一小说集《谜鸦》的作品，如《三十七楼的爱情遗事》《私人岛屿》《无岸之河》等或写露水姻缘，或写浮生琐事，就算是光天化日，总是隐约有些不祥的骚动。而那"隐忍的内核"成为叙事的黑洞，不断诱惑作者与读者追踪其中的秘密而不可得。

葛亮的下一本小说集《七声》以白描手法写出七则南京和香港的人物故事，包括了外祖父母毕生不渝的深情(《琴瑟》)，一个木工师傅的悲欢人生(《于叔叔传》)，一个叛逆的女大学生素描(《安的故事》)，一个智障者餐馆女工的卑微遭遇(《阿霞》)，等等。葛亮不再诉诸《谜鸦》的神秘奇情，转而规规矩矩地勾勒人生即景，故乡南京的人事尤其让他写来得心应手。他的叙事温润清澈，对生命的种种不堪充满包容同情，但也同时维持了一种作为旁观者的矜持距离。

《谜鸦》和《七声》代表葛亮现阶段两种写作风貌，一方面对都会和人性的幽微曲折充满好奇，一方面对现实人生做出有情观察，而他的姿态始终练达又不失诚恳。有了这样的准备，葛亮于是放大野心，要为南京城的过去与

---

1 葛亮：《谜鸦》，第253页，台北，联合文学出版，2006。

现在造像。

《朱雀》故事发生在千禧年之交，苏格兰华裔青年许廷迈回到父亲的家乡南京留学，在秦淮河畔邂逅了神秘女子程囡，由此引出了三个世代的传奇。故事回到1923年，女孩叶毓芝随着父亲来到南京继承祖业。1936年，亭亭玉立的毓芝与日本人芥川热恋，在战争前夕生下一个女婴。毓芝在南京大屠杀中惨死，她的女儿辗转由妓女程云和收养，取名程忆楚。时间到了50年代，忆楚已经是大学生，爱上马来西亚侨生陆一纬。然而好事多磨，一纬被划为右派，发送北大荒。"文化大革命"爆发，程家无从幸免，云和自杀，忆楚下嫁给强暴她的一个工人。"文革"结束，忆楚守了寡，旧情人陆一纬却又不期然地出现……

如果以上的介绍已经让读者觉得头绪繁杂，这还只是冰山的一角。葛亮也告诉我们程云和原先和国民党军官生有一子，暗恋异父异母的妹妹忆楚：忆楚有个儿子却非亲生，女儿程囡的生父也另有其人。程囡和母亲、外祖母一样不简单，十八岁爱上了美国人泰勒，后者竟是个特务：和许廷迈谈恋爱的同时又和颓废的艺术家雅可难分难舍。小说最后，程囡发觉怀了情人的孩子。

葛亮的文字工整典丽，叙述各条线索人物头头是道。饶是如此，他的故事缠绵曲折，让读者兴味盎然之余，也许会陷入叙事的迷阵里。年轻的作家求好心切，难免有太多话要说，但有没有另一种方式来看待《朱雀》里过多的巧合和繁复的结构？

《朱雀》以政治动乱为经，三代女性的历练为纬，其实是现代中国历史小说常见的公式。但仔细读来，葛亮又似乎架空了这样的公式。南京大屠杀、国共内战、反右、"文革"、唐山大地震、毛泽东逝世等充塞在小说之中，然而历史事件毕竟只是《朱雀》里人物——尤其是女性人物——的背景。她们以个人的爱恨痴嗔将大历史性别化、民间化。这一部分葛亮显然呼应了张爱玲《倾城之恋》到王安忆《长恨歌》的传统。但我更要说在此之外，葛亮还在思索一种另类的历史，而他的女性角色也只是这"另类"历史的载体而已。

我们不禁想起葛亮写作《谜鸦》的动机是要诉说一个"关于宿命的故事……这样的故事，剔除了传奇的色彩，其实经常在你我的周围上演"。在《朱雀》里，葛亮为他"宿命的故事"找到了一个坐标——南京。南京"作为"一种历史，意味着千百年来一再重复的兴衰故事：六朝的帝都，太平天国的天京，南唐在这里风流过，南明在这里腐朽过……比起来，国共政权所铸造的南京只能说是瞠乎其后。正因为曾经过太多沧海桑田，在南京，野心与怅惘、巧合与错失层层积淀，早已经化为寻常百姓家的集体经验了。

是在这一意义上，《朱雀》里的种种因缘奇遇纷纷归位，成为南京历史轮回的有机部分。葛亮对故事情节刻意求工，加倍坐实了在神秘的历史律动前，个人意志的微不足道。故事里的女性角色都有敢爱敢恨的特性，生死在所不惜。但与其说她们凸显了什么样的主体意识，不如说她们的“身不由己”才是关键所在。她们是朱雀之城的女子，注定惹火上身，而我们记得神话里的朱雀是火鸟，身覆火焰，终生不熄。

同样值得注意的是葛亮对青年雅可的塑造。雅可耽美敏锐，染有毒瘾。葛亮有意将这个角色和苏格兰回来的许廷迈做对比，后者的纯洁正照映了前者的颓废。雅可我行我素，出没有如游魂，和程囡正是一对当代南京的惨绿男女。雅可的欲力虽然摧枯拉朽，终究气体虚浮，他最后的死亡几乎是顺理成章。但对葛亮而言，唯其如此，雅可体现了这座城市一种虚无失落的悲剧性底蕴。

但宿命传奇只是《朱雀》的一部分。葛亮同时反其道而行之，深入南京日常生活的肌理。他明白南京在外人眼中所呈现的反差，《七声》里就写道，南京虽号称古都，但却“好像是个大县城”。“南京人过日子……大多时候，是很真实的……因为日子过得很砥实，对未来没有野心，所以生活就像被砖块一层一层地叠起来。”[1]（《洪才》）借着许廷迈局外人的观点，葛亮写南京人“大萝卜”般的质朴，足球的狂热，熙攘的喧哗。回看历史，他强调笔下那些女性人物哪怕命运多舛，毕竟都是过日子的能手。妓女程云和新中国成立后洗尽铅华，成为称职的主妇和母亲，程忆楚和老情人幽会的同时不忘生火造饭，甚至程囡经营她的古玩铺和地下赌场也似乎就当作是家常营生。

葛亮细写这些情节，很有些动人片段。而他又提醒我们逆来顺受的生活毕竟不能掩盖蛰伏其下的情绪。“它的表皮，是司空见惯的元素与景致，温暖人心，然而，却有个隐忍的内核，这是谜底的所在。”这不仅显现在主要人物的遭遇上，甚至小说里的配角也莫不如此。语言老师李博士风姿绰约，却不知怎的爱上了个非洲来的学生，因此红杏出墙，酿成大祸。从故事结构来说这不是必要的插曲，但葛亮必定以此暗示在南京普普通通的日子下，永远暗潮汹涌。

就着雅可和他周围的人物放浪形骸的生活，葛亮写出南京的颓废面。但

1　葛亮：《七声》，第32页，台北，联合文学出版社，2007。

所谓的放浪形骸也有它不得不然的历史因由。南京“这城市的盛大气象里，存有一种没落而绵延的东西”。这东西兀自在城市的边缘或底层生长繁衍：

> 或许，是见不到光的，并非因为惧怕。而是，为了保持安稳的局面。因为，一旦与光狭路相逢，这触须便会热烈地生长，变得峥嵘与凶猛。

南京仿佛将养着一道心照不宣的伤口，岁岁年年，把日子过下去。但隐忍甚或颓废的另一端是暴烈，而且每每一触即发。这是南京历史的吊诡，也是《朱雀》希望传达的魅力。

## 二

作为一本关于南京的小说，《朱雀》不能自外于一个巨大的书写传统。早在中世纪左思《三都赋》中的《吴都赋》就描写了三国时代南京（建业）的风貌；庾信有名的《哀江南赋》则写于“大盗移国，金陵瓦解”的侯景之乱后。明清以来孔尚任的《桃花扇》、吴敬梓的《儒林外史》都是以南京作背景。而又有什么作品能够超越《红楼梦》对南京——金陵——的追怀？

1923年朱自清、俞平伯夜游秦淮河，各写下一篇《桨声灯影里的秦淮河》，开启现代文学的南京想象。1932年鲁迅回到曾经求学的旧地南京，有了“六代绮罗成归梦，石头城上月如钩”之叹；到了1949年，人民解放军占领南京，毛泽东一句“天若有情天亦老，人间正道是沧桑”，顾盼之际，道尽历史天翻地覆的感怀。

当代的南京作家书写南京最负盛名的首推叶兆言。他的《夜泊秦淮》遥想民国风月，戏拟鸳蝴说部，很能托出南京那股新旧时间错置的暧昧感触。但《夜泊秦淮》只是短篇合集，未能成其大。其他如稍早的朱文《我爱美元》和当红的毕飞宇《推拿》则写下当代南京的平民风情。至于苏童虽然不以南京为小说题材，作家本人却在南京定居多年，耳濡目染，已经成为南京书写的另一种代言人了。

葛亮其生也晚，连“文化大革命”都没碰上，何况更早发生在南京的风风雨雨。然而在世纪之交成长，葛亮毕竟有他独特的经验，如何将其融入古老的记忆，是《朱雀》最大的挑战。如前所述，葛亮努力要写出南京的历史创伤，但这却未必是他的所长。葛亮更有兴趣的应该是召唤一种叫作“南京”的状态或心态：南京于他与其说是怀旧，不如说是近于耽美的向往。当小说写着叶毓芝的父亲在船头吹着箫来到南京、当许廷迈和程囡在明代陵寝废弃的石碑顶上做爱，我们不禁要会心微笑：青春的想象如醉如痴，可以让任何沉重的历史也多情起来。就此《朱雀》延续了当年钟晓阳《停车暂借问》的特色。

更进一步，葛亮要说南京是一种“瘾”，而且这瘾可能是有毒的。作为南京的魂魄，雅可在喷云吐雾中方生方死。许廷迈初尝南京有名的咸水鸭头，一上口就欲罢不能——我们后来才知道炮制鸭头的秘方不是别的，是罂粟。

在这一方面《朱雀》的两个男性角色——许廷迈和雅可——值得我们再思。许廷迈是有着南京血统的异乡人，雅可则是古城最新一代的“遗少”或“废人”。一个站在南京的外围雾里看花，一个是陷在南京的内核里难以自拔。葛亮对这两个角色都有偏爱——他们都是作家的分身。有意无意间他们尴尬的处境也投射了葛亮本人的两难。我们的作家其实错过了南京的辉煌与堕落，是个实实在在的后之来者，但生于斯长于斯，南京又是他与生俱来的存在经验。借箸代筹，我以为葛亮可以由这两个角色经营更有张力——或更有反讽意味——的南京叙事，《朱雀》的面貌或许又有不同。

《朱雀》里的南京虽然未必令人发思古之幽情，却突出另一种空间的辐辏力量。南京特殊的吸引力让一批又一批的外来者到此一游，以至于流连忘返。苏格兰的华裔青年，日本的艺术家，美国的间谍，俄国的妓女，南洋的归国华侨，非洲的、新西兰的留学生轮番出现在葛亮的小说中。而南京经验流散出去，可以在加拿大、在苏联、在北欧激起波澜。南京的“瘾”是会蔓延的。

葛亮以空间辐辏的概念写南京，看得出香港和台湾经验给予他的启发。南京无论如何保守，毕竟进入了新的世纪，所谓历史长河到此漫漶出去，成为一种穿梭空间、湮没边界的体会。如此，葛亮将六朝风月与后现代、后社会主义的浮华躁动并列一处，或糅合、擦撞种种人事巧合就显得事出有因。叶毓芝和日本情人芥川在抗战前夕恋爱不奇怪：芥川的子女在南京大屠杀七十年之后，成为救赎原罪的奔走者，同时叶的外孙女程囡又和芥川的儿子相互有了性的吸引——这几乎已经到了隔代乱伦的边缘。相似的例子是程忆楚异母异父的哥哥暗恋妹妹，甚至向她求婚。历史在南京的离散与聚合如此盘根错节，以至于失去了原有一以贯之的正义诉求或伦理线索。南京的“谜底”深邃不可测，这是葛亮的用心所在了。

葛亮似乎与鸟有缘，从《谜鸦》到《朱雀》，短短几年的成绩令人惊艳。徘徊在南京的史话和南京的神话之间，《朱雀》展现的气派为葛亮同辈作家所少见。但在长篇叙事的经营和历史视野的构筑上，葛亮仍有可以琢磨的空间，也不妨与当代书写城市的小说名家继续对话。

比如王安忆的《长恨歌》写上海六十年的沧桑变幻，古典诗歌里感天动地的情史化作十里洋场的欲望传奇，海上风华的诱惑与怅惘也以此展开。又如贾平凹的《废都》写当代西安的声色犬马，极颓废也极感伤。长安的气象在盛唐过后就每况愈下，废都之"废"因此不是一时一地的感慨，而是积压千年的块垒。台湾的朱天心在20世纪末以台北为背景写下《古都》。对朱而言，台北毫无历史或历史感可言，但借着召唤一个海市蜃楼般的古都台北，作家写出了她无处感怀的怀旧，难以发泄的忧伤。香港的董启章在九七回归前夕创作了《地图集》和《V城繁胜录》：前者有卡尔维诺式"看不见的城市"的政治隐喻，后者则谐拟宋代孟元老《东京梦华录》笔意，预先怀念香港将要消失的繁盛。旅美的施叔青曾有《香港三部曲》以女性眼光看香港百年起伏，但张北海的《侠隐》才更出奇制胜，沿用会党侠情小说的形式，为七七事变前的故都北平写下回光返照的一页。

这些作家各自为心仪的城市述说故事，也因此延续了每个城市的"神话"氛围。葛亮写《朱雀》想来也抱有同样的野心。就此我们回到小说最重要的意象——朱雀——以及一只朱雀形状的金饰。这只金饰朱雀曾被叶毓芝、程忆楚、程囡三代母女彼此流传，而朱雀又随着女人们的情爱对象不断转手流浪。朱雀的"旅行"，从家人到情人，从南京到北大荒，甚至到了加拿大，一方面诉说世事无常，一方面暗示因缘巧合，南京和南京人谜样的命运也随着朱雀的线索迤逦展开。小说最后高潮，朱雀的来源真相大白，我们这才理解所谓偶然和必然，冥冥的宿命和人世的机巧其实此消彼长，一件民间工艺品竟是见证——甚至救赎——历史混沌的最后关键。

在写作的层次上，葛亮其实可以更为自觉地写作，作为说故事人，他何尝不就像是个打造朱雀的手艺人，他的小说就是那神鸟又一次的神奇幻化。如此，他的叙事更有可能将上古的神话嫁接到后现代的"神话"上。这让我们想起小说最后，许廷迈遇到朱雀最原始的主人的一段描写。后者端详多年以前的对象，不胜唏嘘，他于是

> 在小雀的头部缓缓地锉。动作轻柔，仿佛对一个婴孩。
> 铜屑剥落，一对血红色的眼睛见了天日，放射着璀璨的光。

朱雀开了眼，南京的"谜底"灵光一现，这是小说最动人的时刻。而如何

持续打磨自己的记忆和技艺，让作品放出“璀璨的光”，也应该是葛亮最深的自我期许吧。

《朱雀》结尾相当耐人寻味。程囡知道自己怀孕，决定生下无父的孩子。她与远在太平洋彼岸的许廷迈联络，廷迈兼程赶回南京。当他到了“西市门口，他默然站定，觉出脚底有凉意袭上来”。他为什么回来？果然会和程囡重逢吗？回到了南京他会就此待下来吗？

这最后一章的章名是“归去未见朱雀航”。游子归来，一切恍如隔世，但一切似乎又都已注定。那曾经绚丽的神秘的朱雀何在？早已消失的朱雀航可还有迹可循？命运之轮缓缓转动，南京的故事未完，也因此，《朱雀》不代表葛亮南京书写的结束，而是开始。

# 丁西林和陈白尘：由喜剧开创一种中国现代戏剧

/［美国］吴文思

本文以丁西林的幽默喜剧《一只马蜂》(1923)和陈白尘的讽刺喜剧《升官图》(1945)为中心，试图论证丁西林精致的戏剧语言和陈白尘剧中大量的舞台动作造成迥异的喜剧感受，革新了戏剧创作手法，对中国现代话剧的发展做出了影响深远的贡献。对这两位戏剧家的个案分析显示，喜剧对推动中国现代话剧的发展贡献甚大。丁西林创造了理想化人物形象，特别能吸引年轻的男性知识分子。他对五四知识分子的戏剧化表现不仅为新兴的话剧带来了最初的核心观众，他选择的喜剧形式还有另一种吸引力：令观众泪奔的作品也许能引起他们对社会问题的关注。丁西林的幽默喜剧则往往为当时的社会问题(尤其自由婚姻)安排一个美满的结局。传统戏曲可能伴有美妙的音乐，丁西林作品中大量的幽默俏皮话则为戏剧鉴赏家们提供了一种新的优雅的选择。观看陈白尘政治讽刺剧的有两类人，喜欢它和对它充满敌意的人，因而他的作品扩大了现代话剧的观众面。温和的丁西林往往对他挖苦的对象寄予同情，而陈白尘则进行无情的嘲讽。由于台上呈现的任何人(包括戏剧家的代言人)都是他攻击的对象，对陈白尘来说对他们进行戏剧化表现是危险的。他改而采用群众主角，其个体成员的个性极为模糊，这能使他的个人观点免遭他人的攻击。尽管陈白尘不能总是愚弄他的政治对手，夸张的情节和人物刻画为其大胆的声明提供了一种保护。为了创造群众主角，陈白尘把戏剧结构从二人对白改成动作丰富的分层场景。这为国营剧团在50年代演出大型戏剧(如1957年首演的老舍的《茶馆》)铺平了道路。经由喜剧发展而来的创作手法上的革新，无论丁西林的幽默“清汤”，还是陈白尘的讽刺“辣椒”，都成为五味俱全的中国现代话剧的主料。

## Ding Xilin and Chen Baichen: Building a Modern Theater through Comedy

*John B. Weinstein*

The year was 1933. Humor was so prevalent in the Shanghai print media that literary circles declared it "The Year of Humor" (*youmo nian*).[1] Dramatists, too, were in a humorous mood; the writer, critic, and teacher of theater Xiong Foxi delineated, with memorable rhetorical panache, four basic comic sensibilities: "If *huaji* is soy sauce noodles, then *fengci* is beef noodles with hot pepper; if *jizhi* is noodles in broth with black pepper, then *youmo* is clear broth with shredded chicken". Whimsical as it is, Xiong's typology is not without merit. *Huaji*, a venerable form of "slippery" humor, is like soy sauce noodles in that it is common, ordinary, even base. *Fengci*, which can be translated approximately as "satire," packs a spicy punch, whereas *jizhi*, or "wit," packs one that is less sharp but still hot. Last but not least comes the nourishing *youmo*; a transliteration of the English word "humor," its essence is not so easily pinned down. To Lin Yutang, who coined the term in 1924, it represented a realistic, tolerant, and sympathetic way of looking at the world[2]. Not all usages of the English "humor" apply to the lofty *youmo*, particularly not those overlapping with the more common *huaji*. *Huaji* drama was very popular in Shanghai during the Republican period, but it never emerged as a major force in modern spoken drama (*huaju*) and remained a more local form of comic drama. Instead, *youmo* and *fengci* became the two dominant strains of comic spoken drama as well as the two major axes of polemical debate in the 1930s print media. Differentiating *youmo* from *fengci* was a matter of both polemics and practice. Xiong Foxi said of comic playwrights: "More often than not, satirists satirize other people but not themselves. Humorists, however, are different. When using humor to poke fun at others, they are also poking fun at themselves".

Playwrights Ding Xilin and Chen Baichen exemplify this distinction.

---

1 Sohigian explores the debates between humor and satire in a different genre, the *xiaopin* essay.

2 Christopher Rea, drawing from Zhang Jian (2005), notes that in 1906, Wang Guowei coined a transliteration for "humor," *oumuya*, well before Lin Yutang came up with the term *youmo*.

Ding Xilin's 1923 debut work, the one-act *A Wasp* (Yizhi mafeng), showcased Ding's warm identification with the objects of his laughter. *A Wasp* made gentle fun of issues crucial to young, college-educated men of the May Fourth generation, most prominent among them freedom of choice in marriage. The playwright, the characters he created, and the spectators, all cut from the same cloth, were unified through dramatic writing and performance. Ding's scripts established well-crafted language, wittier and more elegant than everyday speech, as a defining trait of humorous comedy and comedy as a whole. Ding fused the realism of Henrik Ibsen with the aestheticism of Oscar Wilde. Though these modes were considered unrelated, even opposed, in their original European contexts, Ding blended them in plays labeled *ziran*, or "natural," in both written and performance style. Two decades later, Chen Baichen's 1945 three-act *Promotion Scheme* (Sheng guan tu) used satire to shatter the unity of playwright, character, and spectator. Chen forces his audience to choose whether to side with him or the characters he mocks, turning the unifying experience of humorous comedy into a divisive one. His style of writing, performing, and visualizing was called *kuazhang*, or "exaggeration."

Ding's and Chen's contributions to comedy straddled the essayists' humor/satire debates of the 1930s. Soon after his 1920 return from England, where he had studied physics and math, Ding tried his hand at literature, first short fiction and then drama. *A Wasp* was ahead of the humor curve, written a year before Lin Yutang coined the term *youmo*. Chen's *Promotion Scheme* came a decade after the climax of the humor/satire debates. Ding centered his humorous comedies on two-person dialogues, a format already in use by modern Chinese playwrights familiar with the works of Western playwrights such as Ibsen and Wilde. A play such as *A Wasp*, which has so few unscripted moments, could survive with a minimal directorial hand. Chen, in contrast, required a protracted process of creative exploration to develop a *mise-en-scène* that suited his action-packed satiric vision. He also had to find collaborators in direction and set/costume design who could team up with him to create the exaggerated world of *Promotion Scheme*. In the process, Chen pioneered layered dialogues and improvised action, conventions that long outlasted the battle between humor and satire. I argue that these disparate comic sensibilities, articulated via Ding's elegant language and Chen's physical action, gave rise to new and innovative dramatic skills, which made lasting contributions to the development of spoken drama.

**Ding Xilin's Responsive Chord: Linking Playwright, Actor, and Spectator**

For Ding Xilin, the essence of comedy was about unity. In 1961, long after his peak playwriting years had passed, Ding finally offered his own definition of comedy:

> Comedy is a type of rational understanding; perceptual understanding can be without thinking, while rational understanding must undergo deep thought, based on each spectator's own individual life experience, going through the actors' performance, and striking a responsive chord (*fasheng gongming*) with the playwright.

Though Ding thought comedy should evoke a smile, "striking a responsive chord" was his paramount concern. We see Ding's theory at work in *A Wasp*, his first play. Although the text of the play offers clues as to how Ding went about achieving such a unity of playwright, actor, and spectator, it tells only part of the story—that of the playwright. Fortunately, we have accounts from actors and audience members who participated in several early productions of *A Wasp*, which was presented on at least five occasions within three years of its publication: at National Autonomous University in Shanghai, and in four Beijing locations, all institutions of higher education or other gathering places for the intellectuals who formed Ding's core audience.[1] The views expressed by these actors and spectators suggest that Ding succeeded in inspiring the sense of unity he had hoped for. Ding helped link spectator and playwright through his leading character, thereby elevating comedy, and the emerging spoken drama as a whole, to new heights.

*A Wasp* uses gentle conflict and clever wordplay to explore the perennial May Fourth theme of the generational clash over traditional arranged marriage versus freely chosen modern marriage. Madame Ji has come to

1 The five performance dates and locations: the 1923 premiere at the twenty-fifth-anniversary celebration of Peking University; December 1924, at National Autonomous University (*Guolizizhi daxue*), Shanghai; January 1925, at Women's Normal University (*Nüzi shifan daxue*), Beijing; March 1925, at the Youth Association (*Qingnian hui*), Beijing; and May 1926, at the National Beijing Arts Academy (*Guoli Beijing yishu zhuanmen xuexiao*).

Beijing with the hope of arranging marriages for her son and daughter, neither of whom has consented to her plans for them. Madame Ji is bewildered by today's young women, who no longer aspire to her own achievement of "virtuous wife and good mother" (*xianqi liangmu*). Mr. Ji, her son, defends the young women in a somewhat backhanded manner: "You must forgive them. For thousands of years they've been silenced by society, and now that they can express themselves freely, all they want to do is speak, speak, speak! They aren't even sure themselves what they are trying to say." Madame Ji is further baffled by her son's unwillingness to take marriage seriously. He defends himself: "Not take it seriously? It's precisely because I take it so seriously that I haven't yet gotten married. If I treated the matter as lightly as choosing a new pair of eyeglasses, then your grandson would already be in middle school by now." At this point, Madame Ji claims she has adopted a new policy of noninterference. She tells Miss Yu, the woman she had hoped to match with Mr. Ji, "Nowadays, parents are not supposed to get involved in the marriages of their children, so there's nothing I can do but let them make their own arrangements." Miss Yu replies deferentially by acknowledging the need for guidance from the older generation and allowing Madame Ji to serve as her go-between. Nevertheless, although she appears to go along with Madame Ji's new plan to match her with a nephew, Miss Yu cleverly delays the match long enough to give Mr. Ji a chance to propose to her first. Mr. Ji ultimately does choose Miss Yu, the woman his mother wanted for him all along, but he makes his choice himself and on his own terms. In the end, Mr. Ji vanquishes arranged marriage, gets the girl, and makes his mother happy. What young man in intellectual circles in 1920s China would not want to be him?

One young man who definitely did want to be Mr. Ji was a Shanghai Autonomous University student by the name of Sun Shiyi. Sun played the role of Mr. Ji in his school's 1924 production of *A Wasp*, the first documented production of the play after its Beijing premiere a year earlier. Following the production, Sun published "After Performing *A Wasp*" (1925), an account of his experience in the production. Beyond specific facts about the production, he offers great praise of and minor critique on the structure, dialogue, writing, thought, and rhetoric of the play itself, with particular praise for the character he played, Mr. Ji: "Each of his motions, movements, words, and laughs cannot help but give us deep impressions, rich interest, as well as sharp satire, and food for thought." Sun found Ding's characters to be as well delineated as those of Lu Xun, claiming that Mr. Ji was as much an individual as Ah Q. That said, Sun added that whereas Ah Qs abound, people as wonderful as Mr. Ji are rare. To Sun, Mr. Ji was like a real person, and he sought to emulate his ideals, attitudes, and behavior. Sun connects the character to himself as well as to his peers: Mr. Ji's ideas are "precisely the words we constantly feel we must say but have never uttered."

Mr. Ji was not a real person, of course, but an ideal. He always has the perfect retort, no matter how challenging the situation. When Madame Ji, to test her son's feelings for Miss Yu, asks him what he thinks of a potential match between her and his cousin, Mr. Ji does not miss a beat, wittily responding to the news of the potential loss of the woman he secretly loves: "Quite appropriate. Miss Yu is a nurse and Cousin is a doctor, they'd make an ideal couple, exhibiting 'the principle of mutual aid and the spirit of cooperation.' There'd be no shortage of good material for the toasts at the wedding banquet." Later in the play, he orchestrates a private conversation with her and deftly weaves his feelings for her and his criticism of Chinese society into a memory of his time in the hospital under her care:

> Everything we said then was completely sincere, ordinary and proper. Why can't we talk like that under normal circumstances? Why is it only possible when a man shows up at the hospital pretending to be sick? In that case, you would certainly diagnose me with a fever to continue our conversation. But if I told you right now how alluring your eyes are and how adorable your lips look, you would pretend not to have heard me. You'd feel my forehead, fluff up my pillow, and declare: "Get some rest now. You talk too much!" Society is so unnatural! What's so unspeakable about the things I just said? Why can't I say them here and now?

Because a real person was unlikely to speak as flawlessly as the scripted Mr. Ji, 1920s "new youth" such as Sun Shiyi looked to drama for the role models they could not find in real life. Ding's *A Wasp* aided their search for the "new man."[1]

Beyond linking himself with Mr. Ji, Sun also linked Mr. Ji with Ding Xilin. After noting that Mr. Ji forms the central vehicle for the play's ideas because the play's thought is expressed primarily through Mr Ji's lines, Sun speculates: "Perhaps this is a bit arbitrary, but one could say [Mr Ji's thought] is precisely the author's own thought." Ding Xilin was not the only playwright to be associated with his leading characters; Henrik Ibsen received a similar interpretation in China. In her study of the reception of Ibsen and his works in China, Elisabeth Eide notes that "at the turn of the century it was common practice among critics and readers to view a literary character as either the mouthpiece of his author or even as a real person." Although Nora was Ibsen's most famous character in China, Chinese audiences tended to identify Ibsen himself with the male Dr. Stockmann, the main character in *An Enemy of the People*. Stockmann entered the Chinese literary world alongside Nora, when *An Enemy of the People* appeared in a partial Chinese translation in the same 1918 issue of *New Youth* (Xin qingnian) that contained a full translation of *A Doll's House* as well as Hu Shi's essay entitled "Ibsenism" (Yibusheng zhuyi). Though Ibsen refuted the view that he and Stockmann were one and the same, Hu Shi preferred to think otherwise. Eide writes,

> As Hu interpreted Stockmann in his essay on Ibsen, the doctor was the personification of the radical, anti-authoritarian individual fighting against superstition, old mores and corruption, for the right to propagate scientific truth and freedom. Stockmann had developed the critical faculty Hu deemed so essential to any individual wanting to play a constructive role in the building of a new society.

"Any individual," it seems, included Hu Shi, who found it easy to identify with Stockmann's social consciousness. Ibsen's Dr. Stockmann was a worthy, but foreign, role model for Hu Shi. Through Mr. Ji, Ding Xilin gave his spectators a Chinese role model.

In creating inspiring characters, Ding succeeded where others had failed.

---

1 Dramatic embodiment of characters as role models would continue both in drama and, later, in film. Katherine Hui-ling Chou shows how female characters in Republican-era spoken drama served as role models for the "new woman" (*xin nüxing*).

A few years earlier, Hu Shi had viewed spoken drama as an excellent means toward social reform, but he himself lacked the playwriting talent to strike a chord. Hu's one-act play *The Greatest Event in Life* (Zhongshen dashi, 1919) was inspired by *A Doll's House* and appeared in *New Youth* a year after the special issue on Ibsen. The play tells the story of Tian Yamei, whose otherwise modern parents forbid her marriage to her boyfriend, Mr. Chen, on account of a fortune-teller's prediction and an ancient name taboo forbidding marriage between those with the surnames Tian and Chen, names said to have been pronounced identically in ancient times. In the final moments of the play, Ms. Tian, encouraged by Mr. Chen in an offstage discussion, decides to leave her family and marry whom she pleases. This play has been criticized through the years on many grounds, including its oversimple plot structure and flat dialogue. More recently, Katherine Chou has revealed the masculinist elements of this purportedly feminist play: Tian Yamei leaves her parents' home for that of a fiancé whose every command she obeys. In looking at the play's potential impact on young men such as Sun Shiyi, I find a different problem with this fiancé whom the audience never see on stage: modern young men in the audience had no chance to witness their role model in action, and the playwright-actor-spectator link could not form. Though he also made many stylistic improvements over Hu Shi's play, Ding Xilin's most significant change in *A Wasp* is moving the young man character from offstage to center stage.

Sun Shiyi himself was not a spectator per se, but he did presume to speak for a group, repeatedly saying "we" instead of "I." He also brings up another key player in the potential responsive chord: the character. Ding refers only to "the actors," but Sun's emphasis on how he, as the actor, identified with Mr. Ji, the character, underscores that actor and character are in fact two entities. The audience identifies with the character being portrayed, not with the offstage life of the actor portraying him. Ding Xilin's spirit of unity, in my view, is thus better reflected through the linkage of playwright, character, and spectator. Sun's account indicates that Ding did succeed in conveying the "responsive chord" that to Ding was the essence of comedy. Sun could not have been repeating Ding's theory of the unity of playwright, actor, and spectator, because it had not yet appeared on paper. In fact, at the time, Ding refused Sun's request to discuss the play, insisting that "an author should not enter into discussions about his own work." Nevertheless, Sun's comments explicitly linking himself and his peers to Mr. Ji, and Mr. Ji to Ding Xilin, demonstrate that in the perception of at least one young intellectual, the performance of *A Wasp* did inspire Ding's comic ideal: a sense of unity.

**Fusing Realism and Aestheticism**

Mr. Ji's character represents the intersection of two major forces from Western drama: critical realism and aestheticism. Henrik Ibsen was a major inspiration to May Fourth drama, but he shared the stage with an unlikely equal, Oscar Wilde. Gilbert Fong writes that "around the time of the May Fourth Movement, Oscar Wilde was praised as one of the greatest modern writers, his name often mentioned in one breath with Andreyev, Strindberg, Dostoevsky, Tolstoy, Turgenev, and even Ibsen." Measured in terms of published translations and produced adaptations, Wilde was arguably even more popular than Ibsen. Ding's innovation as a playwright was to soften the progressive politics of Ibsen's critical realism with the wit of Wildean aestheticism, giving birth to a comedy in which any idea that could be expressed in words had the potential to solve the world's social ills. From an actor's standpoint, however, witty wordplay as social efficacy was difficult to portray. Actors and critics alike expected acting to appear "natural" (*ziran*), but the stylistic elements of aestheticism did not lend themselves to realistic performance. Looking at it another way, language alone was not sufficient to solve China's social crises, but it did resolve an identity crisis facing its modern drama. What was its positive defining trait? In differentiating itself from traditional opera, simply being the form without singing was not enough: modern drama needed to draw identity from what it was, not just be defined by what it was not. Ding Xilin turned it into a form with exquisitely crafted language, witty speeches, and clever wordplay. By solving this identity crisis, Ding Xilin also ensured an important position for comedy in the new theater.

Critics of the day compared Ding to both Wilde and Ibsen. In his 1925 article on *A Wasp*, Sun Shiyi proclaims *A Wasp* to be a text for studying society's problems, "just as people discuss Ibsen's plays." He also takes a more aesthetic view of Mr. Ji, praising him for his adoration of beauty. Yuan Muzhi, a disciple of Ding's and frequent performer of his plays, wrote in a 1933 essay that Ding's witty phrases and philosophy on the sexes recalled Wilde's school of aesthetics, where everyone sits on the sofa in the living room smoking. Indeed, *An Ideal Husband*'s Lord Goring, who utters such memorable lines as "Fashion is what one wears oneself. What is unfashionable is what other people wear," would have very much enjoyed sitting on the sofa and smoking with Mr. Ji, who contends that those who dress poorly "are society's criminals." However, Mr. Ji proves to be more of a revolutionary than Lord Goring. Mr. Ji not only eludes arranged marriage, he eludes marriage altogether, asking Miss Yu to join him in rejecting marriage. In contrast, Lord Goring, though an avowed bachelor, finally asks Mabel Chiltern to marry him toward the end of *An Ideal Husband*.

Mr. Ji's epigrams fall somewhere in between those of Wilde and Ibsen. He says, "Morals have no absolute standard. They change with the times and vary with each individual. What we call 'morals' are usually nothing more than the popularly held superstitions of the majority, or the prejudices of one group of people against another." With its talk of majorities and minorities, Mr. Ji's comment recalls one of Dr. Stockmann's famous speeches: "The majority has the power ... unfortunately ... ; but it doesn't make them *right*. I'm the one who's right, I and one or two others: individuals. The minority is always right." But Mr. Ji also seems to echo Mrs. Chevely in *An Ideal Husband*: "Morality is simply the attitude we adopt towards people whom we personally dislike." Further, Mr. Ji opposes arranged marriage not because it is a form of societal oppression, but on aesthetic grounds:

> Mr. Ji: You know, I really don't want to get married.
>
> Miss Yu: Why don't you want to get married?
>
> Mr. Ji: Because the most precious thing in life is one's sense of aesthetics. When a person gets married, his sense of aesthetics becomes blunted.

Realism and aestheticism work hand in hand here: Mr. Ji must transform society so as not to violate his aesthetic sense.

Exactly how Mr. Ji transforms society merits further attention. Mr. Ji achieves his marital revolution by means of a single adverb: instead of suggesting that Miss Yu "get married with me" (*pei wo jiehun*), he asks that she "not get married with me" (*pei wo bu jiehun*). If brevity is the soul of wit, then simply adding "not" to a sentence is a remarkably witty way to revolutionize the institution of marriage. The extent of this linguistic achievement may be better appreciated against the backdrop of a developing modern theater in the 1920s.

China's first "modern" play, *Black Slave Supplicates to Heaven* (Heinu yutian lu), a 1907 adaptation of *Uncle Tom's Cabin* performed by overseas Chinese students in Japan, was fully scripted, but the first major modern dramatic form to emerge in China, *wenming xi*, or "civilized drama," had no actual script.[1] Actors improvised the dialogue based on a synopsis of scenes posted backstage; as a result, these plays also became known as *mubiaoxi*, or "synopsis plays." The language of this highly impromptu form of theater, dominant in the 1910s, was thus largely controlled by the actors. Hu Shi and Chen Dabei, working separately, brought control back to the playwrights. In 1919, Hu wrote *The Greatest Event in Life* to encourage others to write plays as a means toward social reform. Using the term *aimei ju*, or "amateur drama," Chen published a book in 1921 proposing an amateur theater, composed of students, that would pay greater attention to scripts and to the development of the literary aspects of theater. *Aimei ju* would later be subsumed under the term *huaju*, and lasting works of *aimei ju* such as Ding Xilin's *A Wasp* are now regularly classified as *huaju*. As scripted, rehearsed *aimei ju* eclipsed the improvisational *wenming xi*, words became the new weapons in the battle for social reform.

A few examples from *A Wasp* suffice to illustrate how Ding deploys elegant wordplay to tackle social issues. While Mr. Ji and his mother are debating the changing modern women, Mr. Ji uses a witty reversal to make his point:

> Madame Ji: The way I see it, a person can never know too much; there's no harm in acquiring additional skills. Just because a woman knows how to cook a good meal, it doesn't mean that she shouldn't be able to write a good essay.
>
> Mr. Ji: I agree. The difficulty these days, however, is not that women who

1 A bridge between traditional Chinese opera and modern spoken drama, this form unique to China combined dialogue in the everyday language with *pihuang* singing from Chinese opera and long speeches from a new Japanese dramatic form called *shimpa*.

> know how to cook cannot write good essays, but that those who can write good essays don't know how to cook.

Ding shows further comic flair when Miss Yu recounts how Mr. Ji critiqued his country while sick in the hospital: "You said that China is a pitiable country and that Chinese men should be especially pitied. The only place they can meet women is at the gambling house, and the only way to gain a woman's sympathy is to be sick. That's why they go gambling once a week and fake an illness once a month." In an extended speech, Mr. Ji offers the following clever take on social duty:

> There are many different ways to repay one's debt to society. Those with professional training do it by practicing their professions. Those with technical skills do it by applying themselves in their occupations. Doctors repay society by curing people, lawyers by suing people, and soldiers by killing people. But then there's another type of person—people like us who don't have any professional training or technical skills. The least we can do is dress attractively, so that we don't end up depressing people when we go out in public.

Whether serving society by dressing well or opposing marriage on aesthetic grounds, Mr. Ji seeks to transform society through playful language. Ding Xilin controls the play through clever language a "civilized drama" actor could never have improvised.

An eyewitness account by Women's Normal University student Qin Xin offers insight into the extent to which Ding Xilin viewed the script as the controlling force in a production. Qin was somewhat hostile to Ding's participation, viewing his directing as more a hindrance than a benefit to the production. Like many 1920s reviewers, she thought that drama should be *ziran*, or "natural," but she rarely offered this compliment to Ding's work. She took particular issue with his unwillingness to make the dialogue of *A Wasp* more natural. When an actor could not say a line naturally, Ding refused to change the wording, even "when he came across a sentence ... that he admitted there was no way to say." Instead, Qin said, Ding would simply reply, "Yes, this line is a real mouthful. Go think it over." With such abstruse dialogue, she noted, "even with superlative actors, the play may not succeed."

Ding's great admirer Sun Shiyi insisted that actors who could not say Ding's lines correctly were merely reading aloud instead of acting, but even Sun recommended that some classical expressions be converted into more colloquial language. Ding's fixed scripts brought the focus precisely where Chen Dabei had wanted it, even though these scripts met some resistance from student-actors who had limited theatrical experience.

Yet the acting challenges of a Ding Xilin text are also attributable in part to the underlying tensions between realism and aestheticism. The two modes were fused on a textual level, but they proved less compatible for the actors who had to bring that text to life. Just as critics in China interpreted literary realism in their own fashion, actors gave realism in acting their own take as well. For them, "realism" meant an approach more akin to method acting: experiencing the same feelings as their characters at precisely the same time. Yuan Muzhi, who played the role of the drunken husband in Ding's one-act comedy *Flushed with Wine* (Jiuhou, 1925) in five productions, performed his best when he was actually in love with his costar, and when he drank four half-glasses of sorghum wine before the show. Similarly, Xue Wen, who performed the role of Miss Yu in two 1925 performances of *A Wasp* (at Women's Normal University in January and at the Youth Association in March), could not properly portray the tender climactic moment when Miss Yu and Mr. Ji move to kiss one another because she was far too angry over last-minute schedule changes and a mistake by the curtain operator.[1] She recounts: "Because things were done too much out of order, I was very angry and my state of mind was not peaceful....When we were just about to finish, the curtain operator closed the curtains incorrectly, which made me furious. That moment was precisely when Mr. Ji and I kiss, so the fright we originally intended to show acquired a bit of anger!" Circumstance, and inexperience, no doubt played a role in Xue Wen's difficulties, but the texts of Ding Xilin's plays themselves, particularly the aesthetic turns of phrase critics so admired, did nothing to facilitate realistic acting. Cheng Kunyi, in reviewing the 1925 performances of *Flushed with Wine* and *A Wasp*, wrote that in *A Wasp*, "only

1 Her account, which appeared in the March 27 issue of *Jingbao fukan*, offers one of the most detailed descriptions of behind-the-scenes events for any performance of the period. She recalls how she became involved in the production, the order of events of the evening, and the series of troubles, including ill health, cold weather, and administrative and technical foibles, that contributed to her poor performance.

Mrs. Ji's speaking was relatively clear and somewhat natural"; the other two characters—including Xue Wen as Miss Yu—were impossible to understand.

Actors found so many lines difficult precisely because they contained such plentiful Wildean wit, wordplay, and epigram. This aestheticist language imbued Ding's works with a spirit that appealed to intellectuals of the day, who found in the authors and protagonists of humorous comedy a *zhiyin*—"one who knows the tone":

> The gentle, graceful exquisiteness of the humor group (especially in the early period) coincided with the thoughtful feelings and aesthetic interests of the intellectual-class audiences of the day. They viewed reality and art with an aesthetic attitude, and they could find a *zhiyin* and a sense of harmony and beauty in the world of the comedies of the humor group.

A key outlet for their aesthetic interests was wit. Zhang Jian calls this early point in the development of humorous comedy the period of "witticization," or *jizhihua*. Although Chen Shouzhu has distinguished humor from wit by claiming that the former is natural and the latter constructed and artificial, the prevalence of both in Ding's humorous comedy make them seem more intertwined than Chen's differentiation might suggest. These blurry lines hint at the difficulty Ding's actors faced: they were expected to attain a natural effect via artificial wit.

The Chinese press's declaration that 1933 was "The Year of Humor" seems belated, because Ding Xilin's career as a playwright of humorous comedies had already passed its peak, due in part to politics. The April 1927 purge of Communists from the Guomindang (GMD) at the end of the United Front dealt a serious blow to the amateur drama movement. The GMD, suspecting leftist activity, shut down the theater department at the National Beijing Arts Academy (*Guoli Beijing yishu zhuanmen xuexiao*), the flagship academic institution for drama at the time, thereby shifting the center of drama activities south to Shanghai. Theater audiences were changing as well, broadening beyond students to a wider urban audience but many plays had also run their course. Wordplay could solve life's problems only for so long. Xue Wen's mishap with the closing curtain perhaps obscured a larger question: what actually would happen to Mr. Ji and Miss Yu after the curtain closed? How exactly would "not getting married with me" work? If *A Wasp* had had more than one act, what would have happened next? Ding's clever language worked best when two characters sat together, like Wilde's, conversing on the sofa. Scenes with three or more characters on stage were rare in Ding's plays; scenes with physical action, even rarer. As Japan encroached further into China, intellectualization of issues was supplanted by the need for strong government and, above all, action—something Ding Xilin's gentle linguistic humor could not provide.

However, Ding Xilin did put humorous comedy at the forefront of modern drama's experimentation with language. When Hong Shen coined the term "spoken drama" in 1928, he could not just say that it did not have singing and did not have dancing, so he decided to emphasize the particular characteristics of its language: it was to be everyday language, but it had to be interesting. The serious, or even tragic, sides of May Fourth literature have received the greatest attention from critics, but it is doubtful that serious plays would have made the linguistic jump achieved by comedy. As Hu Xingliang notes, writing comedy demands higher artistic skill than other genres of drama. Compared to tragedy and straight plays, says Zhang Jian, comedy most emphasizes language, and within comedy, humorous comedy most emphasizes it; writers of humorous comedy had to develop their linguistic skills, because their generally simple plots alone could not hold audiences' attention. Ding Xilin's use of language marks his greatest achievement and most lasting contribution to the new form. If ideas alone were sufficient for drama, then *The Greatest Event in Life* might be deemed a great play. However, the new Chinese spoken drama needed language as well as ideology. Ding Xilin's *A Wasp* combined the correct thought—social reform of marriage—with the inventive language of humorous comedy.

### How to Stage a Mob: Chen Baichen's Histrionic Transformation

Unlike Ding Xilin, Chen Baichen was not an overnight success. His career as a playwright progressed in phases and encountered multiple obstacles. Critic Dong Jian sees Chen's rise as paralleling that of spoken drama as a whole: the 1920s were developmental years; the 1930s brought initial successes in all genres; and the 1940s were the golden age. In the 1927

GMD purge, Chen, who had participated in both GMD and CCP activities, was ejected from the GMD for his leftist sympathies. Following the purge, the remaining amateur drama troupes that had dominated the mid-1920s waned in popularity, in part because of their shift in focus away from Chinese plays to Western works. Meanwhile, a new troupe was aiming to broaden audiences with new content and a new style: the South Country Society (*Nanguo she*), under the leadership of Chen's mentor, Tian Han. Becoming a core member of this group in 1928, Chen learned to approach theater as both a performer and a writer. He also learned to view playwriting as a nexus of multiple art forms. Though Chen left the South Country Society in 1929 to start the first of a series of theater troupes, his focus would remain on theater as performance. Chen's increasingly prominent leftist activities landed him in jail in 1932—he spent "The Year of Humor" in a prison cell—but he used his time in jail to ponder the polemics of the theater.

Chen's comedy was as different from Ding's as his politics. Critic Ma Sen notes that Chen's "comedies are leaping and lively, pungent comedy, with fast rhythm, much movement, and lively scenes—different than the humorous dialogues of Ding Xilin." For Chen, theater and political activism remained inextricably linked throughout his long career. The vigor of the mob came to pervade his mode of comedy, which replaced the invincible intellectual with a mighty crowd of commoners. The notion of mob as protagonist is not unusual for later May Fourth literature. In "Beyond Realism: The Eruption of the Crowd," the fifth chapter of *The Limits of Realism*, Marston Anderson shows how writers in the 1930s sought ways to transform the critique by the intellectual into the larger will of worker or peasant characters, eventually replacing the individuals entirely with the crowd as the protagonist. Chen's realization of a crowd as a protagonist in a dramatic work would not fully occur until the 1940s, but he laid the groundwork for this radical change in the structure of spoken drama within a year of his release from prison in 1935.

Chen's first foray into comedy, the one-act *Marriage Advertisement* (Zhenghun, 1935), displays characteristics of humorous comedy, in both dramatic structure and aesthetic spirit. The leading role is a poet named Ye who, having been left by three wives, wishes to marry a fourth in order to exact his revenge on womankind. To find his prey, he places a personal advertisement in the newspaper, posing as a wealthy man and enlisting two friends to pose as his secretary and servant. The women who arrive are more like pathetic victims than the venomous harpies he believed women to be, leaving the poet dismayed by the gap between the behavior of real women and his own theoretical notions of womanhood. Ye asks his friends:

> How can "theory" and "reality" be so far apart? Haven't we concluded from real-life experiences that women are nothing more than money-grubbing mercenaries whose love is built on a man's wealth? Yet all the women I've interviewed today have been such pitiful creatures!

His "secretary," who did not consider the interviewees particularly pitiful, cleverly replies, "Of course, that's a poet's perspective. Even if we dragged a dead body in here, you'd take one look at it and declare it beautiful." The audience soon gets to decide for themselves, as three women enter one at a time to have their interviews with the poet. No subject could lend itself better to humorous comedy's structure of two-person scenes in sequence. These dialogues, however, are really trialogues: the secretary says only one line to the first woman, Miss Tan, and he utters not a single word to the other two women, but he remains a presence in all three scenes. Chen dictates his behavior in part through stage directions. Most of the time the secretary is taking notes, but that is rarely all he is doing. As the interview with Miss Tan proceeds, he tries to get the poet's attention; first he "*Uses his elbow to nudge the poet*," and then "*The secretary pushes him a bit*." The poet, taken in by Miss Tan's tale of woe, ignores him. While the poet lends Miss Tan a sympathetic ear, the secretary offers his own unspoken commentary.

*Unplayable Plays* (Yanbuchu de xi, 1936), written thirteen months later, goes far beyond trialogue, making ample use of layered dialogues, in which two or more two-person scenes play out simultaneously. Chen uses simultaneous scenes to present an action-packed array of plot events that chronicle the tribulations of a theater troupe performing propaganda plays in Shanghai on the eve of the War of Resistance. Within a span of about twenty minutes' performance time, each of the fourteen characters engages in multiple conflicts with fellow troupe members, all the while preparing for, and performing portions of, three plays eventually shut down by GMD authorities aiming to placate their Japanese occupiers. Circumstances are more political and more urgent for these characters than for those of *Marriage Advertisement*; there is no time for gentle, lengthy conversations. Instead, characters spar with quick lines, as in this exchange between the make-up master, Old Zhou, and two of the troupe's actors:

> Wu Shanshan: (Looking into the hand mirror) Eek! What have you done to my eyebrows? My god! They look like a pair of sea slugs! (*To OLD ZHOU*) You bastard!
>
> Old Zhou: But our director Mr. Ye said that you are playing the part of a peasant girl from the countryside!
>
> Wu Shanshan: (*Throws down the hand mirror*) Are peasant girls so wretched that they have eyebrows that look like sea slugs?
>
> Hu Guang: (*Bursts out laughing*) Serves you right, Old Zhou. You scramble to do the make-up for the young ladies, but what do you get in return? She calls you a 'bastard'! Shanshan, make him do them over again!

Chen provides only a few scripted lines for most conversations; actors had to quietly improvise before and after them. Improvisations were guided in part by stage directions, some of which contrast character traits: Old Wei's promptness, Hu Guang's casualness, and Little Zhang's excessive enthusiasm. Others give insight into relationships, such as the growing tension between Old Zhou and Wu Shanshan. At times, Chen provides moments of physical comedy involving the entire cast. For example, when Leng Shi attacks the "Japanese" Little Zhang, who is dressed for the role of the Japanese soldier, several characters have specified tasks in the mêlée. Miss Wang trips and falls, and then turns around to hit Little Chen. Wu Shanshan, given a line within the stage direction, shouts "Stop roughhousing!". Liu Meng stops them cold by holding up the prop gun and setting off a firecracker. Chen Baichen assigns specific tasks to some while forcing others to fend for themselves. Because Chen could not possibly provide continuous individual lines or stage directions for a cast of fourteen, the actors had to play significant creative roles to realize the staccato texture of this sharp political satire.

Chen completed his transformation in dramatic structure by creating true mob scenes. Though Chinese opera had often placed many actors onstage at the same time, the opera chorus, tightly choreographed by convention, had always been meant to act as one. Chen's mobs, in contrast, are choruses of individuals. He provides only a range of suggested lines, leaving it open as to who says what to whom at what point. To guide the actors, Chen as playwright gives many of them a specific line at some point during the play, which offers some insight into their characters' dispositions. Further guidance comes from a different source: the director. After the 1937 formation of the Ensemble of Cinematic Persons (Yingren jutuan), a wartime troupe combining film and drama stars, Chen gained directing experience as a core writer and director for the troupe. He shows his appreciation for the director's work in his 1939 comedy *Men and Women in Wild Times* (Luanshi nannü). Set in a train about to flee a war-ravaged area, the play's opening scene includes a staggering eleven lead roles and ten or more minor ones, crowded inside, outside, and even on top of a second-class train car; a scene of that scale needed an active directorial presence. Chen explicitly cedes most of the control to the director, writing in his opening stage direction, "*As for the positions of these people, you can be mad at me for not explaining explicitly. Since doing so would be so long-winded, an intelligent director is even better able to arrange them in the most suitable places*." Layered dialogues and simultaneous action, created by the playwright and realized on stage by the director, enabled Chen Baichen to transform writing for the stage. This transformation offered two key innovations for comedy: the first was an integration of physical comedy with the verbal comedy pioneered by the humorists, and the second was a means of staging the mob protagonists Chen found essential for realizing satire onstage.

**Assembling One Crowd to Divide Another**

The mob protagonist in *Promotion Scheme* demonstrates how drama diverged from fiction and essays, while falling in line with the intellectual trends of the day. Marston Anderson posits a unifying tendency in the removal of the critical observer, a narrative technique found in 1920s fiction that erases "the distinction between 'I' and 'they'—between the self and society—that had been the indispensable basis for the practice of critical realism, subsuming both in a collective 'we.'" In spoken drama, removing that critical observer had the opposite effect, bringing drama not a unifying force, but a divisive one. Diran John Sohigian notes a unifying force in satiric essays, stating that "the satirist legislates, condemning the reader to logical definitions that make 'you' and 'I' identical and walk in an identical pattern." Chen's satiric drama provides no such unity. Unlike Ding Xilin's homogenous audience of like-minded students, Chen Baichen played to a broader political spectrum, encompassing both left- and right-wing spectators. Chen used satire in the theater to highlight and exacerbate political difference. Disassembling the tidy triumvirate of author, character, and spectator, Chen aims to divide in *Promotion Scheme*.

*Promotion Scheme* is set within the dream of a thief who fantasizes that he has ascended to the position of County Head. He attains that position by virtue of his uncanny physical resemblance to the real County Head, who has been clobbered by an angry mob that has stormed the *yamen*. Once he is firmly in place as County Head, his partner in crime poses as his Secretary and they conspire with various corrupt ministers to deceive an equally corrupt visiting Governor. The two thieves deceive those above them, but they cannot deceive the masses; the dream ends when the new "County Head," like his predecessor, is attacked by an angry mob. Mob justice enables Chen to avoid having to depict any morally good characters, an essential circumstance in a play that critiques the universal human susceptibility to corrupting forces of money and power. This theme is broached in a prologue that precedes the three-act dream, when the thieves find a trunk of accoutrements of officialdom:

> Thief B: Boss, if you dress up like this, you can really be in the officials' camp!
>
> Thief A: (*Pleased with himself.*) Yup! People like to be covered in clothing; the Buddha likes to be covered in gold! Do you think being an official is something you're born with? Don't you think if you wear their clothing, you can become part of their big camp?

Within the dream, the clothes really do make the man. Dressed in the clothing of officials, the two thieves become just as corrupt as other men of authority. Though the two thieves are apprehended for their "real-life" crimes in an epilogue, it is their "dream" transgressions during the play proper that go most pointedly toward the play's principal theme: everyone has equal potential for corruption.

The mob protagonist appears as the dream begins in Act Ⅰ, with sounds of running and shouts of inquiry that awaken the sleeping thieves. As soon as the thieves flee to the courtyard, the County Head and his Secretary run into the room. At this point, "*a group of ordinary people, clubs in hand, enter in a swarm*". This group interrogates the two men, clobbers and kicks them, and exits. After this violent beginning, the two thieves emerge and don the officials' clothing. They discover Thief B's resemblance to the County Head, and the ruse is on. By the second scene of the act, even Chen's script recognizes the thieves' transformation: "*Our nomenclature must change a bit; Mr. A is already flourishing as the Secretary and Mr. B is publicly recognized as the great County Head, so we also must correct our wording*". From that point on, they are called County Head and Secretary, setting the stage for events to repeat themselves at the end of the third act. Admitted to the room under the guise of support for the County Head's promotion, the crowd turns against the assembled officials. The County Head, formerly known as Thief B, repeatedly shouts, "I'm not the County Head!" as the courtyard fills with noise and the lighting changes to close the scene. Framing the play proper with its voice and actions, the mob is the true protagonist in *Promotion Scheme.*

Chen solves the problem of authorial voice by distributing it among the members of the angry mob rather than placing it in one character. Satire does not offer a clear proxy for the playwright's voice, because, as Xiong Foxi points out, satirists do not include themselves among the satirized. Consequently, if Chen had placed an individual authorial emissary on stage, as Ding Xilin did, then he would not have been able to satirize that individual. In *Promotion Scheme*, the relative anonymity of the people in the mob shields them from the mockery of satire. The actors playing the mob roles do have some individual lines, but many of their lines are group lines. The first mob attack has members of the group shouting, "Where? Where? Where is he?". After the mob pummels the Secretary, the scene concludes with another group line: "This is a Secretary? ... What Secretary? Dog-headed officer! Dog-headed officer! ". Chen Baichen's language can be quite artful, but these plain group lines serve more as blueprints for improvisation than as prescriptive dialogue. The eight or so who actually enter are not even the full extent of the mob; assembled masses remaining offstage wait in the courtyard for the fake "County Head." Chen Baichen achieves a balance between on- and offstage characters, and between individualized and generalized ones, a balance that enables him to provide emissaries of sorts onstage without giving opponents any ammunition with which to mock them.

Although Chen needed a decade to envision and realize the characters and staging approach of *Promotion Scheme*, the play was an immediate success. This satire on the evils of corruption ran successfully in three cities within a year of its completion in October 1945. Despite the play's anti-GMD orientation, Chen achieved a broad geographic and demographic audience in both GMD- and CCP-controlled areas. The play first hit Chongqing, where productions were mounted in January and February 1946, with the total number of performances approaching forty. A Shanghai production then opened in April 1946 and played to full houses for half a year. The month after *Promotion Scheme* closed in Shanghai, it appeared in Yan'an, again playing to enthusiastic audiences.[1] This great success also stirred great controversy. In 1946, while the play was running in Shanghai, uneasy GMD authorities summoned the producing troupe, the China Theater Arts Society (*Zhonghua juyishe*), for questioning. The director of the production, Huang Zuolin, went alone. He and his interrogator were both well aware that the bald Governor character bore an alarmingly close resemblance to Chiang Kai-shek. When questioned on the time period of the play, Huang said that it was set during the warlord era in the early Republican period; as Huang explained, warlord-era governors were soldiers and therefore had shaved heads. In a more general sense, as Chen noted in his 1937 essay "Informal Discussion on History Plays" (Mantan lishi ju), using a historical setting allows one to criticize the present through the safety of allegory. Though Chen was referring to plays set in a more remote past, in this case even

1 The January Chongqing production was directed by Chen Enbai for the China Art Theater Society (*Zhongguo yishu jushe*); the February one united the Shanghai Theater Arts Society (*Shanghai juyishe*) and the Modern Drama Association (*Xiandai xiju xiehui*) under the director Liu Yumin. Chen Baichen had a long association with the Chinese Theater Arts Society, a group specializing in works by left-leaning writers such as Guo Moruo, Xia Yan, and Yu Ling. The Shanghai production, directed by Huang Zuolin at the invitation of the Shanghai Theater Arts Society, ran for nearly 100 performances in the Guanghua Theater (*Guanghua daxiyuan*). Liu Yumin was also the director of the Yan'an production.

the recent past offered a degree of safety.[1] Of course, the play actually was commenting on the present, and the officials were fooled for only so long. Like its predecessor in Chongqing, the Shanghai production was eventually shut down by the authorities.

Nevertheless, by the time the production closed, it had achieved its aim of arousing a political response. The leftist playwrights Tian Han and Guo Moruo both wrote poems in honor of the play, which is said to have also greatly amused another leftist audience member, Song Qingling, the widow of Sun Yat-sen. A GMD finance official had a rather different reaction: when the official saw Minister Ai, the finance minister in the play, wearing a sign calling for an 80% increase in the entertainment tax, he remembered that Huang Zuolin and several colleagues had written a letter protesting the increase that had actually taken place. The embarrassed official had the misfortune of being seated next to a reporter, who wrote an article proclaiming that the official wanted Huang to change the number on the sign. The tax had, in fact, been raised only 40%! Specific reactions to *Promotion Scheme* varied greatly, then, depending on viewers' position in society and political allegiance. Chen hoped that mob attacks against officials within the world of the play would inspire mob attacks against officials in the world beyond. Shanghai was thus better suited as a performance site than Yan'an: though the Yan'an version could run without political interference, performed before a unified audience of comrades, it could not fulfill Chen's mandate to divide.

**Designing a New Realism: Exaggeration**

In the 1920s, the highest compliment one could pay to a Ding Xilin humorous comedy was to say that it was *ziran*, or "natural." Two decades later, when contemporary theater critics praised Chen Baichen's satiric *Promotion Scheme*, they used a different word: *kuazhang*, or "exaggerated." With the further development of spoken drama bringing directors to greater prominence, reviewers sometimes credited the use of exaggeration in a production to the playwright and other times to the director, with set designers also playing a role in realizing this new aesthetic onstage. Chen

---

1 In that essay, Chen goes on to address a second benefit of historical plays, their use in attracting audiences accustomed to the historical settings, or at least the ancient costumes, of the traditional Chinese opera. Chen proposes using history plays as a bridge for bringing opera audiences into the spoken drama theaters.

chose exaggeration as the guiding aesthetic for his satire for two reasons. The first was safety. To stage a play during either the War of Resistance or the following Civil War required leaping considerable hurdles. Recall the sign worn by the finance minister calling for an 80% tax increase, when the tax had actually been raised only 40%. Director Huang Zuolin cited that case of exaggeration as evidence that the play was not portraying or commenting on current events—which of course it was.

Beyond its practical use as a safety measure, exaggeration also served the playwright's political goals. Chen had long sought to reach the masses through a modern theater with familiar native touches, and exaggeration moved comedy's dramatic language—both verbal and visual—closer to that of the common people. In his 1933 prison essay, "The Road Ahead for China's Mass Theater Movement" (Zhongguo minzhong xiju yundong zhi qianlu, 1933), he had called for change in a theater that is too far removed from ordinary people. In his view, in the first phase of its history, spoken drama failed to reach broad audiences because the work was too foreign and too bourgeois, topically irrelevant to the experiences of the common people. While Chen suggested selecting topics from the audience's own lives, he also identified a problem of form: despite their seemingly suitable content, the South Country Society's works had not used the vocabulary and expressive gestures of the common people. Theater artists, said Chen, must "deeply experience [the common people's] thinking, habits, and even language." Though he could identify this need, only through actual theatrical creation did he uncover comic exaggeration. Comedy, a genre Chen had yet to explore in 1933, was part of the solution for connecting modern drama to indigenous literary traditions.

Chen's exaggeration drew on an aesthetic that had run through Chinese comedy from pre-Qin thought through late-Qing novels. Zhuangzi, whose laughter proved an antidote to the sober Confucian texts, gained much from invoking the excessively large or the minutely small. Han Dynasty humorists were likewise unconcerned with precise realism. As C. T. Hsia points out in "The Chinese Sense of Humor," "the earliest 'humorists' whose lives are included in the *Records of the Historian* were court jesters who by farfetched analogies steered their masters out of the path of folly." Although relevant parallels throughout Chinese literary history are numerous, none resonate more with Chen Baichen's satiric dramas than the exposé novels of the late Qing. As David Wang discusses in *Fin-de-Siècle Splendor*, late-Qing novelists had been writing "grotesque" realism long before May Fourth writers adopted "critical" realism. Grotesque realism, Wang writes, operated on the belief that the real is best shown through "exaggeration, disfiguration, and metamorphosis." Both Chen's wartime dramas and these late-Qing novels use laughter, inspired by exaggeration, to reveal the follies of characters often based on actual historical figures.

Chen Baichen created this exaggeration onstage through a collaboration with directors and designers. The 1946 Shanghai production of *Promotion Scheme* was directed by Huang Zuolin, who had studied theater in England and would later become China's most eminent director of spoken drama. Huang's set designer was Ding Cong, a cartoonist by profession, who treated the stage like a comic book. Extant materials on this production, including textual accounts, photographs, and illustrations, reveal that Huang and Ding's production concept distilled the play to the most essential force fueling corruption—money. They conceived a stage literally made of money: the proscenium stage took the form of a giant French Concession bill; half of an equally gigantic copper coin of the Taiping era sat center stage, its hole serving as the exit into the courtyard.

Ding Cong's renderings of the costumes of the various government officials exaggerate the salient traits of each character. In contrast to the anonymous members of the mob, these characters are individualized and laughable. The feather duster sticking up from the Governor's cap illustrates both his authority and his surface frugality, using a cheap, everyday item in lieu of more elaborate plumes. The Minister of Education wears a long gown covered in writing, indicating education and evoking the cheat shirts worn by imperial exam candidates—something the decidedly unscholarly Minister, a soldier addicted to mahjong, would no doubt have needed. The Minister of Health's doctor's bag is shaped like a coffin. The Minister of Finance's hat and shoes are gold taels, and he wears a banknote below the waist. Moreover, he is excessively fat, indicating his greed. One of the two women, Secretary Ma, is styled as a "flower vase" (*hua ping*), a derogatory term used at the time for pretty young women working in offices. The ordinary *qipao* worn by the other female role, the wife of the County Head, seems to be the only flaw in the concept. [1] Minor imperfections aside, reviewer Zhang Lu praised Huang's use of exaggeration in the production: "He is very good at grasping the special features of comedy: exaggeration, comparison, and duplication."

Huang was not the only director specifically cited for his contributions to exaggeration. Liu Yumin, who directed both the 1946 Chongqing and Yan'an productions of *Promotion Scheme*, received praise from reviewer Wei Shen for his copious "creativity and achievements" in the latter. Wei specifically cited Liu's use of "methods of symbolism and exaggeration" in the Yan'an production. Liu continued Huang's visual innovation of cartoonish characters set against a backdrop of money, but he also added his own touches to the play.[2] Wei commends one passage where Liu adds movement and lines to enhance the characterization of Minister Ma, the Minister of Police:

> In carving out characterization, there are some places that are handled very successfully. For example, in act Ⅰ, scene Ⅰ, Minister Ma says, "Great one, I will go ask Minister [of Health] Zhong to examine your illness," he turns around, and runs. Following that, he again turns and says, "I bid leave." One more time he turns and says, "Farewell, Mr. Zhang." I believe these are all good additions (the original script does not have them).

Indeed, the original script includes only the first of these three lines, but Liu's exaggeration underscores Ma's toadying yet confused nature.

Neither Huang's visual nor Liu's verbal and physical innovations could succeed if Chen's script itself did not promote an aesthetic of exaggeration. The type of set and costumes Huang and Ding devised are absent in Chen's text: the stage directions of the 1946 edition of the play, which includes Ding's set and costume sketches, describe a realistic living room and give only general notes as to costuming. Nevertheless, there are places in Chen's

---

1 Wei Shen found the same inconsistency in Liu Yumin's subsequent production in Yan'an. Wei remarked that the Yan'an production's lack of symbolic, exaggerated costuming for the women's roles caused a certain disharmony.

2 Wei Shen's review in the *Liberation Daily* describes a similar set. The Taiping coin is still present, but the proscenium bill is a thousand-yuan note from the Central Bank instead of French Concession currency. Wei discusses additional details not visible in photos from the Shanghai production. His costume descriptions are much briefer, but certain details enhance characterization, such as the use of gold thread in the costume for the Minister of Finance. Gold is indeed the essence of the Minister of Finance, both his office and his individual personality.

play that indicate exaggeration. His description of the County Head's wife, upon her first appearance, certainly gives license for creative visuals: "*Although the County Head's wife is a person of thirty or more years, she is pretty and charming, and made up like a seventeen- or eighteen-year-old girl*". Personalities tend toward the extreme. Minister of Finance Ai is excessively manipulative, an extreme example of self-interest and corruption even among the corrupt. Minister of Health Zhong, meanwhile, is honest to the point of being a dullard. When the Governor gets a "headache" and everyone else offers gold ingots as medicine, Zhong insists that such "medicine" is ineffective. He tries to actually cure the headache through medicine, only to be scolded for penuriousness. Corruption and honesty are not inherently unrealistic, but Ai and Zhong represent a balance of extremes.

Equally preposterous are the schemes Chen has the ministers concoct to fool the Governor: they fill the ranks of the army by dressing up beggars, and they staff the hospital with two dozen students. Though an epidemic has provided plenty of actual sick people, the sick are allowed to sleep in the hospital beds, on loan from the school, for only twenty minutes. In the end, though the realistic set described in the script is at odds with such extreme characters and such an implausible plot, Chen recognized that the set was ultimately the domain of the designer, not the playwright, and that the former should be given freedom to create a set consistent with the dramatic narrative. What is essential to a successful production is a consistent conceptual unity. Reviewer Zhang Lu wrote in 1946: "The most important manifestation of exaggeration in comic performance comes through acting, but acting must achieve harmony with the accompanying costumes, make-up, set installation, and lighting, so as to attain a complete unity." Through Chen's writing, Huang's directing, and Ding's designing, *Promotion Scheme* achieves such an artistic unity. Chen's script lays the groundwork for exaggeration by using the device of the dream sequence. As Feng Mu notes in a 1946 commentary on *Promotion Scheme*, "Chen puts it in a dream, which gives shelter for his attacks and allows him to freely use exaggeration." Utilizing the totality of voices instrumental in staging a theatrical work, Chen Baichen and his collaborators fully realized the satiric impetus—an important force in Chinese intellectual circles for more than a decade—onstage in spoken drama.

Chen's satirical exaggeration also contributed to the discourse on realism. Some of Chen's contemporaries were wary of his new aesthetic, seeing it as a return to the stylized ways of traditional opera. Zhang Lu, for example, feared a departure from realism: "Naturally, comic exaggeration is appropriate to a degree; it must not become completely disjoined from reality." Wei Shen, on the other hand, wrote, "Some say the prologue and epilogue are unnecessary, or they weaken the realism, but I disagree." Wei unfortunately offers no further explanation of his statement about the play's realism, saying only that the prologue and epilogue are necessary for a play exposing the evils of government in a time of censorship. In my reading of *Promotion Scheme*, the prologue and epilogue are necessary precisely because they do weaken the realism, thus enhancing the unreal, exaggerated qualities fundamental to Chen's approach. Chen's innovation lay in increasing exaggeration within the bounds of spoken drama. By Chen's time, audiences of spoken drama expected a realistic theater, in contrast to the stylized world of the still-thriving *xiqu* opera. Exaggeration is rooted in "the real" because it presumes a realistic norm—and an audience subscribing to such a norm—which it then seeks to violate through excess. As a performance ideal, exaggeration does not stand in opposition to realism or naturalism, but instead offers a new direction for the realistic impulse. Reinterpreting Chen's plays as exaggerated realism and Ding Xilin's plays as aestheticized realism suggests that they belong to the same branch within the genealogy of comic spoken drama.

**Conclusion: The Innovations of Comedy**

The cases of Ding Xilin and Chen Baichen reveal that comedy helped to develop modern Chinese spoken drama in significant ways. Ding appealed to young intellectuals, particularly men, by creating ideal characters who acted just as they did, or more accurately as they wished they did. Embodied on stage by living, breathing actors, these characters came to life in a manner they could not from the printed page. Ding's dramatic embodiment of the May Fourth intellectual brought the emerging spoken drama its first core audience. Ding's choice of comedy added further appeal: tearful works might stir the mind on social issues, but Ding's humorous comedies had the benefit of giving the issues of the day—free marriage, in particular—a happy ending. Ding's characters did not just lead idealized lives; they also spoke in idealized language, ready at any moment with the perfect retort. Traditional *xiqu* opera may have had music, but the witty turns of phrase that filled Ding's comedies offered an elegant new alternative for connoisseurs of drama. Indeed, the exquisite language of Ding's comedies from the "amateur drama" age proved so appealing that when Hong Shen later coined the term "spoken drama," he identified such language as this new genre's distinguishing feature.

Chen Baichen's political satires broadened the audience for spoken drama, an audience that was composed of both receptive and hostile viewers. Chen mocked his targets more ruthlessly than the gentle Ding, who sympathized with his. Dramatic embodiment became a danger for Chen, because anyone presented onstage was fair game for attack, including individual characters serving as the playwright's mouthpiece. By instead using the mob protagonist, whose individual members had only the vaguest of personalities, Chen insulated his own viewpoint from satiric attack. Though Chen could not always fool his political opponents, the exaggeration in his plots and characterizations did offer a measure of safety for his bold statements. Chen also expanded the notion of the "vocabulary" of drama to include the visual as well as the verbal; directors and designers became increasingly integral members of the dramatic team. To create the necessary mob protagonists, Chen transformed dramatic structure from tightly scripted two-person dialogues to action-packed layered scenes. This transformation paved the way for the large-cast plays that the state-run theater troupes of the 1950s would stage, such as Lao She's sprawling masterpiece, *Teahouse* (Chaguan, 1957). Innovations developed through comedy, whether the "clear broth" of Ding's *youmo* or the "hot pepper" of Chen's *fengci*, became key ingredients in many different flavors of spoken drama.

# 苏童小说中的颓废、革命与自我决定

/［美国］桑禀华

尼采认为，当人类的本能和意志被削弱或丧失，只剩下理智和对刺激的条件反射，那时人类文明就开始衰落了。本文通过凸显苏童早期的元小说和后期更出名作品中的颓废主题，探讨以上各种力量的博弈，重点是苏童如何用一种颓废的叙事模式表达其作品人物做出自我决定和个体主动性的可能。他对颓废的描写构成了一种具有政治颠覆性质的文学形式。这种颠覆性，首先体现在其作品弥漫的一种世界末日的气氛，尤其他多次描写的对下一代的谋杀；其次是他的作品重点描写的处在革命史边缘的普通人看似普通的生活；再次是通过富有想象力的改造承认了集体创伤记忆的存在。在苏童的早期作品中，他对元小说技巧的运用颠覆了革命文学的写作范式。《米》这部小说拒绝相信人类会有实质性的进化，并把颓废描写成在人性和人类史中无处不在的现象。其道德堕落甚至看似更为绝对，因为颓废堕落者并不自我反思，没有赎罪的品性、自我意识或道德进化。传统上，进入作品人物的罪恶体验会让读者了解作家笔下的恐怖，但《米》里面的人物基本上都是无动于衷的，读者感觉自己在情感上是疏离的。《米》这部充满暴力和血腥的作品带给读者极大的不安，让我们怀疑作者是在有意折磨读者。总之，颓废是对意识形态色彩浓厚的革命文学的回应。隐藏在以颓废为主题的作品背后的观念是：直面人类的退化堕落要比歌颂进步更为真实。在苏童颓废、禁锢的小说世界里，我们感受到一种与革命者同样强烈的对自由的渴望。

# Decadence, Revolution and Self-Determination in Su Tong's Fiction[1]

/ *Deirdre Sabina Knight*

Nietzsche saw civilizations as having reached a decadent state when instinct and will have been weakened or lost and only reason and a susceptibility to stimuli remain.[2] This article explores the play of these forces by highlighting the theme of decadence in the early, metafictional and later, more popular work of Su Tong (b. 1963).[3] The focus will be on how Su Tong works within a decadent mode to convey the possibility of self-determination and individual initiative.

The use of the term *decadent* is to be understood here as a response to the tradition of and demands for revolutionary literature. Both decadence and revolution express disgust with the world's inadequacies and a sense of having reached a historical impasse. But while the revolutionary tries to change the world, offering the promise of renewal, the decadent turns away from the world to an aesthetic idea. Whereas revolutionary literature embodies a hopeful intention to promote social change and better society, decadent literature is cynical and nihilistic.

My examination of Su Tong's work will probe the dialectic between decadence and revolution and demonstrate the presence of resistance exactly where one might least expect to find it, in decadent literature. I thus identify two modes of decadence: 1) a decadence of resignation stemming from fatalism, and 2) a creative decadence amounting to a gesture of defiance or freedom. A discussion of decadence will address these two aspects to show that decadence is not necessarily passive and to emphasize its politically subversive aspects.

---

1 An earlier version of this paper was presented at the 1995 Association of Asian Studies Annual Meeting on the panel "Decadence and Revolution: a Neglected Dialectic of Twentieth Century Chinese Literature," organized by David Der-wei Wang, April 6, 1995 in Washington D.C. I would like to thank Howard Goldblatt, Jeffrey Kinkley and Joseph S.M. Lau for their responses and suggestions for improvement.

2 Friedrich Nietzsche, *The Will to Power*, trans. Walter Kaufmann and R.J. Hollingdale (New York: Vintage Press, 1968) 25–28 & 431f, aphorisms 40–45 & 815.

3 Critics generally distinguish decadent fiction, which employs extreme artifice and descriptive detail, from fiction on decadent themes. Although these categories frequently overlap, the second is more apt for describing Su Tong's work.

**On Decadence**

The word *decadence* comes from the Latin noun *decadentia* and the verb *decadere*, "to fall or to sink," itself derived from the root *cadere*, "to fall away from." Although decadent was originally a term of derision, an eclectic group of late nineteenth-century French writers[1] embraced the epithet, taking it as license to abandon philosophical commitments to the true, the good and the beautiful.[2] Marked by the will to shock and an obsession with the bizarre, the decadent spirit became a symptom of general spiritual crisis plaguing not only the 1890s but most of modern literature.[3]

As art historian Arnold Hauser writes,

> The concept of decadence, however, contains traits that are not necessarily contained in that of aestheticism, thus above all the feeling of doom and crisis, that is, the consciousness of standing at the end of a vital process and in the presence of the dissolution of a civilization.[4]

Beyond rejecting the claims of progress characteristic of literary modernism, decadence implies a conviction that the human condition has changed for the worse. Decadent literature tends to be characterized by unrelieved perversity, selfishness, narcissism, rampant individualism, masochism, obsessive self-consciousness, and self-destruction.[5] Sharing with nihilism the belief that traditional values and truths are unfounded, decadence refuses any system, philosophy or faith. Rather than concentrate on how the world ought to be, decadent writers resign themselves to the world as it is. They thus focus on the present, embrace the trope of *carpe diem* and wallow in an ambient hedonism. In a world bereft of unassailable truths, decadence

---

1 These writers, who were inspired by Verlaine, Villiers de l'Isle-Adam and Mallarmé, include Huysman, Moréas, Laforgue, Rodenbach, L. Tailhade and E. Mikhaël.

2 On the late nineteenth-century focus on the alluring qualities of decadence, see A.E. Carter, *The Idea of Decadence in French Literature 1830–1900* (Toronto: University of Toronto Press, 1958) 144.

3 For a history of the term *décadent*, see Louis Marquèze-Pouey, *Le mouvement décadent en France* (Paris: Presses Universitaires de France, 1986), and Richard Gilman, *Decadence: The Strange Life of an Epithet* (New York: Farrar, Straus and Giroux, 1975).

4 Arnold Hauser, *The Social History of Art*, vol. 4 (New York: Knopf, 1951) 185.

5 Thomas Reed Whissen, *The Devil's Advocates: Decadence in Modern Literature* (New York: Greenwood Press, 1989).

nevertheless reaches for new experiences and new forms of expression.[1]

While decadent writers often renounce the claims of progress and advocate an "art for art's sake" aestheticism, decadence is not necessarily passive or politically acquiescent. Decadence may announce a resignation born of an incurable *mal de siècle*, as in Huysmans' *À Rebords* (Against nature) (1884) and the stories of Yu Dafu (1896–1945). Yet equally powerful, and even central to the tradition, is a creative decadence manifesting defiance or freedom. Such works include Gide's *L'Immoraliste* (1902), Wilde's *The Picture of Dorian Gray* (1891), and now some of the work of the new generation of Chinese writers, particularly Su Tong.

**Decadence in the Work of Su Tong**

Although Su Tong does not proclaim decadence in a programmatic or self-conscious manner, in the context of demands for heroic, revolutionary literature, his depictions of decadence constitute an effective form of subversion.[2]

First, by conveying an emotional anarchy bred by the absence of any secure political or social structure, the sense of apocalypse in Su Tong's writing partakes of the worldwide literary aesthetic of disillusion with positivist, materialistic culture and of protest against it. This sense of apocalypse permeates Su Tong's works in his many portrayals of the murder of the next generation. In "Yijiusansi nian de taowang" (1934 escape) (1987), Grandmother Jiang urges her son Dingo to beat her stomach to try to kill the seven-month-old fetus. In *Mi* (Rice) (1991), Rice Boy murders his tiny sister. In "Nanfang de duoluo" (The degeneracy of the south) (1992), Li Chang throws the woman carrying his baby into the river. In *Wu Zetian* (Empress Wu Zetian) (1993), the empress kills her own child.

Not content with the deception, hypocrisy or artificiality so often

---

1 Karl Beckson, ed., *Aesthetes and Decadents of the 1890s* (New York: Vintage Books, 1966) vii.

2 Some critics have emphasized the decadence of Su Tong's lifestyle, his love of designer clothes, shopping malls, posters of sexy movie stars, karaoke clubs and majiang games. See, for example, Nan Fan, "Zai xushi: Xianfeng xiaoshuo de jingdi" (Renarrate: the condition of avant-garde fiction), *Wenxue pinglun* (Literary criticism) 3(1993) 29; and Wang Gan, "Su Tong yixiang" (Su Tong's imagery), originally published in *Hua cheng* (Flower city) (June 1992); rpt. in *Zhongguo xiandai, dangdai wenxue yanjiu* (Studies in modern and contemporary Chinese literature) 1 (1993): 215. Other critics have praised Su Tong's anti-ideological tendency. See, for example, Chen Bingzhao, "Xiang chengshi wenxue maijin" (Striding forward toward urban literature), *Xinbao* (Hong Kong Economic Journal) 12 (July 11, 1993).

depicted in Western literature, Su Tong presents an overt, pathological evil of incomprehensible proportions. By portraying such monstrous cruelty, he raises a question that is central to intellectual debate in China: How can a traditional society be quickly modernized without provoking catastrophe? Su Tong's works reveal the price of rapid social transformation and remind us that ideological programs, no matter how totalizing, necessarily provoke resistance. The more utopian and unrealistic the revolutionary fantasy, the more nihilistic and equally unrealistic will be the decadent response.

A second subversive aspect of Su Tong's decadence is his focus on the apparently ordinary lives of ordinary people on the margins of revolutionary history. Just by resisting the demands for literature of heroic content, such writing is already subtly defiant. By asserting the importance of problems officially designated trivial, many of Su Tong's subjects serve to topple from their pedestals the larger-than-life icons.

A third subversive element of Su Tong's depictions of decadence is the avowal of a collective memory of trauma through imaginative transformation. In a sense, all authors of fiction engage in imaginative transformation, but Su Tong does so by substituting the context of other historical traumas for the more immediate trauma of the Cultural Revolution. As long as the Chinese state forbids and punishes subversive literature, imaginative transformations may be the best way to convey the essence of such historical memory. In setting his characters' fates against the background of the recent past, Su Tong begins, consciously or unconsciously, to discharge the collective memory of that trauma.[1] This interpretation represents one reply, albeit still insufficient, to Jeffrey Kinkley's judicious observation about "New Wave" fiction: "The paradox is that there still is no fully probing novel about the Cultural Revolution, the silent sentinel behind all new literature."[2]

I propose that the specter of violent revolution looms large in these works, while their decadent tenor denies the revolutionary's hopes for social transformation. In place of such faith in progress, these works portray morality devolving or careening eerily out of the control of any human

1 This formulation was inspired by Michael André Bernstein's insights into Holocaust literature. See Bernstein, *Foregone Conclusions: Against Apocalyptic History* (Berkeley: University of California Press, 1994) 41.

2 Jeffrey C. Kinkley, "The New Chinese Literature" *CHOICE: Current Reviews of Academic Books* 31.8 (April 1994): 1256.

community. Of course, decadent theories run some of the same risks as those of revolution, since both emphasize a unidirectional sequence. Belief in such a force, whether one of progress or degeneration, can blind people to the process of decision-making necessary for individual agency. At the same time, as a response to revolutionary ideology, decadence can work to emphasize individual initiative and thereby vitiate the totalizing rhetoric of revolution. Hence, the sense of powerlessness and indifference with which many of Su Tong's narrators view the changes around them should not be taken as a post-modern abnegation of responsibility.

Instead the decadent response should alert us to the complex, heavy burdens of witness and conscience borne by contemporary Chinese writers. Decadence may be a first step in speaking out from under the weight of these burdens. As such its very expression and themes are subversive insofar as they open up a territory in which individual action regains meaning apart from any role in promoting the ultimate ends of revolutionary struggle.

**Metafiction and the Persistence of Fatalism**

It is important to make explicit the ways in which decadence contests the ultimate ends of revolution and refocuses attention on piecemeal self-determination. One way is through the use of narrative structures that challenge the assumptions regarding what people can know and control that underlie most revolutionary programs. Thus, Su Tong's use of metafictional techniques subverts the paradigm for revolutionary literature. In the early "family history" retrospectives, "1934 Escape" and "Yingsu zhi jia" (Opium poppy family) (1988), self-reflexive intrusions undermine the narrator's authority and underscore the difficulty of knowing the past.[1] Such disruptive techniques, which make conspicuous the artificiality of the story—i.e., the

---

1 In "The Mirror of History and History as Spectacle: Reflections on Hsiao Yeh and Su T'ung," Xiaobing Tang interprets Su Tong's use of history as a means of recognizing the impossibility of knowing the past and thereby challenging dominant ideology, *Modern Chinese Literature 6* (1992): 210. In a later article, Tang discusses recent Chinese fiction's return to modernism's oppositional position, including the thematization of the problematic status of the writer's authority in "Residual Modernism: Narratives of the Self in Contemporary Chinese Fiction," *Modern Chinese Literature 7* (1993): 9–10. Similarly, when Chen Xiaoming associates the new realism with the juxtaposition, randomness, irrationality and unofficial historicism of postmodernism, he could also be talking about a decadent aesthetic: "They not only attempt to throw off the logic of historical necessity, but unconsciously express the disintegration and loss of the sense of history itself" ( "Fankang weiji: lun 'xin xieshi' " (Against crisis: review of the new realism), *Wenxue pinglun* (Literary criticism) 2 (1993): 96. Translations here are my own.

story as story rather than as history—amplify the theme of decadence. While the revolutionary must have answers, the decadent denies the possibility of final truth. Revolution depends on a belief in truth and an assurance that one understands a given situation. Decadence struggles not to understand but to publicize its lack of belief and its weariness with the whole notion of belief. It may well be that only writing full of such doubts speaks to readers weary of the heavy affirmations of revolutionary, ideological literature.

Yet, in Su Tong's early works, the indeterminacy that results from his use of metafictional techniques fails to free the present from the deterministic influence of the past. In "1934 Escape," the narrator examines his family history to arrive at a fictional interpretation of their collective past.[1] Concentrating on the visual, on the images he holds of people and their world, the narrator presents a private past, a recital which aims not to recapture or explain or even to understand the past, but to imagine. The narrator claims to be writing from a purely subjective viewpoint, yet he situates family legend within the broader scope of social history, thereby showing such solipsism to be impossible. Since concrete and momentous historical events of his grandparents' era, such as the cholera plague of 1934 and flood of 1935, determine crucial events of the story, their inclusion yields a fatalism that belies the narrator's freedom to recreate the past.

This kind of fatalism is even more apparent in the novella "Opium Poppy Family," which takes place shortly before and on the threshold of revolution, from 1935 to 1950. Three impersonal forces determine the events of the novella: fate, congenital maladies, and the onslaught of the revolution. While all work to cripple the characters' freedom, the relation between these forces is unclear. Fate is appealed to at several points (99/200, 101/202, 148/256, 154/263),[2] yet references to the power of heredity are far more ominous. The suggestion that heredity is more intractable than fate is made explicit when the work team commander Lu Fang explains Chen Mao's mysterious relation

1 The influence of Faulkner, possibly via the writing of Mo Yan, is evident in these novellas. On Faulkner's influence on Mo Yan, see M. Thomas Inge, "Mo Yan and William Faulkner: Influences and Confluences," *The Faulkner Journal* 6.1 (Fall 1990): 15–24.

2 References are to Su Tong, *Da hong denglong gaogao gua* (rpt. Hong Kong: Tiandi, 1993) followed by page numbers from Michael S. Duke, trans., "Opium Family" in *Raise the Red Lantern: Three Novellas* (New York: William Morrow, 1993).

to the landlord family: "You can change a person's fate, but you can't change what's in his blood" (147–48/256).

Congenital maladies are endemic in the landlord family, from the grotesque deformities of the first four unviable fetuses and Yanyi's idiocy to Chencao's dizziness and fainting spells. Obsessive currents also run through the work, such as the idiot's constant hunger for steamed buns, Liu Laoxin's sexual proclivities (manifest in his syphilitic lesions), Liu Suzi's invincible sleepiness, Chencao's opium eating, and Chen Mao's unrelenting rubbing of his crotch. The seeming impossibility of either fulfilling or responding calmly to these desires results in a fin-de-siècle hopelessness of unmet need, desperation, and pessimism.

Hence the narrator attributes the social degeneracy of the landlord family to corrupt heredity:

> When those who knew the inside story discussed the history of the Liu family, they always emphasized the blood relationship between Chencao and the long-term laborer Chen Mao. They said that Chencao's birth was a turning point in the fortunes of the landlord's family, a defining moment that led to the decline and destruction of the house of Liu. (147/255)

However, given the arrival of the revolution at the end of the story, would not the landlord's family have met with disaster regardless of their own moral rectitude or degeneracy? The novella ostensibly focuses on the decisive power of heredity, but the effects of the revolution undermine whatever lasting power heredity could wield. In the end it is not a feeble constitution, but Lu Fang's gun that kills Chencao. At the same time, the power of the revolution is also circumscribed. The revolutionaries punish Chen Mao for raping Liu Suzi, but they do not teach him to live better. Nor does the revolution prevent Chencao from killing Chen Mao, and here the power of fate reemerges: "You have to believe that fate arranged for the meeting in the Straw Pavilion that day" (154/263).

Numerous returns to the pavilion (92/192, 93–94/193–94, 123–27/228–232, 138/244, 141/249, 149–50/258, 154–55/263–64, 157/266) also evoke the immovable power of fate and tradition. Wang Dewei (David Der-wei Wang) has identified Su Tong's talent for showing how the past dominates the present,[1] and in no piece does this theme emerge as forcefully as in "Opium Family." The penultimate line of the novella emphasizes the impossibility of escaping the past: "Right down to this day Lu Fang says he can still smell the odor of opium on his person; no matter how much he washes, it will never wash off" (158/268). The contamination seems to be national as well as familial. As in many of Su Tong's early stories, the characters' helplessness and the doom-laden quality of this work signal a decadence of resignation.

A more defiant decadence begins to emerge in Su Tong's now famous novella "Qi qie cheng qun" (A drove of wives and concubines), renamed "Da hong denglong gaogao gua" (Raise the red lantern) (1989).[2] Using fewer flashbacks and montage techniques than in his early works, Su Tong simplifies his style in this novella. [3] While literary crafting is evident in the shift from direct dialogue in the opening to reported speech—sometimes in the form of free indirect discourse—once the protagonist has become submerged in the insane household, straightforward, realistic description characterizes most of the work.[4] Su Tong depicts four wives viciously competing for their master's sexual attention and the attendant power his favor brings. The hopelessness of the women's plight is exposed when the family kills the third wife for adultery, and the fourth, the protagonist Lotus, is driven insane by their brutality.

Since the May Fourth Movement, writers have treated young women condemned to arranged marriages as a symbol of the Chinese people imprisoned in a stagnant society. The brief university education—presumably

---

1 Wang Dewei (David Der-wei Wang) "'Shijimo' de xianfeng: Zhu Tianwen yu Su Tong" (The *fin-de-siècle* avant-garde: Zhu Tianwen and Su Tong), *Jintian* (Today) 2 (1991): 99.

2 *Raise the Red Lantern* was first published in *Shouhuo* (Harvest) at the end of 1989 under the title *Qiqie cheng qun* (A drove of wives and concubines). In the Hong Kong and the second Taiwan editions, the title was changed to *Da hong denglong gaogao gua* (Raise the red lantern) to ride the success of Zhang Yimou's movie (1992 nomination for an Oscar). The novella is part of Su Tong's series of fiction he has called "Women's Paradise."

3 Hailing the "Opium Family" experiment a success, Wang Gan regrets that readers have focused on the story's depiction of history and have neglected Su Tong's narrative technique. He claims that neglect led Su Tong to abandon such experimentation and follow the simple style of modern American writers such as Thomas Wolfe ("Su Tong yixiang" 217–18). Although Wang Gan mentions only Wolfe, Su Tong lists Chekov, Gorky, Hemingway, Borges, Joyce, I.B. Singer, John Cheever and Raymond Carver as his primary foreign influences. See his preface to *Yi ge pengyou zai lu shang* (A friend on the road) (Hong Kong: Tiandi, 1993) 6.

4 This insightful analysis comes from Liu Jiangbin, "Zou chu xuhuan de miwu: Su Tong jin zuo yishu zhuanhuan kuishi" (Emerging from the dense fog of illusion: a glimpse into the artistic transition of Su Tong's recent works), *Wenlun yue kan* (Literary monthly) 8 (1991): 38–40; rpt. in *Zhongguo xiandai, dangdai wenxue yanjiu* (Studies in modern and contemporary Chinese literature) 12 (1993): 228.

a brush with modern culture—that Lotus had to abandon before marrying into the family makes her all the less able to find her place in this traditional family structure. Implicit here is modern culture's failure to offer her a way to replace the traditional rewards.[1] She provokes her own disgrace by impudently violating the rules of etiquette and upsets the household's equilibrium by denouncing the third wife for having an affair. Her motives for doing so may be manifold and even somewhat at odds with one another. The denunciation may reveal Lotus's ingrained allegiance to traditional rules of chastity or her jealousy and resentment over the favoritism the third wife enjoys.

Yet to attribute her indignation wholly to personal jealousy would be to fail to comprehend Lotus's frustration with the impossibility of emancipatory action in any but decadent ways ultimately complicit with the ruling order. In this light, her exposure of the third wife may express her rage over the woman's decision to seek a separate space of comfort instead of revolting against the system. Either way the act demonstrates Lotus's refusal to submit to an order in which favored women have at best ill-gotten pleasure and those out of favor have no room for action at all. The fact that Lotus's actions fail to improve her situation underscores her helplessness to change her circumstances. Her act of defiance brings only increased opprobrium and alienation, pressures that further weaken her spirit. After the family throws the third wife down the well, Lotus falls into madness. From the mention of the well on the first page of the novella, these events are repeatedly foreshadowed. This foreshadowing reinforces a fatalistic determinism and makes a mockery of Lotus's emancipatory yearnings.

**Subversive Indeterminacy**

Su Tong conveys the possibility of greater freedom of action once he further simplifies his style in novellas such as "Hongfen" (Rouge) (1991) and "Funü shenghuo" (Women's life) (1991). These novellas offer more straightforward, realistic description and greater thematic openness. While his early works suggest that history determines the course of events, these later, straightforward works restore indeterminacy and a sense of agency. The

---

1 Jean-Philippe Béja, "Le poids des rites," *La Quinzaine littéraire* 596 (1–15 mars 1992): 13.

greater role accorded to individual initiative in these works contests the kind of revolutionary ideology that relies heavily on the force of class positions and struggle as a primary explanatory tool.

The skillful, readable narrative of "Rouge" shifts back and forth between the stories of two prostitutes picked up for rehabilitation in 1950 after the Revolution. On the way from their hospital examination to the labor camp, the stronger character, Qiuyi (Autumn Present), jumps off the truck and escapes. Forced into hiding, first at Lao Pu's home, then in a convent, on account of her illegal status, Qiuyi must cut off her luxuriant hair, and she becomes almost a caricature of the *femme fatale* as she is subjected to repeated degradation. After the nuns shut her out of the convent and her family begs her to leave for fear of the neighbors' disapproval, desperation leads Qiuyi to marry an old man, presumably beneath her, whom she does not love and with whom she cannot bear children.

The other former prostitute, Xiao'e (Little Flower Leaf), endures her term at the thought-reform camp and lands an honest, menial job, but marries and quits working at the first opportunity. Her marriage to Lao Pu, Qiuyi's old lover, emphasizes the upsetting of fate. When Xiao'e runs out of her wedding party to greet Qiuyi, she asks, "Why don't you bad-mouth me? You should have been the one to marry Lao Pu" (47).[1]

This juxtaposition of the two women's responses to what are initially identical circumstances poses questions about just what determines the course of a person's life. Is it their respective characters that determine the women's fate? Detailed physical descriptions, Qiuyi's full figure contrasted to Xiao'e's thin frame, suggest the role of physiognomy. Yet the characters also make decisions that have real effects on their lives. Qiuyi rejects Lao Pu's proposal (34) and, in recounting her disappointment over the fact that she cannot conceive (63), plants the idea that she would be happy to raise Xiao'e's son. Such acts bring out the characters' responsibility for their own lives.

Here Su Tong demonstrates the indeterminacy of the past, shifting attention from fixed historical events to a "sideshadowing" of the multiple

---

1 References in the text are from Su Tong, *Hongfen* (Taipei: Yuanliu, 1992, rpt. Hong Kong, Tiandi, 1993).

"could-have-been-otherwise" contingencies in the lives of ordinary people.[1] The presentation of different possibilities and the decisive role accorded to self-determination subverts ideology by rejecting a deterministic paradigm based on an individual's position. Whereas Qiuyi and Xiao'e begin with more or less equivalent social status, they come to occupy quite different positions. The individual differences that intervene to change their circumstances cannot be explained away in terms of class. Character determinism is a possible explanation, but the characters' wills also seem to exert real power. Even if some of their decisions strike the reader as self-destructive or wanton, they are decisions made by the women themselves in efforts to determine their own lives.

The dialectic between fate and self-determination runs throughout the novella as the women reflect on how their lives took shape as they did. Xiao'e generally attributes her misfortunes to fate or determinism. Thus, when the women cadres at the thought reform camp interview Xiao'e after her suicide attempt, they ask her why she became a prostitute instead of working in the filature, as they had. Xiao'e breaks into sobs and laments that she was simply born "cheap goods" (24). Yet Xiao'e also acts willfully to change her life situation, even if the results sometimes contradict her intentions. For example, she shames Lao Pu for failing to provide for her and their son, and he responds by embezzling a large sum from the electric company where he works, a crime for which he is swiftly executed. Unable to endure her life as a single parent and factory worker, Xiao'e decides to run off with a Northerner and leave her child in Qiuyi's care. At this point Qiuyi appeals to the role of fate, saying "I predicted this day would come" (65), yet her own earlier suggestions that she would be happy to raise a child point more to the result of personal will than to the workings of impersonal forces. Conversely, Xiao'e's comment that she understands everything except what's wrong with her (65) suggests that she is acting on a desire that she wishes she could rise above.

The emphasis on self-consciousness in this novella reveals yet another feature of decadence, one mentioned at the opening of this paper, concerning the loss of instinct and will and the persistence of reason and sensation that

1 Gary Saul Morson has developed the term "sideshadowing" to name "both an open sense of temporality and a set of devices used to convey that sense," *Narrative and Freedom: The Shadows of Time* (New Haven: Yale University Press, 1994) 6.

mark a decadent civilization. All the characters in "Rouge" exhibit great self-consciousness regarding the loss of true feeling:

> Qiuyi pointed to the advertisement [for a Hollywood movie] and said, Look at that couple, it's false. Lao Pu was puzzled and asked, What do you mean false? Qiuyi said that everything was false. You being nice to me is false. My being happy with you is false too. Their closing Emerald Cloud Lane [where she and the other prostitutes used to work] was also false. I don't believe men will stop enjoying roaming around in lairs. Was the world made clean just by driving us out? (18)

The characters' self-consciousness makes the story more tragic and more upsetting. Despite their surface immorality and sexual promiscuity, the characters seem like moral innocents. Their heightened capacity for self-reflection magnifies their inability to act in a way that denies revolutionary promise and points instead to a decadent state. Evil results more from weakness than from sin. Xiao'e tries to work but her fingers develop excruciating scabs. Qiuyi suffers repeated rejection at the hands of Lao Pu's mother and her own family because she threatens their ability to keep up appearances.

The development of Qiuyi's character is symbolized by the gifts she offers Xiao'e. Not invited to their wedding, she gives Xiao'e an umbrella, a homophone for separation and therefore a kind of curse on her marriage. In having Qiuyi bring mourning flowers to Xiao'e after Lao Pu's execution, Su Tong highlights her capacity for forgiveness and thereby draws her character with far greater complexity than achieved in his earlier works. Despite Qiuyi's assertion that all goodness is a sham and Xiao'e's and Lao Pu's declaration that nobody should concern themselves with anyone else, the love between the women and Qiuyi's loving care for Xiao'e's son suggest at least the possibility for human redemption.

### ***Rice*: Compulsive Behavior as Self-Determination?**

Su Tong moves further away from the decadence of resignation toward a decadence of defiance in his first full-length novel, *Mi* (Rice) (1991). Here, the decadent project of confronting society with the dark depths of the psyche intensifies as Su Tong further reduces his use of metafictional techniques and increases the elements of sensation and shock (no easy task given the contemporary reader's steadily rising threshold).[1] Filled with an obsessive rhetoric of sickness, degeneracy, and sadism and a morbid preoccupation with grotesque details of sexual perversion and torture, *Rice* exemplifies the decadent impulse to explore possibilities which lie beyond the usual bounds of experience.

An incisive and vivid portrayal of human depravity, *Rice* describes the alarming sense of displacement and the physical and psychological mutilation that afflict the protagonist Five Dragons after a famine forces him to flee his village and relocate in the city. In his fascinating exploration into the phenomenon of compulsive behavior, Su Tong focuses on the craving for rice as a primitive hunger that will control Five Dragons's entire life. The neurosis becomes a structuring principle of the narrative in a way that is typical in decadent literature. This rhetoric of sickness is distinctive in that it simultaneously exalts the abnormal as an opening into the unconscious and associates deadly contamination—especially from deviant sexuality—with imminent cultural disaster.[2]

Five Dragons's crippling obsession with rice permeates the novel from the opening passage, when he arrives in the city chewing his last handful of uncooked rice. While in his early poverty eating uncooked rice is the only way to satisfy his hunger, once he can earn the means to procure it, his craving for rice becomes a fetish. Eating uncooked rice comforts Five Dragons in such difficult moments as when his first wife Cloud Weave taunts him by announcing that the baby she is carrying may be another man's child (122/105–06).[3]

---

1 This point converges with David Der-wei Wang's insight that contemporary Chinese writers employ a "mimesis of depravity" to show how normal the grotesque and insane have become in order to awaken their readers from aesthetic and ideological inertia. Wang Dewei (David Der-wei Wang), "Shiji mo de Zhongwen xiaoshuo: Yuyan si ze" (*Fin-de-siècle* Chinese fiction: four predictions), *Xiaoshuo Zhongguo: Wan Qing dao dangdai de Zhongwen xiaoshuo* (Fiction, China: Chinese fiction from the late Qing to contemporary times) (Taipei: Maitian, 1993), 219. See also David Der-Wei Wang, "Chinese Fiction for the Nineties," Wang and Jeanne Tai, eds., *Running Wild: New Chinese Writers* (New York: Columbia University Press, 1994) 243.

2 Barbara Spackman, *Decadent Genealogies: The Rhetoric of Sickness from Baudelaire to D'Annunzio* (Ithaca: Cornell University Press, 1989) vii. See also Renée Kingcaid, *Neurosis and Narrative: The Decadent Short Fiction of Proust, Lorrain, and Rachilde* (Carbondale, IL: Southern Illinois University Press, 1992) 16. Charles Bernheimer suggests a parallel between the late nineteenth-century panic over syphilis and the late twentieth-century AIDS epidemic based on the way both have been used to justify the association of deviant sexuality with societal disaster. See his "Prostitution in the Novel," *A New History of French Literature*, ed. Dennis Hollier et al. (Cambridge: Harvard University Press,1989) 784–85.

3 The first page number is to the Chinese original (Taipei: Yuanliu, 1991). The second number is to Howard Goldblat's English translation, *Rice* (New York: William)

In this way, Five Dragons's manipulation of rice is also a statement of his struggle for self-determination in a world that repeatedly excludes him from any kind of moral system and denies him the opportunity to define himself through work or meaningful relationships. Although he marries the rice shop owner's two daughters, Five Dragons continues to feel useless: "... he thought back to the dismal days in Maple-Poplar village. Since then he had been transformed, as if by magic. But into what? A smooth-headed cock, that's what. A decoration to hang above the rice-emporium door" (127/111). After numerous incidents force him to surrender any semblance of personal pride, his feeling of impotence seems inevitable. Rice is an object Five Dragons can control. It is also his only means to cultivate his capacity for emotional detachment.

The paradox of Five Dragons's use of rice to avoid dependence on other people is that addiction to an obsession is hardly a way to gain freedom. His question, which the text puts in bold for emphasis, **"Why does it have to be *you* who change the course of *my* life?"** (96/82), shows how much Five Dragons resents the rice emporium family's control over his life, but he never questions his own compulsive behavior. Similarly, while he remains a teetotaler because drinking "puts you at the mercy of sober people" (98/83–84), he does not try to resist his own self-destructive fixations on rice, sadistic sex and power. His passivity vis-à-vis his own desires is evident when he expresses apprehension about his wet dreams: "He envisioned his energy being sapped to the point where he would be unable to achieve his goals in life" (93/79). Ironically, since in the end it is venereal disease that kills him, Five Dragons feels more confident in his ability to exercise moderation in sex: "Illicit sex, he told himself, is a lot like drinking fine wine: Guzzling it leads to a deadening intoxication, while sipping prolongs the pleasure without any side effects" (91–92/77).

His own sense of control notwithstanding, when Five Dragons's obsession with rice turns into a sexual fetish, it reaches manic proportions.[1]

1 Five Dragons' fetish for filling women's vaginas with raw rice takes on added significance in light of Freud's theories of fetishism. Freud believed that boys form fetishes for some object noticed at the moment they first realize that some women, usually the mother, has no penis. The fetish becomes a substitute in the boy's mind for the conscious acceptance of women's castration. Sigmund Freud, "Fetishism," *The Standard Edition of the Complete Psychological Works of Sigmund Freud*, trans. James Stachey (London: Hogarth Press and the Institute of Psychoanalysis, 1956) 21: 153–54. See also Marcia Ian, *Remembering the Phallic Mother: Psychoanalysis, Modernism and the Fetish* (Ithaca: Cornell University Press, 1993).

He associates the smell of rice with the scent of women, and he finds the combination particularly exciting:

> He smiled and shook his head, then cupped his hands under his nose and breathed deeply. A merging of odors: the subtle fragrance of raw rice and the strong scent of a woman's sex, which achieved a wondrous unity on the palms of his grimy hands. (92/78)

> Five Dragons knew she was trying to purge her body of something. To him the whole idea was ridiculous. And yet the splashing sounds and the reflected glow of her rice surroundings aroused him; he soon had a steely erection. Rice enveloping feminine flesh, or feminine flesh wrapped around rice, always drove him into a state of uncontrollable sexual desire. (148/129)

In fact, Five Dragons prefers rice to women: "Oddly, he didn't feel like leaving the storeroom. Resting against the mound of rice was like lying in a big cradle. Rice must be the best sleeping potion in the world, he sensed, certainly more effective than a woman's body. And it was right there beneath him" (92–93/78).

Satisfied at first with sprinkling rice on his wife's body, Five Dragons soon initiates his habit of pouring rice into his wife's vagina (123/107). After he grows rich through illicit commerce in rice, he frequents brothels, inserts rice into each prostitute's vagina (179/159) and forces them to eat raw rice (218/194). More crucial than what is probably an unconscious attempt to use rice to fill some primal emptiness is Five Dragons's sadism. What stimulates him is not just sex or physical sensations but the act of transgression and the power to impose his will on women and force them to participate in his obsession.[1] Inflicting pain may also remedy an absence of feeling, a way in which decadence can serve as a defense against dread.[2]

An improvement in Five Dragons's material and social status only

---

1 Georges Bataille discusses the importance of transgression in sexual pleasure in *L'érotisme* (Paris: Édition de Minuit, 1957). Decadence can also be traced to the influence of the Marquis de Sade and his pursuit of pain. For an extensive treatment of Sade's life and thought, see Maurice Lever, *Donatien Alphonse François, Marquis de Sade* (Paris: Fayard, 1991).

2 This theme runs throughout Whissen's *The Devil's Advocates*.

exacerbates his moral and physical degeneracy. His perverse decision to exchange his perfectly healthy teeth for a set of gold ones (181–82/160–61) shows how misshapen he is by hedonism and materialism. It is also an attempt to shape his own image and publicize his status, wealth and power. The vanity and futility of his strategy are driven home on the last page of the novel when his angry son, Kindling Boy, tears the golden teeth from his dead father's mouth (299/266). Nor is Five Dragons spared consciousness of his failure. As he deteriorates, he longs for the young man he once was with an agile, robust body and eyes full of hope (238/211–12). His faith in rice, however, abides throughout. Even after his dissolute sex life leads to gonorrhea (219/195), he tries to cure himself with rice vinegar (237/211).

Su Tong intertwines the thematic of rice with a pervasive urban anomie. This second theme, common in decadent literature, revolves around the painful transition from country to city and its corruption of human decency.[1] By depicting Five Dragons's fetish for rice, a natural element, Su Tong may be commenting on the artificiality of an urban existence that separates people from nature. Five Dragons's obsession with rice and abnormal digestive habits may be rooted in his rural understanding and heritage, but the corruption and abuse of the city aggravate his pathology.

The lurid cityscape he confronts upon arriving in the city includes the stench of excrement and rotten meat, cigarette advertisements, announcements for outpatient venereal disease clinics (6–7/2), and a stiff, bluish corpse lying in the street (7–8/3). Five Dragons's terrified flight from this corpse ends only with his demeaning initiation into city life at the hands of the bully Abao and his gang. They accuse Five Dragons of being a thief, crush his hand as he reaches for a piece of salted pig's head, and force him to call them "Daddy" (*die*) before allowing him to eat. Then Abao orders him to drink hard liquor and violently thrusts the container into his mouth. The gang

---

1 Robin Visser develops this analysis using Raymond Williams' *The Country and the City* (London: Chatto and Windus, 1973). See her "Displacement of the Urban-Rural Confrontation in Su Tong's Fiction," *Modern Chinese Literature* 9 (1995): 113–38. Also, it should be noted that while other post-1985 writers have written urban literature, their depictions rarely treat the alarming, confusing transition from city to country so sharply delineated in Su Tong's *Rice*. See Cai Yuanfeng, "Mi de milian: jieshao Su Tong de diyibu changpian" (The allure of rice: an introduction to Su Tong's first novel), *Xin bao* (Hong Kong economic journal) 12 (July 11, 1993).

members pin him down, force open his mouth, and pour down five bottles of hard alcohol. After this symbolic rape, the bullies throw Five Dragons to the ground, leaving him sick and ashamed. Su Tong underscores the cycle of evil later in the novel when the powerful, well-off Five Dragons restages the humiliating scene, this time acting as the perpetrator as he and his cronies inflict abuse on other newcomers.

Five Dragons's sense of displacement makes rice all the more important to him: "The subtle fragrance of raw rice released into the air energized him. It was the only smell that brought warmth and affection into his life, especially so far from home" (21/14). This sense of displacement persists throughout the novel, and Five Dragons never surmounts it: "For Five Dragons every place he had been remained a cabin section of a train, perpetually jolting and pulsating" (224). He never comes to like the city, but continues to view it with jaded disillusion:

> This was the city. Or, as Five Dragons would have put it, an obscene, sinful, huge, fucking trap ready to lure the unwary. For a handful of rice, or a few coins, or a moment of pleasure, pitiful people poured into the city by train or by boat, all bending their efforts toward finding paradise on earth. If only they knew that it didn't exist. (244/217)

What do Su Tong's descriptions of the polluted, alienating, and dehumanizing city tell us about his faith in progress? Signs of decadence appear throughout the novel, but most of the characters, like Proprietor Feng, "gave such omens of decline as little thought as possible" (21/14). Yet Five Dragons puts together the various signs of evil and comes to associate the city with death:

> The idea that the city was an immense, ornamental graveyard occurred often to Five Dragons at night. That's what cities are for: They come into being for the sake of the dead. Throngs of people materialize among crowded, noisy streets, only to disappear, like drops of water evaporating in the sun's rays. Throngs of them are murdered, or carried away by disease, or killed by depression and apoplexy, or impaled on Japanese bayonets, or dispatched by Japanese bullets. For them the city is a gigantic coffin that omits thick black

> industrial smoke, scented powder, and the hidden odor of women's sex as soon as the lid is raised. An arm, shapeless yet limber and powerful, grows out of the coffin, which contains gold and silver, fancy clothes and delicacies. The arm reaches into the streets and alleys to drag wanderers into the cold depths. (270/241)

Many decadent descriptions associate cities with the terror of death, and part of the message of decadence is to point out how the impersonal power of modern cities can crush individuals. In this light, Cai Yuanfeng makes an important point in suggesting how the repeated references to throngs of people in the passage above function to diminish the importance of the individual, an insignificance driven home by the image of evaporating drops of water—a common metaphor for the fragility of human life.[1]

What if the reader does reflect on the aggregate sum of cruelty and decline in the novel? The discovery of a child's corpse, still bloated with the raw rice that killed it, in a sack delivered to Five Dragons's rice shop (130–131/114–15) is significant in this context of social decay. The corpse shows that Five Dragons's neurosis is not individual, but part of a far-reaching phenomenon of social desperation. Furthermore, Five Dragons's obsession with rice is set against a background in which almost all the characters are gripped by abnormal fixations: Proprietor Feng's visits to opium parlors; Sixth Master's sexual abuse of his concubines, evident from the purple welts on Cloud Weave's breasts (39/31); Cloud Weave's precocious eagerness to engage in illicit sex; Kindling Boy's gambling, a compulsion so intense that he insists on selling his furniture; and Precious Jade's craving for retribution. On some level, the characters' yielding to these obsessions shows their desperate longing for some space of autonomy in a world where individual pursuits have little meaning. In describing Cloud Weave's affair with Abao, the narrator comments explicitly on how transgression can offer a sense of freedom: "She felt daringly rebellious, and loved it" (59/48). To the extent that the characters choose to engage in extreme behavior, decadence becomes a way to exercise free will.

Many of the cruelest acts of the novel result from the characters' desire

---

1 Cai Yuanfeng, "Mi de milian."

for revenge. Since they stand to gain little beyond a passing sadistic pleasure from inflicting pain on their enemies, the characters' inability to transcend their desire for vengeance lends a mechanistic aspect to the already strong fatalism of the story. The way Su Tong links many of the evil acts to the natural element rice further intensifies the aura of inevitability. Perhaps the most horrifying episode is the murder of Five Dragons's and Cloud Silk's tiny daughter by their eldest son Rice Boy. Rice Boy uses rice to suffocate his little sister in revenge for the beating he received after she squealed on him for selling the family gold in exchange for candy.

The antagonism between the characters has led some critics to associate the book with a kind of social Darwinian survival of the fittest.[1] To me, the novel denies any belief in meaningful human evolution and makes decadence appear immanent in human nature and history. The moral depravity of this panorama seems all the more absolute because it is unreflective and because the characters enjoy no redeeming qualities, no expanded awareness, and no moral development. It is not only that the malefactors are impelled toward evil, but that they utterly lack any moral inhibitions or compunction.

Traditionally, penetration into characters' experience of evil helps readers make sense of the horror portrayed. Yet in *Rice* the characters remain largely unmoved, and the reader is left emotionally isolated. The reader feels like the only sentient witness and leaves the book with an uncomfortable sense of responsibility. But a responsibility to do what? To be affected? To recognize the horror of irrepressible evil impulses? To be warned? To react? Surely the point is not merely to suffer or to experience cathartic relief. Aristotle's comments about our penchant for imitation come to mind: because of the pleasure derived from learning, mimesis permits us to enjoy things that would terrify us if encountered in real life.[2] The discomfort inflicted by a work as gory as Rice may even lead to the suspicion that the author is deliberately torturing his readers. Should we question our fascination with scenes that both attract and repel?

In regarding decadence as a response to ideological revolutionary literature, we might consider the words of the Russian novelist and critic

1 Chen Xiaoming, "Zui hou de yishi: xianfengpai de lishi ji qi pinggu" (*The last ritual: history of the avant-garde and its appraisal*), *Wenxue pinglun* (*Literary criticism*) 5 (1991): 140.

2 From "De poetica" (Poetics), trans. Ingram Bywater, *The Basic Works of Aristotle*, ed. Richard McKeon (New York: Random House, 1941) ch. 4, 1448b5–17, p.1457.

Zamyatin: "Harmful literature is more useful than useful literature because it is anti-entropic, militates against calcification, sclerosis, encrustedness, moss, peace."[1] Implicit in works on decadent themes is the notion that facing degeneration is more truthful than singing the praises of progress. And underlying this defiant rebelliousness is something even more fundamental: For why care about truth if not for the hope that the truth can set us free? What emerges from Su Tong's decadent and confining fictional worlds may be a yearning for freedom as intense as that of the most ardent revolutionary.

1 Eugene Zamyatin, "On Literature, Revolution and Entropy," quoted in Irving Howe, *The Idea of the Modern* (New York: Horizon Press, 1967) 20.

# 身体、空间与权力：解读苏童和张艺谋作品中的妻妾文化意象

/ 蔡秀粧

本文以苏童中篇小说《妻妾成群》和张艺谋电影《大红灯笼高高挂》为考察中心，将两者进行比较后发现，在80年代中国，两个重要的审美运动——电影创作中的批判现实主义与小说写作中的现代实验主义——之间存在激烈竞争，这两个审美运动呈现的身体政治与中国现代性之间的关系迥异。文章首先比较了苏童和张艺谋分别代表并参与改造的中国文学和电影传统，两位在其有关中国1920年代的作品中，往往把女性追求自由的困境与中国追求现代性过程中遭遇的意识形态阻力并置，这种有意为之的并置在《妻妾成群》和《大红灯笼高高挂》中特别真实并得以细致阐明。这两部作品表明，与鲁迅、丁玲等五四时期重要作家一样，80年代中国的艺术家也把妇女为权力所做的斗争视作中国现代化的一个重要标尺。这两个时代有若干重要共同点：一是由于中西文化交流的增强，西方文化对中国的影响达到了高潮，二是中国作家和艺术家受西方文化的影响，在作品中把妇女问题视作父权制压迫性的重要例证，视作知识分子为国族建构而斗争的一个关键问题。文章第二部分细致比较了苏童和张艺谋如何运用不同的审美策略考察家长与其妻妾的权力关系，发现两个相异成趣的意象：在小说中，后院的一口废井暗示了具有颠覆性的女性特质，而电影中四合院屋顶上的那座黑暗的阁楼则象征了男性生殖器对女性的支配。这两个意象表明苏童和张艺谋在描述妇女自我解放的限度和潜力方面采取了相反的路径。文章最后指出，苏童的实验美学为他笔下的女性人物追求思想独立提供了更大的空间，而张艺谋的批判现实主义则显示了女性反叛的限度。

## Body, Space, and Power: Reading the Cultural Images of Concubines in the Works of Su Tong and Zhang Yimou

*Hsiu-Chuang Deppman*

Although Su Tong's novella *Wives and Concubines* (Qiqie chengqun, 1987)and Zhang Yimou's famous adaptation of it, *Raise the Red Lantern* (Dahong denglong gaogao gua, 1991), are two of the most commonly taught Chinese stories and films in college classrooms today, there is presently no critical text comparing and contrasting them. Teachers and students alike have long been attracted to the story itself because it is a spectacular and approachable characterization of a feudal China that seems more dramatically "Chinese" than most previous creations[1]. A careful comparison of the novella and the film reveals a furious competition between two key aesthetic movements of the mid-1980s: critical realism in film versus modernist experimentalism in fiction. Each of these movements configured a very different relationship between gender politics and Chinese modernity.

My essay begins with a comparative overview of the literary and cinematic traditions that Su Tong and Zhang Yimou represent and help to transform. I show that in their works about 1920s China—a critical period following the May Fourth movement of 1919—they often align the dilemmas in women's quests for freedom with the ideological obstacles in China's search for modernity. We see that this conscious alignment is especially true and meticulously elucidated in *Wives and Concubines* and *Raise the Red Lantern*. These two works show the ways in which artists in the late 1980s share with such key May Fourth writers as Lu Xun and Ding Ling a profound understanding of how women's struggle for power has become an important gauge of China's modernization[2]. These two eras have in common several

1 Chow, Rey. 1995. *Primitive Passions: Visuality, Sexuality, Ethnography, and Contemporary Chinese Cinema*. New York: Columbia University Press, 1995, p143—144; Lee, Leo Ou-fan. 1993. "Afterword: Reflections on Change and Continuity in Modern Chinese Fiction."

2 Liu, Lydia. 1993. "Invention and Intervention: The Female Tradition in Modern Chinese Literature." Larson, Wendy. 1993. "The End of 'Funü Wenxue.'" Brown, Carolyn. 1993. "Woman as Trope: Gender and Power in Lu Xun's 'Soap.'" All in Tani Barlow, ed., *Gender Politics in Modern China*. Durham and London: Duke University Press.

crucial attributes: (1) because of increased East-West cultural exchange, the influence of Western culture in China reached decisive peaks in the mid-1920s and late 1980s; (2) the influx of Western culture encouraged writers and artists to make the "woman question" (*funü wenti*) both a salient illustration of China's oppressive patriarchal system and a critical issue in intellectuals' broader struggle for nation building.

In the second part of my essay, I offer a detailed comparison of how Su and Zhang use different aesthetic strategies to investigate the power relation between the patriarch and his women. Careful study of both artists' works yields important and instructive results: there emerges in their written words and camera shots two contrasting types of imagery—a defunct well in the back garden in Su's text that insinuates subversive femininity and a dark tower chamber on the roof of the family compound in Zhang's film that represents phallic dominance. These two metaphors signal their oppositional approaches to characterizing the limits and potentials of women's self-liberation. Ultimately, I argue, Su Tong's experimental aesthetic offers his female characters more space for negotiating ideological independence, whereas Zhang Yimou's critical-realist approach shows the limits of feminine rebellion. As a result, Su provides the reader with a more unsettling vision of the ways women are able to challenge the objectification of their existence than does Zhang, for, despite his creativity and new cinematic techniques, the director gives a more conventional and realist exposition of hierarchical sexual dynamic within a feudal society.

**Su Tong's Aesthetic Theory**

Su Tong is representative of a new generation of artists that emerged in the post-Mao era, and his writing is part of the "experimental fiction" (*shiyan xiaoshuo*) movement or "'modernistic' experimentalism" that began in the mid-1980s. The works of his group, Leo Ou-fan Lee and Tonglin Lu suggest, strive to subvert the narrative conventions of socialist realism, the official state-sanctioned arts policy that dominated literary expression in Chinese mainland from the 1940s to the 1980s. These young "experimentalists" are often characterized by their common rejection of collectivism and by a sense of frustration that the Self is trapped within reality. They initiated an experiment with a "poetic" language to depoliticize their works and to reconstruct realist aesthetic properties, namely, "its reflectionism, its linear narrative and 'present' time frame, its lifelike or positive characters, and above all its close and critical linkage with external social reality."

Su Tong's aesthetic theory supports these critical observations. Time and again, he praises the adventurous spirit of "real" avant-gardes (xianfeng pai) who aggressively challenge the existing cultural order and endorse a Nietzschean dialectic of destruction and creation. In fact, we find in Su's conscious breaking and reconfiguring of communist/realist reality a consistent pursuit of aesthetic freedom and a desire to liberate writing from its representational function. Given the constraints of socialist realist aesthetic, it is not surprising that Su would look for models outside the Chinese literary tradition: he embraces a certain Western modernist aesthetic (e.g., Baudelaire, Kafka, Woolf) that questions the mimetic relation between fiction and reality, on the one hand, and celebrates a writer's creative freedom, on the other.

> What is past? What is history? To me, it is a stack of torn pieces of paper; since it is so torn, I can use my own style to pick it up, patch it up, and fold it up to reconstruct a world of my own. I can either examine or not examine reality from a historical perspective; I can either reconstruct or not reconstruct reality from a historical point of view. Since I award myself such a distance to approach time and space, my writing creates a very wide open world.

This is an important manifesto. Su seeks to free the writer from the moral burden of representing history as an unquestioned form of reality. This freedom enables the novelist to examine past events with a more experimental and critical approach. It also implicitly attacks the traditionalist view of a writer's social responsibility and argues that novelists are no longer bound by ideology to act as the exemplary consciences of society. Su Tong like many of his contemporaries (e.g., Mo Yan, A Cheng, Zhang Chengzhi, Can Xue, Wang Anyi), advocates this free form of imagining to resist intervention in literary production. This belief stems from his rejection of both the socialist realism and revolutionary romanticism. Su Tong practices his own creative tenet not only in *Wives and Concubines* but in such important works as *Rice* (Mi, 1991), *Decadence of the South* (Nanfang de duoluo, 1992), *My Life as an Emperor* (Wo de diwang shengya, 1992), *The Northern Part of the Town*

(Chengbei didai, 1995), and *Angel's Food* (Tianshi de liangshi, 1997).

On the whole, it is Su Tong's reimagining of the past that has received the most critical attention. His accounts of the southern Chinese ways of life are saturated with a strong sense of nostalgia that links his writing to the lyrical fiction of Shen Congwen in the 1930s and to the stories of such popular root-searching writers as Zheng Wanlong, A Cheng, Shi Tiesheng, and Zhaxi Dawa in the 1980s. Wang Dewei characterizes Su Tong's "imaginary nostalgia" as a form of "southernism," which refers to the legendary depravity and enchantment of Jiangnan as well as to Su's narrative style, for it shares with "southernism" an addiction to excess, expenditure, and self-indulgence. Ultimately, we can read Su's "southernism" as a modernist "correction" of socialist realism—it frees human experience from the limitations of political logic, human rationality, and moral responsibility.

**Zhang Yimou and thefth Generation Movement**

The rise of Zhang Yimou to international prominence has brought into the limelight the Fifth Generation filmmakers. One of the 1982 graduates from the Beijing Film Academy, Zhang and his famous cohorts Tian Zhuangzhuang, Chen Kaige, Wu Ziniu, Hu Mei, and others were the "fifth class to graduate from the school's Directing Department" and were therefore tagged "The Fifth Generation." The influence of this "new wave" movement on world cinema and culture is important, and it is useful to summarize some of its most salient characteristics.

All of the Fifth Generation directors were born after 1949—the year of the founding of the People's Republic of China—and later became disillusioned. They all shared the experience of being sent to the countryside to "learn from the people" during the Cultural Revolution between 1966 and 1976. Their firsthand knowledge of impoverished rural communities had an important impact on their works.[1] Although trained in the culture of socialist realism, these directors are all "united against didacticism." Their criticism of  policies, focus on creating a distinct "Chinses" cinema, emphasis

---

1 Chen Kaige's famous debut *Yellow Earth* (1985), with Zhang Yimou as his cinematographer, for example, is a poignant portrayal of the chance encounter between intellectuals and peasants in a rural farming community. This film was an important breakthrough for the Fifth Generation directors when it was very well received at the 1985 Hong Kong Film Festival.

on the symbolic use of images, and reflection on the "ambiguity" all make these directors a new generation of "experimentalists" who not only test the boundaries of tolerance but seek to change the culture of conformism.

On the whole, it would seem that Zhang Yimou and Su Tong have a lot in common. Their rise to fame and popularity coincided with the literary and cinematic movements of the mid-1980s. Both movements rejected socialist realism, incorporated Western narrative and cinematic techniques into their works. Perhaps most manifest of all is their common search for the ethnographical features of a "real" China. However, it is also fair to say that Zhang differs from Su on issues concerning the "use" of art as a medium for social change.

Judging from the enormous commercial successes in Zhang Yimou's career, some might argue that his creative values are more driven by the market than by ideas. However, in interviews, Zhang has expressed strong humanist and critical-realist concerns for the evolution of China as a modern nation. His first movie, *Red Sorghum* (Hong gaoliang; 1987), an adaptation of Mo Yan's novel, was an impressive success. The film, like the novel, is set during the Sino-Japanese war, and it highlights the patriotic alliance of peasants with workers (in a winery) to fight against the Japanese invasion. The internationalization of his fame began with *Ju Dou* (1989) and *Raise the Red Lantern*—two movies that criticize the tyranny of patriarchy and the sexual oppression of women. They were both nominated for Academy awards in the category of Best Foreign Film. His later films, *To Live* (Huozhe; 1992), *The Story of Qiuju* (Qiuju da guansi; 1994), *Not One Less* (Yige ye buneng shao; 1999), and *Happy Times* (Xingfu shiguang; 2002), underscore the beauty of humanity embodied in ordinary people's continuous struggle for survival, a woman's relentless pursuit of justice, a peasant girl's persistent appeal to social sympathy, and a blind girl's trials and tribulations in the new market economy, respectively. These films have common humanist concerns about the well-being of a culture and a nation. Zhang uses a critical-realist approach to denounce the ways in which the "little people" have been exploited by oppressive tradition and bureaucratic corruption. This denouncement asserts that a director bears important social and moral responsibilities to make manifest cultural ills, reflect social injustice, and speak for the oppressed.

Although Zhang's "ideological" beliefs may well have been guided by a keen marketing vision, we nevertheless witness a strong influence of May Fourth humanism in his work. In fact, Zhang is explicit about his own humanist bent in a 1992 interview:

> "Using literature to transmit the Tao" (*wenyi zai dao*) is a habit of thought in literary and artistic creation that has been sedimented (*jidian*) in Chinese mainland for thousands of years. Therefore, the works from the mainland have a heavily literary quality, and their main objective is to embody a humanistic content. The famous works of the Fifth-Generation directors are basically the awakenings of cultural reflection and cultural awareness in this broad humanistic background. From this standpoint, the artistic methods usually carry a necessarily rebellious spirit. Such a pursuit of ours is not only aimed at the innovation of cinematic language and methods, but also to meet the strong demands of social change.

Zhang's avant-garde spirit and artistic experiment reveal a moralist vision of "using" art to produce a critical consciousness and achieve greater social good. This vision situates his films in the realist and humanist tradition of Lu Xun, Georg Lukács, and Erich Auerbach. His choice of such charged words as "awakenings," "reflection," and "awareness" to characterize his works strongly reminds us of the May Fourth critical-realist tradition: it makes an important "distinction between self and society" that "carries with it a perspectivism anchored in the sense of truthfulness to both external reality and the author's internal self. Simply put, it means that the sincerity of the author must be a precondition of the technique of realism." If we agree with Leo Ou-fan Lee's description, an overview of Zhang's works shows that the director has both the sincerity and the cinematic techniques to generate a sense of moral clarity and narrative coherence in his movies.[1]

1 There is a fundamental difference between critical realism and socialist realism. Critical realism, according to Lee (1993) and Anderson (1990), makes the distinction between "I" and "they," and in the context of the May Fourth movement, it "may in fact have been part of a manifestation of individualism" (Lee 1993: 364) Meanwhile, socialist realism signaled "great return" to the "communal," for its narrative subject is the "collective we." As a result, socialist realism was later transformed into a kind of revolutionary romanticism before and during the Cultural Revolution. Both experimental novelists and the Fifth Generation directors strongly oppose the didacticism of socialist realism.

The following comparison of *Wives and Concubines* and *Raise the Red Lantern* should demonstrate that Zhang's conscientious filmmaking forces him to replace some of the more ambiguous, polemical, and perhaps revolutionary narrative details in Su Tong's original text with more structured and interpretable symbols.

**Titles and Entitlement**

The story, which is roughly the same in both works, is about an aging patriarch who tries to control the squabbles among his wives and concubines in a 1920s feudal household. The story is told from the perspective of a young woman, songlian (Lotus), who enters the household at the beginning of both story and film as the fourth "wife" (or the third concubine). Lotus is a modern girl who has attended one year of college but is forced by circumstances to marry the fifty-year-old Chen Zuoqian. She brings into this conservative family a youthful, rebellious energy and an inquisitive sensitivity to the conflicts between modernity and tradition, young and old.

Su Tong frames this power struggle as an allegory for China's centuries-old battle for gender and intellectual reform: Su's story uses the Chen household as a metaphor for an oppressive old China that is shaken but not shattered by the progressively urgent demands for women's liberation in the 1920s. In fact, Lotus's fight for independence reminds the reader of two other famous female protagonists—Lu Xun's Zijun in "Regret for the Past" (Shangshi; 1925) and Ding Ling's Sophie in "Miss Sophie's Diary" (Shafei nüshi de riji; 1928). These women's search for Self shows a tightening connection between a nation's modernizing project and a woman's "discovery" of her subjectivity. Although they are working in this same basic vein, Su Tong and Zhang Yimou configure different dynamics between women and the patriarchal system through their use of different titles, distinct symbolic strategies, and unique narrative emphases.

Su Tong's choice of title shows an important recognition of female subjectivity and reveals his experimental modernist approach to storytelling. *Qi que cheng qun* literally means "wives and concubines form a crowd." On the surface, the story thematizes wives and concubines as a single self-determining narrative subject. These women *actively* instigate, shape, and take part in whatever warfare there is in the family. Su explains that the novella might well have been more lively and interesting if he had written about how a man is able to mediate among these women to control them. But he is much more concerned about "the ways these four women tie themselves together to the neck of the guy and furiously fight with each other to compete for whatever little breathing air there is within the space." Su's focus on women's perspective gives the concubines a much stronger voice and more noticeable presence in the story. As a result, the existential struggle of these women—the uncontrollable multiplication of their subjectivities in a *crowd*—produces a formidable threat to the stability of the feudal hierarchy and overwhelms the singularity of the patriarch's ideological standing.

Su Tong's modernist celebration of subversiveness, transgression, and fragmentation is also steeped in irony. The use of the verb *cheng* ("form") in the title is deceptive, for it seems to indicate a transformation of the women from individual members of their diverse social castes[1] into a make-shift community. In fact, the verb *cheng*—with its suggestive connotations of *becoming* cohesive and harmonized—caricatures the ever-expanding rifts among the women, whose bickering are worsened by the addition of each new member; moreover, the implied union of *cheng* contrasts with the progressive disintegration and dissolution of Master Chen's masculinity. On the whole, Su's title foreshadows the cacophonic feminine threats to the authority of a feudal household in which, as W. B. Yeats's characterization of modern chaos goes, "things fall apart: the center cannot hold; / Mere anarchy is loosed upon the world."

In comparison, the title of Zhang's film *Dahong denglong gaogao gua* [literally "big red lantern(s) hang high" or translated into *Raise the Red Lantern*][2] suggests a very different power dynamic between the man/ system and his women: the Master, though absent in the title, clearly has the upper hand to control the action of his female subjects. Raising the red lantern, as my analysis of the film shows, not only works to light up the

1 Chen's four wives come from different social backgrounds. Chen's oldest wife, Joy, is from a privileged social class; his second wife, Cloud, still has "the appearance of a cultured; Coral, the third wife, is a famous opera singer; and fourth wife, Lotus, comes from the middle class.

2 Suzie Young-Sau Fong (1995) offers a very interesting analysis of Zhang's title. Her translation of the title, "Big Red Lantern Hanging High," is slightly different from mine. She suggests that the "hanging" in action indicates a Barthian "in the middle of things" and therefore introduces to the audience an interruptive violence of the film.

desirability of his acquisition but also makes the body of his concubines speak clearly, uniformly, and visibly for the hierarchy of their power relation.

Although these lanterns are conspicuously absent in Su Tong's text, Zhang justifies his divergence from the story by arguing that the devices "give a concrete form" to women's oppression. The lanterns also add a more ironically festive color to the screen: red becomes more a sign of disaster than a sign of celebration. The director's critical-realist search for narrative concreteness and stylistic clarity of vision, criticized by David Edelstein, H. C. Li, and Qing Dai as a lack of depth and hailed by Rey Chow and Sheldon Lu as "the force of surfaces," seems to make a powerful statement about the immutable gender gap in feudal China. In fact, Zhang's title is emblematic of the whole film in the way that it eliminates the threat of a female *crowd* in Su's text: women are explicitly identified with the disposable red lanterns, which can be managed, lit up, or extinguished at the Master's pleasure.

The contrast between defiance and passivity, transgression and submission, is further developed by the different ways Su and Zhang emphasize body language. For Su, Chen Zuoqian's body is caricatured as a site of female erotic fantasy. To achieve women's sexual liberation is to colonize Chen's body, consume his masculinity and, furthermore, attack his virility. At the same time, Zhang unequivocally makes Lotus's body the focal point of all viewing subjects. The camera's relentless indulgence in close-ups and long takes of Gong Li's body makes the sexualized concubine a scopophilic symbol for the patriarch's abuse of power.

**Body Languages**

Throughout *Wives and Concubines*, Su Tong makes the partition of Chen's body a habitual exercise of power among the concubines. Lotus, like the others, finds the security of respect and envy in her ability to stimulate and control Chen's sexual desire. She often has to compete with Coral, the third "wife," for Chen's attention. On her wedding night, Lotus's meticulous scrutiny of Chen's body makes her the all-seeing Subject and the groom the seen Object. The bride's unconventionally active gaze offers the reader an objectifying exposure of the patriarch's desire and depletion:

> When the night came, Chen Zuoqian came to Lotus's room to spend the night. Lotus helped him take his clothes off and handed him some nightclothes, but Chen Zuoqian said, "I don't wear anything. I like to sleep naked." ... This was the first time she had a clear look at Chen Zuoqian's body. Chen Zuoqian had a body like a red-crowned Manchurian crane, bony and skinny, and his penis was as taut as a well-drawn bow. Lotus felt a little out of breath, and she asked, "Why're you so skinny?"
>
> Chen Zuoqian climbed onto the bed, crawled under the quilt, and answered, "They've worn me out."

Lotus is engaged in very important activities in the scene. The privileging of her sight gives her an active voice. Su Tong also uses free, indirect discourse, and the power of her rhetoric enables her to textualize his body as "a red-crowned Manchurian crane, bony and skinny." The combination of vision and voice thus gives Lotus the agency to expose Chen's frail masculinity.

The exhibition of the Patriarch's body carefully underscores the conjection between visibility and vulnerability, for the display of sexuality exacerbates not his virility but his exhaustion. Revealed in his emaciation is not a feudal vision of the Father's invincible prowess but a confession of his burdens. The description of Master Chen's bedtime action with verbs such as "climbed" (*pa*) and "crawled" (*zuan*) gives the reader an impression of his being "underneath" and "subordinate," more like a lizard, perhaps, than a crane after all. These two verbs also reduce him to an infantile and primitive stage; his dependence on the nurturing of the all-seeing mother figure (who "helped him take his clothes off") is clearly satirical. His acknowledgment of being "worn out" by his wives and concubines further anticipates an ultimate defeat. Again, Lotus is the witness to the profound transformation of Chen's body.

> As a sexually experienced woman, Lotus could never forget what happened next. Chen Zuoqian's back was already drenched in sweat, but his efforts were still in vain. She was acutely aware that he had a deep look of fear and confusion in his eyes. What's going on? She heard his voice becoming timorous and weak. Lotus's fingers traveled up and down his body like flowing

water, but the body under her hands seemed to have ripped apart and gone utterly limp; it grew more and more distant from hers. She understood that Chen Zuoqian's body had suffered a tragic transformation and she felt very strange.[1]

This is the beginning of Chen's libidinous downfall. His impotence hints at the reality that the master is not only outnumbered by his mistresses, but also unmanned by their sexual aggression. The liquid imagery ("sweat" and "flowing water") reflect both the futility of Chen's efforts and the dissolution of his masculinity. The scene is also full of images of disintegration: Chen's body is being "ripped apart" and growing "distant" from Lotus's in a fashion that registers a symbolic collapse of his control over her and offers Lotus an opportunity to defy her assigned role as a sexual object.

Coral, the most explosive character in the story, finds a cosmological reason for Chen's ills. "The female principle is too powerful in this garden; it would only be what fate ordains if it injures the masculine principle." Her comment summarizes Su's thematic emphasis on the transgressive possibility of concubines who bring to the Chen household a curse of the haunting past. The ambiguity of the "female principle" (*yin qi*) aptly captures the unmanageable threat of these socially indefinable women. The concept *yin* not only refers to femininity but also often evokes the invisible and ghostly aura of an underworld that is beyond the control of rationality.

This reference to illegitimacy and obscurity brings special attention to the cultural ambiguity of concubines who occupy an intriguing, crossover position in traditional Chinese society. Technically speaking, they are neither servants nor wives: this in-betweenness creates an ambivalent social standing that forces them to negotiate a feminine space for survival in feudal households. Their struggle for positioning in Su's story, nevertheless, is greatly subdued in Zhang's movie. Further comparison shows that in Su Tong's portrait of these mysterious and unstable concubines, we find a response to the cinematic production of knowledge about women, a production that, in the movies of Zhang Yimou, stresses the link between seeing and ownership.

---

1 I have made slight modifications to Michael Duke's translation.

Zhang's movie eliminates Lotus's privileged gaze. Contrary to Su's exhibition of Chen's body as a parody of waning patriarchal power, the movie carefully conceals the patriarch's sexuality. Instead, Lotus's body is now the focal point of all sexual attention, for it has become a symbolic site of masculine conquest.[1] Repeated shots of her body confine her to the carnal fantasy of the patriarch and the audience, and chained by the marital bond to the enclosed courtyard, the wedding chamber, and finally her wedding bed. Meanwhile, Chen Zuoqian remains an elusive, shadowy figure whose threatening oppressiveness is magnified by the secrecy of his presence: the camera never once gives him a frontal shot to fully reveal his features. Rather, his identity is consistently obscured by lighting, distance, camera angles, and metonymical representation of his body.

Zhang's technique of contrasting light with darkness, exposure with disguise is especially effective in the following five shots, which magnifies the visibility of Lotus and the mystique of the Master. The first shot is a long take of Lotus at the beginning of the story; here she is immobilized by both the camera and the circumstances of her life. The persistence of the close-up shows the inertia of a resigned nineteen-year-old college student who has just agreed to be the fourth wife of a wealthy fifty-year-old man. She is framed by the camera as a commodity, a woman on the market traded to the highest bidder.

In the second shot, we briefly see a medium close-up of an expressionless bride on her wedding night, all dressed up in the well-lit chamber. The pattern of her colorful wedding gown, as we discover later, corresponds to the pattern of the bed frame and thus confirms the structural bondage between her body and the Chen property.

In the following shot, the film cuts to the entry of the Master (Chen Zuoqian) from the right, whose indistinct image, carefully concealed by lighting and the camera angles, conveys a strong sense of judgmental authority. His command firmly dictates that concubines exist "to serve the man better."

---

1 Again, Zhang's focus on the exploitation of women's bodies is guided by a humanist concern for the production of a critical consciousness. He explains in an interview: "What I want to express is the Chinese people's oppression and confinement, which has been going on for thousands of years. Women express this more clearly on their bodies because they bear a heavier burden than men."

In the fourth shot, the camera cuts to a close-up of Lotus, being ordered to raise the red lantern to help the patriarch evaluate his "investment." The passivity and perhaps shame of Lotus are evident in the way that she avoids making eye contact with the groom and the audience. Chen's commentary, commingled with his (and the camera's) sexualizing gaze, reveals a strong satisfaction with his ownership and a narcissistic pride in his taste.

Finally, in the fifth shot, both characters are positioned in the foreground. However, Lotus takes up more than three quarters of the frame, and the Master is exposed only metonymically in the scene—part of his arm waving in the air to imply that he is taking off his clothes. This imbalanced presentation further contrasts Lotus's vulnerability with Chen's disembodied threat.

The narrative effect of these five shots is to make the feudal hierarchy of power relations in the household appear more rigid and consolidated; the shift of focus from the exposition of Chen's body in the novella to the fetishization of Lotus's sexualized image in the movie makes the patriarch a much more potent and menacing presence in Zhang's work. At the same time, the camera's exclusive focus on Lotus's face creates a controversial cinematic language that seems to aestheticize victimhood and vulnerability.[1] His use of such sensual colors as bright red and yellow creates an optical feast for the audience that not only visualizes oppression but also evokes a conventional narrative appeal to "the visible as the ground of its production of truth." Mary Ann Doane's psychoanalytical probing into such "surface" shots as close-ups is useful to our understanding of Zhang Yimou's deliberate focus on Lotus's face. "The face is that bodily part not accessible to the subject's own gaze (or accessible only as a virtual image in a mirror)," Doane writes, and it registers its significance as a "readable text" created only "for the spectator." Hence, frontal close-ups not only establish a visible link between text and knowability but also between the spectator's gaze and ownership. As Susan Stewart bluntly puts it, "the face is what belongs to the other; it is unavailable to the woman herself."

1 Rey Chow mentions that "these tales of gothic and often morbid oppression are marked by their contrast with the sensuous screen design of the films. Zhang's film language deploys exquisite colors in the depiction of 'backwardness.'" This "backwardness" mainly refers to the deprivation of women's rights.

This privilege of sight as a form of epistemological control and entitlement is a much more consistent practice in Zhang's movie than in Su's novella. Su's narrative consciously challenges the "truthfulness" of seeing and carefully reconstructs the power of vision. Zhang Yimou, on the other hand, is more eager to reify a cultural understanding of how the ritual of raising the red lantern amounts to a reaffirmation of the patriarch's authority to objectify women within the system of concubinage.

Su Tong continues to draw attention to the transgressive potential of these women who threaten to bring down the house. The sheer number of the concubines instills a fear in both Chen and his androgynous eldest son, Feipu. Unable to solve the quarrel between Lotus and her maid, Chen complains: "None of you are easy to deal with; I get a headache every time I see one of you." Chen's distress is echoed earlier by Feipu when he says: "I'm afraid of trouble, afraid of women; women are really frightening."

To some degree, the unmanageable "woman trouble" faced by Su Tong's male characters exposes their physical and mental weaknesses. Their anxiety, however, disappears in Zhang's movie, which makes the presentation of women's bodies speak for the tyranny of male potency. The contrasting uses of space and vertical perspective surrounding the central images of the well (in the novella) and the enclosed tower chamber on the compound roof (in the film) magnify these differences between the two texts. These two spaces, I suggest, not only juxtapose the fluidity of feminine ambivalence with the solidity of the Patriarch's iron rule, but also open up very different imaginary spaces for the reader and the viewer.

**Space and Perspective**

The story is about the historical oppression of women, and its climax is structured around the dramatic murder of Coral. The third concubine is a woman of great beauty and defiance. She violates the "house rules" by having an affair with the family doctor. At the end of the novella, Chen and his male servants drown her in a garden well, whereas in Zhang's movie, Chen's cohorts kill her by hanging her in the rooftop chamber. Lotus witnesses the murder in both the novella and the film, and the family subsequently labels her "mad" in an effort to discredit her.

The well and the rooftop chamber as sites for punishment evoke very distinct imagery and, for two reasons, can be treated as spatial extensions of Lotus's and Chen's body language, respectively. First, the two sites suggest contrasting sexualities: the well is suggestive of a female cave that is dark and drenched in inscrutable water, whereas the rooftop chamber signifies a phallus erected to defend Chen's masculine honor. Second, their different topographical symbolisms illustrate important Chinese cosmological interpretations of sexual difference. The well extends deep into the ground, and in its proximity to the underworld can be associated with "feminine energy" (*yin qi*). By the same token, the rooftop chamber reaches demonstratively out to the sky and the sun, symbolic embodiments of "masculine energy" (*yang qi*). The contrast between these two vertical perspectives makes the move downward in Su's story and the motion upward in Zhang's movie very intriguing polarizations of femininity and masculinity, depth and height, invisibility and visibility, earth and sky, fluidity and solidity, and so on. However, in spite of their contrasting outlooks, we cannot forget that these two spaces are fundamentally instruments of death. They are both walled-in, cell-like spaces, and both signal a sense of alienation and confinement. All in all, Su's well and Zhang's chamber are effective sites of punishment that uphold the hierarchy of gender relations by enforcing a need to preserve the moral integrity of the female body.

Su Tong's well plays many roles. It is an impersonator, for it embodies Lotus, Coral, and other anonymous, drowned concubines who are punished for their sexual misdeeds. In one of their idle chats near the well, Lotus asks Coral if she knows who died in the well. Coral responds: "Who else could it be? One of them was you, and one of them was me." Coral's banter confirms the well's magical touch: it is an enchanter that bewitches Lotus and transforms her into an unwilling follower of the disenfranchised underground female community. Whenever Lotus goes near the well, her mind begins to wander and her spellbound body is immobilized: "it was as if her whole body were held fast to the side of the well, willing but unable to tear itself away." Finally, the well is also a narrator, for its watery flow seems to recount stories of the other world. Lotus often hears "the water bubbling up deep inside the well, carrying to the surface the voices of some lost soul."

The meanings of the well are complex, felt as much as understood. The well's secret "mission" makes it synonymous with illegitimacy and infamy, much like the status of the disposed concubines. Its secrecy makes the space threatening: what hides in the cave are dark reflections of infidelity, transgression, and murder, the revelation of which can instigate moral conflicts. The unfathomable depth of the well makes it an indecipherable place of mystery, a place to store the tantalizing rumors that amount to unofficial biographies of nameless victims.

We can explore the different roles and meanings of the well through a more detailed analysis of Lotus's various encounters with it. After entering into the Chen compound at the beginning of the novella, Lotus proceeds almost immediately to the well:

> Lotus walked over to the edge of the well and spoke to Swallow, who was washing yarn. "Let me wash my face. I haven't washed my face in three days."
>
> Swallow drew a pail of water for her and watched her plunge her face into the water; Lotus's arched-over body shook uncontrollably like a waist drum played by some unseen hands.

This seemingly innocuous exchange between Lotus and the maid, Swallow, foreshadows two of the most important conflicts in the story: the domestic squabbles between these two women, whose vicious bickering is emblematic of the concubine's existential and class insecurity (Lotus feels that her position as a mistress is threatened by Swallow's aggressive courting of Chen), and the enunciation of the ambivalent function of the well (it is simultaneously a cleansing device and a sorceress's crystal ball). On the one hand, Lotus's act of washing is a metaphorical cleansing of her past; marrying Chen gives her hope to eliminate two stigmas—the bankruptcy of her middle-class family and the subsequent suicide of her father. Washing away her previous identity, however, also means giving up her education and autonomy. As a college student at a time when few women attended college, Lotus is filled with the idealism of women's liberation.[1] But all of her dreams of freedom, revolution, and education vanish after the marriage. During her washing, the act of "plunging" (*mai*) brings to mind the violent images of

1 One of the most important links among power, liberation, and intellectual life is Lotus's possession of the flute that is later burned by Chen Zuoqian. Lotus's nostalgia for a carefree past is associated with the freedom of learning.

abyss and self-abandon; the identification of her body with "a waist drum" further highlights Lotus's loss of sovereignty, or now she is nothing but an instrument being "played by some unseen hands."[1]

These unseen hands, very interestingly, do not belong to Master Chen; instead, they bear a metonymical relationship to the murdered concubines who make Lotus their collective voice of vengeance. In her approach to this forbidden ground, Lotus "seemed to see a pale white hand, dripping wet, reaching out to cover her eyes from the unfathomable depths at the bottom of the well." The blinding of Lotus by the imaginary hand helps the story subvert its previous privileging of "sight" as a mode of knowing. This is a very important transformative moment at which Su Tong's narrative transports Lotus from the masculine domain of the rational and the visible to the feminine sphere of the fantastic and the obscure. This transportation enables the protagonist to set herself apart from the homogeneous production of the Father's "truth" and to explore the unwritten history of the repressed ancestresses, for now she is able to see with her mind's eyes and to hear with her imaginative ears.

These sensuous adjustments foreground Lotus's agency as a witness to the use of women as a sacrificial offering to the assertion of patriarchal power. For Chen Zuoqian, the well functions as a mirror of his deadly authority. For Lotus, it represents the birth of her subjectivity. In her repeated confrontations with Chen Zuoqian about the well's ambivalent function, Lotus identifies herself as a tragic seer: "No one told me. I saw for myself. I walked over to the side of that well and immediately saw two women floating on the bottom; one of them looked like me, and the other one also looked like me." The replication of Lotus's image signals her awareness of how women must mount a collective resistance to the suppression of their vision and voice.

Su Tong's ambivalent use of the well as an instrument of oppression and a tool of opposition raises a larger issue about the various approaches to the "woman question" (*funü wenti*). In the period following the May Fourth movement, much writing on gender inequality manifested a male-centered

1 This passivity associated with washing is much different from an earlier episode in which she shows tremendous composure and courage to wash her hair in the same pond where her father just committed suicide.

concern about women's liberation. Such writings, critics contend, are often more self-serving in constructing "a new [male] subjectivity" than uncovering the social and cultural significance of the "new woman." As result, writers of reform literature during this period, Ming-Bao Yue notes, "were preoccupied with the construction of a cause-effect narrative pattern that would present women as victims vis-à-vis society as the victimizer. Notably, it is always a male intellectual narrator who recounts the tragic fates of a lower-class, uneducated woman, and often nameless woman, whose sad existence reinscribe her historical status as an object."[1] Su's writing breaks away from this monologic narrative structure that highlights the objectification of women to advance the male narrator's iconoclastic politics.

Unlike his May Fourth predecessors, Su Tong enables his female characters to be narrative subjects and independent thinkers. Lotus is the educated Self whose mind Master Chen tries to decipher and colonize. In their first time together, "Chen Zuoqian thought to himself that since [Lotus] was a college student she would naturally be different from most vulgar young women"; moreover, she "possessed a kind of elusive yet beguiling power." This recognition of Lotus's intellectual vigor has important implications: it challenges the privilege of a masculine order that makes man the only subject of metaphysical inquisition, but it also confirms Lotus's ability to articulate and interpret her own emotions. Hence the existential identification of the well with Lotus suggests an ambitious feminine quest for the representation of herself. This quest, daring in its vision and persistence, transforms the well from a manifestation of feudal power into a barren womb to deride the Patriarch's desire to reproduce himself physically through offspring and symbolically through cultural practice.

Su Tong's feminist bent is often ignored by critics who see his writings as an endorsement for "misogynistic tendencies in contemporary China." My analysis of *Wives and Concubines* challenges this assertion and suggests that his use of the well is more than just a symbol of self-destructive femininity or death. Rather, the well contains all the subversive potentials of what Luce Irigaray characterizes as a cave that illustrates the "twisted, reversed,

1 To substantiate her critique, Ming-Bao Yue looks at fiction by Ye Shengtao, Xiao Qian, and Ye Zi. We could also add Lu Xun's "New Year Sacrifice" (Zhufu).

inverted" character of phallic theory about gender relations. Irigaray's cave functions like the female body, which is spoken through a "feminine language" that comprises a multivalent discourse. The mystery of this grotto/body, Irigaray writes, is like "a shadow theater where only the shakiest of certainties are produced—phantom presences, dim memories, expectations of something unforeseen—which disappear as fast as they appear and reappear." The cave's unpredictable and unfathomable nature is similar to Irigaray's controversial "definitions" of "feminine language" that highlights the discursive and variant characteristics of a woman's speech: "She sets off in all directions, leaving 'him' unable to discern the coherence of any meaning. Hers are contradictory words, somewhat mad from the standpoint of reason, inaudible for whoever listens to them with readymade grids, with a fully elaborated code in hand." Like the cave/body/well, Irigaray's "feminine language" asserts comparably irregular and illegible signs that defy the Father's linguistic rules. Although aspects of Irigaray's theory are debatable, here I simply want to point out that her cave specula(riza)tion helps us understand that Su Tong's well not only embodies these traits of ambivalence and indecipherability, but also builds an important connection between female body and her voice.

Returning to Lotus's quest for self-representation, her frequent visits to the well are a sign of defiance and a continuous search for an escape from an oppressive reality. In return, the well offers her a vital link to the underground female community.

> The walls of the well were covered with moss. Lotus bent over and looked down into the well; the water was a bluish-black color, and there were some ancient dry leaves floating on the surface. Lotus saw the broken reflection of her face in the water and heard the sound of her breathing being sucked down into the well and amplified, weak yet oppressively deep and low. A gust of wind rushed up; Lotus's skirt billowed out like a bird taking flight, and at that instant she felt a coldness as hard as stone rubbing slowly against her body.

This encounter shows Lotus's involuntary immersion into the enigmatic world of the well. A forgotten and forbidden place, the well allures Lotus to penetrate into the "bluish-black"—perhaps suggesting that the water is blood-stained—to establish a primordial contact with a mysterious community of displaced women. This contact is a bodily experience: Lotus sees her broken reflection, *hears* her amplified breathing, and *feels* her body being chilled by the wind. Su's emphasis on natural imagery (e.g., moss, water, leaves, and wind)—elements that all exist outside human control—enhances the sensuality of her experience. In fact, this paragraph illustrates the esoteric power of the well, which allows Lotus to stand beyond the tyrannical rule of the family: she sees in the water a broken reflection of her face that mimics the interrupted life of the drowned concubines. The alienness of her existence—as an educated and outspoken critic of how women are mistreated at the Chens'—is the gateway of her fusion with the force of vengeance.

Su Tong's play with the fantastic slowly exhumed the voice of the other women. The well not only makes the role of Lotus inscrutable but also harbors a clandestine communication between the dead and the living.

> Blowing in the wind, [the withered wisteria vine] emitted some sort of desolate murmur; the well was still eerily calling her. Lotus covered her chest. She felt as though she was hearing an apocalyptic voice from out of the void. Lotus walked toward the well. She felt incomparably light, as though walking in a dream....She felt herself lean over helplessly and stare into the well, like the stem of a flower broken by the wind. In another moment of vertigo she saw the water in the well suddenly bubble up as the sound of a vague and very distant voice penetrated her ears: "Lotus ... come down here, Lotus. Lotus ... come down here, Lotus."

The alluring babble of the well gives Lotus a different outlook on life, one that is less confined to rules and reason and more attuned to the bliss of an imaginary escape. Su's language creates various seductive, equivocal, and foreboding voices. From the vine's desolate murmur, to the well's eerie invitation, to the apocalyptic voice from the void, and finally to the enticing call of other concubines, Lotus faces all these indistinct and indefinable urges to connect herself to the domain of the unknown. The density and obscurity of Su's imagery render the well an opaque space in which all different reflections of a woman's self break loose.

A number of critics have noticed a connection between Lotus and the well. Tonglin Lu writes: "The world of the well is also a metaphor for [Lotus's] subjective world: morbid, lonely, friendless, and, at the same time, mysterious and seductive." More relevant here is that there is an "objective" and "rational" world that exists outside the well and the mind of Lotus. When these two worlds collide in Lotus's consciousness, new visions of Self emerge. It is the Self that tries to negotiate a livable space between reality and fantasy, to amend the narrative gap between a concubine's past and future, and to find a path for a woman to resist patriarchal dominance. "Who knew the meaning of that well?" Lotus asks. The voices of the well and Lotus have in common a strong resistance to being penetrated by logic, reason, and measurement, and their imperviousness makes them live beyond the governance of the Father's law. Ultimately Su Tong's narrative makes the well a bewitching pool that projects a fusion between Self and Other: Lotus and the drowned concubines are indistinguishable twins, "lawbreakers" who strive to make "the voices of some lost souls" surface and be heard.

Whereas Su Tong uses the well to create a feminine space of a defiant fantasy, Zhang Yimou's film builds a masculine house of reason to emblematize an unchanging gender hierarchy. Zhang's cinematography emphasizes the claustrophobic confinement of the Chen compound. The inward-turning structure of the well is now replaced by the imposing verticality of the building.

The director announces this revision very early in the movie. As Lotus enters the Chen compound, behind her is a wall covered with large Chinese characters written in an ancient style. This image symbolically conveys how she is married into a system of rules, orders, signs, and conventions. The image also shows that Zhang Yimou has an important intellectual and aesthetic investment in the structure of the mansion. He explains the cultural significance of this visual representation:

> I was so excited when I discovered the walled, gentry mansion [where *Raise the Red Lantern* was filmed], which is hundreds of years old in Shanxi Province. Its high walls formed a rigid square grid pattern that perfectly expresses the age-old obsession with strict order. The Chinese people have for a long time confined themselves within a restricted walled space.

His camera eloquently expresses the psychological and physical torments of the concubines in a sequence of shots that highlight a systematic confinement of their minds and bodies. In the four shots following her entry into the compound, Zhang juxtaposes the courtyard with the wedding chamber to underscore the oppressiveness of the new bride's cell-like existence. In the first shot, the high-angle long take of an enclosed quarter offers a concrete view of the bride's physical surroundings: the courtyard is encircled by imposing roofs, which strike one as menacing in the approaching dusk. In the second shot, the film cuts to the wedding chamber where the bride is waiting passively for the groom. The physicality of the courtyard is now seen in the body of the bride, which is framed by the wedding bed and attached to it. Making the identification between bride and property even more explicit are the ways the patterns on Lotus's dress closely mirror the patterns on the bed frame. This mimicry, as I mentioned earlier, creates a structural bond between Lotus and her new role as a concubine.

In the third shot before daybreak, a long take of the courtyard suggests a slight change of mood. In the final shot in this sequence we see the bed chamber again, but this time the bed itself is much closer and the bed curtains obscure the audience's view of the bride and groom. The integration between Lotus and her environment suggests both the mental and the physical consummation of her marriage: she is now a part of the Chen property within which her value is determined.

All these shots effectively show Lotus's imprisonment in the environment, which leaves the new bride very little breathing room. "For Zhang," Rey Chow writes, "woman is very much a typical sexual body that is bound by social chains and that needs to be liberated." Nowhere are these "social chains" more manifest than in Zhang's use of architecture as an oppressive apparatus. As the movie progresses, the director achieves even greater narrative efficacy in the display of a room on the rooftop as a symbol for the pinnacle of masculine power and as a pitfall for the sexually transgressive women.

The open and sprawling structure of the roof, contrasting with the constraint of the courtyards, gives an illusory sense of freedom. Similar to Su Tong's use of the back garden, the roof is the forbidden ground for women in the house, and yet Coral and Lotus repeatedly go there to assert their defiance. Topographically speaking, the roof, being closer to the sky, offers a possible channel for humans to communicate with the divine and therefore to assert the authority of divine judgment. Not surprisingly, the roof later becomes the center for all punitive actions.

Some critics disagree with Zhang's effort to make the roof a space of controversy. "In traditional Chinese cosmography," Qing Dai argues, "the sky was sacred, and, by extension, so was the roof or 'top' of any building. It is thus inconceivable that any family, no matter how powerful, would risk incurring the wrath of heaven by carrying out a private execution on the rooftop." To some extent, one might suggest that Zhang shares with Dai this understanding of the roof's sacredness. The reason he has all the "criminal" acts take place at a site traditionally deemed sacred is to reinforce the perception of impropriety. In this sense, for a concubine to go up on the roof poses a problematic challenge to the hierarchical structure of the feudal system; the very act of climbing up performs various kinds of border crossings and turf invasions.[1]

The film's ambivalent use of the roof as a sacred space is further intensified by the function of the chamber on the rooftop, which extends into the sky and symbolizes the patriarch's power. Zhang's visual construction is very effective. In Lotus's first encounter with the room, Zhang carefully creates an aura similar to that of a visit to a temple; her solitary sojourn to the site of crime and punishment cultivates an aesthetic of mystique and curiosity. Standing alone, Lotus confronts the protruding edifice in search of an escape from the physical and psychological constrictions of her quarters. In this particular shot, the sprawling Chen compound takes up more than three quarters of the frame and overwhelms the presence of both the sky and Lotus on the roof approaching the mysterious room. The distribution of space in the frame shows how the patriarch, more than divine forces perhaps, is the

1 Su's story also shows how women's ambition of "going up" is prohibited. In his attack on Coral's unruliness, Chen Zuoqian characterizes her transgression as follows: "'She wants to climb onto the top of my head.' 'Will you let her?' asked Lotus. Chen Zuoqian waved his hand dismissively, 'Never! Women can never climb onto the top of men's heads.'" My translation of this exchange is different from that of Michael Duke. In this dialogue between Chen and Lotus about Coral, Duke removes Su's vertical imagery that points to Coral's aggressive "climbing up" or "ascending to" (*Padao*) and therefore diminishes her active challenge to Chen's authority. Duke's original translation goes: "'She wants to be more important than I am'. 'Are you going to let her?' Chen Zuoqian waved his hand and said, 'Don't be ridiculous! Women can never be more important than men.'"

architect of woman's destiny, which is controlled more by his environments than by fateful predestination. In the next shot, Lotus stands right next to the chamber whose imposing structure towers over its visitor. These two shots confirm the image of the tower chamber as a symbolic establishment that trumpets the reigning authority of the patriarch.

More significant still is the final scene on the roof, in which the execution of Coral makes the room not only a death chamber but also an ultimate defense for masculine honor. In the third shot, the audience's viewpoint coincides with Lotus's perspective. We see from afar the flow of men streaming in and out of the chamber to assist in Coral's "suicide." The overcast sky and the snow-covered roof create a tragic mood of sacrifice: Coral is the offering to the egoism embodied in the tower room. In the final few shots of the roof scene, Lotus's viewpoint guides the audience to confront the nightmarish reality of murder. Her heavy breathing, coupled with the jerky movement of the camera, cues an exclusive emphasis on her subjective view of the chamber, clearly staged as a menacing phallic symbol that fills up the whole screen. As she gets closer and closer to it, the oppressiveness of the building becomes more and more pronounced. Finally, there is a cut to a long shot of the cabin when Lotus releases her scream: "Murder! Murder!"

**Conclusion**

Although Lotus has the last word in the scene, the ending of the film transforms her into a Cassandra figure whose accurate prediction of the future is tragically ignored. Zhang's critical realism exposes the brutality and corruption of the system, and yet exercises little intervention in the narrative to challenge the dominance of the feudal space, as Su Tong's story attempts to do. These different approaches to the exploitation of women thus configure very distinct relations between art and society. For Su, writing has subversive potential because it problematizes a conventional power hierarchy between man and woman and disrupts the subordinate relation of fiction to reality. Zhang, on the other hand, treats film as a medium of social change and considers critical realism the most effective mode to disclose the "backwardness" of "a 'China' that is supposedly past but whose ideological power still lingers." On the whole, Su's cynicism about a deep-rooted cultural corruption works to discredit the revival of any moralist vision, whereas

Zhang's realist faith in the power of critical consciousness commits him to helping shape the narrative coherence of a changing Chinese society.[1]

Ultimately, Su's and Zhang's different aesthetic strategies present two visions of Chinese modernity embedded in different characters' bodies. Su's story, the progressive deactivation of the patriarch's body symbolizes the dismantling of an aging feudal system within which women begin to be heard, if not seen. In Zhang's movie, however, the relentless display of Lotus's body spectacularizes the oppressiveness of an old bartering system in which the objectification of women's sexuality intimates China's lack of progress.

To some extent, their different approaches to the "woman question" are due to their chosen media. If we agree with Sergei Eisenstein's idea that cinema is "a spectacle calculated for a spectator" whose purpose is to influence the audience in a "desired direction," then filmic representation of fiction will always reconstruct stories so as to produce visual and emotional interest. Whereas Su Tong's modernist experimentalism can maintain an ambiguity about how subordinate victims really were to victimizers, Zhang's film more decisively shows how Chinese women in the 1920s deserve to be watched, understood, and pitied.

1 One of Su's innuendoes that Zhang refuses to entertain is the presence of ghosts. In Su's story. Lotus's repeated "hallucinations" about the concubines murdered inside the well have created an aura of mysticism that reveres the existence of the other world. Meanwhile, in Zhang's movie, ghost scare in Coral's room after she has been murdered is immediately demystified by the presence of a vengeful, torch-bearing Lotus. In other words, the ghostly ambivalence in Su's story is eliminated in Zhang's movie because the latter, in its critical-realist fashion, follows a script that strives for clarity and coherence.

# 死亡的净土:《春尽江南》中的雾、毒性和羞耻

/［美国］叶　纹

本文对格非在2011年发表的小说《春尽江南》进行细读，探讨这部小说对“雾”的几种运用：用作一个诗意的比喻、一种环境污染的具体表征、一个表现社会毒性——包括羞耻、牺牲、过剩和犯罪——的矢量。《春尽江南》以反乌托邦为主题，表现了一种期待模式。该期待模式包含由环境和人类生活分别代表的不同时间维度：一方面是人类对环境的长期破坏及其惊人的规模，另一方面是环境破坏对人体造成的微妙、不太明显却更为直接的影响。小说试图将这两个时间维度重新关联起来，但两者的不可通约性使人们难以充分认识到两者的联系。通过描写不断变化的空气质量，格非在《春尽江南》中正面书写了现代主义留给人类的微弱的希望之光，这正是该书写作所围绕的中心。

## A Clean Place To Die : Fog, Toxicity, and Shame in *End of Spring in Jiangnan*

*Paola Iovene*

Popular scientific accounts in the 1950s predicted that the weather of the twenty-first century would be entirely subservient to human wishes. Gone would be sudden August hails and disruptive May frosts; moderate rain and generous sunshine, appropriately distributed to suit different productive needs, would alternate within each single day. Overcoming the precariousness of life through the elimination of contingencies constituted the core promise of socialism, and controlled weather would be one of its tangible manifestations. But if in these predictions the weather featured as an essential condition of life and production, in other discursive realms atmospheric states were mostly invoked as allegories of political situations or human qualities.

In the visual arts of socialist China, elements of the sky were the expression of class power, a temporary challenge to humans' triumph over nature, or the conveyors of an impending threat: think of the red radiant sun in Maoist iconography or the gales bending the apple trees just planted in the desert and the nightly storms in which enemies would come out of their dens in socialist movies. In the post-Mao period, terms related to the air have often been used to suggest certain literary qualities or feelings or a shift in the boundaries of political discourse: "misty" in "misty poetry" (*menglong shi*) alluded to a lack of communicative clarity and a depressive tenor; images of blue sky in the short fiction of the early 1980s suggested hope and optimism; times of more liberal cultural policies were described with the attributes of spring, followed occasionally by abrupt gusts of cold wind.

In all these cases, atmospheric elements are the figural expression of human struggles and moods. Anthropologist Tim Ingold has noted that the social sciences rarely discuss the sensorial elements that make up the weather—the color of the sky, the movement and temperature of the air and the clouds.[1] Weather generally remains invisible in the background of historical and anthropological accounts, treated as an intangible abstraction, even though it affects much of our lives and actions. Ingold calls attention to the atmospheric flows in which humans are immersed to emphasize humans' permeability to their surroundings. Questions about the weather are anthropological questions because they pertain to the ways in which human bodies are dynamically embedded in, and vulnerable to, their material environments, but they are also historical and ultimately literary questions because they concern the contingencies shaping human action.

Ge Fei's *End of Spring in Jiangnan* (2011), which is the third volume of the Jiangnan trilogy, engages with fog as a material aspect of the environment, as a medium, and as a trope.[2] The novel centers on the question of how one can find a clean place to live and die within the pervasive toxicity of postsocialist capitalism, at the same time exploring what the very condition of postsocialism entails for individuals. Fog serves as a medium for four

1 Ingold, "The Eye of the Storm" and "Footprints through the Weather-World."

2 Ge Fei's *Jiangnan sanbuqu* (Jiangnan trilogy) includes *Renmian Taohua* (Peach blossom beauty, 2004), *Shanhe rumeng* (Landscapes in dream, 2007), and *Chunjin Jiangnan* (End of spring in Jiangnan, 2011). The three volumes were first published separately and then reissued together as trilogy by Shanghai wenyi in 2012. Page numbers in this paper refer to the first editions and all translations are mine.

manifestations of toxicity: shame, sacrifice, surplus, and crime. But before illustrating these claims, let me introduce Ge Fei's novel in the context of his Jiangnan trilogy.

### Apprehension, Residual Promises, Planning

Ge Fei's works published from the mid-1990s onward have received scarce consideration in English-language scholarship, despite the remarkable critical attention they have received in China. English-language criticism focusing on his earlier works has generally read them as explorations of the ways in which memory and narration constitute the fictional subject.[1] The lacunae in individual memory and in written historical records, the randomness of fate, and the absurdity of any concept of historical rationality surely constitute the main themes of Ge Fei's works. However, his narratives are equally concerned with capturing the states of apprehension that shape how characters act. This is epitomized by a minor episode in *End of Spring in Jiangnan*, in which the young woman Luzhu tells about her habit of lowering her head while walking under a bridge or a door that is in fact high enough for her to pass through standing straight.[2] This compulsive gesture performs an enduring condition of dread: "we're in constant fear of a danger that won't necessarily happen, wasting our entire life in worrying."[3] Such a fear of an undefined danger forms the core affective state of many of Ge Fei's protagonists, intellectuals in crisis who struggle to respond to contingencies in ways that ensure their well-being; at the same time, quite surprisingly, it is the object of subtle humor and self-irony, with the narratives often undergoing unexpected twists.

The Jiangnan trilogy departs from Ge Fei's previous works in the way

---

1 In an article discussing Ge Fei's novel *Bianyuan* (On the Margins, 1992), Shuyu Kong writes, "Memory is not merely the subject of Ge Fei's works, but also a guide to his unique structuring and characterization" ( "Ge Fei On the Margins," 71). For Jing Wang, "Ge Fei's fictional world can be characterized as a slow process of laboriously and self-consciously extending the present back into the past. It is the past, specifically at the moment when the narrator remembers and registers the fragmentary flashes of his personal past, that anchors the subject-position of Ge Fei's literary persona" (*High Culture Fever*, 246). Xudong Zhang too considers "memory—often memory of a most personal kind (for example, of erotic love or self-identity)—as the central testing ground for [Ge Fei's] philosophy of writing" but argues that the "self-consciousness" that emerges from his stories is not a result of the reconstruction of memory per se but rather of the discernment of "a distance between narration and the referent world." Hence, Zhang characterizes Ge Fei's stories as "meta-fiction," or fiction about fiction (*Chinese Modernism in the Era of Reforms*, 166–167).

2 As we shall see, Luzhu is a friend of the main protagonist Duanwu.

3 Ge Fei, *Chunjin Jiangnan*, 190.

it portrays the relationship between individuals and their historical contexts. In Ge Fei's early works, a fundamental incommensurability divides the well-known narratives of major historical events from concrete human experience, which is often motivated by sexual desire. In the Jiangnan trilogy, however, the gap between the historical narratives defining an epoch and the protagonists' vicissitudes narrows, and the characters' aspirations are more directly related to the collective expectations of their age. These characters are actively involved in the major transformations of their times and in some ways typify them. The trilogy thus investigates the emergence and shrinking of aspirations generated by specific promises, probing into the legacies of the utopian visions that nourished human imagination at different moments of the Chinese revolution rather than setting up counternarratives that question hegemonic historical accounts.

The three volumes are set around three important moments in modern Chinese history: the 1911 revolution, the early 1950s, and the early 2000s. Each volume offers an independent story but acquires additional layers of significance when seen in the light of the others. Although the main protagonists belong to successive generations of one family, the focus is not on extended family relations but on immediate kin and the broader social world, encompassing a vast range of unrelated characters in the third novel. The trilogy weaves together such diverse documents as local gazetteers, letters, and online chats and combines a variety of genres: the first volume adopts elements of martial arts fiction, the second mixes detective story and socialist realist novel, while the third ranges from melodrama to satirical essay. Throughout these combinations of genres, characters, and moods, place remains constant. This is primarily a work about Zhenjiang in Jiangsu province, where the author grew up; thus, it bears affinities with *xiangtu wenxue* (native-soil literature) and many other contemporary novels set in the author's home region. Mo Yan's novels set in Shandong province come to mind as a famous antecedent, although in the Jiangnan trilogy there is no heroic past or ancestor to look back to and no nostalgic storytelling. One of the goals of the trilogy is to undertake what Edward Said has called a "*working through* [of the] attachments" that define the author's relation to his native place, coming to terms with the "unexpected, unwelcome loss" that pervades the condition of exile, a point that will be addressed in further detail shortly.[1]

Why write a trilogy? What does this expanded form offer to contemporary authors, and what account can be given of a writing process that unfolds over nearly a decade? Narratives that extend beyond the length of a novel are fairly common in contemporary Chinese literary culture—an interesting phenomenon that has not been much discussed.[2] Market considerations may encourage some writers to conceive their works as a series rather than as unrelated volumes; trilogies, moreover, offer the opportunity to elaborate on a subject matter from a variety of perspectives and settings that would be difficult to compress in the space of one novel. The Jiangnan trilogy, for one, calls attention to the enduring consequences of ideas and actions that sediment in the soil and the sky despite a political discourse that insists on a fractured temporality of ever new leaps forward. In each of the moments it covers, it returns to aspirations that are never neatly fulfilled, questioning conventional narratives of overcoming. No character appears in more than one volume, however, suggesting historical changes so radical that they are not conceivable within one single consciousness. The expansive form of the trilogy foregrounds, then, the interplay of the enduring and the contingent at diverse historical junctures and the incompleteness of any process of prevailing over an uncomfortable past.[3]

The first volume interrogates the concepts of utopia that inspired revolutionary movements around 1911; the second engages with the vicissitudes of an idealistic communist cadre in the early 1950s; and the third offers a trenchant critique of capitalism that does not find resolution in a recuperation of leftist politics. One could read the three volumes as narrative musings on three different sociopolitical moments and modes of production: the first registering the crumbling of village life and the complex outcomes of the revolutionary movements of the early twentieth century, the second focusing on the dynamics of private and public life under the collective experiments of socialism, and the third lampooning a society torn apart by commodification and unequal mechanisms of exchange. The trilogy is not

---

1 Said, *Culture and Imperialism*, 336.

2 Examples are the trilogies by Ah Cheng, Mo Yan, Jia Pingwa, as well as Jin Yong's *Condor Trilogy* in the martial arts genre and Liu Cixin's *Three Body* science-fiction trilogy.

3 On the pervasiveness of trilogies and tetralogies in the different contexts of post-colonial fiction, see Hitchcock, *The Long Space*.

invested, however, in evaluating socialism and capitalism as contrasting economic and political systems but rather in reconsidering the nature of their promises, the needs and excesses they address and create, and above all the ways in which promises, needs, and excesses intimately propel individuals to act.

The core promise of Chinese socialism, the first and second volumes suggest, was to put an end to the precariousness of all aspects of human life through the redistribution of economic surplus and the rechanneling of emotional excess. Socialist planning aimed to end material scarcity and create forms of intimacy that would be more solid than other bonds, promising not only material abundance but also lasting affection and reciprocity, a solidarity that would replace all previous relationships. Socialism involved an erasure of the boundary between self and other; it was a form of sublimity that radiated outward toward the collectivity and stretched forward infinitely. The Jiangnan trilogy retells the story of these promises of intimacy and abundance, showing how fragile they were from their very inception. In each of the three volumes, planning is an important element of the plot, from the tentative planning of revolutionary action in the first novel, to planning as a feature of the centralized economy in the second, to the waning possibility of organizing one's life in the third. But in each of the volumes the possibility of planning remains unevenly distributed—by some taken for granted, by others arduously obtained, and simply unavailable to yet others—and subjected to contingencies and sudden twists that no one can control. If planning is always an elusive goal rather than a secured means, the sheer belief in the possibility of planning becomes unavailable in the third volume. Thus, the trilogy traces the waning of a belief rather than the exhaustion of an actual practice. In *End of Spring in Jiangnan*, rather than planning, various forms of interruption or blockage created by emotional or material excess constitute the main mechanisms regulating social and economic life.

**An Experiment in Counterpoint**

Stretching over a period of twelve months from May to April sometime between 2006 and 2009 and encompassing recollections mostly revolving around 1989, *End of Spring in Jiangnan* depicts a diseased social world that is the culmination of economic restructuring begun in the 1990s, characterized by real estate speculation, loss of lifelong employment, displacement of the weak, and commodification of life. These are transformations that obviously concern the totality of China; the area of Zhenjiang, however, where the novel is set, constitutes an extreme case of pollution and environmental destruction. The novel elaborates on aspirations eroded by the promises that nurtured them, registering the uncertain possibilities offered by this kind of present: more opportunities to reinvent oneself from scratch but less security, and an ultimate failing on the part of individuals to exert control over their bodies and surroundings. A diffuse precariousness is presented as a basic condition of human life independent of social status: the fatuous, often harmful restlessness of the middle-class is contrasted with the muffled voices of people who are deprived of their jobs and have no legal protection, within circuits of exchange that reduce even songbirds to commodities. *End of Spring in Jiangnan* traces a nearly total erosion of expectations of a better future life.

The story begins with a one-night encounter between the poet Tan Duanwu and a young woman named Xiurong in 1989 in Hepu, a fictional town in Jiangsu province. The two lose touch immediately but meet again in a department store a year and a half later and marry soon thereafter. The narrative present is set about twenty years later. Duanwu now works in a dusty office for the compilation of local gazetteers, whereas Xiurong has changed her ethereal name (Beautiful Glory) into the materialist-sounding Jiayu (House Jade) and has undertaken a successful career as a lawyer. They have an eleven-year-old son; much space is devoted to the pressures that the education system imposes on children and to the child's loss of a pet bird, sealing the end of his childhood. The main plot revolves around two events: the purchase of an apartment for Duanwu's mother and the onset of Jiayu's cancer. When Duanwu's mother refuses to move into the apartment, Duanwu tries to rent it out through a real estate agency, only to find, a few weeks later, that the agency has taken possession of it, rented it, and pocketed the rent. Unable to get in touch with the agency or negotiate with the tenant, Duanwu and Jiayu eventually evict the tenant with the help of a gang of thugs. The long process of attempted eviction coincides with the growth of Jiayu's cancer (revealed only later in the narrative), suggesting a connection between the house and her body, real estate speculation and cancerous cells. While Jiayu works as a lawyer, the illicit tenant is a doctor: law and medicine are equally powerless to evict invasive beings or curb the proliferation of toxic matter.

Each of the four chapters shuttles between past and present: the events are first provisionally introduced and later retold from the perspective of some other character. This design—a prism of individual visions—predisposes the reader to remain open to further counterpoints and to actively reconstruct a chronology that in the narrative is not always made clear. Seasons are more explicitly indicated than years, especially for events in the 2000s, not only mimicking the work of memory (it is often easier to remember the weather attending an event than the year in which it took place) but also contrasting an indistinct long present with the more punctuated, forward-oriented past. As the narrator puts it, having a child was "the only agreement they reached on their future destiny. After that, just as we all feel, time ceased to offer any valuable thing. It doesn't make all that much difference whether you live a hundred years or a day in this world. To borrow Duanwu's somewhat inflated poetic language, waiting for death had become the basic reason to continue living. Their mutual sense of estrangement multiplied, increasing at uncontrollable speed."[1] In this passage and elsewhere, the novel emphasizes the prospect of death as a paradoxical motivation to live on. In several instances, we find characters wishing to control the circumstances of their death, as if a proper demise were all they can aspire to, once expectations for a proper life have been disappointed. The narrative ends with Jiayu dying in a remote hospital and Duanwu setting out to write a novel based on fragments of lore reported in local gazetteers.[2] The writing of the novel turns out to be the only long-term project of his life besides having a child. For the rest, Duanwu does not make plans; a decent man with few qualities and weak desires, he is a loser in the eyes of his wife and a hypocrite according to his friend Jishi. His name suggests an affinity with the famous poet of antiquity Qu Yuan (whose death is commemorated on Duanwu Day), and indeed in his own self-perception, he is a poet who has chosen to be out of step with the times and who enjoys working in an unimportant work unit, reveling in "slowly decaying in that small building," as Jiayu sarcastically puts it. Doing

1 Ge Fei, *Chunjin Jiangnan*, 5.

2 The novel Duanwu sets out to write actually overlaps with the first volume of the trilogy. As often happens in Ge Fei's embedded stories, the protagonist turns out to be the author of the narrative in which he is featured.

the fittingly superfluous job of compiling gazetteers along with reading and listening to classical music affords him a refuge from a relentless system of exchange that promises happiness only to produce waste, ultimately granting him survival as well as stories to write about.

Xiurong/Jiayu, however, is terrified by the thought of being left behind. When Duanwu leaves her after their first night together she falls into a fever and becomes almost cataleptic, for she has lost not only her virginity but her natural inclination to trust and to assume a commonality of feelings with others. From that experience of being rejected she emerges heroically, renaming herself to start a new life as a lawyer, anesthetically attuned to the demands of the age. Going through the motions mechanically, Jiayu makes sure to do what needs to be done; however, her self-numbing is incomplete. The vicissitudes of her clients, ranging from laid-off workers to insane killers to whom the law has not much to offer, increasingly touch her. According to one of her colleagues, she is too thin-skinned to work as a lawyer. Cancer kills her, but she is also consumed by her inability to preserve a space that is irreducible to material concerns, work pressures, or the needs of others. The very first sentence of the novel is "I am now yours," spoken by Xiurong (Jiayu) while she is "lying on a mat on the floor, her head resting on a volume of *Selected Poems of Pablo Neruda*, looking up at [Duanwu] with her childish face, her eyes timid and innocent."[1] Her statement is not simply an expression of naive morality (it is September 1989 and she has just slept with Duanwu) but the epitaph of a bodily sacrifice—an expropriation that begins there and culminates with cancer. "Sacrifice" is a word that comes up often in conjunction with her, first appearing in the poem that Duanwu writes for her that very night.

Through the pair of Jiayu and Duanwu and their network of family and friends, the novel ponders how commodification saturates and erodes everything that keeps humans alive. But rather than reading this work as a rant against capitalist modernization, I will focus on the discrepant forms of exile through which the characters respond to the transformations of their environment, a territory that, though not quite effaced, has been awkwardly disguised: "Capital is like a hurricane blowing all over mid-spring Jiangnan,

1 Ge Fei, *Chunjin Jiangnan*, 3.

dressing up decay with coats that seemed fancy or trendy but were just pretentious and ill-fitting."[1] What puts the protagonists in the condition of exile is not displacement proper (though that too plays a role in the narrative and dramatically affects the lives of workers and farmers) but rather a "dressing up" of their environment that is too rapid to cover up all ruins and too vulnerable to a primordial wilderness that creeps back in, whenever the "fancy coats" are left momentarily unattended.

Edward Said warns against two dangers facing the exile: making a fetish of exile, "to live as if everything around you were temporary and perhaps trivial ... to fall prey to petulant cynicism as well as to querulous lovelessness" and giving in to "the pressure ... to join—parties, national movements, the state," which involves "a loss—of critical perspective, of intellectual reserve, of moral courage." Said speaks of exile "not as a privilege, but as an *alternative* to the mass institutions that dominate modern life. Exile is not, after all, a matter of choice: you are born into it, or it happens to you. But, provided that the exile refuses to sit on the sidelines nursing a wound, there are things to be learned: he or she must cultivate a scrupulous (not indulgent or sulky) subjectivity."[2] "Cultivating a scrupulous subjectivity," Said suggests, means developing a contrapuntal reading of the world. For Said this is a matter of overcoming narrowly conceived nationalist allegiances and producing an awareness of the ways in which metropolitan and colonial histories are shaped by each other, a stance that is more readily available to those living with the memory of an environment that they have left behind.[3]

*End of Spring in Jiangnan* tackles the sense of displacement that occurs not when one leaves one's country to go abroad but rather when facing a familiar landscape that has been utterly transformed. In response to a situation of rapid change in which fetishization of exile is not an option and all bodies

1 Ge Fei, *Chunjin Jiangnan*, 296.

2 Said, "Reflections on Exile," 183–184.

3 "For an exile, habits of life, expression, activity in the new environment inevitably occur against the memory of these things in another environment. Thus both the new and the old environments are vivid, actually, occurring together contrapuntally" (ibid., 186). In *Culture and Imperialism* Said describes contrapuntal reading as "a simultaneous awareness both of the metropolitan history that is narrated and of those other histories against which (and together with which) the dominating discourse acts. In the counterpoint of Western classical music, various themes play off one another, with only a provisional privilege being given to any particular one; yet in the resulting polyphony there is concert and order, an organized interplay that derives from the themes, not from a rigorous melodic or formal principle outside the work" (51).

that one could join—whether state organizations or communities of poets—are fraught, Duanwu simply refuses to move fast, looking for a discrepant rhythm unmoored from a fantasy of exile that the narrative itself proves to be a surplus of material accumulation, a luxury for the few. Throughout the novel, contrapuntal threads stitch together a tattered social totality, allowing for a resolute yet provisional authorial voice to emerge with particular clarity in the more essayistic moments of the narrative. The main characters too are only given provisional privilege, their perceptions continuously refracted through the words and gazes of others. Scraps of phone conversations show how stories of intellectuals and merchants, poets and lawyers, entrepreneurs and subalterns are mutually intertwined. Apparently minor characters prove to have multiple connections within the narrative: for instance, a laid-off factory worker who only receives the equivalent of 4,000 dollars as compensation for a lifetime of labor and goes to Jiayu's office for legal assistance later turns out to be one of the employees in the factory that Duanwu's friend Shouren plans to raze and transform into a villa, and possibly one of those who then beat up Shouren in desperate revenge.

The novel includes several of the legal cases in which Jiarong is involved—an artifice that calls attention to itself, for no lawyer could realistically be dealing with such diverse trials, ranging from laid-off workers to perverted killers. This idiosyncratic appropriation of legal cases allows the author to narrate a broad spectrum of stories without connecting them tightly, in an episodic fashion recalling a TV series. The narrative gropes through a myriad of distressing situations that find no resolution, which beg to be read as heterogeneous symptoms of the same malaise. And while an iterative, at times obsessive review of earlier events fills the story with new details on the past, a pervasive fog solidifies and obscures visibility in the present. The novel thus registers transformations that go beyond the razing of villages and the six-lane roads brought about by modernization: there is a thickening of particles that initially remains unnoticed or is passively perceived as an atmospheric event, but soon the toxicity of the particles is revealed, relentlessly seeping through the skin and tainting bodily organs. As we shall see in the next section, fog itself undergoes a process of material and metaphorical accretion from a translucent gauze allowing for a fleeting flourishing of the imagination to a toxic residue of unchecked expansion and an obstacle to communication and life.

**Poetics of Mist**

In the 1950s, forecasts of future life did not mention fog. But fog features prominently in *End of Spring in Jiangnan*, where it is the principal trope through which the interplay of human action and its material traces on the environment is explored. Fog hovers on the bank of the Yangzi delta where Duanwu walks with Luzhu, the melancholic young woman he has just met at a party in the villa where she lives with her uncle, the real estate developer Chen Shouren. Chen's manor, "Wuthering Heights," newly built near an abandoned dock, epitomizes the new economy of real estate development while also alluding to the socioeconomic conditions of nineteenth-century Europe and the fictions they generated. Having had an inkling of the city government's plans, Chen has bought land from the local fishermen for a ridiculously low price, dreaming of transforming dirty slums into an Italian-style coastal resort overnight. Delicately crafted rockwork and a garden enwrap his house in the calm idyll that is the privilege of the few:

> In the southeast corner of the garden there was a newly built octagonal pavilion, and next to it a rockwork [*jiashan*] of piled up *taihu* stone, which the just planted Chinese wisteria and cypress vines had not yet covered. Between the pavilion and the mansion ran a little pathway covered with cobblestones along which were even mounted mushroom-shaped lights. The lawn had probably just been mowed, as Duanwu could still smell the peculiar fragrance of sunrays on the grass. In the garden there was a little pool: Shouren had planned to build an outdoor swimming pool, bluestone had been laid on the sides, and lotus flowers were growing in it.[1]

The mansion hosts lavish parties attended by a political-economic-artistic elite of literary bureaucrats and academic painters, wealthy developers, dubious politicians, and thugs, whose favorite pastimes include discussing esoteric substances for enhancing one's health and prolonging life. Paulownia trees surround the villa—Shouren hopes that they will soon grow

1 Ge Fei, *Chunjin Jiangnan*, 30.

into a thick wood to separate it from the surrounding slums. As the narrator notes, "Shouren was obsessed with 'aesthetics' and 'empty tranquility.' The sheer presence of those barebacked poor wretches would ruin his 'tranquil cultivation.'"[1]

Just outside the villa, there is a desolate if blurry sight, a suburban "terrain vague" simultaneously preindustrial and postindustrial.[2] The fog enshrouds the deserted shipyard—a vestige of past days of maritime commerce—and blurs water and land, veiling the power plant chimneys on the other bank. Fog softens contrasts and muffles sounds, calling for a more intense effort of the senses, for eyes narrowing to capture shadows and ears pricking up to detect the origin of noise. It alters distances. Like ethereal gauze softly stretched over the wounded landscape, it occludes sight, confounds perception, but at least in this instance, it is not threatening.[3]

As they proceed hand in hand across the steel girders of an abandoned dock along the river, the air redolent of rust, Luzhu tells Duanwu the sad story of her life.[4] Groping through the fog, the two are afforded a moment of fantasy or suspension. Luzhu asks whether the lights in the distance might belong to fisher men about to cast their nets; they walk in that direction for half of the night, and when the fog dissolves over their destination, it unveils an enormous trash dump: an artificial mountain in the making that, like volcanic lava, deforms the soil. The counterpoint with the delicately crafted rockwork—graceful, complete—in Chen's garden is obvious, though only a few months later, after Chen's death, the villa will be abandoned and weeds will again take over. Growth cannot be tamed, as urban waste and weeds alike invade leftover spaces.

An enduring friendship begins as Duanwu and Luzhu smoke a cigarette, sitting on a pile of trash.[5] Luzhu stares blankly, with no apparent emotion. She tells Duanwu that even the trash workers—whom she deems "inhuman" because they do not enjoy the conditions that are appropriate for humans—are better off than herself: at least they have moments of laughter. Luzhu is convinced that her existence has no meaning or value, but her depression

1 Ge Fei, *Chunjin Jiangnan*, 31.
2 See Solà-Morales, "Terrain Vague."
3 Ge Fei, *Chunjin Jiangnan*, 36.
4 Ibid., 37.
5 Ibid., 39.

is not solely a personal matter; it is intimately related to the ruin of the landscape, for all she aspires to, she tells Duanwu, is "a clean place to die."[1] She had assumed that she had found such a place in a monastery in Dunhuang, but now that her uncle and aunt have forced her to return to the "real" world, she is left with the task of finding a clean place to survive within her toxic surroundings.

In this episode, fog works as both a distancing and a connecting medium: it temporarily separates the protagonists from their surroundings but also prompts them to move—if only to the trash dump. In the passage I shall discuss in the following section, fog becomes an essential part of the landscape. No longer solely a medium through which the characters move and breathe, fog becomes granular: a substance in which the medium and the object of the gaze coincide.

**Fog's Intertexts, Pulviscular Prose**

Through fog as landscape and as metaphor, *Late Spring in Jiangnan* engages its own literary genealogy and the material conditions of its writing. Water and dust particles hover in the air throughout the narrative, but it is only in the fourth and last chapter, "Night and Fog," that fog is explicitly thematized. The chapter begins with a disappearance: Jiayu departs from home on a snowy late February day, leaving no trace but a grainy black and white image on the building surveillance camera that, Duanwu notes, seems to cover up all recollections of the twenty years they lived together. It is only retrospectively that Duanwu realizes the portents of her leaving; after her departure, it takes him several online chats with her to realize that she is about to die. And just when he wants to visit her in the hospital in Chengdu, where she has spent the last few weeks, fog delays his departure. It is at this dramatic moment that he recalls the various textures of mist that have swathed his life and writing, from the ethereal haze of his childhood to the gritty fumes of his adult life:

> As a child, Duanwu loved fog [*wu*]. At that time they were still living in

1 Ge Fei, *Chunjin Jiangnan*, 38.

Meicheng, in an old alley close to Xijindu.[1] At the back of the street there was a wide reed bank, behind which flowed the mighty Yangzi. Along the river, steelgreen peaks surrounded a dense forest. A deserted Taoist monastery with a red wall was nested on the hill.

In late spring or early summer, every time Duanwu woke up in the morning, he'd see clouds and mist resembling flying willow catkins, enshrouding the reeds just about to turn green, blurring the bold profiles of the temple walls and lush trees. After the rain, floating clouds [*yun'ai*] would rise between the mountains and the shadows of sails on the river. White and light, they'd linger for a while, fluffy and soft like cotton candy, pure and white like rabbit hair.

His brother Wang Yuanqing, who was then in middle school, told him that it was neither fog [*wu*] nor clouds [*yun*], but that it had a special name, mountain mist [*lan*]. When he was going to college in Shanghai, it was exactly the time when "misty poetry" was the rage. In Duanwu's writings, wu was always combined with *lan* to form a disyllabic word: *wulan*, mist. This was his homage to his brother. This word, which the latter cherished so much, endowed that bustling age with strong emotions and a sentimental atmosphere.

At that time, members of the literary association would often meet in a secret facility room of the audiovisual education building to watch the videotapes of banned foreign movies on a 29-inch Sony TV. Alain Resnais's 1956 [sic] famous film was the first to connect fog [*wu*] and crime [*zui'e*]. It was after seeing it that Duanwu blurrily [*mengmeng longlong de*] began to say goodbye to his youth. Fog [*wu*] and mist [*wulan*] for a while disappeared from his works. He no longer liked the cloying style of misty poetry.

Today, whenever the image of fog [*wu*] reappeared in his poems, it had become a completely unconscious reflex. Whenever he raised his pen to depict the surrounding landscape, the first word that came to his mind was "fog" [*wu*], as if he were afflicted by an obsession. At the same time, the characters with which he'd combine *wu* had changed. For the people living in Hepu, the meaning of the words "mountain mist" [*lan*] had long been locked up in the dictionary, just like the proverb "being contented with poverty and

1 Xijindu is a historical district in Zhenjiang city, on which the fictional Meicheng is modeled.

living a spiritual life" had become an unlikely myth. Fog had now acquired a more appropriate partner, a more intimate companion: *mai*, as in *wumai*, "fog haze," the technical word that often swirled on the tip of the tongue of weather forecasters. Fog haze was one of the most typical landscapes of this age....[1]

On windless days, the vapor rising from the ground would enwrap dust, ashes, carbon dioxide, invisible toxic particles, lead molecules, at times also the grey smoke coming from the wheat straw burnt by farmers. Day after day, the thick blanket thus formed covered people's heads and pressed onto their hearts. This fog haze nourished his poetry, at the same time as it posed questions.

These questions had nothing to do with how poisonous this thing called "fog haze" might be; rather, they had to do with the indifference with which everyone accepted it. As if it were not a new thing that had only appeared in the last few years. As if it were not an insult to nature, but nature itself. As if it hadn't already symbiotically conspired with the dark night, acting in collusion with it to let the sun die a slow death and time stop; as if it were neither a warning nor an allegory.

At this moment, Duanwu was pulling his suitcase, crossing the dimly lit street and the vulgar, gaudy square of which the city was so proud. Even in the haze, healthy-bodied people were still visible everywhere....

The ashen, hairy, filthy fog [*zangwu*] ceaselessly bred crime [*zui'e*] and shame [*xiuchi*] in his heart, unfolding in the dim light toward the depth of darkness.

> In front of his eyes, in a messy alley with only a scant trace of human presence, the thick fog [*nongwu*] was brewing a sinister scheme. It was not only blocking the flight that in his imagination was leaving on time and the destination that he yearned to reach, but was also separating life and death.[2]

Various permutations of fog punctuate Duanwu's life and writing, accompanying a coming-of-age process that involves a growing awareness

---

1 The term wumai was newly coined in 1997 official documents to describe Beijing's pollution. See Pasternack, "Beijing's Olympics Weather," 189.

2 Ge Fei, *Chunjin Jiangnan*, 347–349.

of evil as well as displacement from an idyllic neighborhood to an overbuilt city. In Duanwu's earlier poetry, mist (*wulan*) signifies the immaterial, the imaginary, purity, and heightened pathos; it is associated with nostalgia for pristine landscapes and childhood. That fine mist, reduced to an anachronism surviving only in a dictionary, has now been replaced by a granular substance that precipitates on the fictional page. The present "fog haze" is both a material aspect of the environment and "a warning, an allegory." The passage traces a repetitive relay between the experiential and the allegorical, with each new compound—*wumai, zangwu, nongwu*—denoting an accretion of substance that turns attraction into disgust, registering a shift from the soft mistiness enshrouding childhood recollections to a toxic dust that by itself, automatically as it were, seeps into the writing.

Fog thus becomes intertwined with crime. The connection first occurs to Duanwu after watching Alain Resnais's documentary *Night and Fog* in the late 1980s. Made in 1955, the documentary was commissioned by the Comité d'Histoire de la Seconde Guerre Mondiale to memorialize concentration camps and was coauthored with Jean Cayrol, who had been in one of the camps as a political prisoner. The title of the documentary draws on Cayrol's book *Poems of Night and Fog*, which in turn refers to Hitler's 1941 Night and Fog Decree (Nacht und Nebel Erlass) mandating that political dissenters ("communistic elements and other circles hostile to Germany") in countries occupied by Nazi Germany would be secretly arrested and deported to concentration camps and that no information on their whereabouts would be communicated to their families. Fog in the documentary evokes atrocities committed in the dark, willful repression of truth, and the shunning of accountability in postwar France.[1] Duanwu's mention of *Night and Fog* just after Jiayu has left home establishes a contrast between two different kinds of crime: the first involving brutal violence; the second, more hidden,

1 According to Sandy Flitterman-Lewis, Resnais's documentary infuses the title *Night and Fog* with new meanings: The darkness of "night" suggests despair, hopelessness, and demoralized inaction; "fog," by contrast, suggests the subjective uncertainty of multiple meanings, a blurring of sense that threatens to turn into either a confusion of meanings or no meaning at all. It is only when the terms are combined in the transforming catalyst of the film that the *salutary* meaning emerges, just as in the seeming paradox of Resnais's "constructive forgetting." Memory of the past is positively combined with responsibility for the future (that is, human agency, the sense of self that makes us capable of compassion and understanding). With *Night and Fog* one survives the desperation of the night, sees through the confusion of the fog, and emerges as a social being with a commitment to that human connection fundamental to life—a sense of shared responsibility to (and for) oneself and others (Flitterman-Lewis, "Documenting the Ineffable," 208).

but infiltrating the human body in more capillary and equally pernicious ways. The more diffused nature of crime in the present renders the issue of accountability even more fraught. Indeed, the ensuing reflections on fog transform the question of accountability raised by Resnais's documentary into one that is more closely related to acquiescence: what strikes Duanwu most is how "fog haze" is accepted as natural. What kind of language, then, can adequately respond to such toxic opaqueness of air?

This is a question that animates not only Duanwu's own writing but also the novel as a whole. *End of Spring in Jiangnan* responds to this question through a form of writing that I would like to call "pulviscular prose." The term "pulviscular," from the Italian *pulviscolare* ("dustlike"), indicates particles of dust floating in the air that become visible when traversed by a ray of sun. I borrow the term from Italo Calvino's *Why Read the Classics?*,[1] although I am obviously concerned not with literary classics but rather with dusty pollutants and the ways they affect fiction writing, and with a prose that strikes mordacious attacks against quasi-solid air, reverberating with the gritty sound of silt stuck between the teeth. Pulviscular prose nourishes itself on poisonous dusts, for the residue that kills is also what instigates writing. No longer the realm of poetic invention and romantic recollection, pulviscular prose aspires to resemble the video-camera recording of Jiayu leaving home: an imprint that aggressively overwrites the translucent remainder of gentler mists. *End of Spring in Jiangnan* repeatedly depicts the granular texture of air to denounce not only the deterioration of the landscape but also the damage to the body. Ge Fei's pulviscular prose thus transfers opacity from the psychological depth of the self to the dynamics that attend to bodily transformations, from the ambivalence of feeling to the turbidity of matter. This matter encompasses the human and nonhuman, the organic and inorganic. Take, for instance, the words "the ashen, hairy, filthy fog ceaselessly bred crime and shame in his heart" at the close of the earlier quotation.[2] The hairy appearance of the fog suggests a growth in which the boundary between the inorganic and the organic is unclear. The fog itself retains an organic quality: it is the condensed residue of human actions, and

1 "A classic is a work which constantly generates a pulviscular cloud of critical discourse around it, but which always shakes the particles off" (Calvino, *Why Read the Classics?*, 6).
2 Ge Fei, *Chunjin Jiangnan*, 349.

it is this residual quality that allows it to enter into osmotic relation with the heart, infecting Duanwu with a sense of crime and shame. This sentence hints at a crucial movement of contagious circulation of *zui'e* ("crime," but also "evil") and *xiuchi* ("shame"), with fog serving as their substrate.[1] Fog, in sum, condenses and conveys affective states and behaviors. It works as an infectious agent at the same time as it makes contagion visible, thus calling attention to questions of accountability and acquiescence—both as a self-reflective commentary on the work of the writer and in broader societal terms. Finally, it nurtures enduring aspirations for a clean place, even as it obscures the landscape.

**Shame**

Shame is a slippery affect. What exactly causes it, and what does it prompt people to do? Drawing on Silvan Tomkins and Michael Franz Basch, Eve Kosofsky Sedgwick argues that shame is both "a disruptive moment"—that is to say, an interruption of communication—and "a desire to reconstitute the interpersonal bridge."[2] It emerges when a circuit of "identity-constituting" recognition is interrupted;[3] it is the physical (not quite conscious) reaction to a contact that has been broken and the manifestation of an inability to appeal to the other. Shame, in other words, emerges when a request for recognition remains unfulfilled by another. It follows a request or expectation that may not be excessive in itself but that comes to feel excessive because the request has been denied; shame expresses the desire to reiterate that request, if in a more contained or less exuberant fashion. At the same time, shame "is both peculiarly contagious and peculiarly individuating"[4] and can easily drift from one individual to the next, as Sedgwick explains: "One of the strangest features of shame, but perhaps also the one that offers the most conceptual leverage for political projects, is the way bad treatment of someone else, bad treatment by someone else, someone else's embarrassment, stigma, debility, bad smell, or strange behavior, seemingly having nothing to do with me, can so readily flood me—assuming I'm a shame-prone person—

1 *Xiuchi* occurs quite often throughout the novel, alternating with the related term *chiru*, which is closer to "humiliation" than shame proper.

2 Sedgwick, *Touching Feeling*, 36.

3 Ibid.

4 Ibid.

with this sensation whose very suffusiveness seems to delineate my precise, individual outlines in the most isolating way imaginable."[1] The words "very suffusiveness" recall the trope of fog in *End of Spring in Jiangnan*. Fog not only conveys shame but also constitutes its visible manifestation as a suffusive substance that forces individuals to redefine their boundaries against those of other people and things, interrupting habitual trajectories and gestures, and making one aware of the daily efforts of identification and recognition that sustain social life. A look at the instances in which this emotion is invoked in the novel will help refine my earlier suggestion that we think of its main characters in terms of exile. Initially, I connected the condition of exile with the deep alterations of the landscape. The native soil appears alien, and its peculiar strangeness is conducive to shame as well: the sudden unfamiliarity of a toxic landscape produces an awareness of distance, a sense of disconnection that makes one want to turn one's gaze away but that might also generate efforts to reconnect with the environment and with others through a more scrupulous self-individuation.[2]

Shame epitomizes the moments in which immoderation suddenly appears strange and thus momentarily interrupts interest or joy. But understanding shame in Ge Fei's novel means being alert to its contradictory workings and nuances conveyed by the different terms employed, ranging from abashment to humiliation. Refracted through a variety of names, this affect is pervasive like fog, no less significant for being heterogeneous, fine-grained, elusive, and at times only implied. Feelings of humiliation and shame are a frequent topic of conversation between Jiayu and Duanwu. Jiayu mostly sees shame as a toxic component of her life that she hopes to excise, while Duanwu seems to accept it as an inherent part of their world. For Jiayu, it mainly emerges from interpersonal relationships—it is a response to the ways in which other people treat her or to her own unexpected behaviors. For Duanwu, it is a more general reaction to his surroundings and to the conditions of life and death of people he does not necessarily know. Thus shame is gendered: it is linked to intimate feelings of humiliation for the female protagonist, while it borders

1 Ge Fei, *Chunjin Jiangnan*, 37 (italics in original).

2 Sedgwick discusses how Tomkins considers shame as part of the shame-interest affect polarity, noting that turning one's gaze to someone strange, or to someone assumed to be familiar but suddenly appearing unfamiliar, can generate shame. She also stresses its highly "mercurial" quality, and that not only people but also places can generate this emotion. Ibid., 97.

on indignation and becomes a theme of poetic composition and philosophical reflection for her male counterpart. Shame is not transformed into something else for either of them, unless perhaps, eventually, in Duanwu's writing. Jiayu asks "why, since birth, has humiliation [*chiru*] unceasingly entangled" her, to which Duanwu responds, "My dear, it is impossible for anyone to live without feeling humiliated in this world!"[1] Duanwu's response is enigmatic; he does not explain what makes it impossible to live without humiliation. If, in this context, for Jiayu humiliation is the result of a sense of diminished self-esteem stemming from her constant altercations with her mother-in-law, a more intimate and secretive sense of shame (*xiuchi*) emerges at moments when she admits to her greediness, through motions that betray pressure even as they register solace. In these instances shame is not unrelated to the transgression of a prohibition, but it mostly comes with the sudden awareness of an excess, as when she sleeps with a young man she has just encountered at a lawyers' training course in Beijing and realizes, though not for the first time, "the greediness and wildness [*kuangye*] of her body." In this instance, the narrator notes, "shame [*xiuchi*] not only couldn't hinder the emergence of pleasure, to the contrary, it became the catalyst of pleasure and release."[2] Only a few hours before this happens, Jiayu feels abashed (*xiukui*), quite strangely, when her lover displays more knowledge of classical poetry than she expected. She had shown off a couple of verses, but he turns out to know much more than she does about the setting of the poem. Her abashment is associated with being caught boasting or pretending but also with her realizing that she does not have the cultural advantage she assumed in comparison with someone of a younger generation, foregrounding her condition as a person who strives to keep up with times but is unable to secure a distinctive space for herself.

These instances suggest a fine line between humiliation and shame: if humiliation involves being debased by others, shame involves finding out or realizing something inadequate in oneself. But overall, shame is equally relational: it is often the result of a physical or verbal interaction that unveils properties (emotions, body parts, material goods, or cultural competence)

1 Ge Fei, *Chunjin Jiangnan*, 90.
2 Ibid., 98.

that are excessive or insufficient, not in the quantity or measure one was hoping for, and therefore unsightly. The object of shame is what one wants to cover or wants others to divert their gaze from. Shame and humiliation are predominant affects in the novel and emerge from an interruption in the flow of communication between individuals and also between individuals and their environment, an interruption that is mostly caused by some form of verbal or sensory excess. For Duanwu, shame and humiliation traverse the boundaries of social class. His belief in the inevitability of shame is related to his concern for those who are sacrificed: the humiliation suffered by the sacrificial subjects translates (or should translate) into shame for those who enjoy the benefits of the sacrifice. It is in this transference of affect that a residual hope for a different ethics lies. Shame is important because it is one of the few affects left available for a post-revolutionary renovation of ethics—through poetry.

**Sacrifice, Poetry, Excess**

The term *xisheng* (sacrifice) first occurs when Jiayu sees the six lines Duanwu has written for her on that first night together in the late summer of 1989: "He left an incomplete poem, a mere six short lines, titled 'Moonlight over the Sacrificial Altar.' … It was only a confused mess of scribbles jotted down before leaving, no sublime words with deep meaning…. But the words 'sacrificial altar' made her realize that she had been the sacrificial victim [*xishengzhe*]: she had been cruelly discarded, and the poet who had probably disappeared forever was both the priest and the ancestor or deity who could directly enjoy the offer."[1] On this first encounter, a link between sacrifice, eroticism, and poetry is suggested. As noted earlier, the novel begins with the sentence "I am now yours," which can be read both as a promise and as a request to Duanwu to acknowledge and reciprocate her promise. But Duanwu turns away and leaves, and Jiayu feels humiliated for having been discarded: her gift has been ignored, her sacrifice is in vain. Although Jiayu reads the poem as a revelation of her own nature as a sacrificial victim, she does not seem to take the verses all that seriously: the six lines are not quoted; all that

1 Ge Fei, *Chunjin Jiangnan*, 4. The six lines will appear twice later in the narrative: the first time when the encounter is recounted again with additional details; the second at the very end of the novel, in the first stanza of a long poem completed many years later and serving as the epilogue for the book.

matters to her is the "sacrificial altar" in the title. Jiayu is characterized as an incompetent reader of poetry who only notes the details that she can relate to herself. Although on a first reading she identifies herself as the victim that has been sacrificed or discarded, she later comes to think of her husband, if not as a sacrifice proper, then certainly as a superfluous poet who has chosen to be discarded, and of poetry as a useless thing.

Poetry, however, has not always been useless to her: she only loses interest in it after meeting Duanwu. Indeed, a few months before, she had joined a group of students commemorating the poet Haizi, who committed suicide in late March 1989. The occasion is described:

> One poet after the other went up on the stage to recite poems written by Haizi or by themselves. Quite unexpectedly, Jiarong too felt a vague [*mengmeng-longlong de*] desire to write poetry. Of course, more than anything she felt ashamed [*cankui*] and guilty: such huge things were happening around her, but she turned a deaf ear to them and didn't have the slightest idea, while she would instead take to heart the case of a widow becoming pregnant. She felt she was too narrowminded, too cold. At the end of the evening, she stayed on to help the leaders of the students' association tidy up tables and chairs and clean up the place.[1]

By the time Jiayu meets Duanwu, she has read all of Haizi's works and keeps dreaming of him walking alone on a stretch of railroad at Shanhaiguan, where the young poet threw himself under a train.[2] Jiayu responds to Duanwu as if he were a reincarnation of Haizi—the dead poet with whom she is enamored and who has achieved what she will later aspire to—finding his own place to die. Jiayu's sacrifice on her first encounter with Duanwu can be seen as the sacrifice of poetry as well because meeting the poet brings her passion for poetry to an end. The relation between poetry and sacrifice, however, goes beyond Jiayu's disillusionment, for there is some allusion to poetry every time sacrifice is mentioned. And yet this relation remains

1 Ge Fei, *Chunjin Jiangnan*, 133.

2 Several Chinese intellectuals considered Haizi's suicide as a symbol of the end of the idealistic 1980s. On Haizi's suicide and the ensuing mythification of the poet, see van Crevel, *Chinese Poetry in Times of Mind, Mayhem and Money*, 91—136.

elusive: Is it that poetry can serve as a medium to acknowledge sacrifice, however momentarily or partially, or is it that poetry itself is sacrificed to something else?

Not solely limited to Jiayu and Duanwu's first encounter, sacrifice soon takes on a more explicit social significance. In the second chapter, which is mainly told from Jiayu's perspective, sacrifice is again discussed in conjunction with a poem written by Duanwu, which the reader does not get to read. What we get instead is an essayistic digression conveying Duanwu's thoughts on this theme:

> At that time, Duanwu had just finished a long poem titled "Sacrifice." For a while, he was simply bewitched by this word. According to him, every epoch has innumerable sacrificial victims. It was precisely the appearance of the word "sacrifice" that transformed and sublimated the actual meaning of ordinary death, for what "sacrifice" emphasized was not death per se but rather its goal and significance. Duanwu pointed out that in the religious and magic activities of ancient times, for instance, the sacrificial victim that was sent to the altar, whether animal or person, constituted a part of a solemn and mystical ritual. It was a price that had to be paid. The reason these sacrificial beings were picked was that they were immaculate and pure, and hence appropriate for the liking of the spirits. They were sent as gifts in exchange for favorable weather, harmony of yin and yang, and good luck throughout the year. Sacrifice itself was part of history, or part of civilization [*wenming*]. Even though in the revolutionary era, to reach certain concrete or illusionary goals, batch after batch of sacrificial victims were killed and buried leaving no visible trace, their names nonetheless endure because they have been included in the history of the victors. Even the nameless victims have been dealt with properly: they were incorporated in a conceptual symbol, such as a monument to revolutionary martyrs, thus obtaining recollection and commemoration and symbolically entering history.
>
> By contrast, those who are sacrificed today are bound to fall into oblivion.
>
> Individuals of all sorts, because of all sorts of circumstances, die for unknown reasons. Unfortunately, they die outside history. They are the consequence of some random accident. There isn't even anyone who requires them to be sacrificed: they automatically turn into sacrifice. As for the reasons this is so, it boils down to the fact that their behavior was improper or that they

were unlucky.

No commemoration

No mourning

No recollection

No identity

No goal or meaning.

In Duanwu's words, they would burst with a popping sound like bubbles on a water surface at the faintest breath of wind. At times one would hear no sound at all. Their sacrifice strengthens the luck of the survivors, and their disgrace and pain become topics of conversation [*tanzi*] for those who live on without a purpose [*tousheng*]. And all the sacrificed get is humiliation.

Duanwu thought that precisely because the sacrificed of the present have no value, they became sacrifice in the real sense of the word. This sentence was a little difficult to understand. Actually, Jiayu completely disagreed with her husband's opinion.[1]

For Duanwu, the sacrificed of the present are purely accidental. No historical agent requires them and no historical narrative or monument reclaims them. Their death is forgettable and leaves no traces. Why Jiayu disagrees with him remains unexplained. Later, she will choose to die in a remote hospital, cutting herself off from her family and friends. Community, let alone the rationalization afforded by historical narratives, has nothing to offer her. By escaping, she seeks to preserve the unreasonable excess of her suffering, the bare randomness of death. In contrast to Duanwu, she sees nothing recuperative in recollecting and mourning, as if the sacrifice of her body could not, or should not, be made sense of in any way.

In part, Duanwu's reflection on sacrifice recalls Bataille's notion of "accursed share": "The victim is a surplus taken from the mass of *useful* wealth. And he can only be withdrawn from it in order to be consumed profitlessly, and therefore utterly destroyed. Once chosen, he is the *accursed share*, destined for violent consumption. But the curse tears him away from

---

1 Ge Fei, *Chunjin Jiangnan*, 105–106.

the *order of things*; it gives him a recognizable figure, which now radiates intimacy, anguish, the profundity of living beings."[1] But the affinity is only partial: whereas Bataille's concept of sacrifice seems to valorize its "violent consumption" because it furthers the self-knowledge of humanity, Duanwu is particularly upset by the extent to which humans are sacrificed randomly and invisibly. Duanwu contrasts the ritualistic sacrifice of past societies, which involves the exchange of human lives for cosmic balance, with the sacrifice of the present, which is not ritualized and does not aim at anything in exchange. For Duanwu, the sacrifice of the present is true sacrifice precisely because it is unstructured, nonritualized, aimless, and ultimately invisible. What he sees as cruel is the very pointlessness of such sacrifice. Because the victims Duanwu talks about remain unrecognized, in Bataille's scheme their experience would not even constitute a sacrifice.

Paradoxically, then, Duanwu does not reject "the history of the victors" as inhuman or fake: even monumental history offers some kind of consolation compared to the lack of recognition in the present. But if those who are sacrificed are not included in a motivated narrative, if their corpses drift nakedly outside signification and reason, how should one talk and write about them? Would a heroic narrative or a new martyrs' monument offer them recognition and thus dissolve the excess of their deaths? Or does their very nakedness offer itself as a bounty to the poet, much more readily available than the former dead who were draped in the honors of monumental history? If so, what would their reinscription entail, and what form would it have to take? Would a poem such as Duanwu's have to denounce their death as pointless and excessive, thus still leaving the dead without a rationalizing

---

1 Bataille, *The Accursed Share* 1:59 (italics in original). *The Accursed Share* revolves around the thesis that "*it is not necessity but its contrary, 'luxury,' that presents living matter and mankind with their fundamental problems*" (12, italics in original). For Bataille, any system receives more energy than is necessary to maintain life. The energy in excess (wealth) can be used for the growth of a system, but if the system can no longer grow, or if the excess cannot be completely absorbed, it must be dissipated without profit. Different societies are defined by different modes in which this expenditure takes place, ranging from sacrifice to war (21–24). Sacrifice is emphasized in Bataille's writing as a human practice, affording an experience of the constitutive excess of humanity: "Sacrifice restores to the sacred world that which servile use has degraded, rendered profane. Servile use has made a *thing* (an *object*) of that which, in a deep sense, is of the same nature as the *subject*, is in a relation of intimate participation with the subject. It is not necessary that the sacrifice actually destroy the animal or plant of which man had to make a *thing* for his use. They must at least be destroyed as things, that is, *insofar as they have become things*. Destruction is the best means of negating a utilitarian relationship between man and the animal or plant .... What the ritual has the virtue of rediscovering is the intimate participation of the sacrificer and the victim, to which a servile use had put an end" (55–56, italics in original).

narrative, or would any act of commemoration automatically deprive their death of its excess?

We do not know the words of Duanwu's poem or how he would respond to these questions. But his concern with recognizing, even valorizing, the pointless, profitless death of today's sacrificial victims is caught up in a paradox, for indeed, as Duanwu perceives it, "their sacrifice strengthens the luck of the survivors, their disgrace and pain become topics of conversation [*tanzi*] for those who live on without a purpose [*tousheng* (literally, *tou*, steal; *sheng*, life)]. And all the sacrificed gets is humiliation." The economic metaphors at work in this sentence are noteworthy, for what I translate as "topics of conversation" is *tanzi* (*tan*, talk; *zi*, capital). Thus, loss of human life is translated into social and cultural capital for those who survive. In other words, a pointless expenditure of human life is put back into circulation, converted into social and cultural fodder for those who *tousheng*—those like Duanwu himself who live on without a plan or "steal life."

It is the transfer of excess across the biological, economic, and sociocultural spheres that the novel attempts to make visible, documenting a ceaseless dynamic of exchange. In *The Accursed Share*, Bataille hints at a connection between "the movement of energy on the earth" and art and literature, saying that "even what may be said of art, of literature, of poetry has an essential connection with the movement I study: that of excess energy, translated into the effervescence of life."[1] Commenting on the structural analogy between sacrifice and poetry, Bataille has written that "a sacrifice and a poem alike withdraw life from the sphere of activity, they both *give* to be seen that aspect of the object which has the power to excite desire or horror."[2] Duanwu's poetry writing and frequent listening to classical music convey precisely such a wish for withdrawal. However problematic and, as it turns out in the novel, illusory such a withdrawal might be, it bears reminding that the wish itself constitutes a response to a particular sphere of activity: an unprecedented real estate expansion in the Zhenjiang area that has displaced tens of thousands of people, destroyed local economies and natural resources, created expectations of infinite economic growth, produced unspeakable

1 Bataille, *The Accursed Share*, 10.

2 Bataille, "De l'âge de pierre à Jacques Prévert" (review of Jacque Prévert's *Pa-roles*), *Critique* 3–4 (August-September 1946), quoted in French, *After Bataille*, 90 (italics in original).

pollution and waste, and engendered desires that no economy can fulfill. This is what meets Duanwu's eye as he drives to a poetry conference soon after Jiayu has left home:[1]

> Among the spring fields, flashing across, a few solitary houses. Some dirty shops along the sides of the road, and the remains of villages waiting to be torn down—collapsing roofs, gable walls pointing up, and exposed rafters silently lay in the rain. He knew that the countryside was vanishing. People said that farmers not only did not rebel against having their homes pulled down and being displaced, but they were also impatient for this to happen, stretching their necks in expectation. Whatever the case might be, the countryside was entirely disappearing.
>
> But spring farmland couldn't truly revert to wasteland. Capital is like a hurricane blowing over mid-spring Jiangnan, dressing up decay with coats that seemed fancy or trendy but were just pretentious and ill-fitting. What one would eventually see were high-grade six-lane roads and wasteful green belts; luxurious wedding cars one after the other, with red balloons attached on the reflectors and shining lights, striding ahead toward an imaginary happiness; and all along the way, enormous billboards advertising real estate and the "dream life" that they guaranteed.[2]

This passage is a snapshot of a dressing up in progress, of ill-fitting suits barely cloaking derelict bodies. The vision of tackily decorated cars speeding toward an illusory happiness occurs immediately after Duanwu and Jiayu's marriage has crumbled: marriage and capitalism both revolve around promises, figures of futurity waiting to be fulfilled. Throughout the novel, promise remains a crucial mode of anticipation and is intimately linked to the sacrifice of landscape.

Sacrifice and landscape come together also in another episode revolving around poetry. Duanwu is meeting his friend Luzhu at a restaurant, and

---

1 The conference takes place in a luxury hotel in Huajiashe, which in the first volume of the trilogy (*Peach blossom beauty*) is a village run by bandits who aspire to build a utopian society. The description of the poetry conference itself is a satire of intellectuals and poets who pose as social outsiders.

2 Ge Fei, *Chunjin Jiangnan*, 296. Ge Fei's use of *jufeng* (hurricane) calls to mind the synonym *baofeng* in the title of Zhou Libo's novel *Baofeng zhouyu* (*Hurricane*, 1948), which in turn drew the weather metaphor from Mao Zedong, who compared land reform to a tempest.

while she discusses the feasibility of some environmental projects with a representative of the Nature Foundation, he starts reading a poetry book that he has taken (with her permission) out of her handbag. That very morning, he has similarly rummaged in his wife's handbag in search of her cell phone (without her knowing it), finding a used knotted condom with sperm in it. These two episodes featuring the poet's rooting around in a woman's handbag suggest an analogy between poetry and superfluous leftovers—bodily fluids that would normally flow through another body or be discarded but that are caught in some kind of blockage and contained. Luzhu's book is a collection of poetry by Wallace Stevens that Duanwu admired twenty years earlier but now finds trivial. Even "Death of a Soldier," a poem that had shocked him in the past, now sounds "as cloying as a lullaby," although the verses quoted in this episode allude to the kind of death that Duanwu regards as true sacrifice—a death that finds no commemoration and leaves no trace:

> Death is absolute and without memorial,
> As in a season of autumn,
> When the wind stops,
> When the wind stops and, over the heavens,
> The clouds go, nevertheless,
> In their direction.[1]

In these verses, the sudden occurrence of death in the battlefield is compared to the wind's ceasing on an autumn day. Although it would seem that life leaves no trace just as the wind leaves no trace, "over the heavens" clouds continue to move, despite the cessation of the wind and a life. But the very presence of drifting clouds strikes Duanwu as an anachronism and alienates him from his formerly beloved poet, even though "he knew it was none of Stevens's fault" for Stevens had simply "not anticipated that although death would continue to come, white clouds would actually become extremely rare. He had attended six funerals, and during all of them the sky was grey."[2] This sardonic observation calls attention to the connections between human

1 Ge Fei, *Chunjin Jiangnan*, 186. In the novel Stevens's verses are quoted in Chinese translation.
2 Ibid., 186–187.

sacrifice and the pillaging of the environment. A contemporary, post-Stevens poetry would have to account for this sacrifice as well and can no longer imagine white clouds that "go, nevertheless, in their direction." Indeed, in Duanwu's own poem that closes the novel—a completion of the six lines titled "Moonlight over the Sacrificial Altar" written for Jiayu on the day of their first encounter but now renamed "Water Lily"—the clouds mundanely "weave dirty underwear," the theme of sacrifice linking the consumption of sex with the unanticipated toxicity that grays the sky.

**Excess, Shamelessness, Crime**

Shame occurs when excess becomes inadvertently apparent. *End of Spring in Jiangnan*, however, also offers an explicit denunciation of excess through tangential episodes employing hyperbole and paradox, as in the case of a killer whom Jiayu represents as a lawyer. The killer is a lucid pervert who is not only uninterested in hiding the unsightly but also shamelessly amplifies it to horrific levels: he has murdered seven people (the boss of a company, his family, and a maid, whom he has also raped) as well as a dog, merely out of the suspicion that the boss might have slept with his girlfriend. When Jiayu goes to meet him, a policewoman warns her that they have never seen such a fierce criminal: "he simply doesn't count as human." The killer disdains the formalities of the law; when Jiayu tells him that having a trial and a lawyer are signs of civilization, he responds that they are mere ruses to mask the inevitability of his death:

> "Why do they want to [make me undergo a trial]?" Wu Baoqiang said with a cold laugh. "Is it to make fun of me? Are you kidding me? Since you fucking want to make fun of me, I won't object if you take me to be killed right now. Again you play tricks on me. Fuck, if one gets cancer, one can still have some illusion of getting better—one chance out of ten thousand, out of a hundred thousand! But I'll die for sure, right? I can die, so don't kid me with the law. To hell with the public prosecutor, witnesses, the judge, the lawyer."[1]

Wu asks to be shot, because only a violent and unadorned death is

1 Ge Fei, *Chunjin Jiangnan*, 148.

acceptable to him. He contrasts the brutal clarity of his destiny with the hopes that a cancer patient might still entertain.

Jiayu does not know that she is ill at this point, but the dialogue anticipates her own quest to control the circumstances of her death. In any case, she tells him that even for him the verdict is not final. She even concedes that his motivation for killing—his suspicion that his girlfriend might have slept with her boss—is understandable and presses him on why he did not limit himself to just one death: why kill to such excess? "How much of a need" [*duoda biyao*] was there to also kill the boss's parents and then hide in a wardrobe waiting till his wife, children, and maid would return from the movies and kill the four of them as well, all for a text message he found on his girlfriend's cell phone?" Killing one person out of jealousy, Jiayu implies, might be justified, but the assassin's excess explodes all congruity of cause and effect. The assassin chillingly replies that the question of need should have been asked not to him but to the boss himself:

> "You ask him, why does he need to earn that much money? Buy all that real estate? Keep so many girlfriends? He can't use all that money, can't live in all those houses; he also can't screw that many girls. How many of the things in this world are not superfluous [*duoyu*]? You ask me why I killed that many people, I simply respond with four words: 'the more the better'! I knew how many people were in his home, and I couldn't stop before killing them to the very last. Because to me, the reason to kill people and earn money is the same! You can't use superfluous money. But if you deposit it in the bank, you'll feel good, right? With killing it's the same. How did that old saying go? 'If I kill one we're even, if I kill two I'll make a profit.' We're greedy in whatever we do. This is human nature. You find it strange that in our society there are so many cases of family extermination, don't you, but in fact it isn't all that strange, because killing is like making money, making a little more profit counts for some, and killing one more person also counts for some, … people always want to gain a little something, even if it's something useless."[1]

1 Ge Fei, *Chunjin Jiangnan*, 149.

The killer shamelessly compares his excess in killing to superfluous monetary gain, calling into question the boundary between the monstrous and the human. His speech exemplifies the novel's strategy of drawing analogies that at first appear implausible (between earning and killing or money and murder) to defamiliarize the arbitrary equivalences established by money in a capitalist system of exchange.

Whereas the murderer singles out the desire for surplus as innate to human nature and as the cause of criminal accumulation, in most of the novel diverse manifestations of *duoyu* or superfluity recur to foreground the mechanisms of blockage and release that shape human communication as well as the broader economic context in which characters act. Superfluity also manifests itself at the level of narrative, as puzzling events that find no resolution. What should be made, for instance, of the used condom Duanwu finds in his wife's handbag? An object containing a bodily fluid—now superfluous because deprived of its reproductive potential—poses an unanswered question. One might infer that the condom confirms a neighbor's suspicion that Jiayu has slept with an official in the education bureau to have her son transferred to a better class, and that she kept the semen to blackmail the man. But all this is never confirmed elsewhere in the narrative, making it a detail that remains unaccounted for.

*Duoyu* would thus seem to encompass anything from immoderate greed and accumulation to the fluids expelled by the body. Superfluity, or excess, is a constitutive condition of humanity that transcends the boundaries between the personal and the public, the emotional and the material, the intimate and the economic. The gentle veils of mist, not immediately available for human use and therefore soothing, are also superfluous, along with the toxic particles that result from excessive use of resources, as well as human tears. The fact that the one term, *duoyu*, establishes a basic equivalence of these contrasting meanings calls attention to the osmotic flows connecting the outside and the inside of the human body. Superfluity, the novel suggests, becomes toxic when it ceases to flow—that is to say, whenever immoderation makes people hold on to things that should continue to circulate and thus be redistributed. Although blockages may create toxicity, both within the human body and in the broader social world, the potential for an ethics of redistribution nevertheless resides in the interruptions that generate such affects as shame.

**Conclusion**

In *End of Spring in Jiangnan*, fog serves as a medium that both nurtures and obscures the search for a clean place to die. Although the novel aspires to offer a systemic diagnosis of contemporary China, it does not provide too tight a system of analogies, letting chaos seep in through contingent details and provisional dialogues. Over and over again, we are drawn to look for analogies only to discover their fragility. By suggesting analogies but keeping them imperfect, the author brings forth a tension between determining causes and unexpected events that escape determination. By building a system that does not hold, the novel seems to mimic the tension between closure and open-endedness, blockage and flow, that characterizes the workings of capital. If capitalism is a totality in which everything is exchangeable and new forms of exchangeability are constantly sought in the realm of things not previously exchangeable, the novel represents a general economy—we might call it an ecology—in which many narrative threads remain loose, enveloping the landscape like a soft, toxic mist. The dystopic tenor of *End of Spring in Jiangnan* denotes a mode of anticipation encompassing the contrasting temporal scales of the environment and human life: the long-term scale of environmental devastation and its much more immediate, though often subtle and less obvious, effects on the human body. By way of its imperfect analogies, the novel seeks to rejoin these two dimensions of time, yet their incommensurability makes it difficult for individuals to fully acknowledge their connections. Mist, fog, and "fog haze" bind them materially and figuratively: lingering in them are residues of futurity.

*Tales of Futures Past* began with tropes of planning, purity, and control, and ends with an emphasis on insecurity, toxic excess, and a loss of foresight and insight because of the clouding of all lines of vision. Even so, the very act of writing about fog is animated by an aspiration to clarity, metaphorically and otherwise. The polarity of communicative clarity and obscurity, as shown in the preceding chapters, has been an ongoing issue of contention in contemporary Chinese literary discourse. This polarity also underlies the contradictory cluster of cultural expressions that go under the name of modernism. Much of aesthetic modernism has revolved around the aspiration to estrange the real by deforming the linguistic medium.

Another vein of modernism, however, one that is more directly related to processes of modernization and standardization, has sought to clarify the lines of expression and reduce the media clutter to a minimum, insisting on the possibility of communicative immediacy. In Ge Fei's novel, fog itself is the reminder of the mediated nature of experience and communication. At the same time, the novel suggests that the poetic employment of a "misty" language is inadequate to the demands of the present. Hence, the novel is animated by an effort to communicate that is engendered by the ominous thickening of the air. Through its engagement with these environmental changes, *End of Spring in Jiangnan* confronts—in the remnants of promises of poetic emancipation and of economic development turned sour—the contrasting hopes of modernism that have been at the center of this book. Its "pulviscular prose" enacts not an embrace of excess but an aspiration to moderation, reduction, and clarity. Fog renews the desire for vision.

# “中国后现代主义”的幻象：格非，自我定位与先锋作品陈列柜

/ 王　瑾

对中国来说，20世纪80年代不仅是一个“进步”的年代，也是一个矛盾不断升级的年代，在“大跃进”思想自觉升级的同时，由来已久的以中国为中心的想象，即带着怀旧的心态回眸过往，不仅又回来了，而且人们还陶醉其中。本文以此矛盾为出发点，试图考察1987年前后出现的先锋派如何摆脱“跃进”和“中国化”这个二元论，考察的中心是格非的中篇小说《唿哨》。文章旨在讨论“中国化”这个复杂的问题、先锋文学的自我定位以及评论界对先锋文学归属的莫衷一是。《唿哨》与格非的早期作品大异其趣。给余华和格非的先锋作品贴上“后现代主义”这个时代标签是无用的，因为二人作品中的某些颠覆性姿态能否被称作“后现代主义”，对那些被“跃进”思想禁锢的人们才有重要性。真正重要的是如何找回命名之争所遮蔽的一系列问题。鉴于中国先锋文学文本政治的特殊性，我们可以解构“中国的后现代主义”这个伪命题：即认为它不是后现代主义是没有意义的，而将其定性为西方后现代主义在中国框架内的另一个版本，也是不充分的。屡次受挫的中国知识分子早就明白，他们要为急于求成的乌托邦式的英雄主义付出代价。格非笔下的叙事人高度警惕地等着去捕捉转瞬即逝的记忆。这个刻板的人物形象能启迪中国知识分子。他找寻的不是过去的记忆，而是我们认为属于“一个未能实现的期待视域”里的记忆。

## The Mirage of “Chinese Postmodernism”: Ge Fei, Self-Positioning, and the Avant-Garde Showcase

*Jing Wang*

The 1980s was undoubtedly an epoch of “progress” in every sphere of

Chinese life, from the trivial to the sublime. Modernization was as much a visual spectacle, witnessed daily in Chinese women' s fashion on the streets, as it was an effort at long-range technological planning that reached deeply into every socioeconomic sector of post-Mao China. The decade was marked by escalating contradictions, however. It saw the self-conscious promotion of the "great leap forward" mentality, and at the same time the recycling of and reveling in the age-old Sinocentric vision that gazed back in nostalgia. Taking this contradiction as a point of departure, I will examine how the avant-garde (*xianfeng*)[1] school that emerged around 1987 attempted to disengage itself from the perpetual reenactment of the dualism of "leaping forward" and "Sinification" in an undeclared agenda of theatrical disjunction.

The arrival of a disjoined moment, somewhere between leaping forward and Sinocentric return, opened up an alluring interpretative possibility for young Chinese critics who had uncritically absorbed the intellectual agenda of the Western academy for the entire decade. The catchphrase "Chinese postmodernism" arrived prematurely as a result. It eclipsed a nascent modernism and fulfilled the quest of indigenous theorists engaged in a mental game that placed China in a continuous catching-up race with the West. The pseudo-proposition of "postmodernism" in China is part of the "great leap forward" myth. It is not the label of postmodernism itself, however, but the series of questions that such labeling succeeds in evading and masking, that forms the central thesis of this essay.

**The Logic of Poverty**

"Poverty itself is the most deadly sin," [2] says Kangxiung, a fictional character in a short story from Taiwan by Chen Yingzhen.[3] "My Brother

---

1 Naming cultural or literary phenomena in post-Mao China presents a dilemma. Critics and theorists have got into the habit of coining new trends in ready-made Western terms. The problem became more complicated when literary schools like Chinese modernists or *xianfeng* writers did betray a certain influence of Western aesthetics. I choose to use the term "avant-garde" rather than the alternative term "Experimentalist" since the majority of Chinese critics whom I quote have adopted the designation in the discussion of the school.

2 "Wode didi Kangxiung" ( "My Brother Kangxiung" ), in *Chen Yingzhen xuanji* (Selected Stories of Chen Yingzhen) (Hong Kong: Xiaocao Chuban She, 1972), p.35. Also see *Wode didi Kungxuing, in Chen Yingzhen zuopinji* (Complete Works of Chen Yingzhen), ed. Gao Xinjiang et al. (Taibei: Renjian Chuban She, 1988).

3 Chen Yingzhen is a Taiwanese writer who started his career as a modernist in the heyday of Western cultural importation in the 1960s; he became a convert to socialism and suffered as a consequence the destiny of a political prisoner for seven long years. Chen's imprisonment began in 1968 and ended in 1975. Although there was no consensus about the official accusations that led to his arrest, rumors were widely circulated that Chen's intellectual affiliations with socialism were the cause. For a more detailed biographical account of Chen Yingzhen, see "Introduction," in *Exiles at Home: Stories by Ch'en Ying-chen*, trans. Lucien Miller (Ann Arbor: University of Michigan, Center for Chinese Studies, 1986), pp.1–26.

Kangxiung," in which the dictum appears, is a curious story about both material and spiritual deprivation. The narrative unfolds amid the gaps and contradictions between the text's Christian and Existentialist epistemologies. The fictional logic underlying the short story delivers but at the same time mocks the sacred image of "redemption" by mystifying and aestheticizing "poverty," a Western vision of decadence that Chen Yingzhen himself denounced years after the work's publication.[1] It is this vision, as I will demonstrate shortly, that appeared so totally foreign to Chen Yingzhen's Chinese mainland compatriots.

My rather tortured introduction to the moral, philosophical, and cultural wrinkles besetting Chen Yingzhen's text could indeed lead me directly into yet another uncritical adoption of some predigested critical thesis, for example, the hegemonic discourse of imperialism in developing countries. Or, to put it in clichéd terms, I could rediscover in Chen's text the relationship between the Self and Other. Yet my object in this present context, reading the mirage of Chinese postmodernity and the dictum "poverty is a deadly sin," can offer a localized vantage point if one is careful. There is no need to transfer unwieldy global attitudinizing. A Chinese position, despite its ambiguous implication in Western discourse, can emerge and establish itself as the self-conscious center of a critical practice.

Rather than relegate China to the category of Other and risk its recontainment in the global mythology of the Self/Other merry-go-round, one can speak of China's local positionality. Such a positionality is mapped with an acute consciousness of its own agency and sovereignty. It makes likely a lukewarm reception, if not total immunity, to issues of subalternity that have currently rendered the international critical community all agog. To argue, as

---

1 After his release, Chen Yingzhen continued to write short stories and critical essays, exerting significant influence on Taiwanese writers and intellectuals throughout the decade of the 1970s. His legendary figure stood out even more prominently during the controversy over *xiangtu* literature in the late 1970s. Most notably, he published several articles condemning his earlier writings for their portrayal of "unhealthy sentimentalism," "irrationalism," and "the fragile and exaggerated ego of the petty bourgeoisie" ( "On Chen Yingzhen," in *"Xiangtu" wenxue taolun ji* [Collection of Essays on *"Xiangtu"* Literature], ed. Yu Tiancong [Taibei: Yuanliu/Changqiao Chuban She, 1978], p.166. All of the articles immediately following are cited from this work). "My Brother Kangxiung" was cited on various occasions as a negative example of "daydreaming" and "disillusionment." The new Chen Yingzhen now spoke of the ills of cultural colonialism, redefined literature as "the mirror of society," and fought fervently for the cause of "nationalist literature." See "Wenxue laizi shehui fanying shehui" ( "Literature Comes from Society and It Mirrors Society" ), pp.53–68; "Shilun Chen Yingzhen" ( "On Chen Yingzhen" ), which appeared under the pen name Xu Nancun, pp.164–175; "Jianli minzu wenxue de fengge" ( "Establishing a Unique Style of Nationalist Literature" ), pp.334–341.

I shall, that the Chinese subject maps out its own position as sovereign rather than subaltern is to suggest that the Chinese positionality and local critical agenda undo the colonial paradigm. This local poetics further makes possible my extrapolation from it to the full spectrum of the Chinese social imaginary in the metropolis.

Chen Yingzhen's little, unostentatious aphorism that links poverty to moral decay indeed forms a contrast to the attitudes of Chinese mainland intellectuals toward poverty, and this will in turn lead me to consider Chinese intellectuals' self-positioning and other keys to localizing position. Chen's Western modernist paradigm of "sin-(mock-)redemption," which intrigued the Westernizing Taiwanese elite in an earlier epoch, appeared particularly alien and exotic to the mainlanders, who have been ensnared in the indigenous tragedy of dispossession for decades. Poverty for them is less a matter of the soul than of the pocket.

From the Maoist slogan *guofu minqiang*, "[if] the nation attained wealth, its people would obtain strength," to Deng Xiaoping's overquoted statement that a small segment of society will have to get prosperous first, we can detect a shift from the utopian vision of privileging collective wealth to the post-revolutionary pragmatism that justifies private gain. Analogously, Chinese intellectuals have also increasingly withdrawn themselves from the position of privileging poverty as a virtue (*anpin ledao*) and turned toward that of condemning poverty as an evil to be eliminated. Poverty is undesirable, for it signals the absence of the universal category of "capital." To bail China out of the evils of poverty serves as a powerful motivating force for those who propagate the agenda of modernization.

To counter the image of backwardness, of course, one has no other choice but to leap forward. Yet, the modern conception of "poverty" cannot seem to snap its ambiguous ties to "lack" as a historical virtue in Chinese Confucianist, Buddhist, and Taoist traditions.[1] There is a cultural logic at work here when a native defends China's backwardness and poverty by saying, "But we Chinese know how to eat bitterness (*chiku*)!"

"Eating bitterness" notwithstanding, Chinese intellectuals are now more

---

1 One needs only to remember the Master's copious praise of Yan Hui, the Taoist's glorification of the carefree spirit (free from all material entanglements), and the Buddhist's vow to leave behind all his or her worldly belongings, to understand, if not to appreciate, the subtle cultural logic at work.

eager than ever to denounce poverty as a stigma to be effaced. In contrast to Chen Yingzhen's aestheticization of poverty in "My Brother Kangxiung," the Chinese mainland perception of poverty is neither delicate nor decadent. It does not set off a flight of nihilist metaphors. Instead, in real life and cultural studies, Chinese intellectuals and urbanites adhere to *a notion of progress* that pursues a straight or spiral course at ever-escalating speeds. It is an earthy approach to the elimination of poverty of all kinds—material destitution, cultural and ideological vacuity. This notion acquired momentum on its own and grew into something bountiful and boundless—and almost irreversible.

**The Great Leap Forward and the Formation of the Pseudobinary**

An extremely progressive, *aggressive* attitude toward the future is not new or peculiar to China in the 1980s. Underlying the Chinese mainland notion of progress lies that ever-prevailing Maoist utopianism that propels Chinese to seek for and yet fail to achieve every political dream for the nation. This teleology, rooted in the discursive practices of Chinese modernity, reaches back to the Darwinian meditations of Yan Fu and Kang Youwei. Whether we label it cultural utilitarianism, or simply the utopian vision of a Chinese modernity, the rationality has an unmistakably close resemblance to the Maoist "great leap forward" mentality. We can perhaps designate this irrationally optimistic mode of self-introspection as "characteristically Chinese."[1] "Literature of the wounded" comes to mind as a good illustration of the irrational emotionalism and political pragmatism that triggered the post-Maoist examination of the Cultural Revolution. Such introspective writing was a pragmatic and instrumental legitimation of Hua Guofeng's regime since, by simple logic, it imputed all evils to the Gang of Four. Sentimental grumblings about fate and the writers' self-indulgent portrayal of their own suffering fell far short of a genuine introspection or interrogation of the historical past and, most importantly, of every individual's own complicity in the revolutionary politics of victimization. The forward

1 Liao Tianliang, Li Lin, et al., "Renge de kun'e yu jingshen de zixing" ( "The Dilemma of Personality and the Self-Examination of the Mind" ), *Renmin ribao*, overseas edition, 5 November 1988. Liao and Lin argue that although the Chinese often speak of the Confucian dictum "I examine myself three times a day," such self-introspection is more often motivated by certain "practical and emotional ends" than by the rational examination of the self. An incomplete self-examination can hardly yield the emergence of "crisis consciousness" that would lead China to a qualitative break from its own past.

leap that the "literature of the wounded" once promised is hardly a qualitative leap in self-evaluation or historical reflection.

It was unexpected frustration spawned by this "forward leap" mentality that plunged the nation in late 1987 into a deep discontent. In the immediate wake of the Party's Thirteenth Congress in October, the entire nation was seized by a late-blooming consciousness of impending socioeconomic crises[1] which was only intensified by ex-premier Zhao Ziyang's announcement in the Congress that Chinese society was still lingering at the threshold of "the *primary* stage of Socialism."[2] The pain that Zhao Ziyang's assessment unleashed had a double edge. It revealed the illusory nature of the Maoist "great leap." But it also returned the collective dreamers to where they in fact stood—in a depleted present. For one rare moment in the history of Chinese communism, genuine nihilism pervaded the minds of the young. "A stunning spectacle it was indeed," recalled an observer at Cui Jian's rock concert, after witnessing millions of Chinese, men and women, chiming in involuntarily to the tune of "I Have Nothing Whatsoever" (*yi wu suo you*)—one of the rock star's hottest pop songs in the latter half of the decade.[3]

Everyone felt the loser in this crude awakening. Intellectuals especially had envisioned a future in which they would emerge as the privileged center controlling the flow of information and knowledge. In their dawning epoch, a longed-for and profound shift in class structure would enable intellectual laborers to dominate manual labor so that, just like in the West, technological

---

1 Generally speaking, the latter half of the 1980s witnessed the kind of disturbing mood of restlessness that a cornered beast might experience. The possibility of reinvigorating Marxism had outlived its historical moment, the ideological debate between traditionalists and modernists was turned into a stalemate, and the contradiction between theory and practice (of which the revival of the 1982 slogan "Socialism with Chinese characteristics" served as a reminder), which earlier on had served as a powerful catalyst for a quick social, political, and ideological transformation, now revealed itself as an insurmountable barrier for marching toward the "future." Amid the general dystopian climate, China reexperienced class conflicts between intellectuals, urban workers, and those who had benefited the most financially from the modernization program—namely, the entrepreneurs, residents of special economic zones, and the peasants who lived in the vicinity of cities and coastal areas. Intellectuals now spoke condescendingly of the gaps between the regressive orientation of the peasants and the epoch's emphasis on enlightenment. In the late 1980s, a pervasive mood of cultural depression was most acutely felt by Chinese residents in the cities. The term "crisis" (*weiji*) recurred in critical essays of all kinds. He Bochuan's *Shan'ao shang de Zhongguo* (China in the Hollow of the Mountain) (Guizhou: Renmin Chuban She, 1988) became a best-seller immediately after its publication—the first book written on the subject of contemporary China in crisis.

2 Zhao Ziyang, "Yanzhe you Zhongguo tese de shehui zhuyi daolu qianjin" ( "Marching toward the Path of Socialism with Chinese Characteristics" ), *Renmin ribao*, overseas edition, 4 November 1987.

3 Zhou Yan, "Women neng zouchu 'wenhua digu' ma?" ( "Can We Walk Out of Our 'Cultural Depression' ?" ), *Dushu* (Reading) 12 (1988): 5–6.

knowledge would emerge as the major productive force. Obsessive interest in this "future" during the early and mid-1980s was widespread. The concept of "cultural capital" appeared particularly intriguing to investors, who aimed at promoting global cultural practices and distributing knowledge to other power centers, particularly college campuses and urban salons.[1] Groups of intellectuals engaged themselves in the making of this new utopian discourse. They launched megaprojects such as the "Toward the Future" series, edited by Jin Guantao, and Gan Yang's journal and translation series titled *Culture: China and the World*.

The prevailing *Zeitgeist* prior to the thirteenth Party Congress undoubtedly privileged the future. It viewed the present as a mere transition to be consumed in the consciousness of a rapidly sped-up future. Nothing is more important to the Chinese elite than the constant reassurance that they, too, are moving with the current; which means specifically carrying on a dialogue with the world and keeping up with the world, "the world" in this context, of course, being none other than "the wealthy and powerful" West.

Their recent forward-looking stance, however, is some distance from the complex earlier modern Chinese attitudinizing over Sinification. At first glimpse, treading the world stage of progress means learning new and foreign dance steps and leaving behind bound feet and all that. It would seem that the present rhetorical march toward the future symbolizes nothing less than a self-conscious parting of the way with China's earlier articulations of its own image. And yet: every modern Chinese cultural renaissance of the century has ended in a resurgence of traditionalism. The restoration of Confucianism, a slogan raised in the heyday of the "cultural heat wave" (*wenhua re*) around 1985–1986, does not simply spell out the political agenda of the dogmatic Marxists in power. It serves to remind us of the recurring collective impulse of Chinese intellectuals to invoke a historical past in which China positioned itself as the cultural and spiritual center of the world. Both Liang Qichao and Liang Shuming dwelt at length on the post-World War I myth of Eastern spirituality versus Western materialism and redirected the drive of Sinification from its retrogressive self-immersion to an outbound salvational project.

1 The Chinese *shalong* ("salon") mushroomed in big urban centers around 1985. It provided a space for young and middle-aged intellectuals to exchange their views on a variety of academic subjects such as economic, legal, and political reforms.

In the words of Guy Alitto, Liang Shuming's prophecy on the imminent Confucianization of the West served the same logic as Liang Qichao's 1919 call for the Chinese "to rush to the West's spiritual salvation."[1]

Both Liangs sought to undermine the symmetrical superior/subordinate binary configuration within which the West mapped its hierarchical relationship to China. My point is simply that no matter how humiliating China's encounter with the West has been throughout modern history, the Chinese formulation of the mental geography of China/West never fails to incorporate the *reverse configuration* that its premodern history serves with such royal conviction: China is self-positioned politically and culturally as the center that looks out at its exteriors as a margin to be annexed and homogenized. The unflagging argument for the inverted pattern of hegemony in question is indeed very treacherous, if not downright illogical: modern power relations between the West (the center) and China (the margin) are capable of undergoing an instantaneous inversion simply because History is said to be capable of reproducing its precedents verbatim.

I might condemn as "reverse Orientalism" this crude "salvational" appropriation of a degraded "West" into Eastern spirituality. My question at this moment, however, is a problematic of a different order. I am curious about this formulation of a pseudobinary China/West in the first place. Fraudulence surfaces immediately in the conceit that China can speak of its own cultural interior as an autonomous territory separable from the capitalized exterior known as the West. Based on the assumption that Western culture is the antithesis of, and hence exterior to, Chinese culture, the imaginary project of the "spiritual Sinification of Western culture" proposed by the two Liangs hardly involves any reflection on the dilemma of how China can speak of the desire to project its own position when such a position already contains within it an *internalized* Occidental discourse.

This dilemma has intensified in the post-Mao era because nationalism in the 1980s has functioned less efficiently to butter the Chinese against the insidious infiltration of the foreign than it did in the 1920s. The salvational vision of Sinification that both Liangs addressed then was pared down to

1 Guy S. Alitto, *The Last Confucian: Liang Shu-ming and the Chinese Dilemma of Modernity* (Berkeley: University of California Press, 1979), p.116, quoting from Liang Qichao's *Ouyou xinying lu jielu* (Reflections on a European Journey).

an earnest defensive strategy in the new epoch. One can no longer take the position of the self for granted. No one can retreat to an unadulterated self-image. Unsurprisingly, anxiety about "self-positioning" (*dingwei*) has plagued Chinese ideologues, intellectuals, writers, and critics alike since the mid-1980s.

Two recent examples will suffice to explain. Deng Xiaoping's call for a "socialism with Chinese characteristics" in 1982 stands out as one typical case in point. The *self-centered* ideological repositioning of an ideologue like Deng ironically enough coincides in spirit with the search by Marxist humanists into Zhuang Zi's philosophy as the Chinese original source for the Sartrean concept of "alienation."[1] In both cases, the underlying political agenda of Sinification lies not in the allegedly Chinese impulse to harmonize, but in a nationalist defense mechanism that seeks to neutralize and eventually to dissolve the alien. I cannot help but side with the young philosopher Gan Yang, who condemned his fellow intellectuals for their conventional, "typical" habits of "view[ing] all imported foreign cultures as fundamentally originating in China."[2]

Underlying all the alleged academic interest in the discovery of a comparative idiom of indigenous and foreign discourses is nothing less than the irresistible impetus to self-position, an activity oftentimes indistinguishable from (indeed achievable only through) the subjugation of the alien. It is particularly intriguing to witness the resurgence of the issues of self-positioning in post-Mao China whenever an emerging ideological crisis brings to the fore the perennial conflict between tradition and modernity which the ideologues mistakenly translate into the simple terms of China versus the West.

In literary as opposed to ideological terrains, the phenomenon of Signification takes a different route. It no longer perceives itself as a mere strategy. The concept of "self-positioning" is not resolved in the coining of trendy slogans, nor does it circulate undisguised among the cultural elite.

---

1 Gao Ertai, "Yihua ji qi lishi kaocha" ( "On Alienation and Its Historical Examination" ), in *Ren shi Makesi zhuyi de chufa dian* ([The Hu]man Is the Starting Point of Marxism) (Beijing: Renmin Chuban She, 1981), p.184.

2 Gan Yang, "Bashi niandai wenhua taolun de jige wenti" ( "Some Problematics of the Cultural Discussions of the 1980s" ), in *Women zai chuangzao chuantong* (We Are Creating Tradition) (Taibei: Lianjing Chuban Shiye Gongsi, 1989), p.37.

It is revealed most clearly in the literary critics' penchant for the naming, renaming, and summing up of each particular school, roughly every two years—the "misty poetry" (*menglong shi*), the "wounded literature" (*shanghen wenxue*), the "literature of retrospection" (*fansi wenxue*), the "literature of root-searching" (*xungen wenxue*), "realism," "modernism," "neorealism," and the "avant-garde" (*xianfeng*). In fact, before the emergence of the "literature of roots" in the mid-1980s, a thick profusion of neologisms already delineated the spectacle of a China caught up in ecstatic self-exposure. It unleashed the emotional energy that the long revolutionary years had penned up. It promoted its own poets and writers as commodities to the world cultural market. And it courted almost unabashedly the Occidental gaze without any qualms about "globalizing" (*shijie hua*) its own cultural discourse.

Yet the seeds of repositioning, the desire to catch up with the literary-cultural fashion of the day, and hence the fetish for renaming the newest trend and reshaping one's identity in accordance, were already deeply sown in all these indigenous showcases of the literary ingenuity of post-Mao China. Around the time when the concept of "root-searching" caught fire, a vigorous critical discourse began to shape itself around the controversy over the "self-positioning" of contemporary literature. One should pause here for a moment to note the subtle difference between the subtext for "self-positioning" and that for "repositioning." The absent term in the binary diagram of the former is viewed as an antagonistic term (i.e., the confrontational Other) that points less to the alien (i.e., the West) than to the indigenous agonist (i.e., Maoism), especially when it is "literature" rather than "culture" that serves as the point of reference. Namely, politicized literature is seen as the orthodox Other to "unfettered writing" (if there is such a thing to start with). In contrast, the absent term (i.e., the global and the foreign) on the conceptual axis of "repositioning" is one to be aligned rather than contested with. When the Chinese writer speaks of self-positioning *literature* in the post-Mao era, she or he has in mind the tyrannical "Mao[ist] style"[1] to combat against. In comparison, the spectacle of the intellectuals' concern with the repositioning of *culture* is symptomatic of the leaping-forward mentality.

1 *Mao wenti*, "Mao style," was coined by Li Tuo.

Although there is an increasing awareness among the new theorists that the "self-positioning of Chinese literature" is different from the "repositioning of Chinese culture," the confusion, complexity, and difficulty of the new theoretical discourse consists precisely in the mutual stimulation between the two. Thus, for A Cheng, the locale for the emerging Chinese "modern consciousness" (*xiandai yishi*) in contemporary literature is to be found in the "collective cultural background" of the Chinese people.[1] Zhang Yiwu precludes the possibility of any "transcultural" text of Third World literature.[2] For both critics, it is inconceivable that a literary self-positioning can unfold without being accompanied by a cultural repositioning at the same time. And regardless of whether the literary trend of "root-searching" indicates an anticultural drive or a return-to-culture approach,[3] its deep structural obsession with the category of culture is irrevocable.

The anxiety for a "repositioned" literary culture reveals the profound discomfort that writers and critics felt about the shifting duality of its local and global discursive grounds. The catching-up craze toward the latter half of the 1980s could no longer sustain its earlier faith in the potential of the local to usurp the global, whose welcome intrusion precipitated an identity crisis in the former. All of a sudden, critics became obsessively focused on the discursive impasse of indigenous writers. Everything had apparently become an inauthentic copy of the foreign. Amid the rapid expansion of China's global vision based on the dialogical principle, which includes a craving for a Nobel Prize in literature, there grows an increasingly strong consciousness of an emotional need for a fixed center, a kind of a local

---

1 Li Qingxi, "Xungen: Huidao shiwu benshen" ( "Searching for Roots: Return to the Phenomenon Itself" ), *Wenxue pinglun* (Literary Review) 4 (1988): 15.

2 Zhang Yiwu, "Disan shijie wenhua zhong de xushi" ( "The Discourse of Third World Culture" ), *Zhongshan* (Bell Mountain) 3 (1990): 152.

3 Li Qingxi, "Xungen," p.22. According to Li, the "root-searching" movement is not simply an uncritical return to tradition. The cultural revival contains an "anticultural" drive. One of the popular themes in this literature, Li argues, is the description of the antagonism between cultural traditions and the human condition. Not all critics agree with Li's point of view. Wang Xiaoming, for example, discredits the concept of "root-searching" as "regressive" and "primitive." Seen from his perspective, the *xungen* mentality represents a retroactive stance, and its "return-to-culture" approach is identified as "antirevolutional" (p. 32). See "Bu xiangxin de he bu yuanyi xiangxin de" ( "On What I Believed and What I Was Unwilling to Believe" ), *Wenxue pinglun* 4 (1988): 24–35. Other critics such as Chen Sihe interpret the "return" in aesthetic terms. The search for roots is thus viewed as an interpretation and reevaluation of "the national cultural archive." See Chen Sihe, "Dangdai wenxue zhong de wenhua xungen yishi" ( "The Root-Searching Consciousness in Contemporary Literature" ), *Wenxue pinglun* 6 (1986): 27.

subject-position.[1] This position, according to some critics, should continue to converse with, but need not fully comprehend, the global discourse.[2] This is a Sinified vision. It emphasizes difference rather than the dialectics between the two poles. Hence the proclamation "The finer *our* national literature is, the finer it can become as world literature."[3]

Optimism notwithstanding, reintroduction in the late 1980s of the thesis of Sinification and China's subject-position has sustained in the process a certain ambivalent revalorization of the indigenous. This cannot but trigger a process of self-introspection rather less self-assuring than usual. This time around, critics are more acutely aware of the negative implications that such a process may evoke. As one of them put it, "thanks to the stimulus provided by modern Western cultural traditions, Chinese culture finally and gradually grew a new kind of spiritual power—namely, its drive toward self-negation and self-revival."[4] His emphasis on an inner, irreversible order between "negation" and "revival" is indeed illuminating. Self-positioning defined in such terms (in stark contrast to the earlier ones of the "negation of the alien") can no longer be taken as a simple disguise of the nationalist sentiment of self-aggrandizement. It incorporates a new content into the old familiar process of Sinification. Most significantly, it reveals that such a process could be humiliating rather than self-congratulatory.

Does a cultural repositioning (that is, that "self-revival" will follow the "self-negation"), Li Qingxi's prescription for the *xungen* writers, serve to resuscitate literary culture? Do these two mutations, cultural and literary, necessarily go hand in hand? Putting aside the problematic achievement of the "literature of root-searching" (which may or may not fulfill Li's heavy formula), let us examine yet another literary orientation that refutes the hypothesis of the mutual arising of these two mutations. I am referring to the new school that emerged in the pervasive dystopian climate of the late 1980s. This is the so-called avant-

---

1 The topic of China's local subject-position is too rich to be treated here in a shorthand fashion. A lengthier treatment of the issue was given in the author's "Romancing the Subject: Utopian Moments in the Chinese Aesthetics of the 1980s," a paper given at the conference "The Subject of China," held at the University of California at Santa Cruz, January 21–23, 1993.

2 Zou Ping, "Zoujin lenggu: Xin shiqi wenxue de weilai shi" ( "Walking into the Cold Valley: The Future History of the New Era Literature" ), *Shanghai wenxue* (Shanghai Literature) 10 (1988): 73.

3 Ji Hongzhen, "Shenhua de shuailuo yu fuxing" ( "The Decline and Revival of Myth" ), *Wenxue pinglun* 4 (1989): 109. Emphasis mine.

4 Li Qingxi, "Xungen," p.23.

garde narrative fiction (*xianfeng xiaoshuo*), a highly experimental product that self-consciously underwent the process of self-positioning while remaining impervious to the issue of cultural repositioning.

**Ge Fei, the Avant-Garde Showcase, and the Mirage of Postmodernism**

I am not interested in documenting the short history of the avant-garde movement here. That would require a thorough investigation of the phenomenon of "Sinification," its strategic position in the Chinese debate over modernism, "pseudomodernist schools" (*wei xiandai pai*), and "postmodernism" throughout the 1980s. What interests me here is the insidious way that the haunting phenomenon has entangled itself with fragmentary discussion of the avant-garde and its link with "postmodernism." In the following pages, I explore the nature of the tenuous link by reading the avant-garde writer Ge Fei. I will focus on Ge Fei's recent work "Hushao" ("Whistling") as a way of discussing the complex issue of Sinification, the self-positioning of the avant-garde, and the critical confusion about the latter's "postmodernist" affiliation.

Often portrayed by China's "progressive" critics as a delicious prey of ravenous postmodernism, Ge Fei is especially fascinated with the marginal moment between the past and the present. These are moments that defamiliarize and which, in so doing, shy away from the task of revalorizing the cultural past. Blasted out of the vicious cycle of Sinification and Westernization, they refuse to be recontained in a third territory of repressed truce.

In light of such a self-conscious resistance to categorical affiliations, we can no longer formulate the thesis in familiar terms. There are no grounds for reiterating the opinion that the Sino-purist stance and the forward Western outlook are often strange bedfellows in the literature of the 1980s, or that the two seemingly incompatible epistemological outlooks have softened their antagonism to each other, producing literary trends that invoke the Chinese will to harmonize.[1] What makes Ge Fei and the avant-garde school an anomaly is precisely their irreverence for such an epochal logic of blending and harmonizing.

The incentive to integrate has certainly proved to be as strong as ever throughout the 1980s. The craze for *xungen wenxue* (the literature of roots)

1 Alitto, *The Last Confucian*, pp.82–83.

reveals a still-living interest in a mixed breed of modernism and the nativist nostalgia for old China's cultural myths, ethical totality, and aesthetic archetypes. Even "Neorealism" (*xin xieshi zhuyi*), which the avant-garde journal *Zhongshan* in 1989 advocated as a mainstreaming project, reiterates the principle of blending (the new realist fiction would "not only exhibit the colorful consciousness of our contemporaneity, but also our powerful historical and philosophical consciousness," and would "assimilate the techni-cal advantages of the various trends of modernism").[1] Several facts about the journal's 1989 manifesto betray the fatal attractions of the theory of cul-tural blending: that an avant-garde journal would initiate a program that goes against the faddish current of "postmodernism"; that this rapprochement with "philosophical consciousness" occurred at a juncture when Chinese avant-garde critics had just made a claim of liberating contemporary literature from the iron hold of "philosophy" and voiced their postmodernist battle cry that "philosophy is dead"; and that writers of modernist inclinations like Liu Heng and Ye Zhaoyan would even consider embracing the project of "Neorealism."

I argue, however, that regardless of its apparent popularity, this epochal logic of blending was nonetheless disrupted by the occasional efforts of a few astute critics and avant-garde writers to struggle free from the pseudo-binary of China versus the West. What they rejected was not only the confrontational logic of Self versus the Other, but also the eclectic logic of blending. Specifically, I suggest that the critical impulse and the impasse[2] of Chinese critics was exactly derived from a reflex which propelled them to find a path leading to *none* of the following worn-out formulae: a return to the Chinese

---

1 Preface to "Xin xieshi xiaoshuo da lianzhan" ( "The Grand Exhibition of Neorealist Fiction" ), *Zhongshan* 3 (1989): 4.

2 Strictly speaking, the emergence of a New Theory in contemporary China during the late 1980s was less a reality than an earnest wish made by critics themselves. The anticipation for a new critical paradigm was brought about by a small handful of essays which discussed the question of language and attempted a systematic analysis of literature as text and as narrative. Underlying the search for the new paradigm was the rebellion of the new critics against the concept of literature as representation and against the theory of the subject—whether that of society, of history, of culture, or of the author him/herself. Few essays, however, accomplished what they promised to deliver. Part of the problem could be attributed to the reliance by the critics upon and their inadequate absorption of the new theories from abroad, the introduction of which was fragmentary at best. There was also an anxiety among the critics to keep up the quick pace with which the avant-garde writers conjured up one new vision after another. For a general assessment and analysis of the New Theory, see Xin Xiaozheng and Guo Yinxing, "Xin lilun de chujing" ( "The Situation of the New Theory" ), *Dangdai zuojia pinglun* (Review of Contemporary Writers) 6 (1988):4–10.

essence, wholesale Westernization, or a selection of the best from East and West.

This was equally true with the avant-garde writers who made a similar commitment to breaking out of this triple bind. Many of the best experiments of the avant-garde school, Ge Fei's "Whistling" among them, deliver us into a precarious mood of limbo and a vision short of coming true. Such is Ge Fei's flair for making fugitive impressions that his work constitutes an excellent vantage point for examining the haunting presence of the issue of Sinification in my inquiry into the Chinese "postmodern" condition. Surely controversy over whether there could be a Chinese postmodernism in a pre-industrial society seems less meaningful after June 1989. However, the debate uncovered a familiar urgency that "great leap" advocates understood only too well. The advent of "postmodernism" in China would renew China's membership in the global cultural discourse. Whether or not the recently assembled subject of modernity could undergo a premature dissolution into a post-modern simulacrum (a subject-image that disseminates itself continually) never dawned on young advocates of Chinese postmodernism. The hottest theoretical issue of 1988, the "pseudomodernist school" question (their query: is Chinese modernism a sham after all?), was hardly concluded before critics were once again absorbed in the fear of falling behind the current. The critique of Chinese modernism quickly shifted its ground and gave way to a hasty inquiry into the totality of the Chinese "postmodernist" vision. In both cases, the crux of the matter again was the paradoxical encounter of that perennial project of "cultural reconstruction" (*wenhua chonggou*) (a term less ideologically charged than "Sinification") and the project of keeping up with, of incorporating the empowering discourse of, the West. Critics found themselves in a dilemma: both the absence and presence of postmodernism seized them with unrelieved anxiety. Its absence corrupted their vision of "leaping forward"; its presence plunged them again into the elusive quest for Chinese characteristics. To compound the quandary, though the New Theorists (the postrepresentational theorists) identified a small group of avant-garde writers as China's potential "postmodernists," they had not yet found a critical idiom. The avalanche of imported critical jargons ranging from Freudian, Lacanian, mythological, phenomenological, and structuralist, to poststructuralist and deconstructionist all in one profuse moment is a phenomenon far less unambiguous than what Liu Zaifu envisions.[1] What Liu prescribes with such optimism as "the creative transformation" of Western technical terms into the "deep structure of Chinese" remains as problematic as "the dialogue between the world and our [China's] own unique national language."[2] Creative transformation takes time and effort. Dialogue with the power centers of world culture requires more than good intentions and wishful thinking. The postmodern label that a vulnerable New Theory effortlessly imposed on avant-garde writers could be meaningful only if the following sequence of events unfolded: debates break out over realism, modernism, and neorealism; the new aesthetic experience is translated back into a historical relationship with those three schools; someone asks the question of how an imaginary order of postmodernism figures into the old double bind, that is, the "great leap" mentality and the Sinification complex.

Examining the first two issues in the sequence depends upon mapping the positions of realism, modernism, and neorealism in the 1980s. This is a complex groundwork that needs to be built elsewhere. This essay concerns itself solely with issue three, the configuration of the double bind. Tangentially I raise the question of how the Chinese "postmodernist" vision negotiates with the contradictory demands of a culturally and historically specific era and with an imaginary space of the global postmodern condition. Ge Fei's narrative fiction appears particularly significant because of its irreverence and its irrelevance to the temporal logic of post-Mao China, specifically, to the horizon open to the future. It seems to sidestep the question of a futuristic orientation, by which I mean the view that the future is the only possible locus for the construction of a new Chinese identity. Ge Fei's contrary epistemological vision is bound by a backward stance: it is through the self-narration of the reinvented memories of one's own past that the construction of identity is made possible in the first place.

Generally speaking, contemporary Chinese critics have not yet understood that Chinese "avant-garde" writers came into being under the conditions of a common discursive position that promises no epistemological or structural unity. They also have not realized that the "postmodernism"

---

1 Liu Zaifu, "Lun bashi niandai wenxue piping de wenti geming" ( "On the Revolution of Style in the Literary Criticism of the 1980s" ), *Wenxue pinglun*, I (1989): 16.

2 Ibid., p.21.

Fredric Jameson brought to China during his visit at Beijing University in 1985[1] is a highly controversial critical category at home. One can, of course, argue for a link between the Chinese avant-garde and postmodernism since the former's *reading* experience could very well deliver a postmodernist *vision* that is not based on the postmodernist *experience*. Younger Chinese artists and writers are quite adept at conjuring up visions of this sort without being able to testify to their validity in real life.

It is exactly because of the age-old deprivation of authentic experiences themselves (that is, genuine self-expression in verbal, physical, sexual, and epistemological terms), an outcome of Confucianist and Maoist indoctrination, that vision-making in democracy, fiction-making of the sexual self in literature, and construction of the theory of subjectivity (*zhuti*) have become tantalizing national hobbies. Given the characteristically Chinese disruption of vision and experience, it is less productive to argue against the likelihood of Chinese postmodernism than it is to question, as I shall, the totality of its vision. In that light, the anxiety of Chinese critics about the construction of a postrepresentational theoretical apparatus is simply an overreaction. The misleading hypothesis that underlying the synchronic grammar of the avant-garde is a totalized epistemological paradigm that may correspond to a single explanatory model lures critics right into the pseudo-proposition of Chinese postmodernism.

Thus, although the avant-gardes share a common discursive ground, repeatedly defined in terms of their new awareness of the subject-position of language (*yuyan zhuti*)[2] (by which they mean a new emphasis on narrative itself as opposed to the writer's earlier preoccupation with the subjectivity

---

1 Jameson's lectures on postmodernism at *Beida* were published in the collection *Houxiandai zhuyi yu wenhua lilun* (Postmodernism and Culture Theories), trans. Tang Xiaobing (Xi'an: Shaanxi Normal University Press, 1986).

2 The discovery of language as the new locus for critical studies seems to take place simultaneously with Li Tuo's call for the liberation of Chinese writers from *Mao wenti*, "Mao[ist] style," although, to a certain extent, his thesis still reflects the pull of an "impure" problematic—the dialectical relationship between language and ideology. See Li Tuo, Zhang Ling, and Wang Bin, "Yuyan de fanpan" ("The Rebellion of Language"), *Wenyi yanjiu* (Studies of Art and Literature) 2 (1989):79. The new critics, however, were not satisfied with any nonpurist approach to the question of language. The new orientation was characterized by the critics' shunning away from the discussion of the "ontology of literature" and by their inquiry into the new "object-position of literature." When the author-oriented text is turned into an aesthetic object to be consumed by readers, the mechanism of language emerges as the most important subject under discussion. The term *yuyan zhuti* is found in Zhang Xudong's "Ziwo yishi de tonghua: Ge Fei yu dangdai yuyan zhuti de jige wenti" ("The Fairy Tale of Self-Consciousness: Ge Fei and Some Questions on the Subjectivity of Language in the Contemporary Era"), *Bafang* (Eight Directions) 12 (1990): 308–329. Zhang's essay provides one of the best analyses of the avant-garde literature.

of the narrator or that of the narrative itself), they in fact present various versions of that old bourgeois subject caught in the act of discoursing about itself. Interest in language games notwithstanding, Ge Fei and Yu Hua, my two representative avant-garde writers, still adhere to the modernist myth of the subject. Each takes a different guise, however. One is obsessed with the process of self-assembling, the other with that of self-disassembly. To a great extent, both would endorse, without any reservation, *the first half* of the Althusserian dictum: "History is a process without a telos or a subject."[1] Both writers rebelled against the teleological culture logic that their immediate predecessor, the "root-searching" school, had embraced. Yu Hua seems to have gone further than Ge Fei in blurring the lines between true and false statements and in resisting the tyrannical return of a master narrative.[2] Fear of enclosure is, however, paradoxically accompanied by fear of space, big or small. Thus Yu Hua's fictional space, take "Yijiu baliu" ("1986") and "Xianshi yizhong" ("One Kind of Reality") for instance, is always pared down to the minimum, evoking a suffocating effect. It is a world emptied of personal and collective memories (ironically, "1986" claims to deliver a long lapse of twenty years' time and deals with a lunatic's congealed memory of the Cultural Revolution), a nightmarish world delineated by the narrator's conscious refusal to enter a recognizable temporal and physical space. Ge Fei's pilgrimage takes a different epistemological turn. The best preamble to his earlier works is his short story "Whistling."

The tale was written in 1990.[3] The surface text of "Whistling" and, in fact, most of the writer's earlier works, frustrates the expectation of any violent historical intervention. In avant-garde style, the tale conjures up few interpretative traces of the ideological past or historical present which a reconstruction of the historical anecdote about two Daoist solitaires during the Wei-Jin dynasty (220–420) seems to promise and presuppose. So "Whistling,"

---

1 *Réponse à John Lewis* (Paris: Maspero, 1973), pp.91–98.

2 It is perhaps precisely because of the very tenacity of Yu Hua's resistance to the return of a master narrative that his works try, time and again, to grasp the deep structure of the self-cornered narrator, who is unwilling to discourse himself out of the dilemma. This discursive self-imprisonment repeats itself in Yu's works and forms a tyranny of its own kind. Li Tuo, the critic who discovered and promoted Yu Hua, had sensed a "certain danger" in his young protégé and predicted that the latter "would not travel as far as Ge Fei and Ye Zhaoyan in terms of the experimental nature of their works." See Li Tuo, Zhang Ling, Wang Bin, "1987–1988: Beizhuang de nuli" ( "1987–1988: Efforts of the Sublime" ), *Dushu* I (1989): 57.

3 The date appearing at the end of the story suggests that Ge Fei finished the tale on May 17, 1990. See "Hushao" ( "Whistling" ), *Bafang* 12 (1990): 196.

like Ge Fei's other experiments, repeats his effort at exposing the fictionality of history as Narrative and becomes another example of his total lack of commitment to what history might bequeath us. But the fact that the work was published abroad reinforces the vague anticipation of intimations of a different order. Before making a closer examination of this tale, we should first take a quick look at Ge Fei's narrative logic in general so that the nature of the distinct, dramatic departure of "Whistling" from his earlier works can be more readily grasped and appreciated.

Ge Fei's fictional world can be characterized as a slow process of laboriously and self-consciously extending the present back into the past. It is the past, specifically at the moment when the narrator remembers and registers the fragmentary flashes of his personal past, that anchors the subject-position of Ge Fei's literary persona. In his own preface to the collection *Mizhou* (The Lost Ferry), the author speaks of an imaginary space that he yearned to reach through the "recuperation of the ineffable he encountered in reality and in memory."[1] At first glance, the narrator's acute awareness that his own memory serves as the locus of subjectivity seems to make him a marginal case in a postmodernist mood that promotes, among other more controversial programs, the disintegration of the subject! Ge Fei, however, is as slippery as many of his fellow travelers. Like them, his preoccupation with the magic pattern of language does not preclude consciousness of the tug of war between Sinification and its internalized Other (that is, whatever newest fad, in this case postmodernism, is being appropriated from the discourse of the West). "Whistling," I shall mention in passing, when taken at face value, seems to conjure up, in its telling of the disintegration of memory, exactly such a mirage of the postmodern condition of decentered subjectivity.

Despite the marked difference between "Whistling" and Ge Fei's earlier works (the one stresses the deterioration, the other, the arduous reconstruction, of memory), like his other tales, "Whistling" alludes to what the narrator does not allow to be made present in his text—namely, the lacunae of all forms. An empty rice bowl with blue rims, a swallow that disappears, the shadow of a woman whose features are blurred, smeared traces of characters printed

1 Ge Fei, "Xiaozhuan" ( "Author's Autobiographical Sketch" ), in *Mizhou* (The Lost Ferry) (Beijing: Zuojia Chuban She, 1989).

on a time-worn painting, a deserted chessboard, a little empty path across the wheat field, the bare content of a whistle, and a gaze that fails to focus. I would argue against those who insist on identifying the Western artifice of collage in those disconnected images and propose the following: that Ge Fei is under the heavy influence of the Chinese aesthetics of the lacuna, and so, for him, the empty space in its most concrete form is paradoxically abstract to the utmost. The Chinese lacuna in a landscape painting or in ancient poetry delivers a much more elusive absence than the postmodernist concept of "a copy without an original." "Whistling" is a tale that continues to test the limits of narratable lacunae, or—put in terms of Ge Fei's fictional logic—it asks, "where can the labyrinth of an interminable memory or gaze lead?"

In his earlier works, the narrator's lingering memory and gaze led to different narrative endings that often, paradoxically, promised the beginning of another story.[1] In a literal sense, Ge Fei's stories grow into each other and form an extended matrix of self-referentiality. There are exceptions, to be sure. Both "Mizhou" ("The Lost Ferry") and "Danian" ("The New Year") are terminated at a frozen triumphant moment of the unconscious when the final identification of desire with death occurs. But in most cases, a typical Ge Fei tale disseminates, lingers on, and stumbles into another tale.

Some of Ge Fei's other stories are similar metaphors for the slow progress of how memory exhausts itself by waging a war against the encroachment of the present. "Whistling," written in the aftermath of an extreme situation, presents the eventual dilemma of a memory growing hollow and barren, emptied of its content before the will to remember commands its performance. A slightly mocking acknowledgment of the redemptive power of Mr. Wuyou's memory in one story (he could recite by rote from books in his own library burned down by the villagers)[2] and even sentimental comparisons of memory to poisonous wine in "Meiyou ren kanjian cao shengzhang" ("Nobody Saw the Grass Growing") are parts of the author's painstaking construction of the act of remembering as the meaningful center of his fictional world. In this, the early Ge Fei reminds us of Lyotard's

1 Three of Ge Fei's stories— "Xianjing" ( "The Trap" ), "Hese niaoqun" ( "A Flock of Tawny Birds" ), and "Meiyou ren kanjian cao shengzhang" ( "Nobody Saw the Grass Growing" )—in the collection *Mizhou* overlap and form a network of self-referentiality.

2 "Zhuiyi Wuyou xiansheng" ("In Memory of Mr. Wuyou"), in *Mizhou*, p.6.

speculations about Proust: "The hero is no longer a character but the inner consciousness of time."[1] Not until the appearance of "Whistling" did Ge Fei's "odyssey of consciousness" lose its nostalgic emotional valence and render itself unnarratable.

**"Whistling"**

That Ge Fei turned to a historical legend for the setting of his statement on the ultimate powerlessness of the human faculty of remembering and narrating is no accident. According to the official chronicle, Ruan Ji, one of the renowned Seven Sages of the Bamboo Grove, visited the hermit Sun Deng, with whom he tried in vain to start a conversation on the inner alchemy of Daoism. We are informed that "Deng never responded. Ji gave out a long howl/whistle and withdrew. Climbing halfway up a mountain, Ji seemed to have heard a sound that echoed through the rocky ravine. It was Deng howling/whistling in response."[2] In another historical legend about Ji Kang, Ruan Ji's fellow-traveler, Sun Deng guarded his reticence until Kang took his leave. Upon the latter's departure, Deng broke his long-kept silence and predicted Kang's tragic destiny.[3] In either case, we sense the presence of will and tension in Sun Deng's silence. In the historical text, the silence serves as a powerful sign that discharges a missing content that is translatable and recuperable: Sun Deng's reserved stillness poses a defiant, hence meaningful, challenge to the corrupt time that is deprived of a stable and legitimate center. Every Chinese intellectual knows the rule of conscience: "In times of disorder, one does not serve [the Son of Heaven]" (*luanshi bushi*).

Ge Fei's aesthetic choice in narrating this legend of futile encounter is an interesting issue. He could have opted for a modernist aesthetics. Sun Deng could emerge as an emaciated but dangerous and subversive nonconformist. One could envision the possibility of the birth of a tale that reconstructs the protagonist's idiosyncratic mannerisms and his private identity. But Ge Fei seems more intrigued by the other alternative: that the hermit's silence finds

1 Jean-François Lyotard, "Appendix," trans. Regis Rurand, in *The Postmodern Condition: A Report on Knowledge,* trans. Geoff Bennington and Brian Massumi (Minneapolis: University of Minnesota Press, 1984), p.80.

2 Fang Xuanling et al., "Lie zhuan 19" ( "Collected Biographies 19" ),in *Jin shu* (Chronicles of the Jin Dynasty) (Beijing: Zhonghua Shuju, 1974), 49:1362.

3 *Jin shu*, p.1370.

no representation. Sun Deng's willed silence is dissolved in the contemporary tale into a series of impotent gazes into empty space. The tranquil and well-saturated time that a self-conscious recluse might enjoy is fragmented into disconnected shots of perpetual presents. Even the physical space so meaningful to the historical Sun Deng (deep forests teeming with magic herbs and the echoing rocky ravine, locales that form an ever-expanding metaphorical discourse in the master narrative of *xuanxue*, the "School of Profound Learning") itself retreats in Ge Fei's narrative until it is reduced to being the small inner yard of his hut—a space confined to what his purposelessly wandering gaze can travel.

Amid Ge Fei's various attempts to undermine the heroic subtext of the historical past (an issue I will raise in detail shortly), one encounters a contradictory move. He appears here to be restoring to the tale an order of narration (that is, the internal order of a narrative beginning and ending) only precariously maintained in his earlier works. The order subverts its own logic as soon as we realize, however, that what "Whistling" presents is actually a mock imitation of the beginning and the end of the original legend. To achieve such an effect Ge Fei inverted the role expectations of the two characters. The narrative begins with Deng *waiting* listlessly for Ruan Ji at a rendezvous (in contrast to the latter courting the former's attention in the historical account) and ends with Deng's *failure* to make a howl/whistle in response (in contrast to the long-drawn-out whistle given by the historical Sun Deng): "Looking around himself, Sun Deng stealthily put his thumb and index finger into his mouth—his extreme physical debility and the violent shaking of his teeth made him unable to utter any sound."[1] The final inversion, paradoxically suppressing and heightening its political impact (that is, silence as a political allegory), highlights Ge Fei's mockery of his own initial attempt to deliver solace in the recognizable form of narration.

All the above suggest the following. First, Ge Fei's closest encounter with the postmodern mirage takes its point of departure and derives its ultimate meaning(lessness) from our recognition of its intertextual reference to a historically specific era—the Wei-Jin period. Second, what is rendered meaningless is the high-minded culture of whistling in the Six Dynasties

---

1 Ge Fei, "Hushao," p.196.

(A.D.420–589),[1] the self-conscious positioning of the historical Sun Deng in a universe dominated by the binarism of ancient Chinese political culture (court/forest, rituals of conversation/silence, and so on), and his transcendence of such binarism crystallized in the single triumphant act of whistling. Specifically, the subversion of meaning enacted in "Whistling" is achieved through the text's reference to a culturally specific past (i.e., Daoism) and to history's valorization of the symbolic valence of the two recluses howling to each other (that is, to whistling as a specific form of metaphysical language during the historical period, and to hermitage as the only private space that resists the enclosure and intrusion of the public, symbolized in this tale by the act of mundane speech).

It is interesting to note that toying with intertextuality can prove a dangerous game, for the notion releases the invisible working of constraints. Even the most radical case of intertextuality, the parody, for instance, is not impervious to the trap of legitimizing the concept of metanarrative. How to evoke but at the same time tame the metanarrative (for example, the intertext of the Sun Deng legend) thus posed a challenge to Ge Fei. His ideological move was to remain uncommitted to history itself. The tale is thus not about an episode in history. It is about those moments that lurk in the historical unconscious. To retrieve them requires the narrator's commitment to the ephemeral and to lacunae. Given the threshold nature of the spatial and temporal framework underlying "Whistling," which is neither otherworldly nor worldly, neither historical nor contemporary, one cannot bypass certain questions: What is the subtext in "Whistling"? Does its presence force an alternative reading of history?

More important even than the writer's inversion strategy (which does provide certain clues to both questions) is how he fills out the gaps in the historical text. Specifically, how does Ge Fei replenish the interim that elapses between Ruan Ji's attempt to start a conversation and Sun Deng's refusal to respond? The fact that no narrative interval is available in the original historical text probably makes such a space a fertile ground for a writer who wishes the impossible, which is *to escape and embrace history at the*

1 For a detailed analysis of the culture of whistling, see Douglass Alan White, "Ch'eng-kung Sui's 'Poetic Essay on Whistling'" (Undergraduate diss., Harvard University).

*same time*. Ge Fei accomplishes his goal by recreating what is forgotten and deleted by history. The missing content of the historical legend constituted the actual point of departure for Ge Fei's narrative. For it is here, at this very locale, not at the beginning or the end of the tale, that the writer must attempt to recapture his ambiguous attitude toward his own cultural heritage with a contemporaneity that has already incorporated the foreign.

A lacuna always forms the center of Ge Fei's fictional world: it is empty and thus tantalizingly invites being filled and refilled. We often find his characters facing each other speechless. Usually empty space between them conjures up the alluring memories of the past. A scene of the narrator sitting alone silently on a quiet night with a young woman promises a harvest of retrieved and imagined memories. It is a scene that assumes such a haunting presence in his earlier works[1] that its recurrence in "Whistling" seems to promise the same vintage.

But, we must ask, what fills up the lacuna in Sun Deng's life? What does he do, see, and hear during the interval when Ruan Ji appears and leaves a part of his daily routine? Sun Deng spends a long time deliberating on one single move at a chess game with an imaginary player (the absent or present Ruan Ji, or an unnamed woman). He looks at a painting covered with dust, breaks a teapot by accident, sits down on a rattan chair, opens up a poetry manuscript, stares at a swallow at high noon, wondering if this is the same swallow he saw last fall, listens to the footsteps of a passerby, and hears the snoring of a woman whose identity is ambiguous (she might be his daughter, or just a stranger). All these sights and sounds barely leave a trace on his consciousness, for they are not endowed with ritualistic significance like those sights and sounds in his other stories. Nor are they riddled with repressed anxiety to be recontained in the unconscious. The whole cycle of the aimless wandering of Sun Deng's gaze simply repeats itself. Occasionally, his purposeless movements are interrupted by a brief and discontinuous dialogue with Ruan Ji. But we hear the narrator commenting: "Sun Deng's words are nothing but ordinary and boring. They do not signify anything in particular" ("Whistling," p.186). And Ruan Ji's ejaculation echoes the same

1 "A Flock of Tawny Birds," pp.42–43; "Nobody Saw the Grass Growing," pp.66–70; "Bangke" ( "Shells" ), p.231.

unbearable lightness of the tale's mood: "It is just as if you made a whistle... you did not find much meaning in it" (p. 188). Given the political and metaphysical high culture of whistling during the fifth and sixth centuries,[1] Ge Fei's narrator's listless extrication of whistling from all its ritualistic significance and his casual retranslation of it into an involuntary and meaningless act should ring doubly ironic here.

Sun Deng struggles on one occasion to make an abortive attempt at delivering the narrative content of his memory. But he only vaguely recalls a married daughter who seems to have been gone for a long time. At one flickering moment he tries to assemble her image: an illusory female appearance which approaches him and then disappears upon his instantaneous loss of concentration. For the first time in Ge Fei's fictional world, we encounter a character who does not remember. The spiritual skeleton of the recluse can no longer articulate itself. In this general picture of debilitation, recollection remains unmotivated: "a poetry manuscript that is turning sallow, a cluster of messy and withering petals, a promise that can not be fulfilled" (p. 195).

No one would deny that this amorphous interlude makes "Whistling" an extremely difficult tale. It is also an utterly unpretentious strategic locale. With it Ge Fei makes almost inaudible aesthetic, philosophical, and even political statements without the danger of being overheard.

Ge Fei's aesthetic choice is to portray "the very periphery where Deng's will and consciousness is about to reach its own extinction" (p. 196). That would suggest, in the ambiguous double voice of both Sun Deng and the narrator, that what passes in the interim between Ruan Ji's visits be "rendered into a painting" (p. 196). I draw attention to this because it is such a careful steering away from all the *fin de siècle* diseases of high modernism, angst and depth, the overflow of the unconscious, and even of boredom itself, toward the postmodern "commitment to surface"[2] and pure presentation itself.

---

1 The Chinese historical attitude toward whistling can be summarized in two stanzas from the *Xiao fu* (Rhapsody of Whistling): "He [the recluse] finds constraining the narrow road of the world/ He gazes up at the concourse of heaven, and treads the high vastness; he transcends the common, and forgets his body/ Then, filled with noble emotion, he gives a long-drawn-out whistle." See Chenggong Sui (Ch'eng-kung Sui), "Xiao fu" ("Hsiao-fu"), in *Wen xuan*, ed. Xiao Tong (Taibei: Shimen Tushu Youxian Gongsi, 1976; a reprint of the 1809 edition of Hu Kejia), 18/26b, p.266.

2 Fredric Jameson, "Foreword," in Lyotard, *The Postmodern Condition*, p.xviii.

The aesthetic tempering of the flat surface of Sun Deng's consciousness does not fall into the typical postmodern condition of the superficial, however. In so doing, it runs the risk of flirting with a certain obscenity. The dilemma creates more lacunae and longer silences in the text. These spell out the haunting presence of a second coming of the political and philosophical in art and literature. The necessary second coming looms as the most tragic and ironic moment for the radical purists, mostly avant-gardes themselves, who had declared proudly that literature serves neither politics nor philosophy.

The temptation to meet meaning halfway must be tremendous. Ge Fei voices this temptation as soon as he chooses to retell a story set during the Wei-Jin period. For how could a writer reinvest a historical motif like Ruan Ji and Sun Deng's meaningful encounter, which presupposes the meaning of their recluse personae in an overtly historical context, without disclosing his willful intent to tame the master narrative of the particular epoch within which the motif is deeply encoded?

The quandary deepens, however, when we seek in vain for traces of the master narrative in the story. The epoch itself is completely left out of Ge Fei's narrative. Without ever making a single comment in "Whistling" on the specific cultural and historical background of the Wei-Jin era, the writer turns Ruan Ji and Sun Deng into fictional characters of the author's own contemporaneity. The portrait of Sun Deng verges suspiciously on caricature. But even an argument suggesting that the text is a parody of Wei-Jin metaphysical self-absorption and its proud cohort of high-minded iconoclasts, who paraded it about, cannot stand. This is not simply because Ge Fei has never shown any satirical impulse at any turn of his writing career but, more importantly, because he does not need such a heavy-handed device. All he must do to bring into relief manifold innuendoes, political and metaphysical, is repress the master narrative of the epoch in question. In the irreconcilable gap between the contemporaneity of Ge Fei's characters and the historicity of their repressed origin, one locates the Chinese avant-garde response to the postmodern call for historical amnesia.

History as a text is always susceptible to radical alteration and reinterpretation. Li Peng and his Communist historians practice this well. So do the avant-gardes. This strange complicity between the two opposing groups of agents tells us much about their shared disrespect for the authority of the original (that is, what is being altered). In practice, of course, the former argue for, and the latter mock the truth-value of their rewritten texts. But it is the avant-gardes who really fear and feel the pain of this rupture with history. Their resistance to the enclosures of history is often paradoxically accompanied by an imaginary trip back into history, even though Ge Fei's narrator in the "Yelang zhi xing" ("Journey to Yelang") confesses to us openly that the journey is itself "a mistake." Yelang, the ancient city in Guizhou province that he visits in order to experience historicity and thus valorize its legendary character, is, in fact, simultaneously "receding from the ambience of the ancient texts and from my imagination."[1]

In some of Ge Fei's works, and especially in Yu Hua's "1986," the violent rupture of the historical past and the present produces a traumatic effect on the memory of fictional characters. The resulting amnesia is an open sore: avant-garde writers spread different ointments over it. Yu Hua's lunatic exposes his wounds playfully and gleefully for those who are perhaps even more forgetful than he. Amnesia instantly becomes a physical malady, a showcase of bodily dissemination, eventually even a celebratory carnival. Ge Fei's melancholy narrators search for the elusive point of contact between amnesia and remembrance. With the exception of Sun Deng in "Whistling," Ge Fei invests his faith in the narrator's act of self-narration. He uses it to relieve the pain of a break wrought by enormous force and artifice.

The artificial flavor of such a rupture is perhaps what the avant-gardes are striving for, after all. But the concept of rupture alone cannot really help our repositioning of the school in the literary history of post-Mao China. It is just as inconceivable to envision a Chinese version of European modernism without a dose of classical Chinese sentimentality as to imagine an indigenous postmodernism without the contemporary Chinese lingering obsession with the modernist fixation on the issue of identity, personal or historical. While there may be some ground for us to suggest that the "great leap" mentality justifies the simple logic of rupture and hence the imposition of the "postmodernist" label on the Chinese avant-gardes, we have to recognize the continuity of their obsession with the modernist problematic of the subject. On the one hand, the avant-garde text rehearses the disseminating process

1 Ge Fei, "Yelang zhi xing," *Zhongshan* 6 (1989): 124.

of its own generic and cultural identity; it imagines its own ignominious fall from the grace of modernism while attempting at every turn to repress even the minimal impression of History on its subversion of meaning. And yet a closer look at such a text, on the other hand, reveals the futility of its "postmodernist" rehearsals to conjure away the issue of identity and history.

For Chinese intellectuals engaged in the modernist philosophy of the subject, it is difficult to appreciate the relevance of the Wei-Jin period to Chinese avant-gardists. The master narrative of the Wei-Jin *xuanxue* tradition[1] wrestles with questions regarding the original substance (*benti*) of the Dao and rejects the human subject's intervention into the natural and original condition of Nature. It holds suspect the conscious human efforts of creating order out of chaos on the premise that Nature, with its mountains and rivers and a myriad of rich phenomena, manifests nothing other than the Dao itself, the Universal Subject, complete in and of itself. The intrusion of the human instrument, language, only disrupts the harmony that exists between substance and function (*tiyong*), root and branch (*benmo*), unity and multiplicity (*yuefan*), one and many (*yiduo*), being and nonbeing (*youwu*).[2] Modern intellectual historians have characterized Wei-Jin metaphysics as a "philosophical project" aimed at comprehending "the substance, the spirit, the root, and the One without losing sight of its manifold functions, forms and branches."[3] In this microscopic framework of ontology, the human subject roams in the path of a million changes as an "aesthetic self" *(qingyi wo)*[4] who not only empathizes with but also "changes in accordance with the law of a million changes."[5] The Wei-Jin concept

---

1 The ontological thrust underlying the "pure conversations" was generated by the reinterpretation of the Great Books—*Yi Jing, Lun Yu, Lao Zi,* and *Zhuang Zi*. The new interpretative model for the Classics integrates the Confucian and Daoist philosophical frameworks.

2 These binary sets constitute the engaging metaphysical controversies for the Wei-Jin philosophers. See Wing-tsit Chan, *A Source Book in Chinese Philosophy* (Princeton: Princeton University Press, 1963), p.323. See also Mou Zongsan, *Caixing yu xuanli* (Aesthetic Temperament and Profound Principle) (Taibei: Xuesheng Shuju, 1980), pp.101–111; and Lao Siguang, *Zhongguo zhexue shi* (History of Chinese Philosophy), 3 vols. (Taibei: Sanmin Shuju, 1981), 2:161–167.

3 Tu Wei-ming, "Profound Learning, Personal Knowledge and Poetic Vision," in *The Vitality of the Lyric Voice*, ed. Shuen-fu Lin and Stephen Owen (Princeton: Princeton University Press, 1986), p.11.

4 This term was coined by Lao Siguang in his interpretation of the significance of the *caixing* school within the Wei-Jin *xuanxue* tradition (Lao, *Zhongguo zhexue shi*, 2:145–157). Lao argues that *caixing* is opposed to *xinxing*—the former is identical to the aesthetic persona of the individual, and the latter to the moral persona. Lao also argues that the Chinese debate over the definition of the self seems to vacillate between these two interpretations at the expense of the third thesis—that of the cognitive self.

5 *Chinese Poetry: Major Modes and Genres*, ed. and trans. Wai-lim Yip (Berkeley: University of California Press, 1976), p.169, quoting Kuo Xiang's (d. 312) commentary on Zhuang Zi's concept of change.

of *caixing*, "the essence of the aesthetic subject," is a complex problematic that should be treated elsewhere. Suffice it to say at this point that the Wei-Jin emphasis on *caixing*, albeit a substance subjugated to the omnipresent subjectivity of the Dao, presents itself as an intriguing footnote on the subtext of the entire Chinese avant-garde movement. Specifically, its adherents have consciously sanctioned the autonomy of the "language-using subject," which is their contemporary counterpart to the Wei-Jin period's aesthetic subject. This "language-using subject" emerged only in the latter half of the 1980s at the expense of the "moral self" and the "cognitive self."

A triple division of the holistic concept of subjectivity into the linguistic, moral, and cognitive certainly did not just arrive with the contemporary scene. It has recurred throughout Chinese history and attests to the age-old struggle of writers and artists to free literature and art from their bondage to philosophy and ethics, not to mention politics. But can one envision an aesthetic/linguistic subject that remains autonomous at all costs? This is the question that should plague the avant-gardes with more urgency and ambivalence after 1989. And the answer to this question is no longer as forthcoming as it was in 1987 and 1988. The writer's involuntary posing of this question and his awareness of the impossibility of finding an answer to it hold the eventual riddle and interest of Ge Fei's "Whistling." Ge Fei's unresolved motivation for evoking and repressing the allusion to the Wei-Jin era, together with the sheer illusory nature of even an imaginary resolution of the riddle, constitute the aesthetic, philosophical, and political subtext of the tale.

**Yu Hua, Ge Fei, Subjectivity, and Body Mutilation**

"Whistling," despite its elusive affair with the problematic of "historical memory," is, after all, a story that departs quite radically from Ge Fei's earlier works. The lengthy discussion above has left aside one central issue that haunted the writer's earlier experiments. That is the issue of subjectivity. The issue serves me with a useful vantage point for determining whether the Chinese avant-gardes have transcended the holistic concept of the modernist subject, as some critics have proclaimed. What comes to mind immediately are moments of violence that accompany the dissection of female and male bodies in Yu Hua and Ge Fei's fiction.

Woman has indeed fallen victim to the avant-garde exploitation of fresh desires. She always dies twice now. First comes a death of the soul in her doomed encounter with a man in search of his own subjectivity. Male subjectivity is now equated with sexual potency in the Freudian obsessions of the post-Mao era, and, even more specifically, to the volcanic agitation of his testosterone. Second, she dies a violent death from her sensual body after it is consumed by his desire. She is either raped ("Fengqin" ["Organ"]), disemboweled for adultery ("Mizhou" ["The Lost Ferry"]), or violated and strangled for her beauty, and then dissected for no purpose ("Zhuiyi Wuyou xiansheng" ["In Memory of Mr. Wuyou"]). It is the highest melodrama that the male narrator's reconstruction of his own subjectivity in Ge Fei's fiction must take place against the backdrop of the dissolution of the female object. It is always the man who remembers, and through remembrance, slowly recuperates and remaps his own subject-position. The woman on several occasions is a mute listener who serves as a catalyst to the male speaker's recollection, a neutral appearance who has no personal history, hence a dull voice which can only repeat, "I don't remember what happened in the past. Recollection is a glass of poisonous wine" ("Nobody Saw the Grass Growing," pp.68–69). On other occasions, she is an emasculated mother overwhelmed by her son's masculine image and manly rage ("The Lost Ferry" and "New Year"), or a garrulous chatter-box whose "memory has gone bad" ("Journey to Yelang," p.125). Women, young and old, serve Ge Fei only as containers of the phallus and mirrors of man's search for his own masculine center. It is still the arduous construction of the male subject rather than the half-hearted deconstruction of female bodies that defines the central task of Ge Fei's narrator.

A violently dismembered *male* body is indeed a rare spectacle in avant-garde literature. And the appearance of such a sensational spectacle in Yu Hua's stories is shocking even for those who can appreciate the philosophy that underlies such savage imagery. As one critic put it, young contemporary Chinese writers have a penchant for sacrilegious practices.[1] For Yu Hua, unmotivated violence is only blasphemy of a secondary order. What could be more impious than breaking down, with a sensual abandon and in total nonsensical style, a holistic subject that theoreticians and modernist

1 Ye Fang, "Women hai neng you shenme?" ( "What Else Can We Have?" ), *Wenxue pinglun* 3 (1988): 21.

writers in the post-Mao era have just assembled? And what could be a more dramatic rupture with the generation that preceded his own than sentencing this mythologized subject to death? And to go a step further, not only is the subject doomed to die and suffer the most violent death, but he is denied his funeral. The true humiliation comes when Yu Hua decides that the noble semblance of the subject should be shattered to pieces literally. And this is what happens to Shan'gang in "Xianshi yizhong" ("One Kind of Reality").

Yu Hua's pranks against the humanism the older generation of writers have held on to so dearly do not end on the autopsy table, although a quick glance at the process of how Shan'gang's body is savagely dissected seems to deliver such an impression. What is intriguing is not even the lackadaisical manner in which the narrator describes the lengthy process of how Shan'gang's skin, bowels, lungs, bones, and heart are divided among a team of apathetic doctors. What is most interesting is the last piece of information: the testicles are the last to go. Last, but certainly not least. We have immediately to wonder why even the most thoroughly subversive writer remains so susceptible to the mental trap set by male sentimentality about his masculinity. To strengthen the impression, the narrator informs us that Shan'gang's reproductive organs were successfully transplanted (many of his other organs failed to survive transplantation) into a young patient who immediately impregnates his wife and is blessed with a son.[1]

This episode leads us to the question of whether Yu Hua is reaffirming rather than disseminating the subject. The Chinese paternal myth that "only a male heir carries on the family line" places such an onerous emotional burden on Chinese men and women that it is almost impossible not to view this episode in light of the author's unconscious celebration of the ultimate potency of the male organs. In this context, it seems natural to arrive at the following conclusion: death is turned into a joke, and Shan'gang undergoes the entire bloody process of dissection in vain. The dead arises anew and whole from the mess of his own scattered parts in the image of a son. The logic of dissemination collapses at the very moment when the testicles themselves become a subject.

---

1 Yu Hua, "Xianshi yizhong" ( "One Kind of Reality" ), in *Shibasui chumen yuanxing* (Traveling Far from Home at Eighteen) (Beijing: Zuojia Chuban She, 1989), p.256.

But Yu Hua may not be so vulnerable after all to those sacred Chinese myths, the five human bonds (*wulun*) among them, which he sets out to tear apart in "One Kind of Reality" with such ruthless precision and aplomb. The episode in question could invite speculations of a completely different order if we were to insist on drawing a distinction between the symbolism of the phallus and that of the testicles. Once this distinction is made, the satirical impulse of the tale becomes transparent.[1] The phallus itself has become a sanctified "subject" in contemporary Chinese modernist art, films, and literature. Its subjectivity is defined by pleasure-seeking, not the reproductive principle. The Chinese modernists have indeed gone quite a distance when they make the outrageous statement that copulation is fun. And what could be a better postmodernist prank than carrying on the subversion of the notion of reproduction by announcing that the serious business of reproducing the heir can be achieved with testosterone alone, something purely hormonal without the blessing of what the phallus stands for? The celebration of the testicles in this light is nothing less than the denigration of the subject-position of the phallus. One can surely argue that the son here reveals himself as nothing more than a simulacrum, a copy without an original, and so without meaning. What is at issue is hardly the autonomy of the sexual self, a political statement that Chinese modernists love to make over and over again, but rather the paring down, so to speak, of the symbolic stature of the sexual self to a pair of testicles. With one bold stroke, Yu Hua attempts to subvert both of Chinese modernism's most sacred and beloved practices: the fetishism of subjectivity and the fetishism of sexuality. The potency of Shan'gang's testicles in the absence of the phallic symbol is thus simply a joke. The tale sneers at the meaning of totality when it entertains the reader by making her witness the pretentious subversion of the initial subject turn into a tall tale of his meaningless rebirth.

Yu Hua bears testimony to my earlier observation that the "totality" of the Chinese postmodernist vision is part of the "leap forward" mythology that Chinese critics at home and abroad have so earnestly constructed. As mentioned earlier, with the exception of "Whistling," Ge Fei's fictional world

---

1 Miriam Cooke, my colleague in Asian and African Languages and Literature at Duke University, has discussed with me on several occasions the phenomenon of postmodernism in the context of third world literature. I would like to acknowledge her contribution to my analysis of this particular story.

is built on his narrator's capacity to rearrange his subject-position through the reactivation and retention of his memory. While Ge Fei suggests that the post-Mao fascination with the ontology of the subject will probably linger for a little while longer, Yu Hua demonstrates just the opposite. Meanwhile, the disappearance of the sense of history so often featured in the postmodernisms of Western postindustrial societies may take a different course in China. It may simply become, in the hands of potential Chinese "postmodernists," another reminder of the repressed configuration of historical amnesia that bears the trademarks of autonomy. The perpetual presents of Sun Deng in "Whistling" and Yu Hua's protagonists in "One Kind of Reality" may be less a postmodern spectacle and more a simple fictional reflection of the natural human condition.

The generic lesson taught by the avant-garde can perhaps be captured in a simple statement: it is futile to stamp Ge Fei and Yu Hua with the epochal marker of postmodernism. Whether some of their subversive gestures could be labeled postmodernist matters only to those who are imprisoned within the Chinese "leap forward" mentality. What really matters is how to retrieve the set of issues that remain buried in the fight over the naming ritual.

This brings us back to the presupposition about Chinese postmodernism—a contradictory mirage that is, in Marilyn Young's words, "simply the latest version of the sinification/westernization pseudo-binary."[1] I propose that we view the glamorous proposal of a "postmodernism with Chinese characteristics" as nothing more than some critics' misunderstanding of a narrative strategy and practice deployed by China's youngest generation of writers for specific ends relevant only to the Chinese context—a belated rebellion against textual repression, a radicalism which by itself is *inadvertently* an ideological act. The repression at issue is less political than epistemological, however. I refer here to the consecration in the 1980s of the metanarrative of humanist philosophy that has reconstituted a symmetrically centered and thus, once again, repressive male subjectivity. No less reifying than the earlier model of proletarian hero to the avant-gardes is the enclosing discourse of the humanist hero, mass-produced by the generation

1 I am quoting here from Marilyn Young's discussion notes on my original paper at the "After 'Orientalism'" symposium.

of "root-searching" writers that immediately precedes their own. Keeping in mind the specific nature of the textual politics of the Chinese avant-garde, we can proceed to deconstruct the pseudoproposition of "Chinese postmodernism" in such a way that it is neither meaningful to claim that it is *not* postmodernist nor is it sufficient to qualify it as yet another version of Western postmodernism in a Chinese frame.

Finally, one cannot resist the temptation to continue one's lingering speculations on the political implications of the Chinese avant-garde. Ge Fei and Yu Hua's foregrounding of a radical "linguistic subject" may signify something quite different in the political context of post-Mao China (if we could for the time being put aside the context of literary history). Their language is offensive to Marxist ideologists as well as to realist and modernist writers. It is easy to forget that pseudo-postmodernists take great delight in offending the political regime even as they react against the aesthetic principles of realism and modernism. To write about love-making, to celebrate sexual desire, and to revel in violence may amount to nothing more than sensationalism in a Western commodified society. In China, it is a small victory for freedom of expression.[1] It is a revolutionary way of writing not simply because it challenges an old aesthetics but also because it produces "fresh desires." What are those desires? They range from writing poetry at the recollection of battlefield ruins ("The Lost Ferry," p.104), expressing the desire to die ("The Lost Ferry," p.108), and committing rape and sacrilege, thus wreaking a violent vengeance against Chinese politics of discipline and abstinence. The historical moment of the birth of a postmodernist vision in Chinese literature may be yet to come, given that the ruling elite's ironic blessing to Chinese reformers had determined literature's necessary complicity in the capitalist mode of production. One can anticipate the renewed fervor of Chinese fashion brokers (of ideas and commodities alike) seeking to promote various novelties of a foreign breed. Resistance (forged in the name of textual or political freedom) may soon become a code name relegated to the past. The lessons taught by the avant-garde will lose their resonance and relevance in the possible scenario in which the accelerating

---

1 I would like to attribute this particular statement to Xudong Zhang of the Literature Program at Duke University.

growth of special economic zones and coastal cities ushers China prematurely into the age of postmodernity before the end of the twenty-first century.

Amid all the hustle and bustle that a barefaced leap to a "free" global market has already induced, it is too tempting to dismiss what Ge Fei's experiments delivered. Living in constant danger of making a statement alone may produce a bloom of the most exotic and local kind. How can one afford not to recognize that the survival of artistic vision may depend upon the rigor of intervention (both of a literary and of a political kind), since it is awareness of the haunting presence of such a blockade that compels writers to keep silence and yet to speak in fissures? Chinese intellectuals have learned time and again that they pay a price for the utopian heroism of leaping forward. They have yet to be inspired by the dull image of Ge Fei's narrator waiting with such vigilance to capture his memory as it flashes up at a moment of danger. It is not just any memory of the past he seeks, but that to which we ascribe "a horizon of unfulfilled expectations."

# 作为现代中国历史人物的作家：叶兆言的激情记忆与虚构历史

/ 徐　刚

本文考察当代中国重要作家叶兆言的作品，包括《日本鬼子来了》和《一九三七年的爱情》。叶兆言的各种写作都围绕一个字——爱。他的作品往往有意识地将当代和民国初期联系起来，其方式颇为有趣：在通俗诉求的伪装下，往往揉入他对历史、记忆、爱情之间关系的严肃和批判性思考。

# The Writer as a Historical Figure of Modern China: Ye Zhaoyan's Passionate Memory and Fictional History

*Gary G. Xu*

> Such is history. A play of life and death is sought in the calm telling of a tale, in the resurgence and denial of the origin, the unfolding of a dead past and result of a present practice. It reiterates, under another rule, the myths built upon a murder of an originary death and fashions out of language the forever-remnant trace of a beginning that is as impossible to recover as to forget.
>
> — Michel de Certeau

Ye Zhaoyan (1957–) is one of the most prolific and active writers in China during the past two decades. His short stories and novels touch upon a wide range of subject matters—from the history of the early Republican period (1911–1949), his celebrated family background, his adolescent experience during the Cultural Revolution, to everyday concerns of common people in postsocialist China. While many other writers of the same period are either too narrowly focused in theme or too experimental in style, Ye Zhaoyan emerges as a storyteller of not only his own time but also the entire twentieth century. Telling stories—and mostly love stories—in a natural flow reminiscent of the traditional Chinese fictional narrative, Ye has become one of the few contemporary writers who enjoy a wide readership in Chinese mainland and in Taiwan region. Under his popular appeal, there are also serious and critical reflections upon the relationship between history, memory, and love: an active remembrance of what has been repressed by the grand history, a constant examination of the writing of history through creating the writer as a historical figure of modern China, and a self-conscious production of historical experience in the everyday life. I examine these reflections in this article and hope to provide new perspectives for understanding China's long twentieth century.

## 1

Understanding Ye Zhaoyan's family background is key to reading his fiction. Ye Zhaoyan's grandfather, Ye Shaojun (1894–1988), was one of the founding members of the May Fourth literature. While Lu Xun was famous for writing short stories, Ye Shaojun has been credited for helping create the realist novel in modern Chinese literature. Ye's novel *Ni Huanzhi* (*School Master Ni Huanzhi;* 1928) is generally considered a path-breaker, which fostered, in Mao Dun's words, a "self-awareness in literary creation"[1]. What Mao Dun refers to is Chinese writers' initial awareness of both *techne* and *phronesis* of the modern novel. The title character of *Ni Huanzhi* is an idealistic school-teacher whose dream of reform is crushed by the harsh reality. Similar to his protagonist, Ye Shaojun himself was an avid practitioner of the new (Western) style education. He not only taught *"guowen"* (national language) at all school levels, but also co-compiled the earliest standardized textbooks of modern Chinese language.

Mao Dun's and other major May Fourth figures' praise did not, however, fully erase the mainstream leftists' suspicion of the "decadent" and "sentimental" nature of Ye's novels. The suspicion is based on the fact that Ye Shaojun began his writing career in the Mandarin Ducks and Butterflies style—didactic, sentimental, straightforward, concerning not so much social reform as popularity and profitability. Even after he became a

1 All translations from Chinese to English are my own.

"mature" realist novelist, traces of Mandarin Ducks and Butterflies remain in Ye's novels in the form of thematic and stylistic ambiguity. On the thematic level, Schoolmaster Ni Huanzhi's repetitive failures in educational reform clearly throw a long shadow over revolutionary optimism. On the narrative level, Ye Shaojun's entrenched ethical concerns in "*tong-qing*"—pity and sympathy—tend to conflict with some of realism's formal characteristics, such as truth claims, emotional transcendence, class antagonism, and historical immediacy. Marston Anderson describes Ye's thematic pessimism and narrative incongruities as "moral impediments to realism," impediments that problematize realism's "dual claim to be at once fact and fiction." Because of realism's dual claim, Anderson points out, "the voice of the realist narrator inevitably contains a measure of artifice and is therefore not fully 'genuine'; moreover, realist works induce the emotion of pity only with the ultimate intention of purging it through catharsis". Ye Shaojun was unable to "purge" his sentiments and thus incurred constant criticism to his works. His entrenched sentimentalism, however, became a great inspiration for his grandson Ye Zhaoyan, whose multifaceted writings all revolve around *qing* (romantic passion, love).

Ye Shaojun was so enamored with sentimentalism and the common values of humanism that he named his three children as "Good" (Zhishan), "Beautiful" (Zhimei), and "Truthful" (Zhicheng). Ye Zhaoyan's father Ye Zhicheng (1926–1992) was the youngest among the three, also the most unfortunate. An idealistic intellectual youth and accomplished playwright during the late 1950s, Ye Zhicheng proposed, together with Fang Zhi (1930–1979), Lu Wenfu (1928–2005), and Gao Xiaosheng (1928–1999), to create a literary magazine *Tanqiuzhe* (The explorer) to publish "more writings that are not exclusively politically orientated." These young men were the first group of government-subsidized professional writers in Jiangsu Province after 1949. They sincerely believed that they were contributing significantly to cultural reforms of the new socialist country. But no sooner than they submitted the proposal were they labeled "Rightists" and severely punished as enemies of the state. For twenty years, from 1959 to 1979, all members of the group lived in excruciating daily tortures, both physically and mentally. Some, such as Lu Wenfu and Gao Xiaosheng, survived and became prominent writers after the Cultural Revolution. Lu is known for his novella *Meishijia* (The gourmet), which mixes the local flavor of the ancient city of Suzhou with post-1949 political vicissitudes,[1] and Gao for his satirical portrait of Li Shunda, a peasant caught in the changes of time.[2] Fang Zhi, arguably the most talented within the group, was also well on his way to the rank of the great writer after his short story *Neijian* (The informer; 1978) became an instant sensation and earned him the first Annual National Award for Best Short Stories. Fang Zhi was the first intellectual who did not blame the disastrous Cultural Revolution on the scapegoat Gang of Four; he searched the soul of everyman for possible explanation of political corruption and inhuman violence. Unfortunately, his death shortly after the award ended a promising writing career. As for Ye Zhicheng, his gall "was completely broken"; he gave up writing all together. He even repeatedly warned his son Ye Zhaoyan about the danger of choosing writing as a profession.[3]

Ye Zhaoyan still became a writer despite the discouragement from both his father and grandfather. In terms of productivity, Ye Zhaoyan is a much more professionalized writer than his grandfather was or his father could ever dream to be. The family history of literary creation is perhaps the biggest motivation for Ye Zhaoyan, who continuously recalls the lives and works of his grandfather and father in sophisticated intertextual maneuvers.

A fascinating example of remembering the family lineage of literature is the novella *Riben guizi lai le* (Japanese devils have arrived). Ye Zhaoyan claims at the beginning of the story that the title was "plagiarized" from Fang Zhi, who was his father's best friend. Ye passionately recalls how, even in sheer poverty and with rapidly deteriorating health, Fang Zhi still had only one thing on his mind: to write. Fang Zhi derived the idea of writing a story entitled "Riben guizi lai le" by a trivial matter—he was irritated but also amazed by the swift removal, thanks to a scheduled visit by Japanese writers, of a pile of garbage that had long been blocking his office building. Ye Zhaoyan picked up where Fang Zhi had left off. To finish Fang Zhi's story, Ye Zhaoyan says that he wedged a strange love

1 For a detailed reading of *The Gourmet*, See Farquhar, J. (2002). *Appetites: Food and Sex in Post-socialist China*. Durham: Duke University Press.

2 For informational studies on Gao Xiaosheng, see Decker, M. (1993). *Living in Sin: From May Fourth via the Antirightist Movement to the Present*.

3 For a detailed study of the "Explorers group," see Xu, Caishi, (1993). *Wenxue de tanqiu* (*Explorations in Literature*). Nanjing: Nanjing Press.

story between the story's beginning and ending that are purported to commemorate Fang Zhi's life.

The love story is between a Chinese woman Ah Qing Sao and a Japanese soldier Sanliang. Anyone who has the lingering memory of *Shajiabang*, one of the eight Exemplary Operas in the Cultural Revolution, would be stunned by Ye's conversion of Ah Qing Sao—the anti-Japanese heroine in *Shajiabang*—into an ordinary woman having an affair with the Japanese soldier who has raped her. Ye Zhaoyan depicts Sanliang as a kind-hearted homesick Japanese farmer who finds comfort in Ah Qing Sao's motherly love. In order to please Ah Qing Sao's fellow villagers, Sanliang gives candy to children and takes photographs for them. "I once saw one of the photos," the narrator describes, "which shows a group of terrifyingly nervous kids. My second maternal uncle is one of them; he appears to be crying. This was the very first photo my uncle had ever taken. Although it already turned yellow and obscure, I could still point my uncle out of the whole group. The photo was obviously taken by Sanliang. Under the bright sunshine in the photo, the white looks whiter and the black blacker". This photo is crucial to the entire novella: it is the means by which the narrator communicates with the villagers about past stories, and it "registers"—in the sense that Stephen Greenblatt uses this term—the historical circumstances in which the photo was taken. The love story in turn becomes a way in which Ye Zhaoyan registers the historical context in which Fang Zhi and Ye Zhicheng's generation sought different ways of writing. In paying tribute to his father's generation, Ye Zhaoyan sends a message: there are many different ways to write a story or a segment of history; a twisted love story is but one of these ways. The legacy left by Fang Zhi to a new generation of writers, including Ye Zhaoyan and Fang Zhi's own son Han Dong, lies precisely in the possibilities of writing differently, the possibilities created by the youthful but courageous "Explorers."

**2**

Ye Zhaoyan not only experiments with different possibilities of writing history in his storytelling, he has also actively engaged himself in archival research and sought to write versions of history different from the officially endorsed ones. He holds a master's degree in literary history awarded by

Nanjing University. One of his reading interests focuses on the history of the early Republic period from 1911 to 1949. The materials he gathered about this period and about the city he lived in—the old Republican capital Nanjing—were so rich that he was able to create a documentary-style book. Entitled *Lao Nanjing* (Old Nanjing), this book juxtaposes old photographs collected by Ye Zhaoyan with his short explanatory essays (1998). Ye originally had not expected the book to become popular, but it turned out to be the bestseller in 1998. To follow suit, the publisher churned out *Old Beijing*, *Old Shanghai* and *Old Tianjin*, all written by prominent writers in the mold of Ye's book.[1] Together, this "Old City" series became a phenomenal success, so much so that the Chinese media named 1998 "the year of the old cities."

The sudden craze for old photos is indicative of the rapid social changes in China at the turn of the millennium. In big cities such as Beijing and Shanghai, skyscrapers are being erected every day, forcing irreversible changes in the cityscapes. Urban residents witness their old homes demolished overnight while being congregated into newer and taller yet more compartmentalized apartment buildings. Sociologically, it makes sense that people want to hold on to a piece of past memory of their city through photography. But under the hegemonic power of the global capital, these people can rarely understand the misleading nature of photographs. "In the photograph," as Harry Harootunian aptly points out, "representation manages to snare only contexts and images when the 'liberated consciousness' that once envisaged them has departed". In other words, the photograph, separated from the one who took it and from the circumstances in which it was taken, is merely a piece of dead memory and history. Since it is "detached from its bearers," it "remains always in the present." The gap between its actual existence—after its original significance is hollowed out—in the present and its claimed faithfulness to the historical "truth" is inherently problematic. This problematic nature of the photograph is nevertheless made use of by the logic of capital. By making people believe that they can hold on to a piece of their personal memory and the bygone days through "old" photos, the ideology of the consumer society disguises the fact that the photograph is a form of commodity. Even more ironic is the fact that, by destroying

1 *Old Beijing* was written by Xu Chengbei, *Old Shanghai* by Wu Liang, and *Old Tianjin* by Lin Xi.

more rapidly the old urban living space and turning the countryside into new urban centers, people are driven to ever-increase their consumption of the photograph as a commodity and to become more attached to the photograph's truth claim.

As the initiator of the "old city" craze, Ye Zhaoyan is certainly suspicious of complicity in marketing the photograph under the name of nostalgia and historical truthfulness. But unlike the other "Old City" books, which either sells—in an Orientalist fashion—Lao She's "rickshaw Beijing" filled with old square-yard houses ("siheyuan"), teahouses and folk performances under the Heavenly Bridge (Tianqiao), or laments Shanghai's long-gone "golden years" under colonialism, Ye Zhaoyan emphasizes the "newness" of Nanjing as the Republican capital. With photos and succinct explanations, Ye Zhaoyan tells us how, in the hands of the young and ambitious modern political party Guomindang (KMT), Nanjing was transformed from an underdeveloped provincial town into a modernized capital city. A highlighted moment is in 1927 when Nanjing's streets were widened and thousands of sycamore trees planted in preparation for the burial ceremony for Sun Zhongshan (Sun Yat-san), founder of the KMT and the Republic of China. Ye Zhaoyan also recalls fondly of the convenience and environmental friendliness of the first electrical train running alongside major streets in Nanjing. While celebrating the fact that the Zhongshan boulevards and the mature trees are still mostly intact in today's urban sprawl, Ye questions, from an environmental point of view, the decision to terminate the services of the electric train and of trolley buses.

In addition to remapping Nanjing as a historically modernized city, Ye Zhaoyan chooses the construction of modern educational institutions as another focus of his book. He introduces the vast and beautiful campuses of Central University (Zhongyang daxue, today's Nanjing University) and Nanjing Women's College (Jinling nüzi xueyuan, today's Nanjing Normal University). He also shows the images of a group of long-forgotten intellectuals affiliated with these institutions. Among these intellectuals are Luo Jialun, the May Fourth student leader turned President of Central University, and four of the conservative yet most respected intellectuals in modern Chinese history: Huang Kan, Wu Mei, Hu Xiaoshi, and Wang Pijiang. They were all actively involved in the "national language movement" ("guoyu yundong"), which centered upon advocacies of continuous study of traditional Chinese language and culture. The involvement rendered them "reactionary" in China's official history, which endorses only the radical May Fourth project that sought to sever ties with all "feudalistic" remnants.

The official historicism of modern China has the same problem as that of the photograph. On one hand, both claim faithfulness to a frozen historical moment and capability to unearth the truth behind that moment. On the other hand, both deny that they operate within the knowledge of the dead. Michel de Certeau, in his critique of Western historiography preoccupied with modernity, makes clear that the historical knowledge of the dead is based on a systematically valorized division between the past and the present:

> In the realm of history, an endless labor of differentiation (among events, periods, data or series, and so on) forms the condition of all relating of elements which have been distinguished—and hence of their comprehension. But this labor is based on the difference between a present and a past. Everywhere it presupposes the art advancing an innovation by dissociating itself from a tradition in order to consider this tradition as an object of knowledge. ... The dead souls resurge, within the work whose postulate was their disappearance and the possibility of analyzing them as an object of investigation.

The writing of history is necessarily a process of repression because of the distinction between the past and the present. The repressed is the *other*, which, in the context of modern European history, is the mad, the ill, the illegal, and the sixteenth-century making of the natives of the Americas into "cannibals." In the context of modern Chinese history, the *other* includes the indigenous knowledge and narrative forms that were considered incompatible with the national project of modernization.[1]

The repressed nevertheless keeps coming back to haunt the writing of history in various noises. Ye Zhaoyan's passionate recalling, of KMT as a fresh and revolutionary force in modern China, of the various city-

1 See Wang, D. D. W. (1997). *Fin-de-Siècle Splendor: Repressed Modernities of Late Qing Fiction, 1849–1911*. Stanford: Stanford University Press.

planning projects that might have made Nanjing a city more beautiful than it is now, of the "reactionary" intellectual figures, should therefore be seen as an effort to help facilitate the return of the repressed. This recalling serves as an active remembering, which, as described by Walter Adamson, "is to seek not the most accurate or the 'best' interpretation but the one most 'powerful' for the purpose of illuminating our projects for the future." For Adamson, it is crucial to distinguish between "memorizing," "memory," and "remembering." In memorizing, Adamson writes, "history is fundamentally a process of discovering realities that lie 'out there,' rather than a reconstructing by conceptual thought". This idea about memorizing history is consistent with de Certeau's view on the production of the knowledge of the past in Western historiography.[1] Instead of memorizing, we should then engage in active remembering in which history must be understood as having multiple meanings, multiple interpretations, and multiple possibilities.

The last photo in Ye Zhaoyan's *Old Nanjing* clearly manifests an effort of remembering so as to liberate history as well as photography from their temporal constraints. This is a photo of a nameless young female with a contagious smile on her face. Ye's note reads: "A smile this brilliant apparently was not intended for everyone. One cannot help but to imagine how the person she was in love with was holding the camera in front of her and saying the words she enjoyed the most. A photo like this has obviously transcended time, because it is filled with love. Wherever there is love, there is eternity". Ye seems to be saying that love has helped the photograph to escape the constraint of time and to obtain meanings beyond the ephemeral. But in order to reach the conclusion about the transforming power of love, one still has to imagine the circumstances of love that must include a camera-holding lover. The process of imagining, in fact, is Ye Zhaoyan's real emphasis for this particular picture.

## 4

The intriguing relationship among history, memory and love is further

1 Paul Ricoeur has also warned us of the pitfalls of the written history, because "what happened in the past is only a partial realization of what had been projected" and therefore what has been recorded about the past events are just this partial realization.

explored by Ye Zhaoyan in a much more complex narrative, a novel entitled *Yijiusanqi nian de aiqing* (*Love in 1937*). The year 1937 is pivotal in modern Chinese history, marking the official beginning of the eight year Sino-Japanese War. For the city of Nanjing, this is a year that witnessed the most traumatic and atrocious event in the city's history—the killing of hundreds of thousands of unarmed Chinese soldiers and civilians by the Japanese after they seized the Chinese capital on December 12, an event later known as the notorious "Nanjing Massacre."

It is against this historical background that Ye Zhaoyan unfolds the love story between Ding Wenyu, a professor of foreign languages, and Yuyuan, a military secretary for the headquarters of Chinese army. It is not clear, however, whether the novel is about love in a special historical juncture or about the historical moment reflected and intensified in the love story. Ye Zhaoyan himself confesses in the postscript to the novel that his original intention was to write a chronicle of Nanjing in the year of 1937, but the "outcome was far different" from his intention. The confusion between the writing of history and the writing of love is indicative of Ye Zhaoyan's vague but significant ideas about history: that history should not be a chronicle of dead moments; that history must relate to the present, not in the deliberate disguise of its inherent distinction between the past and the present, but in its continuation and repetition in the everyday life which, unlike what conventional wisdom would suggest, is crucial to love.

Ye Zhaoyan does begin his novel with chronicles of most of the significant events in 1937's Nanjing: the New Year celebration of the peaceful solution of the "Xi'an Incident," the phenomenal success of the air force lottery, Chiang Kai-shek's July meeting in Lushan, the "Battle of Shanghai" on August 13 that initiated full scale military confrontation between China and Japan, the retreat of the central government from Nanjing on October 30, the fall of Nanjing on December 12, and, finally, the brutal and cold-blooded massacre. Gradually, however, the love story becomes entangled with those events and even begins to overweigh history. Wenyu and Yuyuan meet for the first time at the New Year celebration. It is love at first sight for Wenyu, who had recently returned to China after wandering around the world for seventeen years. For Yuyuan, however, Wenyu's pursuit is outrageous and reckless, for they both are married. While every acquaintance of the two is entertained by Wenyu's clownish behavior, Yuyuan's own marriage begins to unravel when her husband, a handsome air force pilot, falls for a manipulative socialite. But before the divorce materializes, Yuyuan's husband dies heroically during the "Battle of Shanghai." When the Japanese army is marching toward Nanjing, Wenyu refuses to leave the city in order to be with Yuyuan. On December 7, in the midst of attacks and air raids by the Japanese, Wenyu and Yuyuan consummate their love in marriage. In the final moment of the novel, Wenyu is shot to death by a bullet from a Japanese warship.

An avid reader of Eileen Chang's work, Ye Zhaoyan ostensibly re-enacts Chang's renowned theme in her novella *Qingcheng zhi lian* (*Love in the Fallen City*)—"the fall of the city helps consummate genuine love." In Chang's story, however, love is only loosely linked to specific historical events; instead of history, it is rather the aura of *fin-du-monde* indulgence, or the intensification of human emotions under the destructive external force, that is responsible for the consummation of love. Eileen Chang's love happens unwittingly; whereas Ye's love becomes an unstoppable force, propelling not only the development of the characters and the story but also history.

Ye Zhaoyan is also an admirer of Qian Zhongshu's writing style—Ye's Master's thesis is on Qian's famous novel *Weicheng* (*City under Siege*). Ye must have had on his mind the unforgettable group of sharp-tongued but good-for-nothing characters from *Weicheng*. Ding Wenyu shares the same drifting experience in Europe with *Weicheng's* protagonist Fang Jianhong. Ding Wenyu nevertheless displays none of the satirical and ironic traits in Qian Zhongshu's characters. From underneath his funny appearance, Ding Wenyu emerges as a sincere person with many positive personalities: intelligent, humorous, loyal, responsible, and caring. Indeed, Ye Zhaoyan never intends to write an irony; he is utterly sincere in depicting the seriousness of Ding Wenyu's love for Yuyuan. The same sincerity is also manifested in Ye's other works. We find it in the sympathy toward the Japanese soldier Sanliang, who desperately tries to establish a normal romantic relationship under the most impossible circumstance (*Riben guizi lai le*). In these works, love is always pitted against a strange situation that ultimately does not allow any surviving space for love. The conflict in turn proves the preciousness of love and conveys a strong sense of pity and sympathy reminiscent of Ye Shaojun's writings.

In *Love in 1937*, the oppressive power against love is history, or, more precisely, the submission of personal history to the notion of an omnipotent and omnipresent grand history. According to the logic of the grand history, Ye Zhaoyan should have written about how love is inspired by the anti-Japanese sentiments and how the two lovers throw themselves into the battle to defend Nanjing. Instead of following the long enduring code of love plus revolution in modern Chinese literature, however, Ye Zhaoyan sets out to disentangle personal love from the love for one's country or for some other sublime ideals. The more vivid his depiction about the busy scene of fighting for the nation's survival, therefore, the more subversive his writing of love is against the hegemonic power of the grand history.

To add more plausibility to the improbable love prohibited by the logic of history, Ye Zhaoyan chooses to write about many trivial things that are not directly relevant to the important historical events in 1937. One of the examples in the novel is the difficulty of waste management encountered by Nanjing's city officials:

> Between July and August in 1937, the biggest national event was the "Marco Polo Bridge Incident" happened in Beijing. For the capital city's local officials, however, the biggest trouble was their failure to "centralize" the management of feces. Since there were not enough public bathrooms, Nanjing's residents usually dug a hole on the ground and put a jar in the hole for the sake of convenience. Farmers from the suburb regularly came into the city to empty the jar and to transport away the feces. Concerning about public hygiene, the city government unitized feces management. All "backyard holes" were ordered to be eliminated. The result of this policy was disastrous. While the weather was getting hotter, the public bathrooms were crowded with more users and more excrement. The city's residents became furious, since they had to suffer unnecessarily in addition to the unbearably hot weather. The nation's fate was of course important, but personal matters deserved equal attention. The anger about the centralized feces management was no less intense than the anger toward the Japanese.

One might justify this narrative of triviality in terms of the verisimilitude required by realism. But realist details must be relevant to the development of the story or to the activities of the characters, while this episode does not contribute much to the social milieu in which the love story takes place. As a daily necessity, the feces management does not exclusively belong to 1937 or to any other specific historical juncture. By filling his novel with many similar episodes irrelevant to the historical events or to the love story, Ye Zhaoyan trivializes the writing of history.

In his introduction to the novel, Ye Zhaoyan makes a clear statement about his treatment of history:

> When I looked back at Nanjing in the year 1937, mixed feelings arose in my heart. I did not reproduce the dreamy prosperity of the past, since the so-called "peak era of the Republican period" in 1937 had many inherent illusions in the first place. That year was merely a piece of passing cloud. Lingering in that particular year as a fiction writer, I could not see the history the same way historians do. All I saw were scattering fragments, some insignificant and sentimental stories at an eventful time... For the city of Nanjing, the biggest event in 1937 was the arrival of the Japanese, who came to kill. People have always been talking about the massacre happened at the end of that year. Compared to that devastating event, anything else was nothing but a trivial matter.

Ye Zhaoyan sees history as if it is always in transit. Not just the everyday issue of feces management, but even the love story itself, is insignificant in history. Let it be no misunderstanding that, by choosing to write the trivial instead of the historically significant, Ye Zhaoyan intends to erase the atrocity of Nanjing Massacre from people's memory. His intention is clearly to deconstruct the notion that a personal history has to be made sense of in the narrative of the grand history. *Love in 1937* should therefore be regarded as a further attempt, together with the photographic book *Old Nanjing*, to expose the inherent problems in the writing of history. Ye Zhaoyan indicates that history, or the photograph, is by default oppressive. The oppressive history denies the existence of *others*—such as personal histories—and disguises the distinction between past and present.

We cannot, however, reach this conclusion about Ye's subversive gesture against the writing of history without his introduction and postscript between which the text proper is "framed." The critical consciousness salient in the introduction and the postscript rarely presents itself in the telling of the love story in the turbulent days of 1937. The power of history is such that, by merely reproducing one of its segments, the insignificance and impossibility of personal histories become self-manifesting. In *Love in 1937*, Ye Zhaoyan fails to live up to his critical consciousness because his reference to the outside world or to the present is too limited to allow any escape from the powerful logic of history. The only way to transcend history, Ye Zhaoyan suggests, is through genuine and absolute love. But in order to show the transcendent power of love, history must be represented in the form of catastrophe. The problem of such a representation, as Walter Benjamin points out, lies in a vision based on the linear progression of history from destruction to reconstruction:

> The course of history as it is represented in the concept of catastrophe has in fact no more claim on the thinking man than the kaleidoscope in the hand of a child which collapses everything ordered into new order with every turn. The justness of this image is well founded. The concepts of the rulers have always been the mirror thanks to which the image of an "order" was established.—The kaleidoscope must be smashed.[1]

In this "vision of kaleidoscope," history is seen as a dead past which can only become relevant to the present as a reflected "mirror." History's symbolic orders can certainly be arranged and rearranged depending on what reflection the practice of the present demands to see. But the constant re-arrangement does not generate anything that is "historically new"; nor does it suggest unfulfilled possibilities in the past. By fully framing his narrative in a particular historical moment, Ye Zhaoyan in fact has allowed his writing of personal histories in light of the romantic passion to be dominated by the telos of history. He does have attempted to trivialize history, but the subversion through occasional trivialization is canceled out by his awe to history as reflected in his sincerity of writing.

Writing about a particular year in history has become a popular practice

1 This is a passage from Benjamin's fragmentary document "Central Park."

among Chinese writers for the past two decades. Liu Zhenyun (1958–), for example, has written a novella entitled *Wengu yijiusier* (*Refreshing the Memory about 1942*), focusing on the devastating 1942 famine in He'nan province. Another example is Su Tong's (1963–) novella *Yijiusansi nian de taowang* (*Escape in 1934*). Both novellas link the years in the past to the present lives of the narrators. Liu's story opens up with the trip back to the past: "In 1942, a great famine broke up in He'nan. A respectable friend of mine sent me back to 1942 by feeding me a meal of soy bean sprouts and two pork feet." A journalist, the narrator is about to return to his mother's hometown to write an article about that great famine. The journey is subsequently mixed with historical records found in old newspapers and foreign missionaries' accounts of the terror of that famine. The narrator's personal voice, however, is as important to the story as the historical accounts. The memories of the famine surface through the narrator's dialogs with his grandmother, who has completely forgotten about the famine in 1942, and with other family members and friends. Gradually, the finding of historical evidences of the famine is overweighed by the family history that struggles between remembering and forgetting.

Su Tong's novella has a similar narrative style. Su Tong opens up his story by looking back at the unbridgeable distance between the present and the past: "For a period of time my history book was covered with the year 1934. The year 1934 radiated strong shafts of purple light that circumscribed my thinking. It was a long-gone moment that did not exist anymore, but it remained true for me as the rings of an ancient tree. I could sit upon the tree stump and reflect on the events and changes that took place in 1934." This particular year is important to the narrator because it represents a crucial moment in the narrator's family history, a history filled with love, desire, hatred, betrayal and rebellion.

In their respective studies, Meng Yue and Xiaobing Tang each has noticed the significance of Su Tong's narrative voice that travels between the past and the present. Tang agrees with Meng that "[t]he very gaze of the narrator, or the action of looking back at history, is more often staged for the purpose of getting people's attention so that the observer himself can be looked at as such." The purpose for Su Tong's narrative maneuver, as Meng points out, is to arouse the reader's desire to see and know. Based on Meng's reading, Tang goes one step further and argues that Su Tong visualizes history in such a way as to show that history is in the present and serves as a mirror for the author's identity.

I agree with Tang that Su Tong's intrusive narrative "gazing" shows the relevance of history to the present. The same argument can be made about Liu Zhenyun's novella. Both Su Tong and Liu Zhenyun show a conscientious effort to escape the constraint of time and of history as a truthful knowledge of the dead past—Liu tries to "refresh the memory" about a particular historical moment, while Su attempts to "escape." Even if the escape is impossible, at least the two novellas have managed, through narrative intrusion, to expose the traces of escaping. Ye Zhaoyan, on the other hand, is much more deeply entrapped in history due to a lack of cross-referencing with either the narrating self or the world beyond the represented lives.

Ye Zhaoyan nevertheless finds another way to escape, which is in his writing about professional writers and about writing as an everyday practice. Because the figure of the writer is intricately intertwined with Ye Zhaoyan's entire writing career and with his family background, its significance is much more difficult to detect or to understand through reading any single work of his. But if we look at Ye's writing career as a whole, a full-fledged figure of the writer gradually emerges and, in the process of emerging, defines a socioeconomic and political place of cultural production. As a result, a real possibility of liberating history—not just a trace of escaping the hegemonic power of history—emerges when history is produced as a spatial configuration as much as it is born out of time.

## 5

We have already encountered some of the writers, real or fictional, historically traceable or completely fabricated, in Ye Zhaoyan's works. Fang Zhi is one of them, Ye's own grandfather Ye Shaojun is another. We are also led to meet, in Ding Wenyu's nightly strolls in Paris, such world-renowned writers as Ezra Pound, Ernest Hemingway, Jorge Luis Borges, and Jean-Paul Sartre; we are even allowed to take a peek through the window of a painter from China, Mrs. Huang, who is none other than Eileen Chang's mother. It is only unfortunate, once again, that the author's awe to history in *Love in 1937* drowns the potentially significant irony in these amusing encounters with historical figures.

In many other works by Ye, however, the figure of the writer becomes the center of the narrative. Eileen Chang, for example, is reincarnated through a fictitious female writer named Lin Mei in Ye's short story "Zuojia Lin Mei nüshi" (*Ms. Lin Mei, the Writer*). Except the location, which is changed from Shanghai to Nanjing, everything else about Lin Mei points to Eileen Chang: Lin Mei submitted her first story in 1942 to a veteran editor of a magazine known for publishing popular love stories; the story gained her instant fame; her quick and early fame shone through the dull literary scene like a meteorite; she quitted writing after her husband was found guilty of collaborating with the Japanese; she died in loneliness and was quickly forgotten; and finally, she was rediscovered and her work became famous again.[1] The whole story, however, is more than a biography of Lin Mei or of fictionalized Eileen Chang. Segments of Lin Mei's life and work are pieced together retrospectively by two Ph.D. students who come to the town for their dissertation research on Lin Mei. The process of tracing Lin Mei's life is the real focus of the story. It turns out that, despite her literary achievement and her popularity among overseas writers, Lin Mei is remembered as a bad-tempered, selfish, unreasonable and stingy old woman, disliked by everyone in her life, including her own family. When the female graduate student goes to pay tribute at Lin Mei's apartment, what she sees there is nothing but a filthy mess: "The hallway was full of garbage and useless things; there the female student saw an old poster from the years immediately after the Cultural Revolution. This was the place where Lin Mei used to cook, she was told, and that explained the greasy stains on the poster." Before the student takes her leave, "she carefully bent down, kicking among the garbage in hopes of finding something as a keepsake. But it was all to no avail". At the end of the story, the male student, who has been sleeping with the female student "for the past seven days in the hotel," fulfills the female student's wish by stealing a library catalog card that was handwritten by Lin Mei.

It is from the tiny library card and the greasy spots on the poster that Lin Mei as a writer re-emerges. Demystified, she is seen as a normal person who went through all the onerous daily routines as well as vicissitudes of

1 For Eileen Chang's biography, see Yu, Qing. (1995). *Zhang Ailing Zhuan*. Taipei: Shijie shuju.

life. She is nevertheless remembered and worshipped by readers, who are themselves no less or no more than ordinary, with their own mundane desires. Remembering, loving and writing are all given equal importance by the demand of the everyday life. The everyday life is in this sense a productive force in which literature is produced, consumed, remembered, and forgotten. As Michel de Certeau contends, the radical attraction of the everyday life lies in the fact that "the trivial is no longer the other (which is supposed to ground the exemption of the one who dramatizes it); it is the productive experience of the text". The writer, as the dramatizer of life, has indeed been granted the exemption from the trivial life, which seems to be the natural outcome of the separation of the writer and his/her works. By writing about writers in their trivial life, Ye Zhaoyan is therefore able to show the making of the text as an everyday experience.

Michel de Certeau's idea about the everyday life is inseparable from his understanding of the writing of history as productions of spaces. For him, history should be understood not only as a mode of knowledge but, more importantly, as a social practice or operation that requires daily labors. Therefore, "envisaging history as an operation would be equivalent to understanding it as the relation between a *place* (a recruitment, a milieu, a profession or business, etc.), analytical *procedures* (a discipline), and the construction of a *text* (a literature)". The place refers to the economic, cultural, social and political juncture where historians or writers of history engage in their intellectual labors that involve disciplinary methodologies and productions of professional texts. Such a place can be a university, a "writer's association" as in the case of Chinese professional writers, or a particular locale where the writer links his/her personal life to his/her writing activities. de Certeau further argues that,

> the intellectual labor is established within the circle of writing: in the history that is being written, by priority the labor ranks the very ones who have written in such a way that the historical work reinforces a sociocultural tautology between its authors (a learned group), its objects (books, manuscripts, etc.), and its (educated) public. This work is attached to a teaching activity, hence to the fluctuations of a clientele; to pressures that it exerts while expanding; to the defensive reactions, the acts of authority or of withdrawal,

that students' evolution and movements provoke among teachers...

In other words, the writer of history—by which de Certeau refers to both historians and fiction writers—should be placed back to society as a social-economic being if one wants to achieve any true understanding of history. While this notion sounds nothing more than a classical Marxist idea about every individual as an economic being, it has in fact completely exercised the arrogant superiority of the Marxist philosopher, the theoretician, the social historian, or any professional writers, over the texts they produce. A writer, de Certeau implies that, is part of his/her own text, not in the sense that the writer's subjective intention is "reflected" in the text, but by way of daily labor that relates the text to a professional place.

Michel de Certeau's notions about the production of places in the writing of history and about the everyday life as a continuous intellectual labor are particularly illuminating to our understanding of Ye Zhaoyan's writing of love, memory and history. Ye Zhaoyan is determined to rewrite his family history, not by arguing its deserved position in the official history of twentieth-century China, but through reflecting upon its writing activities as a professional engagement and an everyday means of living. It is therefore on the figure of the writer that Ye Zhaoyan's multifarious writings converge. The writer produces his text at a particular place and at once produces the place in the text by writing about the writing activities associated with a place. This place for Ye Zhaoyan is his family, for it provides him with an intertextuality and an intellectual linearage; this place is also the city of Nanjing, for it represents not only the locale where the writer lives and writes, but also a repressed other by the hegemonic power of history. The place can also be relationships on a more abstract level, relationships that are necessitated by the writer's daily activities as a socio-economic being. Love, therefore, becomes the central motif in Ye Zhaoyan's writings, for it is the most dramatic and most unstable relationship. Love always lurks behind Ye's writing of writers in the everyday life because its inherent constructedness is also subject to the logic of the everyday life as an intellectual labor.

As a conclusion of this study, I want to clarify that there are at least two layers of meaning in the term "everyday life." The first refers to the real existence of people's daily lives, lives that are trivial, onerous and insignificant when compared to the sublime discourse of history. The everyday life is usually perceived as transparent or non-mediated, as if it were not imbued with ideological information. The post-socialist logic, serving the interest of global capital, intends to limit the everyday life only to this layer of meaning so as to encourage the consumer to "live the everyday life" by consuming more and not questioning what is behind the "society of the spectacle"—to borrow Guy Debord's famous phrase. The second layer of meaning inherent in the "everyday" is its equivalence with the present. For Harry Harootunian, who follows the same line of thinking as that of de Certeau and Walter Benjamin, "our present—indeed, any present—can be nothing more than a minimal unity that I call the *everyday* that has organized the experience of modernity. Consisting of the primacy of the now, this minimal experience of unity is always unsettled by the violence of events that the receiving consciousness disaggregates not as memory as such but a trace, not as a figured image but as 'cinders,' remains left by a devastating trauma." Harootunian further points out, "[w]hat has been absent in the practice of history devoted to reconstructing the past of a present is the present, what is given as the historical present and how it shows itself". In Ye Zhaoyan's passionate memory and fictional history, the present, or the everyday, re-emerges precisely in the form of the historically new for the purpose of active remembering and for reconstructing the minimal unity in the figure of the writer. The everyday therefore becomes a strategy for Ye Zhaoyan to resist the "everyday" in its first layer of meaning as real existence, which paradoxically valorizes the tyranny of the grand history by reminding people how insignificant, how insignifiable and forgettable their personal memories and lives are.

# 乡村女孩,城市女人

/[美国]纳森·雅德利

毕飞宇(1964—)是中国著名作家,他特别擅于观察和描写普通人的生活,尤其擅于描写女性。不同于很多美国作家,毕飞宇的作品并无自传特征,叙事语言直白淡雅,有着独特的叙事风格。

小说《玉米》讲述了王家庄三姐妹的故事。王连芳是王家村的村支书,他固执、自私、武断,令人难以忍受。他有七女一子,长女玉米帮助母亲打理家庭一切琐事,受到尊敬,但内心深处渴望更大的世界。玉米的妹妹玉秀却十分桀骜不驯,也因此给自己惹了许多麻烦。从乡村到城镇后,玉秀不知如何适应变化,七妹玉秧也是如此,后玉秧终于在北京找到了一份教师培训的工作,成为村里新闻。在彼时思想尚未自由化的中国,这三个女子能够利用性别优势,展开对权力的追逐。小说通过描述三姐妹不同的人生轨迹和人生百态的刻画,揭示了男权社会男性话语权的主导地位和女性对男性权力的依附以及城乡之间的巨大差距,并暗指当局要想解决城乡文化冲突并非易事。

## Country Girls, City Women

*Jonathan Yardley*

This engaging novel about the inhabitants of Wang Family Village doesn't pack a great deal of weight, but it should be useful and instructive for Western readers because it documents in palpably human terms the low value accorded women in China and the deep divide in that country between rural and urban areas. As China becomes ever more urbanized and its demand for skilled and semi-skilled workers becomes ever greater, more people will move from the country to the city, and tensions between the two cultures will become a significant problem for the Beijing government. "Three Sisters" suggests that solving it will not be easy.

Bi Feiyu is well known in China as a novelist and screenwriter (for *Shanghai Triad*) but considerably less so here, though his novel *The Moon Opera* was favorably received when it was published last year. He clearly has a strong, sympathetic interest in ordinary Chinese, women particularly, and seems to have no inclination toward the autobiographical obsessions with which so many of his American counterparts are afflicted. His prose is straightforward (his translators, Howard Goldblatt and Sylvia Li-chun Lin, appear to do well by him), and his storytelling gifts are considerable.

The three sisters of his title are daughters of Wang Lianfang, the Communist Party secretary and eponymous chieftain of Wang Family Village. During the 1960s and '70s, long before the one-child-per-family edict, he sired seven daughters in his tireless (and, to his wife, no doubt tiresome) quest for a son, a wish he is finally granted as the novel opens. Wang is stubborn, self-absorbed, arbitrary and essentially insufferable. He is less a party official than a full-time Lothario, at one time or another bedding virtually every woman in the village:

"Having studied dialectics in the county town, Party Secretary Wang knew all about the relationship between internal and external factors, and the difference between an egg and a rock. He had his own irrational understanding of boy and girl babies. To him, women were external factors, like farmland, temperature, and soil condition, while a man's seed was the essential ingredient. Good seed produced boys; bad seed produced girls. Although he'd never admit it, when he looked at his seven daughters his self-esteem suffered."

The first of these daughters whose story Bi tells is Yumi, eldest of the seven and, in response to their exhausted mother's relinquishment of maternal and household duties, "more like a sister to her mother." She has an "understanding of the ways of the world" and a "level of shrewdness" remarkable in one still young, but: "Age among siblings often represents more than just the order of birth; it can also signal differences in the depth and breadth of life experience. Ultimately, maturity requires opportunity; the pace of growth does not rely on the progression of time alone."

Yumi rules the family with a firm hand, respected and admired by all, but she has a secret "belief that she was slated to have a brighter future than any of them". When "nothing came of it, her happiness seemed like a bamboo basket: its holes were revealed when it was taken out of the water. At such times, strands of sadness would inevitably wrap themselves around her heart." Then the possibility arises of an arranged marriage to Peng Guoliang, whose name "means 'pillar of the state' ... appropriate for an aviator." She cannot believe her good fortune in becoming affianced to a man with so exalted an occupation and is put into a romantic daze when he asks her in a letter: "Are you willing to be with me, hand in hand, in my struggle against the imperialists, revisionists, and reactionaries?"

The villagers—who in Bi's hands become something of a Greek chorus—"had known that a girl like her would land a good husband, but an aviator went beyond their wildest predictions" and Yumi's wildest dreams. When at last she and Guoliang meet, sparks fly, but she refuses to give herself to him fully, believing that this must await marriage. Her decision has consequences that change her life dramatically, not exactly as she had hoped, but, characteristically, she makes the most of it.

Her sister Yuxiu, by contrast, is rebellious and disobedient, "a little fox fairy, a seductive girl, " qualities that eventually get her into trouble. She moves to the hamlet of Broken Bridge to be with Yumi, but the sisters are often at war. The course of events leaves Yuxiu with feelings common among Chinese women:

"Yuxiu suddenly had a clear picture of exactly who she was. As a female, her value had dropped to virtually nothing. This brutal fact made her sadder than any self-inflicted humiliation ever could. For her, the future held only despair and misery with no tears to shed. At that point she cocked her head and said to herself, Don't give it any more thought."

She is a country girl who has come to town and doesn't really know how to cope with the change. The same at first appears to be true of Yuyang, the subject of the book's third section. The seventh of the seven girls, "a necessary preparation for her parents' project of producing a baby boy ... an extra, born to be disliked and shunned by her parents," she is "a country girl with little physical training." "Like most girls from the countryside, she was not endowed with any special talents; her grades were passable, but that was about it." Yet she wins admission to the teacher-training school in Beijing, an achievement that brings her "many days of glory." Indeed, "the news had caused a sensation in Wang Family Village, where it made the rounds several times shortly after the old principal opened the admission letter."

In Beijing, she struggles to find a place for herself in a school largely populated by chic, condescending city girls. Eventually she is accorded a position on the school's "security team" that gives her "surveillance and control" over a girl she envies—a triumph that "moved her profoundly." Then she becomes involved with a teacher, and sex, as for her sisters Yumi and Yuxiu, asserts its alluring and complicating presence. Well before the liberalization of many aspects of Chinese life, these three young women use their sexuality in ways that Western women would find familiar in essence, if not in all the particulars.

Bi is deeply conscious of the feminine presence in China, not merely in its women but in the land itself. Here is how he describes planting season in the countryside: "The feminine qualities of the earth are heaving with the passion of ovulation and birthing, passions beyond their control as they grow soft in the sunlight and exude bursts of the rich, mellow essence of their being. The earth yearns to be overturned by the hoe and the plow, and thus be reborn, and to let the early summer waters flow over and submerge it. Moans of pleasure escape at the moment the earth is bathed and slowly freed from its bindings, bringing contentment and tranquility. Exhausted, it falls into a sound, blissful sleep. The earth takes on the new face of a watery bride. "

This is a China that few Westerners know. Bi Feiyu makes it real and believable in this charming, surprising novel.

# 《扎根》书评

/ 宋明炜

本文评论了作家韩东的长篇小说《扎根》。《扎根》英译本*Banished!*由夏威夷大学出版，译者为Nicky Harman。小说的大背景是取材于韩东父亲方之（笔名）的真实经历。主人公老陶一家被下放到贫困的苏北地区。老陶表面上从不抱怨，保持着高度的"政治正确性"，试图以乐观的心态让全家适应农村生活，在当地"扎根"。而文中对老陶一家日常生活细致入微的描写，却揭露了现实的冷酷无情，住牛棚、贿赂村民、徒手建房、没日没夜地学农活……各个角色的心理写照也同样与充斥于表面的"积极乐观"形成了鲜明对比，令人觉察现实的痛心无奈。老陶之子——小陶是一个重要的人物。他平时肆意虐杀小动物，却对家养的几只狗有深厚的感情。小说几处高潮更是借由老陶家的鸡、狗表现得淋漓尽致，不动声色而又深刻地点出了深埋在冷峻现实之下的人性。整体而言，小说充满了现实与讽刺、人性与批判的交织，并拥有大量丰富生动的细节刻画，是一部较为典型的韩东作品。

## Book Review: *Banished!*

*Mingwei Song*

"We're going to Hongze Lake to eat fish!" Thus announces the intellectual Tao Peiyi at the beginning of Han Dong's novel *Zhagen*, when the Tao family is about to be banished by the Party authorities from their home in Nanjing and move into a small village in the poverty-stricken Subei area (northern Jiangsu). Nicky Harman translates the title *Zhagen*, which literally means "striking root" or, metaphorically, "settling down," into *Banished!* The English seems to present a meaning opposite to what the original title signifies, but it nevertheless lays bare the poignant irony the latter connotes.

"Zhagen" is a political term used to sugarcoat Mao's infamous policy that aimed to have millions of intellectuals, "liberal-minded" cadres as well as educated youths uplifted from their urban homes and exiled permanently to China's rural area. It is a policy that Mao first adopted to punish his political challengers during his reign in Yan'an, and it was executed on a much larger scale in the late 1960s when Mao desired to reorganize the sabotaged social order after the Cultural Revolution swept the entire country. By calling it "zhagen," the communists put a varnish on this punishment by making it look like a voluntary act that the punished enjoyed doing out of their own will.

Han Dong's protagonist, Tao Peiyi, appears to be one of those who would voluntarily turn his banishment into an opportunity to start building a new home on the "virgin soil." Tao's profession as a troubled writer and his experience of being banished are identical to those of Han Dong's father, Han Jianguo (1930–1979), better known as "Fang Zhi," the pseudonym with which he published around two dozen short stories. Fang Zhi became famous during the Hundred Flowers movement (1957), when he followed the then literary trend "to intervene in life" by playing out a youthful wish to edit a literary magazine outside the official system. The title of the magazine is *Tansuozhe* (*Explorers*), a name that, together with Wang Meng's audacious portrait of the challenge of a "young man" newly arrived in the "organization department," [1] remains in PRC's intellectual history a testimony to the short-lived liberal trend of the Hundred Flowers. However, Fang Zhi's magazine never saw publication. When Mao suddenly launched the Anti-rightist campaign in the autumn of 1957 to retaliate against the young challengers that emerged in the Hundred Flowers, Fang Zhi, as well as his co-editors and fellow writers Ye Zhicheng, Lu Wenfu and Gao Xiaosheng, [2] was criticized and required to stop all literary activities.

Han Dong does not even bother to fictionalize; he presents a straightforward account of his father's past experience in the life history of

1 This image of the "newcomer" is found in Wang Meng's short story "Zuzhibu Laile Ge Nianqingren" (A Young Man Arrives at the Organization Department), which was published in *Renmin wenxue* (People's Literature) in September 1956. It first received wide praise from critics but soon became the target of criticism when Mao launched the Anti-rightist campaign.

2 Lu Wenfu and Gao Xiaosheng later became important writers during China's reform era. Ye Zhicheng worked as a literary editor, and he's the father of the novelist Ye Zhaoyan.

Tao Peiyi, [1] who is the most vividly depicted character in *Banished!*. On the surface, Tao displays a strong sense of "political correctness." He does not complain about being expelled from the city or from his work unit, and from day one of his new life in the shabby village of Sanyu he seems to be fully committed to the cause of "settling down." The first two chapters describe in great technical detail how Tao overcomes all kinds of difficulties to build a new home for his family and "merge" with the peasants—the local villagers. However, as a good satirist, Han Dong makes the plain words sound parodic, the realistic depictions appear ironic, and the straightforward looks crooked.

Han Dong, born in 1961, first gained fame as a leading poet of the avant-garde "Third Generation," which sought to revamp China's poetry scene in the middle of the 1980s with their unconventional poems. Han Dong revived his father's old dream by launching an unofficial poetry magazine, *Tamen* (*Them*, 1985–1995), and his own poems caught the attention of critics for their adept use of the colloquial style, unique way of metaphysicizing ordinary scenes from life, and subtle handling of irony and parody. He started writing short stories and novellas in the 1990s, and his fiction tends to enlarge his poetic vision in a more objective and realistic way. *Banished!*, Han Dong's first full-length novel, epitomizes many characteristics of his earlier poetic and fictional writings.

Although the novel spares no effort to describe Tao Peiyi and his family members' enthusiasm for beginning a new life in exile, its densely detailed portrayal of their mental and physical activities often works to create a contrary effect. In the first two chapters, a lengthy account of nearly every aspect of their life in Sanyu Village, though wrapped in an overall optimistic outlook, nevertheless brings to light many minute details that indicate the existence of a bleak, harsh reality as well as the unthinkable inconveniences it produces. A major project for the Taos is to build a solid house so they can move away from the cowshed where they have "temporarily" lived for a year. The narrator tells us: "The project had been in the planning for some time. There was to be no skimping since, as Tao put it, they were to 'dig in' here for many generations". The narrative, too, does not skimp in its depictions

1 Han Dong uses the title of his father's magazine *Tansuozhe* (*Explorers*) to name Tao Peiyi's planned literary magazine.

and explanations of the planning and construction process. The narrative of the house-building process is full of technical information, paralleled by the recounting of the corresponding cautiousness of every member of the Tao family: Tao, his wife Su Qun, his son, and his parents. Here, it is Tao's father's obsessive pursuit of perfection in the mundane affairs—not limited to building the house—that gives away the "secret" of this family: they are optimists not without principles, and their principles are to use every means possible to adjust to their new reality.

The irony in the novel lies in Tao Peiyi's tendency to give every difficult situation a positive skew, as illustrated by his announcement at the beginning of the novel that they are going to Hongze Lake to eat fish, which serves as a tactic to sooth the psychological uneasiness of his family, and himself, at a time when their fate seems to have been sealed by the banishment. Furthermore, Tao even plays the trick of the "spiritual victory" with his family members by making them believe that they have maintained a friendly relationship with the villagers, have served the people by providing scientific and medical help, and have built their home on fresh virgin soil; in fact, however, his father has to keep bribing the villagers with cigarettes, food, and money, he and his wife are working extra hard to study agriculture and medicine books in their spare time, and his vision of the "virgin soil" is actually based on faint memories of the nineteenth century Russian novels he read before his downfall. The reality is that none of his family members could stand the suffocating smell of the pig bed.

Tao tries to raise his son, young Tao, to become a peasant. He feels worried when he sees his son intimidated by the challenges of village life, but later he finds joy in young Tao's addiction to cruel, abusive killings. Chapter Five presents a brutal depiction of young Tao's abuse of small animals and his indulgence in killing off chicken and fish: "Tao, whose opinion counted most to the boy, believed that these killing sprees showed the kind of courage that a boy ought to have and that would serve him well in his future in Sanyu". But a rather touching part of the novel is its chronicle of the "dog years" that seems to serve as a contrast to young Tao's cruelty in killing, but may well be read as a supplement to it. During their decade-long stay in Sanyu, the Tao family raises four dogs one after another. The villagers succeed in plotting to kill and eat the first two, Patch and Snowy, who are unusually plump because of the Tao family's residual habit of feeding them with human food. In order to avoid the sadness of seeing their beloved dogs killed, the Tao family learns to treat the next two dogs, Brownie and Blackie, "badly," like the villagers normally do; as a result, they do not grow into nice, fat dogs, and they survive. The way the author portrays the Taos' care for their dogs, concerns with their fate, and grief over their death injects the novel with some of its most humanized moments. Probably for this reason, the narrator prefers to use the names of the different dogs to mark the passing of the Taos' years spent in Sanyu:

> You will often read in the pages that follow, "When the Taos had Patch ..." ; "When Snowy was still alive ..." ; "Not long after they got Brownie ..." ; or "During Blackie's time ..." My readers may find this strange, but young Tao would definitely have approved.

One of the saddest and most gripping episodes in the novel is not about the suffering of the Taos, who work step by step to adjust to the inhumanly harsh environment; it takes place instead after the castration of their second dog Snowy, who, as an animal, has no way of consoling himself:

> The vet took out a knife, felt gently between the dog's legs, and suddenly there was a gush of blood. Snowy yelped loudly, and young Tao, who was holding his back legs down, nearly jumped out of his skin.

When released from the garden fork, Snowy jumped up and ran off toward the production team fields to the south of the house, hopping on three legs. He yelped as he ran and left drops of fresh blood behind him that made a dotted trail on the ground. Young Tao followed his tracks as far as the banks of the Yanma River. Snowy had stopped by then but still stood with one leg raised. His crotch was all bloodied, and the hair on his legs was all red too.

Young Tao made several attempts to get near Snowy, but each time the dog jumped away. When the boy stood still, so did he, looking at young Tao with eyes full of fear. Intermittently he whimpered. This scene on the riverbank continued until it grew dark.

Young Tao stayed with Snowy because he was afraid that if he left him, the dog would not get home on his own. He remembered that when they had moved to the new house, Patch had refused to leave the cowshed with similar obstinacy. And Snowy of course had good reason to be upset. In the growing gloom, Snowy's white coat faded away until only a pair of dog's eyes and the ripples on the surface of the water glittered in the darkness. Young Tao crept closer and closer until finally he succeeded in touching Snowy's damp head.

Without the set of fully developed psychological tactics the Taos use to keep themselves immune from tragedies and sufferings, Snowy, with his yelps, strips naked the truth of being punished, abused, and banished. Another intriguing moment in the novel is when the narrator reveals why young Tao loves dogs so much but never hesitates to abuse the cat and some other small animals. The cat does not have a name, and young Tao uses every means to mistreat her. But even the chicks evade the fate of being turned into food after receiving names from the Taos:

> One day Tao had time on his hands and had the bright idea of giving them names. One was molting and had patches of thick and thin feathering. Tao called him Tattered Jacket. Another had a great tuft of tail feathers that swayed as he walked, and Tao called him Palm-Leaf Fan. And that was that. When they had grown enough to be killed, the Taos could not bring themselves to do it because they would be killing not just any young cockerels but Palm-Leaf Fan and Tattered Jacket. Protected by their names, the cockerels grew up and began to crow and to rape the hens.

The stirring power of this paragraph is its penetrating observation of a seemingly normal type of human psychology that appears to be so fragile, and yet so easy to maintain—just by humanizing the things around, even if this is acted out by a most childish wish. But we cannot overlook the fact that that same childish wish drives young Tao to kill hundreds of fish and some chicks who lack the luck of Palm-Leaf Fan and Tattered Jacket—probably because they do not have a name!

Compared with Han Dong's shorter fiction works and his more recent novel—*Xiaocheng haohan zhi yingtemaiwang* (*The Heroic Deeds of the Bandits in a Small Town*, 2008), *Banished!* achieves a better balance between realism and irony, sincerity and cynicism. The narrator displays a well composed style, which Nicky Harman's translation successfully renders into English, as the well-paced narrative of a family's adventure unfolds taking readers through a multitude of small events that turn their life story into a small part of a larger tragedy staged across the entire nation. The Tao family's story sounds especially tragic when Tao Peiyi's wish for the family to "settle down" as peasants seems to have been realized. But contrary to his original plan, the family "settles down" only after its older members start dying one after another: "So it seemed they had to continue Striking Root; only the result would not be young Tao's settling down in Sanyu, but Tao and Su Qun growing old [and dying] in Hongze. Going home was possible only when there was a home to go to. Home was where your roots were. Su Qun and Tao would be those roots for young Tao, would plunge them deeply into the earth, so that one day, when their son was old and gray-haired, he could return home".

Tao Peiyi dies one year after his rehabilitation. When he's dying, his son is studying at a university in another city. Unlike Han Dong, young Tao never returns to Nanjing after his graduation.[1] When he thinks of "home", he dreams of the bleak house his father built in the village. But he does not feel sure about it, so he is never able to speak out the location of his "old home" confidently. We may borrow Ch'u Tien-hsin's famous phrase to say: "We cannot call a place home if no family member dies there." [2] In young Tao's case, home becomes a ghostly place when the family members have died.

---

1 The author, after teaching Marxist philosophy in a university in Xi'an for a few years, returned to his hometown Nanjing in the late 1980s, and he has lived there ever since.

2 Zhu Tianxin, "Xiang Wo Juancun de Xiongdimen" (Thinking of My Brothers in the Military Residence). In *Zhonghua xiandai wenxue daxi* (Compendium of Chinese Modern Literature). Taipei: Jiuge, 2003, vol. 9, p.996.

# 先锋诗派在中国：以1981—1992年南京为例

/ 屈 夫 黄 梵

## 朦胧诗派

20世纪70年代末见证了中国大陆文学的新迹象，这种新型写作主要对前期的腐败现象进行直接批判。1978年底，北京刊印民间文学杂志《今天》，成为朦胧诗群最初的半公开亮相。《今天》由年轻诗人北岛和芒克编辑，虽仅维持两年便停刊，但其影响已由北京逐步扩展至全国，《今天》的诗人们也开始在官方诗歌出版物中崭露头角。除北岛和芒克外，朦胧派的其他重要诗人包括顾城、杨炼、舒婷、江河和多多等，可以说中国大陆过去五十年的重要诗歌作品都受到朦胧诗派的影响。

## "第三代诗人"在南京（1982—1988）

南京古都见证了朦胧诗派影响下的大胆创新，韩东和车前子代表了两种截然不同的风格。韩东认为"诗到语言为止"，强调口语写作的重要性。1985年，韩东和于坚组建"他们文学社"，被认为是"第三代诗歌"的最主要的代表，标志着当代南京现代派诗歌的创立。

## "语言诗歌"在南京（1988—1992）

苏州诗人车前子是"第三代诗"的激进派代表，他反对诗歌的机械式隐喻，坚持在纯粹创作中的孩童式吸收，但因过于激进的无政府主义语言而被批判。车前子作品虽多，但出版物十分有限，韩东的作品则更为流行。就语言处理来看，二者也对朦胧派诗人做出对立回应。可惜的是，二人作品都鲜有外语翻译版本，使得外国读者对朦胧诗派的认识较为单薄。

# Avant-Garde Poetry in China: The Nanjing Scene 1981–1992

*Jeffrey Twitchell & Huang Fan*

**Prelude: The Misty Poets.** Following the climactic events of 1976 that brought a close to the Cultural Revolution, the final years of the 1970s would see the first indications of a new post-Mao literature in Chinese mainland. The new political leadership—whose authority depended on the delegitimization of the Cultural Revolution—found it in their interest to allow, within limits, a more critical literature. For the most part, this new writing was rather unsophisticated, cathartic literature protesting the many injustices of the preceding decade and egregious cases of official corruption. However, at the end of 1978 there appeared in Beijing the first issue of an unofficial literary magazine, *Jintian* (Today), that would prove of seminal importance in the coming decade. Edited by the young poets Bei Dao and Mang Ke, *Jintian* lasted only two years before it was suppressed in the aftermath of the crushing of the Democracy Wall Movement. But already a number of the *Jintian* poets had been appearing in official journals, including the prestigious *Shikan* (Poetry Journal),[1] and the official censure and controversy they aroused only added to their appeal among younger readers and poets. Besides Bei Dao and Mang Ke, the most important of these poets included Gu Cheng, Yang Lian, Shu Ting, Jiang He, and Duo Duo, who as a group became known as the *menglong shi* or Misty (Obscure) Poets—initially intended as a label of dismissal by their official detractors. It is no overstatement to say that virtually all poetry of significance written in Chinese mainland over the past fifteen years or so has derived from or developed in conscious reaction to Misty Poetry; so, while this paper is primarily

1 *Shikan* (Poetry Journal) was the premier poetry magazine in China from 1957 to 1965 and represented the official esthetic inclination of those poets approved by the government, an inclination which manifested itself primarily in romantic eulogies and revolutionary battle songs in both free verse and ballad form. However, even these works were considered unacceptable by the ultraleftists during the Cultural Revolution, and the journal was suspended in 1965. It was revived in 1976 by the older poets, and because of their own recent experiences they initially took a liberal and benevolent attitude toward the early work of the Misty Poets; however, they soon realized that these younger poets threatened the prestige of their own work, and most turned against them.

concerned with a number of these later poets, a preliminary understanding of Misty Poetry is requisite.[1]

Originally the Misty Poets were brought together less by any specific esthetic program than by their mutual opposition to official verse and the social and political dogma it espoused. What most obviously linked them was simply an insistence on the validity of the individual. Some of their work expressed a defense of the individual against ideological coercion in forms that were little more than a relatively more poetically and allegorically expressed extension of much socialist verse of the preceding decades. More significant, however, was the work that earned them the designation "Misty," poetry which expressed itself in more obliquely symbolist or imagist forms. A typical example is Bei Dao's "Notes from the City of the Sun," a sequence of fourteen very short poems, of which a few follow here:[2]

*Love*
Tranquility. The wild geese have flown
over the virgin waste land the old tree has toppled with a crash
acrid salty rain drifts through the air

*Youth*
Red waves
drown a solitary oar

*Art*
A million scintillating suns
appear in the shattered mirror

*Fate*
The child strikes the railing at random
at random the railing strikes the night

---

1 The most useful selections of translations of early Misty Poetry can be found in *Mists: New Poets from China* (Hong Kong, Renditions, 1983) and *A Splintered Mirror*, trans. Donald Finkel (San Francisco, North Point, 1991). There are also individual volumes of poetry by Bei Dao, Yang Lian, Gu Cheng, and Duo Duo which include more recent work.

2 From Bei Dao, *The August Sleepwalker*, trans. Bonnie S. McDougall, New York, New Directions, 1990. I have modified the translation of the last poem by omitting an indefinite article; the character for "net" (*wang*) can be read as either a verb or a noun.

*Living*
Net

These titles may initially strike one as a bit portentous, a tendency to which Bei Dao is rather prone, but one ought to keep in mind the context in which the poems were composed; it is part of Bei Dao's strategy to redefine or perhaps undefine these reified terms, which, according to official ideology, ought to have fairly fixed meanings. Such elliptical, imagistic poems are familiar enough to Western readers, but their indeterminate suggestivity, the manner in which they sometimes do and sometimes do not appear to illustrate their titles, posed a challenge to official critics. While detractors accused such work of willful obscurity, it is clear enough that Bei Dao was engaging in the time-honored practice of thinly veiled social criticism. The "red waves" of "Youth," quoted above, uncomfortably suggest both the mindless group-thought of the Cultural Revolution and perhaps of the Red Guards in particular, as well as the bloodied individuals they rolled over. Bei Dao imagines the younger generation he represents as struggling to survive, to hold on to some sense of individual self-worth amid this red tide. "Art" suggests that with the shattering of the utilitarian mimetic mirror of official socialist esthetics, art will be freed to fulfill its manifold subjective possibilities.

The notorious final poem, "Living" (in the original Chinese text, the title has two characters while the poem itself has just one), was dismissed as unworthy of being called a poem at all. But again the implicit social criticism must have been evident enough. The image is exemplary in its openness, suggesting any number of entanglements, relationships, interconnections in which we inevitably find ourselves caught. Or we might read the relationship between title and text as antithetical rather than analogous, so that life in its more authentic sense is that which eludes the net of society that the latter would designate as "living." However, such allegorical translations are less significant in and of themselves than the very indirectness of manner and the purposeful ambiguity that most offended conservative readers—a poetry that defied the ideological instrumentalization that had been dogma since Mao's "Yan'an Talks on Literature and Art" (1942). As is so often the case, what was most politically explosive was precisely that which presented itself as beyond politics.

**The Third Generation Poets in Nanjing (1982–1988).** Although *Jintian* was forced to cease publication in 1980, the nationwide controversy it stirred up only intensified, and it was in this heady atmosphere that the younger poets across Chinese mainland passed the beginning of the 1980s.[1] Inspired by the example of the Misty Poets, whose activities were largely confined to Beijing, the first half of the decade would see the appearance of rival groups in a number of other major cities. Some of the most daring innovations developed in the old capital of Nanjing, and in what follows we will focus principally on two very different tendencies there, as represented by the poetry of Han Dong and Che Qianzi.

In 1981 the nineteen-year-old Han Dong won the most prestigious Chinese literary prize for young writers, the Youth Literary Award, for his sequence "Hold Up the Indomitable Head," but at this point he was still strongly influenced by Misty Poetry. So it was something of a shock when in the following year he published "Mountain People," which clearly challenged Misty Poetry in its heyday. While Bei Dao's poetry expressed a distrust of society, it nonetheless hoped for society's rational reconstruction, and consequently the poetic subject attempted to shoulder the responsibility of the entire society—a heroicism that tended toward messianism. Bei Dao's work is somber and dignified, with a strong awareness of history and its burdens. His language attempts to build up images and symbols, and, following him, symbolism became the rule among younger Chinese poets.

Han Dong's "Mountain People" deploys a very flat, unadorned language to express the unheroic, even fatalistic consciousness of ordinary people whose concerns are more immediate and limited than the great national and ideological questions that have so preoccupied China's intellectuals and political leaders throughout this century. Rejecting the use of poetic imagery and symbolism, Han Dong undermines the more grandiose pretensions of both official and Misty Poetry. It has been plausibly suggested that Han

1 By the late 1980s, most of the major Misty Poets went into self-imposed exile, and after the events of June 1989, *Jintian* (Today) was revived as an exile journal based in Oslo, Norway. See Bei Dao, "The Purposes of the Magazine *Today* (*Jintian*)," *Sulfur*, 34 (1994). A selection of work from the revived *Today* can be found in *Under-Sky Underground*, eds. Henry Y. H. Zhao and John Cayley, London, Wellsweep, 1994.

Dong's position is somewhat analogous to that of William Carlos Williams vis-à-vis Bei Dao as T.S. Eliot. Indeed, in a 1988 essay titled "After Three Worldly Roles" Han Dong castigates Chinese poets in general and Bei Dao in particular for catering to Western expectations. In the early 1980s Western modernisms abruptly poured into China in an unsorted mass and inevitably have had a considerable impact on recent literary, artistic, and intellectual developments. However, it ought to be kept in mind that this influence has been strongly mediated by the haphazard selection and highly uneven quality of translations, and that the critical digestion of Western modernism and postmodernism has lagged far behind the pace of poetic creation. In the case of Han Dong, his colloquialism and concentration on common, often nonurban characters and concerns can be partially understood as a reaction against what he saw as an uncritical enthusiasm for all things Western.

One can better understand the startling impact of Han Dong's work by considering another of his early poems that directly responds to Misty Poetry. A well-known poem by the Misty Poet Yang Lian is entitled "Wild Goose Pagoda," referring to the famous pagoda that still overlooks present-day Xi'an, the city now most famous for its terra-cotta warriors. The city, formerly called Chang'an, was the capital of the Chinese Empire in its most glorious period, particularly during the Tang dynasty, an era when China produced its greatest poets and was unusually outward-looking (the city was also gateway to the Silk Road). In Yang's poem the ancient pagoda speaks of the glories it has witnessed and laments their loss as China turned inward: "I am held fast in a cage I have myself forged / History of millennia weighs heavy on my shoulders, / Lead weight; my spirit / Shrivels in this venomous solitude." Although alluding to China's long history, such lines also obviously apply rather neatly to the more recent events of the Cultural Revolution and its betrayal of the original hopes of the Chinese Revolution. However, the poem concludes on an optimistic note with hope for a rebirth: "Let me destroy at last this nightmare-cage, / Realign shadow of history, spirit of defiance, / Contiguous, like night and dawn."[1]

1 Trans. John Minford with Sean Golden, *Renditions*, 19 & 20 (Spring & Autumn 1983). "Wild Goose Pagoda" is part of a larger poem cycle entitled *Bell on the Frozen Lake*.

Drawing on a classical tradition of poetic lament, Yang's poem is complex in its literary, historical, and mythic allusiveness. The primary point for our purposes is its strong historical and nationalist consciousness, its formal and dignified tone, and its aspiration to be a vehicle for the renewal of Chinese culture. This is Han Dong's response:

*About Wild Goose Pagoda*

What do we know
About Wild Goose Pagoda
Many come from far away
Just to climb to the top
To be a hero for once
Some will come back a second
Or more times
Those who are frustrated
Those who grow fat
All climb to the top
To be heroes at least once
Then walk down
Go into the broad street
Disappear in an instant
Also a certain type jumps off
Blooming on the steps into a red flower
Becoming a real hero
A present-day hero

What do we know
About Wild Goose Pagoda
We climb to the top
Take a look at the scenery
Then walk down again

Han Dong deflates not only Yang's poem but also a whole classical tradition of poems written on climbing famous heights to meditate on topics of great import. Here the climb, an act of reverence for China's glorious past, is reduced to nothing more than a banal tourist stop, reflecting the ordinary person's lack of historical consciousness or even interest. The only one to climb for some purpose is the suicide, through whom Han Dong unleashes his most devastating barbs to puncture the rhetorical vacuousness of the nationalist and revolutionary catchwords "red," "blooming flowers," and "heroes." Undoubtedly, behind the Wild Goose Pagoda alluded to by both Yang Lian and Han Dong looms the familiar pagoda at Yan'an, which paradoxically became an icon of the early heroic period of the Communist Revolution. Han Dong's no-nonsense antisentimentalism went well beyond demystifying merely the Misty Poets and offered younger poets a "lost generation" cynicism that has its own sort of exhilaration. Within a few years this sarcasm would be taken to far greater extremes than Han Dong by a number of the younger fiction writers, who in some cases seem intent on nihilistically undermining belief in anything whatsoever.[1]

Similarly, Han Dong's poem "The Ocean Is Before You Now", which purportedly was written in response to Shu Ting's "Morning Songs at the Seaside," ironizes the too predictable and sentimental poetic symbolism of the sea. The heavy use of repetition, so characteristic of Han Dong and many of his followers, tends to undercut any suggestion of lyric flight. But some of Han Dong's most interesting poems, such as "News About a Child" and "A Woman I Don't Know", go beyond a demystifying realism to suggest enigmatic parables. In addition to the usual destabilization of perspective, the male speakers of these two poems also appear to be losing their customary patriarchal footing. Merely emphasizing Han Dong's cynicism is to focus too narrowly on one, albeit important, aspect of his work. Even in "About Wild Goose Pagoda," the underlying suggestion is that for the ordinary person

---

1 While throughout the early 1980s the most innovative work was being done by poets, 1985 would see a veritable explosion of startling new fiction, mostly by previously unknown young writers. It has been noted that many of the most experimental and sardonic of these writers come from the Yangtze River valley, and this may reflect Han Dong's early influence; the more notable of these writers include Su Tong from Nanjing (who began as a poet closely associated with Han Dong), Yu Hua from Zhejiang, and Ge Fei from Shanghai. Other leading practitioners of New Wave fiction (*xincao xiaoshuo*) include Ah Cheng, Can Xue, Mo Yan, Han Shaogong, and Liu Heng. Quite a few of the recent films from Chinese mainland that have gained international attention have been based on New Wave works, including Zhang Yimou's *Red Sorghum* (Mo Yan), *Raise the Red Lantern* (Su Tong),and *Ju Dou* (Liu Heng). In the past few years there has been something of a mini-explosion of translations of this fiction as well; good samplings can be found in *The Lost Boat: Avant-garde Fiction from China*, ed. Henry Zhao (London, Wellsweep, 1993), *Running Wild*, eds. David Der-wei Wang and Jeanne Tai (New York, Columbia University Press, 1994), and *Chairman Mao Would Not Be Amused*, ed. Howard Goldblatt (New York, Grove/Atlantic, 1995).

there simply is no reason to be much concerned with all the past grandeur associated with the pagoda and the ancient capital. Not only did the common people reap rather limited benefits from these glories, but recent history and the routine demands of everyday survival have effectively erased any meaningful sense of historical consciousness, except to the degree it is evoked for chauvinistic purposes by government propaganda. Many of Han Dong's poems empathize unsentimentally with the ordinary Chinese citizen's ground-level view of life—a view with no grand vistas or extravagant hopes but rather a fatalistic and stoic acceptance of the lot that has been dealt them. It is worth keeping in mind that, for all the dramatic changes that have taken place in recent decades, still today close to 80 percent of the Chinese people live in the countryside—an existence very different from that of urban dwellers and well beyond the ken of even the most sympathetic Western imagination.

Although the designation "Third Generation," used to describe the younger generation of poets following the Misty Poets, would not be introduced into literary circles until 1984 by the Sichuan poet Shang Zhong-min, Han Dong's "Mountain People" can be considered as decisively inaugurating the Third Generation.[1] The "first generation" refers to the largely political poets of the period after 1949, the "second generation" to the Misty Poets themselves. The Third Generation poets are in most cases only a few years younger than the Misty Poets; but given the tumultuous social changes over recent decades, a few years can mean dramatic differences in experience and attitude, and those who came to early maturity after the 1960s tend to take a significantly more cynical perspective than do their slightly older compatriots. While the Third Generation acknowledges the seminal importance of the Misty Poets' break with official poetry and emulate their example of innovation and challenging authority, they are identifiable by their deliberate reaction against the Misty Poetic stance and language, which became *sloganized* as "anti-sublimity," "anti-expression," and "anti-imagery." Because Han Dong both challenged the newly established idol of the younger

---

1 A number of different terms are current to designate this younger generation of poets, including "Newborn Generation" and "Post-Misty"; the latter is perhaps the most aptly descriptive, although we will usually prefer "Third Generation" simply because this is the most common usage among the Nanjing poets themselves. Little of this poetry has been translated, but a short selection of a number of major Post-Misty Poets can be found in *Renditions* 37 (1992).

poets and opened up a new direction for continuing their revolution, he naturally came to be regarded by many young poets as the leader of the Third Generation. It should be kept in mind, however, that "Third Generation" does not designate a specific group of poets but rather a broad spectrum of different poets nationwide who represent an important shift in orientation or attitude toward poetry.

In 1984, Han Dong and Yu Jian of Kunming (Yunnan Province) joined to found the group "Tamen" (Them), based in Nanjing, and brought out their own underground publication bearing that same name. The designation "Them" was taken from the title of Joyce Carol Oates's 1969 novel to suggest a sense of alienation from mainstream society. Han Dong, Xiao Hai, Xiao Jun, Ding Dang (from Beijing), A' Tong (who later changed his name to Su Tong and became well known as a New Wave fiction writer), Yu Xiaowei, and Ren Hui formed the backbone of the group. Han Dong's original intention in founding *Tamen* was the same as Bei Dao's in founding *Jintian*: to challenge the official publications. As in the West, it is through these small magazines and presses that the more innovative work is disseminated, and they offer space to young poets relatively free from the distractions and vanities of official success. Throughout Chinese mainland most of the new poetry of importance since 1978 has initially appeared in these unofficial journals.

The group Them can be taken as marking the inception of contemporary modernist poetry in Nanjing, and within a few years of its founding the members' wider impact would become clearly evident. The year 1986 would prove to be a watershed. By then two loyal members of Them, Xiao Hai and Xiao Jun, had established national reputations. *Duihua Shijie* (Dialogue Envoy) appeared on the streets of Nanjing, presenting a broad range of underground poets and offering a rival journal to *Tamen*. Although its editor, Zhou Jun, always hoped it would become the focus of a coherent group, it never succeeded in this ambition; despite its initial momentum, many came to feel that the journal was too indiscriminate in its editorial policies, and the more radical poets turned away. Nevertheless, Zhou Jun has been tireless in publishing and promoting Third Generation poets from Nanjing and elsewhere. In the same year, *Shige Bao* (Poetry Press ) in Hefei (Anhui Province) and *Shenzhen Qingnian Bao* (Shenzhen Youth Press) sponsored "An Exhibition of Modern Poetry Groups 1986", published in several consecutive issues, the first large-scale revelation of the new underground poetry in official journals. This exhibition not only made *Them*'s poetry known to the public at large, but also stripped Beijing of its status as the sole center of modernist verse. Chengdu, Nanjing, and Shanghai all became rival centers of innovative poetic activity. A couple of years later, much of the work from these exhibitions was collected in *Exploratory Works of the Third Generation Poets*, published in Beijing in 1988, the first official book publication of the Third Generation poets.

**Language Poetry in Nanjing (1988–1992).** The radical wing of the Third Generation is epitomized by the work of Suzhou poet Che Qianzi. Che's "Story of the Crystal Vase," published in 1982, showed inklings of his greater interest in the play of language, which was pushed further in the sequence "My Sculpture," published the following year. Especially the third poem of this sequence, "Three Primary Colors," attracted considerable adverse criticism, because Che seemed wrapped up in the anarchic possibilities of language.

> I, on a blank sheet of paper
> A blank sheet of paper—there's nothing
> With three crayons
> Each draws a line
> Draw three lines
>
> Without a ruler
> The lines are crooked
>
> An adult says (he has grown up):
> Red yellow blue
> Are three primary colors
> Three lines
> Stand for three roads
>
> —I don't understand
> (What was it he said?)
> So sticking to what I like
> Draw three round circles

I want to draw the roundest circle

Here Che rejects the automatic metaphorization of poetry and insists on a childlike absorption in the very act of writing, striving for a sort of purity and satisfaction within the medium itself. This does not, however, prevent the poem from suggesting an allegory of the poet's effort to pursue his crooked way in opposition to the straight lines of conventionalized language use and all the social strictures this stands for. Although his concerns are more esthetic, Che's use of unadorned conversational language aligns him with Han Dong against the Misty Poetry.

As an indication of the larger situation within which these younger poets, including the Misty Poets, were working, it is worth taking a brief look at the sort of official reaction this seemingly innocent poem provoked. In *Shikan* (Poetry Journal) the older poet Gong Liu struggled to make sense of the poem.

> "Three Primary Colors" sings of the soul of the younger generation.... "Blank paper" is their self-portrayal, and "three lines" represent three different paths in life. "Red" stands for revolution, "yellow" for degeneration, and "blue" for uneventfulness. "Crooked" means things are beyond one's control; "three circles" implies that no matter whether you engage in the revolution, become degenerate, or live a nondescript life, you cannot get out of these pitiful predetermined circles.[1]

However, Gong Liu quickly dismisses this reading, as well as the poem itself, for its hopeless obscurity or, worse, its malignant message. Initially, under such public pressure Che made limited concessions, and his more restrained efforts were much praised by the authorities. Nevertheless, Che could not bridle himself for long, and in the latter half of the 1980s he would rapidly push forward into realms of poetic possibility where even most younger poets have been unable to follow. While his critics complained because they could not readily reduce his poems to stable metaphoric

---

1 Quoted in Michelle Yeh, *Modern Chinese Poetry: Theory and Practice Since 1917*, New Haven (Ct.), Yale University Press, 1991, p.87.

readings, Che would develop a radically metonymic poetry with proliferating perspectives and no obvious coherence.

In association with Che, Lu Hui (later Yi Cun) and Zhou Yaping also began more radical experimentation. Initially, they too were more or less followers of the Misty Poets and also, in the case of Zhou, for a while were influenced by *Them*. But in 1986 appeared Zhou's "New City" and "Youth", expressing an adolescent rebelliousness whose exuberant irreverence and playfulness marked a distinctive new development and hinted at the direction his mature work would take. Around 1987, while both were students at Nanjing University, Che Qianzi and Zhou Yaping joined forces to organize the Formalist Poetry Group, founded to consider the possibilities for a more radically innovative writing. At this time Huang Fan was embarking on related poetic experiments and soon became associated with the Formalist Group. In 1988 Che first proposed his concept of a language-centered poetry he called Original Type, and the following year they formed another group under this designation to put their ideas more rigorously into practice. In early 1991 Che and Zhou brought out the first issue of *Yuanyang* (Original, or Prototype), presenting an initial selection of their own new work. The following year the second issue offered a more substantial presentation, also including poetry by Yi Cun, Huang Fan, Hong Liu, and Xian Meng, along with a group manifesto and critical pieces.[1]

Compared with other Third Generation poets, the Original poets renounce the use of language as a tool and instead concentrate on exploring the literary potential within language itself. In most other Third Generation poetry, language is still transparent, is still the expression of everyday truths or pseudotruths; readability and tangibility are its main concerns, since it begins with a predetermined concept of poetry. However, the Original poets would rather consider "poetry" as a concept waiting to be defined through continual practice. Thus poetry evolves in process, and new practices are constantly being tried out. The Original poets are fascinated with the meanings generated out of the aural and visual relations between Chinese characters and word combinations. This requires a new and more active

1 This latter gathering, with an afterword by J. H. Prynne, has been translated as *Original Language-Poetry Group* and published as a special issue of *Parataxis* (Brighton, Eng.), 7 (1995).

orientation toward the text on the part of the readers such that their own discoveries become part of the evolving definition of the concept *poetry*. In other Third Generation poetry, idea prevails over form and technique, but in Original poetry this is reversed. Han Dong once made the now-famous remark that "poetry begins and ends in language," but the full implications of this slogan have only been realized in practice by the Original poets.

The Original poets quickly explored a wide range of new possibilities. As usual, this was especially the case with Che Qianzi, who precociously absorbs and generates a bewildering variety of new and old forms and techniques, ranging from classical-style lyrics to concrete poetry. A couple of stanzas from a long poem entitled "Chair"—Che refers to it as a "five-legged chair"—will give some indication of the radical advance made over work of just a few years earlier.

Countenance in the water, people in the water
Big river flows through flesh, like light penetrating glass
Carrying silt toward the lower reaches
And boats, loaded with goods
Mathematics, flowers of anti-allegory

Forging gold rings for nipples
Pink human body. Jewelsmith
The village detective raises donkey skins under lamplight
A paper horse treads the candy-counter, 11:20
Nipple, the eye of the candle sweltering, about to drop

Water is a recurring image in much of Che's work, which seems appropriate for this verse of swift-flowing transformations. Various images or associations will reappear like elusive threads to bind the myriad possibilities the poem allows. Che once called "Chair" a detective poem, and indeed the "village detective" periodically reappears, as do oblique suggestions of some crime; but whither it all tends is impossible to say. Clearly it is the poet-reader who is the detective pursuing a case without final resolution. Such poetry evokes both the anxiety of instability and the exhilaration of discovery. Perhaps echoing Baudelaire, these "flowers of anti-allegory" refuse to allow themselves to be reductively solved, and the mystery continues. Anti-allegory is a key term in the Original poets' manifesto, and their work is clearly an effort to salvage both the language and the reader from the severe deprivations.

The Originals adamantly resist more or less direct political reflection as a degradation of the poetic. Nevertheless, even if it is frequently indirect, satire is almost irresistible given the situation against which they are reacting, and in general Original poetry is notably humorous. Whereas Che tends toward the mischievously playful, the work of Zhou Yaping can be more pointed. In a characteristic piece entitled "University", from *Big Machine* (1990), there are recurring suggestions of phoniness and sterility which presumably might reflect Zhou's feelings about higher education. Yet, while the biting wit is evident enough, neither the target nor the position of the poet is clearly identifiable; indeed, both appear to be in constant motion with the unnerving result that we cannot be certain whether the poet is aiming his barbs at them, at us, or at himself.

As has been often remarked, traditional Chinese poetry is notable for its paucity of long poems; so, one of the significant developments pursued by a number of Misty and Third Generation poets is the composition of extended poems or sequences, many of which adopt loose narrative or mythic structures. In recent years both Che Qianzi and Zhou Yaping have worked almost exclusively in longer forms or sequences that are startling in their abandonment of predictable structures as well as in their extended musical and visual inventiveness and improvisation. At present, Che seems especially to favor serial poems in which the individual sections often vary markedly in both form and style. By placing such apparently incongruous sections together, Che further stretches the possibilities of connections and conjunctions. Certain sequences, such as the remarkable "Cloth" poems, cut across other sequences, with different sections written over many years appearing here and there, grouped with other poems or series.

Although Che is enormously prolific, only a small percentage of his work has seen print, and most of that in unofficial publications with limited circulation. While the general direction Che has taken will undoubtedly strike many readers of contemporary poetry as inevitable, despite the rapid literary transformations taking place in China recently, his work is too far out even for most of his fellow poets. Not surprisingly, Han Dong's work has enjoyed much greater popularity and influence, although few of his epigones can manage his touch, tending to fall into either easy cynicism or sentimentality. Particularly in their handling of language, Han Dong and Che Qianzi seem to represent two antithetical reactions to the Misty Poets, but there has been an enormous range of other developments by younger poets that fall somewhere in-between. Unfortunately, judging from the translations presently available, the reader can hardly avoid the impression that there has been little going on in China aside from the early work of the Misty Poets, which, despite its seminal importance within the Chinese context, is simply not first-rate poetry. Yet this poetry is constantly recycled in various collections, while the more recent and more mature work of the Misty Poets, much less the great variety of work done by important Third Generation poets, goes largely untranslated and undiscussed. It is to be hoped that along with the current surge in translations of contemporary Chinese fiction, a more representative and interesting offering of contemporary poetry will eventually make itself available.[1]

1 Thanks must go to Zhen Zhen, Xu Yi, and Ma Mingqian for their invaluable information and suggestions for this article.

# 政治与情感：中国乡土文学中悲剧的重现

/［澳大利亚］罗斯玛丽·罗伯茨

本文分析了七八十年代中国乡土文学中悲剧的回归，她认为大部分的乡土悲剧都遵循了在悲剧中体现乐观精神以及通过愤怒来展现人民的力量和希望的社会主义悲剧主基调，把恩格斯的“历史的必然要求和这个要求的实际上不可能实现之间的悲剧性的冲突”作为悲剧的创作原则。这个时期乡土小说中的悲剧大多关注的是新的经济形态和生产方式对农村原有生活方式、政治信仰和乡土伦理的瓦解，以及由此给人们带来的苦闷焦虑和失落伤痛。通过具体分析杨干华的《被蹂躏的灵魂》、韩少功的《月兰》、矫健的《老霜的苦闷》和张一弓的《犯人李铜钟的故事》，作者认为中国乡土文学的悲剧中不乏优秀作品，但是很多作家笔下的主人公只是政治与社会变革的被动接受者，叙事中缺乏对人物心理变化细致立体的刻画。

## Politics and Pathos: The Reappearance of Tragedy in Chinese Rural Literature

*Rosemary A. Roberts*

Socialist tragedy has made an impressive return to the Chinese literary scene after being virtually banned since 1957. Although some critics have claimed that tragedy “blasphemes” revolutionary heroes and cannot exist in a socialist society,[1] this view has gained little support and has generally either been vigorously denounced or simply disregarded.

---

1 For example, see Chen Shouzhu, “An Informal Discussion of Tragedy” (*Mantan beiju*), *Fuyin baokan ziliao* (*hereafter FYBKZL*), J1 *Wenyi lilun*, 1980, no. 15, pp.19–24, from *Wen, shi, zhe* (Literature, history, philosophy), 1980, no. 2, pp.50–55.

An article in the *People's Daily* on 13 July 1978,[1] commenting on a *pingtan* concert in Suzhou, set down the general principles for socialist tragedy which have been followed by literary theoreticians up to the present. The discussion affirmed that, of course, socialist society also has tragedy, but that unlike tragedy of the old society, modern socialist tragedy should not be imbued throughout with a melancholy atmosphere, but should evoke anger and strength through its tragic nature, reveal the people's strength and depict their hopes.

A conference held at Sichuan University in November 1978 went into the problem of tragedy more thoroughly.[2] The participants regarded Engels' proposition "tragic conflict between the inexorable demands of history and the practical impossibility of their fulfilment" as a guiding principle for tragedy, and from this concluded that because of the continual emergence of new historical demands, tragedy would always exist, not only in socialist society, but also in communist society. Tragedy could be caused by the central characters' own inner conflicts, weaknesses and mistakes, purely through their defeat by temporary powerful evil forces, or by a variety of different factors. Socialist tragedies were considered to be "not entirely caused by the system", a remarkable admission that they were at least partly caused by the system.[3] It was emphasized that tragedy is a positive literary form: it expedites people's awareness, making them conscious of the inexorable demands of history, and thus stimulates people to find a way to avoid similar tragedies, and to fight to realize the inexorable demands. It is not for negating and overthrowing the socialist system, but to perfect it. Socialist tragedy has an optimistic spirit.

1980 articles echoed this basic line, adding that tragic literature must be advantageous to the construction of the Four Modernizations. Often quoted as a basic characteristic of tragedy was Lu Xun's statement that "tragedy

---

1 A review of the article appeared in *Wenxue pinglun* (Literary Criticism), 1978, no. 4, p.14, under the title "Probing the Question of Depicting Tragedy in a Socialist Society" (*Guanyu biaoxian shehuizhuyi shehuizhong de beiju wenti de tantao*).

2 See "Summary of Discussions on the Question of Tragedy" (*Guanyu beiju wenti de taolun zongshu*), FYBKZL, J1 *Wenyi lilun*, 1980, no. 3, pp.73–76, from *Sichuan daxue xuebao* (Sichuan University Journal), 1979, no. 4, pp.107–110.

3 For example, see Chen Shouzhu, op.cit., p.24.

takes the valued things in life and destroys them for people to see".[1] In line with the increasingly conservative trend of the early 1980s, tragedy was later stated to be in no way caused by the socialist system itself, but to have its roots in "capitalist rubbish", "cancerous feudalism", and "the rubbish heap of the dregs of humanity" (Lin Biao and the "Gang of Four" ).[2] Increasing stress was laid on the positive nature of socialist tragedy, and it was demanded more strongly that negative forces must be shown to be overcome by the forces of justice and morality. It was emphasized that tragedy must not stress the depiction of suffering, but reveal the value of character. It must be "not pure tears, but the beauty and sparkle of strength embodied in tears".[3]

As social and political criticism became less acceptable from 1980 onwards, and, probably also as the bitter memories of the Cultural Revolution faded into the background, the acute conflicts and searing tragedies of 1979 and 1980 gave way to a milder kind of personal rural tragedy which tended to focus on the conservative individual (typically the middle-aged or elderly male peasant) facing a psychological crisis because of his inability to adjust to the rapidly changing environment. This has been termed "elegy" tragedy,[4] marking the destruction of those embodying conservative or "leftist" ideas by the vigorous forces of modernization.

Tragedy was in its full flush of passion and protest in the heady days of 1979 and early 1980, when writers were given free rein to vent their anger and sorrow over the suffering and injustices brought about by the Cultural Revolution and the disasters of the Great Leap Forward period. Because of their overtly political role, in the majority of tragedies of this period the catastrophe was caused willfully or inadvertently by upholders of leftist policies. Tragedies of this type include "The Trampled Soul" by Yang

1 This formed the title of an article by Wang Han on the aesthetics of tragedy in *Xue lian*, 1981, no. 1, pp.179–181, and was the basis for part of the discussion of Zhou Keqin's *Xu Mao and his Daughters* in Chen Meilan, "From Where Does the Force of Tragedy Come?" (*Beiju liliang cong he er lai?*), *Wenyi bao* (Literary Gazette), 1981, no. 15, pp.28–33.

2 See Xiao Yin, "One Must be Skilled at Seeing Brightness from a Dark Place" (*Yao shanyu cong yin'anchu kandao guangming*), *Renmin wenxue* (People's Literature), 1982, no. 1, p.96.

3 "Three Forms of Tragedy: Wretched, Pitiful and Majestic" (*Beiju de sanzhong xingtai: beican, beimin, beizhuang*), (no author given), *Wenyi lilun yanjiu* (Literary Theory Research), 1983, no. 2, p.139.

4 Wang Meng, "Compose a Movement for the Symphony of New Rural Life" (*Puxie nongcun de xin shenghuo jiaoxiangyuezhang*), *Wenyi bao*, 1984, no. 4, pp.13–14.

Ganhua,[1] "Yuelan" by Han Shaogong,[2] "Blue, Blue Lily Magnolia Creek" by Ye Weilin,[3] "Stupid Man Wang Laoda" by Jin Yun and Wang Yi[4] and Zhang Yigong's "The Story of Criminal Li Tongzhong".[5]

"The Trampled Soul" by Yang Ganhua is the story of a brigade's Party branch secretary, Yu Zhong, who is driven to madness and death through his own simplicity and idealism and the callous political opportunism of the commune's Revolutionary Committee Chairman, Wu Guangli. Yu's ideals are laudable: he dreams of being a proletarian soldier and sacrificing his life for communism. He is honest, loyal and naive, and believes implicitly in the theories espoused by the hypocritical Wu, that rearing chickens and growing vegetables on private plots are capitalism. Although he cannot comprehend Wu's explanation that chicken claws form a "*ge*" (个) and thus symbolize individualism or the small producer, he believes that it is because he is too stupid to understand this lofty truth and just wishes he had Wu's intelligence and analytical ability. Yu's desire to be a true communist fighter leads him to acts of farcical stupidity: to enter the struggle between the "two lines", he pulls up all the clove seedlings in his private plot, chanting as he crushes each one under his foot, "Better the socialist grass than the capitalist shoots". Encouraged by Wu, he believes he is waging a righteous battle for a noble cause against a subversive and insidious enemy. But the absurdity of the theories that are the keystone of his faith finally leads to his downfall. After assuming responsibility for controlling chicken-raising in the village in order to protect a fellow cadre, Yu proudly awaits an inspection by Wu to verify that every household in the brigade is a "revolutionary household" (raising two or less chickens). Just as the inspection is being completed and Yu is receiving high praise, they hear cheeping inside the courtyard—Yu's hen has just hatched five chicks, causing Wu to alter Yu's status from "revolutionary household" to "spontaneous capitalist household". Unable to sustain the

---

1 Yang Ganhua, "The Trampled Soul" (*Bei roulin de linghun*), *Zuopin* (Literary Works), 1979, no. 6, pp.3–9.

2 Han Shaogong, "Yuelan" , *Renmin wenxue*, 1979, no. 4, pp.30–37.

3 Ye Weilin, "Blue, Blue Lily Magnolia Creek" (*Lan lan de mulan xi*), *Renmin wenxue*, 1979, no. 6, pp.47–58.

4 Jin Yun, Wang Yi, "Stupid Man Wang Laoda" (*Ben ren Wang Laoda*), *1980 nian quanguo youxiu duanpian xiaoshuo pingxuan huojiang zuopin ji* (Collected National Prize-winning Short Stories of 1980) (Shanghai Wenyi Chubanshe, Shanghai, 1981), pp.151–167.

5 Zhang Yigong, "The Story of Criminal Li Tongzhong" (*Fanren Li Tongzhong de gushi*), *1979–1980 zhongpian xiaoshao xuan* (Selected Novellas of 1979–1980) (Renmin Wenxue Chubanshe, Beijing, 1981), vol. 1, pp.534–586.

shock of becoming the very thing he had been fighting to eradicate, Yu falls ill, and in trying to write a self-criticism explaining how he became a capitalist, becomes insane and mistakes a dog in the road for Wu coming to collect the report. Yu's self-esteem, his ideals and hopes have been completely crushed. He dies shortly afterwards, devastated and still uncomprehending.

The story presents a pathetically tragic figure of a kindly, simple, sincere man whose blind faith was cruelly manipulated and betrayed. The villain of the story is the familiar figure of the commune cadre who rose to power during the Cultural Revolution and who hypocritically forces the implementation of extreme policies in the hope of further promotion. The "bright" side of the story is provided (also typically) through the newly reinstated deputy secretary, Zhou Ziming, who openly challenges Wu at every step and refuses to implement his policies. This "bright" side is further reinforced at the end of the story, when the dying Yu sees a vision of the new socialist society, where, significantly, he sees no sign of Chairman Wu.

Although the story, in common with most other writings of the time, lacks sophistication, the absurdist elements of the plot give the tragedy great power, leaving the reader torn between incredulous laughter and despairing tears. The author was praised for his exposure of "unconscionable animals" who under the Gang of Four had brought tragedy to people worthy of respect and pity. Also regarded as important was his expression of hope for the new society.[1] As theoreticians have demanded, this affirmation of the new era is the essential element required to make the most damning criticism of the past acceptable. This criticism too, must be carefully dissociated from the Party itself and directed at either the Gang of Four or at their individual representatives, such as Chairman Wu, who are seen to "distort the directives of Chairman Mao (or the Party) for their own ulterior motives".[2] The Party in abstract cannot be openly criticized.

People deceived through their own simple naivety or inexperience into upholding leftist policies feature prominently in tragedies throughout the post-1978 period, not only as victims, but as unwitting instruments of tragedy.

---

1 Yi Zhun, "Yang Ganhua and His Short Stories" (*Yang Ganhua he tade xiaoshuo*), *Zuopin*, 1983, no. 3, pp.59–63.

2 Yang Ganhua, op.cit.

Thus in "Yuelan" by Han Shaogong,[1] a former model commune member is driven to economic destitution and suicide by a naive, well-meaning, politically zealous middle-school graduate, who has been sent to the village to "cut off the tail of capitalism". As with "The Trampled Soul" this story is typical of the 1979–1980 tragedy in that its main focus is on criticism of the past. After 1980, and particularly after the implementation of the production responsibility system (generally consolidated by 1982), this focus swung round to support the modernization of the countryside, and these simple believers have become pathetic anachronisms, clinging on to their Cultural Revolution ideology in a world of free markets and household production contracts. They are bewildered by the ideological volte-face required by the liberalization of rural economic policies and the encouragement of the very things that were considered "revisionist" or "capitalist" just a few short years before.

Old Shuang, in "Old Shuang's Depression", a prize-winning short story of 1982 by Jiao Jian,[2] is a poor peasant who was active in the Great Leap Forward, enthusiastically supported the "backyard steel" campaign, and memorized all the quotations of Mao during the Cultural Revolution. His neighbour, Old Mao, was constantly the target of his political activities, being criticized for secretly cooking his own meals in the period of communal kitchens, and "struggled" for raising rabbits in 1974. Old Shuang received commendation for his part in exposing Old Mao and still continues to spy on him every day over the courtyard wall. But with the change in rural policies, Old Mao's is now a specialized animal-breeding household approved by the brigade, and if he is to keep up with the times, Old Shuang must abandon the ideology with which he has been indoctrinated for the past twenty years. Old Shuang's "depression" is caused by his inability to understand or adapt to the new situation. He lacks the ability to take advantage of new economic freedoms and find new prosperity, is ridiculed by the villagers and feels he cannot raise his head in public any more. Yet he is only acting on his own experience and basing his judgements on what he was praised for in the past. He sincerely believes that Old Mao is a capitalist and that one day the

---

1 Han Shaogong, op.cit.

2 Jiao Jian, "Old Shuang's Depression" (*Lao Shuang de kumen*), *Collected National Prize-winning Short Stories of 1982* (Shanghai Wenyi Chubanshe, 1983), pp.395–418.

collective will appreciate his action and realize that in opposing the new liberal policies he was right all along. He is a kindly man and his actions do not stem from envy or malice. While walking in the mountains, he catches a group of children cutting grass illegally in an area closed by the commune. He confiscates the children's sickles and threatens to hand them in to the brigade office. But when his stern reprimands reduce the children to tears, his heart softens and he returns the sickles immediately. Old Shuang is so upset by Old Mao's grandson's distress that he takes the muddy and wet child into his arms, returns his sickle and offers him a handful of mountain dates to console him. The boy's rejection of this gift brings tears of sorrow to the old man's eyes.

Old Shuang's tragedy is brought about by his sincere belief in and staunch faithfulness to the ultra-leftist policies that he was praised for in his youth. His stubborn sense of honor and his desire to preserve socialism and the collective leads him to become a pathetic buffoon, despised by both the villagers and his own family. The only comfort and sustenance he finds are in poring over his old awards in a decaying, musty outhouse. Old Shuang is another kindly, simple, sincere believer whose staunch faith has been directed along "erroneous" channels by a long period of politically extreme leadership. His is what Wang Meng has termed "elegy" tragedy, marking the passing of old ideas and the fate of those who cling to them.

Changing rural policies and the new emphasis on scientific and entrepreneurial skills brought tragedy not only to conservative peasants, but also to a section of old, politically-oriented cadres. These were cadres who had sincerely and faithfully directed the political movements of the previous thirty years, engrossing themselves in ideological work and knowing nothing of science or economics. But new rural policies require literate cadres with scientific knowledge to lead a countryside undergoing modernisation. The old, politically-oriented cadres became obsolete, lost their positions in the newly introduced democratic elections, and found themselves in desperate straits emotionally and financially. Having become ordinary peasants, they were forced to rely on their own labour once more, but had long since lost the skills to do so. Psychologically, their defeat caused a crisis of self-esteem, a great loss of face and a denial of all they had contributed to the collective in the past. Zheng

Hongxing in Zhou Keqin's "He Lost the Election",[1] has been the "Old Branch Secretary" at Lianyun Commune for many years. He has always dedicated himself to running ideological work in the brigade and is respected and liked by everyone. Yet he fails to be re-elected in the first democratic election of cadres and is replaced by Luo Yaowu, a science-oriented team captain whose team has been the only one to increase production each year. Zheng had always done his best, neglecting his own family and study in order to devote himself to commune affairs. In the past his stress on ideological work and class struggle and his disregard for science had completely fulfilled policy requirements, but now his illiteracy and lack of scientific skills render him unfit to lead the brigade in modernizing agriculture. At the election meeting, Zheng's defeat leaves him shocked, hurt and humiliated. Ashamed to be seen, he quietly congratulates Luo and slips away. An elderly widower, long unaccustomed to manual work, Zheng must now depend on his own labour to support himself and his two small daughters.The commune cadres are shocked at his defeat and sympathise with his position, but can do little to help him apart from placing him on the register to receive relief grain the following year. Zheng is a truly tragic figure. A dedicated and sincere Party man, he has sacrificed his family life for the commune and then found himself left obsolete and abandoned in the face of changing policy requirements. Zheng's is also an elegy tragedy, signifying the disappearance of unskilled, illiterate, politically-oriented cadres and their replacement by educated cadres with scientific and managerial skills. Zheng is a victim of the pragmatic drive to modernisation, a pathetic figure doomed by history.

Interestingly, Chinese commentators do not seem to regard the story as a tragedy. An article on Zhou Keqin's works in the *People's Daily* appraised the story as exposing the way in which some basic level rural cadres are unable to adapt to new developments in the countryside because of their outmoded ideology and lack of scientific knowledge. The story was seen as "a strong call" to "eradicate such chronic illnesses". Zheng's personal tragedy is ignored, and despite his being entirely a product of socialism as practised for the previous three decades, he is now merely regarded as someone

1 Zhou Keqin. "He Lost the Election" (*Luo xuan*), *Sichuan wenxue* (Sichuan Literature), 1980, no. 5, pp.9–15.

ideologically "chronically ill" who must be eliminated.[1]

The destruction of personal love and happiness was a common tragic theme in the first few years after 1978, but has tended to disappear as literature has become more concerned with depicting either the positive aspects of rural life under the new economic policies, or the problems that arise in implementing reform. Recent literature has produced nothing to match the heart-rending tragedies of Xu Xiuyun in Zhou Keqin's novel *Xu Mao and his Daughters*,[2] or Cunni and Little Panther in "The Corner Forgotten by Love.[3] These tragedies differ in intent from those just discussed in that they embody not only political, but also social criticism. Forced and mercenary marriages are condemned along with a host of traditional moral values. In "The Corner Forgotten by Love" by Zhang Xian, the author's sympathy lies clearly with the young, unmarried lovers who contravene "the traditional ethical code, rational concepts of honour, and the law" in carrying out their secret liaison. It is not political pressure that drives Cunni to suicide after they are discovered, but the shame and horror of seeing her lover beaten with tree branches and being driven home by the whole cursing, jibing, shouting village. She is rejected by her family and in the closed village community she would have been a marked woman for life. After Cunni's suicide, Little Panther is arrested and jailed for rape leading to death. Although the author ultimately blames the poverty caused by ultra-leftist policies for the tragedy, he is also making a bitter attack on conservative traditional attitudes towards sex and marriage and the barbaric fashion in which they are enforced.

Related themes are to be found in many stories. Pan Laotian in "Man, Ah Man"[4] by Zhang Yonglong, forces his eldest daughter, Xidi, into marriage with a forty-year-old cripple in return for 3000 *yuan* with which he buys a horse and cart to set up a rural transporting business. The girl is devastated, but being a filial daughter silently sacrifices her hopes of happiness in order to raise the family from poverty. Zhenni in the story of the same

1 Deng Yizhong, Zhong Chengxiang, "Face Life Directly, Open up the Future" (*Zhimian rensheng, kaituo weilai*), *People's Daily*, 11 August 1982, p.5.

2 Zhou Keqin, *Xu Mao and His Daughters* (*Xu Mao he tade nü'ermen*) (Baihua Wenyi Chubanshe, Tianjin, 1980).

3 Zhang Xian, "The Corner Forgotten by Love" (*Bei aiqing yiwang de jiaoluo*), *Collected National Prize-winning Short Stories of 1980*, pp.477–497.

4 Zhang Yonglong, "Man, Ah Man" (*Ren a ren*), *Shan hua* (Mountain Flowers), 1980, no. 11, pp.2–7.

name by Tan Xi[1] is forced by cruel social practices into an even more soul-destroying relationship. In order to prevent her brother's fiancée's family from breaking off their engagement, she works selflessly to provide money for betrothal gifts for the bride and her family, while happily contemplating her own marriage to the young man of her own choice. The bride's family demand more and more from the impoverished brother and sister, but finally relinquish their demand for a new house on condition that Zhenni marry the bride's brother, a violent congenital idiot. Under pressure from her brother and the older villagers, Zhenni is forced to submit. Although the tragedy is set in 1975, the author makes no attempt to place the blame on the "Gang of Four", or even political policies in general, but rather holds the detestable tradition of demanding bride-prices and the general cold indifference of village society, family members included, responsible for the destruction of the personal happiness of young people. Unlike the optimism expressed at the conclusion of other rural tragedies (for example, Xu Xiuyun and the younger sisters of Cunni and Xidi will all be given freedom of choice in marriage), "Zhenni" ends on a note of despair at the general indifference to the girl's soul-destroying fate and tells us that these forced double marriages are still continuing.

Chinese commentaries on individual rural tragedies tend to be rather unsatisfactory. Because the very existence of socialist tragedy was, for a long time, a point of contention, literary critics felt obliged to take a defensive attitude in their commentaries, being careful to emphasise the positive rather than tragic aspects of stories, and often offering little analysis or appraisal of their tragic elements.Thus analyses of "The Corner Forgotten by Love" consider Cunni's tragedy only as an instrument for expounding the theme that a backward rural economy creates a backward culture and results in the persistence of feudal ideas on marriage.[2] Cunni's fate is skipped over in favour of generalised statements about society and the good prospects for the new generation. Articles on *Xu Mao and his Daughters* have been more analytical, but still emphasise the positive aspects of the story—Xu Xiuyun's

1 Tan Xi, "Zhenni", *Anhui wenxue* (Anhui Literature), 1980, no. 4, pp.29–32.

2 Miao Junjie, "Take Pains to Portray Images of Rural Socialist New People" (*Zhuoli kehua nongcun shehuizhuyi xin ren de xingxiang*), *FYBKZL, J3 Zhongguo xiandai, dangdai wenxue yanjiu*, 1981, no. 13, pp.105–9, from *Renmin wenxue*, 1981, no. 5, pp.105–109.

spirit of resistance and persistence in her search for happiness. Her love for Jin Dongshui, her sister's widower, is interpreted as representing her love for socialism,[1] and thus once more a personal tragedy is interpreted in non-personal terms. There appears to be a gap between theory and practice in this respect. Theoretical articles dealing with tragedy refer almost exclusively to other theoretical works and classical Western and Chinese tragedies, making little reference to contemporary writings, while commentaries on specific stories tend to pay little attention to their value and significance as tragedy. Authors, on the other hand, while conforming with the broad demands of theoreticians, most notably with respect to politics, by no means conform entirely, thus producing stories such as "Zhenni" and "The Story of the 'President of Turkey'",[2] in which positive characters are destroyed by an inhumane society with no indication being given that society is changing for the better.

The majority of post-1978 tragedies are in no way grand tragedies. The central characters are not heroes overwhelmed in the midst of a noble struggle, but relative nonentities whose physical or emotional destruction passes virtually unnoticed by society at large. An important exception to this general trend is the hero of "The Story of Criminal Li Tongzhong" by Zhang Yigong.[3] Li Tongzhong is the conscientious and courageous, one-legged Party branch secretary of the third brigade of Shilipu Commune at the time of the "spring famine" in 1960. In his efforts to make a favourable impression on his superiors, Commune Secretary Yang Wenxiu has falsified grain production figures after a bad harvest, with the result that after compulsory grain sales to the state the villagers have been left starving. In order to save the village, Li Tongzhong first tries all the normal, legal channels to obtain relief grain, but when these fail, he decides to lead the village to steal 50 000 catties of grain from the commune granary. Li's tragedy is more majestic than any other in recent rural fiction. Whereas other tragic victims find themselves unwittingly manipulated by fate, Li makes a conscious decision, in full knowledge of the consequences, to bring disaster on his own head. Li's sacrifice is not

1 Chen Meilan, op.cit.

2 Wang Lichun, "The Story of the 'President of Turkey'" (*"Tu'erqi zongtong"de gushi*), *Beifang wenxue* (Northern Literature), 1984, no. 1, pp.12–20.

3 Zhang Yigong, op.cit.

pathetic, but heroic, and his cause goes beyond his immediate personal life to embrace an entire brigade. The members of the village place all their hopes for survival on him and with his keen sense of responsibility and humanitarianism, he cannot let them down. In dealing with his superior, Yang, he is bold and plain-spoken. Above all, he has the courage and selflessness to take sole responsibility for all his actions. Whereas Yang refuses to ask the county for grain because he is afraid of being labelled a rightist (and because it would expose his mendacious production figures), Li in turn replies that he is prepared to wear a rightist's cap if it will produce grain for the villagers. At the warehouse before the robbery, he makes out a "borrowing" slip for the grain, taking full responsibility on himself in an effort to protect the warehouse watchman, Zhu, while back at the brigade he also tells the brigade cadres that he alone will take responsibility and advises them not to accompany the carts that night. The "robbery" is successful and the villagers are saved, but Li is now a criminal and must be punished. Li is an honorable man, and knowing he has committed a serious crime, prefers to give himself up quietly rather than take the opportunity to escape. Arriving at the courtroom on the point of collapse, he still pleads with the county secretary, Tian Zhenshan, to save a group of peasants waiting in a freezing railway station for a train to take them to other counties to beg for food. Li is taken to hospital unconscious and dies a few days later from illness caused by extreme exhaustion and starvation. Now aware of the real situation in the countryside, Tian opens the county granaries, distributes the grain and is dismissed from office, while the dead Li is condemned as the instigator of a serious crime against the state.

The story is full of stirring drama and has a great deal of emotional appeal. The pitiable plight of the villagers, the touching comradely support that Li's actions evoke from Zhu and the brigade cadres, the treacherous indifference of Yang and above all the quiet courage and humanitarianism of Li Tongzhong, present a tale that is moving but not over-sentimental. The story, published in early 1980, was particularly significant as one of the first pieces of literature to criticise pre-Cultural Revolution political extremism. The author was widely praised for his prudent, skillful handling of the delicate subject of a Party member turned criminal who disobeys the directives of Party superiors to save a starving village, which calls into question the whole period of Party history starting with the Great Leap Forward. Once more it is the positive elements of the story that make it acceptable to critics.[1] Li and the villagers never lose faith in the Party, nor do they blame it for reducing them to starvation. Li's rehabilitation 19 years later, which introduces and concludes the story, also affirms the eventual triumph of justice, and by presenting the new Party leadership as approving Li's action, indirectly dissociates them from responsibility for mistakes of the late 1950s and early 1960s.

Although tragedy has become less intense in the last two or three years, it is still recognised as a valid socialist literary form, and it was reassuring to see it reaffirmed both in theory and practice towards the end of the "Campaign against Spiritual Pollution" in early 1984. The January issue of *Northern Literature* (*Beifang wenxue*) included "The Story of the 'President of Turkey'", by Wang Lichun,[2] the pathetic tragedy of an honest and obliging, patient and forebearing, but extremely ugly man who is treated only as an object of ridicule and misuse in the first half of his life and is either ignored or treated with contempt in the second half. Significantly, the author refuses to supply a happy or glorious ending, saying that he can't because there wasn't one. The "President" drowns in the local dam, without disturbing the lives of the villagers. Only the head of the forestry centre comes to feel ashamed that he did not treat the "President" more humanely. For such a story to appear at a time when one would have expected authors to be prudently depicting the "bright" side of society rather than its inhumanity, was an early indication that the literary world was not, in fact, facing another period of tighter restrictions. Although the remainder of 1984 has produced no rural tragedy of particular significance, and there has been a noticeable tendency by authors to give potential tragedies on rural love themes a sometimes forced and unnatural happy ending (or at least a non-tragic ending),[3] some grand tragedies in other subject areas confirm that this is not because tragedy has once more become

1 Yan Gang, "The Novella in 'Comparative Literature'" (*"Bijiao wenxue" zhong de zhongpian xiaoshuo*), *Wenxue pinglun*, 1981, no. 4, pp.77–80.

2 Wang Lichun, op.cit.

3 See for example, Ye Mingshan, "It's Not the River" (*Bu shi he*) *Renmin wenxue*, 1984, no. 1, pp.46–52; and Liu Hong, "The Daughter of Drunkard Yang the Stonemason" (*Jiugui Yang shijiang de nü'er*), *Zuopin yu zhengming* (Literary Works and Contention), 1984, no. 7, pp.22–36.

a "forbidden zone".[1] Writers do, however, seem to be obliged to return to the Cultural Revolution or Great Leap Forward period for tragedies of any majestic power, and the "President of Turkey" has proved representative of the recent direction of rural tragedy.

Chinese writers have been quite successful in depicting rural tragedy, but this success has generally been limited to its function as a tool for political and social criticism. Tragic characters show little or no psychological development and are frequently depicted as passive elements overwhelmed by political or social forces. As has been the general trend in literature, however, the passionate but unsophisticated writing of 1979–1980 has gradually developed towards a more thoughtful, psychologically penetrative literature, more sophisticated in both style and content. As long as demands on authors to depict the "bright" side of life do not intensify, rural tragedy has at least the potential to continue to develop as a significant part of rural literature.

---

1 See for example, Li Cunbao, "Those Nineteen Graves on the Hillside" (*Shanzhong, na shijiu zuo fenying*), *Kunlun*, 1984, no. 6, pp.4–82. This is a powerful military tragedy set in the Cultural Revolution.

# 都市伦理：现代性和日常生活的道德

/［美国］魏若冰

文章分析了都市小说及文学本真性的伦理。作者指出，随着20世纪90年代中国社会的全面转型，市场经济的确立，整个原有社会价值体系出现了撕裂，文学真实必然也发生了相应的裂变。通过对邱华栋的《蝇眼》、朱文的《什么是垃圾什么是爱》以及何顿的《弟弟你好》等代表性都市小说的具体分析，作者认为90年代开创了一个新的文学真实时代，这一时期的都市小说通过对主人公日常生活的大量描写，着力呈现都市生活的琐碎与无聊、人生的迷惘与挣扎、欲望的膨胀失控以及人文精神的失落。这些小说虽屡被诟为思想不够深刻，缺乏想象力，但作者认为这种对日常生活本真性的书写代表着一种现代性的转变，代表着从主流话语到个人话语的转换以及对文学真实性的伦理追求。

## Urban Ethics: Modernity and the Morality of Everyday Life

*Robin Visser*

The moral philosopher Ross Poole introduces his book *Morality and Modernity by* categorizing the modern dilemma of ethical positioning: "The modern world calls into existence certain conceptions of morality, but also destroys the grounds for taking them seriously."[1] In contemporary China, ethical categories have particular salience, as the post-Mao era has seen China's strong tradition of literature as moral discourse threatened by a market-driven popular culture often unmindful of moral mission. By exploring intersections of the narrative and the normative in literature, one can interrogate the shifting relations among text, ethics, and everyday life in

1 Ross Poole, "Introduction" , *Morality and Modernity* (Routledge: London and New York, 1991), p.ix.

late twentieth-century China, uncovering correlatives between fiction and the ethical issues that arise in conjunction with modern commercial life.

In this paper, I will explore these intersections between the narrative and the normative in fiction set in urban China of the 1990s, where characters negotiate new ethical terrain within the broader context of modernity. While I do not subscribe to a univalent understanding of modernity, I use the term in two distinct senses here. First, I refer to a mode of life in which one's own rational faculties reign in lieu of arbitrary, external authorities. The subtle demise of the *danwei,* or socialist "work unit", is a key contributor to the new cultural logic of China's urban space, as individuals are increasingly free to make their own decisions about livelihood and lifestyle. In addition to the historical argument of rationality, where the rise of a semi-civil society in China is affording increased autonomy from the state, I also refer to a more concrete notion of modernity. Among many contemporary urban Chinese, there is a self-consciousness about being modern, a taken-for-granted feature of life embedded in everyday thinking and behavior. The increased possibilities for autonomy in China's contemporary urban culture have caused the average citizen to reexamine his/her values in conjunction with lifestyle choices, an especially difficult task given the new stratification of society due to market forces.

Before addressing the various ethical strategies engaged in contemporary urban fiction, I will briefly discuss the sociological and cultural context for these works. The *danwei* system, first initiated with the advent of industrialization in the early twentieth century, provided its occupants with a place to work, sleep, eat, and receive all life essentials without leaving the walled enclave that marked the boundaries of their "unit". The *danwei* defined urban culture to such a degree that some analysts have gone so far as to equate the two cultures during the Maoist era. During the Maoist era, life in the city was not so much an experience of "the crowd," "nightlife," "material desire," "alienation," "risk," "stimulation," and the like, as it was a constant negotiation of the confines of an administrative community situated within the larger urban environment. However, as Chinese citizens divorce themselves from government institutions in increasing numbers, becoming employed by foreign-owned companies or establishing themselves as entrepreneurs, founding research institutes and consulting firms, or operating as independent writers, filmmakers, and artists, a new cultural logic is becoming operative. The hybrid space of contemporary Chinese urban culture is a post-revolutionary society permeated by market values.

While the urban wealthy in previous Chinese dynasties remained in close cahoots with government bureaucrats who maintained the upper echelons of power, in the 1990s, money itself became synonymous with power. Thus by the late twentieth century, both the traditional Confucian mores demeaning merchants, and modern socialist values condemning capitalists, had been largely undermined. According to cultural critic Li Jiefei, in the late 1980s, Chinese urbanites begin to openly flaunt their wealth without concern for appearing unethical, and "[by the early 1990s] nearly everyone became willing to openly state that the reason they worked so hard was for financial gain, no longer considering it immoral to do so."[1] Further, new technologies of transportation, communication, and socialization have intensified domestic and global flows of population, commodities, and information. Hence the urgency with which ethical questions are explored in urban fiction of the 1990s derives, in part, from the fact that a broader sector of society is impacted by the logic of the marketplace than in previous period of urbanization in China. Nonetheless, Chinese cultural theorists such as Dai Jinhua and Luo Gang have pointed out the fallacy of prematurely assigning the western implications of citizenry to contemporary Chinese society. Dai Jinhua argues that cultural *discourse* of the 1990s, rather than material conditions themselves, actively works to construct and validate the values of a Chinese middle class, thereby negating decades of socialist striving for a class-less society by unambiguously endorsing class-based status. Luo Gang also decries the fact that theorists are far too eager to make ready connections between a *shichang shehui* (market society) and the independence from the state resulting in an active *gonggong changhe* (public sphere). He agrees with Dai that the "middle class" has become a misleading code word in cultural discourse for China's imminent emergence as a new modern state girded by a "civil society". Luo argues, instead, that the public sphere in China will follow a unique trajectory that differs from the progression theorized by

1 Li Jiefei, "Xulun er, Zhongguo chengshi wenxue jiushi pingshu" (Introduction II: A critical overview of previous histories of Chinese urban literature), *Chengshi Xiangkuang* (*City Frame*) (Taiyuan: Shanxi jiaoyu chubanshe, 1999), pp.39–40.

Habermas in relation to the former Eastern Soviet bloc.[1]

It is in this context that new ethical dilemmas arise for urban Chinese citizens. Under the logic of the market, altruism, or the aspiration to an ideal "higher" than pure self-interest, is considered irrational behavior. Yet while the persistent rhetoric of loyalty to the state above self rings hollow to the average Chinese citizen, shadows of both socialist and Confucian ethics remain. How, then, does one live in a society in which the kind of identity presupposed by the market is that of an individual whose well-being may best be achieved in ways that detract from the overall social well-being? Morality in the modern world, including in contemporary urban China, is often asserted nostalgically as a bygone, inaccessible entity. Of course there are modern ethicists who dispute the notion that modernity is unable to sustain a moral grounding. Charles Taylor, for example, has provided an elaborate framework for reclaiming what he terms the "ideal of authenticity," which underlies, but has been misconstrued by, the culture of individualism and moral relativism operative in contemporary Western societies.[2] Jürgen Habermas, in his comprehensive theorizing of modernity, amends Max Weber's exclusive emphasis on instrumental rationality by introducing the notion of communicative interaction and its salutary ramifications for the public sphere.[3] Although their projects differ in approach, both Taylor and Habermas attempt to negotiate the gap between self and other, subject and society. In other words, they try to bring together the two questions that dominate ethical inquiry yet suggest sharply incommensurable points of view: the ethical question addressing the public sphere, "How ought one live?" and that determining individual morality and the constitution of the self, "What ought I to do?" Rejecting a Nietzschean genealogy of morals, and subsequent deconstructionist discourse, which concludes that acts and motives are contingent, overdetermined, invariably self-interested products of prevailing ideologies, these critics argue that ethical principle is still relevant to public life.

---

1 *See* Dai Jinhua, "Invisible writing: the politics of Chinese mass culture in the 1990s," *Modern Chinese Literature and Culture* 1:1 (spring 1999), 43–44, and Luo Gang, "Shei zhi gonggong xing?" (Whose public characteristics?), *Shanghai wenxue (Shanghai literature) 5* (1999), *76–78,*

2 See Charles Taylor, *The Ethics of Authenticity* (Cambridge, MA: Harvard University Press, 1992).

3 Habermas's arguments in *Theorie des kommunikativen Handelns* 2 vols. (Frankfurt: Suhrkamp, 1981) are summarized in Poole, "Liberalism and nihilism: the project of liberalism" , *Morality and Modernity.* pp. 78–8S, and in Charles Taylor, "Conclusion: the conflicts of modernity" , *Sources of the Self: The Making of the Modern Identity* (Cambridge, MA: Harvard University Press, 1989), pp.509–510.

In China, many of the cultural debates of the 1990s were, likewise, centered on morality and the relationship between individual action and social good, particularly in the absence of restraints on human behavior, which prevailed under socialist modes of production. For the most part, these debates divide along lines reminiscent of Hume's ethical legacy from the Enlightenment, in that they fail to provide a determinate relation between the proposition of *ought* and *is*. In other words, one group generally adheres to a sense that individual choices *ought* to be other than they currently are, whereas another believes that we should embrace what *is* and stop trying to prescribe an *ought* other than what exists. The former tendency is evident in the nationwide debate over the "loss of the humanistic spirit (*renwen jingshen*)" launched by liberal cultural intellectuals in Shanghai who criticize the effects of market reforms resulting in the increasing irrelevance of the humanities under the monopolization of the public sphere by the commodity. They lament the vulgarization of society, maintaining that Chinese society has "lost" its moral sensibilities and no longer adheres to any sort of *zhongji guanhuai* (ultimate concerns).[1] Not unlike Robert Bellah, who decried the threat that utilitarianism and expressive individualism pose for public life, these scholars seek to recover a language of commitment to a greater purpose.[2] On the other hand, those critics who disagree with such a dour assessment of contemporary culture instead celebrate the "postmodern sensibilities" exhibited by the very works criticized by *renwen jingshen* advocates. Notably, two of the most prominent targets of the *renwen jingshen* debates, Wang Shuo's fiction and Jia Pingwa's *Feidu (City in Ruins,* 1993), also represent breakthroughs in urban fiction. Postmodern critics predisposed to praising these innovative urban narratives extend their approbation to subsequent urban fiction of the 1990s, celebrating its absence of "interiority" in an "unreflective" writing that directly represents the raw, vulgar reality

1 The *renwen jingshen* debates were sparked by responses to a series of roundtable discussions sponsored by the journal *Dushu (Reading)*. The minutes of these discussions are published in *Dushu* 3, 4, 5, 6t 7 (1993). Follow-up articles are collected in Wang Xiaoming, ed., *Renwen jingshen xunsi Iu (Thoughts on the Humanist Spirit)* (Shanghai: Wenhui Chubanshe, 1996). Wen Liping summarizes the discussions in "Guanyu renwen jingshen taolun zongshu" (A summary of the humanist spirit discussions), *Wenyi lilun yu piping (Literary theory and criticism)*, 3 (1995), 119–134; 4 (1995), 123–138. Ben Xu, in turn, summarizes Wen's article in "'From modernity to Chineseness' : the rise of nativist cultural theory in post-1989 China" , *positions: east asia cultures critique* 6:1 (1998), 203–223.

2 Robert Bdlah, "Private life: individualism" , *Habits of the Heart* (Berkeley: University of California. Press, 1985), pp.131–133.

of contemporary urban culture.[1] For example, Chen Xiaoming sees in these city narratives a desire to "capture the external shape of contemporary life, to plunge into this life on its own terms, so as to be freed, in the process, from the Enlightenment nightmare long bedeviling literature". He goes on to claim that:

> Life in this age already has no interiority. People are obsessed with elevating themselves from poverty, and are continually incited by the prospect of instant riches. Writers of the "belated generation" have a firm grasp on such tendencies of our rime. Without any polishing or ornamentation, they put in front of us the chaotic and vibrant conditions of such a life, presenting a swift, indiscriminate flux of phenomena. Their method of directly representing the appearances of life serves to highlight the rawness of coarse and vulgar reality.[2]

Chen and other "post" critics, such as Zhang Yiwu, have devoted many writings to the cause of rejecting what they believe to be the elitist and moralistic tradition of modern Chinese literary discourse.

The debates of the 1990s between those advocating a return to Enlightenment values and those promoting postmodernism seem to confuse moralizing with morality. Perhaps because urban novels of the 1990s are written neither as national or cultural allegories, as were the avant-garde worlds of the 1980s,[3] nor as the thinly veiled didacticism that has dominated so much Chinese literature, these tales of everyday life are assessed either as decadent deviations from literature's true purpose, or refreshing departures

---

1 Urban fiction of the 1990s is often referred to by the epithet "xin zhuangtai" (new condition; new state of affairs), resulting from intense discussion in the early 1990s by the Nanjing-based journal *Zhongshan* and Beijing-based *Wenyi zhengming* on how to describe urban fiction of the 1990s by Liu Xinwu, Wang Meng, He Dun, Han Dong, Zhang Min, Zhu Wen, Lin Bai, Chen Ran, Qiu Huadong, Wang Anyi and others. Other labels for these writers include "new urbanite fiction" *(xin shimin xiaoshuo),* "new generation" *(xinsheng dai)* and "belated generation" *(wansheng dai).* See *Liu Xinwu Zhang Yiwu duihua Lu: "Hou shiji" de wenhua liaowang (Record of Conversation between Liu X:nwu and Zhang Yiwu: Gazing at "Post-Era" Culture)* (Guilin: Lijiang Chubanshe, 1996), p.222.

2 Chen Xiaoming, "Jianyao pingjie" (Brief commentary on He Dun's "Life is not a crime" ) in *Zhongguo chengshi xiaoshuo jingxuan (Anthology of Chinese Urban Fiction),* ed, Chen Xiaoming (Lanzhou: Gansu renmin chubanshe, 1994), p, 304; and "Wanshengdai yu jiushi niandai wenxue liuxiang" (The belated generation and the literary trends in the nineties), preface to He Dun, *Shenghuo wuzui (Life is not a Crime)* (Beijing: Huayi chubanshe, 1995), p.6,

3 Some scholars consider the rejection of metaphors of the nation-state, the main literary strategy from the May Fourth period until the 1980s, to be *one* of the key distinctions of urban fiction of the 1990s, See Zhang Yiwu, "Hou xin shiqi wenxue: Xin de wenhua kongjian" (Post-new era literature: a new cultural space), *Wenyi lilun (Literary theory)* 1 (1993), 184.

from the plague of authorial judgment. Yet Chen Xiaoming's laudatory claim that urban writers of the 1990s lack "interiority" is not supported in close readings of the fiction that he commends. There is no mistaking this fiction's blunt verisimilitude; yet one cannot consider it "unreflective". China's late-twentieth-century urban tales, far from being raw, unreflective narratives, are permeated with questions of individual morality and "ultimate concerns". I will examine the ethical questions confronted by modern Chinese urbanites in works of the 1990s by three authors representative of contemporary urban fiction. Qiu Huadong (b. 1969), Zhu Wen (b. 1967), and He Dun (b. 1958) write novels dominated precisely by one of the key questions debated by ethical philosophers—that of individual action and its relationship to the greater good.

In addition to content, the style of post-Mao urban literature is often criticized for lack of imagination and experimentation due to its forthright depictions of contemporary everyday life.[1] What is fascinating about this stylistic turn is precisely its emphasis on the everyday and the relationship of such a move to historical shifts in modernity. Looking at it from the perspective of urban modernity in art, it is quite remarkable the way in which Dutch, British, and Americans pioneered new art forms that, despite the separation of centuries, exhibit a common thread celebrating ordinariness. Each of these innovations corresponded to what Peter Taylor terms the three "hegemonic cycles": Dutch-led mercantile modernity, British-led industrial modernity, and American-led consumer modernity.[2] Whereas the "High Tradition" dominated seventeenth-century Europe and its culture of absolutism, the Dutch developed a counter-baroque style of "realism" based on scenes from the world in which they lived. Dutch genre painters drew directly on their own experiences to mirror life as they saw it. These artists painted to sell their works, rather than relying on commissions, thereby creating the first art market. During the Song dynasty, a similar phenomenon occurred in the transition from *gongting huajia* (court painters) to professional artists who sold their works to urban citizens, often depicting scenes from

1 Li Tuo, a critic responsible for popularizing the works of avant-garde writers of the late 1980s both in China and abroad, was the most virulent among several who decried the style of new urban literature at a conference sponsored by *Beijing wenxue( Beijing literature)* in Beijing in June of 1997, attended by both "avant-garde" and "new urbanite" writers.

2 Peter Taylor, *Modernities: A Geohistorical Interpretation* (Cambridge: Polity Press, 1999), p.30.

everyday life, such as that in *Qingming shanghe tu (Spring Festival on the River,* early twelfth century). Here, we see a direct relationship between depictions of everyday life and a market economy. Again, the English novel of the eighteenth century relied on depictions of comfortable middle-class life to appeal to a mass market. And by the mid-twentieth century, Hollywood films turned from portrayals of glamor to showing more secure, cozy, and domestic scenes of everyday American life. The same bourgeois domesticity is evident in all of these genres—ordinary people living comfortable lives. Likewise, new urban fiction portrays the comforts of the Chinese middle class; yet this mode of existence is immediately put into question. While appreciative of comfort, the characters rarely revel in their bourgeois status without deliberation, often resulting in radical lifestyle changes.

**Qiu Huadong's *Fly Eyes* and the Dilemma of the Quotidian**

In the 1998 novel *Yingyan*, or *Fly Eyes,* the Beijing writer Qiu Huadong (b. 1969) recounts five stories on the lives of professional youth in Beijing and, consciously modeling himself on Dos Passos, he provides a pastiche of individual lives that inform the complexity of the city. Each of the characters in his novel acknowledges that they are *pingmian ren* ("two-dimensional" people) who resist delving into existential questions. Yet while they indulge in hedonistic urban pleasures, they also admit they are "bored" and "disgusted" with such a lifestyle. What distinguishes Qiu's depiction of this generation is his characters' uneasy self-consciousness about their own superficiality. As in most contemporary urban novels, each of Qiu's characters make abrupt lifestyle changes in the early 1990s, often from idealist artists, poets, or scholars, to business-persons in every conceivable line of work. In recollecting the idealism of their pasts, those satiated with the get-rich materialistic lifestyle of the 1990s even attempt to return to a slower, simpler way of living. However it soon becomes obvious that the "thinkers" and "closet idealists" in his stories are unable to survive in the metropolis. Those characters that attempt to find deeper sense of meaning and value in the city perish in the attempt, whereas the "survivors" live prosaic, middle-class lives.

The first of the five stories features Yuan Jingsong, a 20-something fashion magazine photographer whose daily routines are particularly poignant demonstrations of urban decadence, Jingsong's habits include spying on his newlywed neighbors through the zoom lens of his Nikon camera from his highrise apartment on the Third Ring Road, obsessively watching Sharon Stone films, and stalking women along Beijing's thoroughfares. There are multiple textual indications that his obsessions arise from his sense of modern isolation in the crowd, as demonstrated during a ride on the Beijing subway.

> He entered the subway car and sat down. Looking all around him he suddenly realized how strange it was. Everyone sitting there was thinking their own thoughts, some even using the newspaper to hide their faces they read, and others still wearing their sunglasses. In a word, not one person was willing to make eye contact with anyone else.[1]

As Georg Simmel theorized about turn-of-the-century Berlin, the modern metropolis is governed by a need to distance oneself from other individuals in the crowd. Simmel spoke of the "fear of contact, a pathological symptom which spread endemically, a spatial fear stemming from the too rapid oscillation between closeness and distance in modern life."[2] Fifty years later the novelist Zhang Ailing described the same tendency in cosmopolitan Shanghai in her 1943 short story "Fengsuo" (Blockade), where the passengers in a stopped tram furiously read everything at their disposal to avoid making eye contact with others.[3] Such mental distancing becomes essential to maintaining one's identity in the crowd, but inevitably creates a sense of isolation.

In the story, Jingsong's desire to reverse the isolationist aspects of the modern metropolis and create meaningful connections with other motivates him to enact extreme measures. He quits his job and attempts to live as a "nature man" within the city. Camping out by the foul moat that had surrounded the former city wall, Jingsong's organic form of contact with the crowd dispels his loneliness, and he regains a sense of social connection and intimacy by sending hand-written letters to his friends instead of using

1 Qiu Huadong, *Yingyan (Fly Eyes)* (Changchun: Changchun chubanshe, 1998), p.2. Subsequent page references noted in the text.

2 Georg Simmel, *The Philosophy of Money,* trans. T. Bottomore and D. Frisby (London: Routledge, 1978), p.474.

3 Zhang Ailing, "Fengsuo" , *Zhang Ailing wenji* (Hefei: Anhui wenyi chubanshe,1992), vol. I, pp.99–111.

computers or fax machines.

When he happens to photograph a robbery and murder, his life becomes infused with social meaning as he becomes obsessed with a new goal for his life: to single-handedly crack the case. When he finally apprehends the murderers, however, he is helpless to defend himself and they easily dispose him. Since Jingsong had already tipped off the cops, they arrive in time to arrest the murderers, but find Jingsong, whom they label an "anonymous bystander", shot to death at the scene. The story concludes bluntly with the evening paper's account of Jingsong's death: "... At the scene there was also an anonymous man who got caught in crossfire while crossing the road. The police are investigating his identity". The irony is obvious—the attempts of this would-be hero to counter the alienating effects of the city and infuse his modern life with meaning are quixotic. Yuan Jingsong dies in the city as an inconsequential, unknown entity, the very fear that grips Liu Heng's alienated Beijing protagonist in *Heide xue* (*Black Snow,* 1988), one of the first post-Mao urban novels. Such narratives castigate the operative logic in the market economy of the 1990s: to quote Allan Bloom, a well-known critic of the moral mediocrity bred by modernity, "there is nothing particularly noble about [modern life]. Survivalism has taken the place of heroism as the admired quality".[1]

Qiu follows this first story with another tale of quixotic attempts to find meaning outside the strictures of the urban marketplace. "Wild Nights", part two of *Fly Eyes*, recounts how four of Yuan Jingsong's former classmates try to dispel the boredom of their daily routines in the city by playing madly at "night games". The opening scene, in which they lie alongside the tracks of an oncoming train in a game of "Who dies?" exemplifies the extremes to which they go to seek their thrills. Each of the four manifest troubling signs of maladaptation to city life, Zuo Yan isolates himself from the others and is obsessed with video games, VCDs, and even ventures out to the tracks to "play" the game by himself; Qin Jie, an ex-poet who owns a sports car dealership, gets high on the "speed" of fast cars and fast women; Yu Lei is ousted from his house by his "wife", a woman he had pragmatically married

---

1 Allan Bloom, "Relationships: Self-centeredness" , *The Closing of the American Mind* (New York: Simon and Schuster, 1987), p.84.

in order to register for an apartment; and He Xiao throws away his money in the stock market ignoring his home life altogether.

Bored by "night games", He Xiao persuades the others to get a pilot's license and so they can do "air art" for kicks. One day the friends enter forbidden airspace above Beijing's commercial district, where the police threaten to shoot them down if they don't halt. The others turn back but He Xiao keeps flying into the commercial district above the Third Ring Road.

> "He's crazy." Qin Jie said, "He's truly insane." But He Xiao was very sober. His flying skill was very good, but he realized he was running out of fuel. He didn't have any other choice. Blinded by the sunshine glaring off the glass walls of a shopping center he closed his eyes and crashed into it. From a distance the remains of He Xiao's helicopter looked like a tree branch sticking out from that seventy-floor building.

Qiu Huadong repeatedly utilizes such disjunctive "nature metaphors" to describe gruesome urban scenes. Here the impassivity of the shiny modern symbol of progress mocks any attempts by these urban novelty seekers to alter the capitalist forces shaping the modern metropolis.

Two of the friends, shaken by He Xiao's death, decide to leave their ranks in the "newly emergent middle class" by being airlifted to the wilderness, where they attempt to live as *yeren* (savages), completely cut off from civilization. Only Zuo Yan remains in the city. The story ends with Zuo Yan in a cozy apartment making love to his new bride whom he'd met over the internet, dreaming of one "savage" cannibalizing another in the barren northeastern forest where Qin Jie and Yu Lei had been airlifted.

Again, this urban fable foregrounds the modern ethical dilemma. Those characters that attempt to find deeper sense of meaning and value in the city perish in the attempt, whereas the survivors live prosaic, middle-class lives, Zuo Yan, the "survivor" of the story, does so by reinvesting himself in the very scripts which dominate modern urban life. With the advent of modernity, ordinary life itself becomes a central moral value. Work and family are affirmed, typically, in opposition to allegedly more transcendent values, say, of philosophic contemplation, religious devotion, or revolutionary zeal. Here, as in many of Qiu's stories, the "idealists" are unable to survive in the metropolis.

Nonetheless, Qiu's narratives consistently problematize urban middle-class life. This story ends with Zuo Yan's post-coital dreams of his friends:

> That wild man in the forest didn't have a partner, only himself, or perhaps he relied on his partner's flesh to survive. The sun peeked through the depths of the forest and seeing it he was suddenly aroused. Knife in hand he let out a sharp whistle as he ran wildly toward the sun. The tone resonated in all four directions, a lonely yet glorious sound. Zao Yan rolled over and this dream disappeared. Now in his dreams he was fleeing through the city in his car, with another black Nissan in hot pursuit. He couldn't relax at all as he drove madly through the streets of the city.

In the end, Qiu Huadong's tales of bourgeois life, like Dorothy Lessing's *A Proper Marriage*, emphasize the terror inherent in the claustrophobic predictability of middle-class life.

Zeng Hao (b. 1963) is a Beijing-based *xin xingxiang* (new imagist) painter, who, like Qiu Huadong, subverts middle class representation by introducing anxiety into his images of interiority and domesticity. In painting such as *"5:00 P.M. in the Afternoon"* (1996), a miniaturization of a couple in their modern apartment, a sense of angst arises from a skewed spatial relationship within an overwhelmingly empty environment. The insecurity within the interior space derives from its " collectivity", since everything in it represents knowledge shared by society at large. The space has no set boundaries, only stereotypical images. Zeng's paintings of these miniaturized lives, like Qiu Huadong's urban tales, disembody middle-class representations by foregrounding their reproducibility. Further, "the miniature", as Susan Stewart explains, is something that does not attach itself to lived historical time.

> Unlike the metonymic world of realism which attempts to erase the break between the time of everyday life and the time of narrative by mapping one perfectly upon the other, the metaphoric world of the miniature makes everyday life absolutely anterior and exterior to itself. The reduction in scale that the

miniature presents skews the time and space relations of everyday life, and as an object consumed, the miniature finds its "use value" transformed into the infinite time of reverie.[1]

The illusion of modernity, like the "miniature", derives from its narrow focus on the infinite present. Many of Zeng's paintings have titles indicating a moment rather than an identifiable date, in history: *December 31st, Thursday Afternoon*, *Yesterday, Friday 5:00 P. M., 17:05, July 11th,* resulting in a sense of perpetual present. This "flattening", or self-conscious "forgetting" of the past is also one of the hallmarks of urban fiction of the 1990s, which results in a sense of distorted reality by only concerning itself with the present.

The first two stories from *Fly Eyes* are followed by one in which the death of the heroic figure appears more tragic than quixotic. In "Two-dimensional people," Qiu juxtaposes the lifestyle choices of two brothers. As the story opens, the younger brother has changed his career from philosophy student to night club disc jockey, much to his elder brother's dismay. At large in the wee hours of the night, often frequenting other clubs after getting off work, the DJ's new job places him in a context of heightened danger, as organized crime in the city operates on much the same hours. Unaware of the perils, he declares himself a "two-dimensional man" who "belongs to the night", and soon hooks up with He Ling, an alluring "woman in red" who shares his values. The elder brother's job is hazardous by choice—he is a beat cop responsible for busting organized crime rings in Beijing. Predictably, He Ling, herself helplessly caught in a tangled web of crime and unable to "escape the city" where "bullets fly and people die", implicates Tian Chang, whose elder brother must defend him from a notorious mobster and dies in the process.

Once again, the "hero" figure perishes whereas the "petty man" (or self-styled "two-dimensional man") survives and "gets the girl". However, the story doesn't end here. Whereas characters in a previous story leave Beijing and tour China's major cities before returning to the capital, the survivors in this story narrow their world even further. They now consider Beijing to be

1 Susan Stewart, "The Miniature: Miniature Time" , *On Longing: Narratives of the Miniature, the Gigantic, the Souvenir, the Collection* (Durham:Duke University Press, 1993), p.65.

their roots and any attempt to "escape" by exploring other cities, let alone the countryside, is considered futile. Thus when the DJ and his girlfriend feel disgusted with the city, instead of leaving it they decide to "tour" the city by chartering a gondola through the Hucheng River, the ancient moat that surrounded the Beijing city wall. Here Qiu creates an absurd metaphor indicating that Beijing already contains all the "sites" one could need in life. He Ling declares, "we can't escape the city. As soon as we leave [Beijing] we'll want to return, because this is our stage, it is the place which nourishes dreams, and we depend on it for our very breath".

On their tour, they disembark at shopping centers, amusement parks, and other urban gathering places. At an amusement park, the bemused couple observes idiosyncratic individuals who try to escape their problems by engaging in obsessive repetition. They marvel at fanatic pinball players. They are preached to by a young man positively evangelistic about the joys of "flying" on a trampoline, which he bounces on each day after work. They query a middle-aged man obsessively tossing basketballs into a hoop, who barks back that he is trying to forget a painful divorce. And when a blind girl wins a gambling prize, she is unable to bask in her good fortune; instead, she alienates the well-wishers by launching into her bad-luck story of being blinded due to a chemical plant explosion in the city. After observing all of these desperate souls, the couple is more depressed than ever:

> They wanted to quickly forget the faces of those "losers" they saw at the amusement park, because those faces left them with something deeply painful. Those people seem to live in the dark, like a group that has been abandoned by something, immersed in an extremely simple kind of happiness. They are all "two-dimensional people".

The couple is particularly repulsed by the superficiality of contemporary urban practices because they see their own reflection in those faces in the crowd, as individuals who are lacking in substance or character.

In order to reverse the hollowing experience wrought by modern urban life, Qiu's characters adopt the prevalent discourse of the middle class. One of the most prominent characteristics of the middle class is the belief that one must organize one's activities and identities around certain "goals"—that without these goals life would be "pointless" or "meaningless". After completing their one-night tour of the city the couple decides to renounce the "two-dimensionality" of their night life, vowing, instead, to embrace a mainstream lifestyle of "substance":

> We had lived for such a long time as "night fanatics" ... so we were shocked to once again see the city as day was dawning. It was full of life, because newly awakened people were moving about it with purpose, dashing about to start a new day, all "addition-type" people ... Suddenly He Ling and I had a feeling that we would bid our night life adieu, say goodbye to our two-dimensional lifestyle, and directly engage in the daytime. Precisely! From this day on we will directly engage in the daytime and go about "adding," vigorously pursuing that reliable, substantive part of life. We'll work hard, earn money, buy a house, buy a car, buy a television, have a kid, respect our parents, take on the most tiring and banal responsibilities of life. Charge forward! Yes, this is what we concluded after our "tour". Charge forward! Charge into life and be a person of substance. We smelled the fresh morning air, that kind of air which would sustain our breathing for the next half of our life. Charge forward!

The revolutionary zeal with which the couple affirms middle-class values brims with tongue-in-check cynicism, especially given their awareness of the superficiality of consumer culture. The couple had once castigated those who devote themselves to "adding" material possessions until they become surfeited with the complexity and emptiness of such a life, whereupon they simplify their life by "subtracting"—ridding themselves of these burdens.

Such sarcasm about the predictability of everyday life, rather than leading to a radical redesign of society, actually bolsters the status quo. The individual's self-conscious distancing from the social arrangements to which he is party gives him a sense of satisfaction with his own lot, which is incompatible with a desire for change, Ben Xu argues that the new social conservatism among Chinese middle-class intellectuals is due to a "rejection" of the radical "academic myth of *antitraditionalism*" of the 1980s and capitulation to the state agenda of renewed nationalism of the 1990s.[1] Yet it is also a manifestation of modernity under the logic of the urban marketplace: the bourgeois reinforcement of the status quo, Meng Fanhua accurately characterizes the "new cultural conservatism" that prevails among China's urban elite:

> First, it rejects radical criticism and opts for moderate and steady discursive practice. Second, it gives up anxious concern about and questioning of the collective, focusing on the personal; third, it declines quests for ultimate values, goals, or faith, and is instead concerned with solutions to local problems.[2]

In Qiu Huadong's city narratives, the diameters who successfully negotiate the city space exhibit precisely these characteristics, whereas those who engage in seeking for ultimate values, radical lifestyle choices, and contribution to the collective good, perish.

Qiu Huadong's characters recognize the same dilemma inherent in liberal societies once analyzed by John Stuart Mill, who delineates the contradictions between the principles of free choice and the lived reality of conforming, which is a denial in practice of this very individuality. In Mill's treatise *On Liberty* he states:

> Society has now fairly got the better of individuality, and the danger which threatens human nature is not the excess but the deficiency of personal impulses and preferences. I do not mean that they choose what is customary in preference to what suits their own inclination. It does not occur to them to have any inclination, except what is customary. Thus the mind itself is bowed to the yoke: even in what people do for pleasure, conformity is the first thing thought of; they like in crowds; they exercise choice only among things commonly done; peculiarity of taste, eccentricity of conduct, are shunned equally with crimes, until by dint of not following their own nature

1 Ben Xu, "Contesting Memory for Intellectual Self-positioning: The 1990s New Cultural Conservatism in China," *Modern Chinese Literature and Culture* 11:1 (spring 1999), 159.

2 Meng Fanhua, "Wenhua bengkui shidai de taowang yu guiyi—jiushi niandai wenhua de xinbaoshouzhuyi jingshen" (Escape and support in an age of cultural collapse: the neoconservative spirit of 1990s culture), *Zhongguo wenhua*(*Chinese culture*)4(1994),53.

> they have no nature to follow: their human capacities are withered and starved.[1]

The problem with indulging one's desires in consumer society, it seems, is that it merely replicates the lowest common denominator of the masses rather than expressing personal impulses and preferences.

**Seeking "The Good" in Zhu Wen's *What's Trash, What's Love?***

Whereas Qiu Huadong's stories in *Fly Eyes* read rather transparently as morality tales, Zhu Wen's novel *Shenme shi laji, shenme shi ai (What's Trash, What's Love?* 1998) explores ethical question far more subtly.[2] Zhu Wen's comic novella *Wo ai meiyuan (I Love Dollars,* 1995) shook the literary establishment with the carefree manner in which the young male protagonist, a Nanjing author in his early twenties, has casual sex with prostitutes and even arranges for his father to join him in his escapades. This attempt to turn sexual conservatism of the 1980s on its head (while adding a twist to the notion of filial piety) is one of the hallmarks of urban literature of the 1990s—a celebration of individuality and social freedom often expressed in sexual licentiousness.[3]

*What's Trash, What's Love?* is a more in-depth reworking of themes raised in *I Love Dollars.* Zhu Wen depicts the angst and confusion plaguing Xiao Ding, a floundering Nanjing writer in his late twenties and his circle of friends, which is not easily remedied by lucrative jobs, free love, drugs, or even sacrificial volunteer work. Rather than writing about such aimlessness in a didactic, moralizing manner, Zhu Wen meticulously recounts his protagonist's thoughts and actions, leaving the reader to draw his or her own conclusions. Xiao Ding is a conflicted character who obstinately refuses to assist a friend's search for his daughter who had been kidnapped and gang-

---

1 John Stuart Mill, "Applications" , *On Liberty*( London:Dent, 1964), p.190.

2 Textual references are to Zhu Wen, *Shenme shi laji, shenme shi ai* (*What's Trash, What's Love?*) (Nanjing: Jiangsu wenyi chubanshe, 1998).

3 Zhu Wen's decadent writing of sexuality is perhaps one of the major reasons critics have not been fully appreciative of his fiction. Li Jiefei is an exception, and makes the astute point that narration of corporal desire is one of the defining features of urban fiction of the 1990s, unlike the idealization of romantic love, which defined most writing in the 1980s. He agrees that using sex as an easy means of "approaching another" , debases its meaning; however he points out that it is a fundamental characteristic of a commercialized urban society. See chapter two, "Quti de yuwang" (Corporal desire) in *Chengshi xiangkuang*.

raped, but offers to work as a volunteer in a futile attempt to find purpose. The novel ends as it opens, with the protagonist alone in a crowded bar, his mouth gaping wide in a ludicrous silent scream, an appropriate coda for a work that depicts modern urban life as cyclical and meaningless.

The contingency of modern urban life is foregrounded in *What's Trash, What's Love?* As one of a growing number of freelance artists, there is no work unit to monitor Xiao Ding's comings and goings. His days are not governed by any organizing principle—they blend together just as his frequent naps fuse his waking and sleeping hours. Like most characters in urban fiction of the 1990s, Xiao Ding appears to be strictly controlled by desires for sex, nourishment, sleep, and autonomy. Although he initially maintains a modicum of social interaction, he becomes increasingly cranky and withdrawn, especially after contracting venereal disease. Toward the end of the novel, he rarely makes contacts with others, preferring to isolate himself within his apartment. On the one hand, he ostensibly values his privacy and prevents others from encroaching it, apparently so that they will respect his autonomy. He is only willing to help others on his own terms, and views any attempt to force his hand as a violation of his agency. Yet, as the novel progresses, it dawns on him that something is amiss in such an autonomous lifestyle, and he begins a fruitless search to make what he refers to as "real contact" with others.

One of the most humorous incidents occurs when Xiao Ding, bored by his bohemian lifestyle, seek out a charitable agency to do volunteer work. When the director of the Love and Virtue Foundation interviews him, however, she utterly fails to comprehend that he would be willing to do "something for nothing", and becomes obsessed in discovering his ulterior motive for volunteering. Xiao Ding's altruistic aspirations are thwarted, as "Love and Virtue" remains firmly wedded to the logic of the marketplace. This ludicrous illustration of the utilitarian ethic dominating consumer society demonstrates that it becomes "common sense" to assume that self-interest is the only real motivation for behavior.

After his "voluntarism" fiasco, Xiao Ding's laissez-faire approach to life suffers a severe setback. Whereas he once felt free to indulge in sex at whim, he has painfully experienced the consequences in his diseased body, and where he had once felt no qualms about living his life strictly based on his own desires, a low-grade anxiety now plagues him. In a final scene, Xiao Ding tries to explain to an ex-girlfriend his quest for "real contact" with life. She naively concludes that "sexual contact" is what he is really after, but much to Xiao Ding's chagrin even *this* idea now repulses him! He realizes, for the first time, that he is, in fact, in search of something more substantial than the superficial life he had been living. Ultimately, the protagonist attempts to answer the question implied by the novel's title—is there, in fact, a "greater good" such as "love" to be achieved in this life? Or is it all, in the final analysis, simply trash? This question is pursued in the novel by exploring the relation of self to others. In the absence of the regulation provided by the state-owned work unit, the individual is afforded so much autonomy that he is almost at a loss. Not only must he regulate his daily routines and coordinate his social activity, with the deterioration of ethical norms inherent in socialism, it becomes incumbent upon him to develop an entirely new value system.

The final image of the novel, Xiao Ding's mouth gaping open as he sits alone in a bar, calls to mind classic motifs of urban alienation such as that encapsulated in Edvard Munch's *The Scream* (1893), where the subject's angst is inextricably tied to the presence of nameless "others" who highlight his sense of aloneness. Zhu Wen's portrayal of Xiao Ding's foiled attempt to do good, and his new self-awareness in the wake of sexual disease, seems to corroborate Nietzsche's claims that the alleged good of altruism is parasitic on egoism, and that sickness is necessary for self-knowledge. Xiao Ding exhibits what Nietzsche termed passive nihilism; one who takes a last desperate stand on behalf of morality in the belief that morality and meaning are lost but *ought* to exist, rather than being an active nihilist who not only accepts the loss of morality but celebrates it. Indeed, in a group interview with Zhu Wen and other Nanjing writers in 1997, they agreed that their writing demands a degree of courage, which, few in society can muster, for their work impels them to "gaze directly upon the purposelessness of modern life."[1]

---

1 Author's interview with Zhu Wen, Han Dong, Lu Yang, Wu Chenjun, and other Nanjing writers and artists, August 1, 1997, Nanjing.

**He Dun's Fatalistic City Narratives**

He Dun differs from Zhu Wen and Qiu Huadong in that his morality tales lack the sardonic edge of the former writers. Instead He Dun delineates the moral fallout accompanying urban business success stories in a matter-of-fact way. He Dun graduated from art school in the 1980s and taught art in a Changsha middle school for a number of years before quitting his job to do business in interior design. His lifestyle change from idealistic academic to practical businessman followed the pattern of many in the early 1990s who chose to "*xia hai*" ("take the plunge" into business). With his changed lifestyle came an evolution of values and worldview, so he began to write to describe attitudinal changes accompanying the "new state of affairs"(*xin zhuangtai*) of the 1990s, where individual choices abound and personal ethics become redefined and reexamined. He writes realistic accounts of Changsha closely based on personal experience, and first gained critical acclaim for his 1993 novellas *Didi ni Hao* (*Hello, Younger Brother*), *Shenghuo wuzui* (*Life is Not a Crime*) and *Wo buxiangshi (I Don 't Care)*.[1]

He Dun's novella *Hello, Younger Brother* features a young man, Deng Heping, disillusioned after failing to get into Beijing University and unmotivated by his subsequent job as an elemental school teacher in the late 1980s. After impregnating his girlfriend, he is kicked out of his parents' house, quits his job, and joins a classmate selling cigarettes on the open market. Through this pursuit, he falls in love with the man's wife, Dandan, whose contacts lead him to a job managing a nightclub. After his classmate is executed for dealing heroin, and Heping's own marriage to a singer-turned-movie-star sours, he marries Dandan and the couple start an extremely successful business supplying decorating materials. However the story ends on a shocking note. Just as Heping has established himself in a profitable job with a lovely wife, his wife and unborn child are killed in a motorcycle accident. In *Hello Younger Brother,* the value of material success in the 1990s is shown to be as ephemeral as political or academic success proved to be in the 1980s.

---

1 Subsequent references in the text to all three novellas are from He Dun, *Shenghuo wuzui (Life is Not a Crime)* (Beijing: Huayi chubanshe, 1995).

He Dun provides detailed descriptions of conspicuous consumption in the 1990s. Xiaobing Tang points out that

> Heping first signals his rise in status by smoking an American brand of cigarette, and his footwear progresses from generic "pointy and shiny black shoes" to "Italian-made crocodile skin shoes", which he is quick to put up on a table as a means of convincing his friends of his ambition. When the business of his Hongtai Decoration Material store flourishes, bringing in a net profit of 700,000 yuan (equivalent to US$85,900), he rewards himself by upgrading his Chinese-made Nanfang motorcycle to a Royal Honda.[1]

The sign value of objects reinforces a logic of differentiation and establishes a distinctive hierarchy of taste, status, and identity through participation in what Baudrillard terms a "social discourse of objects" contributing to a "general mechanism of discrimination and prestige".[2]

According to Dai Jinhua in her perceptive article on the politics of Chinese pop culture in the 1990s, the Chinese media in the mid-1990s contributed to this logic of differentiation by defining their targets in terms of middle-class taste and consumption levels. She provides an example from a 1995 issue of *Best Buys* (*Jingpin gouwu zhinan*), where an article gives detailed instruction about what merchandise to buy to live up to a given income level. She also mentions a commercial for housing that simply states, "for those who have high status"( *wei mingliu bianxie shenfen de jianzhu)* concluding that commercial culture has entered Chinese public discourse as unambiguously class biased.[3] He Dun's city narratives consistently portray the truth of this statement, Heping has already "read" the "political economy of the sign", to borrow Baudrillard's terminology, and is well-aware of the utilitarian function served by his consumption. By flaunting his material success Heping is able to attract more business, simultaneously enticing friends and lovers.

---

1 Xiaobing Tang, "Decorating culture: notes on interior design, interiority, and interiorization", *Public Culture* 10 (1998), 534.

2 Jean Baudrillard, *For a Critique of the Political Economy of the Sign*, trans. Charles Levin (St. Louis: Telos Press, 1981), p.30, quoted in Xiaobing Tang, "Decorating culture", p.535.

3 Dai Jinhua, "Invisible writing: the politics of Chinese mass culture in the 1990s", *Modern Chinese Literature and Culture* 11:1 (spring 1999), 44.

He Dun destabilizes such capitalist power dynamics in his fiction by recalling their radical divergence from the ethics of an earlier age governed by ideals of social equality and socialist mottos of "to each according to his or her need." The opening and closing scenes of *Hello, Younger Brother* provide an ethical framing to an otherwise fairly straightforward narrative. The novella opens with a description of Heping's revolutionary father, who was appointed assistant county head at age 26 after leading a brigade of communist guerrillas in ousting his own landlord father from his estate. Yet while Heping's father had a seemingly bright future, due to subsequent political upheavals and his own father's landlord background, he never advanced much beyond his initial position, Heping's success, on the other hand, starts at age 26, and by the time he is 30, he truly seems, in the words of Confucius, to have "established himself".

It is ironic that Heping's tragedy is related to the transgressive transformation of the political *guangchang,* or "square" and all it represented to his father's generation, into the commercial *guangchang,* or "shopping plaza", of his own generation in the 1990s. Yet consumer culture, like revolutionary politics, fails to ensure stability. Recognizing the contingent nature of success in the market economy, most characters in He Dun's fiction adopt a fatalistic worldview. In the closing scene, the narrator recounts his "younger brother's" agony over his wife and unborn child's tragic fate via a series of "what ifs": "If" Dandan hadn't insisted on going to the department store on Shaoshan Road to buy an artificial flower arrangement for the living room of their newly decorated apartment, "if" his Honda motorcycle had been repaired on time, then his wife's last, primal scream would not eternally haunt Heping.

Earlier in the novella, Heping's initial reunion with Dandan is also credited to fate:

> That morning as Didi (Younger Brother) rode his motorcycle to Double Swallow Wonton Shop he bumped into Dandan who was just leaving the shop. How lucky! If he was still at home talking with his wife, if he had given the "Mainland Girl" film script a serious read, he wouldn't have ran into Dandan today, and probably wouldn't have run into her in a lifetime. Dandan's uncle had just arranged job for her in an office on Hainan Island. If that morning

Didi had, as usual, spent five mao at that dumpling stand to buy two *baozi* (steamed buns), he wouldn't have run into Dandan. It just so happened that in the past few days that man from Hubei only put a tiny amount of filling in his *baozi*, infuriating Didi each time. Yesterday he bitterly censured the peddler, "Your *baozi* are getting worse and worse! They're not even worth biting into!" Today he didn't even glance at him as he rode past. Of course Didi could have gone to another stand or to a noodle shop to eat breakfast, but it was probably providence that he passed the Double Swallow Wonton Shop, not thinking about wontons, but fifty or so meters past the shop he suddenly realized he wanted them.

A similar litany of coincidences conclude the novella, framing Heping's greatest "success" in life by circumstance. While the notion of *yuanfen*, or "destiny", is the bedrock of traditional Chinese popular belief, He Dun's recurrent references to fate strike the reader with renewed force in the wake of twentieth-century campaigns to eradicate "superstitious ideas" in Chinese mainland.

The rise of superstitious practices in the 1990s is often directly related to the market economy. He Dun elaborates upon this fact in one of his more ideologically explicit novels, *Ximalaya shan ( The Himalayas,* 1998). As his teacher-turned-businessman protagonist puts it,

> the majority of Chinese businessman in the 1990s aren't controlled by faith or ideology, they don't talk about beliefs or politics or ideas, and they certainly don't talk about movies or art, what they talk about is superstition. That's their belief system.[1]

He proceeds to enumerate the ways in which superstition rules Chinese business practices, where diviners are called on to determine auspicious dates on which to break ground for a new building, or to buy a car, or to choose lucky names for the business. Although such reliance on luck might seem to detract from entrepreneurial initiative in a burgeoning commercial society,

---

1 He Dun, *Ximalaya Shan (The Himalayas)* (Bianyuan wencong. Nanjing: Jiangsu wenyi chubanshe, 1998), p.358. Subsequent page references included in the text.

often the notion of fate functions as a form of consolation, such as in "Life is not a Crime" where an economically struggling teacher attempts to diffuse his wife's jealousy over a classmate's business success by declaring, "his fate is just better than mine, that's all". In the final analysis, a fatalistic mindset can comfort an underdog or loser, while simultaneously allowing for self-congratulation when one becomes successful, as the teacher does eventually.

The question of personal worth and individual ethics is raised in more detail, if less subtly, in He Dun's novels such as *Women xiang kuihua (We Are Like Sunflowers,* 1995) and *The Himalayas,* which introduce protagonists in search of spiritual ideals in the midst of a decadent urban environment filled with sex, violence, and corruption, only to find that reality fails to provide a grounding for previously held ideals. His protagonists eagerly engage in the commercial activities of the 1990s while remaining spiritually at a loss. In *The Himalayas,* the lifestyle of the metropolis is contrasted both with that of a parochial town and of the pristine Tibetan mountain range.

Luo Ding and his wife, Huang Jiangli, are Changsha middle-school teachers in their early thirties. The novel describes Huang Jiangli's struggles with Principal Peng who revises to promote her, Luo Ding's gradual rise to prominence in the "Grand Cultural Development Company" where he has relocated, and the tension that builds between the couple as their values come into conflict. The couple married after meeting at their middle-school job in the 1980s; attractive and artistic, they seemed an ideal match. Ten years later, disillusioned with her dead-end job in Changsha, Huang Jiangli makes up excuses to spend more and more time with her parents in Whitewater, the small county seat of her youth. She reunites with high-school classmates who still reside there, and spends her time socializing, gossiping, and dancing with them. She soaks in the fresh air and regains her small-town "heroine" status, admired by the townspeople for her beauty and musical abilities. Luo Ding, however, finds life in this town to be suffocating, as disgusted as he is with Changsha's pollution, he finds himself longing to return to his home there: "no matter how good a county seat may be, it's always twenty years behind the provincial capital" he declares to his wife, whom he denigrates for being so "countrified".

Luo Ding also seeks to escape the pressures of the urban grind, but for him this takes the form of dreaming of travel to the Himalayas. He has never been to the range, and it functions symbolically in his subconscious as the ultimate utopia. Even before he begins to make money, Luo Ding senses that capital will not satisfy his deepest longings; however he feels pressured by his in-laws to raise his menial social status as a teacher. Consequently, when Luo Ding is promoted to company manager and supplied with a pager, cell phone, motorcycle, and expense account, he immediately shows off his new belongings and revels in his new status when he visits Principal Peng, who has terrorized their lives in the school *danwei* with his petty autocracy. He blows smoke from his expensive American-brand cigarettes in Principal Peng's face as he tells him off, the experience considerably enhanced when his pager and cell phone sound simultaneously, "fucking ringing off the hook!". As in He Dun's earlier novellas, commodities conspicuously serve as power brokers, immediately raising an individual's social status.

The perks of Luo Ding's new job not only boost his social standings, they also alter his perception of the world. Whereas he had previously spurned the come-ons by a divorced female colleague, Chou Yuanyuan, it is precisely at this juncture of the novel that he first finds her attractive. Prior to this, Luo Ding considered himself attracted to "gentle, virginal" women like Jiangli, not women with a "strong sex drive" like Yuanyuan. He had been disgusted by Yuanyuan's brash reversal of gender roles by inviting him out, paying for dinner, opening doors for him, getting into cabs after him, etc. Taking her up on a "business invitation" to tour Shenzhen, he allows "thoroughly modern Yuanyuan" to "remake" him, teaching him to dance disco, directing his purchase of a new set of clothes to "make the man", and exposing him to a "real city" where he dazedly counts the stories on the shiny skyscrapers.

In the end, however, Luo Ding is inconsolable when Huang Jiangli finally leaves him to take a new job in Whitewater, and he never fully adapts to his new lifestyle in the daily company of business persons. The novel is rife with a sense of pathos and nostalgia for a sense of goodness that seems irretrievably lost in the modern world. As Luo Ding mutters to himself, "even the good girls like Xiao Liu (his secretary, who has recently started drinking and swearing with the boys) change in such a society". He senses that the only possibility of regaining a sense of moral integrity is to retreat into a backward town as his wife did, or to leave civilization altogether. Luo Ding opts for the latter. He convinces Chou Yuanyuan to travel with him to the Himalayas, but she returns alone, reporting that he died there in an avalanche. In the final chapter, Xiao Liu recounts Luo Ding's departure:

> Director Chen didn't agree to the trip, saying there was too much work to be done. I remember how Luo Ding looked as he was leaving. He threw down his motorcycle key, his cell phone, and his pager on Manager Yang's desk and said, "Manager Yang, I'm returning this stuff, I'm leaving." He also turned around to look at me and gently said, "I'm leaving, Xiao Liu." I clearly remember he said "leaving" and was stunned, because he should have said "see you later" instead of "leaving". Was this some kind of sign?

In *The Himalayas, What's Trash, What's Love?*, and *Fly Eyes* ,the protagonists seem incapable of establishing a moral basis for modern urban life. Once they become self-conscious, they resort to extreme measures to extricate themselves from the ethical dilemma of engaging in the mundane everyday life of modernity with its apparent lack of idealism and purpose.

**Narrative Ethics and Contemporary Chinese Urban Fiction**

City narratives in China of the 1990s highlight the ethical issues that emerged as the crumbling ideologies of the 1980s became supplanted by the logic of the market, leaving individuals with the burden of creating new belief systems. In the novels I have examined here, fictional characters respond to the ethical dilemmas posed by consumer modernity in a variety of ways. In *Fly Eyes,* Qiu Huadong's characters attempt exaggerated heroics, hermit-like retreat, and mock allegiance to prosaic middle-class values as a means of instilling their lives with purpose. Zhu Wen's protagonist is a passive nihilist, self-aware but unable to enact a meaningful modern existence. He Dun's characters take solace in traditional values, countering the ills of consumer modernity by resigning themselves to fate or by rejecting the city for a pristine, rural existence.

Qiu Huadong acknowledges the challenge of narrative ethics in his brief rejoinder to the many critics who have accused urban writers of the 1990s of moral decadence. In his essay "Who is the enforcer of morality?" he criticizes those who indiscriminately confuse an author's moral code with that conveyed in his fiction:

> During a period in which the economy is rapidly developing without the control of a cultural and ethical system, it is necessary to be vigilant about spiritual values. Who, however, acts as the enforcer of that morality? Who is authorized to be the judge? Unfortunately it seems to me the time when we can establish a space where multiple value systems can co-exist remains in the very distant future.[1]

The critic Li Jiefei concurs that the proliferation in the 1990s of "narratives of desire" (*yuwanghua xushu*) is not merely a response to market demands by lowering literary standards to create best-sellers, but rather a sensitive reflection of recurrent real-life dilemmas.[2]

Yet while "post" critics such as Chen Xiaoming initially praised these urban narratives, his more recent assessments are more critical, perhaps due to a renewed emphasis on leftist narrative ethics in the latter half of the 1990s. He states,

> the majority of "belated generation" authors over-emphasize the superficial aspects of contemporary life, especially the emotional state of urban life (*chengshi shenghuo de qinggan zhuangtai*), rarely expressing the tremendous conflicts arising from rapid accumulation of capital. The "belated generation" is full of vitality but lacks profundity.[3]

Although leftist scholars criticize the lack of class analysis in these works, neoliberal scholars largely criticize post-Mao urban fiction for failing to enlighten.

There is, however, an ethical dimension to these narratives, which, as I have argued, is their most defining feature. In Geoffrey Harpham's *Shadows of Ethics*, he describes ethics as that point where literature intersects with

---

1 Qiu Huadong, "Shei shi daode zhifaren?" (Who is the enforcer of morality?), *Nanfang Zhoumo (Southern weekend)* (April 25, 1997), 5.

2 Li Jiefei, *Chengshi Xiangkuang,* p.79.

3 Chen Xiaoming., "Zhijiexing: huidao shishi benshen" (Immediacy: returning to the facts themselves), *Fangzhen de niandai: Chao xianshi wenxue liubian yu wenhua xiangxiang (Age of Imitation: Surrealist Literary Developments and Cultural Imaginations)* (Taiyuan: Shanxi jiaoyu chubanshe, 1999), p.187.

philosophy by addressing ethical questions through plot. Harpham suggests that:

> We can conceive of narrative form as a representational structure that negotiates the relation ... of *is* and *ought*. The most general and adequate conception of a narrative plot is that it moves from an unstable inaugural condition, a condition that *is* but *ought not*—through a process of sifting and exploration in search of an unknown but retrospectively inevitable condition that *is* and truly *ought-to-be*. Narrative plot thus provides what philosophy cannot, a principle of formal necessity immanent in recognizable worldly and contingent events that governs a movement toward the eventual identity of *is* and *ought*.[1]

In this sense, Harpham echoes the Aristotelian ideal put forth in *Poetics* that poetry is more philosophical and more morally serious than history, since poetry speaks of universals, history of particulars.[2] Narrative literature shares structures and assumptions with other forms of social understandings; as such, narrative can serve as the "example" to illustrate the moral choice that is, of necessity, the ultimate end of ethical inquiry. In the Chinese urban fiction discussed in this paper, the characters not only act, they eventually reflect on their actions with the recognition that something is amiss in their modern urban lifestyles. In most cases, these authors conclude their narratives in an open-ended fashion, resulting in moral ambiguity. They may not achieve satisfactory answers to their attempts to transform what *is* into what *ought* to be; yet these authors unquestionably probe ethical issues arising in relation to their urban reality. Post-Mao urban narratives suggest an ongoing inquiry into the relationship between authenticity and the public sphere by grappling with universal ethical questions arising in conjunction with modern commercial life. The real paradox of ethics is that a discourse that seems to promise answers is so obsessed with questions.

---

1 Geoffrey Galt Harpham, "Ethics and Literary Study" , *Shadows of Ethics: Criticism and the Just Society* (Durham, NC: Duke University Press, 1999), p.36.

2 Aristotle, *Poetics IX,* in *Critical Theory Since Plato*, ed. Hazard Adams (New York: Harcourt Brace Jovanovich, 1971).

# 从陌生化视角解读当代中国知识女性

/［澳大利亚］李萌（音）

本文以中国知识女性的“主体性”和“女性化”为切入点，以陌生化为视角，通过黄蓓佳的作品解读当代中国知识女性“知识”和“女性”的双重身份，思考知识女性与其他女性、中国知识女性与西方知识女性之间的不同，考察作品对知识女性主体性和女性化的构建方式。

尽管文学不一定直接反映现实生活，但特定文学样式、作者、文本和主题会间接表明特定的文化趋势或范例。文章并未将黄蓓佳的小说创作同其社会历史背景进行直接联系，但综合考虑评论界对二者联系的认同和黄蓓佳作品本身的自传特点，黄蓓佳作品中知识女性受到的挫折一定程度上反映了当时中国知识女性所面临的困境。

# Estrangement: A Possible Lens Through Which to Understand the Femininity of Contemporary Chinese Intellectual Women

*Meng Li*

> The independent woman today is divided between her professional interest and the concerns of her sexual vocation; she has trouble finding her balance; if she does, it is at the price of concessions, sacrifices and juggling that keep her in a constant tension.
>
> —Simone de Beauvoir

**Introduction**

In this paper, I probe into what I coin the "subjectivity of intellectual women in China" and the "femininity of intellectual women in China," which I will discuss in connection with Huang Beijia's works. One of the major challenges, as well as the innovation, of this paper lies in understanding the dual identity of "intellectual" and "woman." That is, how are intellectual women different from other women? How do Chinese intellectual women differ from their Western counterparts? To the best of my knowledge, a detailed and comprehensive ontological study of the subjectivity and femininity of Chinese intellectual women has not yet been conducted. I do not claim that my research offers a comprehensive definition of the subjectivity/femininity of Chinese intellectual women, nor do I attempt to present my analysis in terms of a universal description applicable to all intellectual women. Rather, I aim to approach an understanding of how these ontological terms are represented in the fictional works written by Huang Beijia between 1980 and 1994. In other words, I seek to explore the way in which Huang Beijia's fiction portrays the construction of subjectivity and femininity among intellectual women.

Huang Beijia is best known in China as an internationally recognized author of children's literature, including *I Want to be a Good Kid* (*Wo yao zuo hao haizi,* 1997) and *Today I Am the Flagbearer* (*Jintian wo shi shengqishou,* 1999). However, Huang was also a prolific author of romance short stories and novellas in the 1980s and early 1990s. This article provides the first comprehensive survey of the works that Huang Beijia wrote for adult readers during this period (in particular, 1980 to 1994). Born in the 1950s, Huang's own experiences during the Maoist and Contemporary eras profoundly influenced her representation of the intellectual woman. Huang's first publications appeared in the late 1970s and early 1980s, and a substantial number of her works are structured as narratives of intellectual development. However, in comparison with contemporary woman writers, such as Zhang Xinxin and Zhang Jie, Huang has attracted little attention as a feminist writer concerned with the situation of Chinese women, in particular, intellectual women.

I am aware that my approach risks presuming a direct relationship between literature and "real life." Certainly, literature does not mimetically reflect the real world in any straightforward way. Nevertheless, certain literary genres, authors, texts, and themes come to prominence at particular moments in time, indirectly suggesting certain prevailing cultural trends or paradigms. In this paper, I contend that Huang's overriding concern with the frustration faced by the intellectual woman does speak to a significant new predicament facing women in China at this time. Chinese-language scholarship on Huang Beijia has often suggested that her writing is autobiographical. It is naïve to assume that Huang's writing more or less directly reflects the dilemmas faced by educated women of her generation. My paper does not assume a direct link between Huang's fictional creations and their socio-historical context. However, it is worth stressing that, in Chinese criticism on Huang's work, a direct equation between the two is often assumed; this perspective is thus suggestive of popular conceptions of Chinese women's changing situation. Critics such as Zhou Meisen have criticized Huang's work as overly mundane. This interpretation is paralleled and reinforced by the presumed autobiographical nature of Huang's work.

**Estrangement as Theoretical Framework**

This paper utilizes the image of Contemporary Chinese intellectual women in Huang's works to argue that Chinese intellectual women in the 1980s and early 1990s are characterized by their socio-cultural estrangement. Estrangement indicates disconnection and difference.[1] The idea of *estrangement* is central to intellectual women's self-orientation and self-positioning within the contemporary socio-historical context of the 1980s and early 1990s. This self-orientation defines the position of the contemporary Chinese intellectual woman in terms of a series of dilemmas; it positions them, as I would like to put it here, as "the dislocated," by which I mean that they are placed in an awkward social position as a result their beliefs, behaviors, or interests. The term "the dislocated" also suggests the concept of "dislocation," which describes the position of intellectual women in the contemporary era. Huang's ability to convey the dislocation experienced by this generation of women is crucial to its popularity. In Huang's work, intellectual women during the contemporary period both distance themselves from "patriarchal law" (which established the dominant discourse of "proper womanhood") and, at the same time, are alienated from society at large as a result of external socio-cultural circumstances.

I would like to begin with a scenario from Huang Beijia's story

1 http://oald8.oxfordleamersdictionaries.com/dictionary/estrangement. Accessed at 22:02, January 2, 2012.

*Edelweiss (Bao xuehua,* 1985).[1] The story is set in a "friendship networking" party organized by a government institution and requiring the attendance of all unmarried staff members. The unnamed female protagonist is one of those required to attend. Although she is skilled in ballroom dancing, the main activity in the party, she remains a wall flower. She despises the other single women who are fully primped for the party and waiting anxiously for the men's invitations to dance. She also makes sarcastic comments about the male guests, whom she finds generally unpleasant. She particularly dislikes a short younger man and a bald widower in his fifties. She also criticizes the women who dance without any sense of rhythm. Although she is initially quite bored by the "extremely embarrassing" party, she changes her mind when she meets a bespectacled gentleman. All night long she dances with him and enjoys the great pleasure of his company, pleasure which also provokes her to disorienting self-reflection. When he examines her from head to toe, he tells her that he had never realized she was so well trained in dancing. As a result of his comment, the female protagonist begins to realize how plain and ordinary she must appear to others.

From that moment on, she contemplates how she might dress herself for the next party, in the hopes of attracting the bespectacled man's interest. When the next party finally comes, she dresses elegantly. She waits anxiously for the bespectacled man's appearance, thinking that no one except for him will invite her to dance. She is sure that he is the only one qualified to be her partner. Much to her dismay, the dream partner arrives hand in hand with his girlfriend, a sexy young woman.

> Around half past seven, the bespectacled man finally turned up. But he was not alone. He was with his girlfriend, a girl with red lips and sexy tight jeans. They entered hand in hand—what a beautiful couple.
>
> She stared at them in silence. She had already forgotten why she dressed up today.[2]

The couple makes such perfect partners twirling around that no one else

---

1 For all Huang Beijia's fiction analyzed in this thesis and most of the Chinese references to Huang Beijia and her works, the translations used here are my own.

2 Huang Beijia, *Bao xuehua,* 83.

dares to share the dance floor with them. Seeing this, the protagonist flees from the ballroom in embarrassment.

*Edelweiss* captures what I term the utopia-to-dystopia trajectory characteristic of Huang's portrayal of intellectual women. This trajectory parallels the trajectory of Huang's writing style (idealism/romanticism-to-realism) during the 1980s and early 1990s. The female protagonist remains an outsider to the prevailing social order. Inspired by the possibility of finding a romantic partner who is her equal, however, she tries to cast off her identity as outsider and engage with the expectations of the social order, only to find herself unable to successfully negotiate its values. The protagonist's predicament in this story is typical of Huang Beijia's representation of intellectual women.

Huang's work presents a range of such predicaments, which are central to the popular idea of intellectual women. The theme of dislocation or alienation is often fundamental to the identity and social orientation of Chinese intellectual women. Huang's uses the utopia-dystopia paradigm to romanticize not only the intellectual woman's estrangement from society, but also the failure that leads to her awareness of her own estrangement. This paper seeks to analyze the way in which the femininity of contemporary Chinese intellectual women has been portrayed through reference to Huang's fictional narratives of alienation, which ultimately depict the failed performance of femininity. This discussion also provides an opportunity to consider how intellectual women's tension with Confucian, contemporary and Maoist discourse is romanticised in Huang's fictions.

My discussion of the dystopian fate of the intellectual woman is deeply indebted to Sandra Lee Bartky's *Narcissism, Femininity and Alienation,* Joan Riviere's *Womanliness as Masquerade*, Simone de Beauvoir's chapter "Woman in Love" in *The Second Sex,* and Elizabeth Grosz's discussion of Luce Irigaray in *Sexual Subversion: Three French Feminists.* The works of de Beauvoir and Irigaray have both been categorized as French feminism, which is defined as a form of feminism that is highly theoretical and heavily influenced by psychoanalytical, deconstructionist, and post-structuralist discourses.[1] The femininity of intellectual women is worth discussing precisely because of the

1 Gill Allwood, *French Feminism: Gender and Violence in Contemporary Theory,* 42.

perceived conflict intrinsic to the term "intellectual woman." This conflict is crucial not only, as Beauvoir argues, to understanding the condition of women, but also, as suggested by Bartky, Riviere, de Beauvoir, and Luce Irigaray, to understanding the relationship between gender and the social order (which is, itself, simultaneously political and sexual).

To understand Huang's portrayal of the femininity of intellectual women, I shall begin with a detailed analysis of the concept of estrangement. The first dimension of estrangement connotes psychological alienation. Bartky's article "Narcissism, Femininity, and Alienation" outlines a salient theoretical framework through which to understand this dimension of estrangement. An understanding of Bartky's work is crucial to approaching Huang's constructions of the femininity of intellectual women.

Bartky begins by building on the work of socialist feminists, such as Alison M. Jaggar and Iris Marion Young, and applying the Marxist theory of the alienation of labor to femininity by treating femininity as manifestation of sexual alienation. According to Karl Marx, in a capitalist socio-economic system, workers are alienated from their labor. "Alienation" in this sense consists of "a fragmentation of the human-person and prohibition of the full exercise of capacities."[1] Bartky applies the notion of the fragmentation of the self to women, whom she regards as workers. Bartky claims that women, like all workers under the material production system, suffer from alienation, i.e., fragmentation and the loss of femininity.[2] Marx's theory of alienation highlights the function of cultural activities in distinguishing human beings from animals.[3] The field of cultural-intellectual expression is male-dominated; women are rarely included. In this regard, Bartky contends that women are denied the right to define their humanity in the Marxist sense.[4] Thus, femininity inherently involves what Bartky calls "sexual alienation." This argument echoes de Beauvoir's argument that embracing femininity constitutes a rejection of humanity.

Bartky's argument incorporates psychoanalytical theory by accentuating the similarity between alienation from labor and psychological alienation,

---

1 A translation of Marx. Quoted from Alison M. Jaggar and Iris Marion Young eds., *A Companion to Feminist Philosophy,* 323.

2 Sandra Lee Bartky, *Femininity and Domination: Studies in the Phenomenology of Oppression,* 34.

3 Jorn K. Bramann, *Educating Rita and Other Philosophical Movies.* Marx on Alienation: http://faculty.frostburg.edu/phil/foruni/Marx.htin. Accessed at 20:00, February 28, 2012.

4 Sandra Lee Bartky, *Femininity and Domination: Studies in the Phenomenology of Oppression*, 35.

both of which separate human functions from the human person and subject the individual to fragmentation and impoverishment.[1] By describing psychological alienation as "an alienation in the production of one's own person,"[2] Bartky applies the psychoanalytical terms of narcissism and alienation to her discussion on femininity. Narcissism, as coined by Sigmund Freud, is "primal psychic situation, the original disposition of libido. In the beginning, the ego's instincts are directed to itself and it is to some extent capable of deriving satisfaction for them on itself. This condition is known as narcissism and this potentially for satisfaction is termed auto-erotic."[3]

In psychoanalytical theory, women are considered "significantly more narcissistic than men," and narcissism is considered "a necessary feature of the normal feminine personality."[4] In this vein, woman, the narcissist who "treats his [her] body in the same way as otherwise the body of sexual object is treated."[5]

Narcissism is also defined by fragmentation of the self. Narcissism "consists in the setting up of the ego as a double, a stranger," [6] an "Other" who "exists outside"[7] yet is, at the same time, oneself.[8] Narcissism is thus inextricably linked to alienation/estrangement. Bartky thus argues that feminist narcissism involves self-estranged states of consciousness.[9]

Baitky's articulation of the relationships between narcissism, alienation, and femininity is relevant to my discussion of the notion of the "intellectual" as a social construct.[10] As discussed by Eva Etizioni-Harlevy, intellectual elites are minorities that are especially influential in shaping society's various institutional structures or spheres of activity, and this influence is a source of presumed and experienced pride for the intellectual. Such pride can be seen as a form of narcissism, or psychic alienation.

Edward Said's *Representations of Intellectuals* is also valuable in approaching an understanding of the meaning of the term "intellectual."

---

1 Sandra Lee Bartky, *Femininity and Domination: Studies in the Phenomenology of Oppression*, 32.

2 Ibid.

3 Translation of Freud's work. Quoted from Sandra Lee Bartky, *Femininity and Domination: Studies in the Phenomenology of Oppression*, 37.

4 Ibid.

5 Sigmund Freud, "On Narcissism: An Introduction," 104.

6 Simone de Beauvoir, *The Second Sex*, 375.

7 Ibid., 316.

8 Sandra Lee Bartky, *Femininity and Domination: Studies in the Phenomenology of Oppression,* 39.

9 Ibid., 42.

10 Eva Etzioni-Halevy, *The Knowledge Elite and the Failure of Prophecy,* 15.

Said considers a kaleidoscopic array of ideas about the "intellectual," but his analysis of intellectuals as marginal exiles is particularly relevant to the present discussion.[1] Exile is a punishment that forces the punished to leave family and familiar places and leads to both the trauma of homelessness and a constant state of alienation. For Said, the exile is, paradigmatically, inconsolable about the past and bitter about the present and the future.[2] According to Said, the status of the exile exemplifies the intellectual's orientation as an outsider: "[e]xile for the intellectual in this metaphysical sense is restlessness, movement, constantly being unsettled, and unsettling others."[3] In other words, the intellectual can find pleasure in exile by remaining marginal, by not following a prescribed path, and by challenging conventional logic:

> An intellectual life is fundamentally about knowledge and freedom because the exile sees things both in terms of what has been left behind and what is actually here and now; there is a double perspective that never sees things in isolation.
>
> A second advantage to what in effect is the exile standpoint from an intellectual is that you tend to see things not simply as they are, but as they have come to be that way.[4]

Said underlines the intellectual's role as an outsider alienated from authority; the experience of the intellectual is defined by a powerlessness one "often feels in the face of an overwhelmingly powerful network of social authorities—the media, the government and corporations, etc.—who crowd out the possibilities for achieving any change."[5]

Drawing upon the work of both Said and Etizioni-Harlevy, I argue that exilic displacement, marginal social status, and a narcissistic sense of elite superiority together constitute the estrangement of the intellectual. These

1 Edward Said, *Representations of the Intellectual: The 1993 Reith Lectures,* XIV. In juxtaposition, Said also characterizes the "intellectual" as "amateur and as the author of a language that tries to speak the truth to power." The relationship between intellectuals and truth will not be the focus in this thesis although the intellectual women in Huang's fiction are concerned with both analysis and judgement of the society in which they live.

2 Ibid., 35.

3 Ibid., 39.

4 Ibid., 44.

5 Edward Said, *Representations of the Intellectual: The 1993 Reith Lectures,* XIV.

contradictory elements inform the predicament faced by the intellectual women in Huang Beijia's work, but in their case, the estrangement is always translated as a specially gendered experience. My analysis links understandings of the femininity of intellectual women with discourses surrounding intellectual elitism and narcissism.

I now turn to another dimension of estrangement. The combination of the concepts of "intellectual" and "woman" often initiates a series of polemics in gender discourses. Given that "estrangement" implies alienation and removal, my reading of Huang Beijia's work approaches the femininity of the intellectual woman through reference to two theoretical frameworks from French feminism. The first framework is provided by Simone de Beauvoir's articulation of the contradiction inherent in the intellectual woman's identity, whereby the intellectual woman embodies the social position of estrangement. The other framework is provided by Luce Irigaray's advocacy for staging Derridean *différance,* she highlights the way in which the specificity and autonomy of female sexuality serve to estrange the intellectual woman from what Irigaray terms the phallocentric order. The insights of these scholars suggest the underlying dilemma faced by intellectual women.

Simone de Beauvoir remains a singularly important contributor to scholarly discussion of the intellectual woman, whom she includes in the category of "the emancipated" or "the independent women" in *The Second Sex*. She is particularly concerned with the hostility directed towards intellectual women by anti-feminist thinkers, who assert that the emancipated woman has difficulty navigating her various social identities.[1] Beauvoir's discussion of femininity draws upon Freud's claim that women are only able to take their place in the symbolic order through positioning themselves as variants of men. According to Freud, women can either identify with men by neglecting gender differences or identify themselves as the "castrated other," who is inherently inferior to men.[2] In responding to Freud's theories, Beauvoir argues that the femininity of the emancipated woman is associated with the phallus, meaning that the independent woman is seen as a threat or an imitation of men, while a man's social and spiritual successes endow

---

1 Simone de Beauvoir, *The Second Sex,* 722.

2 Elizabeth Grosz, *Sexual Subversions: Three French Feminists,* 126–127.

him with virile prestige. Intellectual women therefore suffer as a result of "the masculinity complex." Although she considers femininity, or in her own words, "genuine womanliness," Joan Riviere expresses similar sentiments, arguing that intellectual prowess in women signifies a threat, "an exhibition of herself in possession of the father's penis, having castrated him."[1] Because men are conventionally associated with the power of the transcendent intellect (a subjectivity not limited by immanent corporeality), the intellectual man does not experience internal conflict, but the intellectual woman is required to renounce her claim to independence in order to accomplish her femininity. Thus, the conflict inherent to female emancipation is more marked in the case of the intellectual woman.[2]

In her discussion of woman's dependence on love, de Beauvoir strongly suggests that all women need to be loved, and the only way to avoid obsessive dependence on love is to be unwomanly.

> Only in love can woman harmoniously reconcile her eroticism and her narcissism; we have seen that these sentiments are opposed in such a manner that it is very difficult for a woman to adapt herself to her sexual destiny. To make herself a carnal object, the prey of another, is in contradiction to her self-worship: it seems to her that [to act in this way is to] embrace blight and sully her body or degrade her soul. Thus it is that some women take refuge in frigidity, thinking that in this way they can preserve the integrity of the ego.[3]

In many ways, de Beauvoir's woman in love is the opposite of the intellectual woman who rejects the femininity. However, Huang Beijia's works of fiction often deal with (intellectual) women and love. In these works, the intellectual woman sometimes renounces love, sometimes still wants love even when it seems unavailable to her as an intellectual woman, and sometimes is disappointed by love.[4] Therefore, in this sense, Huang's representations of intellectual women, are somewhat contradictory.

---

1 Joan Riviere, "Womanliness as Masquerade." Quoted from Athol Hughes ed., *The Inner World and Joan Riviere: Collected Papers 1920—1958.* London: Karnac Books, 1991: 93.

2 Simone de Beauvoir, *The Second Sex,* 722.

3 Ibid., 613 (1953).

4 The discussion is greatly indebt to Catherine Driscoll's inspiration on the reading of de Beauvoir's "The Women in Love."

In Freudian lens, intellectual women estrange themselves from both phallocentric positions; they fail to achieve either the elite status of the intellectual (which Freud associates with masculinity) or the realization of their femininity (which Freud sees as a castrated Other that obtains a symbolic position only via the mediation of men). From de Beauvoir's perspective, an intellectual woman, however much she desires the elite status of the intellectual, cannot resolve the contradiction inherent in her identity by rejecting femininity. De Beauvoir's discussion also recalls Said's analysis of the intellectual's exilic status. De Beauvoir argues that the intellectual woman:

> [...] refuses to confine herself to her role as female because she does not want to mutilate herself; but it would be a mutilation to repudiate her sex. Man is a sexed human being; woman is a complete individual, and equal to the male only if she too is a sexed human being. Renouncing her femininity means renouncing part of her humanity.[1]

Beauvoir acknowledges that intellectual women are criticized by misogynists as "letting themselves go" in the sense of abandoning their femininity. However, I suggest that the intellectual women whom Huang creates instead renounce a femininity defined by custom and fashion—and imposed on women from the outside. In this regard, the intellectual woman, as understood by de Beauvoir, might be able to construct her femininity on her own terms. De Beauvoir stresses that "[r]ejecting feminine attributes does not mean acquiring virile ones...she is creating a new situation involving consequences she will have to assume."[2]

This passage evokes Luce Irigaray's psychoanalytical discussion of femininity. While de Beauvoir focuses on intellectual women's rejection of femininity, Luce Irigaray's psychoanalytical exegesis suggests that intellectual women do not necessarily abandon femininity, but rather have the potential to construct their femininity on their own terms.

The theoretical framework established by de Beauvoir might, in some

1 Simone de Beauvoir, *The Second Sex,* 722.
2 Simone de Beauvoir, *The Second Sex*, 723. Emphasis mine.

sense, suggest a more optimistic reading of Huang's work than that suggested by the utopia-dystopia paradigm. However, this paradigm is worth exploring precisely because it appears so frequently. The theoretical framework established by Irigaray helps to elucidate the nature of the conflicts inherent in the femininity of the independent intellectual woman. Irigaray's advocacy of the multiplicity of femininity seems especially relevant to the intellectual woman who appear in Huang's stories; these women are practitioners and promoters who "[...] challenge the apparent neutrality and universality of knowledge, claiming that this 'universality' is possible only by ignoring the specificity of particular groups (women, homosexuals, children), and by disavowing its own masculinity."[1]

Unlike de Beauvoir, Irigaray does not specifically discuss intellectual women. Instead, she calls for women's autonomy to speak and listen as women and for the recognition of feminine multiplicity and specificity, which implies the development of new forms of discourse (as opposed to the establishment of a new language for women).[2]

> ...Between our lips, yours and mine, several voices, several ways of speaking resound endlessly, back and forth. One is never separate from the other. You/I: we are always several at once. And how could one dominate the other? Impose her voice, her tone, her meaning? One cannot be distinguished from the other; which does not mean that they are indistinct....
>
> Speak, all the same. It's our good fortune that your language isn't formed of a single thread, a single strand or pattern. It comes from everywhere at once. You touched me all over at the same time. In all senses. Why only one song, one speech, one text at a time? To seduce, to satisfy, to fill one of my "holes?" With you, I don't have any. We are not lacks, voids, awaiting sustenance, plenitude, fulfillment from the other....[3]

Irigaray departs from the Freudian symbolic terminology, which still sets the discursive form for feminists such as de Beauvoir and Joan Riviere. As stated in the abovementioned Freudian theory, women either identify with

---

1 Elizabeth Grosz, *Sexual Subversions: Three French Feminists,* 128.

2 Ibid., 127.

3 Luce Irigaray, *This Sex Which is Not the One,* 209.

men by neglecting gender differences or identify themselves as the "castrated other," who is inherently inferior to men. Irigaray categorizes these two positions as phallocentric, implying that all systems of subjectivity and social validation constructed in reference to the phallus.[1]

In terms of their approaches to the issues faced by intellectual women, de Beauvoir is more pessimistic than Irigaray regarding the possibility for intellectual women to be both independent and feminine. Both argue that the femininity of intellectual women exists outside of the patriarchal system (de Beauvoir's words) or phallocentric order (Irigaray's term). Because they are estranged from the patriarchal order, they are able to challenge the system. The intellectual women depicted by Huang repeatedly attempt to break free of the patriarchal order from their position of alienation. In order to fully understand the nature of their resistance, we must consider the patriarchal discursive context from which Chinese intellectual women are estranged. I suggest that the concept of estrangement provides a possible theoretical framework for analyzing the femininity of Chinese intellectual women within a historically specific Chinese context. The following section offers a thematic analysis of the ways in which the intellectual women in Huang's works perform their femininity within a historically specific Chinese context.

**Negotiating Gendered Roles in Chinese Discourse and Context**

This section aims to extend the application of de Beauvoir and Irigaray's theories to the Chinese context. I situate Huang Beijia's representations of intellectual women within Confucian, Maoist, and Contemporary discourses. Focusing on Huang's dystopian images of intellectual women, I demonstrate the way in which she stages intellectual women in terms of their estrangement from these discursive contexts.

In Confucian classics on women, Chinese women are consistently associated with kinship and the family. At the turn of the twentieth century, discussions of traditional expectations for Chinese women inevitably refer to Confucianism. Such discussions often draw upon classical texts describing women's conduct and virtue. In *Admonitions for Women* 女诫, Ban Zhao 班昭 (ca. 45–120) celebrates women's compliance and modesty within the domestic

1 Elizabeth Grosz, *Sexual Subversions: Three French Feminists,* xx.

space or "inner chamber"; she embraces subordination and domesticity as the supreme virtues of women. In the same vein, *The Female Analects* 女论语 of sisters Song Ruoshen 宋若莘 (d.820) and Song Ruozhao 宋若昭 (d.825) is "a book that counsels women in prudence and admonition" and describes various domestic virtues and behaviors suitable for women.[1] Empress Xu 徐皇后 (1362–1407) is well known for the work *Precepts for the Ladies of the Palace* 内训, which aims to provide an array of written guidelines for the ladies of the imperial harem.[2] Among these guidelines, Empress Xu accentuates the importance of caring for one's parents and parents-in-laws, being a model mother, and harmonizing the family. Along with *Brief Notes for Female Guidance* 女范捷录, these three manuals for women's conduct were later compiled into a collection called *The Four Books of Inner Chambers for Women* 闺阁女四书 (1624), which sought to emulate Neo-Confucian scholar Zhu Xi's (1130–1200) *The Four Books* 四书, a compilation of four Confucian classics.

*Inherited Guide for Educating Women* 教女遗规, a text on women's education edited by Chen Hongmou 陈宏谋 (1696–1771), clarifies the traditional Confucian view of femininity:

> Wenfu [persons, sages, women of rank] are in the jia [linkage unit]. They are nü [female, woman, daughter]; when they marry they are fu [wives], and when they bear children they are mu [mother]. [If you start with] a xiannü [virtuous unmarried female], then you will end up with a xianfu [virtuous wife]; if you are virtuous wives, you will end up with xianmu [virtuous mothers]. With [a] virtuous mother there will be virtuous descendants. Civilizing [wanghua; literally transforming through the influences of the monarchy] begins in the women's quarters. Everyone in the jia benefits from female chastity.[3]

As Kay Ann Johnson has argued, regardless of differing historical, geographical, and class contexts, the traditional Chinese family is characterized by the low status of women in the patriarchal family and kinship system.[4] Johnson further argues that, within the ideal Confucian family

---

1 Chang Kang-I Sun and Haun Saussy eds., *Women Writers of Traditional China: An Anthology of Poetry and Criticism,* 671.

2 Ibid., 679.

3 Quoted from Tani E. Barlow, "Theorizing Woman: Funü, Guojia, Jiating," 255.

4 Kay Ann Johnson, *Women, the Family and Peasant Revolution in China,* 8.

system, women are confined within the domestic space, and their contact with non-family members is limited. The presumed proper responsibilities of women thus include "the service and nurturance of children and family members, the manufacture and processing of materials supplied by men for household consumption and sometimes handicraft work or various other tasks that could be done in or near the home."

Despite the diversity of traditional Chinese cultures, these models for female conduct have remained fundamental into modern times, even though their focus on the conjunction between domestic felicity and female chastity seems intrinsically at odds with the values driving popular genres of romantic fiction (including Huang's works). These popular works were written for a female audience and thus challenge the meaning of both domestic felicity and female chastity.

The orientation of the intellectual in Confucian discourse, in particular, the Confucian emphasis on what Tu Weiming describes as Confucian self-cultivation *(xiushen),* is also relevant to the present discussion. Huang's female protagonists often demonstrate an interest in "self-cultivation." According to Tu, the true self in Confucian teaching is public-spirited. Thus, Confucian self-cultivation should be understood as the broadening of the self to embody an ever-expanding circle of human relatedness.[1] As elucidated by Tu, self-cultivation is defined by the lifelong struggle towards perfection.

> If man is not merely a conglomeration of externalizable physiological, psychological and sociological states, a conscious choice is required to establish his spiritual identity.... The decision to learn, which in the classical sense means to be engaged in self-enlightenment, thus symbolizes qualitative change in the **orientation** of one's life....Learning so conceived is a conscious attempt to change oneself from being a state of mere psychological growth to that of **ethico-religious existence**.[2]

Tu connects self-cultivation to the self-orientation of intellectuals. The emphasis on the struggle for perfection resonates with the identity of Chinese

---

1 Roger T. Ames, et al, ed., *Self as Person in Asian Theory and Practice,* 251.
2 Tu Weiming, *Humanity and Self-Cultivation: Essays in Confucian Thought,* 89. Emphasis mine.

intellectuals (or intellectuals in other contexts, as mentioned by Etizioni-Harlevy). However, Huang's intellectual female protagonists pursue a form of self-cultivation that departs from Confucian expectations for women and emphasis on social engagement.

The contemporary intellectual women depicted by Huang are trapped between traditional Confucian discourses on women and the discourses of Chinese Communism, which, beginning with Frederick Engels' articulation of women's oppression in the traditional family and society,[1] has long called for women's participation in productive economic activities outside the home as the means to economic independence.

At this point, I will turn to a discussion of gender roles in Maoist and contemporary discourses through the lens of Huang's representations of intellectual women. Elizabeth Croll's book *Changing Identities of Chinese Women* is relevant to understanding gender issues in both historical periods. Maoist discourses upheld the androgynous woman as the feminine ideal. Beginning in the mid-1950s, government policy stressed gender equality. The emphasis on gender equality was largely inspired by Friedrich Engels' advocacy of women's participation in public industry as the means to accomplish their emancipation.[2] The writings of Vladimir Lenin also provide a theoretical foundation for the advocacy of equality. Lenin wrote:

> In order to emancipate women thoroughly and to realize real equality between women and men, it is necessary to have public economy, to let women participate in joint production and labor and then women would stand in the same position as men.[3]

During the mid-50s, Mao Zedong also discussed the "women's question," writing that women "form a vast reserve of labor power which should be tapped in the struggle to build a great socialist country." Elsewhere, he stated that women should "unite and take part in production and political

1 Engels argues that women's oppression is caused by social relations and the family system that women's service is commanded by man. See Frederick Engels, *The Origin of the Family, Private Property and the State.* Marx/Engels Internet Archive (marxists.org) 1993, 1999, 2000.

2 Elizabeth Croll, *Changing Identities of Chinese Women: Rhetoric, Experience and Self-perception in Twentieth-century China,* 73.

3 Quoted from ibid.

activity to improve their economic and political status."[1] These quotes were widely circulated at the time. Mao's rhetoric lent itself to the creation of a new feminine ideal, the androgynous "iron girl" of Maoist popular culture. The majority of Western and Chinese scholars have acknowledged that the Cultural Revolution (1966–1976) witnessed the rejection of feminism and femininity.[2] According to Emily Honig, feminism (or any discussion of women's problems) and femininity (or any assertion of female identity) were declared bourgeois and therefore denounced. Under the influence of Mao Zedong's slogan "the times have changed; men and women are the same," the strong and tough Iron Girl became the role model for young women during the Maoist era.[3] During the Cultural Revolution, in particular, the average young woman was encouraged to become, through her clothing and actions, an "asexual, strong, strong-willed, society-nation oriented, intimidating, castrating, revolutionary woman who was deprived of her 'natural femininity' and became a quasi man."[4]

Huang's novel *Interviews (Kaoxue ji,* 1991) suggests the way in which intellectual women negotiated Confucian and Maoist discourses. Set during the Cultural Revolution and early contemporary era, *Interviews* can be read as *Bildungsroman* on the making of an intellectual woman. The 1980s saw the emergence of "scar literature," a popular genre that revisited the trauma experienced by Chinese intellectuals. Having personally experienced the Cultural Revolution, Huang Beijia participated in this literary trend. The novel *Interviews* constitutes Huang's interpretation of the intellectual woman's predicament in the Maoist Era. I suggest not so much that Huang's fiction is semi-autobiographical as that her fiction forms part of a field of cultural changes that are reflected in women's experiences. Maoist discourse presents particular difficulties for intellectual women as they attempt to negotiate their femininity in the midst of a shifting cultural landscape.

In the autobiographical memoir, *Who Did I Encounter When I was My Most Beautiful? (Zai wo zui meili de shihou yujianle shui),* Huang recalls her

1 Quoted from ibid.

2 Emily Honig, "Maoist Mappings of Gender: Reassessing the Red Guards," 255.

3 Ibid.

4 Zhu Aijun, *Feminism and Global Chineseness: The Cultural Production of Controversial Women Authors,* 155.

teenage attempt to become a performing arts student:

> When I was seventeen, staff members from the Department of Performance in the Nanjing Academy of the Arts came to our town to conduct interviews. My father urged me to interview for the school because he was afraid I would be sent to the countryside. He hoped that I could have a better life in the future. And so I went, dressing up in my classmate's tweed pants and my mother's tweed jacket. I succeeded in the interviews and won the approval of the examiners. They said that I was well suited to playing the heroines on stage because I was slender and stately. If not for my family background, I would have been an actress now.[1]

Huang's parents urged her to participate in the interviews because acceptance into the Academy of the Arts was her only chance to continue her education and avoid being sent to work in the countryside. Although Huang's intellectual parents had been persecuted during the Cultural Revolution, they still did everything they could to enable their daughter to continue her education. They did not want her to become a member of the proletariat (a factory worker or peasant) and thus went against the prevailing anti-intellectual discourse, which held that the more learned one becomes, the more *reactionary* one will be. It is interesting to note that, rather than disavowing the education that had brought them humiliation and persecution, they still clung to the idea that "education will do one good." Their actions can thus be read as a sign of resistance to the prevailing power structure, suggesting the autonomy of the intellectual. Moreover, their actions imply values based on the Confucian hierarchy, which placed literati 士 above the other three social categories (peasants, factory workers and merchants). Traditional Confucian thought encourages intellectuals to participate in state affairs. However, it is worth noting here that, during the Cultural Revolution, the leadership embarked on a series of anti-Confucianism campaigns. Towards the beginning of the Cultural Revolution, Confucian tombs and statues were destroyed. In the autumn of 1973, the Gang of Four launched an anti-Confucian campaign. Confucius and Confucian concepts were demonized

1 Huang Beijia, *Boli houmiande huaduo*,4. Translation mine.

and denounced.[1] According to Lu Xing, "Confucian principles, once the benchmark of morality in Chinese society, had come under attack by Marxist revolutionaries as representing the epitome of class oppression."[2]

The anti-Confucian rhetoric exacerbated the suffering of Chinese intellectuals. Huang and her intellectual family, as well as the intellectuals represented in *Interviews,* stage their difference and estrangement from dominant anti-Confucian and anti-intellectual discourses in terms of their pursuit of knowledge and education, that is, self-cultivation.

Huang reworks her own experience of the interview as a critical turning point in her life in the semi-autobiographical novella *Interviews.* The protagonist Xiaomeng resembles the author in many respects including in her slender figure and heavy eyebrows. Like many of Huang's intellectual women characters, Xiaomeng is characterized as an odd one out. The teenage school-girl feels inferior to her classmates and is separated from them not only by her height and unsophistication, but also because of her class origin, which haunts her throughout her adolescence. Xiaomeng's performance of estrangement is mostly set within her negotiation of Confucian and Maoist discourses. In *Interviews,* Xiaomeng's parents are middle school teachers and are thus denounced and humiliated as members of the "Stinky Old Nine Categories" *(chou laojiu)* during the Cultural Revolution. The protagonist's family background once again mirrors Huang's lived experience. Reminiscing about her days as a high school student, Huang wrote, that these were the most shameful days in her life, dominated by constant attempts to hide her inglorious family background from her fellow students.[3] Huang's own life experiences thus influence the way in which she configures Xiaomeng. Rather than repudiating her intellectual class origins, Xiaomeng demonstrates her genuine passion for literature and her studies.

Although Xiaomeng does not dress differently from her classmates, she obviously is not in line with the Maoist feminine ideal of the "Iron Girl." She expresses no wish to become a female farmer or worker, the "public roles as [female] proletarian fighters"[4]. However, Xiaomeng does not foresee a

1 Lu Xing, *Rhetoric of Chinese Cultural Revolution: The Impact of Chinese Thought, Cultural and Communication,* 63.

2 Ibid.,64.

3 Huang Beijia, *Boli houmiande huaduo,* 28.

4 Emily Honig, "Maoist Mappings of Gender: Reassessing the Red Guards," 255.

bright future for herself after graduation. Being a child of the "stinky nine categories," she does not have the opportunity to continue her education, but rather must go to the countryside as an educated youth to receive "reform and education" from the proletariat.

> She had no confidence in herself. She is just waiting to be sent to the countryside in six months' time. There, she will work hard all year long. If she is lucky enough, she might be selected to study in the normal college someday.[1]

When her family discovers that the Provincial College of Art is coming to their town to recruit students for its Department of Drama, they impose great expectations on Xiaomeng. For them, the interview is Xiaomeng's only chance to avoid doing hard labor in the countryside. After undergoing a series of interviews, Xiaomeng gradually becomes aware of her own intellectual identity and yearning to become an intellectual woman (a yearning which will later become a lifelong commitment). She sees becoming an intellectual woman as a path to fulfillment and pursuit of her passion for literature.

When she is forced by her parents to prepare for the interviews, Xiaomeng finds herself in a dilemma. She has only two choices after graduation: to become a peasant girl in the country (like her fellow classmates), thus fulfilling her gendered role in Maoist discourse, or to become a student in the College of Art. However, she is not interested in either choice. If she fails in the interviews, she faces a gloomy future.

> Because of her family background (as a member of "the stinky nine"), she won't be assigned a soft job in the country. She will have to do hard labor in the fields with everyone else. By the end of each year, she would have to ask her father for money buy grain.[2]

When Professor Gu, the examiner from the College of Art, asks her motivation in registering for the College of Art, Xiaomeng answers frankly

1 Huang Beijia, *Kaoxue ji,* in *Youshang de wuyue,* 503.
2 Ibid., 534.

that all she wants is an opportunity to further her education.

> "As long as I can continue my education past high school, I would be happy to study anything," said Xiaomeng.
>
> Professor Gu sighed and said, "You really have the talent to become an actress. However, I can see that your heart's not in it. Why are you registering for our college?"
>
> Xiaomeng whispered, "Because your college doesn't require candidates to demonstrate social connections and recommendations. My parents don't have any connections, and my class origin is not good."[1]
>
> ...
>
> This was her only purpose in registering for the College of Art. At that moment, she never once thought about her future.[2]

However, the whole family focuses its efforts on Xiaomeng's interview, seeing her success as an opportunity to escape the burden of political stigma. Xiaomeng's parents even set aside their pride as intellectuals and "betray their lifelong code of ethics"[3] to establish social networks at any expense. In order to repay their efforts and live up to their expectations, she selflessly commits to preparing for the interviews. Her actions here can be interpreted as an intellectual woman's fulfillment of the Confucian virtue of filial piety.

Xiaomeng's outstanding performance in the interview wins the approval of the committee, who believe she has great potential as an actress. Just when things seem to be going well, however, bad news unexpectedly strikes. The leading official of the local revolutionary committee announces that Xiaomeng's admission will be allowed only if his niece (who had failed the interview) is also accepted. As a result, the college committee withdraw Xiaomeng's acceptance. The official claims that Xiaomeng failed the political requirements for admission. This unforeseen event exposes the vulnerability of intellectuals, including Xiaomeng, her parents, and the members of the admissions committee, in face of overwhelming political power. The power represented by the local official prevents Xiaomeng from pursuing an

---

1 Huang Beijia, *Youshang de wuyue,* 533.
2 Ibid., 542.
3 Ibid., 518.

intellectual identity. After several more failed attempts to secure Xiaomeng's admission to the college, her father proclaims in frustration, "children born in our family are destined to end up doing hard labor in the countryside. Who cares about their talents?"[1]

Before leaving for the countryside, Xiaomeng pays a visit to the Provincial College of Art. The visit holds great significance for her and ignites her lifelong enthusiasm for the dramatic arts.

> It was the first time she imagined how she would look on the stage.... Only after she had failed to become an actress did she realize how dearly she loved the stage, the audience, and the dramatic expression of emotions, how dearly she loved to conquer her audience with her own voice and expression.
>
> ...
>
> Biting her lips, she clung to the back of the chairs to restrain the rushing haze of resentment and jealousy. At that moment a wish formed in her heart. The once childish Xiaomeng became an adult. She finally understood that she would spend her whole life attempting to fulfill this wish.[2]

To return to Tu's discussion of self-cultivation and self-orientation, I believe that this scene depicts Xiaomeng's moment of self-enlightenment, in which she suddenly becomes aware of her ethico-religious existence and her identity as an actress. At the same time, she is disturbed by the mounting awareness of her disadvantaged status as an intellectual.

Xiaomeng finally achieves what Tu Weiming may call "qualitative change of orientation of [her] life"[3] through her pursuit of self-cultivation. When the National College Entrance Examination is resumed after the Cultural Revolution, she applies only for drama programs, regardless of her father's lingering fear and advice: "You should only register for science or technology programs, which are less politically engaged. The only way out for children from our family is to be an academic in these areas."[4] By the end of the story, however, Xiaomeng, now a full-fledged intellectual woman

1 Huang Beijia, *Youshang de wuyue*, 537.
2 Ibid., 548–549.
3 Tu Weiming, *Humanity and Self-Cultivation: Essays in Confucian Thought,* 89.
4 Ibid, 550.

in the contemporary era, has fulfilled her wish to be a scholar in drama studies rather than an actress. She obtains tenure at the same College of Art that she had failed to attend during the Cultural Revolution. However, when she returns to the setting of her childhood trauma as a confident and elegant woman, she finds herself alienated from any experience of triumph. All those who had interviewed her have now retired and, much to her disappointment, Xiaomeng's trauma remains, to a certain extent, unrecognized and unresolved. Xiaomeng has fulfilled neither Confucian nor Maoist expectations for women.

In the 1980s and 1990s, "a plurality of female images" replaced the propaganda of gender erasure in popular discourse.[1] This trend recalls Irigaray's discussion of feminine multiplicity. The inauguration of the Reform and Opening Policy in the late 1970s witnessed the rise of mass consumption and individual consumer choice; it was an era that create[d] unprecedented opportunities for women to "explore their potential."[2] Seen in this light, contemporary China era seems to be characterized by the plurality of femininity and feminine ideals described by Irigaray. This era saw a new emphasis on education, professional development, and feminine independence. The new independent feminine ideal involved not only economic independence, which had been celebrated by scholars since the early twentieth century, but also an independent spirit. As Croll notes,

> Women were encouraged to acquire education and skills in order that they maximize their participation in the workforce on a basis equality to men, so with reform and modernization, women were also encouraged to make greater and more skilled contribution to production by increasing their managerial, productive and technical skills and their productivity in a new range of enterprises. In particular, women have been encouraged to raise the levels of their education and acquire new skills.[3]

In addition, the rhetoric of independence was celebrated by the National

---

1 Elizabeth Croll, *Changing Identities of Chinese Women: Rhetoric, Experience and Self-perception in Twentieth-century China,* 109.

2 Ibid.

3 Ibid., 132.

Women's Federation *(Quanguo funü lianhehui,* also known as *Quanguo fulian). A* speech delivered in 1982 by Xi Zhongxun, then Secretary of the Communist Party Central Committee, illustrates the discourse of female independence during this period:

> The Women's Federation should encourage women to work independently under the leadership of the Party, and the Party's principles and policies fully reward female workers based on their merit.[1]

However, as described in Li Xiaojiang and Zhang Xiaodan's "Creating a Space for Women: Women's Studies in China in the 1980s," the relationship between women's liberation and women's employment was the subject of heated debate in 1980s China. Li and Zhang, as well as other women scholars, stressed that women's economic independence, as advocated by the CPC for decades, did not necessarily result in full socio-economic and professional autonomy.

> [T]he employment of a woman cannot guarantee her complete freedom and independence. This conclusion is based on the debate that has flared up over the loss of jobs for women, especially those in the cities, since the mid-1980s.[2]

Independence and freedom are not exactly the same. Beauvoir might argue that, although economic independence is the fundamental starting point for liberation, it cannot guarantee true happiness and freedom.[3] During this period, there were still those who insisted that women should remain in the traditional role of housewife.[4] The tensions inherent in discussions of intellectual women's liberation and employment suggest another dimension to the predicament that they face. I argue that Huang's representations of intellectual women were popular because they tapped into their struggle to balance the different familial and professional roles expected of them in

---

1 Xi Zhongxun, *Addresses Women's Federation*, SWB, 20th May, 1982. Quoted from ibid, 139.

2 Xiaojiang Li and Xiaodan Zhang, "Creating a Space for Women: Women's Studies in China in the 1980s," 147.

3 Elizabeth Fallaize, *Simone de Beauvoir: A Critical Reader,* 75.

4 Xiaojiang Li and Xiaodan Zhang, "Creating a Space for Women: Women's Studies in China in the 1980s," 147.

various Chinese discourses.

*Tender is Autumn* is a story about intellectuals working for a provincial foreign ministry. Wu Xiunü, the junior interpreter, is a widowed single mother. She does not wish to remarry because she sees remarriage as an immoral betrayal of her deceased husband. However, being widowed, Wu faces tremendous personal and social hardship. Whenever others are celebrating festivals with their family members, she feels lonely and isolated. She also finds herself incapable of dealing with her spoiled five-year-old son and fears that he will not turn out well because "he hasn't got a father to control him."[1] A next-door neighbor who used to help her with the heavy household chores is getting married soon and moving out. Wu, a proud and intelligent woman, is embarrassed to ask others for help even though she is too weak to handle chores such as changing the gas cylinder. Faced with such difficulties, she considers remarriage but instead dismisses this possibility to focus on her work. However, she also faces obstacles in her professional life. She did not learn any foreign languages during her days as a worker-peasant-soldier student in the Cultural Revolution.[2] Although she is aware of her lack of professional qualifications for the position of junior interpreter, she is scared of making a change. Burdened by family responsibilities, she finds it impossible to concentrate on studying and therefore believes that she is a failure at home and at work.

The issue of "face" constitutes a central element of the predicament faced by intellectual women. "Face," or *mianzi,* is an important Chinese cultural concept. According to P. Christopher Early, "face" refers to the interactive combination of personal and external referents for social judgment concerning a targeted person. *Mianzi* is embedded within the social systems of Confucian-based societies and affects an individual's relationships within the broader social system.[3] In order to understand the importance of "face" to

1 Huang Beijia, *Youshang de wuyue,* 114.

2 During the Cultural Revolution, national examination for college entry was abolished. Under Mao's doctrine, students were entitled for tertiary education only by the recommendation of the proletariat, i.e., workers, peasants and soldiers. Successful candidates were also required to have more than three years' experience as workers, peasants or soldier. Therefore came the name "worker-peasant-soldier student." Tertiary education during the Cultural Revolution was courted and largely taken up by military, agricultural and political education.

3 P. Christopher Earley, *Face, Harmony, and Social Structure: An Analysis of Organizational Behaviour across Cultures, 61.* See also M. Granovetter, "Economic action and social structure: The problem of embeddedness," 481–510.

the difficulties experienced by intellectual women, we must first examine the traditional Confucian doctrine regarding social and familial relationships.

The basic tenets of Confucianism emphasize the importance of finding proper balance within the five cardinal relationships of emperor-subject (君臣有义, which should be defined by righteousness), father-son (父子有亲, which should be defined by closeness), husband-wife (夫妇有别, which should be defined by proper distinction), elder-youth (长幼有序, which should be defined by proper order), and friendship (朋友有信, which should be defined by faithfulness).[1] One must follow the rules of *mianzi* in order to maintain the balance of these five cardinal relationships.

In Huang's works, *mianzi* functions as a metaphor for the predicament faced by intellectual women in various social contexts and thus serves to suggest changing conceptualizations of gender roles as experienced by the female characters. In *Escape,* the female protagonist struggles to negotiate Confucian values for women—including the ability to harmonize family relationships, filial piety, and obedience to the husband—while maintaining the pride and self-oriented identity of the intellectual. As noted in by Tu, the ultimate aim of self-cultivation is the perfection of one's identity, the qualitative change in one's orientation. In the tension between Confucian values and the identity of intellectual, the latter always gives way to the former due to observance of *mianzi.*

In *Escape,* soon after the honeymoon between Hao and her husband, the husband's family urges Hao to produce an heir as soon as possible to please the aging grandmother. To fulfill his duty as a filial son, the husband kneels before Hao, telling her that having a son is the only way he can repay his grandmother.

> He wept and knelt before her. At that moment, he aroused her sympathy at the cost of all his male dignity. Hao Chen found that her legs were trembling in a strange manner. She was seized by a feeling of tragic sublimation, as she had been when she read the Hellenic tragedies.[2]

---

1 P. Christopher Earley, *Face, Harmony, and Social Structure: An Analysis of Organizational Behaviour across Cultures,* 67–68.

2 Huang Beijia, *Youshang de wuyuet*, 377.

When the couple brings the new-born to visit the grandma, the old woman, who is then on her death-bed, expresses her happiness. Moved by the tear-jerking scene, Hao comes to believe that her husband had been correct in expecting her to demonstrate her filial piety through childbirth (production of an heir). She concedes that her pride, which had compelled her to object, was misguided: "Intellectuals always try to save face at any cost. So many tragedies in the world derive from 'saving face.'"[1]

Hao's relationship with her in-laws is defined by attempts on both sides to harmonize the family relationship. After Hao gives birth, her mother-in-law comes to look after her. As a result, the shabby one-bedroom unit shared by Hao and her husband becomes extremely crowded. Hao and her mother-in-law have to share a bed, but, although both are very uncomfortable, they hide their discomfort to maintain a harmonious relationship. After a sleepless night, they apologize to each other:

> "My daughter-in-law, I'm afraid I snored last night. Sorry for the disturbance," said her mother-in-law.
>
> Hao Chen then said, "I always like to toss and turn during sleep, Mother. I'm sorry for that."
>
> They stared at each other, knowing that neither of them was telling the truth....[2]

The mother-in-law dies during her stay, and her death later haunts Hao. Later, the father-in-law comes to live with the family, which leads Hao to experience further inner conflict. Hao hates her husband for his dedication to his parents and disregard for her feelings. However, she does not reject him:

> She was too hypercritical to express her dissatisfaction. Her husband was right to observe his filial responsibilities. It was selfish for her, as a daughter-in-law, to renege on her responsibilities. Being an intellectual, she knows what to do and what not to do.[3]

1 Huang Beijia, *Youshang de wuyuet*, 383.
2 Ibid., 380.
3 Ibid., 410.

Hao's sexual relationship with her husband also superficially conforms to the traditional role of the wife as obedient and subordinate. The husband is chosen to conduct research overseas for a year. Hao, who has just given birth, disregards the warnings of her obstetrician to satisfy her husband's sexual desires because "he will be abstinent for a whole year."[1] After he returns from overseas, the husband makes more sexual demands. She reluctantly obeys, but inside she cries out in refusal, disgust, and desperation.

*The Balcony (Yangtai,* 1989) likewise deals with issues surrounding women's alienation and negotiation of conflicting discourses on women's "appropriate" socio-cultural role. *The Balcony* describes the tragic story of the male narrator's mother, a beautiful and accomplished physician. While, on the surface, she appears to embody the contemporary feminine ideal, she suffers sexual dysfunction as a result of having to have her uterus removed due to gynecopathy. After the surgery, the once aloof and powerful woman becomes choleric and suspicious. At the same time, however, she tries to maintain her domination over her husband and son, and remind them that, in every respect, she is still "complete and indispensable in the family."[2] The woman can be understood as symbolically castrated, providing a fascinating juxtaposition to the Freudian categorization of woman as the castrated other. As Luce Irigaray has noted,

> Freud discovers—in a blind reversal of repressions—certain variously disguised cards that are kept preserved or stored away and that lie beneath the hierarchy of value of the game, of all the games, the desire for the same, for the self-identical, the self (as) the same, and again of the similar, the alter-ego, and to put it in a nutshell, the desire for the auto... the homo... the male, dominates representational economy. "Sexual difference" is a deviation from the problematic sameness; it is, now and forever, determined within the project, the projection, the sphere of representation, of the same. The "differentiation" into two sexes derives from the a priori assumption of the same, since the little man that the girl is, must become a man minus certain attributes whose paradigm is morphological-attributes capable of determining, of assuring, the reproduction-speculation of the same. A man minus the possibility of (re)presenting oneself

1 Huang Beijia, *Youshang de wuyuet*, 382.
2 Huang Beijia, *Yangtai*, 145.

as a man = a normal woman.[1]

The intellectual woman in *The Balcony* is threatened by the surgery and feels the need to prove her place within the phallic order after her uterus has been removed. To use Irigaray's terminology, the removal of the female organ "normalizes" the intellectual woman and returns her to the confines of phallic order. The mother's hysterectomy is treated as a form of castration through which her masculine power is removed and, consequently, the familial power structure shifts. In the past, the mother dominated as the decision-maker in the family, exerting her influence over her husband in a manner considered "masculine" in both the phallocentric and Confucian conceptions of social order. After her uterectomy, which removes the source of her "negative" female power, she loses her dominance. She becomes less masculine and is "normalized." As her son, who narrates the story, explains:

> Ostensibly, Mother appears to be spoiled and capricious. Father always indulges her. In fact, Mother masks her inferiority with pretentious affectation. Father is taking control of her little by little. Now, it is Mother who acts according to Father's orders.[2]

According to the son's narration, the mother is cast as the intellectual woman effort in becoming the "real" woman, making herself a place in the phallocentric order. The mother stages her estrangement from either repressing her masculinity and become a "normal" woman or remaining a successful intellectual woman exhibiting her intellectual proficiency in not only work but also family. Due to the surgery, she could achieve neither of them. Therein lies her predicament.

Later on, the father employs his female student Qingqing as a housemaid. The presence of Qingqing, a "complete" woman, makes the mother's predicament more prominent. During Qingqing's stay, the father makes sexual advances towards the frivolous and seductive young woman. Even though the mother resents Qingqing, the mother nevertheless keeps

---

1 Luce Irigaray, *This Sex Which is Not the One, 26–27.*

2 Huang Beijia, *Yangtai,* 145.

her eyes closed to these advances because she is ashamed of her sexual incapability. The son struggles over whether to tell his mother about the secret affair between his father and Qingqing, fearing that she is so self-loathing that she would be destroyed if she knew. To his surprise, the mother already knows and explains that she tolerates the situation in order to enable her husband to maintain his dignity and preserve the harmony of the family, which she sees as crucial to her *mianzi/dignity* as an intellectual woman:

> "Something happened in our family recently. Well, I'm sure you are mature enough to notice that something happened between Dad and Qingqing ..."
>
> ...
>
> "I want to make it clear to you. As you know, years ago I fell ill and I had a certain part of my female organ removed. Therefore, I'm no longer a normal woman. But your father is still a normal man...Because of me, your father repressed his sexual desires. He could easily have started a new family, but he didn't abandon me. In so doing, he showed me true benevolence."
>
> ...
>
> "I know what you think. You despise me and Dad, right? You feel disgusted with your Dad. He hasn't done anything immoral. I know you are disgusted with me because I didn't show any anger...."
>
> ...
>
> "Your father forgives me for my impotency. In return, I should understand his transgression. This is nothing serious. All he has done is flirt with her and buy her clothes. These are just expressions of sexual desire..."[1]

The mother oscillates between acting out the wifely ideal (in both the Freudian and Confucian senses) and performing the dominating, independent, and powerful gendered role expected of the contemporary intellectual woman (which is considered "masculine" by Freud). The removal of her female organ, preventing both her and her husband from experiencing sexual enjoyment, enables her to repudiate the image of a successful and powerful intellectual woman. Judged through the lens of Riviere, the mother thus masks herself with "womanliness", which is embodied by her subservience to

1 Huang Beijia, *Yangtai*, 164.

her husband/the phallocentric order. To maintain her dignity as an intellectual woman in an intellectual family, she submits to the phallic order by indulging her husband's sexual transgression rather than emancipating herself from an unhappy marriage. In the eyes of her son, the mother's refuse to divorce is a "pretentious act," [1] which embodies her conflicted identity. In this case, the so-called "pretentious act" can be considered an attempt to maintain a harmonious public image.

A conceptual examination of the concepts of "saving face" and "embarrassment" shed light on the way in which the intellectual woman's fear of embarrassment leads her to try to "save face," thus compromising her authority and potentiality. Richard J. Edelmann has categorized five common face-saving techniques: apologies, explanations (e.g., excuses), avoidance (e.g., escape), humor, and aggression.[2] Edelmann's research also demonstrates that most people avoid embarrassment by giving "no verbal response," [3] which is obviously the technique employed by the mother in response to her husband's courtship and, later, to maintain family harmony and face." In *The Balcony,* the mother uses a "pretentious act" to avoid embarrassment.

An analysis of competing discourses of femininity is crucial to understanding the way in which these women conceptualize or construct their own roles as gendered social beings. Through negotiating with Confucian, Maoist, and contemporary discourses on gender roles, the intellectual women depicted by Huang stage their estrangement through willful or enforced disengagement from the models imposed in these discourses.

---

1 Huang Beijia, *Yangtai*, 165.

2 P. Christopher Earley, *Face, Harmony, and Social Structure: An Analysis of Organizational Behaviour across Cultures,* 55.

3 Ibid.

# 辑二：我们的反思

# 引言

收在本辑里的16篇文章着力处理的是当代江苏作家作品的海外传播和翻译问题，其中有少数几篇文章触及了研究问题，但总体而言，这方面的反思体量有限，内容有待强化。这种局面或多或少可以看成是目前国内研究当代文学外传的一个主要特点。而且进一步来看，针对翻译的讨论，多数文章的重心也在于讲明跨文化实践中的翻译技巧得失问题。文章往往从语言的应用和交互角度切入，发掘文化观念的差异和龃龉。这种模式在现今当代文学外传整体局面并不明朗的状况下来运用，当然有其特别的意义。一方面它既可以暴露所谓的文化口味和“眼目教化”的暴力，另一方面也有助于我们后续把握研究中会出现的一些评价视角和价值取向等。

但是，这种思路的局限性也同时存在。尽管它意不在宣扬某种中心主义，但实际的操作却每每以中文为尚，将之作为检测翻译的唯一标准。这种原文中心主义，不仅低估了译者的能力和判断力，同时也小觑了读者的思辨力。接引读者反映论的观点来看，文学作品的价值和魅力，其实并不能为作者所独占，种种后之来者的实践将带出它异彩纷呈的流动“来世”。为此，费斯克有效综合了罗兰·巴特的“可读性”(readerly)和“可写性”(writerly)概念，提出了所谓“生产者式文本”(producerly)。

这个理念不仅承认文本的持续开放性，邀约读者不断参与“原文”建设，同时也指认了某种重复、浅白的口味，事实上可以在不断复述转译中，发展出颠覆的力量。为此，在费斯克看来，那些热衷通俗读物的大众，表面上庸碌无为、逃避现实，但其实，他们在这样的沉迷里获得了一个驳斥现实宰制的机会，并以一种相当和缓的方式来为弱者赋权，进而维持自身的尊严和身份认同。我们当然可以说，费斯克的理解太过理想，赋予了大众太多的能动性，但反过来看，那些完全无视大众评判力的看法和思路，不也过于绝对和悲观嘛。

而且话说回来，费斯克表面上是为大众之力做足辩解，可实际上，他要表明的不恰恰是：正因为存在这样一个可供大家参与的文本，才有了大众足以施展浑身解数的空间。因此，我们不妨乐观地讲，当代文学在翻译中所受到的误解越多，所证明的恰是它的魅力和能量越大。

由这16篇文章所勾勒出来的第二个特点是关于文化传播的轨迹问题。如同惯常的讨论会下意识地将“海外”混同于“西方”或者“欧美”，这些文章也更侧重于谈论当代江苏作家的英美之旅或者说法德之行。虽然有少量文章提及了日韩，但是，无可否认更为边缘的第三世界，如泰国、越南等并没能进入到我们的视野中来。而这种不对称的呈现方式，自然也不会和实际的传播状况相吻合。它更多是回应了西方及其历史性巩固起来的象征资本。

解殖以及后学的兴盛，虽然帮助我们有效检讨了以往学术范式中最为根深蒂固的一种，即西方及其他者的模式，但是，西方的幽灵何曾散去？表面上，它虽已拱手让出一个大写主体的位置给诸如中国、日本、印度等，但事实上，又牢牢抓住了他者的位置，把自己变成一个无可替换的存在。也因此，在中国的连字符上这个他者是西方，在日本、印度的连字符上也同样如此。换句话说，并不真正存在一个被突破的模式，而是原有的模式被策略性地倒转了，变成了“其他及西方他者”。西方是一个永恒的、无可回避的他者。所以，在这个层面上，我们发现“亚洲”“江苏”这样的地区和地方概念，所能达成的真正对抗或对话效用十分有限。甚至包括中国的研究者本身，他们并不愿意在中国的多样性上做文章。或者说，那样细致地去区别江苏作家和浙江作家、上海作家。实际上，这么做在其看来既毫无必要，而且有时候更是自寻烦恼。这就好像导言中所指出的，江苏作家并不仅指那生于斯长于斯的一小部分人而已。绝大多数作家在地理的分界线上充满移动性。可是我们的问题正是，这种移动性为什么被认为是理所当然、不值一哂的，而当这种流动跨越大洋或者国界进入另一个文化空间，就变得意义非凡？

在这个意义上，我仍想“亚洲”和“江苏”的作用，在目前的局势里能量有限归有限，却实实在在地提供了两套不同言说的方案来拆解西方的无形霸权。“亚洲”诸国因为其天然的历史关联和独立的内部参照，可以将西方排除在外；而“江苏”这样具体的历史地方，则因其所指有限而自然断开了与“西方”的关联，即“江苏”作为和“西方”并不对等、匹配的概念，它可以逃开那种总体性的压迫。换句话说，“江苏作家在海外”从某种意义上是一个伪命题。海外的传播既如此轻忽省籍这一指标，也不对此做任何的分辨，足见在其意识里并没有存在什么“江苏作家”，而是理所当然地将各种差异的地方和身份全部笼统地塞到“中国”当中，因此，有的只是“中国作家在海外”。

最后，需要澄清的是：尽管我们试图平均分配篇幅，让更多的江苏作家和他们的“海外经历”进入到讨论中来，但结果却并不使人满意，苏童和格非所占的篇幅，远远超出其他作家篇幅的总和。造成这种局面的原因当然是双面的。苏童、格非在海外备受关注，所译所研，洋洋大观，这导致了国内学者在取材论述时，自然就别有倾向；再加上两位在当代文坛的重量和影响力，就愈使得研究者难于绕道而行。而这种表面上的中西契合，一方面可以看作是目前国内的汉学反思，其实仍有相当的被动性，选点常为西方的热门潮流所驱动，对象意识往往盖过问题意识。而如此一来，就多少会导致研究的价值更偏向于史料性，而至于其学科史、学术史的意义就相对薄弱。另一方面，就既有的史实而言，西方汉学好像别树一帜，在讨论或翻译中国作家的作品时，往往视角、选材出人意表，但其实这些选择，多少受到中国既有研究的影响。苏童、格非之所以在欧美备受瞩目，很难说仅是汉学家经年累月阅读、选择的结果。在某种意义上，中西之间的关联性和接触面，可能远超我们的想象，甚至完全不表现出任何的跨文化差异或者障碍。如此一来，我们不得不追问：目前完全以谈论差异为主导的分析模式，是不是在无形中遮藏了某些中外学术上的共通性，甚至就是一致性？而且更进一步来看，这种共通性又是否或何以支撑我们一贯强调的这个汉学的“外”在属性。在此，“内外”的概念，就如同“江苏”的观念一样，又一次从地理的范畴超离出来，变成对历史、心理和文化等多方面的指涉。而且至为重要的是，也正是这种超离，我们不得不意识到，我们对“海外”的关注，实际上远远超过对“汉学”本体的关心。言外之意，江苏作家在海外，最终可能要回应的是一个关于“海外”的问题，而不是呈现和回应谁（可以）是江苏作家，以及他们（可以）是怎样的江苏作家等问题。但这绝不是我们所乐见的。如果说本辑的16篇文章有何特别价值，我们希望在反思这个问题上，它们能够提供一个重要的思考起点。

# 英语世界里的卞之琳

/ 周发祥

在我国现代诗坛上，有一簇星星在熠熠闪光，卞之琳先生即是其中较亮的一颗。他不仅在国内享有美誉，而且为越来越多的国外读者所知晓。西方的卞之琳译介和研究，涉及英、法、德、荷、俄等语种，但以英语世界为最活跃。在此，自20世纪40年代始便有人英译卞诗，介绍诗人；60年代，已见有人引述其翻译理论；80年代初，更有博士论文和学术专著（各一种）相继问世，把卞诗研究推向了高潮；最近十年，再见其诗集评介和诗艺评说，旨在开辟新层面，增加新深度。而在这数十年间，卞诗英译更是屡有所见，一些重要选集多辑卞诗，而且有的所辑数量为最多。卞之琳的译者、编者和研究者，也多半是学术界的知名学者，如陈世骧、阿克顿（Harold Acton）、白英（Robert Payne）、许芥昱、聂华苓、马悦然（N. G. D. Malmqvist）、鲍吾刚（Wolfgang Bauer）、杜博妮、汉乐逸（Lloyd Haft）、程艾蓝、奚密等。所有这些事实，无疑为中国现代诗歌西播史增添了光辉的一页。

## 诗人气质　长者风范

西方学者介绍卞诗，有时采用读其诗、识其人的做法。在他们笔下，可以发现关于诗人多彩生涯的描写。诸如生于海滨、少觅诗集、北上求知、沉迷西学、暗试诗翰、结交名家、学府执教、战地慰劳、明陵讴歌、沉思学理等等，或多或少均有说明。[1]这些往事为我国读者所谙熟，无须赘述。而关于诗人形象的描写，则栩栩如生，亲切感人，若与卞诗同读之，当会让人产生无限遐想。在这方面，西方学者所要突出表现的，是卞之琳先生年轻时的诗人气质和年迈时的长者风范。

白英与初涉诗国的诗人相识，他写道：

1　关于诗人这些生平事迹，汉乐逸的《卞之琳：中国现代诗歌研究》（多尔德莱希特，1983）一书记述最详。

> 卞之琳身材瘦小，……在一间空荡荡的屋子里独自写作。房内仅有的装饰品，是几本书和一张倒挂在墙上的地图。他有着老一代学者的冷漠，也有着他们那种不自然的甜蜜的微笑。……他表现出了中国年轻诗人身上所有的优秀品格。他很孤独，间或有点强悍，但像老诗人一样温文尔雅……[1]

在同阿克顿交往时，诗人的求知欲，却在“畏缩”和“矜持”印象的后面若隐若现：1933年，卞之琳刚从北大毕业，可是看起来只像十八岁上下。他体质纤弱，架着眼镜，神情有点畏缩，但当我们谈到诗歌的时候，他的脸孔就泛起兴奋的红潮。我较为雄健奔放的风格也许吓怕了他：他难得放开矜持，除了偶然向我请教有关纪德或另一个他正在翻译的欧洲作家。[2]即使在讲坛上授课，朋友们觉得，他似乎仍保持着诗人的形象。许芥昱说：

> 他带着浓重的华东口音，又不善于雄辩，这使得他的讲义每每难于理解，宛如他某些禁得住咀嚼的诗篇。他戴着高度的近视眼镜，清癯的面颊又常常不加修剪，更加重了他的沉默寡言。[3]

风云变幻，世事沧桑，及至1979年，墨尔本大学的一位在读博士生伊丽丝[4]登门拜访时，诗人已近古稀之年了。她用录音机录下了与诗人的交谈，也以感激之情观察着诗人的音容笑貌：

> 他安详地说着，说得很快，操着相当浓重的江苏口音。他的和善、文雅，尤其是他思路的机警和敏捷，给人以深刻的印象。人们会立刻意识到，这是在一位学者的面前。

而继续交谈之后，可以发现，他知识的渊博令人吃惊，那是关于古今中外的文学知识。说到卞之琳先生的学问和人格，在中国社会科学院外国文学研究所受到广泛的钦佩和敬重时，她补充说：

---

1 白英编《当代中国诗歌》（伦敦，1947），第81页。

2 阿克顿《唯美主义者的回忆录》（伦敦，1948）。转引自张曼仪《卞之琳著译研究》（香港大学中文系出版，1989），第36页。

3 许芥昱编《20世纪中国诗歌选》（伊萨卡，1970），第160页。

4 即Christine Liao，张曼仪教授称她“伊丽丝”（上引张著第221页），今从之。但未祥是其本名，还是其汉名。

他的和善也惠及本文作者。他细心地阅读了本文的初稿，做了许多细致而详尽的评点，也做了一些订正。所有这些文字，已悉数写入本文的定稿之中。[1]

以上的记述和描写，虽然一如文苑中的雪泥鸿爪，但从外国学者的心目中折射出来，令人读之益加感到诗人气质的可爱和长者风范的可敬。

## 战前诗集咸有专评

20世纪80年代末，四卷本汉学巨著《1900—1949年中国文学导读》在荷兰名城莱顿问世。其中第三卷为“诗歌卷”，由汉乐逸编辑，选编名家数十人。卞之琳先生的《三秋草》、《鱼目集》、《数行集》(载《汉园集》)和《十年诗草》，有详细解说。

关于《三秋草》

程艾蓝说，卞氏这第一部诗集，因创作于1932年秋天而得名，次年开始刊行。它颇具生命力，既是诗人大学毕业后走向新生活的里程碑，又是中国诗坛经过20年代的动荡之后，“新一代”诗人开始崛起的标志。诗人自认创作受西方影响较深。事实上，法国象征主义的孤寂、厌倦之感，也正巧与中国人的一种特殊的心态相吻合。他第一次写诗，即是由于深感政治动荡，不满社会现实。他这一代依然受闻一多的影响，《死水》乃是当时中国社会已告僵化的深刻比喻，而这也正是这个集子常见的主题——无望和屈从的基调。诗集中所有的诗歌，都弥漫着倦怠感和徒劳感，这标志着一代人长久以来向往和爱情的丧失(如《白石上》)。对他们来说，唯有怀念自己的故乡和童年(如《朋友和伞》《小别》《海愁》)，回首中国的往日(如《西长安街》《登城》)，才可平复心情。诗人笔下的意象，基本符合这种情调，夕阳落日，斜影淡辉，组成了秋的背景。而且这种“晦景诗”(crepuscular poetry)，具有特殊的抒情风格。诗人并不是直抒胸臆，而是借景、借物、借人、借事以抒情，并且运用“戏拟”手法(《雕虫纪历》自序)。在此，甚至诗中之“我”，也并非全然是主格之“我”，于是诗中出现了一种恒常的“距离”，这即是诗人与读者间的“距离”。诗人与其诗作间的“距离”(这一点使人想起，他晚些时候曾是布莱希特的崇拜

---

1　伊丽丝博士论文《卞之琳与艾青》(墨尔本大学，1982)。

者）。这种“戏拟”与“反讽”手法，使得《三秋草》至今带有“现代”韵味，与1937年后的卞诗，与他的浪漫主义和唯美主义先驱，形成了鲜明的对照。

关于《鱼目集》

杜博妮介绍了诗集的组成，以及与他集交叉选编的情况。她指出，这部诗集展示了诗人创作从早期到成熟期的发展，一致认为对他整个创作贡献殊多。她说，第一辑虽然编在卷首，却是全书的极致，有许多重要作品脍炙人口。第二辑前三首写京城街景，店铺生活，带有如歌似谣般的韵律，因而很引人注目。《墙头草》则写一世倦情的唯美感受，这预示着第三辑的总体情调。第三辑写于30年代初。从《群鸦》一诗，可以看出诗人这时试图锤炼音韵与意象的复叠与变化形式，并借助直白与对话，创造某种情感气氛。第四辑代表诗风转变的过渡阶段，从第二辑的心态速写到第一辑的玄理沉思。这时艾略特的影响始见端倪，诗人已从日常生活中选取俗见之物以入诗。第五辑的诗篇大都较长，有的情调与前几辑相似，而《西长安街》和《春城》已开始写政治事件。杜氏还分析了一些重要诗篇，如《圆宝盒》《距离的组织》《断章》等。她说，《圆宝盒》词省语略，取用象征。圆宝盒（圆代表圆满）在天河里被发现，伴诗人在天际遨游。它盛着所有的宇宙之美，桥（提供友谊或爱情）也在里面。另外，宝盒或小如珍珠，或者小如星星，而星辰可以大大超过人寰尘世，对此，科学已证实，传统的释道玄学亦作如是观。这构成了该诗的第二主题。在《距离的组织》里，星光充作象征，暗含时间之相对性，诗人将目光直接投向了它。诗人加注解释说，英人刚刚发现一颗新星，今日的光芒，乃是在罗马衰亡时发出来的。这个怪诞却又科学的事实，诗人试图从一则佛教寓言里得到印证。末句（“友人带来了雪意和五点钟”）将异质之物并置，简洁有力地强化了无关之物暗含关联这一主题。

关于《数行集》

评者仍是杜博妮，她对整个《汉园集》均做了解说。她指出，这个诗集的出版，是三位诗人各自展示优秀作品的良机。他们各以自己的口吻发为歌咏：何其芳是个审美家，李广田是（怀旧的）田园诗人，卞之琳则是玄理沉思者。读者从中不是看到了新诗派，而是看到了技法纯熟的“新诗”。在整个诗集里，卞诗数量为最多，超过了其他两家之和。卞诗以年代编次，分作五辑。第一辑有的实幻交织，似说佛理（如《远行》）；有的则直写佛门情事，给人以孤寂之感。第二辑也强调人生多磨难和不安定。在这两辑里，诗人对文学效果的关注渐渐变得明显起来。第三辑辑有最著名的篇什，如《白石上》《登城》《几个人》《大车》《墙头草》《一块破船片》等，标志着诗人的作品已臻于成熟。第四辑里的《还乡》，以虚拟的代言人，反映科学思想与童叟之天真间的悖论；另一些诗篇充满了愁闷之情，这是这部分诗作的主调。该辑的名篇有《古镇的梦》、《古城的心》和《秋窗》。次年所作的三首《对照》、《水成岩》和《道旁》，编为第五辑。这些诗似乎已不像早时诗作那样，从事物的相互关联中消除愁绪，寻求慰藉。最后她指出，《汉园集》三诗人也有着共同的特点。他们都借鉴中西传统，探索新的技巧，努力使新诗艺术提高到一个新水平；而且，他们都希望自己的作品达到某种理想境界，这即是艺术上的客观之美，自然的纯与真，其间事物的关联明显而且真实的另一世界。但理想无法实现，现实社会包围着他们，迫使他们关注社会不公，外来侵略，他们都有一种孤独感，甚至绝望感。

关于《十年诗草》

汉乐逸首先介绍了该集的三个组成部分:(一）从《三秋草》、《鱼目集》和《汉园集》精选的作品;(二）未曾单行的《装饰集》;(三)《慰劳信集》。然后他概述了整个诗集部分或总体的特色。他分析说，后两个集子的主题有较大扩展，但在技巧上，仍不出30年代中期的主流。诗人的早期诗作，措辞十分精巧，其意象和口吻常常让人想起法国象征主义诗歌。但卞氏并不直接模仿，而是将中西因素结合起来。他的综合极有个性，以至于使他人难以步武其后。因此，在白话诗出现的前二十年里，卞诗代表着一种极其老到的风格。写个人与世界隔离的主题，也同样是中西结合的产物。《装饰集》里的诗篇，涉及了新的主题，即爱的历程。细心的读者也许可以看出独特的个人层面。不过，这些诗一如卞氏战前其他诗，陈述婉曲，意象多义，允许在种种层次上加以解读。譬如《泪》一诗，用典别出机杼，或许在取法他所喜爱的古代诗人，如王维、李商隐和姜夔。在这首诗中，悲哀被升华，反讽亦苦亦甜，老到纯熟与卞氏所喜爱的西方诗人（如艾略特、叶芝、里尔克、瓦莱里）相类似。《慰劳信集》里的20首诗，在主题上有着根本性的变化，诗人自认，在其整个作品里，这是很独特的部分，它们写的是真人真事。而在诗歌节奏和韵律方面，前后诗作的技法还是一脉相承的。[1]至于其他诗集，如《翻一个浪头》《雕虫纪历》诸版本，在汉乐逸追溯诗人创作历程的专著《卞之琳》里，也有或详或略

1　参见汉乐逸编《1900—1949年中国文学导读》“诗歌卷”（莱顿，1989），第41—59页。

的介绍。他甚至提到了卞氏译文集《西窗集》的价值，以及《哈姆雷特》中译本的诗歌特点。

## 培植新诗 戛戛独造

在英语世界，除了汉乐逸《卞之琳：中国现代诗歌研究》、伊丽丝《卞之琳与艾青：选诗比较研究，兼论其关注点和语词内聚力》、奚密《中国现代诗歌》，或以全书或以部分章节集中讨论卞诗外，尚有多种论述散见在文集或期刊之中。研究者的方法、重点虽然不同，但在阐释时，多半在寻找卞氏新诗之所以为新的特征。据他们所见，这些新特征表现在韵律、意象、代言人和结构等方面。

诗歌韵律，包括节奏和声韵。一般认为，卞氏坚持闻一多的诗律学，但自己也有所创新。他往往借助语言的自然节奏（这种节奏常常是二字"顿"和三字"顿"），以构筑诗行。"顿"字还有"音组""音尺"等名称。汉乐逸指出，在英语里没有与之精确对应的字眼儿，应该说它实际指的是"节奏单元""声韵单元""意义单元"或别的什么。就具体诗作来说，卞诗里有一些"顿"数规则、押韵灵活的范例，如《一块破船片》《大车》《长途》。关于设"顿"的整齐，从《长途》一诗中即可明显看出：

> 一条/白热的/长途/伸向/旷野的/边上，/像一条/重的/扁担/压在/挑夫的/肩上。

卞氏的十四行诗，韵律比较特殊。例如在《望》一诗里，韵脚形式是"ABBA，ABBA，CCD，CCD"，每行12字，5"顿"，酷似法国象征主义诗人所用的亚历山大体。而在《灯虫》一诗里，韵脚形式是"ABBA，CDDC，EFE，FGG"，它与波德莱尔的一些诗篇相近，尽管诗人自称他受到了瓦莱里的影响。所有这些例子，再加上阳韵、阴韵、阴阳交叉韵、乡土韵和近似韵的运用，显示出了卞诗韵律的丰富多彩。[1]

意象是具象的诗语，它不仅起描述作用，还时常传达某种抽象意义。因此研究者往往将它与情愫、旨意、主题等因素一并加以考虑。

程艾蓝认为，《三秋草》的意象有其整体特色。她说，如书名所示，秋天

---

1 参见汉乐逸《卞之琳》第三章第一节。

是诗人喜爱的季节，但这远不是济慈笔下那种“薄雾笼罩、甘美而丰硕的季节”，而是灰暗长在、迷惘若失的季节：“可是总觉得丢了什么了/——到底丢了什么呢，/丢了什么呢？”（《中南海》）在整个诗集中，意象的选择，即全然与这种倦怠而忧郁的心情相协调。[1]

汉乐逸提供了更多意象运用的例子，比如说《墙头草》、《秋窗》和《影子》以夕阳、暮色和长影意象投射厌倦、郁闷和无望心情；《海愁》、《半岛》和《芦叶船》等以海水意象、以“海”“陆”对照反映“自我”的种种境况；《远行》《水份》以沙漠行旅烘托觉识清醒的个体意象。他说，诗人还善于运用想象和隐喻手法，或使其意象五彩缤纷，含蕴丰富，或使之形象独特，意深旨远，如《圆宝盒》《泪》《断章》《投》等。他指出，战前卞诗总体来说难于寻找其含蕴的意义，要想把握它们，读者须有直觉上的跳进。这时的诗歌意象，初看之下不是秩序井然，含义明彻，而是偏离焦点，互不协调。这种特点，其实就是尼科尔森（Nicolson）所谓的加了掩饰的“暗示”和“亲近”（intimacy）。基于“亲近”原则，诗人可以选择充满感情的细小事物；而基于“暗示”原则，诗人的意识可以在较为普遍的感受下，传达出关于自身处境的一瞥。[2]

诗歌由诗人创作，但他并非总是直接露面，他所谓的“代言人”，其口吻也千差万别。这方面，卞诗也有丰富的内涵，研究者多半循着诗人自评的思路（如“非个人化”“戏拟”）进行解说。不过，有时也可看到新探索。例如，张早指出，诗人们经营“假托”[3]以遮掩他们所处的窘境，这在卞诗里极其明显。卞氏经常诉诸非个人化的口吻，即引入独白、对白和讽刺性旁白的戏剧手法。这使他的诗歌取得了张力适度、构思灵巧的艺术效果。其抒情自我，很少以同样身份在相同场景出现。它常常是平民百姓，如旅行者、裁缝、小贩。有的诗篇如《断章》，抒情自我变成了某种窃听者（eaves-dropper），一种看不见而无所不知的口吻，因此，全然是个非个人化人物。事实上，卞氏的假托技巧十分高妙，这甚至使《慰劳信集》避免成为歌颂政治的应酬话。在那些假托下，诗人善于取喻设譬的妙思，一方面使他解脱了有限的经验自我，另一方面，则不致被人把审美自我与任何观念体系视为一事。[4]

代言人的设置显然与视点有关，而他设置好以后，还有一个如何观察的问题。汉乐逸说，战前卞诗常常转换参照框架。即使一首短诗，也常见包含

1 参见程氏评介，上引汉氏编著第41—44页。
2 上引汉氏专著，第三章第二节。
3 原文是mask，意思是假面具，暂译作“假托”，以俟佳译。
4 参见张文《1917年以来中国诗歌里现代主义的发展和延续》，载于温迪·拉森（Wendy Larson）等编《兜底翻开：中国文学里的现代主义和后现代主义》（牛津，1993）。

曲折、玄妙的比喻，引起代言人体验的变化。结果，同一种思绪，同一条逻辑脉络，在另一个细节范畴重述之后，变成了它自身的一种类推，暗含貌似抵牾的体验间的玄妙关系。如《无题五》使用两个类似的视点，即设置了一个简单的奇喻："襟眼"变成了"世界"，"襟眼"因空而"有用"，让人去回味《道德经》的片段。视点的转换，有时借助"内在"范畴（诗人觉识之所在）和"外在"环境（诗人觉识不可及处）的对照。如《归》一诗写自我觉识，但它如此被疏远，以至于不能辨认自己的足音之所从来。[1]

代言人还与诗中所写形象有关。杜博妮说，在《断章》一诗里，第一行主动行为者"你"，在第二行里变成了他人感知的被动客体；而在下半首，第一行的"你"是个受容客体，而在第二行又变成了主动行为者，进入了他人无觉识的心灵。在全诗上下段，这两种行为者虽然表面上并无关联，但其间有一条不断变化的形而上的纽带：从白天到黑夜，从主动到被动，从视觉到下意识。这使人想起庄子关于知觉和本体均具相对性的论断。[2]

卞诗中各个段落，乃至局部细节的组织，也颇费匠心。上面关于意象、口吻的讨论，其实已涉及这一问题。奚密指出，《入梦》一诗，以比喻作为结构手法。从句法上看，前十余行组成一个长句，以动词"设想"开头。这个词立即把读者引向一个背景黯淡的梦乡。透视是超然的：（你）透过窗子而非直接地观看秋天的苍穹和树木。接下来出现的意象也很遥远：枕着别人的而非自己的枕头在做梦；梦是远去的朋友的旧梦；不仅记忆是旧的，甚至忆旧的痕迹（记载过去的信笺）也变成了旧的（素笺已褪了色）；不仅历史是旧的，甚至历史记载（"昏黄的古书"）也变成了历史。这首诗设计了一个记忆的迷宫，把读者引得越来越远，从现在引到过去，从个人的往事引到文化的过去（历史）。

## 兼采中西　熔铸诗魂

诗歌艺术形式的营造，无非是为了更有效地传达或者暗示诗人的旨意。在讨论卞诗灵感的渊源时，汉学家一致认为，诗人除了在艺术上借鉴西方诗歌外，在命题立意上，也是兼采中西以熔铸诗魂的。不过，他们的分辨、体认各自有所不同。

汉乐逸以大量篇幅追溯了西方的影响。但他同时强调，卞氏之吸收外来的营养，并非一味搬用。他说，即使在让人想起他所读的西方作品，其间的亲

1　上引汉氏专著，第三章第二节。

2　参见汉乐逸编《1900—1949年中国文学导读》"诗歌卷"（莱顿，1989），第41—59页。

缘关系，也只是在语调和气氛方面，而不在字句。例如，马拉梅的《秋天的哀怨》，已辑入《西窗集》，它与卞氏早期写秋天景象和落日意象的诗有关；而且，与《距离的组织》的首二句相应和："想独上高楼读一篇《罗马衰亡史》，/忽有罗马灭亡星出现在报上。"同样，"青年的红晕"（incarnat de la jeunesse）也许是卞氏《秋窗》的灵感之一。其中有"看夕阳在灰墙上，/……梦想少年的红晕"。《灯虫》明显是波德莱尔《美德赞歌》中两行诗（"蜡烛，晃眼的蜉蝣向你飞来，/它噼啪焚烧，还说：祝福这火炬！"）主题的延伸。但从整体上看，读者找不到字面上的直接反响。与此同时，汉乐逸也看到了卞诗诗旨的本土渊源——中国古典诗词和古典哲学。他比较水陆意象时指出，水不仅代表人们孩童时熟悉的事物，也代表混沌不清的原始状态；陆地则代表风雨沧桑的个人际遇。而且，这两者即形式上的稳定性和可靠性与观念上的相对性与虚幻性的对比，有可能与释道两家的思想有关。[1]

不过，奚密一方面肯定汉氏有所创见，另一方面还认为，关于某些意象的含义，汉氏挖掘得并不深。她就某些诗篇中的"水""梦"等意象，做了详细的剖析。她发现，卞诗中富于水的想象，它唤起了生命的河流，永恒的时间的河流；而人的生命在其中却是微不足道的，于是这个喻象也含有"人生的易逝与虚幻"之意。因此，她说：

> ……水的象征意义所包含的内容，肯定多于汉乐逸所认为的道佛家浑然一体不具化身的概念所包含的内容。在我看来，他的这种解释，再加上他对怀旧情绪的强调，似乎是弗洛伊德式的，不是中国式的，特别是忽略了另一个更为重要的方面，即水在道家思想中独有的象征意义。确切地说，道家思想的不分化象征本来主要是"不分化的团块"（混沌）和"大块"，而不是水。

奚密还指出，时间永恒与世事短暂两相对比，也从"梦"的意象中明确地反映出来。《古镇的梦》和《一个和尚》两首诗，均暗示梦幻未卜，而人在梦中，甚至连出家人也不例外。释道思想的结合，对卞诗风格有着极大的影响。诗人同诗歌主题之间，保持着一种超然态度和美学距离，也反映了释家对万物终虚幻的理解。[2]

---

1　上引汉氏专著，第三章第二节。

2　参见上引奚著中"文学影响的倾向性与互补性"节。此节有青乔的中译文，载于《汉学研究》第二集（北京，1998）。引文为青乔所译。

既然人们咸认西方象征派和现代派对卞之琳的影响是无可置疑的，那么，诗人所受的这种影响是如何体现在他的创作之中的呢？进一步说，卞氏兼采中西的做法是否有着更深刻的原因呢？

一些学者不满足于对中外影响简单地加以鉴别，而是透过表面现象深入事物内部，揭示了文学交流中的本质问题。张早认为，卞氏之融合中西，实际上有着学理上的原因。他说，诗人的做法十分优秀，因为那是将西方的象征主义诗艺，和中国古典诗歌的技巧，尤其是那些受到道家哲学与禅佛思想影响的玄学诗人的技巧结合了起来。在某种程度上，卞氏的象征主义可以说符合中国传统，因为就喜欢暗示性和引发性来说，中国玄学诗学大致与象征主义诗学相类似，两者均探索事物的本质，而且超越自觉的局限，以求得在精神上与道合一。[1]

奚密不仅涉及现代派本身，而且涉及现代派的理论基础。她认为，现代派诗人艾略特、庞德和叶芝所谓的非个人化学说，即诗人不应突现而应回避个性，与释道传统相共鸣，它们都肯定自我丧失的积极性。现代派的哲学渊源，来自柏格森（Henri Bergson）、布拉德雷（F. H. Bradley）等思想家。前者的“真实存在”说和后者的“直接经验”说，与道家思想相近，而前者重直觉轻推理的理论倾向，也近似道家的自发性和自然性的概念。所有这一切，均为卞氏融合中西提供了理论基础。卞诗所体现的，正是通过对传统的同化而达到现代性的一种创作实践。[2]

卞之琳是勇于探索的现代诗人，辨明他所走过的道路，无论对学术研究还是对创作实践而言，无不具有重要的现实意义。

1　参见上引奚著中“文学影响的倾向性与互补性”节。此节有青乔的中译文，载于《汉学研究》第二集（北京，1998）。引文为青乔所译。

2　同上。

# 飘向海外的大红灯笼：苏童及其作品在国外

/ 姜智芹

作为新时期文坛上引人注目的重要作家，苏童以华丽、幽魅的抒情风格，以对历史的个性化书写、对女性生存悲剧的慨叹、对少年成长的感伤、对现实人生的剖析，不仅受到中国读者和评论家的钟爱，也在国外引起了很大反响。他的作品被翻译成英、法、德、意、荷、韩、日等文字，像一盏大红灯笼，高高地挂在不同国家读者的心头。本章拟从世界文学的维度，考察、分析国外对苏童及其作品的译介、接受和研究，倾听苏童在世界文坛上引发的声音，感受苏童在异域读者心中泛起的涟漪。

## 一、苏童作品在国外的译介与影响

苏童作品在国外的译介以英语与法语世界为最。译成英文的作品主要有两类，一类是单行本的长篇小说和中篇小说集，另一类是收入国外翻译出版的当代中国作品选集的中短篇小说。第一类目前为止共有7部，按照出版的先后顺序分别是：中篇小说集《大红灯笼高高挂》[1]、长篇小说《米》[2]、长篇小说《我的帝王生涯》[3]、长篇小说《碧奴》[4]、短篇小说集《桥上的疯妈妈》[5]、长篇小说《河岸》[6]和中篇小说集《刺青时代》[7]。除了单行本，苏童的一些中短篇小说也收入了国外编辑出版的中国作品集。他的《狂奔》收入了哈佛大学王德威编的《狂奔：新一代中国作家》[8]；《舒家兄弟》收入了美国汉学家葛浩文

1 Su Tong, *Raise the red Lantern*, trans. Michael Duke. New York; William Morrow, 1993. 该小说集收入了《大红灯笼高高挂》（中文名称《妻妾成群》）、《一九三四年的逃亡》和《罂粟之家》三篇。

2 Su Tong, *Rice*, trans. Howard Goldblatt, New York: William Morrow, 1995.

3 Su Tong, *My Life as Emperor*, trans. Howard Goldblatt, New York: Hyperion, 2005.

4 Su Tong, *Binu and the Great Wall: the Myth of Meng*, trans. Howard Goldblatt, New York: Canongate, 2007.

5 Su Tong, *Madwoman on the Bridge*, trans. Josh Stenberg, London: Black Swan, 2008.

6 Su Tong, *The Boat to Redemption*, trans. Howard Goldblatt, London: Doubleday, 2010.

7 Su Tong, *Tattoo: Three Novellas*, trans. Josh Stenberg, Portland, Maine: MerwinAsia, 2010. 该中篇小说集收入了《刺青时代》《园艺》《离婚指南》三篇。

8 "Running Wild," trans. Kirk Anderson and Zheng Da, in David Derwei Wang (ed.), *Running Wild: New Chinese Writers*. New York: Columbia University Press, 1994, pp.174–183.

编的《今日中国小说选》，该文后来又收入海外学者王晶编的《中国先锋小说选》[1]，《水神诞生》和《飞越我的枫杨树故乡》也收入该书；《樱桃》和《小莫》收入《当代中国小说精选》[2]；《死无葬身之地》收入《神秘的船和中国其他故事新编》[3]，《城北的桥》收入海外的“文化中国”系列《故乡与童年》[4]。

苏童的作品在法国也得到了广泛译介。他的《妻妾成群》法语版自1992年问世后多次再版，成为法国最畅销的中国当代小说之一。此后，法国又翻译出版了苏童的6部作品，分别是1995年毕基耶出版社出版的《红粉》（其中收录《妇女生活》）、1996年友丰书店出版的中法文对照的《罂粟之家》、1998年弗拉马里翁出版社出版的《米》、1999年德克雷德·布鲁韦出版社出版的苏童小说自选集《纸鬼》、2005年毕基耶出版社出版的《我的帝王生涯》、2009年弗拉马里翁出版社出版的《碧奴》。

苏童的作品除了被译成英语、法语外，有些作品像《米》《妻妾成群》《红粉》《罂粟之家》《飞越我的枫杨树故乡》《离婚指南》《碧奴》《蛇为什么会飞》还被译成德文、荷兰文、意大利文、日文、韩文等其他语种。

从以上的梳理可以看出，无论是从翻译数量还是从语种上来讲，苏童都是在国外受到关注最多、知名度最高的中国新时期作家之一，国外对苏童的作品一直保持着持续的关注，不仅新作得到及时译介，一些旧作也在不断翻译成外文，走进更多域外读者的视野，可以说苏童是中国新时期文学走入世界文坛的一个良好范例。但总的来看，苏童描写历史和女性的作品得到了更多的译介，其中表现出的异国情调可能是主导外国译者、出版者和读者的一个重要因素。苏童在这些作品中精心营造的阴森恐怖的氛围，神秘诡谲的意象，暗合了国外读者对于遥远而陌生的东方世界的想象，对读者来说具有较高的可读性与可接受性。

除了作品被翻译成其他语种而为外国读者所熟悉外，苏童还积极参加各种对外文学交流活动，寻找时机介绍自己的作品，促进国外读者对他的了解。

1998年，苏童与余华、莫言、王朔一行四人，应邀参加在意大利都灵举办

---

1 “The Brothers Shu,” trans. Howard Goldblatt, in Goldblatt (ed.), *Fiction from Today's China*, New York: Grove Press, 1995, pp.25–68. Rpt. in Jing Wang (ed.), *China's Avant-garde Fiction*. Durham: Duke University Press, 1998, pp.173–211.

2 “Cherry” and “The Young Muo,” in Carolyn Choa and David Su Liqun (eds.), *The Vintage Book of Contemporary Chinese Fiction*, New York: Vintage Books, 2001, pp.98–108, pp.108–120.

3 “Death without a Burial Place,” in *The Mystified Boat and Other New Stories from China*, edited by Frank Stewart and Herbert J. Batt, Special issue of *Manoa: A Pacific Journal of International Writing* 15, 2(Winter 2003), Honolulu: University of Hawaii Press, pp.57–66.

4 “Bridges Uptown,” trans. Ren Zhong and Yuzhi Yang. in *Hometown and Childhood*, San Francisco: Long River Press. 2005, pp.91–96.

的"远东地区文学论坛",并顺道访问巴黎等地,让意大利和法国的读者有了近距离了解苏童的机会。2001年,苏童参加了"国际写作计划",这既是对苏童已经取得的创作成就的肯定,也是一个提高、扩大他的影响力的机会。2004年中法文化年期间,苏童应邀参加了巴黎图书沙龙,与法国读者直接接触,进一步引发了法国出版社和法国公众对苏童作品的兴趣,推动了他的作品在法国的后续译介和出版,扩大了他在法国的影响力。

2007年夏天,苏童参加了"德中同行"文学活动,在莱比锡的三个月让苏童深切地感受到了德国文化的深广博大。2008年4月,苏童首次赴日,与日本的汉学家举行座谈会,也借以宣传他的已被翻译成日文的《蛇为什么会飞》和《碧奴》,拉近日本读者和自己作品的距离。在2009年的法兰克福书展上,苏童和其他100余位中国作家一起,出席了演讲、对话、论坛、朗诵会等活动,与德国汉学界进行对话,让德国读者走进他的小说世界。2010年5月,苏童到澳大利亚参加了"悉尼作家节",其间组委会给苏童安排四场演讲,其中包括在悉尼大学举行的一次读者交流会。出席这样的活动既可以让苏童从长期独处的书斋中走出来,了解国外的一些情况,感受不同的文化氛围,也能够让他与异国他乡的读者进行文学交流。

以上仅是苏童参与国际文学交流活动的一个掠影,但从中可以看出,近几年来苏童比较多地参与到各种国际文学交流活动中,让他有机会积极向国外读者介绍自己的作品,扩大其在国外的影响力。中国文学是世界了解中国的一个窗口,苏童作为中国作家队伍中的一名佼佼者,他在国外影响力的不断扩大是中国文学实力日益增强的一个反映。

## 二、苏童作品在国外的评价与研究

苏童的作品不仅在国外得到了广泛译介,也引起了国外评论界和研究者的关注,是中国当代作家中为数不多的走进国外主流阅读群(特别是在法国)的新时期作家。综合国外对苏童小说的评价,主导倾向是肯定的。美国小说家约翰·厄普代克评价说:"苏童近乎病态的狂想曲,仿佛穿着黑漆漆的外衣,任性而优雅。"[1]另一位美国作家闵安琪说自己"最欣赏的是苏童的创作风格,充满着中国南方的气息,精致而又斑斓。他的描写既节制又残酷,可以说是一位真正的文学天才"。[2]哈佛大学的王德威教授也对苏童的创作给予

1 John Updike, "Bitter Bamboo, Two Novels from China," *The New Yorker*, May 9, 2005, Vol. 81, Iss. 12.

2 Su Tong, *Rice*, trans. Howard Goldblatt, New York: William Morrow and Company, 1995, back cover.

高度评价，指出苏童的魅力在于“引领我们进入当代中国的‘史前史’，一个淫猥潮湿，散发着淡淡鸦片幽香的时代。他以精致的文字意象，铸造拟旧风格……苏童的世界令人感到不能承受之轻，那样工整精妙”[1]，认为苏童“绚丽感伤的文采”[2]和化腐朽为神奇的“抒情集锦风格”[3]，“再度证明他是当代小说家中最有魅力的说故事者之一”[4]。法国汉学家安妮·居里安认为苏童是一个具有实验精神、在叙述技巧上有独特追求的作家，认为他“在新小说技巧的影响下开辟了一条新的道路，打破了叙述的线性，采用多视角写作”。[5]这样的解读和评价可以说是抓住了苏童创作的灵魂，比较客观、真实地揭示了苏童小说创作的本质，和国内评论界对苏童的评价形成共鸣和互补之势。

就苏童的单行本作品来看，国外评价和研究较多的是《大红灯笼高高挂》、《米》和《我的帝王生涯》。

《大红灯笼高高挂》的封面上印着《西雅图时报》(*Seattle Times*)的评语：“苏童的作品既颠覆了传统的讲故事套路，也冲破了文学禁忌。”[6]《旧金山纪事报》(*San Francisco Chronicle*)刊登评论：“苏童对人类处境的深刻洞察是这三篇小说的真正魅力所在。”[7]《柯克斯评论》(*Kirkus Reviews*)认为：“苏童是一个非常值得关注的作家，他以独特的笔触，撼人心魄地描绘了极度困境中的男男女女。”[8]《图书馆学刊》介绍说：“苏童是‘文革’之后中国文学转型的先锋……他对魔幻现实主义(比如《大红灯笼高高挂》)的借用，让读者通过小说体验到重构历史的复杂性，并且能在灰暗的故事中看到希望之光。”[9]西蒙·帕特森在《今日世界文学》上发表文章，对《大红灯笼高高挂》从内容到风格，进行了全方位的评论，指出“苏童重新界定了历史，将经验性的社会现实和易逝的个人梦想全都涵盖进去，而这种全新的历史视角又通过身体描写表现出来……通过身体来书写历史，或者说重述历史时考虑身体的作用，是苏童的小说带给人最大愉悦的原因所在”。“从风格上来讲，苏童的所有作品都浸润着一种用现实主义手法表现出来的迷乱的想象力(令人联想到魔幻现

1 王德威：《当代小说二十家》，北京：生活·读书·新知三联书店，2006年版，第106页。
2 同上书，第112页。
3 同上书，第114页。
4 同上书，第119页。
5 Alain Nicola, “Littérature chinoise : des archipels pour un continent, Lettres de Chine, entretien avec Annie Curien, sinologue et traductrice,” *l'Humanité hebdo*, le 20 mars 2004.
6 Su Tong, *Raise the Red Lantern*, trans. Michael Duke. New York: William Morrow, 1993, front cover.
7 Ibid.
8 Ibid.
9 Ibid.

实主义)。”认为“苏童很好地把握了现实主义和超现实主义之间的平衡”。[1]

海外中国学者张英进也写了一篇精彩的书评，对《大红灯笼高高挂》中的三个中篇进行了中肯的评价。他认为中篇小说《大红灯笼高高挂》“凸显了性是构建地方史和家族史不可缺少的因素。因而，身体意象——常常以图解的、扭曲的形式加以表现——出现在苏童小说的字里行间，‘灵魂’问题、精神自觉问题反而被放逐到神秘的‘远方’去了”。其中的主人公颂莲“不仅是男权社会而且是她自身性欲望的牺牲品”。张英进对该小说集中的另外两个中篇也给予高度评价，指出“如果说性和家族史是苏童建构中国20世纪30年代乡村生活的两面聚光镜的话，苏童的这部小说集中的另外两篇小说则比《大红灯笼高高挂》更为重要。《一九三四年的逃亡》和《罂粟之家》的背景是‘枫杨树故乡’——类似于福克纳的‘约克纳帕塔法世系’。通过反复出现的血腥暴力、乖戾的性描写和令人困惑的迷津，苏童讲述了枫杨树乡的堕落，重构了家族传说和历史”。[2]

法国的一家杂志对苏童的《妻妾成群》做出这样的评价：“苏童不动声色地描写最残酷的折磨，最隐秘的痛苦。喊叫、暴力，甚至是巫术都像在一层薄雾中，或者是在一层纱幔后出现。一些富有诗意的细节，例如知更鸟的歌唱，蜿蜒的紫藤，奇特而引人侧目。”[3]

如果说中篇小说集《大红灯笼高高挂》借助张艺谋电影的力量率先引起了西方读者关注的话，那么，随后译介到国外的长篇小说《米》则引起了西方评论界更为丰富多彩的评价。

《米》在美国及英国先后由袖珍丛书出版社(Pocket Books)、企鹅出版社、威廉·莫罗出版社、西蒙与舒斯特出版公司、哈珀·柯林斯出版社等多家出版社在不同年度出版。1995年，威廉·莫罗出版社推出的版本封二、封三和封底上有不同期刊简短而精彩的评论。封二上有这样的话：“苏童以他的第一部长篇小说(《米》)证明自己无愧于世界上最具爆发力的青年文学天才之一的称誉。”“《米》是一部蕴含极为丰富、表现出惊人创造力的小说，通篇充溢着蓬勃、感性的色彩，是一个涌动着黑色暴力的奇特喜剧，读起来像散文一样优美、醉人。”封三上说：“苏童的作品中流淌着巴尔扎克和左拉的精

1 Simon Patton, “*Raise the Red Lantern* by Su Tong and translated by Michael S. Duke,” *World Literature Today*, Summer 1994, Vol. 68, Iss. 3.

2 Yingjin Zhang, “Review of *Raise the Red Lantern: Three Novellas*, by Su Tong, translated by Michael S. Duke,” *Chinese Literature: Essays, Articles, Reviews*, Vol. 16, December 1994.

3 转引自杭零、许钧：《对于苏童的小说，历史只是一件外衣——苏童小说在法国的翻译与接受》，载《文汇报》，2007年3月4日。

神余脉。”封底上更是写满了褒扬的评论：“《米》令人沉醉，不管它讲述的故事多么令人难以置信，多么富于戏剧性，你都禁不住信以为真。”（《柯克斯评论》）“引人入胜……要挟、奸情、丑闻、利益冲突交织在一起，苏童充满本能的情节叙述在葛浩文流畅的译文中不断向前铺展。”（《出版人周刊》）“苏童的《米》对西方的小说传统来说是一个残酷的、令人心碎的、强烈的冲击。里面没有爱，没有拯救，没有个人的胜利，只有苏童自身裹挟一切的想象力获得了胜利。”（里克·穆迪）“苏童的作品像散文般优美而又危险丛生。《米》是一部强有力的作品，像童话故事一样迷人，像梦一样带给人惊喜。”（麦格·沃里茨）

美国著名记者、作家理查德·伯恩斯坦在《纽约时报》上发表文章，对苏童的《米》进行评价，认为“苏童描写了一幅人性的讽刺画，而不只是揭示特定环境中的人性本质……苏童的文学世界，简单来说，阴暗、绝望，也许读者会认为这有点消极，但在读罢《米》后会有一种对痛苦的释放感，作品本身久久回荡在读者心间”。当然，理查德不是一味地褒扬，而是以辩证的态度表达了一个西方人对苏童作品的看法：“《米》的描写有些地方显得呆板，尤其是对话，常常令人难以相信。米店里的生活没有温暖，没有爱，没有意义，人与人之间永远无法消除的怨恨提不起人的兴致。但《米》自有一种冷酷、讽刺的力量，让人欲罢不能。小说中的人物卑鄙、阴险但又充满活力，他们像土地上长出来的荆棘，毁灭一切靠近他们的人，但又紧紧地缠绕着他们，不达目的誓不罢休。苏童的叙述有时像他的人物一样不加修饰，但他想象力丰富，写作技巧圆熟。”并就《米》中的主人公五龙发表自己的看法：“五龙是一个非常引人注目的文学形象，从淳朴、善良慢慢滑向彻头彻尾的虚伪、狠毒。他变成初来时殴打他的黑帮的老大，混迹妓院，回到家里则让家人鸡犬不宁。”理查德不仅指出五龙的堕落，还进一步探讨导致他堕落的原因：“一个核心问题是：是什么让五龙变成这样一个如此令人讨厌的人？过去，中国的讽刺作家将之归结于几个世纪以来中国社会内在的被动性和腐朽的帝国制度，认为这是导致国民劣根性的根源。但对苏童来说，生活的艰难是难以解释的……枫杨树乡的水灾像噩梦一样纠缠着五龙，让他的少年时代戛然而止，五龙是一个被厄运追逐的人。”[1]哈佛大学的王德威也对《米》抱有好感，认为苏童在这部小说中得心应手地描写了“夸张变态的性欲，疯狂的野心，腐烂的身体，破败的家族”。“小说‘好像’要诉说一个浅白的道德教训——玩火者必自焚，

1 Richard Bernstein, “Books of the Times;In China, 3 Generations, Much Trouble and Rice,” *New York Times*, Nov. 13, 1995.

但吸引读者的正是那背德的反面教材。”[1]

美国著名汉学家金介甫在《今日世界文学》上发表评论，认为“欲望是贯穿全书的意象——吃的欲望、性的欲望、骑在别人（尤其是女人）头上的欲望、死的欲望——这一切都可以用米来满足。……米是本书主人公五龙的神祇和灵丹妙药”。他同时也指出《米》的不足之处：“作为苏童的第一部长篇小说，它开启了苏童小说中常见的恶有恶报的套路。”金介甫还高度肯定了英译本的质量：“葛浩文在翻译方面有口皆碑，这部译作也不负众望，他的英译本把苏童的文采完美地表达了出来。”[2]

苏童的《我的帝王生涯》被译成外文后也引起西方世界的广泛关注。2005年的英文版封二上有这样的话：“《我的帝王生涯》以一个被废黜的帝王回忆的方式，梦幻般地再现了宫廷的残酷、堕落、嫔妃和太监们的生活、皇太子之间的陷害与阴谋。苏童高超的叙事技巧和优美的散文风格在这部小说中得到了充分体现。苏童是中国当代文坛上最著名、最受欢迎的作家之一，也受到世界上文学评论家们的关注。现在，英语国家的读者能够直接感受这部小说令人震撼的力量。《我的帝王生涯》不仅提供了一个观察中国人心灵的绝好机会，也是一部揭露权势和腐败的佳作，由于没有具体的时代背景限制，将来的读者也会喜欢。”吉莉安·英伯格在《书单》杂志上介绍说：“像苏童以前的小说一样，残忍、暴力这些黑色的东西以及丰富、闪光的细节，织就了《我的帝王生涯》。端白毫无疑问是一个自身充满矛盾的叙述人，脑子里有孩子般不可思议的残酷念头。他的肆意妄为、天真无知和残忍无道带来的灾难性后果，再加上苏童令人着迷的图画般的细节描写，创造出一个强有力、恐怖、梦魇般的故事。”[3]《出版人周刊》刊文评价道：“苏童华丽的散文风格……和令人惊异的细节描写、独具匠心的结构有机地融合在一起，使得这个险象环生的宫廷故事更加惊心动魄。”[4]《图书馆学刊》先是用简洁的语言介绍了小说的情节发展，侧重于燮国宫廷里的明争暗斗、互相倾轧，然后直截了当地推荐个人和单位购买、收藏。[5]

美国埃默里大学的蔡荣对《我的帝王生涯》进行了更为深刻、全面的分析。她说：“《我的帝王生涯》令人联想到苏童创作的多重主题，比如残酷的家

1 王德威：《当代小说二十家》，北京：生活·读书·新知三联书店，2006年版，第115页。

2 Jeffrey C. Kinkley, “China—*Rice* by Su Tong and Translated by Howard Goldblatt,” *World Literature Today*, Spring 1996, Vol. 70, Iss. 2.

3 Gillian Engberg, “My Life as Emperor,” *The Booklists* Jan. 1–Jan 15, 2005, Vol. 101, Iss. 9/10.

4 Anonymous, “My Life as Emperor,” *Publishers Weekly*, Jan. 31, 2005, Vol. 252, Iss. 5.

5 Sofia A. Tangalos, “My Life as Emperor,” *Library Journal*, Feb. 1. 2005, Vol. 130, Iss. 2.

族相残，贪欲泛滥的恶果，记忆、历史的神秘性与梦幻性……苏童用冷静而不带感情色彩的语调叙述了人在原始酷刑下所遭受的折磨，这种叙述方式一方面将暴力陌生化，另一方面也给故事增加了尖刻的讽刺内涵。”蔡荣深入分析了小说中的意象和象征：“作为讲故事的高手，苏童用意象和象征编织意义之网。《我的帝王生涯》的各个部分用鸟、走索等象征意象关联起来。鸟既是自由的化身，也是失去自由的象征……叙述人端白在被贬为庶民后，走细铁索成为他谋生的手段，但走索更重要的含义是隐喻层面上的。宫廷斗争需要高超的技巧，与走索不无相似之处。而在胞兄相残中挣扎，几代人之间的钩心斗角，女人之间阴毒的明争暗斗，也都需要非凡的平衡能力。走索意象所蕴含的深层讽喻意义贯穿小说的始终，使得故事曲折离奇，增强了小说的吸引力和感染力。端白由于自己毫无心机，在宫廷斗争的走索上一败涂地，却在走索表演上大获成功，这位被废黜的皇帝赢得了‘索王’的称号，成为他以前做王时最爱看的节目的表演者。”最后，蔡荣还对葛浩文的翻译赞叹不已：“《我的帝王生涯》由葛浩文翻译成流畅的英文，葛浩文的翻译和苏童的原作相得益彰，优雅、生动、充满活力地传达出了苏童的原意，甚至有些地方在不失准确的前提下，还为原著增添了光彩。”[1]

《我的帝王生涯》在被译成法文出版后也引起法国评论界的注意。法国《读书》杂志评价说：“这是一部构思精巧的小说，充满异国情调，精致的中国风物俯拾皆是。”毕基耶出版社网站上则打出这样的宣传词：“作者细致的描绘，让我们沉浸在一段想象的中国历史中。由于出生在历史被全盘颠覆的‘文化大革命’时期，苏童怀有一种重塑历史的激情。”[2]

除了以上几部作品外，苏童其他被译成外文的作品也不同程度地受到西方人的关注。他的中篇小说集《刺青时代》英文版2010年刚一出版，金介甫就在《今日世界文学》上发表评论，指出“同以往一样，苏童在这篇小说里描写了暴力、复仇和残酷，但他笔法娴熟、不动声色”。“给人印象深刻的不是铺张扣人心弦的情节，而是无处不在的丑陋、肮脏和污秽。”[3]

苏童的长篇小说《河岸》2009年获得第三届英仕曼亚洲文学奖后，立即引起西方汉学家的关注，葛浩文率先将其译成英文，于2010年出版。小说出版后立即引起英国多家大报的关注，但批评多于褒扬。

---

1 Rong Cai, “Review of *My Life as Emperor*,” MCLC Resource Center Publication, August 2006.

2 转引自杭零、许钧：《对于苏童的小说，历史只是一件外衣——苏童小说在法国的翻译与接受》，载《文汇报》，2007年3月4日。

3 Jeffrey C. Kinkley, “Tattoo: Three Novellas,” *World Literature Today*, Sep. /Oct. 2010, Vol. 84, Iss. 5.

2010年1月9日，《卫报》刊出旅美中国女作家李翊云的评论。她首先指出苏童是中国先锋文学时期最杰出的文体家，一度关心小说的形式胜于内容。赞扬苏童令人沉醉的散文风格在人物与读者之间有意制造了一层面纱，认为苏童的作品与其说是要表现人物内心的复杂性和神秘性，不如说他在带领读者游历一个充满异域风情、有时又染上性色彩的语言迷宫。然后，李翊云指出苏童这部小说的主要成就在于"用一种熟悉的语言讲述了一个熟悉的故事"，用极具当年特色的"政治化语言"，来描绘那个时代的悲喜剧。李翊云同时也指出，苏童"无力开掘人物的深度"，而且，"大量多余的暴力场面和争吵描写，造成的仅仅是虚假的兴奋和戏剧冲突"。李翊云还认为，《河岸》的结构生硬，把两个故事——父子故事和孤女慧仙的故事硬放在一起。另外，在叙述上，苏童"走了许多不该走的捷径，每当兴奋点用光，便用荒诞的虚构来拯救叙事"，而且，"似曾相识的语言和故事也了无新意"。[1]

2010年1月29日，《独立报》上刊发贾斯汀·希尔的文章，指出"苏童作为知名中国作家的可疑声望并非来自他的作品，而是来自根据他的小说改编的电影《大红灯笼高高挂》"。"尽管《河岸》把我们带到了毛泽东时代的中国，可苏童笔下的人物几乎没有表现出任何政治愿望，也没有在运动中获罪，他们只关心满足个人的基本需求，满足性的欲望和骑在别人头上。""小说关心人物胜过关心政治"，"年少的库东亮只在意父母失败的婚姻和自己勃发的性欲，全然不管身边席卷一切的时代大事。库东亮那"滑稽的和不那么滑稽的一次次勃起，逐渐成了全书的中心，而在西方读者看来，写这么多勃起既没有必要也很幼稚"。[2]

《星期日泰晤士报》2010年2月21日刊出雨果·巴纳克尔的书评，用大量篇幅介绍了小说的情节，只在最后指出小说在写到慧仙的新生活时，"出现了很长的第三人称叙述，这打破了一个基本的叙事准则。因为，与他父母相识的故事不同，叙述人（库东亮）根本无从知晓他所讲述的事情"。雨果·巴纳克尔还指出，该书在翻译方面处理得不是很好，"尽管葛浩文翻译得不错，创造出了一种类似萨尔曼·拉什迪似的效果，然而令人失望的是，译者把这部2009年赢得英仕曼亚洲文学奖的小说的主题和其中的讽喻，处理得过于本土化了，削弱了其普适性色彩"。[3]

---

1 Yiyun Li, "*The Boat to Redemption* by Su Tong," *The Guardian*, Jan. 9, 2010.

2 Justin Hill, "*The Boat to Redemption* by Su Tong, translated by Howard Goldblatt," *The Independent*, Jan. 29, 2010.

3 Hugo Barnacle, "*The Boat to Redemption* by Su Tong, translated by Howard Goldblatt," *The Sunday Times*, Feb. 21. 2010.

作为英国最有影响力的三家严肃大报，《卫报》、《独立报》和《星期日泰晤士报》刊登的这几篇书评，一定程度上代表了西方人对《河岸》的认识。当然，由于《河岸》刚出版不久，对于它的更多更全面的评价，还期待于来日。

苏童的作品不仅引起了国外读者和评论者的关注，也是国外学者研究的课题。著名美籍华裔学者，加拿大蒙特利尔大学教授吕彤邻在其《厌恶妇女症、文化虚无主义与对抗的政治：中国当代试验小说》中专辟一章，深入解读了苏童的三部作品《一九三四年的逃亡》、《罂粟之家》和《妻妾成群》。吕彤邻指出，包括苏童在内的中国男性先锋小说家，在其作品中表现出男性中心的价值取向，表现出对所处时代取消性别的意识形态的不满，带有厌恶妇女的倾向。他们的试验小说中的发泄、暴力或虚无，虽然有意无意地塑造出抗议的姿态，但女性却是文字暴力的施虐对象，他们从各个角度把玩女性，而从不把她们置于行动的中心。比如，苏童在《妻妾成群》中把颂莲塑造成尤物和男人欲望的化身，在《罂粟之家》中把女人和猫联系在一起（刘索子怀里永远抱着一只大黄猫）。在中国先锋小说家笔下，女性只是男性在现代或后现代语境中建构自己主体性的反衬物。[1]

美国哥伦比亚大学罗宾·林恩·维瑟的博士论文《20世纪中国文学想象中的城市主题》第三章探讨中国先锋小说中的城市主题和农村主题，认为苏童的小说提供了城乡价值观冲突的范本。论文作者试图结合20世纪80年代中国关于国民性、现代性和文化的讨论，重新审视苏童等人的先锋创作，指出"文化论争一度将农村价值观和城市价值观严重地对立起来"，而先锋作家的创作"通过对城市和农村景观的详尽描写，尝试着解构文化论争，凸显现代性问题"。[2]"苏童以描写年轻人逃离贫穷的农村生活，希望在城市中找到机会而为人注目，他的故事常常以毛泽东之前的20—30年代为背景……然而一定程度上无疑又受到了20世纪80年代农民工进城浪潮的启发。""让他重新评价毛泽东时代社会主义经济政策下城乡之间的严格界限，思考邓小平时代的现代经济政策。"[3]"苏童最终认为城市和乡村从根本上来说是相似的，他更强调它们之间的联系而不是突出它们的差异性。"[4]

美国威斯康星大学麦迪逊分校的桑禀华在其题为《20世纪中国小说里

---

1 Tonglin Lu, "Feminity and Masculinity in Su Tong's Trilogy," in Tonglin Lu, *Misogyny, Cultural Nihilism and Oppositional Politics: Contemporary Chinese Experimental Fiction*. Stanford: Stanford University Press, 1995, pp.129—154.

2 Robin Lynne Visser, *The Urban Subject in the Literary Imagination of Tvuentieth Century China*, Ph. D dissertation, Columbia University, 2000, p.114.

3 Ibid., p.117.

4 Ibid., p.141.

的命运和自由意志》的博士论文中，专门用一章的篇幅探讨了苏童小说中的堕落、革命和自我主宰，涉及《一九三四年的逃亡》《罂粟之家》《妻妾成群》《红粉》《米》《城北地带》等作品，"重点放在苏童怎样从堕落的角度揭示自我主宰的可能性和个体的能动性"。[1]在具体展开研究时作者"从堕落和革命两个方面辩证地探讨苏童的作品，揭示出即便在他的描写堕落的文学作品中，仍有抗争的影子"。[2]作者区分出两种形式的堕落，一种是由宿命论产生的消极堕落，另一种是积极抗争、追求自由的创造性堕落，旨在阐明堕落不单是消极方面的内涵，它还有积极抗争的含义。作者认为，在《罂粟之家》中，罂粟既是对家庭的危害，也是对国家的危害，主人公的无能为力和小说中无处不在的宿命意识象征着一种消极的堕落。而《妻妾成群》则是一种反抗性的堕落，女人无助的困境通过三姨太因与别人通奸而被投井、四姨太颂莲被残忍地逼疯，鲜明地表现出来。颂莲"对三姨太的揭发既可以看作她身上固有的对传统贞节观的认可，也可以认为是她对三姨太受宠的忌妒和报复心理"。而"她之所以揭发三姨太，很可能是出于她对女人不是去反抗这种制度，而是另觅他径寻求快乐的愤怒……颂莲拒绝屈服于这样一个社会：得宠的女人都是不择手段争来的，失宠的女人只能凄惨地度日"。[3]作者最后得出的结论是：苏童"描写堕落主题的小说揭示出这样一个问题：直面堕落比一味地唱颂歌更为真实……苏童作品中对堕落的描写……正像革命文学一样，其实是对自由的强烈渴望"。[4]

加拿大英属哥伦比亚大学的李华（音译）在其博士论文中探讨苏童和余华的成长小说，论文中详细分析了苏童的"香椿树街"系列小说，包括长篇小说《城北地带》，短篇小说《乘滑轮车远去》、《伤心的舞蹈》、《午后故事》和《桑园留念》。

综合国外对苏童的研究，可以看出，海外华人学者的阐释往往结合时代背景进行分析，而外国学者由于对中国历史不太熟悉，往往就作品分析作品，结合历史背景不够。海外华人学者中国当代文学的研究，与国内的研究常常形成互补或共鸣之势，而很多海外研究中国当代文学的中国求学者撰写的博士论文，往往缺乏独到的见解，有对国内的研究进行综述或重复之嫌。

---

1 Deirdre Sabina Knight, *Fate and Free Will in Twentieth Century Chinese Fiction*, Ph. D dissertation, University of Wisconsin-Madison, 1998, p.241.

2 Ibid., p.242.

3 Ibid., p.253.

4 Ibid., p.270.

## 三、苏童在国外被接受的原因

苏童的作品之所以在国外受到欢迎、关注和研究，综合起来有以下几个方面的原因。

首先，根据苏童小说改编的电影在国际上大放异彩，带动了其作品在国外受到关注。到目前为止，苏童已有四部小说被改编成电影，分别是张艺谋1991年改编自《妻妾成群》的《大红灯笼高高挂》、李少红1994年改编自小说《红粉》的同名电影、黄健中1995年改编自《米》的《大鸿米店》和侯咏2004年改编自《妇女生活》的《茉莉花开》。这些电影上映后在国际上产生了良好的反响，其中《大红灯笼高高挂》获得第48届威尼斯电影节（1991年）“银狮奖”;《红粉》获1995年柏林国际电影节“银熊奖”，1996年获第27届印度国际电影节最佳影片“金孔雀奖”;《茉莉花开》获第7届上海国际电影节（2004年）评委会特别奖。其中《大红灯笼高高挂》是带动苏童在国际上受到关注的一个突出例子。该影片1991年获奖后立即引起西方世界对小说原著的热情，1993年《妻妾成群》的英文版就与西方读者见面，而且直接采用了电影的名字《大红灯笼高高挂》，并且此后苏童其他译成外文的作品封面上都写着“大红灯笼高高挂”的作者，说明电影对于推动英语世界对苏童作品的接受有着不可忽视的作用。

在法语世界同样如此。在张艺谋的获奖电影《大红灯笼高高挂》的光环照耀下，《妻妾成群》迅速有了法译本，普通本出版不久又出了袖珍本，并以巩俐的倩影作为封面，封底则标明小说为电影的原本。《妻妾成群》在法国的发行量达到六万册，成为在法国最畅销的中国当代小说之一，苏童也在一夜之间成为法国汉学界、文学界和普通读者耳熟能详的名字。电影改编的成功带来了苏童小说商业上的成功，令苏童从众多的中国当代作家中脱颖而出，迅速走入法国读者中间，赢得了较大的读者市场。

电影不仅影响了国外对苏童作品的关注，也一定程度上决定了国外的译者、出版社和读者对苏童作品的选择。《大红灯笼高高挂》中对中国女性命运的刻画、对历史沉疴的书写，成为西方人接受苏童作品的定式，使得他的描写女性和历史的作品更容易得到西方人的垂青，《米》《我的帝王生涯》《红粉》《妇女生活》《河岸》在国外得到更多的译介和研究就是极好的说明。文学作品与影视之间有着难以割舍的“姻缘”，苏童曾形象地说他的作品和电影的关系是“亲戚关系”，这种“亲戚关系”既推动了国外对他作品的接受，也在某种程度上限制了对他的其他类型的作品，比如反映现实的作品的接受。

其次，国外对苏童作品的关注和他出色的“讲故事”能力有关。虽然中外读者在文化背景、知识结构上有差异，但感人、玄妙的故事是吸引不同文化读者的法宝，而苏童显然是个讲故事的好手。哈佛大学的王德威说苏童“天生是个说故事的好手……从《妻妾成群》到《城北地带》，从《一九三四年的逃亡》到《我的帝王生涯》，苏童营造阴森瑰丽的世界，叙说颓靡感伤的传奇。笔锋尽处，不仅开拓了当代文学想象的视野，也唤出影视媒体的绝大兴趣”。[1]苏童编织故事的强大能力甚至让王安忆担忧：“我很担心他会变成一个畅销书作家，故事对他的诱惑太大了，他总是着迷于讲出一个出奇制胜的好故事，为了把故事编好，他不惜走在畅销书的陷阱的边缘薄刃上，面对着堕身的危险。”[2]王安忆的话我们可以理解为一种贬抑和担忧，但也透露出某种赞美与羡慕。对小说来说，故事是承载意识、传递观念的绝佳载体，它能让作家意欲表达的一切，没有障碍地抵达接受者那里，信念、理想、人性、信仰……在故事中流向不同肤色、不同文化、不同语言的读者，故事是世界文学交流的一种理想方式。苏童擅长编故事、讲故事，他的故事结构能力和选材能力都很强。他总是别出心裁地让每篇小说的故事都给读者带来不同的感受，达到出人意料的效果。《妻妾成群》就是一个成功的故事范本，讲述一个典型的一夫多妻的故事。女主人公颂莲由一个新潮女大学生，变成行将就木的大户陈佐千的四姨太。她目睹了陈家几个姨太太的钩心斗角、争风吃醋和她们一个一个的死亡，最后自己也变成了疯子。小说把背景设置在南方园林式的庭院里，华美无比的衣裳还有暗暗流动的南国风情，无论在国内还是国外，都给苏童带来了巨大的成功。

再次，独特的历史意识也是苏童受到外国读者好评的原因，新时期文学中描写历史题材的作家有很多，但只有苏童的历史题材小说在国外引起更多的关注，这是因为他以截然不同的姿态介入历史：用个体的历史叙事代替群体的主流叙事；由侧重表现外在的历史行为转而主要揭示人的心理、命运和人性；放弃努力使历史呈现为整体统一的旧观念，刻意呈现历史的细小、碎片状态。比如，在《红粉》中，针对一个在新中国成立后如何把旧社会的“非人”变成新社会的“新人”的叙事，苏童采取了摒弃旧社会的烟花女子在新社会经过劳动改造蜕变为新人，并获得爱情的常规叙事模式。他笔下的秋仪

1　王德威：《当代小说二十家》，北京：生活·读书·新知三联书店，2006年版，第106页。
2　王安忆：《我们在做什么》，《文学自由谈》，1993年第3期。

和小粤都没有主动接受历史对个人的设计与规范，而是从历史对个人的铸造和改造中逃离了。秋仪从送去改造的车上逃走，遁入佛门，执拗地逃离历史的设计。小粤虽然没用逃走的方式来拒绝历史的规范，但内心深处始终在逃避历史的力量。表面上她接受了社会的改造，内心却丝毫没有因为新的历史时代的到来而感到幸福，反而痛苦得想要自杀，但她抛弃了历史对她的铸造。历史题材作家们惯常采用的套路在苏童这里不见踪影，苏童也和读者的常规期待视野开了个善意的玩笑。《妻妾成群》中的颂莲同样如此。她的新式教育并没有使她成为积极投入时代洪流的女学生形象，而是做出了当"小妾"这一与当时的历史价值相违背的选择，她放弃了历史的召唤。相对于忠实于主流历史意识形态的作品，国外的读者尤其是西方的读者更喜欢苏童的处理方式，这让他们看到了历史洪流中不一样的选择，契合了西方人认为历史不是固定的，它有多种可能性，其叙事是多元化的观点。

最后，良好的汉学传统和汉学环境也在一定程度上推动了国外对苏童作品的接受。苏童在法国有着广泛的影响，这和法国悠久的汉学传统有关。早在18世纪，法国的"中国热"就带动了整个世界范围内的"中国热"，法国的启蒙哲学家将中国当作欧洲的榜样，在推翻神坛的时候，他们歌颂中国的道德哲学与宗教宽容；在批判暴政的时候，他们运用传教士们所提供的中国合乎理性的道德政治与贤明智慧的康熙皇帝。中国的文化典籍和社会制度在当时的法国得到广泛的介绍与研究。悠久的汉学传统带来的良好的接受基础，在20世纪80年代初，法国汉学界敏锐地捕捉到新时期中国文学发展的新趋势，翻译了当时很多"伤痕文学"和"反思文学"的代表作。20世纪90年代以后，中国当代文学在法国的翻译体现出持续稳步上升的态势，中国文坛的主力人物几乎都有作品翻译成法语。就苏童来说，法国已经先后出版了他的七八部作品，苏童的名字在法国有相当高的知名度。

美国的汉学研究虽然起步不如老牌的欧洲国家早，但出于安全和政治方面的考虑，美国政府也在20世纪50年代建立从事中国问题研究的独立机构。跨入21世纪以后，随着中国地位的进一步提高和中国经济进入高速发展时期，美国在中国研究方面投入更多的财力和物力，这也为中国当代文学作品在美国的译介提供了良好的机遇，一大批中国新时期作家的作品被译成英语在美国出版。由于美国在当今世界的领先地位，这些翻译过去的作品在英语国家几乎同步流传。苏童作为新时期创作成就突出的作家，其作品自然在美国得到大量的译介和研究，并由此延伸到其他英语国家，使得苏童成为一个具有世界声誉的中国新时期作家。

# 翻译与中国当代文学的接受

## ——从两部苏童小说法译本谈起

/杭 零 许 钧

在当代中国作家中，苏童是较早受到西方国家关注的一位，20世纪90年代初期，随着电影《大红灯笼高高挂》的获奖，作为电影原本的《妻妾成群》很快就吸引了西方公众的视线，《妻妾成群》法语版自1992年问世后多次再版，成为在法国最畅销的中国当代小说之一。此后法国又翻译出版了6部苏童作品，依次为《红粉》(其中收录《妇女生活》，1995年，毕基耶出版社)、《罂粟之家》(1996年，中法文对照版，友丰书店)、《米》(1998年，弗拉马里翁出版社)、小说自选集《纸鬼》(其中收录18篇短篇小说，1999年，德克雷德·布鲁韦出版社)、《我的帝王生涯》(2005年，毕基耶出版社)、《碧奴》(2009年，弗拉马里翁出版社)。因此，无论是从作品的销量和影响，还是从出版的作品种类来看，苏童都可以被称作是在法国受到关注最多、知名度最高的中国当代作家之一。苏童在法国的译介似乎可以被视为中国当代文学走入西方世界的一个良好典范，然而在苏童的译介过程中，我们却发现了一个颇具悖论性的现象，那就是为苏童在法国赢得声誉和大众读者青睐的译本并非尽如人意，苏童在法国的文学形象的建立，在一定程度上依靠的是一些在翻译的“忠实性”上有所欠缺的译本。作家声誉和译本质量之间的反差使得苏童在法国的译介成为一个颇有价值的案例，透过对苏童的译本及其与苏童的接受之间的关系的解析，我们可以看到的不仅是这个特定的文学个体的翻译和接受问题，更是在整个中国当代文学、文化的对外译介中值得我们关注和思考的问题。

### 一、《妻妾成群》与《红粉》中的翻译问题

《妻妾成群》和《红粉》是苏童最早被法国译介的两部作品。《妻妾成群》在张艺谋获奖电影的助推下成为为数不多的走入法国主流阅读群的中国当

代文学作品，也令苏童从众多的中国当代作家中脱颖而出，引起了汉学界、出版界和普通读者的关注。《红粉》则进一步强化了《妻妾成群》带给读者的印象，将苏童塑造为一个擅长描写模糊遥远的历史，善于用敏感细腻的笔触刻画女性人物的作家。这两部奠定了苏童在法国的文学形象的作品尽管出版社不同、译者不同，但却存在着一些具有共通性的翻译问题。

首先，两个译本中都存在着一些明显的语义理解错误。例如，在《妻妾成群》中"图吉利"被翻译为"喜欢贵重的东西"，"京剧草台班"被翻译为"名为'草台'的京剧班"。由于《妻妾成群》的两位译者中有一位是法籍华人，因此文中出现的语义理解错误尚不频繁，而在《红粉》法译本中，语义层面的误译多达几十处。不仅具有文化内涵的"林冲夜奔"被翻译为"在夜晚来临时冲进森林"，一些语义较为简单的句子也往往不能被准确理解，例如，"她从小就害怕医用酒精的气味"被翻译为"她从小就害怕医生和酒精的气味"，"一株桃花的枝条斜陈窗前"被翻译为"一株小桃枝斜在旧窗前"。由于《红粉》中的人物对话没有引号作为起始标记，译者在翻译对话时还出现了错误断句的现象。例如：

**原文：**

我肚子饿了。小萼说。肚子饿了就出去吃饭。老浦说。去哪里吃？去四川酒家好吗？出去了再说吧，老浦从枕头下摸出他的金表，叹口气说，不知道它能换多少钱？

**译文：**

小萼：我肚子饿了。肚子饿了就出去吃饭。

老浦：去哪里吃？

小萼：去四川酒家好吗？

老浦：出去了再说吧。老浦从枕头下摸出他的金表，叹口气说，不知道它能换多少钱？

如果说以上这些语言理解错误是译者对原文无意识的偏离，那么在两个译本中还出现了译者对原文有意识的偏离。例如，在《妻妾成群》中"你要是不给陈家添个人丁，苦日子就在后面了"被译者翻译为"你要是不给陈家添个儿子，苦日子就在后面了"。"人丁"原指成年男子，后泛指人口，在《妻妾成群》中二太太卓云生育的就是女儿，在小说的描述中，她并没有因为生育的不是男孩而过上了“苦日子”。相反，生育了儿子的三太太梅珊因为与医生通奸而被弃井，结局悲惨。但译者并没有结合小说的背景，而是主观地选择了“人丁”的狭义理解。同样是出于自身的主观立场，译者将原文中的“奸夫淫妇从来没有好下场”翻译为“淫妇从来都是难逃死罪”，译者将“奸夫”二字省略，将众人谴责的焦点放在了“淫妇”上，同时还把原文较为模糊的“没有好下场”改为更为激烈的“难逃死罪”。在《红粉》中译者对原文的偏离则达到了一种令人匪夷所思的地步。由于《红粉》的故事背景是解放前后的中国，译者根据自身对这一时期的了解和理解对原文进行了相当主观的阐释。原文中“喜红楼的鸨母已经离开了本地”被翻译为“喜红楼的鸨母已经离开了大陆”；文中妓女小萼在劳动营改造时的称呼“八号”（为其在劳工营中的编号），被译者翻译为具有侮辱性的“没用的东西”。

除了在语义层面上与原文有一定偏差，在形式层面上，《妻妾成群》和《红粉》的法译本也并没有尊重和保留原文的形式特征。这两个文本的形式特殊性主要体现在三个方面。第一，苏童在行文中取消了人物对话的标点符号，使得小说人物与叙述融为一体，在阅读和感官体味上更为流畅；第二，他大量使用句号，而不是具有强烈感情色彩的感叹号，以一种零点的情感状态、尽量不动声色的态度进行叙述；第三，他大量地运用长句、长段以控制小说的节奏，小说的叙述语调平缓从容，不动声色，形成舒缓沉静的叙述风格。然而在《妻妾成群》和《红粉》的法译本中，苏童采用的这些特殊的语言叙述手段无一幸免地遭到消解：人物对话全部加上了引号，且采用一般的对话体排列与叙述语言脱离开来；感叹号被大量使用，用以替代对话结尾没有感情色彩的句号；很多长句、长段被切割，原文的叙述节奏被破坏。

我们可以通过下面这个译例来对比一下经过译者的处理后，译文与原文在审美效果上的差别：

**原文：**

说着就又说到了卓云，梅珊咬牙切齿地骂，她那一身贱肉反正是跟着老爷抖你看她抖得多欢恨不得去舔他的屁眼说又甜又香她以为她能兴风作浪看我什么时候狠狠治她一下叫她又哭爹又喊娘。

**译文：**

说着就又说到了卓云，梅珊马上就恨得脸色发白，骂道：“这个该死的女人老爷叫她干什么她就能干什么！我太清楚她为了拍马屁能做出什么样的事情！她都能舔他的屁股说又甜又香。她以为她能兴风作浪！看我什么时候治她一下。到时候叫她又哭爹又喊娘！”

这个在《妻妾成群》中堪称经典的句子原本是苏童风格最好的标签，然而原文的突破常规在译文中变成了平淡无奇，原文的一泻千里在译文中则变成了最为老套的泼妇骂街。在这样的译文中，相信人们已经很难看到苏童之为苏童的东西，它可以出自任何一个作者之手。

## 二、导致译本不忠实的因素

《妻妾成群》和《红粉》中出现的翻译问题首先当然和译者的外语水平和翻译态度有着密切的关系。特别是《红粉》中频繁出现的语义理解错误，暴露出译者中文功底欠佳、对中国的历史文化了解得不够深入。一个值得讨论的问题是，为什么在中国当代文学作品的翻译中会出现一些汉语素质和翻译素质不过硬的译者操刀上阵的现象，而一些错误频出的译文又为什么能够得以顺利出版。《妻妾成群》和《红粉》的法译本诞生于20世纪90年代前期，正是从这一时期开始，法国对中国当代文学的译介渐入高潮。虽然法国拥有一批专事汉语文学研究的汉学家，他们也的确成为中国当代文学翻译的中坚力量，但他们的人数相当有限，而且他们身兼教学、研究、翻译、编辑等多重任务，难免精力有限。因此在中国当代文学在法国翻译出版的快速发展时期，也就出现了翻译队伍鱼龙混杂的现象。很多法国出版社在起用了翻译水平欠佳的译者匆忙上阵之后，并没有配备精通中文的专职人员进行校译，对翻译质量进行把关，而只对译文稍加润色，因此译文的忠实性完全取决于译者的翻译态度和翻译水平。有时为了赶时应景，出版社给予译者的翻译时间也十分有限，例如《妻妾成群》和《红粉》都是在改编电影获奖不久后就匆匆上市。近年来，很多法国出版社都力求反映中国当代文学的最新动态，法译本的发表时间与原作的发表时间往往只相隔一两年，出版社求新求快，翻译时间紧，质量难以得到保证。

如果说汉语水平的限制、文化知识的缺失以及翻译过程的仓促造成了《妻妾成群》和《红粉》的译者对原文的不忠实，这并非出于译者的主观意愿。我们更为关注的现象是，为什么译者在语义理解并无障碍，可以采取“忠实于”原文的译文时，却不将译文的忠实性放在第一位，转而采用与原文明显偏离的译文。在这种有意识的翻译行为背后，隐藏的是译者的文化心态和固有的思维方式，以及译语国对原语国文学文化的接受倾向。从《妻妾成群》的译者将“人丁”翻译为“儿子”，将“奸夫淫妇”简化为“淫妇”的行为中我们不难看出，译者的处理意在强调旧时代中国男尊女卑的现象以及中国女性在封建制度下所遭受的摧残和压迫。而事实上作者是在以一个冷静的旁观者的姿态进行一种较为温和的中性叙事。如果说揭露和批判封建制度对中国女性的迫害是《妻妾成群》的教化功能之一，它仅仅是不为作者所看重的附加功能，作者的终极指向是以“女人”的命运来展现“人”的命运。译者对原文的改动与其说是在强化小说的主旨，不如说是在表现自身的主观批判和指向性。决定译者这一翻译行为的是西方思维主导下对中国封建社会遥远的集体想象，以及从西方人权观和女性解放观出发对中国女性问题的诠释。

在《红粉》中，原文的中性叙事被译者赋予了政治色彩。“离开本地”之所以变成“离开大陆”，是因为在译者看来，像鸨母这样的角色，在新中国一定无容身之处，离开大陆是她们免受迫害、继续生存的唯一选择。而小萼在劳动营中的编号“八号”之所以被翻译为“没用的东西”，意在突出代表新政权的劳动营士兵对妓女小萼的厌恶，以及小萼在劳动营生活的悲惨。译者的这些改动，人为夸大甚至扭曲了原本作为背景的、次要性的历史因素，使得小说情节充满了政治斗争的意味，而这正是法国社会主流意识形态的偏见所致。确实，如有的学者指出的那样，“译介是以文学文化双向交流为背景而展开的。就中法文学交流个案而言，输出国与接受国之间的文化、社会、政治交流以及关系对译介活动产生决定性影响。每一个大的政治文化事件，对于翻译的选择和文本的阐释与接受无不产生重要影响”。[1]译者作为译语国文化空间内的一员，他的翻译行为不可避免地受制于译语国的主流意识形态和价值取向。它们造成了《妻妾成群》和《红粉》的译者对原文的有倾向性的诠释，进而偏离了翻译所要求的“忠实性”原则。这种现象不仅存在于苏童作品的翻译上，同样也出现在其他当代中国作家的译本中，例如在莫言的《红高粱》中有这样一段自白：

> 我曾经对高密东北乡极端热爱，曾经对高密东北乡极端仇恨，长大后努力学习马克思主义，我终于悟到：高密东北乡无疑是地球上最美丽最丑陋、最超脱最世俗、最圣洁最龌龊、最英雄好汉最王八蛋、最能喝酒最能爱的地方。

---

1　高方：《从翻译批评看中国现代文学在法国的译介与接受》，《外语教学》，2009年第1期，第102页。

在《红高粱》的法译本中，这段文字中的对比和排比要素一一得以呈现，唯独“长大后努力学习马克思主义”被删除了。另一个典型的例子是作者在描述“我奶奶”时写道：“她老人家不仅仅是抗日的英雄，也是个性解放的先驱，妇女自立的典范。”而在译文中“个性解放的先驱”变成了令人错愕的“性解放的先驱”。译者将一个明显脱离了“我奶奶”身处的时代背景和中国社会道德观念的西方概念不恰当地运用在了译文中。

译者的翻译行为首先是他作为读者对原作的一种阐释行为，这种阐释既具有个人性又具有集体性，它在一定程度上反映着译语国整体对原语国文学文化的阐释和接受倾向。从《妻妾成群》和《红粉》的译者对原文有意识的偏离行为中我们可以看到，译者对于苏童作品中存在的社会因素、历史因素、政治因素较为敏感，在面对这些因素时，他们不是从小说的文本内因素和原语国的社会文化背景出发，而是从本国主流社会价值观和意识形态出发对原文进行阐释。这种阐释倾向导致了译者对原作理解的狭隘化，即人为强化了原作的社会批判性和意识形态的指向性，忽略了作品的超越性和普世性。实际上译者的这种阐释倾向也在阅读译本的法国读者身上得到了呼应。在法国各界对《妻妾成群》和《红粉》的评论中，得到凸显的往往是小说中的“女性”和“中国性”因素，而并非是普遍的人性因素。《妻妾成群》被解读为在封建制度下，四个女人为争夺男主人的宠爱而上演的一幕你死我活、尔虞我诈的女性悲剧。《红粉》则被认为表现了毛泽东时代女性欲望所受到的压抑，而在作者所塑造的女性形象的背后还可以看到当代中国的图景。[1]苏童所强调的是“我把女人当成男人来写”[2]，“在写作时，我试图摆脱一种写作惯性，小心地把‘人’的面貌从时代和社会标签的覆盖下剥离出来。我更多的是讲人的故事”。[3]而包括译者在内的大部分法国读者对苏童作品的解读显然是与他的初衷背道而驰的。一部完整的文学作品必然是形式上的审美性和内容上的思想性的有机结合，如果说法国译者由于意识形态因素在苏童小说的思想性的阐释和传达上偏离了忠实性原则，那么译者对于原作审美形式的消解又是出于什么原因呢？事实上，苏童所采取的特殊叙事手段并非无法移译到法语之中，取消人物对话的标点符号不论是在汉语中还是在法语中都是一种反常规的做法，这种叙述手段在移译到法语中后所产生的“陌生化”效果

---

1　参见杭零、许钧：《对于苏童的小说，历史只是一件外衣——苏童小说在法国的翻译与接受》，《文汇报》，2007年3月4日。

2　苏童、王宏图：《苏童王宏图对话录》，苏州大学出版社，2003年，第64页。

3　周新民、苏童：《打开人性的皱折——苏童访谈录》，《小说评论》，2004年第2期。

与在汉语中的效果几乎是一致的，而法语中对句号的运用和段落的划分与汉语也并无太大差异。对于从事文学翻译的译者来说，在移译原作的形式特征时没有遇到语言差异造成的阻碍应该是一件难得的幸事，但《妻妾成群》和《红粉》的译者却并不领情。当然这可能与译者的文学素养和翻译观有关：一是文学敏感度较低，也许译者没有意识到原作在形式上的特殊性；二是文学翻译观有所偏颇，虽然译者意识到了原作在形式上的特殊性，但是没有认识到形式的移译在文学翻译中的重要性。除此之外，实际上还存在第三种可能性，那就是译者为了服务于自身或"赞助人"(可以是个体、团体或一种制度，如宗教组织、政党、出版商、大众传媒等)的某种特殊的翻译目的而放弃了对形式的移译，这种放弃可能是主动的，也可能是不得已的。

《米》的译者诺埃尔·杜特莱在谈到苏童小说中的形式特征时曾这样写道："在形式方面，苏童将对话融于叙述之中，没有使用引号将其明显地标示出来，有时会令人难以分辨这些话是出自对话还是人物的内心独白。英文版保留了这种手法，而遗憾的是法国出版社并没有这样做。"[1]从杜特莱的一席话中我们可以读到这样一个讯息，那就是他在翻译过程中被迫放弃了对原作形式特殊性的移译，这种放弃是为了满足出版社的某种翻译取向。我们不知道在《妻妾成群》和《红粉》的翻译中主导了译文的形式取向的是译者还是出版社，但其中显然存在着和《米》的出版者相似的翻译动机和倾向。

从苏童在法国译介的作品中我们可以发现，法国译介者选择的大都是被改编为电影的小说，一般的中国当代小说销量都十分有限，而与电影相关联的小说则可以达到相对较高的销量。虽然《妻妾成群》和《红粉》是严肃的纯文学作品，但由于它们与电影的密切关系使得法国译介者从它们身上看到了一定的商业价值，因此他们的译介行为并非是出于较为纯粹的文学审美的目的，其中掺杂着较多的商业因素。这种翻译动机导致了他们在翻译中采取了读者取向而非作者取向，即强调译文对于法国读者的可接受性，忽略译文对原文的忠实性。《妻妾成群》和《红粉》的译本中对原文形式因素的取消无疑能够减少读者的阅读障碍，使作品更加浅析化，可读性、故事性进一步增强。为了迎合法国大众的阅读习惯和阅读口味，获得更好的商业效果，对原作在文学审美层面上的独特性的牺牲也就成了译介者顺理成章的选择。

《妻妾成群》和《红粉》的译介者的心态在法国翻译界和出版界具有相当的代表性。在法国翻译出版的中国当代文学作品，一部分是由于其文学品

1 Noël Dutrait, *Petit précis à l'usage de l'amateur de littérature chinoise contemporaine*, Arles, Philippe Picquier, 2002, p.74.

质和创新独到之处而受到译介者(主要是汉学家)的青睐,在这种翻译行为中译介者的目的主要在于反映中国当代文学特有的活力和创造力,促进法国社会对中国当代文学的了解,但这些作品的销量往往十分有限;另一部分作品则是因为在商业上的成功或社会上的轰动效应而引起译介者的关注,例如获奖电影的原本小说或是在中国引起巨大争议,能够刺激法国公众神经,颠覆西方人对中国的传统印象的作品,在这种翻译行为中译介者追求的更多的是一种短期的商业效应。因此当一部中国当代文学作品成为第二种翻译对象时,它所具有的文学审美特性在译介者的眼中是一个较为次要的因素,当这种特性不利于作品在大众中的传播和接受时,它往往会被译介者消解。

## 三、译本与中国当代文学的接受

《妻妾成群》和《红粉》的译本中出现的种种不忠实现象是否影响到了苏童在法国的接受?如果说从原本到译本的文本内关系上我们可以批评这些译本违背了翻译的忠实性,然而从文本外的角度来看,《妻妾成群》法译本几万册的销量和如今苏童在法国的知名度却让我们很难对这些译本有所指摘——它们似乎并没有为苏童在法国的接受增添阻碍。事实上要解释这一现象,我们还要回溯到《妻妾成群》和《红粉》的译本中出现不忠实现象的原因。法国译者和出版者对译文在语义层面和形式层面所做的有意识的改动,一方面是源于法国社会的主流意识形态和固有思维方式,另一方面则是出于对法国大众的阅读取向和阅读心理的揣测和迎合。因此,译本在走向偏离原作的方向的同时,实际上趋近了目标译语读者的思维形态和阅读需求,对于他们而言具有较高的可接受性。

《妻妾成群》和《红粉》的译本似乎在某种意义上促进了苏童作品在法国主流社会的传播和作家声誉的建立,但这其中却不无负面效应。首先,译介者对原文中形式特殊性的取消,使得苏童具有独创性的、标志性的语言风格无法在译作中得以完整呈现,在这样的前提下,法国读者对于苏童作品的审美特质的体认必然是不完全的,对于苏童作为一名作家的文学品格的了解和理解必然是片面的、有欠深入的。其次,译者对小说中的中性内容进行意识形态化的解读,人为放大作为背景的社会、政治因素的行为,加强了小说的地域性和现实指向性,诱导法国读者调用自身有关中国政治历史的固有观念对小说立意进行狭隘化的阐释,而不是从个人的生存境遇出发进入小说的超验层次,因此苏童小说的思想穿透力也难以在法国文化语境下得到有力释放。可以说《妻妾成群》和《红粉》的法译本在让苏童走入法国读者中间的同时，在一定程度上是以牺牲作家完整、真实的文学形象为代价的。事实上，这种类型的译本不仅对某一个作家的文学形象埋下伤害，在更广大的层面上对于中国当代文学和文化的传播也造成了隐患。因为在这样的译本中，译介者是以一种自我中心主义的姿态对原文进行诠释和取舍，他们着重保留的是那些可以引起法国公众兴趣的异国情调元素，而不是那些具有异质性的文学特征；他们站在法国主流意识形态的立场上对原文中的社会政治因素进行过度诠释，而不是客观地反映作者的中性立场。这种译介行为首先没有将中国当代文学作品的文学性作为首要的译介出发点，无助于法国读者以一种文学审美的心态来看待中国当代文学作品；同时它强化了，而不是修正了法国社会原有的文化思维方式和民族集体想象。若是以这样的译本为基础，那些进入法国文学、文化系统的中国当代文学作品并非是作为一种外来的丰富性因素，而是作为服务于法国文化定式的固化因素，它们没有将异质性的文学文化因素带入法国文化空间，而是无条件地接受“他者”对“我”的文化定位，这无疑对尊重、交流与沟通的翻译本质是有背离的。

《妻妾成群》和《红粉》中存在的翻译问题提醒我们，在中国当代文学的对外译介中，我们不能仅仅关注被译介这一事实，还要关注翻译得怎么样，因为译本的质量直接关系到作家文学形象的建立和中国当代文学面貌的真实呈现。同时我们不能仅仅从译本是否获得了较好的销量和广泛的传播这一表象来判断译本的良莠和译语读者对作品的接受，因为一种看似认同的接受态度背后隐藏的可能是民族中心主义。中国当代文学的译介需要的不是那些在译语国社会意识形态和文化定式的操控下被“改写”的畅销译本，而是以充分尊重原作的文学文化特质为前提，寻求原作的异质性和译语国读者的可接受性之间的平衡点的译本。那么什么样的译者有可能创造出这样的译本？首先，毋庸置疑的是译者必须具备良好的中文及母语功底和足够的文学敏感性；其次，译者（以及出版者）必须是以文学性作为翻译作品的选择标准和译本创造的第一要旨；再次，译者必须站在具有开放性的、相对客观的文化交流的立场上开展文学翻译活动。

如果一位中国作家能够从译者素质、翻译动机和翻译立场三个方面对自己的译介者加以选择，那么即使他并不精通外语，也能够在相当的程度上保证自己作品的译本所具有的忠实性，从而维护自己在某一国家的文学形象。实际上，一些在法国得到系统译介的中国作家已经找到了值得信任的、长期合作的译介者。例如余华和池莉的合作对象为南方文献的何碧玉，莫言的合作对象为瑟伊出版社以及汉学家杜特莱、尚德兰，王蒙的合作对象为中国蓝出版社以及汉学家傅玉霜。我们发现，那些能够和作家保持良好互动并创造出较高质量译本的往往是从事中国文学研究的汉学家。首先，除了具备较高的翻译素质，这些汉学家在翻译动机和翻译立场上也区别于一般译者。他们的翻译活动往往是文学研究活动的延伸，所翻译的作家都是自身在研究中国当代文学的过程中特别关注和欣赏的对象，因此他们对作者的文学观高度认同，对其文学特质有着深刻的把握，原作的文学要素是他们的翻译活动所要努力传达的首要因素。其次，汉学家的文化视野较为宽阔，对中国社会的认知相比普通法国公众更为全面、准确，在面对文本中的社会政治因素时，他们能够与法国社会的主流意识形态保持一定距离，部分地克服本民族的文化偏见，从而保持相对客观的翻译态度。这些汉学家的译本为中国作家在法国的接受奠定了良好的基础，例如余华的《兄弟》和莫言的《丰乳肥臀》在法国所取得的反响就与汉学家何碧玉、安必诺以及杜特莱夫妇精良的译本不无关系。随着西方世界对中国当代文学的关注越来越多，很多中国作家都同时引起了数家国外出版社的注意，此时选择一个能够对自己的文学形象负责的译介者就成了一个十分关键的问题。出版余华作品的南方文献在法国并不是一家声誉显赫的大型出版社，但余华在面对其他更为知名、在法国读者中更具品牌效应的出版社的邀约时仍然选择与南方文献继续合作，这表明他充分意识到何碧玉这样一个尊重和理解他的文学思想品格、重视翻译的忠实性的译介者对于他的文学形象塑造的重要性，而他的选择也无疑是明智的。

遗憾的是，苏童虽然是在法国得到译介最多的作家之一，却并没有像上述那些作家一样，拥有一个充分了解并尊重其文学特质的译者和对其创作进行系统译介的出版社。法国汉学家安妮·居里安在谈到法国新小说对中国当代文学的影响时说道："虽然新小说较晚被翻译到中国，但它产生了巨大的精神影响。例如萨罗特、罗伯-格里耶，他们的理论著作和小说都被翻译成中文，并且得到广泛讨论。像《古典爱情》和《在细雨中呼喊》的作者余华，以及电影《大红灯笼高高挂》小说原本的作者苏童，他们在新小说技巧的影响下开辟了一条新的道路，打破了叙述的线性，采用多视角的写作。"[1]在安妮·居里安的描述中，苏童是一个具有实验精神，在叙述技巧上有独特追求的作家。可惜的是，这样的解读并没有得到苏童的译介者的普遍认同。一个

1 Alain Nicola, "Littérature chinoise: des archipels pour un continent, Lettres de Chine, entretien avec Annie Curien, sinologue et traductrice," *l'Humanité hebdo*, le 20 mars 2004.

忠实于原作的文学思想特性的译本可能并不能完全扭转法国读者在阅读苏童作品时沉醉于富有异国情调的意象的倾向，也不能即刻改变法国读者阅读中国当代文学作品时怀抱的社会、政治猎奇心理，但翻译不应服务于某种既有的文学和文化偏见，而应致力于促进不同文学文化形态之间的相互了解和尊重。不论是文学文化交流中偏见的消除还是对翻译中所包含的异质文学文化因素的接纳都并非一朝一夕，但至少我们可以做到，也应该做到的是维护翻译传递我们不同于西方既有体系的文学文化特质的权利。

# 苏童《米》译文中的意象流变与审美价值重构

/ 李梓铭

意象是文学叙事的重要组成部分。关于“意象”概念，韦勒克和沃伦在《文学理论》(*Theory of Literature*)中将其定义为“一个既属于心理学，又属于文学研究的题目。在心理学中，‘意象’一词表示有关过去的感受或知觉上的经验在心中的重现或回忆”。[1]中国古典文论也有关于意象的解释，《周易·系辞上》中提出“书不尽言，言不尽意”，子曰“圣人立象以尽意”。“言”“意”“象”之间辩证关系的讨论奠定了中国诗学“意在象外”的哲学基础。简而言之，意象是寓“主观”情感于“客观物象”中，是主观情感与客观具象的统一。朱光潜眼中的美与意象构成基本相似，他认为“美中要有人情也要有物理，二者缺一不能见出美来”。[2]美的本质也是“人情”与“物理”的有机结合，与意象的“意”与“象”的统一相似，都是主客观的情物融合。可以说，意象的产生过程伴随着审美艺术的实现，即“美在意象”。“审美意象所含的意蕴性和使意蕴性存活的艺术性，互相依存，互为表里……一定的意蕴性必须通过一定的艺术性，其中包括一定的艺术形式、艺术手段和艺术技巧，才能栩栩如生地表现出来；一定的艺术性一般都要体现一定的意蕴性，才具有实际的审美价值。”[3]换言之，创作主体通过语言艺术营造的审美意象蕴含着主题意蕴，这一过程也是作品艺术审美价值的实现过程。

“古诗之妙，专求意象。”中国古诗中意象的沉淀、浸染、泛化使营造意象成为中国文人集体无意识的审美追求。20世纪80年代以来，先锋作家在语言实验、小说观念，尤其是叙事艺术方面的探索使中国当代小说呈现出独特的美学品质。李陀在《意象的激流》一文中感叹道：“这是一些什么样的美学特征呢？那就是意象的营造，就是在现代小说的水平上恢复意象这样一种传统的美学意识，就是从意象的营造入手，试图在小说创作中建设一种充满现

1 勒内·韦勒克，奥斯汀·沃伦.文学理论［M］.南京：江苏教育出版社，2005：211.

2 朱光潜.论美［M］.北京：北京大学出版社，2008：76.

3 郝孚逸，张居华.美与艺术审美价值［M］.兰州：甘肃人民出版社，1989：115.

代意识的中国作风和中国气派。”[1]在当代先锋作家中，“苏童的小说是具有鲜明个性的意象小说……而意象小说则是现代的诗化小说。当苏童按照意象的审美方式来进行小说实验时，便形成了他独特的叙述文体”。[2]苏童在创作中表现的自觉形式感和文体意识，使意象叙述蕴含着审美艺术和主题寓意，这是将中国传统小说的诗美学余韵，融合于20世纪现代叙事与修辞策略的艺术理念的具体呈现，同时反映出中国当代小说20世纪八九十年代的生态面貌。

## 一、译介过程中《米》的意象流变

富有“米雕”之称的《米》是苏童意象化小说的经典之作。苏童整合了“米、棉花、洪水、工业的黑色烟雾、火车”等零散意象，使之成为故事发展的线索，带动着情节叙述的展开，勾勒出主人公五龙逃亡/还乡，求生/死亡的故事情节，由此呈现出人性的异化以及精神追寻的虚无主义。然而，这些典型的意象叙述在英语世界里是如何传递的，审美艺术效果怎样？又是如何被异域文化读者所解读的呢？这对拓展苏童小说在域外文化的传播和研究有何作用？若要回答这些问题，我们有必要重新探究苏童小说《米》英文本中的意象世界。

“文化意象大多凝聚着各个民族的智慧和历史文化的结晶，其中相当一部分文化意象还与各个民族的传说，以及各个民族初民时期的图腾崇拜有密切的关系。”[3]《米》中“水”以及“五龙”也暗含着深厚的文化隐喻。龙，是中华民族的文化图腾。它虽然至高无上、呼风唤雨、无所不能，却神秘莫测、令人敬畏。在中国传统文化中，龙，象征着威严、神秘、崇高和权力。无所不能的“龙”一旦离开生育它、养育它的“水”就变成了“无水之龙”。无根无源的龙狂躁易怒、作恶多端、堕落腐化成“亢龙”。《文心雕虫》中讲述：作恶多端的“亢龙”被还原成虫形，坠于万劫不复之地。五龙就如同这只逃离“洪灾”故乡的无水之龙，在冰冷的城市里迷失自我，异化成无恶不作的“亢龙”，退化为痴恋“米”的蛀虫，最终沾染脏病，浑身溃烂，孤独悲惨地死去。“五龙”直接译为Five Dragons。从词源学角度来看，英语中的dragon一词可追溯到13世纪，源自拉丁语中的draconem。在西方文化中，dragon是传说中的一种

1　李陀.意象的激流［J］.文艺研究，1986（3）：52—55.
2　王干，费振钟.苏童：在意象的河流里沉浮［J］.上海文学，1988（1）：73—76.
3　谢天振.译介学导论［M］.北京：北京大学出版社，2007：102.

巨兽，通常出现在各种文学、艺术作品以及建筑、纪念物中。它长着巨大的翅膀，拥有强大的力量及超人的魔法，是力量与神圣的象征，但基督教中的“龙”则是邪恶的代名词。西方圣徒或英雄传说中描写与dragon搏斗时，dragon往往最后被杀死，正义终究战胜邪恶，如英国古代英雄史诗《贝奥武甫》、德国古代英雄史诗《尼伯龙根之歌》等。苏童小说《米》的主人公五龙的人性异化意象，恰好切合西方认知图式里“龙”的象征。因此，这种意象的直接呈现，让英文读者能够感受到文本散发出的残暴、腐朽、死亡的气息。

苏童凭借丰富的想象力将作品主题浓缩成了一个具有强大凝聚力的意象——“米”，它不仅是小说的题目，更是文本的中心意象。米，是五龙精神世界的图腾，是他终其一生追求的梦想，也是滋生邪恶、悲剧式人生的根源。从被人踩在脚下到无恶不作、染病而死的一生，五龙始终不放弃的是对凝聚着祖先几千年精血——“米”的狂热追求和占有，可以说，人性的原欲追求达到了极致。rice一词的英语文化寓意与汉语文化有着相似的意象。英语中关于rice的谚语有很多，如Talk does not cook rice（纸上谈兵，笔者译），rice在此处乃是万物之源，万事之根本的含义。“米”在译文中多数以rice方式直接呈现。强大的中心意象辐射其他种种意象，从而引发读者内心的节奏反射，由此产生了对人生追求的想象力。“那种推动我们自己的情感活动起来的力，与那些作用于整个宇宙的普遍性的力，实际上是同一种力。”[1]这种心物同形，无疑打通了中西读者的主观认知与客观世界之间的隔阂，对人生终极意义的追寻使英语世界的读者与中国读者的阅读感受和期待视野形成共鸣之势。

苏童小说《米》中的“米”“五龙”等意象直接移注到译文里，说明中西方意象认知图式的相通性在话语生成中的共享，这也无疑保留了原文审美意象所孕育的主题意蕴。然而，“在跨文化交流与影响中，两种异质文化——外来文化、文学与本土文化、文学必然相与碰撞、冲突与激荡，其结果是外来文化不可能原封不动地与本土文化相与共存、取熔相化；而只能是为本土文化、文学所改铸、变形和融入”。[2]小说《米》中个别意象毫无例外在译介过程中遭遇了冲突、碰撞、扭曲，甚至变形。原文中的一段景物描写在语言、文化层面或多或少地出现了流失、变异现象：

> 城市对于他们是一口无边无际的巨大的棺椁，它打开了棺盖，冒着工业的黑色烟雾，散发着女人脂粉的香气和下体隐秘的气息，堆满了金

1　鲁道夫·阿恩海姆.艺术与视知觉［M］.北京：中国社会科学出版社，1985：625.
2　奚永吉.文学翻译比较美学［M］.武汉：湖北教育出版社，2001：78—79.

银财宝和锦衣玉食，它长出一只无形然而充满腕力的手，将那些沿街徘徊的人拉进它冰凉的深不可测的怀抱。[1]

For them the city is a gigantic coffin that emits thick black industrial smoke, scented powder, and the hidden odor of women's sex as soon as the lid is raised. An arm, shapeless yet limber and powerful, grows out of the coffin, which contains gold and silver, fancy clothes and delicacies. The arm reaches into the streets and alleys to drag wanderers into the cold depths. [2]

苏童“小说也展现了颇为花哨颇为新奇的结构形式，以一种繁复的意象叠加方式来强化小说的信息量和情绪化”。[3]苏童巧妙的意象叠加叙事，扩展了文本的内涵和张力。

译介过程中，这些庞大的感官意象群在语言和文化层面上发生碰撞，或消弭或以更强劲的姿态出现。“由于认知对于语言投射作用，意象图式往往转化为语言制约意象编码的规约化方式，并呈现出语言的差异性。”[4]“工业的黑色烟雾”（thick black industrial smoke，笔者回译：工业的黑色浓烟雾）译文中增补“浓”（thick）来增强烟雾的浓度，此处意象的变形增强了文本所传达的审美感染力。因为“意象产生于对直接经验和感性知识的认知加工。直接感性经验，如来自自然、社会、文化、人类自身等诸多体验，在大脑中经过格式塔心理组合、抽象、加框等认知过程而形成，同时具有图像性和抽象性的图式意象。由于意象和体验的紧密联系，而绝大多数体验是由文化构建成的体验，因此文化性体验不可避免地制约着意象，形成文化意象”。[5]18、19世纪的欧洲经历过工业大革命，那时城市里到处浓烟蔽日、乌烟滚滚，资本主义国家为了追求高额利润，加快生产步伐，不惜牺牲环境来换取经济的迅速发展，这种亲身的体验必然深深地印在目的地读者脑海中，相似的经历很容易唤起他们的深刻记忆，满足目的语读者的阅读期待。“下体隐秘的气息”（the hidden odor of women's sex，笔者回译：女人的性的隐秘气息）苏童用“下体”隐晦地表达“女人的阴部”，留给读者无限的想象空间，英文有对等的隐性表达如women's private parts。然而，sex这种显性化的表达方式弱化了原文的模糊

1　苏童．米［M］．上海：上海文艺出版社，2008：206.

2　Su Tong. Rice[M]. Translated by Howard Goldblatt, Penguin Books, 1996: 241.

3　王干．苏童意象［J］．花城，1992（6）：198—210.

4　谭业升．意象编码的语言差异与翻译［J］．中国翻译，2003（4）：18—22.

5　冷慧，董广才，李亚男．认知语篇分析的文化语言学视角［J］．辽宁师范大学学报：社会科学版，2010，33（1）：95—99.

美，没有给读者阅读空间“留白”，破坏了想象空间的延伸性。另外，“冰凉的深不可测的怀抱”（the cold depths，笔者回译：冰凉的深不可测的）英文中省略“怀抱”一词，将其抽象化，这是英语语言表达方式所致。“当图式共相明显时，两种语言的语法构式，可以在共有的图式概念系统中互相衔接，意象转换可以顺利进行。当图式共相不明显时，两种语言的语法构式无法找到共有的图式概念系统，这时识解转换就发挥作用，对此进行修补。”[1]“下体”“怀抱”等意象传递的流失，使英文读者对于城市中肮脏病态的认知以及人与人之间的冷漠关系的体味有所稀释。但丁曾说过：“原文中诗的光芒在翻译中消失。”（笔者译：the poetic glimmer of the original is lost in translation——Dante）[2]美国诗人罗伯特·弗罗斯特也有同感，他说：“诗意乃翻译时从散文和诗中消失的那种东西。”曹明伦译：It (poetry) is that which is lost out of both prose and verse in translation。[3]小说《米》是典型的意象小说，苏童细腻、含义隽永的诗性化语言使作品充满着唯美的气息。原文意象在译介过程中失落、磨损的部分，正是目的语无法重现原文深度的表现。译者葛浩文根据目的语的语言规约和文化背景对原文进行改写，也是原文审美价值被解构之后的重构过程。原文经过译介，就如同“此生”经过“奈何桥”，褪去“旧的肉身”，“灵魂”附着在“新皮囊”进入崭新的世界，译文就是原文的“来世”。无论“新皮囊”是否完美抑或残缺，前生与来世的灵魂是同一的、完整的。所以我们说，苏童小说《米》经过译介，以一种新的面貌、新的姿态出现在世界文学之中，无论语言如何变化，小说的精髓、主题意蕴、作者风格是唯一的、独有的。译者葛浩文可以说是奈何桥上的孟婆，帮助苏童小说进入新的文学领域，使其焕发出新的生命力，延续其审美价值、文学价值。

## 二、《米》在异域文化接受过程中的审美价值重构

英语读者根据自身的阅读习惯、阅读期待，以一种崭新的异域视角，解读小说《米》中的文学价值和审美价值。1995年美国威廉·莫罗出版社发行的英文版《米》，封面三中这样写道：“苏童的作品中流淌着巴尔扎克和左拉的

1 陈吉荣.认知翻译研究的可贵探索——评《跨越语言的识解：翻译的认知语言学探索》[J].中国翻译，2010（5）：25—28.

2 Schulte, Rainer & John Biguenet. Theories of Translation: An Anthology of Essays from Dryden to Derrida[C]. Chicago: Chicago University Press 1992: 14.

3 Poirier, Richard & Mark Richardson. Robert Frost/Collected Poems, Prose and Plays[Z]. New York: Literary Classics of the United States, Inc., 1995: 856.

精神余脉。”这种跨文体和跨语言的比较文学研究，呈现出苏童作品与世界级不同国度文学大师的著作一样具有人类普遍性价值。在美国著名汉学家金介甫看来，“苏童的史诗般作品《米》(*Rice*)，描写了主人公迷恋暴力复仇和堕落，是一个反面的霍拉休·艾尔格式的故事”。[1]（霍拉休·艾尔格是一个实现了“美国梦”，也鼓吹“美国梦”的作家。）海外学者将苏童与不同国别、不同时代、不同风格的世界文学大师相提并论，无疑确立了以苏童为代表的中国当代作家在世界文学中的地位和创作品质。这也让我们想起了德国接受理论家狄特里希·克鲁彻的话：“在阅读过程中，读者通常所读的是他想要读的东西，换句话说，他总是期待用作品中出现的东西去证实他经验中已有的东西。”[2]可见，读者总是以自己的阅读习惯、审美情趣为参照来欣赏文学作品，从中发现自己熟悉的人和事，从而产生某种联想和情感的共鸣，这是一种自我发现、自我实现的过程。另外，从“他者”的评论中，我们读出了小说《米》本身具有的开放性和世界性的价值，这种审美价值只有在异域文化的接受传播中才能够“苏醒”“复活”，并将大放光彩。

《米》的英文版出现以后，英语世界具有较高知名度的报纸或学者给予很多赞誉。金介甫将《米》置于世界文学、比较文学的背景下，解读其中的审美意象及蕴含的主题意蕴。他在《今日世界文学》中写道：“欲望是小说的意象中心——吃的欲望、性的欲望、主宰他人（尤其是女人）命运的欲望、死的欲望，所有这一切《米》都可以满足。米，可以掩盖尸体，也可以将人闷死在米堆里。米，是主人公五龙的膜拜神物。逃离洪水的故乡，五龙辗转来到陌生城市的一个米店求生。在中国传统文化里，米商是亦正亦邪的悲剧式人物：他既是引领我们通向没有饥饿天堂的信使，又是堕落颓废的恶魔化身，这种形象暗合了西方中世纪基督徒对商人的想象。五龙对‘米’的痴迷达到极致的病态程度：他以生米为食，喜欢睡在米垛上，有着与女人交欢后将米粒放入子宫里的怪癖。《米》同中国佳作《骆驼祥子》、美国名著《飘》一样将成为令人瞩目的畅销书籍。我们的五龙终将逃离贫困，战胜穷苦，将饥饿埋葬在子宫里……在他生命的尽头，五龙带着一火车米返乡，由此说明五龙最终解决了‘米’的问题。”[3]

将米放入女人子宫里，甚至逼迫妓女吃生米的这些情节描写，国内很

---

1　金介甫．中国文学（1949—1999）的英译本出版情况述评［M］．思想的时差——海外学者论中国当代文学．北京：北京大学出版社，2013：20.

2　章国锋．文学批评的新范式——接受美学［M］．海口：海南出版社，1993：50.

3　Kinkley, Jeffrey C. Rice[J]. World Literature Today, Mar 22, 1996.

多学者认为是一种变态行为，苏童自己也承认此处叙述有失偏颇，但是海外汉学家给出不同的理解，美国威斯康星大学麦迪逊分校博士生桑禀华在其博士论文《20世纪中国小说里的命运和自由意志》(*Fate and Free Will in Twentieth-century Chinese Fiction*)中指出："这种残忍的性虐行为也许是五龙无意识地借用米来填满原始欲望后的空虚。驱使五龙如此行为的根源不是性或获得快感的需要，而是一种侵入式行为，是将自己意愿强加于女人，迫使她们与自己同样感受到痛苦的强迫症心理。这种强加于他人的痛苦也许能够补偿自身情感的虚无，但确实是一种反抗内心深处恐惧心理的堕落表征。"[1]

海外华人学者王德威从苏童写作的发生视角讨论了人性欲望的叙事动机，他说："《米》是联系苏童城与乡想象的最佳范例……枫杨树老家坐落在江北，五龙欲望的原乡却总是'南向'的。回到前述的南方想象我们还要说五龙这样的角色哪里能再还乡？他的意识只能追随深不可测的欲望，不断'南下'，堕落至最原始的无名也无明之地，而死亡的威胁与诱惑早已随侍在侧。"[2]美国著名诗人、作家凯利·彻丽(Kelly Cherry)从哲学视角阐释《米》所表现的主题主旨，并在《洛杉矶时报》写下了满腹赞誉的书评，在她看来苏童小说《米》是"'存在'与'虚无'：第一部探索人类'苦难'的小说"。凯利挖掘出作品虚构与真实之间的文学张力，她说："苏童放逐着五龙的命运：一个孤儿逃离遭遇洪水的枫杨树故乡来到城市，仅仅怀着这样一个简单的梦想：那里有'米'可以充饥，可以逃离死亡。所以，千方百计占有'米'，成为五龙的行为准则，这个想法最终也操纵着他的命运。对于五龙来说，'米'就是世界，世界就是'米'。然而我们知道，'米'本身是一粒种子，象征着希望，孕育着充盈丰足的食物，它具有强大的繁殖能力，闪烁着生命的光芒。苏童却将这些美好的梦想彻底撕碎、颠覆解构——为了生存而残酷地争斗与厮杀，《米》终究是一场残忍的、令人绝望的'虚无'。"(笔者译)[3]在笔者看来，西方学者从哲学角度阐释小说《米》审美价值中的形而上"追寻""存在与虚无"的哲学意义，这是本土学者所"不见"的范畴。

本土学者对于《米》的解读更多的是基于中国传统文化、美学艺术和社会历史背景，来研究和发现文本的审美价值。王干敏锐地捕捉到作者的内心

---

1 Knight, Deirdre Sabina. Fate and Free Will in Twentieth-century Chinese Fiction. Ph. D. dissertation, University of Wisconsin-Madison, 1998: 263.

2 王德威.南方的堕落与诱惑［J］.读书，1998（4）：70—80.

3 Kelly Cherry. The Symbol of Plenty and Nothing: A First Novel Explores the Pain That Makes Us Human: Rice[J]. Los Angeles Times, January 28, 1996.

世界和创作意图，他说："苏童无意消除善恶这样的界限，自然也无力去对这种记性变态的人性现象进行伦理文化性的批判，对于美和美感的渴望表现让苏童在一些腐朽而丑恶的现象面前纵情舞蹈，这有点像波德莱尔的《恶之花》，苏童乃借此来满足他对美的发现能力和表达能力。"[1]苏童也承认《米》是他力图诠释人性幻想主义的一部小说，他说："这正如我把人物拉到了黑暗的死水中游泳。五龙也好，织云、绮云姐妹也好，让他们在我这里淹死，我在这里面只是做一种函数的最大值。我实际上是在写不存在于我的生活印象当中的人性世界。"[2]

张学昕在《南方想象的诗学》中以唯美的语言解读了《米》的意象、叙述风格、人性和生命之间的内在联系，"隆隆地向故乡奔驰的列车，车内五龙仰卧于雪白闪亮的米中。这里的'米'与'水'已不是瞬间的视觉印象和内心感觉，这个并置的意象映现出的不仅是一个生命充满恐惧、哀伤的虚幻感觉，而且使整部小说都笼罩着那种哀婉、沉重的氤氲之气……人与自然、俗世的悖谬与荒诞、内心的动荡不安、心灵风暴与生命的无常，意象的直接呈现传达出作家可能在刹那间感悟的生命的全部内涵，意象如语言，打通了感觉与世界的对应，使作品灌注着生命与死亡的气息"。[3]这种以独特的美学角度探讨文本审美价值是西方学者所不及和"不见"的。另外，胡河清采用与美国汉学家金介甫相同的比较研究方法，在中国传统文化中寻找"米"的互文关系以及所散发出来的美学氤氲，在胡河清看来："米的确有权作为雕刻一个世界的基本材料的。西汉流芳百世的名臣晁错提出的'明君贵五谷而贱金玉'几乎变成了一条颠扑不破的告诫。苏童《米》中的五龙辛苦了一世，引为骄傲的也并非是他那两排坚硬光滑的纯金制作的假牙，而是一车雪白的大米！他留给儿子们的遗产也是一盒大米。这实在是体现了历史老人的伟大智慧的。由此看来，这大米的价值位在金玉之上，尚不失为古今之通律吧。"[4]将《米》与中国传统文化的精髓联系起来阐释小说的审美价值，这是缺少中国传统文学底蕴的西方学者望尘莫及的。

在《中国当代文学中的历史叙事——海德堡讲稿》一书中，张清华以新历史叙事的高度进一步阐释《米》的主题意义。他认为，有关"米"或"饥饿的记忆"叙述，是中国当代小说中反复出现的主题。余华的《活着》《许三观

1 王干.苏童意象［J］.花城，1992（6）：198—210.
2 苏童，张学昕.回忆·想象·叙述·写作的发生［J］.当代作家评论，2005（6）：46—58.
3 张学昕.南方想象的诗学［M］.上海：复旦大学出版社，2009：117—118.
4 胡河清.苏童的"米雕"［J］.当代作家评论，1991（6）：54—55.

卖血记》也有关于饥饿的记忆，这是种族的记忆，是“历史的核心结构”。“人类的求生意志和种族的生存搏杀，食与色的本能以及由它们所派生出来的欲望和权力，谋夺与占有，构成了历史的基本元素。这样的文化心理历史结构，很自然地就为性恶论的历史叙事找到了依据。”[1]可见，本土学者扎根于中国传统文化，其深厚的美学艺术，熟谙的社会历史背景，对有着中国传统文化底蕴的小说《米》的研究更加深刻、更加透彻。

西方学者对中国传统文化和社会历史背景缺乏足够的了解，他们更多是凭借对中国经验的想象以及从西方文学中寻找类似点来解读小说《米》的主题含义。

小说《米》的译介、传播、接受过程正是审美价值被解构之后的重构过程。在译介过程中，苏童《米》承载着深厚文化底蕴的意象叙事，有些直接呈现在译文中，这是因为中西方意象认知图式的相通性在话语生成中的共享反映；而原文中的意象在译文中的流变、磨损部分则是译文无法呈现原文语言文化深度的体现。文本通过翻译途径传播到异域文化中，既成为他国文学，又进入世界文学领域。英语读者依据自身的阅读习惯和阅读期待重新解读小说《米》，一方面补足了西方对中国文学的想象，另一方面，海外汉学对中国当代文学的“洞见”与“盲点”以及对国内学者评论的补充为我们重读经典提供了新的视角，并为挖掘中国当代文学内在的文学价值、审美价值提供了广阔的平台，也彰显出苏童小说所蕴含的深厚的原生态美学的张力、中国经验的延展性和中国元素的拓展力，和以苏童为代表的中国当代文学内在坚实的文化精神力量。可见，真正杰出的美的内涵，尤其是艺术作品是具有超越语言、民族、文化的普世性审美价值的。

---

1 张清华.中国当代文学中的历史叙事——海德堡讲稿［M］.北京：北京大学出版社，2012：136—141.

# 在“重构”与“创设”中走向世界

## ——格非小说的海外传播与接受

/ 褚云侠

作家格非从上世纪80年代以“先锋小说家”的姿态登上中国文坛，其创作活力一直延续到现在。经历了1994年《欲望的旗帜》之后接近十年的思考沉潜期，2004年以《人面桃花》强势回归文坛之后，似乎比当年同时代的先锋作家走得更为深远，尤其是近年作品以丰富的细节和场景、最真切的中国当代生活经验、文体上的充分自觉，有效切中了一个时代的精神症候。格非的小说已经越来越不是一种西化的小说，当他使文学真正回归到自身之后，便开始不断地徘徊于西方的“智性”与中国古典的“诗性”之间，试图在当代的汉语写作中续接和复活中国古老的士人传统，无论从小说结构与人物塑造上，还是从内在的风致与气韵上，都开始向中国古典的美学与文化致敬。从这个角度来讲，格非重构了西方的资源与中国古典的叙事传统。

与此同时，格非的写作又是一种创设，这种创设体现在其小说的“当代性”上。在对当下中国经验复杂性的表达中，格非创设了“混合”的美学。他以精致的修辞、极为丰富的信息载力完成了对一段具有完整长度的历史叙事，既富有当代批判意识，又带着传统颓伤的诗情，通过深邃的内容和充满形式警觉的表达方式对中国历史与现实发言。但是这样一个为中国当代文学乃至世界文学贡献了独特叙事的作家，曾由于其作品的“晦涩”“难懂”而致使对其小说作品的研究相对于同时代的其他作家作品略显单薄。

近年来，当代文学的海外传播研究正在快速发展，也产生了一些探索性的成果。[1]随着国内格非研究的日渐深入与体系化，格非小说作品在海外的传播与接受也呈现出不同于以往的态势且得到了更为显豁的认识与评价。

---

1　参见刘江凯：《本土性与民族性的世界写作：莫言的海外传播与接受》，《当代作家评论》，2011年第4期；《当代文学诧异“风景”的美学统一：余华的海外接受》，《当代作家评论》，2014年第6期；以及其相关专著。其他如《长城》从2012年起就开始这方面的专栏讨论，近两年包括《南方文坛》《小说评论》等刊物都有相关讨论。

格非的小说作品不仅重构了中西方资源，而且在此基础上创设了独特的美学经验，通过考察其在异质文化语境中如何被评价与接受以及哪些因素影响了其作品在海外的传播，有助于我们从更为宽阔的维度借助世界性视野探索其小说作品的独特价值和启示。

## 一、越出国界的"褐色鸟群"：格非作品在海外的译介

以先锋小说家身份引人注目的格非，其小说作品《迷舟》与《褐色鸟群》被认为是先锋文学的经典性作品。这一显赫于中国当代文坛的扛鼎之作，也较早地进入了海外学者与读者的视野。格非最早的外译作品出现在英语世界，赵毅衡在1993年将小说《迷舟》收入其编纂的《迷舟：中国先锋小说》，率先将格非的小说作品推介到西方，从此开启了其小说作品的外译与传播历程。随后在法国、日本、意大利、韩国等国家或以合集形式，或以单行本形式都出现了格非小说的外译本。它们就像越出国界的"褐色鸟群"，寻找并落脚在新的栖息地。在此，笔者将格非小说在海外的翻译与出版情况做一简要梳理，以期相对清晰、准确地呈现其海外传播的状貌与态势。

**格非作品翻译统计列表**[1]

| 语种 | 中文书名/译名 | 外文书名 | 译　者 | 出版社 | 年份 |
|---|---|---|---|---|---|
| 英语 | 迷舟 | The Lost Boat<br>选自：*The Lost Boat: Avant-garde Fiction from China*, Henry Zhao, ed. | Caroline Mason | London: Wellsweep | 1993 |
| 英语 | 追忆乌攸先生 | Remembering Mr. Wu You<br>选自：*Chairman Mao Would Not Be Amused: Fiction from Today's China*, Goldblatt, ed. | Howard Goldblatt | NY: Grove Press | 1995 |

1　该数据依据世界图书馆联机检索（WorldCat）、中国作家网关于中国国家图书馆馆藏中国当代文学外文译本情况的说明、各国国家图书馆、各国亚马逊网站整理。表中空白部分为无法确定的信息。

（续表）

| 语种 | 中文书名/译名 | 外文书名 | 译　者 | 出版社 | 年份 |
|---|---|---|---|---|---|
| 英语 | 相遇 | Meetings<br>选自：*Abandoned Wine: Chinese Writing from Today*, Henry Zhao, John Cayley, ed. | Deborah Mills | London: Wellsweep | 1996 |
| | 追忆乌攸先生 | Remembering Mr. Wu You<br>选自：*China's Avant-garde Fiction*, Jing Wang, ed. | Howard Goldblatt | Durham: Duke UP | 1998 |
| | 青黄 | Green Yellow<br>选自：同上 | Eva Shan Chou | Durham: Duke UP | 1998 |
| | 唿哨 | Whistling<br>选自：同上 | Victor Mair | Durham: Duke UP | 1998 |
| | 相遇 | Encounter<br>选自：*Tales of Tibet: Sky Burials, Prayer Wheels, and Wind Horses*, Batt, ed. | Herbert J. Batt | Rowman and Littlefield | 2001 |
| | 紫竹院的约会 | A Date in Purple Bamboo Park<br>选自：*The Mystified Boat and Other New Stories from China.* Eds. Frank Stewart and Herbert J. Batt. ed. Special issue of *Manoa: A Pacific Journal of International Writing* 15, 2 (Winter 2003) | Lucas Klein | Honolulu: University of Hawaii Press | 2003 |
| | 迷舟 | The Mystified Boat<br>选自：同上 | Herbert J. Batt | Honolulu: University of Hawaii Press | 2003 |

（续表）

| 语种 | 中文书名/译名 | 外文书名 | 译　者 | 出版社 | 年份 |
|---|---|---|---|---|---|
| 英语 | 戒指花 | Ring Flower<br>选自：*Chinese Literature Today* 4, 1 | Eleanor Goodman | Chinese Literature Today | 2014 |
| | 凉州词 | Song of Liangzhou<br>选自：同上 | Charles A. Laughlin | Chinese Literature Today | 2014 |
| 法语 | 追忆乌攸先生 | A la mémoire du docteur Wu You | | Anthologie de nouvelles chinoises contemporaines S. 323–331 | 1994 |
| | 褐色鸟群 | Nuée d'oiseaux bruns | Chantal Chen-Andro | Editions Philippe Picquier | 1996 |
| | 雨季的感觉 | Impressions à la saison des pluies | Xiaomin Giafferri-Huang; Marie-Claude Cantournet-Jacquet | Editions de l'Aube | 2003 |
| | 傻瓜的诗篇 | Poèmes à l'idiot | Xiaomin Giafferri-Huang | Editions de l'Aube | 2007 |
| | 蚌壳 | Coquillages | Xiaomin Giafferri-Huang | Editions de l'Aube | 2008 |
| | 人面桃花 | Une jeune fille au teint de pêche | Li Bourrit; Bernard Bourrit | Gallimard | 2012 |
| 日语 | 迷舟 | 迷い舟<br>选自：現代中国短編集,藤井省三編 | 桑島道夫 | 平凡社ライブラリー | 1997 |

（续表）

| 语种 | 中文书名/译名 | 外文书名 | 译　者 | 出版社 | 年份 |
|---|---|---|---|---|---|
| 日语 | 褐色鸟群/时间之鸟 | 時間を渡る鳥たち | 関根謙 | 东京：新潮社 | 1997 |
| | 相遇 | ある出会い<br>选自：季刊中国現代小説 | 関根謙 | 「中国現代小説」刊行会編<br>東京：蒼蒼社 | 1997 |
| | 失踪 | 失踪<br>选自：文學界 | 桑島道夫 | 東京：文藝春秋 | 1998 |
| | 迷舟 | 迷走艇 | 青野繁治和田知久 | 東京：東方書店 | 1999 |
| | 打秋千 | ブランコ<br>选自：季刊中国現代小説 | 関根謙 | 「中国現代小説」刊行会編<br>東京：蒼蒼社 | 2000 |
| 韩语 | 人面桃花 | 목사꽃 피는 날들 | 金顺慎 | 创作与批评 | 2009 |
| | 迷舟 | 选自：깡디스 산액의 유혹（冈底斯的诱惑） | 金永哲 | NANAM | 2011 |
| 意大利语 | 锦瑟 | La cetra intarsiata | | Roma: Fahrenheit | 2000 |
| | 敌人 | Il nemico | | Vicenza: Neri Pozza | 2001 |

以上表格中所呈现的内容仅为目前能够检索到的格非小说在海外的译介情况，不能囊括其海外传播的所有信息。另悉，格非作品《隐身衣》的英文版与法文版均已翻译。依据以上数据不难得知：格非小说翻译较多的语种是法语和英语。地域特点主要是以西方发达资本主义国家（美国、英国、法国）和受中国文化影响较大的亚洲国家（如日本、韩国）为主。

格非小说的海外传播确实最早发生在英语世界，这与赵毅衡和王晶的努力关系密切。但其特点是以中短篇小说出现在几个作家的合集之中或发表在期刊上，目前还没有出现格非小说的单行本及长篇小说的翻译。赵毅衡是第一个在英语世界推介格非小说的汉学家，他在《迷舟：中国先锋小说》里收录了格非的短篇小说《迷舟》。在此书的前言，赵毅衡指出：很遗憾的是，大多数批评家与学者依然认为中国当代作家的作品是在阐释社会与政治意义，而以新潮小说为代表的一系列作品已经超越于此而彰显了文学本身的价值。他选这本小说集就是要让西方的读者和批评家看到中国当代文学的变化和它带给20世纪世界文学的独特贡献。[1]王晶编选的《中国先锋小说选》翻译并推介了格非的三篇小说，分别是《追忆乌攸先生》、《青黄》和《唿哨》。其中《追忆乌攸先生》一篇采用的是汉学家葛浩文在1995年翻译并收入其《毛主席看了会不高兴：当代中国小说》一书中的译本。关于王晶遴选文本的原则，她为此书撰写了一个篇幅很长的前言，在此"对中国先锋文学出现的背景、代表性的作家作品、先锋作家的文学观、先锋小说的特点做了详细的介绍，强调收入该选集的都是'迷恋形式和寻求讲故事的乐趣'的作品，让国外的读者认识到中国的文学作品不仅关注主题表达，同样也在注重形势探索，有意味的形式是中国新时期文学探索的重要收获之一"。[2]由此可见：海外汉学家敏锐地发现了中国当代文学产生的巨大变化，他们希望通过对以格非为代表的先锋作家作品的译介，让世界看到中国当代文学的这种重要探索和贡献。

新世纪之后，Herbert J. Batt也是对格非小说在英语世界的传播起到重要作用的学者之一，2001年，他翻译了格非的小说《相遇》并将其收入《西藏的传说：天葬、转经、风马》一书，这本书选取了一系列与西藏有关的文学作品。编者Herbert J. Batt认为有关西藏的作品虽然一直没有进入中国文学的主流，但是从古至今，有关西藏的叙事一直存在于中国文学中，而且是大量地存在着。他想通过编选这样一个小说集呈现当下西藏叙事与过去的西藏叙事之区别。早期的西藏叙事处理政治、信仰、外交和历史，而当下的西藏叙事是依据不同的前提做出想象。[3]Herbert J. Batt之所以选择格非的小说《相遇》，是由于它采用了一个区别于传统西藏叙事以及藏人的西藏叙事的特殊角度。这样一个文本，可为研究当下的西藏叙事提供有效的切入点。之后Frank Stewart 和 Herbert J. Batt之所以编选《迷舟及其他中国新小说》，收入《紫竹

1 参见Henry Zhao, ed, *The Lost Boat, Avant-garde Fiction from China*, London: Wellsweep, 1993。
2 姜智芹：《中国新时期文学在国外的传播与研究》，济南：齐鲁书社，2011，第14页。
3 参见Batt, ed, *Tales of Tibet: Sky Burials, Prayer Wheels, and Wind Horses*, Rowman and Littlefield, 2001。

院的约会》和《迷舟》，是他们已经看到了中国当代文学在接受外国资源之后在小说风格与主题两方面的创新，而且在利用后现代理论与资源的基础上它们已经重塑了国际的文学。[1]截至新世纪的最初几年，内容与形式上的先锋性是格非小说走向世界的主要原因。

2014年，由俄克拉荷马大学和北京师范大学共同主办的《今日中国文学》以作家专栏的形式向西方推介了格非及其文学创作。《今日中国文学》不仅翻译了各国汉学家从未涉及的小说作品《戒指花》和《凉州词》，同时收录了格非的短论《物象中的时间》、格非与张柠的对话以及敬文东对格非创作的评论文章。《今日中国文学》的这次推介与以往的海外传播不同，它更像是一次意味深长的重提。在格非小说作品的价值与意义日益彰显之后，“我们”与“他们”该怎样去理解一个作家三十几年来的坚守与选择。

从目前能够检索到的翻译与出版信息来看，法国是翻译格非小说力度最大的西方国家。法国出版的格非中短篇小说多以单行本形式出现，并且率先翻译了英语世界没有触及的文本。如《褐色鸟群》(包括《迷舟》和《褐色鸟群》)、《雨季的感觉》(包括《青黄》和《雨季的感觉》)，而《蚌壳》和《傻瓜的诗篇》均单独成册，另外在《傻瓜的诗篇》中附有译者黄晓明与格非的对话录，是围绕精神分析而展开的讨论。《褐色鸟群》、《雨季的感觉》、《蚌壳》和《傻瓜的诗篇》都是英语世界没有翻译和出版的中短篇小说。格非中短篇小说在法国成规模化、体系化出版与法国著名汉学家(如尚德兰、黄晓明)和出版社(如毕基耶、黎明出版社)的翻译与推介息息相关。长篇小说《人面桃花》也在2012年出版了法文版。格非小说的意大利语版包括一个短篇小说《锦瑟》的单行本和长篇小说《敌人》,《敌人》也只有意大利译本。

日本对格非小说的翻译在亚洲甚至在世界范围内都是较早的，从上世纪90年代一直延续到新世纪，日本集中于格非早期短篇小说的翻译，日本中国当代文学研究会对格非小说的讨论也会适时进行。1996年桑島道夫翻译的《迷舟》首次将格非的小说带给了日本读者，之后関根謙翻译的格非小说集《時間を渡る鳥たち》(《时间之鸟》)中包括四部格非的中篇小说，它们分别是《傻瓜的诗篇》、《风琴》、《夜郎之行》和《褐色鸟群》。在这本书的序言中介绍了格非的生平经历与创作特点，译后记题为“中国现代小说中的迷宫”，从迷宫叙事的角度剖析了所选的四篇小说。日本除了以小说集的方式推介

---

1　参见 Frank Stewart and Herbert J. Batt, eds, *The Mystified Boat and Other New Stories from China*. Honolulu: University of Hawaii Press, 2003。

格非小说之外，文学期刊也是刊发和讨论格非小说的重要阵地。《相遇》《失踪》《打秋千》这些未被西方国家所关注的短篇小说都率先在文学期刊上以日文形式发表。韩国对格非小说的翻译与接受比较晚近，但在仅有的两部翻译作品中，出现了对长篇小说《人面桃花》的翻译。

## 二、“他们”如何阅读：格非作品的海外评价与研究

一直以来，对文学作品的翻译与评价是互为前提且相互制约的。译本为学者研究一个作家的创作和读者对作品的接受打下了基础，同时学者批评的导向与读者的反馈也影响了某个作家作品在海外流通的深度和广度。一些海外汉学家同时也是翻译家，他们的审美取向往往决定了哪个作家或哪部作品能够进入到其翻译计划之中。因此，对格非作品在海外所得到的评价与研究加以分析，有助于从另一个侧面考察格非的小说是以怎样的姿态进入海外批评家与普通读者的视野的，帮助我们了解海外对格非作品的评论与国内有何区别和联系，以及造成差异的原因。

通过对WorldCat、JSTOR等以及各国图书馆的检索发现，海外对格非小说的研究主要集中在美国、日本和韩国。囿于笔者语言的限制，在此只能对以英语成文的文献进行系统分析，对其他语种的文献仅以索引形式呈现。

在美国，王晶率先于1993年在《东亚文化评论》上发表“The Mirage of Chinese ‘Postmodernism’: Ge Fei, Self-Positioning, and the Avant-garde Showcase”，这是目前能够检索到的最早的一篇海外研究格非创作的文献；随后孔书玉于1996年在“亚洲评论”上发表“Ge Fei on the Margins”；1997年张旭东在其《改革时代的中国现代主义》(笔者译)一书中收入其长文“Fable of Self-Consciousness: Ge Fei and Some Motifs in Meta-Fiction”；2002年杨小滨出版《中国后现代：先锋小说中的创伤与反讽》一书，其中谈论格非创作的部分为《不确定的历史与记忆：论格非早期的中短篇小说》；2007年《现代中国文学与文化》上刊载叶纹的文章“Why Is There a Poem in this Story? Li Shangyin’s Poetry, Contemporary Chinese Literature, and the Futures of the Past”；2008年Choy的“Remapping the Past: Fictions of History in Deng’s China, 1979—1997”一书中收入“Tibetan Plateau: Historical Al-ternatives by Tashi Dawa, Alai, and Ge Fei”和“Typography and Topography: The Textual Body in the Works of Su Tong and Ge Fei”两篇文章；2014年叶纹出版的*Tales of Futures Past: Anticipation and the Ends of Literature in Contemporary*

*China*中有两个章节涉及格非小说研究，一是第四章“Futures en Abyme: Poetry in Strange Loops”，一是第五章“A Clean Place to Die: Fog, Toxicity, and Shame in *End of Spring in Jiangnan*”；2014年《今日中国文学》的格非专栏中推出两篇文章，分别是格非和张柠的对话录“The Psychic Split in Chinese Contemporary Literature: Ge Fei and Zhang Ning in Dialogue”和敬文东的“The Myriad Things Retain Their Mystery for Me”。

日本研究者对格非小说的探索显得更为丰富和细致，其中文本细读远远多于美国。日本的文学期刊也在持续推动对格非作品的研读与讨论。下出宣子于1995年在日本中国当代文学研究会会报上率先发表《〈記憶〉の物語——格非の小説について》一文，是目前能够检索到的日本有关格非作品研究最早的文献。关根谦是格非小说的重要译者和研究者，在日本不仅很多作品的翻译皆出自关根谦之手，他对格非小说的研究也是较早进行的。1996年他就在《藝文研究》发表《格非と実験小説の展開》，1997年他出版的《時間を渡る鳥たち》一书的附录部分收录了其撰写的研究性文章《中國現代小說の迷宮》。長堀祐造于1997年在《東方》上发表《迷宮への招待〈時間を渡る鳥たち〉》。和田知久对格非小说的研究从上世纪90年代一直延续到新世纪，1997年他就在《野草》上发表《格非の作品群における〈〔サ〕瓜的詩篇〉の意義》；1999年在《季刊中国》发表《中国文学あれこれ（48）格非〈欲望的旗幟〉を読む》；2007年在《野草》上回应了德間佳信《〈空蝉〉の行方——格非〈人面桃花〉を読む》一文。德間佳信和遠藤佳代子是近些年活跃于格非小说研究领域的日本学者。德間佳信于2006年分别在《野草》上发表《〈空蝉〉の行方——格非〈人面桃花〉を読む》、在《日本中国当代文学研究会会報》上发表《封印された悲しみ——格非〈戒指花〉について》。同时她还在2007年负责撰写了日本中国当代文学研究会7月例会中关于格非《不过是垃圾》的讨论概要。遠藤佳代子于2012年在《中央大学大学院研究年報》上发表《格非の実験的作品における語りの技法》，于2014年在《人文研紀要》上发表《〈先鋒文学〉作家のその後—その主要作品における技法的展開》，涉及到对格非《欲望的旗帜》和《人面桃花》的分析，是目前最新的研究成果之一。另外“東京大学文学部中国語中国文学研究室”还撰写了《格非〈迷い舟〉(駒場で読む現代中国文学)》研究报告，且《迷舟》在日本已进入中学教材。

在韩国，张允瑄于2000年和2003年发表于《中国语文学志》的《试论八十年代先锋作家文学思想的革命》和《中国当代小说中的博尔赫斯影响——以马原、格非、孙甘露的作品为中心》两篇文章虽不是关于格非作品的专论，但其中涉及对格非创作的研究。2009年，金顺慎在《外国文学研究》上发表《格非〈人面桃花〉中的乌托邦梦想》。2012年，金永哲在《中国语文学志》发表《格非小说研究——以〈迷舟〉和〈雨季的感觉〉为中心》；同年Yangdon Dhondup在*Inner Asia*上发表"Writing History: The Expedition of Colonel Francis Younghusband in Ge Fei's Work"。C. N. Payne在2013年发表于*Sungkyun Journal of East Asian Studies*的"The Shadow of the Past: Ge Fei's 'Encounter' with History"以英语成文，且为SSCI期刊论文。

基于对以上文献材料的分析，不难看出虽然在美国涌现出不少研究格非作品的英文论文，但大多出自华人汉学家之手，西方学者对其作品的研究并没有充分展开。而在与中国有着某种文化共同性的东亚地区，尤其是在日本，格非的作品较早且一直持续性地被广大翻译家与研究者所关注。他们的研究不仅关涉到格非小说作为先锋文学的形式创新，还从文本中的意象和悲伤情绪出发，力求挖掘格非小说创作中的诗意。而从英语世界的研究成果来看，研究者的视角与国内学者有着趋同的倾向，但也存在着一定的差异性。通过对这些研究成果的分析，大致可将其分成四类。

第一，从叙事学角度对格非小说形式先锋性的研究。这个角度的研究无论在国内还是在海外都是最为丰富和体系化的。博尔赫斯对格非的影响，格非作品中的叙事迷宫这些问题也几乎存在于各国学者的研究范畴中。的确，这也是格非早期小说最为显要的特点。格非作为先锋作家的代表之一，其创作形式上先锋性是使其作品迅速进入海外汉学家视野的最初因缘。这一视角的研究与国内存在较多的共性，且对格非作为一个先锋作家的特点挖掘较深，而对其个体的独异性，或者说排他性的关注不足。在2014年《今日中国文学》对格非作品的推介中，敬文东教授的"The Myriad Things Retain Their Mystery for Me"一文，可以说抓住了问题的实质，它成功地将格非小说创作中独一无二的一种特质展现给海外学者和读者，相信可以更好地帮助海外人士有效地理解格非的作品。格非小说叙事的神秘性已被海内外批评家广泛提及，但是这篇文章的关注点在于格非小说中的这种"神秘性"是如何通过他独一无二的叙事方式得以完成的，揭示出格非小说不同于其他人的最基本特征。作者谈道："格非的小说每每乐于处理的，恰好是日常生活中非隆起的部分。都是以平淡稀松的尘埃为方式、以历史的边角废料为面目，进入到格非的叙事结构之中。是叙事结构为历史、现实（或事情）赋予了神秘性；而在'万物都向我保持神秘'那句话中作为'动作'的'保持'，只能出自小说的现代性。”[1]

第二，从历史与哲学角度对格非小说主题的研究。虽然这在国内也是研究格非小说的重要视角，但它在海外学者那里备受青睐并呈现出了与国内研究不同的特点。在我看来，张旭东的“Fable of Self-Consciousness: Ge Fei and Some Motifs in Meta-Fiction”一文是对格非早期小说创作有着非常详尽而精准论述的研究成果，他通过对格非早期小说进行文本细读，发现了1980年代晚期中国实验小说中的主题：记忆、时间、自我、主观性等，都在格非的小说中被给予了充分阐释。杨小滨在《不确定的历史与记忆：论格非早期的中短篇小说》一文中谈道：“格非通过揭示集体与个人记忆在不可调和的叙事碎片中的缺陷，来挑战主流话语赖以构成的宏大历史总体性。在格非的叙事中，主体的声音颇为清晰；但是，它并不是用另外一种绝对的声音取代宏大历史话语，而是展示了其自身游离分散的表述。”[2] Howard Y. F. Choy的*Remapping the Past: Fictions of History in Deng's China, 1979—1997*这本书本身就是以邓小平时代的历史小说为研究对象的，其中涉及格非小说的两个篇章也是从历史角度对其作品的阐释。他一直将格非的小说称为“antihistorical metafiction”，即“反历史的超小说/元小说”。如在“Tibetan Plateau: Historical Alternatives by Tashi Dawa, Alai, and Ge Fei”中，他主要围绕着《西藏的传说：天葬、转经、风马》这本小说集中所选取的有关西藏的小说进行论述。谈到格非的小说《相遇》时，作者认为在他的小说中，作者对历史持一种虚无主义的观点，最终一切都是无意义的。这种虚无是存在于现代发展与古代文明之中的，这种反历史小说消弭了过去的一切成功和失败。[3]在另一篇文章“Typography and Topography: The Textual Body in the Works of Su Tong and Ge Fei”中，作者指出格非的小说在强调历史的文本性，历史是由语言构建出来的。在他的作品中，阅读历史就像阅读一个空白的符号。他的迷宫叙事正是一切的起源，它为情节和阅读提供更多的可能性。它制造了很多有关过去的谜团，最终变成一种语言的游戏。SSCI期刊文章“The Shadow of the Past: Ge Fei's 'Encounter' with History”一文可谓是一篇“异见”文章。作者通过对《迷舟》《大年》《相遇》《推背图》的文本细读，分析了历史在《迷舟》与《大年》中是怎样遮蔽叙事，最终在《相遇》和《推背图》中跳出阴影

---

1 敬文东：《万物都向我保持神秘》，英文版见Jing, Wendong, Trans. Denis Mair, “The Myriad Things Retain Their Mystery for Me,” *Chinese Literature Today* 4, 1 (2014), pp.29–31。

2 杨小滨：《不确定的历史与记忆：论格非早期的中短篇小说》，《当代作家评论》，2012年第2期。

3 参见Choy, Howard Y. F., “Tibetan Plateau: Historical Alternatives by Tashi Dawa, Alai, and Ge Fei,” In Choy, *Remapping the Past: Fictions of History in Deng's China, 1979–1997*. Leiden: Brill, 2008, pp.103–132。

而完全进入叙事的。他认为在文学中不断重新想象和批判地处理个人历史和国家历史的需求最终在很大程度上影响了格非早期的创作行为，他先前富于挑战性的叙事被取消了，取而代之的是更为贴近于官方记录的故事。他的创作实际上与新历史小说背道而驰，中华人民共和国的历史跳出阴影主导了他的小说叙事。[1]笔者并不认同此文的观点，在我看来，新历史主义是一种叙事方式，所谓“新”是指其区别于50年代至70年代的国家历史叙事。在《迷舟》中，作者借用了北伐战争的历史背景，一系列的偶然性因素改变着事件发展的走向。每一个个体就像一只迷舟，在命运浩瀚而诡谲的大海中，无法看到方向。由个体偶然性组成的历史和被我们所描述出来的历史相去甚远，但是它们的结局有可能是一致的。因此传统历史叙述的虚构性暴露无遗，其真实性也变得可疑起来。

第三，挖掘格非小说创作中的古典性元素。对古典性的挖掘主要集中在对小说《锦瑟》的研究中。如叶纹在“Why Is There a Poem in this Story? Li Shangyin's Poetry, Contemporary Chinese Literature, and the Futures of the Past”中讨论了当代文学中的李商隐诗歌，其中谈到了格非的小说《锦瑟》。目的是探索李商隐以及古典文学对当代文学的塑造作用，但也可以反证格非小说对古典元素的运用。小说《锦瑟》在多重层面上被李商隐的同名诗歌所塑造。它呈现了处于线性发展与选择性循环理念论争中的古典文学，古典文学作为当下的一维而出现，也保持着部分的神秘性。[2]在“Futures en Abyme: Poetry in Strange Loops”一章中，他继续分析了王蒙和格非小说中的李商隐诗歌。在格非的小说《锦瑟》中，李商隐的诗歌《锦瑟》从多个层面上塑造了小说的叙事，在小说文本中，这首诗歌被重读与重写，但它依旧召唤和躲避阐释。格非的小说再现了李商隐诗歌的多重结构并为“此情可待成追忆，只是当时已惘然”这句困扰了读者几个世纪的诗句提供了一种解读，同时它指出这种困惑是由预期造成的。[3]

第四，近年来对格非转型后作品的解读。在叶纹的著作中有这样一个章节“A Clean Place to Die: Fog, Toxicity, and Shame in *End of Spring in Jiangnan*”。这一部分主要围绕格非的小说《春尽江南》展开论述，它选取了一个特殊的

---

1　参见Payne, C. N., “The Shadow of the Past: Ge Fei's ‘Encounter’ with History,” *Sungkyun Journal of East Asian Studies*, 2013 (13), pp.53–75。

2　参见Iovene, Paola, “Why Is There a Poem in this Story? Li Shangyin's Poetry, Contemporary Chinese Literature, and the Futures of the Past,” *Modern Chinese Literature and Culture*, 19, 2(Fall 2007), pp.71–116。

3　参见Iovene, Paola, “Futures en Abyme: Poetry in Strange Loops,” In Iovene, *Tales of Futures Past: Anticipation and the Ends of Literature in Contemporary China*, Stanford: Stanford UP, 2014, pp.107–134。

角度：由“雾”这个特殊的意象出发，分析其在小说中的媒介作用和比喻意义。首先作者为分析这部小说切入了一个人类学视角，即环境元素是人类挣扎与情绪的借喻式表达。“雾”在格非的小说《春尽江南》中作为一个媒介，连接起毒素的四种表现形式：羞耻、牺牲、剩余、犯罪。法律与药已经不能遏制这种毒素的蔓延，而它成为掌控社会经济生活的主导机制。作者从卡尔维诺那里借用了一个意大利语的概念：“pulviscolare”，并称格非《春尽江南》的写作是“pulviscular prose”，大概可译为“尘埃散文”，从薄雾诗学的角度探讨了小说中这个肮脏的污染物以及它是怎样影响小说的写作的。[1]

## 三、空间炼金术：格非作品海外传播的特点与原因

格非小说在海外翻译、出版、研究的状况可以说是反映这类精英文学在海外传播与接受状况的两个重要侧面。其小说越出国界在国外被阅读与阐释，这其中经历的不是一个空间平移的物理过程，而是一个类似炼金术式的神秘而复杂的化学变化。造成这种化学变化的内在原因与格非小说的“重构”与“创设”是紧密相连的，或者可以说，格非的小说正是在“重构”与“创设”的过程中走向世界的。

第一，综合格非小说在海外的翻译、出版与评价、研究方面的情况来看，格非小说创作强烈的先锋性是其在90年代初走出国门的最根本原因。显而易见的是，格非从先锋文学的出场就打破了传统小说叙事完整的情节与结构，而是以一个又一个的“不在场”拆解了叙事的连续性，从而制造出一种近乎神秘的谜团，充满着晦涩与扑朔迷离的隐喻。在结构上，故事与故事之间不断嵌套、勾连，通过叙事上的“重复”对“空缺”予以补充。这在格非早期的小说中随处可见，例如在《追忆乌攸先生》、《迷舟》、《褐色鸟群》、《青黄》以及《敌人》中都表现得很明显。格非在后期虽然放弃了形式上较为极端的实验，但是这种空缺与重复依然保留在他晚近的小说中。它不仅是小说的叙事方法，也是作者表现现实生存经验的方式。格非这种先锋性的叙事方式，是在整合与重构西方资源的基础上得以完成的。因此，海外学者也能很快解析出格非小说叙事的奥秘并梳理出其与西方资源的谱系性联系。同时，格非小说在90年代初是作为先锋文学思潮的一个组成部分被海内外加以认识和

1 参见Iovene, Paola, “A Clean Place to Die: Fog, Toxicity, and Shame in End of Spring in Jiangnan,” In Iovene, *Tales of Futures Past: Anticipation and the Ends of Literature in Contemporary China*, Stanford: Stanford UP, 2014, pp.135–162。

感知的，它代表了中国当代文学的一种最新动向，将“怎样写”的问题拉回了与“写什么”同等重要的地位。

第二，格非对历史主题的书写是其小说受到海外关注的原因之一。格非的小说创作一直保有历史意识，因此他的创作不但在处理自身与历史的关系时有一种自觉，也让他的文字与纵横交错的东西方文学传统构成一个并行共生的秩序。格非在以文学的方式思考和介入历史时，首先采取的是新历史主义式的书写。“新历史主义”认为“‘历史’从根本上是由一种独特的书写话语与过去相协调的一种关系”。[1]也就是说，历史经验是被话语所叙述出来的，“历史书写本身有多少种不同的话语，就有多少种历史经验”。[2]这使他的小说明显地区别于我们在50年代到70年代所建构起来的历史叙事。格非并不呈现一个完整的历史场景，而是通过一些经历了历史的人的经验、他们对历史的感受相互拼凑而复原历史。如早期的《迷舟》《相遇》《褐色鸟群》等。不难发现，这些小说也正是在海外得到广泛译介和传播的作品，同时历史视角的研究在英语世界也是最为丰富的。这大概与西方对中国历史、政治的兴趣有关。

另外一个有趣的现象是格非的小说《相遇》在西方世界引起了广泛的关注，而这部作品也是多被放在西藏叙事的框架中加以理解的。格非创作小说《相遇》的初衷在于为其在西藏游历的感受赋予一种形式，在西藏的两个月中，他走在英国远征军入侵西藏的道路上听到了很多当年的轶事。在西藏，朝廷对它的管辖名存实亡；天主教会自行解散；藏传佛教中最大的秘闻是耶稣不过是修成正果的佛陀。荣赫鹏上校率领的部队从一开始就有一种“永远无法占领拉萨”的焦虑。尽管最后他的部队偶然地攻占了拉萨，但是他觉得自己根深蒂固的观念甚至时间都发生了变化。历史并不是一个线性向前发展的状态，即使用最为先进的武器侵略了最为原始而简朴、自信而虔诚的生活方式，也未必能将它征服。一种文化的存在有其自足性和稳定性，它蕴含着一种巨大的能量，与外来的入侵保持着一种微妙的张力关系。在我看来，格非实际上是在利用一个虚构的故事讲出了对这段历史的思考。他所表达的观念抽象于西藏这块确定的土地和发生在西藏的这段具体的历史，而显然无法作为一种民族风俗小说或地方志加以理解。但是正是这些历史文本为海外了解中国打开了一个窗口，通过研究它们在叙事模式、叙事话语上的转变，可以清晰地看到中国当代以来的历史叙事发生了怎样的变化，而背后隐

1 海登·怀特：《后现代历史叙事学》，陈永国、张万娟译，北京，中国社会科学出版社，2003，第292页。
2 同上，第292页。

藏的一个深层动机便是以此了解中国发生了怎样的变化。程光炜教授在谈到中国当代文学海外传播中的几个问题时曾提到“异识文学作品在‘海外传播’中的增量问题”。[1]他是指汉学家在遴选中国当代文学作品进行翻译与推介时，倾向于寻找那些异识作品，也即与主流观念存在差异的作品。因为他们想从中窥见中国形象。“这些作品一旦被纳入这种意识形态系统，其文学价值便会大大增量。这种文学筛选程序所存在的问题，是随着文学评价标准的意识形态化，作品的艺术价值逊位于其社会价值，被它选择的作品可能往往都不是作家本人最优秀的作品。”[2]在此，我并不是说被海外汉学家青睐的这类格非的小说不够优秀，而是在我看来，海外汉学家的这种倾向性一方面促进了格非某一类主题的小说的海外传播，但也使他们遮蔽掉了另外一些同样优秀的作品，因为他们的根本动机是从中国文学走向中国学。

第三，格非小说中的古典性因素既推动又阻碍了其作品的海外传播。格非从“江南三部曲”开始，向中国古典美学传统致敬，虽然在此之前的小说中也弥漫着传统因素，但是从《人面桃花》开始，其内在情调与气韵走向了全面向传统复归的道路。格非不仅仅重构了西方资源，也重构了中国古典资源。东方古典情调与气韵不仅在小说外在形式上得以彰显，更重要的是它成为小说的内在基本调性和观念，对长篇小说整体性的建构也围绕其展开。但是海外学者对格非小说中古典元素的挖掘还没有涉及《人面桃花》以后的小说，这也许和较为新近的“江南三部曲”还没有在西方世界被完整翻译和广泛传播有关。同时，西方学者对其小说古典性的阐释仅限于从文本中的古典诗歌出发，而对于那种情调与气韵上的古典性接受起来是存在一定困难的。在我看来，格非小说的东方古典情调与气韵来自中国人对时间的一种特殊感受和美学观念，用格非小说文本中经常出现的一个词语“麦秀黍离”来表达似乎显得更为恰当。另外，从小说的整体结构来看，“江南三部曲”复活了中国传统“循环论”的时间美学模式，无论是从历史命题还是从整体结构修辞上都散发出一种传统美学意义上的悲剧意蕴，它的整体逻辑是有如《红楼梦》一样的从盛到衰、从生到死的经验轨迹。而这种“麦秀黍离”之感与“循环论”的时间美学模式不仅对其小说的翻译造成了很大的困难，也为缺少东方文化背景的西方读者和研究者接受这些作品设立了难以逾越的障碍。就像张爱玲、沈从文这样的作家在海外的影响并不大一样，“因为这些东西是中国特有的，比如对时间的感悟，伤感与悲悯，人与人之间特别细微的情感，张爱玲特

1　程光炜：《当代文学海外传播的几个问题》，《文艺争鸣》，2012年第8期。
2　同上。

别喜欢描写这种东西，但是在西方充满戏剧性的文学传统里边，她找不到她的地位了。”[1]而此时，格非小说的语言也渐渐走向一种古典的诗意了。格非小说中的语言或采取一种陌生化、抒情化的语言结构，或使用一些意象找到词语之间新的组合关系，或借助一些巧妙的设计创造一种诗化氛围，这种倾向在其晚近的小说中表现得更为明显。例如，他会将类似“杏子单衫，丽人脱袄；梨院多风，梧桐成阴”[2]这样几个排列典雅而简洁的四字句，镶嵌在几个抒情化的长句中，直指人心又不失诗歌的韵味。在笔法上，也可看到格非向中国古典文学取法的痕迹：《人面桃花》中张季元在日记中描写秀米“目如秋水，手如柔荑，楚楚可怜之态，雪净聪明之致，令人心醉神迷”。[3]这里作者模拟了《诗经》的笔法，将陆秀米的形貌刻画得极具古典之美。格非小说对中国传统美学与神韵的续接可以说是在一个极富“现代性”的文本中建立了一种和古典的呼应关系，使“现代性”与古典美学结合在一起，于传统中有创造，在现代性中借助古典的启示性力量，完成了既有现代感又有古典韵味的小说作品。而这样的作品该如何翻译到西方世界，对于缺乏中国古典文化背景的西方读者来讲能多大程度上领会其语言与意蕴之美都是在海外传播过程中遭遇的重要问题。这使我想起陈晓明教授在《渐行渐远的“汉语文学”》一文中提到的“其本土的、母语的文学性水准愈高（或愈成熟），它走向世界的难度就愈大”[4]的论述。的确，这种本土的、母语的文学性在中国当代文学向外走的道路上形成了反向的摩擦力，以一种隔阂的方式牵制着中国化与世界性之间的距离，但这也是中国文学保有其独特经验的重要前提。

第四，格非转型之后的新作品再一次带动了其小说的海外传播。2011年，随着格非“江南三部曲”收山之作《春尽江南》的出版，国内文学界又掀起了一场格非研究的热潮。通过对此时海外格非小说作品接受状况的观察，不难发现在同一时期，海内外的接受与研究形成了一种共振关系，并且海内外开始将“江南三部曲”作为一个整体予以考察和研究。可以说从《欲望的旗帜》之后，格非的创作逐渐过渡转型，在先锋文学“胜利大逃亡”之后，格非在其晚近的几部创作中已经放弃了之前近于极端的形式实验和抽象化的寓言模式，呈现出了很多不同于先锋时期的新特点。而这些新的特征尚未被当下学术著作以及学术论文所充分阐述。借其新作品的完成之际，格非及其

---

1　邓如冰、格非：《对话格非：走向世界的当代汉语写作——关于“爱荷华国际写作计划”和当代汉语写作“国际化”》，《江汉大学学报》（人文科学版），2012年第6期。

2　格非：《春尽江南》，上海，上海文艺出版社，2011，第370页。

3　同上，第89页。

4　陈晓明：《渐行渐远的“汉语文学”》，《文艺争鸣》，2012年第8期。

创作都再一次在海内外的视野中得到重新观照，加之研究热潮的推动，有力地促进了格非小说的海外传播。目前，《人面桃花》已经被译成多国文字出版，海外对其的解读与研究也逐渐涌现出来。不仅是在东亚文化圈中的日本和韩国，2014年叶纹出版的著作用了整整一个章节去讨论《春尽江南》，并把它放在三部曲之中进行分析。这是西方世界对格非新作的最新研究成果，也为我们理解格非小说提供了更为新颖的视角。在我看来，这篇文章对《春尽江南》的解读是非常独到而精准的。它从一个人类学的视角入手，探索天气、环境与人类境遇之间的关系。生态因素一直贯穿于《春尽江南》的写作之中，但作者没有止于对这个文本做一种简单的生态批评，而是由此向人类世界的纵深处挖掘。这是颇富启示性但又为国内的批评界所忽视的观点，可见海内外格非研究的互动与共振对揭示格非小说的独特价值起到了促进作用。

### 四、不会迷失的舟：格非作品海外传播的前景

格非转型之后的小说创作为当下的文学昭示了一种吸收与传承了东西方传统的叙事方式，用徘徊于“智性”与“诗性”之间的美学风格指涉精神与文化意义上的当代，在全球性与民族性、世界性与本土性之间找到了一个恰当的平衡点，以一种最传统的方式完成了最现代的叙事。这既是一种重构，也是一种创设。虽然它会遭遇某种程度上的难以为继和重复，但格非这种富有创设性的写作无疑是一种有益的探索。

格非整合了东西方的文化谱系，创作了一个个中国故事，却最终使文本指向人类精神的更深层次。例如，他不断地在发问：人类的精神究竟在什么地方出现了问题呢？在《敌人》中，悲剧性的事件所带给人们的精神创伤作为“历史无意识”长久并深刻地影响着人们；在《傻瓜的诗篇》中，杜预在童年的国家恐怖主义氛围下，一个不经意的举动使他无意间充当了“间接弑父”的凶手，这一精神刺激连同精神病母亲的自杀在他的童年时期就留下了关键性的纽结；《春尽江南》更是在预示着一个“个人精神病”时代的到来，在人人都灵魂出窍的时代里，那些自以为“正常”的人，不过是另一种形式的疯癫而已。这些不仅仅是中国独有的现象，而且是属于全人类的精神现象学。他的历史叙事不设定真实的历史场景，而以寓言化的形式对历史构成一种隐喻。如果说海登·怀特以其《后现代历史叙事学》颠覆了我们长久以来的历史观念，格非则以一个先锋小说家的姿态在文学中践行了这一观点。在《迷舟》

中，历史并没有按照本来的逻辑发展，而是一系列的偶然性因素改变着事件发展的走向。每一个个体就像一只迷舟，在命运浩瀚而诡谲的大海中，无法看到方向；在《边缘》中，杜鹃、花儿、小扣、蝴蝶、徐复观、仲月楼这些人物同“我”一样，也都无一例外地踩在命运的鼓点上，无处可逃。历史正是作为一种文学虚构而存在的，而这种虚构性恰恰正指向另外一种真实。再如，乌托邦的想象与构建一直贯穿于“江南三部曲”中，乌托邦想象是源于对当下生存状态的不满，无论是中国式的乌托邦——桃花源梦想，还是西方意义上的政治化的乌托邦都是知识分子面对眼前的种种不堪而产生的心理反应和自然选择。这些命题无疑都具有世界性，并不局限于东方或西方，而是关乎整个人类文化与精神深处的纽结。

这种特质使格非的小说是一种面向未来的小说，具有一定的超前性。“要面对现实的未来给予预测和影响，而这个现实的未来是作者和读者的未来。小说的特点是永无止境地重新理解、重新评价，那种理解过去和维护过去的积极性，到这里便把重心转向了未来。”[1]面向未来的文学在当下的接受中或许会受到某种阻碍，但它所经历的一定是一个价值逐渐彰显的过程。格非在一次谈话中曾经说道：“中国作家有两种选择：一种选择是忙着和西方接轨，忙着让他们承认；还有一种选择是自己先做一些更重要的准备，这种准备可能是你在世的时候，一两百年内得不到认可。你现在可能觉得心存不满，但是你选择做更愿意、更值得做的事情。在你充分了解西方的情况下，你可以不一定按照他的逻辑来创作，你可以有更好的野心、更大的意图、更强的独立性，你越独立，他们越想主动了解你。我觉得中国文化正处在这样的交接点上，我非常希望中国出现这样一些作家，如果这样的话中国文学就真的能成熟了，就和世界的关系理顺了。”[2]显然，格非的选择是属于第二种的，他不愿一味地与西方接轨，不愿在创作之时就为自己的作品预设好潜在的海外读者群，也不会去迎合海外翻译家与批评家的品位。他的重构与创设是在深入了解东西方文化的基础上打通东西方文化的一种独异性的写作，有着更大的独立性。但是这种独立性或许在当下还没有为海外的读者所充分认知，且由于作品风格的原因使得翻译并不能很顺利地进行，以至于相比其他作家，格非小说的海外传播状况略显逊色。但是不可否认的是，海外对格非创作的

1 巴赫金：《史诗与小说——长篇小说研究方法论》，选自《小说理论》，白春仁、晓河译，石家庄：河北教育出版社，1998，第534页。

2 邓如冰、格非：《对话格非：走向世界的当代汉语写作——关于“爱荷华国际写作计划”和当代汉语写作“国际化”》，《江汉大学学报（人文科学版）》，2012年第6期。

重视程度是呈上升态势的，翻译与研究工作也在不断拓展。

除了作品本身的因由外，很多外因也在影响着中国当代文学“走出去”的步伐。在《人民日报海外版》中，格非本人曾谈道：“国外，也有好的出版社和好的翻译，但是自己的作品在版权输出过程中的谈判与合作，多数是不平等、不愉快的。”[1]他认为：“文学版权输出应该走专业的路子。他希望有专门从事版权服务的公司，聘请一些真正懂行的版权经纪代理人进行中国作品版权代理。”[2]可见，代理机制与版权管理等方面的问题依然困扰着中国当代作家作品的输出，对这方面条件的完善才能保证更多中国当代的优秀作品进入世界视野。

胡河清认为，在中国传统文化中，神秘主义与理性主义这两种对世界图景的感知方式是以全息主义的形态呈现的。以此作为文化传统的后援，在此基础之上注入西方文化，21世纪的中国文学将开启一个崭新的美学建构。从某种意义上来看，格非的重构与创设，似乎将这种期待中的美学建构真正拉向了现实的创作中。同时，这种美学建构是以“中国故事”予以承载的，它构成了中国对世界独一无二的叙述。因此，格非的作品会越来越被世界接受和认可，它们就像一只只不会迷失的舟，在世界文化的洪流中画出一道道清晰的航线。

1 舒晋瑜：《中国文学走出去，贡献什么样的作品》，《人民日报海外版》，2013年2月26日，第7版。
2 同上。

# 西方视野下的毕飞宇小说

## ——《青衣》与《玉米》在英语世界的译介

/ 吴 赟

小说的基本使命在于真实地展现人性的多元与复杂。在中国当代文坛，毕飞宇十分擅长通过朴素、细腻的笔触来叙述日常生活与世态人情，透视人性的疼痛与复杂。他对于女性的刻画尤为犀利、丰富。他从生活的细微处入手，把时代洪流冲击下的尊严、责任、欲望等人性层面展现得入木三分。《青衣》与《玉米》就是其中的代表作。这两部小说也先后被译为英文，成就了毕飞宇在英语世界的文学名声。剖析这两部小说在英语国家的译介过程、译本形态与接受情况可以让我们看到英语读者对书中中国文学世界的理解面貌，了解毕飞宇小说中那些表现普遍人性的因素是如何在新的文化空间内获得认可，同时也了解两种美学趣味和文化意识的差异对文学跨越民族与地域界限，在异域的接受产生了什么样的影响，从而为整个中国当代文学、文化的对外译介提供有益的思考。

### 一、译介过程：作者、译者与赞助人的互动

著名学者王德威曾说："任何外国文学要在西方（尤其是以美国为重心）的英文市场打开局面都不是件容易的事。"[1]文化、历史、地理、社会等因素的迥异与阻隔，对中国文学阅读经验的欠缺，出版发行渠道的阻碍，译者翻译策略的选择失当等都使得中国文学在英美国家的翻译和接受显得更为艰难。然而，虽然中国当代小说在英语世界的整体影响力很低，处于相对边缘的地位，仍有如莫言、姜戎、毕飞宇等作家的作品构成了英语社会解读及接受中国文学的重要参照，其中毕飞宇小说的译介就是具有讨论价值和典型意义的成功个案。

1 季进.当代文学：评论与翻译——王德威访谈录［J］.当代作家评论，2008（5）.

一部文学作品的译介牵涉到原作者、译者、作品、出版机构、读者群体、文化语境等贯穿翻译过程的各种因素。在这之中，译者起着举足轻重的作用；作品的原作者与译者之间的合作程度会直接影响译本的形态与质量；而作为赞助人的出版机构也常常对翻译加以干涉，甚至主导译者的翻译活动。毕飞宇的小说《青衣》与《玉米》的翻译正是在这几个方面实现了良好的合作与互动，才使得译本能获得英语世界的认可和接受，让英语读者阅读到毕飞宇笔下人物复杂的人性纠缠，洞见当代中国的人情世俗。

《青衣》和《玉米》的译者都是葛浩文及其夫人林丽君女士。迄今为止，葛浩文翻译了包括莫言、萧红、老舍、巴金、苏童、毕飞宇、冯骥才、贾平凹、李锐、刘恒、马波、王朔、虹影等约25位作家的50余部小说，美国著名作家约翰·厄普代克曾以"接生婆""差不多成了（葛浩文）一个人的天下"评价其在译坛的贡献。而葛浩文与林丽君合作的译者模式奠定了译作成功的基础。瑞典学院院士、诺贝尔文学奖评委马悦然曾说："中译外的最佳人选是既谙熟汉语和中国文化，又具有很高文学修养的外国人，因为他通晓自己的母语，知道怎么更好地表达。"[1]葛浩文夫妇正是这样的"外国人"，他们这种既能立足本土，又能面向"他者"的译者模式可以使他们自如地往返于两种话语体系和文化脉络之间。葛浩文曾谈到二人的合作模式："林丽君先粗略地打个样，然后我接手对照原作开始翻译。译完之后，我定稿，她检查。时间允许的话，我们会把译稿放一边做点别的事，她做教学和科研，我去翻译另外一本书。之后我们再回来用全新的眼光再读译稿。总是需要重译一遍，然后交稿。"[2]这样的合作一方面能够深入了解原著及其反映的中国文化的语言风格、文学内涵与社会隐喻；另一方面也能深谙英语读者的阅读习性和审美倾向，注重使译文产生令读者愉悦的阅读感受。对这两方面的兼容使得他们有能力在文学文本、目标读者及翻译策略等一系列问题上做出较为有效的选择和判断。

不过，一个优秀的译本既取决于译者的翻译功力，同时也受制于赞助人、原作者等因素。葛浩文曾提到自己对毕飞宇以及他的作品的喜爱，也特别谈及《玉米》写"三个小镇里的姐妹，写得入木三分……抓住了人的内心、人的思想、人的感觉"。[3]在谈及《青衣》的翻译时，葛浩文曾说与毕飞宇的电邮往

1 吴赟.陌生化和可读性的共场：《长恨歌》的英译研究［J］.外语教学理论与实践，2012（4）.

2 Ge Haowen. Howard Goldblatt at Home: A Self-Interview[J]. Chinese Literature Today, 2011(2).

3 季进.我译故我在——葛浩文访谈录［J］.当代作家评论，2009（6）.

来加起来字数甚至比原著还要多。[1]作者与译者之间的良好沟通保证了译本的高质量，也使得认知、理解和阐释中国文化成为可能。

此外，不能不提的是，以出版社为主体的赞助人在毕飞宇小说的译介和传播过程中扮演着至关重要的角色。和大多数中国文学作品不同的是，《青衣》与《玉米》的英译本并非由学术出版机构出版，这也就避免了被归在学术化、专业化的小众类别。事实上，该出版经历可以被视为中国文学"走出去"的经典样本。2007年11月，英国电报书局（Telegram Books）出版了《青衣》的英译版 *The Moon Opera*，之后2009年，著名出版集团霍顿·米夫林·哈考特出版公司将该译本引进美国。《玉米》英译本 *Three Sisters* 也是经由了同样的出版路线，2010年6月电报书局出版之后，同年8月在美国出版。

能得到英美出版界两大主流出版机构的认同殊为不易。葛浩文曾提到过译本完成之后找不到出版社出版的例子比比皆是，即使是他自己手边都有不少于十本翻完的，或者快翻完的，或者翻了相当部分的中国当代小说一直找不到出版社愿意出版。[2]毕飞宇的这两本小说却并不是由译者或作者主动去联系赞助人，而是由出版社先购得了版权再来寻找译者，这样就使得译本能形成通畅的发行和流通渠道。英国电报书局一向以"出版世界上最优秀的经典文学作品和文学新作"为宗旨，这家资金充裕的大出版社先阅读《青衣》和《玉米》的法文版，觉得不错之后，就购买了英译本的版权。而葛浩文在中国文学英译方面的名声，使得他成为翻译的最佳人选。译本在英国发行之后，再由美国的大商业出版社运作，在美国发行。《青衣》和《玉米》的翻译操作流程符合西方出版发行体制的惯行方法，主流出版社的认可和兴趣允许了异域文化的多元共生，降低了赞助人对于英译过程的改造心理和干涉程度，使译本得以被西方主流社会发现、赏读并接受。

在译本的构建过程中，译者与出版社、原作者之间的良好互动有效地保证了译本的最终形态跨越了中英文化的隔阂。《青衣》和《玉米》中对中国社会的刻画，对普遍人性的关照赢得了英语读者的认可与好评。2008年，《青衣》的英译本 *The Moon Opera* 入围英国《独立报》外国小说奖复评名单；2011年，《玉米》的英译本 *Three Sisters* 使毕飞宇击败了诺贝尔文学奖得主大江健三郎，荣膺当年的英仕曼亚洲文学奖，成为自姜戎和苏童之后，第三位获得该奖的中国作家。该奖的评委主席大卫·帕克说："这个奖项并非奖励终

---

1 赋格，张英.葛浩文谈文学［N］.南方周末，2008-03-26.

2 季进.我译故我在——葛浩文访谈录［J］.当代作家评论，2009（6）.

身成就，而只是为了一本小说。”[1]成功的翻译使得这两部著名的中国当代小说成为英语读者了解中国的一扇窗口。

## 二、译本形态：阅读特定时代语境下中国的经典之作

《青衣》和《玉米》都是毕飞宇向现实主义转型的作品。他撇开大时代背景下的恢宏叙事，着重柴米油盐、婚丧嫁娶这些日常化、细节化的真实场景，从民众的心理心态、个人的细微情感中去挖掘生活及人性内在和本质的根源。《青衣》讲述的是一代青衣筱燕秋从成名到失落、挣扎着东山再起而又再度梦碎的命运遭遇，在一个女性人生的悲凉中融入了关于时代、艺术、欲望等诸多问题的叩问。《玉米》描写了王家庄三个普通女性玉米、玉秀、玉秧的成长、生活与命运。王家庄所呈现的生活形态正是“文革”时期的社会缩影，权力与私欲的泛滥构建了中国在特定时代中的民俗、人情与人性。

这两部小说的英文译名*The Moon Opera*和*Three Sisters*都与小说的主旨内容丝丝入扣。毕飞宇曾谈到过“青衣”这一概念的内涵：“在汉语里，‘青衣’起码包涵了这样几个隐含的密码：女性，已婚（一般来说），端庄，优雅，悲情，痛感。……离开了中国和京戏，青衣是没法谈的。青衣是人物，同时也不是人物，它还包含了服装、旋律、表演程式、腔调。对汉语之外的世界来说，这是一组神秘莫测的东西，语言学望尘莫及。”[2]这一概念的复杂性和中国化使得葛浩文在翻译题目的时候并未直译为“Qingyi”，同样，“玉米”也并未直译为“Yumi”，以避免音译汉字的陌生化和障碍性给英语读者带来的阅读困惑。

《青衣》的故事围绕筱燕秋以及《奔月》这个京剧剧目的排练与演出，*The Moon Opera*的译名则暗合了京剧与《奔月》的意旨，此外，“moon”在西方往往暗示了抑郁与疯狂，这与最后筱燕秋悲情的人生际遇也十分契合。《玉米》实则讲述了玉米、玉秀、玉秧三姐妹彼此独立又相互联系的人生故事，*Three Sisters*的译名忠实地涵盖了“玉米、玉秀、玉秧”三个篇章的主旨，英仕曼奖的颁奖词中还专门提到了这一译名所产生的积极互文：“毕飞宇这本书英文名是《三姐妹》，我觉得他在书中对人性认识的严肃程度让我联想到一位严肃的俄罗斯作家——同样创作了戏剧《三姐妹》的契诃夫。”[3]与契诃

1 刘丽娜.毕飞宇：我最大的才华就是耐心［J］.上海采风，2011（5）.

2 高方，毕飞宇.文学译介、文化交流与中国文化“走出去”——作家毕飞宇访谈录［J］.中国翻译，2012（3）.

3 刘丽娜.毕飞宇：我最大的才华就是耐心［J］.上海采风，2011（5）.

夫戏剧同名的巧合也让西方读者更为容易地审视小说对于人性以及命运的寓示。

值得一提的是,《青衣》英译本封面是京剧中青衣的脸谱——黑发红妆的中国古典女性。《玉米》英译本英国版的封面是一张大红色的中国剪纸图案,扶疏的花叶点缀出三张中国女孩的面孔;美国版的封面以冬日的梅枝为背景,左上角是毛泽东的图像,正中在红色"囍"字上另加上了一"喜",成为一幅巨大的"三喜"。典型的中国式画面与英文译名相映合,使得两本小说的英译本封面在中国情调之中激发英语读者的文化想象和阅读兴趣。

葛浩文一向喜欢具有严肃精神及讽刺意味的作品,《青衣》与《玉米》的主题和内容十分符合他的翻译口味。在谈及翻译任务时,他说:"我总是带着尊重、敬畏、激动之情以及欣赏之心走入原著。……我问自己:我能让译作读者对译作的欣赏如同原作读者欣赏原作一样吗?我能把作者的声音传递给新的读者群,而且把他们的快乐、敬畏或愤怒传递出去吗?这就是我的目标。"[1]在这一目标的驱使下,葛浩文夫妇在翻译时特别尊重毕飞宇小说的文学诉求和文化特征,在翻译中尽可能地去还原原作的本真面目,而同时也努力关注跨文化传递过程中的诠释方式与交流效果,使译本具有通达流畅、适于接纳的阅读品质,让西方读者能够体会中国文学的价值变迁、审美形态和诗学特征。

这两本小说原著中充满了中国韵味的人名、地名、物名、事名,从"筱燕秋""二郎神"到"王八路""阿庆嫂",从"青衣""花旦"等京剧概念和术语到"知青""帝修反"等"文革"前后的政治化术语和时代性词语,从"小满""芒种"到"牌坊""头七"等民俗词语,从"革命不是请客吃饭"到"女大十八变""春风裂石头,不戴帽子裂额头"等日常生活中的俗语、俚语、歇后语等比比皆是。译者在处理这些信息时,努力向毕飞宇靠近,不删除、不改写,多用音译、直译,尽力保留作家的文学气质和中国文化的独特个性,必要时再适当地增补解释和说明,补充原著文本中隐含的文化内涵。这样的处理方法使遥远而具异域特色的异质他者融入英语的言说方式之中,让原著对特定时代中中国家庭和乡村生活,对个体和社会面貌的展现都较为忠实地呈现在译者的笔下,再现了极具地域文化性的中国色彩。

甚至在面对一些剧烈文化冲突的地方,葛氏夫妇的译本也是尽可能地忠实传递与英语文化有着巨大差异的中国文化形态。《青衣》中面瓜和筱燕秋

1 Ge Haowen. Howard Goldblatt at Home: A Self-Interview[J]. Chinese Literature Today, 2011(2).

情浓时，说“只要没有女儿，你就是我的女儿”。[1]《玉米》中玉米和彭国梁热恋时也是“哥哥”“妹子”相称。这些指称常见于中国恋人之间，但是移植在西方的语境中则成为不能接受的乱伦。美国编辑看到这样的直译之后，曾经提出要把它删除，葛浩文通过邮件转告毕飞宇，毕飞宇很意外，他向译者做了解释。东方人喜欢用家庭去看世界。在中国的创世神话中，也曾有兄妹为了繁衍后代而结合，生下后来的人类的传说，加之六七十年代人们的语言表达十分贫瘠，在不完备的教育里只能找到这样的词条，这是一种特殊语境下的微妙的表达方式。因此常借“女儿”“哥哥”“妹妹”来表达亲密之感。之后译者接受了作者的观点，将“daughter”“elder brother”“little sister”保留了下来。

不过，一个成功的译本并非将原著不加改写地移植过来。“译作成功与否取决于整体的忠实度，包括语调，语域，清晰度，吸引力，表达的优雅度，等等。”[2]要实现这样的忠实度，就必须一方面保留独特的中国文化成分，充分地体认和尊重来自毕飞宇小说的文化精神、作家气质和民族特征，另一方面译者必须承担对读者的责任，对译本的接受环境做出合理性和普遍性的考虑，避免译文因晦涩难懂而丧失可读性。

毕飞宇的原著中有许多段落篇幅甚长，句子如流水不断。而且不少地方去除标记对话的引号和段落划分，将对话隐入大段的陈述性叙事之中。《青衣》和《玉米》中这种例子屡见不鲜。作家的这种处理使得小说语言朝着更为叙述化的方向发展，用心理时空去替代故事展开的现实时空，叙事显得更为冷静、客观。这种写作手法也是毕飞宇十分鲜明的文学标记。然而在译本中，葛浩文为避免行文丧失可读性，舍弃了这种特殊的叙事手法。他重新细分了段落，添加了引号，将对话着意区别开来。此外，还使用了中文罕用的斜体标记，来反映人物的内心活动。这样做正是因为译者将可接受性作为翻译活动的重要参照坐标，适度削弱因文学陌生元素而引起的阅读困难。

值得注意的是，对于原文本中的大量文化信息，译者如前所述采取了保留异质的方法，只在若干地方稍加解释，而同时，为了易于理解和沟通，译者在文后对一些重要的文化现象做了注解，如“水袖”，译者在《青衣》后面的词汇表中说明“long, loose sleeves worn by opera singers that highlight stylized gestures”[3]；“王家庄”，译者在《玉米》后面的词汇表中说明“Many rural

---

1 毕飞宇.青衣［M］.上海：上海锦绣文章出版社，2008.

2 Ge Haowen. Howard Goldblatt at Home: A Self-Interview[J]. Chinese Literature Today, 2011(2).

3 Bi Feiyu, *The Moon Opera*[M]. Trans. Howard Goldblatt and Sylvia Li-chun Lin, New York: Houghton Mifflin Harcourt Publishing Co, 2009.

villages are populated mainly by families with the same surname."。[1]译者没有选择在文中插入注释，而是将其或融入故事中，或置于正文之后，这正是为了行文的流畅和满足读者的阅读感受，使用适当的增补以增强译作的可读性。

很显然，这些翻译处理能够在一定层面上去除英语读者的阅读障碍，帮助他们更好地理解毕飞宇小说中的异国情调。汉学家白睿文曾说："中国当代小说中强大的故事情节和娴熟的写作手法归根到底都直指人性，直指人类共有的希望、梦想、欲望、恐惧、悲伤和梦魇。这些主题放之四海而皆准。"[2]在葛浩文夫妇的译笔之下，毕飞宇的《青衣》和《玉米》让英语读者了解了人性、欲望、梦想与平常生活的撞击，命运的苍凉和沉重，尤其让读者了解了作者所叙述的中国现实和其中挣扎奋斗的中国女性，使得《青衣》和《玉米》成为阅读特定时代语境下中国的经典之作。

## 三、译本的接受：主流媒体与普通读者的差异反应

《青衣》和《玉米》自英译本出版以来，在西方社会获得了较多的关注，尤其在主流媒体掀起了评论热潮，并获得了文学奖项，这对于在西方影响有限的中国当代文学而言，意义非同寻常。从《青衣》英译本的接受情况来看，英语世界的主流媒体较为一致地给出了较高的评价。《玛吉尔书评》（*Magill's Book Review*）用清晰明了的语言说"毕飞宇的《青衣》这部小说情节迷人，内涵丰富，扣人心弦，一定会令读者激动万分"。[3]《出版人周刊》称"这部小说短小简单的叙事和支配一切的道德意识使作品具有一种寓言般的特质"。[4]值得注意的是，众多评论都特别关注京剧这一贯穿小说的中国艺术形态。对于大多数西方读者来说，京剧是陌生、深奥、难以理解的，但是评论文章都持肯定、积极的态度探讨了京剧元素对小说的架构意义。如英译本封底上刊印的伦敦《泰晤士报》评论："这部完美的袖珍小说关注的是传统中国戏曲那个与世隔绝的世界……筱燕秋舞着嫦娥的广袖，疯狂地哀痛着自己逝去的青春。"[5]该篇评论还特意将这部小说与好莱坞著名电影《彗星美人》（*All About Eve*）进行类比，演艺界的新旧交替充满了悲剧性的残

---

1 Bi Feiyu. *Three Sisters*[M]. Trans. Howard Goldblatt and Sylvia Li-chun Lin, New York: Houghton Mifflin Harcourt Publishing Co, 2010.

2 Michael Berry. Translating Sorrow[EB/OL]. http://www.pri.org/theworld/node/18537, 2008-06-04.

3 Patricia E Sweeney. "The Moon Opera" [J]. Magill's Book Review, 2009.

4 "The Moon Opera" [J]. *Publishers Weekly*, Vol. 255 Issue 43, Oct. 2008.

5 Kate Saunders. "The Moon Opera" [N]. *Times*, 2007-10-27.

酷和无奈。《书单》认为"这部薄薄的小说主题并不宽广，但读罢却有清晰透亮的钟声在心中回荡。这位中国作家在他的第一部小说中，不动声色地将精准无比的隐喻性叙事与京剧这一历经变迁却恒久存在的文化形式联系在一起"。[1]而《柯克斯评论》则将该小说与《艺伎回忆录》进行比较，指出虽然"筱燕秋的悲剧在细节上可能有独特性，不过在本质上是普适意义的人性体现"。[2]从这些评论中不难看出，虽然英译本中存在大量来自中国独有的文化特质，京剧的专业术语和文化形态会令西方读者感到一定的阅读困难，但是小说对于人性欲望的刻画使得文本具有了超越文化障碍、体现普遍意义的文学价值和情感共鸣，因此从整体上并未影响该小说在英语主流媒体群中的接受情况。

至于《玉米》，英仕曼亚洲文学奖的获奖是西方社会对这部译作赞美与认可的典型的标志。葛浩文曾说过，美国人喜欢的中国文学作品"一种是sex（性爱）多一点，第二种是politics（政治）多一点……其他像很深刻地描写内心的作品，就比较难卖得动"。[3]而《玉米》透过王家庄三姐妹的成长、生活、命运，刻画了父权阴影下扭曲、丑陋的人性。毕飞宇把历史、政治、权力、伦理、性别与性、城镇与乡村等主题融合在一起。这种对"文革"时的中国的刻画在一定程度上满足了西方读者对中国文学的好奇心理。"文革"以来中国社会的现状乃至细小生活的体验都引起西方强烈的了解欲望。以个中现实为背景的文学作品很容易受到译介者的青睐，也能够获得主流读者群的关注。这样的阅读趋势促成了《玉米》成为近年来最受瞩目的中国文学作品之一。

在*Three Sisters*的封底，美国畅销书作家尼克·莫尼斯（Nicole Mones）评论是"毕飞宇叙述了三姐妹努力掌控自己人生的动人故事。她们忍耐着生活细碎的折磨和命运不公的对待，这种悲壮在当时的社会是普遍的现象。毕出色地将这种广泛的社会苦痛追溯到根本，直指人性深处——并显示了这种苦痛是如何从一个个体传递到另一个个体的身上。这是一部深刻的、启迪思考的小说"。《出版人周刊》的评论认为"毕清醒地、直白地描写了种种原生态的残酷，在弥漫着各种仪式、迷信和民间风俗的乡村，封建性的权力泛滥，腐蚀着日常生活。作者用冷静、朴实的笔法书写了一个有关人类悲惨命运和女性在自我被贬抑的文化中求存的阴郁故事"。[4]英国《独立报》认为"毕飞宇

1 Brad Hooper. "The Moon Opera" [J]. *Booklist*, Vol. 105 Issue 6, Nov. 2008.
2 "The Moon Opera" [J]. *Kirkus Reviews*, Vol. 76 Issue 22, Nov. 2008.
3 季进.我译故我在——葛浩文访谈录［J］.当代作家评论，2009（6）.
4 Kristine Huntley. "Three Sisters" [J]. *Publishers Weekly*, Vol. 106, No. 21, Jul. 2010.

对‘文革’后三姐妹挣扎求存的叙述是一则复杂的寓言故事，同时也说明了中国从一头沉睡的老虎变为世界强国”。[1]美国《华盛顿邮报》则认为“虽然这本描写王家村村民的迷人小说并不厚重，但是它对于西方读者却有用并有益，因为它用非常人性化的语言记录了中国女性的低下地位以及中国城乡之间的巨大差距”。[2]这些主流媒体对*Three Sisters*的评价和中国国内对《玉米》的评价十分吻合，都从“文革”时代的摧残人性、当代中国的急剧变迁、爱与恨、屈服与救赎中，看到了“人”的困难与痛苦，看到“人”的勇气、悲怆和尊严，这也充分表明了《玉米》英译本满足了英语主流群体的阅读期待，让他们在陌生的阅读体验之中看到了文本激荡人心的情感认知和社会现实。

不过，要全面知晓中国文学在海外的接受情况，就不能只限于了解主流媒体的阅读感受，普通读者的阅读体验同样十分重要，著名网站上的读者评论就成为收集这方面资料的主要途径。和期刊、报纸上主流媒体的评论意见不同，普通英语读者对于毕飞宇这两本小说的认可和肯定并不是很高。综合各网站上的记录，截至2013年2月底，《青衣》共计121位英语读者打分，平均分为2.97（满分为5分），《玉米》则有135位英语读者打分，平均分为2.73。从他们的文字评论看来，过半数读者对于英译本的理解或多或少都存在着偏差和隔膜，认为“这两本小说令人失望，作者的叙述干瘪无味、平淡冷漠、缺乏生命，以及情节割裂、欠缺起伏、不够连贯……”。《青衣》和《玉米》之所以局限于主流阅读群，而没有被英语社会的普通读者广泛、积极地接受，主要原因是因为英语大众对中国京剧文化以及“文革”文化的不了解以及对中国文学叙事手法的不适应。译本中大量的中国谚语、格言、警句，独特、陌生的文化信息形成一道天然的屏障，阻碍着对中国认知不足的读者充分理解小说。例如许多读者诟病《玉米》的第三部分和前两部分脱节，没有实际的联系，而事实上，了解“文革”的人知道前后之间存在着隐性但必然的关联。“《玉米》与《玉秀》写的是一九七一年的故事，而《玉秧》的故事则发生在一九八二年。”[3]1971年是“文革”的分水岭，而“玉秧和一九八二年之间有着某种天然的联系”，那是“文革”结束的第一年，逝去的历史仍遗留着隐隐的创痛。毕飞宇曾说过：“如果不是‘一九八二’这个年份纠缠着我，我是不会写《玉秧》的。”[4]“文革”中暴露的人性的罪恶和丑态依然渗透在生活的各个角落。作

1 Lucy Popescu. Tragicomedy as A Sleeping Giant Awakes[N]. *The Independent*, Aug. 2010.
2 Jonathan Yardley. “Three Sisters” [N]. *Washington Post*, 15 Aug. 2010.
3 毕飞宇. 玉米［M］. 北京：作家出版社，2005.
4 同上.

者继续以一个普通的女性个体为对象来完成一段特殊历史下的权利与生存叙事。但是，不了解“文革”的西方读者对此就会形成较为明显的理解障碍。也有许多读者不适应作者细枝末节的叙事方式，他们认为小说缺乏跌宕的情节，尤其是毕飞宇在写到有关性或女性所遭受的性创伤时，口吻冷漠、超然、不带一丝情感。而这事实上也正是毕飞宇有意为之的叙事手法，他特意如此来突出人性残酷而丑陋的一面，表现在非正常状态的社会对人的权利和尊严的践踏和压制。

值得注意的是，不少读者把对小说的批评归咎于翻译质量不高。葛浩文夫妇反对以英语文化价值观为取向对中文文本的文化元素进行消解或同化，这让一些不了解中国的西方读者感到一定程度的不适应，也就无法引起情感共鸣和认同感。葛浩文自己也曾说过：“如果英语读者在阅读英译本之前，对汉语及中国文化有一定了解那就再好不过了。”[1]随着中国经济的发展与社会地位的提升，英语世界的主流读者群对中国及中国文化越来越关注，形成了一定直接、感性的认识。然而，由于中国文学仍处于十分小众及弱势的边缘地位，广大的普通读者仍然对中国及中国文化十分陌生，这就形成了主流阅读群与普通大众对毕飞宇小说不一的接受情况，使译本经历赞美和批评的不一反应，这也说明中国当代小说要真正“走出去”，被海外读者广泛接受仍然任重道远。

## 四、结语

《青衣》与《玉米》的英译情况揭示了文学作品的翻译是一个复杂多维的过程，原作者、原著、译者、赞助人与文化语境一起构建了贯穿翻译过程、影响译本形态的各个要素。而在这之中，译者的语言文学素养、文化意识及翻译能力，与作家及出版社之间的互动关系在很大程度上决定了译者的翻译策略，并最终影响译本面貌是否能够体现作家的文学气质，在译语国家建立真实完整的文学形象。葛浩文夫妇所译的这两本小说之所以能成为中国文学“走出去”具有典型意义的成功个案，就在于它们有效地调节了译介的各个要素，实现了整体意义上的忠实，既保留了原著的优雅与吸引力，也避免译文因文化差异而丧失清晰的可读性。

同时，除了译者和译本所发挥的作用之外，一部文学作品的对外传播也

---

1 Ge Haowen. Howard Goldblatt at Home: A Self-Interview[J]. *Chinese Literature Today*, 2011(2).

取决于文本本身的文学性、社会性和批判性。《青衣》和《玉米》的文学价值在于把人性的、性格的、命运的、时代的因素熔铸在一起，将人生的疼痛与无奈赋予了普遍性的意义。毕飞宇的叙事充满了对于人性、人心以及命运的理解、同情与冷静的审视，在不动声色之间，写尽了女性内心的挣扎和哀痛。这些具有普适意义的希望、梦想、欲望、悲伤构成英译本在海外获得主流读者群认可的重要原因。不过，我们也要看到，海外读者对中国社会文化的关注度也会影响中国文学作品在海外的影响力。普通英语读者由于对中国社会和文化的认知程度不高，导致对于中国当代小说的阅读存在一定程度的不适应，无法产生相应的情感共鸣和认同。这就需要我们在中国文学“走出去”的文化使命之下，提升中国的软实力，积极促进中外交流，与世界的对话中努力实现平等、双向，以更好地传播自己的文学与文化。

# 从风格视角看法国对毕飞宇的翻译和接受

/ 曹丹红

近些年来，中国文学的全球关注度日渐提高。但我们不时听到这样的声音：比起中国作家作品的文学价值，国外尤其是西方往往更关注文化和意识形态，至少从现阶段来看是如此。如此一来我们不免产生疑惑：作品被移植到异域土壤中时，作家的风格受到了怎样的对待？译者关注并如实再现了作品风格吗？译文读者能真实感受到作品风格吗？因为风格对作家而言具有根本性意义，"相对于一般规范的个人的风格偏向应该代表着作家跨出的历史性的一步"[1]，它体现了作家写作艺术的特殊性，可以说是作家和作品的"标签"。只有准确传译了风格，才能认为文学作品得到了真正的翻译；只有感受到了作品的风格，才能认为读者真正理解了作品。也正是因此，作品风格在另一种语言中的再现问题是学者、读者甚至作家本人都非常关心的一个问题。带着这样的问题，我们将目光投向了中国当代作家毕飞宇的小说及其法译本。近些年来，毕飞宇陆续获得"鲁迅文学奖""茅盾文学奖"等国内重要文学奖项，成为中国新生代作家的代表人物之一。同时，2009年法国《世界报》文学奖、2011年英仕曼亚洲文学奖的获得令他在国外的知名度也不断提升，目前他的作品已被翻译成十多种语言在世界各地发行。毕飞宇作品在法国翻译出版的时间不算太早，最早被翻译出版的是中篇小说《青衣》（*L'Opéra de la lune*），由毕基耶出版社出版于2003年。随后他的作品以比较稳定的节奏陆续在法国翻译出版，其中《雨天的棉花糖》（*De la barbe à papa un jour de pluie*）由南方文献出版社出版于2004年，《玉米、玉秀、玉秧》（*Trois soeurs*）、《上海往事》（*Les Triades de Shanghai*）、《平原》（*La Plaine*）、《推拿》（*Les Aveugles*）由毕基耶出版社分别出版于2005年、2007年、2009年和2011年。《苏北少年"堂吉诃德"》也由毕基耶出版社翻译出版了。

---

1　贝西埃：《诗学史》，史忠义译，河南大学出版社，2010年，第536页。

## 一、风格的可感知性及翻译的选择

一个民族对一部外国作品的翻译和接受会受到该民族社会文化语境、政治意识形态、译者翻译动机和观念及译者翻译能力等诸多因素的影响[1]，然而涉及风格的传译，译者可以说是最重要的因素，因为译文读者对外国作家作品风格的体认，全部建立于译者对原作风格的感知及重构上。上文提到的毕飞宇六部已在法国翻译出版的作品由三位译者翻译。除《雨天的棉花糖》由何碧玉（Isabelle Rabut）翻译，最新的《推拿》由艾玛纽埃尔·贝什纳尔（Emmanuelle Péchenart）翻译外，其余四本均由克洛德·巴彦翻译。三位译者都有多年的中国文学翻译经验，其中何碧玉和贝什纳尔不仅是译者，也是对中国文学深有研究的汉学家。那么这三位译者对作品风格及其重要性有充分的意识吗？如果有的话，又如何得知呢？

除了译文本身，我们也可以通过译者序、跋、封底文字等副文本及译者在报纸杂志上发表的文章窥见其对作品风格的感受和认知。例如《雨天的棉花糖》译者何碧玉就曾在多处提到《雨天的棉花糖》的翻译感受。2011年何碧玉在南京大学与毕飞宇进行了一次对谈，在对谈中她提到翻译《雨天的棉花糖》的因由："有时候我自己读了一部作品，觉得很好，就一定要翻译出来。（对毕飞宇）我们翻译你的《雨天的棉花糖》就是这样的情况。……一读就觉得你写得太美了，于是决定要译过来。"[2]"美"是一个很宽泛的总体感觉，但联系《雨天的棉花糖》的写作和发表背景，就能知道何碧玉所说的"美"的含义或许没有那么宽泛。《雨天的棉花糖》发表于1994年，是毕飞宇早期的作品，那时作家正从诗歌创作转向小说创作，因而作家这一阶段的小说带有浓厚的诗歌语言特征。例如：

> 红豆的母亲、姐姐站在我的身边。她们没有号哭。周围显示出盛夏应有的安静。他的父亲不在身边。等待红豆的死亡我们已经等得太久了。[3]

再如：

1　许钧：《翻译论》，湖北教育出版社，2003年，第195—254页。
2　毕飞宇、何碧玉：《中国文学走向世界的路还很长……》，《经济观察报》，2011年5月23日。
3　毕飞宇：《雨天的棉花糖》，上海文艺出版社，2009年，第94页。

红豆死的时候是二十八岁。红豆死在一个男人的生命走到第二十八年的这个关头。红豆死时窗外是夏季，狗的舌头一样苍茫炎热。[1]

东西方诗学传统差异或许会导致原作的诗意无法被译者完全感受到，但是各国的诗学传统中也存在很多共性，诸如对诗歌节奏、韵律和意象等元素的关注，因此这里我们可以认为何碧玉说《雨天的棉花糖》很“美”，是因为她感受到了这部小说浓浓的诗意，因而也就是抓住了原作一个关键的风格特征。

在《雨天的棉花糖》法译本封底“出版者语”，我们看到何碧玉从更为具体的方面谈到了小说的风格：“毕飞宇用他那澄明的智慧、理性又不乏直觉的笔触以及令人炫目的隐喻，将我们引入了主人公失败的一生和他的内心世界。”[2]我们再来看中国研究者对毕飞宇文字的感受。刘俊曾指出：“在我看来，构成毕飞宇小说世界最为突出的文学特性，是他笔下绵延不绝的各种神奇的比喻，这些比喻是这样地贴近生活、市民小井，却又这样地具有奇思妙想，充满文学想象的丰沛才华。在毕飞宇的小说中，令人惊叹的比喻，可谓比比皆是。”[3]王彬彬也指出：“毕飞宇也是善用比喻的。”[4]由此可见，何碧玉对毕飞宇作品风格的感受是很准确的。或许何碧玉是个特殊的例子，她本人是著名汉学家、中国文学翻译家，她的语言能力、文学修养和批评意识可能都强于一般的中国文学法译者，但从她的例子可以看出，译者能够感受到作品的风格，而且随着个人能力的提高，译者的感受完全可以达到与母语读者接近的程度。

另一方面，译者能感受到作品的风格，也与风格本身的特征有关。过去的风格研究往往强调个人风格是“明显远离通常用法”[5]的“偏离”，或者将风格视作附加因素，会在文本中“起到表达上的、情感上的或美学上的强调作用”。[6]从这些传统风格观看，对风格的感受并不是必然的，因为无论“偏离”还是“附加”都预设了“常规”或“一般表达”的存在。假设“常规”确实存

1 毕飞宇：《雨天的棉花糖》，上海文艺出版社，2009年，第94页。

2 Bi Feiyu, *De la barbe à papa un jour de la pluie, roman traduit du chinois par Isabelle Rabut*, Arles: Actes Sud, 2004.

3 刘俊：《执著·比喻·尊严——论毕飞宇的〈推拿〉兼及〈青衣〉、〈玉米〉等其他小说》，《当代作家批评》，2012年第5期，第130页。

4 王彬彬：《毕飞宇小说修辞艺术片论》，《文学评论》，2006年第6期，第84页。

5 斯塔罗宾斯基：《莱奥·斯皮策与风格学解读》，选自史忠义主编《风格研究文本理论》，河南大学出版社，2009年，第11页。

6 Michael Riffaterre, “Criteria for style analysis Word,” n°15, 1959, p.155.

在，译者作为原作的异文化读者，由于不像母语读者那样熟悉异国的诗学传统，对这种传统下的"常规"或"一般表达"的判断也往往是偶然的。到了20世纪末，风格研究领域出现了一些富有启迪意义的成果。法国当代重要文论家谢弗（Jean-Marie Schaeffer）对风格进行了重新思考，指出风格不是简单的减法（偏离）或加法（附加）的结果，而是主动"选择"的结果：当说话人或写作者"有可能在不同的语域之间进行选择时就产生了风格"。[1]选择是主体有意识的行为。由于成熟创作主体的稳定性，选择也就表现出了特定倾向，也就是通常说的"风格即人"，正如毕飞宇说一个作家的风格可以演变，然而"有些东西最后你肯定扔不掉"。[2]

与此同时，法国学者杰尼（Laurent Jenny）进一步指出，"要说存在着'选择'的话，那并不是说在'火焰'与'爱情'之间选取一个更好的，而是决定赋予某种业已存在的形式以一种新的价值"。[3]而这种具备了新价值的形式便是风格。从杰尼的讨论可知，"某种业已存在的形式"要具有新价值，必须满足两个条件，一是创新性地使用这种形式，如莫泊桑用一种通常表达静止感的时态（未完成过去时）来描述前后相继的行动，或普鲁斯特对长句的创造性运用。二是这些创造性运用必须在文本中反复出现，因为偶然的创造容易被忽略，但重复会令某种特征变得可见可感，这种可感性正是斯塔罗宾斯基认为"言语事实具有高度的验证性"[4]的原因。在文本中不断得到重复的特殊性最终摆脱了表意符号的地位，成为风格符号，参与到作品整体风格的构建中。正是因为"风格是某一心怀受众的作者的可以认识、可以重复、可以保持的符号"[5]，因此译者尽管千差万别，但都能在不同程度上感受或辨识原作的风格，而通过何碧玉的例子，我们看到这种感受和辨识最终影响了出版社和译者对作家作品的选择和翻译。

## 二、风格寓于文字及风格传译的可能性

然而，能感受到风格是否意味着风格的翻译和再现也成了顺理成章的事呢？相比起学者何碧玉，毕飞宇的另两位译者巴彦和贝什纳尔对他们的翻译

---

1 Jean-Marie Schaeffer, "La stylistique littéraire et son objet Littérature," n°105, 1997, p.15.

2 毕飞宇、汪政：《语言的宿命》，《南方文坛》，2002年第4期，第32页。

3 Laurent Jenny, "Sur le style littéraire," *Littérature*, n°108, 1997, p.94.

4 斯塔罗宾斯基：《莱奥·斯皮策与风格学解读》，选自史忠义主编《风格研究文本理论》，河南大学出版社，2009年，第23页。

5 萨义德：《世界·文本·批评家》，李自修译，生活·读书·新知三联书店，2009年，第53页。

活动谈论得并不多，这是否意味着他们对风格的重构可能就不如何碧玉那么准确？换句话说，如果译者对作品风格的关注不如对作品其他方面的关注那么有意识，那么译作呈现的风格比之原作会有很大的出入吗？由于中国文学作品外译过程中遇到的“高水平译者的缺乏、研究力量的不足等问题”[1]，文学作品的风格会因把握和再现上的困难而首先被译者舍弃吗？

要回答这些问题，我们需要对比译作与原作，如此一来便无法避免对“风格”的讨论。然而，风格是个含混的概念，如郑海凌指出的那样，“学者们从不同的视角研究风格，对风格概念的界定很不一致”。[2]由于篇幅限制，此处不便展开对“风格”的“考古学”式研究，只在综合考量后援引法国学者热奈特的风格观，作为下文讨论的理论依据。深受美国逻辑学家古德曼(Nelson Goodman)的艺术符号学观的影响，热奈特提出“风格是话语的例示功能(fonction exemplificative)，后者与话语的指谓功能(fonction dénotative)相对立”。[3]以及“例示(exemplification)……承担了所有指谓外价值，因而也就承担了所有的风格效果”。[4]风格就此被等同于话语的“例示”功能，它指向语言符号本身的特征及其制造意义的方式。热奈特进而指出话语的各个层次都可以“例示”某个或某些特征，因此任何话语都具有风格：“风格是述位属性(propriétés rhématiques)的总和。这些属性在三个话语层面得到例示：第一个是语音或书写材料构成的‘形式’层面(实际上也就是物质层面)，第二个是与直接指谓有关的语言学层面，最后是与间接指谓有关的修辞格层面。”[5]也就是说，风格分析可以在话语三个层面进行：首先是语音、书写材料所例示的属性，在这个层面，话语是对元辅音特征及其可能引发的联想、单词长短等的例示，例如“short”一词从书写来看只有五个字母，本身就是一个“短”词，其形式所例示的意义正好与词语所指谓的意义相同，词语的表达性便由此产生。语音方面的情况同样如此，例如“凄凄惨惨戚戚”的语音本身就例示了“悲戚”，与诗句所指一致，增强了诗句意欲表达的情感。其次是与直接指谓有关的语言学层面，在这个层面，第一层的语音或书写特征与约定俗成的指谓对象相结合，语言便具有了指谓功能与含义。热奈特指出直接指谓方式能够例示词语所属的语言、阴阳性、词性、语域等，由此体现了话语

1　高方、许钧：《现状、问题与建议——关于中国文学走出去的思考》，《中国翻译》，2010年第6期，第8页。

2　郑海凌：《文学翻译学》，文心出版社，2000年，第284页。

3　Gérard Genette, “Style et signification,” in *Fiction et Diction*, Paris: Seuil, p.188.

4　Ibid, p.190.

5　Ibid, p.203.

的风格。最后是与间接指谓有关的修辞格层面，此时话语是对隐喻性、换喻性等特征的例示。

根据上述风格理论，通过研读毕飞宇作品及其他研究者的评论文章，我们发现在热奈特提到的三个层面，文本对比都呈现了一些有趣的现象。譬如在第二层面，我们在《玉米》中看到了作品所例示的语域特征及这种特征制造的风格。试举一例：

> 关于王连方的斗争历史，这里头还有一个外部因素不能不涉及。十几年来，王连方的老婆施桂芳一直在怀孕，她一怀孕王连方只能"不了"。施桂芳动不动就要站在一棵树的下面，一手扶着树干，一手捂着腹部，把她不知好歹的干呕声传遍全村。施桂芳十几年都这样，王连方听都听烦了。施桂芳呕得很丑，她干呕的声音是那样的空洞，没有观点，没有立场，咋咋呼呼，肆无忌惮，每一次都那样，所以有了八股腔。这是王连方极其不喜欢的。她的任务是赶紧生下一个儿子，又生不出来。光喊不干，扯他娘的淡。王连方不喜欢听施桂芳的干呕，她一呕王连方就要批评她："又来作报告了。"[1]

单独看，这些画线的词语基本上没有特殊之处，但将它们密集地置于同一个段落，就会令人联想到"文革"语言以及整个"文革"背景。这是热奈特指出的话语"联想"(évocation)效果，它是例示的一种特殊类型，无疑是风格的体现。不仅如此，《玉米》的故事发生于"文革"时期，小说言说的内容是"文革"(指谓)，而小说行文方式又是对"文革"语言的戏仿(例示)，这就出现了前文提到的"short"的例子，以西方传统风格学家观点看，这种形式与内容的叠合正体现了作品的"表现力"(expressivité)。与此同时，戏仿的语言也体现了作家对现代汉语某种特征的批评。毕飞宇是一位对语言非常敏感的作家，他曾在一篇访谈中提到，受渊源和历史影响，我们现在使用的语言"带上了爆破和拆迁的色彩"[2]，现代汉语在他心目中"是怒火万丈的，充满了霹雳和血腥"。[3]因此可以认为，我们引述的文字在间接而非字面的高度，例示了作家对这种"戾气很重"[4]的语言的态度，而作家与这种语言所保持的距离，正

1 毕飞宇：《玉米》，上海文艺出版社，2008年，第20页。
2 沈杏培、毕飞宇：《介入的愿望会伴随我的一生——与作家毕飞宇的文学访谈》，《文艺争鸣》，2014年第1期，第46页。
3 同上。
4 同上。

是作品幽默感和深度的来源。

那么译者巴彦是如何处理这些关键词汇的呢？逐字逐句地对比原文和译文[1]后，我们发现原文画线的十处，除了“光喊不干”“批评”没有在译文中体现出来，“没有观点，没有立场”成为“dépourvu de base idéologique”[2]，即“缺乏意识形态基础”，其余几处都是接近原文的字面翻译（回译分别为：斗争、外部因素、空洞、符合八个传统部分的文章、责任、她又来作报告了），又不失为标准通顺的法语。语言系统的转换和文化语境的转变可能无法令译文读者直接联想到中国“文革”的背景和语言，然而译者所采用的词汇在法国读者看来也应该是奇异的：它们一般不会被用来表现夫妻间的正常关系和对话；它们具有一种内在的一致性，从整体上可以令人联想到战争和政治语汇。也就是说，译文同样例示了另一特殊语域，令原文的“联想”功能和戏仿成分得到保留。而将“没有观点，没有立场”翻译成“缺乏意识形态基础”，尽管没有逐字对应，却保持了语域层面的一致，甚至比原文更为直接地突出了对特殊语域的例示，确保了读者能更好地体会到特殊语域挪用的效果，由此感受到作者的反讽态度和幽默风格。

再如热奈特提到的风格第三层面。根据对风格的定义，文本在这个层面可以例示隐喻性、换喻性等，具有隐喻性、换喻性的文本倾向于将不同领域并置来制造惊奇和想象空间；在相反的情况下，文本则注重字面意义。上文我们已提到，毕飞宇的文字例示了一种隐喻性文字，而且这种风格已经为译者何碧玉所感受到。从更微观角度看，毕飞宇的隐喻有其与众不同的地方：往往是几个复杂隐喻的交织，往往是差距较大的领域的比较，既是“绵延不绝”的，又是“令人惊叹”的，它们令文本避免了陷入陈词滥调的命运，由此产生的“奇思妙想”既体现了作家“文学想象的丰沛才华”，也体现了作家的思辨深度。例如上文的《玉米》的例子。这段文字不仅例示了作者对特殊语域的挪用，也例示了作者在创造精妙隐喻方面的才能：连续几个隐喻将施桂芳的干呕比作了“空洞，没有观点，没有立场，咋咋呼呼，肆无忌惮……有了‘八股腔’”的“报告”。一边是作为本体的干呕，另一边喻体全部围绕“报告”的种种特征展开，属于同一个语义场，两个领域的对照由此创造了连续、绵长的隐喻，体现了作者高超的行文艺术。我们已经分析过巴彦的译文，可以说在修辞格层面，巴彦的译文准确再现了原作的风格。

《雨天的棉花糖》中也充满类似隐喻，仅选取一句：

---

1 Bi Feiyu, *Troissoeurs, roman traduit du chinois par Claude Payen*, Arles: Philippe Picquier, 2007, p.46.
2 Ibid.

事情发生在我写到“取得了伟大胜利”之后。这个我记得相当清楚。一般说，讲演报告中不能缺少“伟大胜利”这样营养丰富的词汇(1)，但在这样的大补(2)过后必须是一个减肥(3)过程。减肥(4)是困难的。这是常识。不能太腻(5)，却又不能伤了筋骨(6)。[1]

在这段绵长的比喻中，作者巧妙地将写讲演报告与进食进行了比较，喻体涉及了同一领域的“营养丰富(的词汇)”“大补”“减肥”“太腻”“伤了筋骨”这些词，形象有趣地体现了写作活动的特征。这六处关键词的对应法译文[2]如回译成中文，分别为“丰富的词语”“摄入大量卡路里”“禁食”“瘦身”“避开油脂”“损伤肌肉”，除原文出现两次的“减肥”分别被译成了“禁食”“瘦身”外，我们看到译文几乎逐字对应地翻译了原文，更不必说例示了同一个特殊语义场。正是这些关键词的准确再现令译文能重构原文的绵长隐喻，向译文读者揭示了作者在这一层面的风格。

从上文两处文本对比的例子可以看到，风格看似诉诸读者的主观感受和整体感受，但它实际上是作者在文本多个层面上通过文字逐字逐句地构筑出来的，因而当译者能够紧贴原文文字，同时又不满足于一种机械的对应，而是把局部的字词当作风格的构成要素加以翻译时，对风格的再现也便成为可能。

## 三、作为作品特殊性的风格及读者对风格的接受

上文我们从译介者的角度谈论了对毕飞宇作品风格的感受和翻译。那么法国读者对毕飞宇作品的法译本又持什么样的态度？他们是否如不少人认为的那样，面对毕飞宇的作品乃至全部中国文学作品只有猎奇心态呢？读者会关注并欣赏作品的审美价值吗？我们知道，毕飞宇在法国获得的总体评价很高。在《推拿》法译本出版之际，评论家如是评论之前已被翻译的五部作品：“(毕飞宇)最早的两本译作——《青衣》和《雨天的棉花糖》(南方文献)合情合理地在法国得到了很高的评价。之后的三部小说(《玉米》、《上海往事》和《平原》——笔者)，包括《玉米》在内，展现了作家真正的天才，当然也暴露出一些局限性。”[3]对于《推拿》法译本，《十字架报》刊文指出：“作家毕

1　毕飞宇：《雨天的棉花糖》，上海文艺出版社，2009年，第98—99页。

2　Bi Feiyu, *De la barbe à papa un jour de la pluie, roman traduit du chinois par Isabelle Rabut*, Arles: Actes Sud, 2004, p.24.

3　Bertrand Mialaret, “Bi Feiyu, un écrivain chinois au pays des aveugles,” *Le Nouvel Observateur*, Rue 89, 2011. 10. 20.

飞宇的杰出才华模糊了视线，唤醒了感觉。以致我们在读这本书时自己也像个盲人。(作品展现了)想象力的魔力、词语的力量、联想的能力和人物的深度。”[1]有些评论文章则直接涉及了作品的风格，例如《新观察家报》对《平原》法译本的评论：“某些段落的风格令人吃惊，它们的语调很像从前毛泽东时代的文学，这是一种讽刺手法吗？”[2]我们认为，如果读者在阅读时只基于狭隘的猎奇心态，他们应该是无法得到上述结论的。

除了对审美和风格特征的直接评价，我们看到评论家对故事、内容或主题的谈论也往往伴随着对风格的感受。这首先和文学作品本身的性质有关：文学作品是一个多维度的存在，而它的存在方式是文字。因此我们看到《新观察家报》对《推拿》的下述评论：“人物、他们的性格、他们的关系得到了细致入微的刻画。小说语调是现实主义的，但它的主旨并不在于揭露盲人的悲惨境遇”[3]，或者“这个群体如何融入南京这个城市或融入当代中国，这不是作者要谈论的话题，作者仅仅满足于利用这个情节，然后以一种时而有些静止的方式，展开对一组肖像的描绘”。[4]《世界报》对《推拿》做出如下评论：“毕飞宇选择了最普通、最简单的形式。叙述跟随着最具普遍意味的想法和情绪，从一人过渡到另一人，从一日过渡到另一日。”[5]在这样的评论中，我们看到要区分哪里是对内容的谈论哪里是对风格的谈论其实是很困难的。

如果说报纸杂志文章考虑到媒体的倾向、定位、受众等特点，在观点的表达和语词的选取上较为温和中庸，那么普通读者在非官方渠道发表的观点则让我们看到，读者可以对风格有更为敏锐的感受和更为直接的评价。例如《玉米》法译本出版后，在法国最重要的电子商城亚马逊、FNAC等网站上均有销售。从读者留在这些网站空间的阅读感受和反馈来看，他们对《玉米》的评价很高。一位读者在亚马逊网站留言提到《玉米》是其迄今读过最好的书，毕飞宇的写作水平在其眼中堪比福楼拜和马尔克斯，同时也盛赞译者为“天才译者”。另一位读者在FNAC网站留言指出毕飞宇的水平更胜左拉一筹。这些评论当然是基于译本给出的。上文我们也已举例表明，巴彦对小说风格第二和第三层面的传达确实很准确。

---

1 Dorian Malovic, “Immersion dans l’univers invisible,” *La Croix*, 2011. 11. 16.

2 Bertrand Mialaret, “Bi Feiyu et l’amour au temps de la Révolution culturelle,” *Le Nouvel Observateur*, Rue 89, 2009. 9. 26.

3 Bertrand Mialaret, “Bi Feiyu, un écrivain chinois au pays des aveugles,” *Le Nouvel Observateur*, Rue 89, 2011. 10. 20.

4 Ibid.

5 Nils C. Ahl, “Au royaume des aveugles,” nul n’est roi, *Le Monde*, 2011. 9. 1.

相比之下，尽管《十字架报》刊文指出，“艾玛纽埃尔·贝什纳尔的译文流畅丰富”（Malovic），但部分法国读者对《推拿》的译文表现出了苛刻的态度。在“无国界读者”（Lecture sans frontière ou presque）[1]、“书籍跟踪者”（Pisteurs de livres）[2]等阅读博客网站，读者普遍赞赏《推拿》的新颖主题和思辨深度，并从总体上肯定了小说，但对风格的评价褒贬不一，一些读者指出作品文字“琐碎”“混乱”“乏味”“某些细节难以消化”，另一些则直接指出译文“沉重”，“不自然……感觉有点奇怪”，或者“翻译的确有时显得笨拙，而且有些沉重”等。

我们或许可以举一例来体会法国读者的感受。《推拿》中有一个十分巧妙的比喻：

> 对一个盲人来说，天底下最困难的事情是什么？是第一次出门远行。……都红偏偏就是这样不走运，第一脚就踩空了（1）。是踩空（2）了，不是跌倒（3）了，这里头有根本的区别。跌倒了虽然疼，人确实落实的，在地上（4）；踩空（5）了就不一样了，你没有地方跌（6），只是往下坠（7），一直往下坠（8），不停地往下坠（9）。个中的滋味比粉身碎骨（10）更令人惊悸。[3]

作家在此将盲人的恐惧与另一个领域——走路进行了比较，不幸的都红第一次出门就不利，这次失败带给她的恐惧堪比某个一脚踩空、一直往下坠并不知何时能落地的路人的恐惧。原文标注的十个词汇或短语明显例示了同一个语义场。对于这段文字，法语译文回译后，我们发现译者没有译出“踩空（2）”，其余九处法译文回译后分别为“第一次尝试没有任何结果”（1）、“摔倒”（3）、“倒在结实的地上”（4）、“没有任何结果”（5）、“脚下是虚空”（6）、“往下坠”（7）、“一直往下、不停往下”（8/9）、“粉身碎骨”（10）[4]。原文中（1）、（2）、（5）处都是“踩空”，它与“跌倒”的对比是赋予这一绵长巧妙的隐喻以全部张力的形象，然而译文或没有译出，或使用了例示其他语义场的抽象词汇，打破了原文隐喻的内在逻辑，中断了原文的绵长隐喻，减弱了隐喻和表达的张力，降低了作品的思辨深度。译文呈现的是不完整的比喻和形象，

---

1 http://lecture-sans-frontieres.blogspot.com/2012/09/les-aveugles.html.

2 http://pisteursdelivres.blogspot.fr/2014/01/fevrier-2014-livre-propose-par-marie. html.

3 毕飞宇：《推拿》，人民文学出版社，2008年，第68—69页。

4 Bi Feiyu, *Les Aveugles, roman traduit du chinois par Emmanuelle Péchenart*, Arles: Philippe Picquier, 2011, p.107.

故而令读者产生了莫名其妙之感。

## 四、结语：风格翻译与接受的历史性与现实性

不可否认，由于“中西方文学、文化交流中存在的‘语言差’与‘时间差’的事实”[1]，目前国外在选择翻译中国文学作品时，相比起意识形态、经济效益等因素，很多时候文学作品“所具有的文学审美特性在译介者的眼中是一个较为次要的因素”[2]，然而，上文我们以毕飞宇作品的法译为例，已经看到对于敏锐的译介者来说，文学作品风格不仅能被准确地感受到，同时也是促成作品得到译介的重要原因。而且随着中西文化和文学交流的深入，法国译者对中国文学作品风格的感知和传译应该也会越来越准确，正如何碧玉所言：“学的语言越多，就越是容易学，对于不同诗学风格的辨别就越是敏感，翻译起来就越容易。”[3]

从译介者和译文读者对作品的反应来看，法国读者对中国文学的接受也是多层次的。猎奇心态有之，能从文学性角度来欣赏作品的读者也不乏其人。而且随着自媒体等传播形式的出现，越来越多的读者能够在网络上自由地发表他们的观点，例如在上文提到的“无国界读者”“书籍跟踪者”等网站，多位读者针对《推拿》发表评论，他们的讨论不时涉及对作品风格的探讨，有时甚至有激烈的观点碰撞。这样的讨论无疑能加深读者对《推拿》的理解，推动更多读者更好地去品味和欣赏作品本身。

与此同时，我们也不能因为中译外现在还处于起步阶段，便认定文学作品的风格在翻译过程中必然会被忽略甚至改变。我们所看到的风格改变很多时候是由两国诗学传统差异所导致的，在这种情况下，即便双语水平高超、文学功底深厚如何碧玉者，也无法将尽显毕飞宇风格的“一巷子都塞满老气横秋”这样的句子直接呈现于法语读者面前。法译文回译的意思为：“巷子于是充满了秋天的忧郁。”令人惊奇的搭配成了符合逻辑的普通表达，原文特殊隐喻所例示的作者大胆的创新性没能得到再现。然而，因为风格是由文字构筑出来的，它本身的多层次性、重复性和相对稳定性令它很大程度上能被译者感知并传译，某个层次的传译失败不会令作品风格受到彻底改变，偶

---

1 谢天振：《隐身与现身：从传统译论到现代译论》，北京大学出版社，2014年，第13页。

2 杭零、许钧：《翻译与中国当代文学的接受——从两部苏童小说法译本谈起》，《文艺争鸣》，2010年第11期，第116页。

3 杨柳：《翻译诗学与意识形态》，科学出版社，2010年，第42—43页。

然、局部的传译失败也不会对整体风格的传达产生严重影响。这也是为什么我们认为作品风格能够超越文化和译者的差异在译作中得到再现的原因。

在文本对比过程中我们也发现了一个问题：单从文字来看，《玉米》的译文存在一些问题，译者除随意改动可能影响作品风格的段落安排和标点（风格第一层面）外，还有不少漏译、误译甚至改写现象。而《推拿》的译文从字面来看也许最为忠实，很少有删改或添加之处。然而，从译文读者反应来看，《玉米》受欢迎程度显然胜过了《推拿》。这也促使我们思考另一个与风格传译相关的问题：就风格翻译而言，怎样的“忠实”才称得上真正的“忠实”呢？

# 从《青衣》到*The Moon Opera*
## ——毕飞宇小说英译本的异域之旅

/ 孙会军　郑庆珠

### 1. 引言

毕飞宇是我国当代著名作家，20世纪80年代中期开始小说创作，曾两度获得“鲁迅文学奖”，其最重要的作品包括：《上海往事》《哺乳期的女人》《青衣》《玉米》《平原》《推拿》等。张艺谋电影《摇啊摇，摇到外婆桥》就是根据毕飞宇的小说《上海往事》改编而成的，他的《青衣》被拍成电视剧在全国各大电视台热播，并且获得电视剧“飞天奖”。

从20世纪80年代中后期开始，毕飞宇的作品开始被陆续译介到法、德等国。其作品的英译相对较迟，但在笔者看来却是不鸣则已，一鸣惊人。根据美国罗切斯特大学专门研究翻译文学市场的“百分之三”项目的统计，从2008年到2010年的三年中，美国出版汉译文学作品分别为12、8和9种，共计29种，而其中当代中国内地作家的长短篇小说仅19种……三年当中，在美国出书最多的中国作家当属莫言和毕飞宇，两个人各为两本。《青衣》和《玉米》的英文版先后于2007年和2010年由电报书局出版，一经付梓出版，就取得了国外读者相当程度的认可。《青衣》的英译本于2008年入围英国《独立报》外国小说奖复评名单，而《玉米》的英译本则于2011年初获得英仕曼亚洲文学奖。两部作品均由“中国现当代文学的首席翻译家”葛浩文及其夫人林丽君翻译成英语，《青衣》的英译本于2009年在美国再版。

这两部小说的英文版可读性强，不少海外的华裔读者看后对毕飞宇以及毕飞宇小说产生了浓厚的兴趣。在本论文中，笔者尝试以毕飞宇的《青衣》为个案，对其译介到英美世界的情况进行考察，对英译本中具体的翻译方法、翻译策略以及翻译的效果——尤其是其文学性的再现进行研究，并在此基础之上探讨中国文学走向英语世界、融入世界文学的境遇及其有效的途径。

### 2.《青衣》的内容、主题及文学性表达

《青衣》讲述的故事非常简单。主人公叫筱燕秋，是一个饰演青衣的戏剧天才。“文革”前，19岁的筱燕秋因在《奔月》中饰演嫦娥A角而一炮走红。站在舞台上的筱燕秋，感觉自己就是嫦娥，她看不上B角李雪芬的表演，当李雪芬从舞台上下来，兴高采烈地要向她传授演艺技巧时，她居然将一杯热水泼在李雪芬的脸上，《奔月》因此而熄火停演，筱燕秋也因此背上“妒才”的骂名离开舞台，转而到戏曲学校从事教学工作。20年后，40岁的筱燕秋再一次有机会登台饰演嫦娥，为了这次登台的机会，筱燕秋又是减肥又是堕胎，甚至把自己的身体都出让给了赞助商——烟厂老板。这一次的上台，剧团里安排她的学生春来饰演嫦娥B角。春来是筱燕秋因为其天生的“青衣料子”而精心培养和全力挽留住的一位青年演员，为了挽留春来，筱燕秋甚至主动放弃了A角。但是，上了台后的筱燕秋，依然不愿意让出舞台，依然“霸”着舞台！在小说的结尾处，筱燕秋因为过于疲劳，在打点滴时睡着了，错过了开场的时间，当她赶到那里时，春来已经登场。春来看上去美若天仙，她才是真正的嫦娥……筱燕秋默不作声地化好妆，穿着单薄的戏服，来到剧场外漫天的飞雪当中，她开唱了，她唱的依旧是二黄慢板转原板转流水转高腔。雪花在飞舞……

在这部小说里，毕飞宇所写的是一个人在污浊生活中保留的那份对纯粹的渴望，写的是人在现实生活中所感受到的疼痛。筱燕秋不甘落伍的心理与自己的年老色衰的现实让她不能接受，她的自我设计已经没有了实践机会，愿望与现实间存在着巨大的鸿沟。毕飞宇说，其实我们的内心，我们的生活远远不如我们想象中那么放松、舒展、开阔。“作为一个写作者，我做不到像鲁迅先生那样‘呐喊’，我没有这样的思想气魄，但我至少可以喊一声‘痛’。”

毕飞宇的小说的魅力不仅仅体现在它的情节和主题上，还体现在他的语言技巧和叙述技巧上。“毕飞宇的语言精致的文字诞生出残酷、喧闹、平静、紧张、张扬和不动声色，种种情绪化在字里行间，丝丝相扣地连在一起来营造出其每部小说的艺术境界。”这与他对于语言或者说文学语言独到、深刻的认识是分不开的。他曾经说过：“语言的魅力让人迷恋。……从语言去谈语言，谈不出什么来，语言就是洋葱，剥到最后一定是空的，当然，还有两行泪，语言首先是个生理问题，你的器官尤其是大脑有没有生锈。我们的教育有一个功能，那就是锈化。比如说，‘农民’这个词，我们时常用‘淳朴’去和它搭配，

这一来‘农民’和‘淳朴’这两个词就全部锈死了。我所见到的‘农民’和成百上千的汉语词语有关，恰恰和‘淳朴’无关。……我在使用语言的时候有一个体会，让它从身子骨上过一遍，一看，二慢，三通过，只有这样你的语言才能行驶在正确的道路上，而不会成为一堆废铁。”所谓语言的“锈死”实际上是俄国形式主义学派所说的语言自动化、机械化，也就是陈词滥调。而文学语言就是“反自动化”“反机械化”之表达，文学语言必然要避开已经“锈死”的表达手法，跟陈词滥调分道扬镳。毕飞宇还说过：“我们必须给语言插上羽毛，让语言飞起来。”说到叙述技巧，作者在《青衣》中使用了一些自由间接引语、自由直接引语或是叙述视角的转换等手法，对于人物内心世界的刻画非常生动、逼真。可以说，毕飞宇在小说创作上达到的高度在一定程度上是其独特的语言表达和叙述手法的高度。

### 3.《青衣》的英译本在国外

《青衣》创作于1999年，发表当年，就在文学界引起反响，曾获“2000年最佳中篇小说奖”。葛浩文夫妇将其翻译成英文，2007年11月由“旨在出版世界上最优秀的经典文学作品和文学新作”的电报书局出版。

署名Sam Sacks的学者在美国*Open Letters Monthly*上发表了关于《青衣》的评论。他说：“如我所言，这不是一本大部头的书，但是它把神奇而古老的（京剧）艺术与现代社会赞助与表演之间肮脏的现实交织在一起。对于中国的文学领域，我们知之甚少，它注定会越来越透明地呈现在我们这些西方人面前——更多的毕飞宇小说的英译本或许可以引领我们更好地了解那个我们至今仍感到陌生的文学世界。”[1]

在《青衣》英文版的封底上，我们可以看到《牡丹还魂记》(*Peony in Love*)的作者冯丽莎（Lisa See）对《青衣》的赞赏，她感叹道：“一部多么难能可贵的小说啊！毕飞宇不仅让我们领略了中国的戏曲世界，还带我们走进了一个女人的内心深处。希望继这部小说之后，还会有更多的毕飞宇小说被翻译过来。”在封底上还能看到《泰晤士报》的评论：“这部堪称完美的袖珍小说所关注的是传统中国戏曲那个与世隔绝的世界……”

这部小说的价值不仅在于它向西方的读者讲述了远在东方的中国的一个为西方人所陌生的梨园故事。作为一位美国的文学教授和资深翻译家，

1 Sacks, Sam. http://www.openlettersmonthly.com/book-review-vagrants-yiyun-li/.

葛浩文觉得毕飞宇是“一位非常有创造力的作家，他非常注重语言的运用”。葛浩文在接受《东方早报》采访的时候，两次提到毕飞宇。他说毕飞宇的两本小说，都是出版社先买了版权，然后请葛浩文翻译的。相对于其他中国作家来说，他的作品不用担心翻译出来不能出版的问题。“出版社为什么请我来帮他们翻呢？因为已经有了法文版，他们有懂法文的，看了，说这个不错，我们英文应该有。”“毕飞宇的新小说《推拿》，我很愿意翻，他也愿意我翻。不过一旦把版权卖给出版社，出版社就要选译者。找我的话，我大概愿意的，因为我很喜欢。”

2008年2月4日Booklit上面发表的Stewart的书评里有这样的几句话：“《青衣》是一部扣人心弦的小说，用一种令人着迷的方式向读者展示了中国戏剧以及中国戏剧理论”，“这是一部篇幅不长的小说，里面的内容之丰富令人震惊，对表层之下的多个层次进行了深入的挖掘。这部小说涉及多个主题：身份、性别角色、文化的衰退，以及更加普遍的‘嫉妒’‘悔恨’主题。当大幕落下的时候，它值得场内的观众全场起立热烈鼓掌”。可以说，《青衣》在英语世界里获得了新的生命，是作者这棵艺术之树上面结出的又一硕果，使《青衣》的英译本取得成功的因素都有哪些？

## 4. 呈现在英语读者面前的*The Moon Opera*

### 4.1 封面的设计与标题的翻译

《青衣》英文版*The Moon Opera*是以怎样的形象呈现在英语读者面前的呢？其封面设计与《玉米》的英文版*Three Sisters*相比有个共同的特点，那就是用中国元素来充分展示作品的源出语的文化特色。*Three Sisters*的封面用中国的民间剪纸艺术呈现，画面上的花鸟人物散发着浓浓的中国情韵。而*The Moon Opera*的封面则是京剧中青衣的脸谱。整个画面由一个青衣的脸谱所占据，主要色调为粉、红、白三种颜色，在黑色头发的映衬下，显得美轮美奂，给西方的读者以耳目一新的异国情调。

小说的题目《青衣》被葛浩文翻译为*The Moon Opera*——“月亮歌剧”。“青衣”是中国戏曲中旦行的一种。按照传统来说，青衣是旦行里最主要的角色，所以又被称为正旦，扮演的一般都是端庄、严肃、正派的人物，大多数是贤妻良母，或者是贞节烈女之类的人物。在英译本的正文中，“青衣”基本上都被音译为“Qingyi”，只有小说的题目没有中规中矩地直译。译者在小说题目的翻译上一定是动了脑筋的。如果照直翻译成“Qingyi”自然是行不通的，除非译者想拒读者于千里之外，因为英语中不存在“Qingyi”这个词，读者看了注定是一头雾水、不知所云。在笔者看来，既然不可音译，则只能意译。那么“青衣”能否翻译成“黑色的衣裳”呢？青衣是多么迷人的女性，她怎么就变成了一件黑色的衣裳？这无疑是一种误解，对普通的英语读者会造成阻隔的效果，虽然这样的误解对于比较文学、比较文化学者而言具有研究意义。而*The Moon Opera*这个译法实在是独具匠心！原因有以下几个：第一，小说主要是围绕女主人公筱燕秋以及《奔月》这个京剧剧目的排练与演出展开的，英文题目中的moon和opera与《奔月》和京剧这两个概念相互对应、紧密相扣，事实上在英译本中译者一直用*The Moon Opera*来指代《奔月》。第二，筱燕秋常以跑到月亮上面的嫦娥自许，而月亮实际上还是女主人公试图逃离现实生活的精神家园。第三，《青衣》在一定程度上来说是一部关于女人的小说，而在西方文明中，如同一位美国学者所言，“无论在当代还是在古典诗歌中，从时代不明的神话和传说里，月亮代表的就是女人的神性、女性的原则，就像太阳以其英雄象征着男性原则一样。对于原始人和诗人以及当代的梦幻者，太阳就是男性，而月亮则是女性”。[1]英译本的题目似乎可以暗示这部小说是一部关于女人的小说。第四，西方的月亮不仅可以被看成是女性美与美好情感的象征，有时还代表着抑郁与癫狂。而小说中自始至终笼罩着一股抑郁的氛围，筱燕秋是抑郁的，也是癫狂的。生存的疼痛令其抑郁，而她对于戏剧的痴迷在凡俗人的眼光看来无异于癫狂。文学翻译是一种跨文化交际，一部作品在进入到一个全新的文化当中之后，就是一个相对独立的存在，小说的题目尤其如此，在很大程度上决定着整个作品在这个英语世界的命运。有了*The Moon Opera*这个能激发读者联想的题目，再加上颇具异域特色的中国元素——青衣脸谱，让人联想到这样的说法：好的开始是成功的一半。

### 4.2 语言顺畅、文化传真的译文特色

笔者在读过小说的英文本之后，又阅读了小说原文，然后带着浓厚的兴趣对原文和译文进行了逐字逐句的比对。孙致礼教授在他的《新编英汉翻译教程》中曾经说过：“翻译无法做到‘语言传真’，但是应该力求‘文化传真’。”这实际上是孙致礼多年英汉翻译实践的总结。可以说英雄所见略同，在通篇考察了《青衣》及其英译本的对应关系之后，笔者发现，葛浩文夫妇的译文也体现了这样的特点，在语言层面上，英文自然、流畅，而在文化层面，译

1 刘锋杰. 月光下的忧郁与癫狂——张爱玲作品中的月亮意象分析［J］. 中国文学研究，2006（1）：56—63.

文多采用直译加注或直译加解释的处理方法，首先尽量传达中国文化的陌生性和差异性特征，与此同时，则尽量通过注释和解释方便读者对中国文化特有现象的理解。

首先看文化层面。对于小说中的人名、传说中的人物以及京剧中的一些概念、术语，译者都是采用音译或是音译加尾注的方法进行处理。

关于人名的翻译。小说中的人物筱燕秋、乔炳璋、李雪芬、春来、面瓜、嫦娥、后羿、青衣、花旦等在文中都是用汉语拼音表示：Xiao Yanqiu、Qiao Bingzhang、Li Xuefen、Chunlai、Miangua、Chang'e、Houyi、Qingyi和Huadan。对于一些出现不太频繁的京剧术语，译者的处理方法是在正文中音译，然后在词汇表中进行较为详尽的解释，一方面传达了一种异域的差异性，一方面向英语读者介绍了中国的京剧艺术。比如：

（1）Dan, the major female role in Chinese opera.

（2）Xi pi, Er Huang: tunes in the operative repertoire are all named, the lyrics are added.

（3）剧团不一样，再好的演员一个人待在家里也唱不来一台戏。当然了，为住房和职称找领导除外，在住房和职称面前，出色的演员一个人就能将生旦净末丑全部反串一遍。

A drama troupe is nothing like that. No matter how good they are, opera performers cannot stay home and put on a play. Of course, in order to get a good housing assignment or a promotion, outside of sucking up to troupe leaders, the good ones must play all the roles—the *Sheng, Dan, Jing, Mo*, and *Chou*.

对于*Sheng*、*Dan*、*Jing*、*Mo*和*Chou*，尾注中都给出了详细的解释，此处不再一一赘述。

（4）虽说只是嫦娥的B角，但是谁也不能否认，二郎神的灵光已经照亮春来了。

She may have been a Chang'e understudy, but no one could deny that the spiritual light of the Erlang deity shone brightly down on her.

西方人可能根本不知道"二郎神"为何方神圣，但译者仍然采取音译的做法，在尾注中对Erlang进行了详细的解释：nephew of the mythical Jade Emperor，然后a deity with a third，true-seeing eye。

对于中国文化里特有的谚语、格言、警句、名人名言，译者一般也都是照字面直译，只是必要的时候对一些名人名言添加出处或是做必要的解释，举例如下：

(5) 炳璋就等着《奔月》上马，越快越好。夜长了难免梦多。

Bingzhang couldn't wait for *The Moon Opera* to be staged; the sooner the better. The longer the night, the more the dreams; things happen.

在例(5)中，译者对“夜长了难免梦多”进行了直译，但是为了方便读者理解这句谚语的内涵，译者在后面又加了一句“things happen”，对其进行补充说明，使其隐含的意思明晰化。

(6) 革命不是请客吃饭，对的。炳璋不想革命，就想办事。办事还真的是请客吃饭。

Didn't Chairman Mao say that revolution is not a dinner party? True enough. But Bingzhang wasn't remotely interested in starting a revolution; all he wanted was to take care of business. And that's what a banquet does: it takes care of business.

原文的读者基本上都知道“革命不是请客吃饭”是毛泽东说过的一句话，西方读者大多不了解这句话的出处，但对“毛主席”还是熟悉的，所以译者照字面直译了引语的内容，然后又增加了“Didn't Chairman Mao say that”，交代了这句话的出处，同时也使译文的意思更加连贯，逻辑性更强。

(7) 但是面瓜是疼老婆的，他在一次房事过后这样肉麻地对老婆说:“只要没有女儿，你就是我的女儿。”面瓜的这句呆话让筱燕秋足足想了一个多星期。

But he loved her, and one night, after he had finished, he said absurdly, “If we never have a daughter, you'll be my daughter.” She pondered his preposterous comment for a week.

美国编辑看到这句译文，曾经提出要把它删除，因为在美国人看来这句话有违常伦，译者通过邮件转告毕飞宇，他也很意外，他向译者解释说，筱燕秋和她丈夫都是20世纪60年代生人，这个时代的人们情感教育很差，不知道如何表达自己的感情。这句看上去词不达意的话，却正是最动人的表达。译者最终接受了毕飞宇的观点，将这句话保留了下来。

在语言层面，译者的译笔非常自然、流畅，仿佛是作者的英文写作。译者没有拘泥于原文的语法结构和用词，可能让一位普通译者旬月踯躅的字词，到了葛浩文的手里，似乎手到擒来，基本上都能达到形神兼备的效果，即使偶尔由于两种语言之间的差异过大，不得已略做调整，效果上也是貌离神合，令人拍手叫绝。

(8) 乔炳璋参加这次宴会完全是一笔糊涂账。宴会都进行到一半了，他才知道对面坐着的是烟厂的老板。

For Qiao Bingzhang the dinner party was like a blind date, and it was half over before he learned that the man sitting across from him ran a cigarette factory.

对于一个普通的译者来说，“一笔糊涂账”未必好译，a blind date指在第三方安排下与一个陌生人的第一次会面，用在这里恰到好处，是一种动态对等。

（9）基于此，李雪芬在舞台上曾经成功地塑造过一连串的巾帼豪杰，透过李雪芬的一招一式，观众们可以看到女战士慷慨赴死，女民兵英姿飒爽，女知青豪情冲天，女支书须眉不让。

On that basis, she had created a series of heroic women: audiences watched as women warriors fought to the death, they witnessed the valor of female soldiers, they were moved by the lofty sentiments of urban women in the countryside, and they marveled at the sight of female branch secretaries.

原文中“女战士慷慨赴死，女民兵英姿飒爽，女知青豪情冲天，女支书须眉不让”在结构上比较整齐对仗；在译文中，译者先是用“audiences watched as women warriors fought to the death”来对应“女战士慷慨赴死”，接下来，用了一连串的平行结构来再现原文中的排比效果：“they witnessed ... they were moved by... and they marveled at ...”，读起来朗朗上口、一气呵成。

（10）筱燕秋一口气唱了15分钟，炳璋睁开眼，眯起来，仔细详尽地打量起前面的这个女人。这段二黄慢板转原板转流水转高腔有极为复杂的表现难度，音域又那么宽，一个离开戏台20年的演员能把它一口气完成下来，答案只有一个，她一直没有丢。炳璋歪在椅子里头，没有动。但是，他在暗中唏嘘感叹了一回。20年，20年哪。炳璋有些百感交集，对筱燕秋说：“你怎么一直坚持下来了？”

“坚持什么？”筱燕秋说，“我还能坚持什么？”

炳璋说：“20年，不容易。”

“我没有坚持。”筱燕秋听懂炳璋的话了，仰起脸说，“我就是嫦娥。”

Yanqiu sang straight through for fifteen minutes. When she finished, Bingzhang opened his eyes and squinted to size up the woman before him. The *Erhuang* piece she'd just sung had gone from slow to meandering to a lyrical rhythm, and then to a strong beat, leading to a crescendo, a complex and demanding melody that required a broad vocal range. She had been away from the stage for twenty years, yet sang it beautifully, without missing a note; clearly, she had never stopped practicing. Bingzhang sat sprawled in his chair, not moving yet deeply moved. Twenty years, he sighed to himself, it's been twenty years. A tangle of emotions filled his heart. "How did you manage to keep at it?"

"Keep at what?" she asked him, "What is it I'm supposed to have kept at?"

"It's been twenty years. It couldn't have been easy."

"I didn't *keep* at anything." Finally grasping what he was getting at, she looked up and said, "I *am* Chang'e."

关于这一段译文，看不出一点翻译的痕迹，得到了美国读者的赞赏，Sam Sacks大赞两位译者译笔专业[1]，无论是原文的内容、节奏都得到了很好的再现。个别句子还因地制宜、略有发挥，在原文的基础上有所提升，比如Bingzhang sat sprawled in his chair，not moving yet deeply moved，就是一例。

### 4.3 小说文学性的再现

葛浩文在谈及他的中国现当代文学翻译时，这样写道："在拿出我的译稿之前，我总是要确保自己尽可能地忠实于原文的语气、语域、微妙的差别以及更多的东西，与此同时，我总是为那些不可避免的损失而痛惜不已。对我而言，翻译不是理论，也不是学术，它是文学，它是激情……" 在下文当中，笔者从语音、字体印刷、句法、修辞格以及叙述模式、聚焦视角等层面分别探讨英译本对小说文学性的再现情况。

（11）……所以戏校食堂里的师傅们都说："吃油要吃色拉油，说话别找筱燕秋。"

That is why the dinning-hall workers at the drama school all said, "We chefs use salad oil whenever we cook, and we avoid Xiao Yanqiu by hook or by crook."

上文中，戏校食堂里的师傅说的是一句顺口溜，前半句和后半句正好对仗押韵，译者毫不含糊，也用尾韵对之，译文朗朗上口，给人留下深刻的印象。

（12）"千生万旦，难求一净。"这是旧时的艺人留下来的古话了。其实这话不对。筱燕秋从一开始就不能同意这句话。

对于"千生万旦，难求一净"这样一句古话，要处理得像句古话才行，看了译文，我们不禁感叹译者的功力："A thousand *Sheng*, ten thousand *Dan*, but a

---

1 http://www.openlettersmonthly.com/book-review-vagrants-yiyun-li/.

good *Jing* is hard to find." (So goes an old, but inaccurate saying passed down by performers from days long gone—one that found no support from Xiao Yanqiu.)

在上一节例(10)最后一句话,原文是:"我没有坚持。"筱燕秋听懂炳璋的话了,仰起脸说,"我就是嫦娥。"译文是这样的:"I didn't *keep* at anything." Finally grasping what he was getting at, she looked up and said, "I *am* Chang'e." 细心的读者发现,"keep"和"am"都用了斜体,表示口气上的强调,使读者如临其境,如闻其声,取得了很好的效果。

(13) 春来刚过了17岁,严格地说,还是一个女孩子。但是春来从来就不是女孩子,她天生就是一个女人,一个风姿绰约的女人,一个风情万种的女人,一个风月无边的女人,一个她看你一眼就让你百结愁肠的女人。

Chunlai had just passed her seventeenth birthday and was strictly speaking, still a girl. But she had never really been a girl. In a way she had been born a woman, an enchanting woman, a bewitching woman, a woman who could plunge you into bottomless sorrow with a single look.

原文用了排比结构,而译文也以排比结构与其对应,译文和原文在结构上基本对应,严丝合缝,很好地传达了原文的节奏和韵味。

(14) 青衣则不同,就那么一个字,她也要咿咿呀呀的,一步三晃的,一手捂着小肚子,一手比画着,在那儿晃悠着,跷着个小指头,慢慢地哼,等你上完了厕所,把该尿的尿了,该拉的拉了,前前后后擦完了,一回头,那个字还没唱完呢。

A Qingyi, on the other land, takes forever to sing a single word, squeaking and creaking, swaying three times with each step, with one hand over her midsection and the other gesturing with a curving pinkie as she hums and croons; you could get up, go to the bathroom, finish your business, wipe yourself front and back, and return to your seat, only to find that she is still on the same word.

在上面这个60字的长句中,句子的组织、象声词的翻译、夸张手法的传译都给译者带来很大的挑战,但译者似乎不费吹灰之力,译文自然对等,没有一丝生硬牵强的痕迹。毕飞宇在小说创造中非常注重叙事手段的使用,常常借助自由间接引语,带领读者悄然进入人物的内心世界,人物与叙事者的界限出现重合的现象,两者的界限往往变得模糊起来。

(15) 她无能为力。焦虑的过程加速了这种死亡。用手拽都拽不住,用指甲抠都抠不住。说到底时光对女人太残酷,对女人心太硬,手太狠。30岁,我的亲爹,我的亲娘。

And there wasn't a thing she could do about it. Her anxieties actually sped up the aging process; she could not hold off death with her hands nor claw it back with her fingernails. Time is cruel to a woman. It is merciless and relentless. Thirty years old! Dear Father! Dear Mother!

在上文中，前面三句话是叙述者对筱燕秋面对逝去的青春那种无助与绝望的心情所进行的客观描述。从第四句话开始，作者带领读者直接进入人物的内心世界。译者毫不含糊，对此也是忠实再现。我们可以发现，对于前面叙事者的客观描述，译者使用了过去时态，而在人物的内心活动部分，译者则利用自由间接思想（Free Indirect Thought）的方式呈现，时态改为现在时，另外还在翻译最后三个小句“30岁，我的亲爹，我的亲娘”的地方，用三个感叹号代替了原文中的两个逗号和一个句号，以此来告诉读者，这里是人物的内心活动，虽然行文当中并没有用双引号或是“她想”之类的引述标志。

（16）30岁生日那一天筱燕秋头一回喝了酒，不到二两。筱燕秋醉得不成样子。酒后的筱燕秋握着剪刀把厨房里的围裙剪成了两块。她把两块白布捏在手上，权当了水袖。筱燕秋挥舞着油迹斑斑的围裙，跌跌撞撞，油盐酱醋的罐子倒了一厨房，咣叮咣当的，碎了一厨房。她的手不知道被什么碎片刮破了，鲜红的血液流淌在水袖上，红白相间的围裙在半空中抛上去，又落下来，再抛上去，再落下来。

On her thirtieth birthday, she had her first taste of liquor. It was only a small cup, but enough for her to get truly drunk. She cut her kitchen apron into two pieces and, holding one in each hand and pretending they were the long, loose water sleeves of the opera costume, she waved the white, greasy cloth and stumbled around the kitchen, sending bottles of cooking oil, soy sauce, and vinegar crashing to the floor; a shard of broken glass cut her hand and stained the makeshift sleeves with drops of fresh red blood. The red and white water sleeves were flung into the air, then floated down, again and again.

这一段，写筱燕秋喝酒之后半醉半醒的状态。她走进厨房，挥舞着油迹斑斑的围裙，进入了角色。恍惚中，她仿佛登上了舞台，手里舞动着洁白的水袖，哼哼呀呀地抒发着千古幽怨。原文当中有几个地方值得注意：她的手“不知道被什么碎片刮破了”以及“鲜红的血液流淌在水袖上”，从这两处可以看出，进行叙述的不完全是全知全能的、冷静旁观的叙述者，叙述者与人物本身的视角有些重合。而接下来的“红白相间的围裙”又放弃了人物的视角，变成了一个冷静的旁观者或是客观叙述者的视角。这两种视角的转换反映了筱燕秋在醉酒之后时而清醒、时而糊涂的状态，现实和幻境之间的界限在她那里变得模糊起来。英译本对于这一段的处理很有意思，“a shard of broken glass cut her hand”以及“stained the makeshift sleeves with drops of fresh red blood”似乎改变了原文对应部分的视角，变成了客观冷静的全知全能视角，但原文中的“红白相间的围裙”，却又被翻译为The red and white water sleeves，从原文中的客观视角变成了人物的感觉视角。虽然在局部上与原文并不完全对应，但整体上的效果基本上还是一样的，都传达出了人物在恍恍惚惚之中人戏不分的状态，传达出想象与现实之间的跳跃和强烈反差。

### 4.4 个别译文与原文有所出入的地方

葛浩文在他的“Blue Pencil Translating—Translator as Editor”一文中曾经谈到过他翻译中国小说的经历。他说在西方，有天赋的编辑往往和作者反复进行建设性的对话，从编辑的视角、品位、经验及其对市场了解出发，对作品进行编辑、完善。相比之下，他认为中国的作家在完成一部作品并将其交给出版社的编辑之后，编辑并没有很好地尽到责任。另外，有些中国作品的质量不尽如人意。为了让英语读者能够接受这些中国作品，有时还出于经济因素的考虑，英语世界的出版社在出版这些作品之前对其进行删改是很正常的现象。译者往往需要做删译的工作。无论是《北京娃娃》《上海宝贝》《糖》，还是大名鼎鼎的莫言、姜戎、刘震云，都没有逃脱作品被删译的命运。对比了《青衣》和*The Moon Opera*之后，笔者出乎意料地发现，《青衣》的翻译没有删节的现象，这在很大程度上是因为原作者非常重视语言艺术，作品的魅力不仅仅体现在情节和主题上，更体现在语言的运用上。字字珠玑，贸然删减则会破坏原文的肌理。但有个别地方与原文略有出入。比如下面的例子：

（17）实在是酒席上的大师，酒量过人，见好就收。整个晚宴凤头、猪肚、豹尾，称得上一台好戏。

Obviously a master banquet-goer, he was blessed with an admirable capacity for alcohol and a keen sense of when to stop. Bingzhang had put on a good show, supplying plates of phoenix head, pork belly, and leopard tail, the alpha to omega of any successful banquet.

这里，“alpha”和“omega”是古希腊字母表中第一个字母和最后一个字母，所以the alpha to omega意为“从头到尾”。汉语中有“虎头蛇尾”的说法，比喻做事起始时声势很大，后来劲头很小，有始无终。作者用“凤头、猪肚、豹尾”来表达与“虎头蛇尾”相反的之意，也就是说这场宴会，从头到尾都是很成功的、很圆满的，没有任何遗憾。译者的译文与原文的意思有出入，会让读者错误地把“凤头、猪肚、豹尾”理解为宴会上的三道菜，从而误导读者。

还有一处与原文有出入的地方在第二章：

（18）幸运的夫妻最急着要做的事情就是命令孩子上床。等孩子入睡了，他们好回到自己的床上，开始他们的庆典。幸福的夜晚都是宁静似水的，但又是轰轰烈烈的。这个夜晚实在让面瓜喜出望外，他上上下下地忙，里里外外地忙，进进出出地忙，都不知道怎么好了。

Now when good fortune has smiled on a couple, the first order of business is to put the children to bed. Once the youngsters are asleep, the adults can head to their bed for the celebration ceremony. In this way a happy night is as quiet as water yet lights up like fireworks. The promise of unanticipated delights had Miangua running around the flat, busying himself in one room and another, not quite knowing what to do.

原文当中，“他上上下下地忙，里里外外地忙，进进出出地忙”，暗指面瓜忙着“做爱”。面瓜平素要靠乞求才能让妻子勉强同意与其做爱，这一次妻子破例主动，面瓜有些受宠若惊、大喜过望，因而有些不知所措。这里多个叠词来修饰面瓜的忙碌，对于刻画面瓜这个人物的性格是有效果的。译者不可能没有读出这里隐含的意思，可能觉得这里跟后文当中关于这场激情的详细描写有些重复，或许觉得这个“黄段子”与全书整体的氛围、格调不符，所以将其进行了改写。

## 5. 结语

《中华读书报》2011年1月12日发表的题为“一少二低三无名——中国当代文学在美国”的文章，比较客观地反映了近三年来中国当代文学在美国的境遇。2008年，美国翻译出版中国当代文学作品12部，在362种英译文学作品中约占3.31%；2009年，美国翻译出版中国当代文学作品9部，在357种英译文学作品中占2.52%；2010年，这个数字下降为8部，在317种英译文学作品中占2.52%。2011年，据不完全统计，美国将要出版的英译汉文学作品5种，其中当代小说只有3部。所谓“一少二低三无名”，指的是中国当代文学作品在美国市场上数量少，发行量低，而且没有什么名气。这三年当中，我国当代被翻译成英文介绍到美国的作品实在是屈指可数，毕飞宇能够有两部出版，的确是令人瞩目的成绩，虽然其发行量同我国其他中国作家的发行量一样并不乐观，但毕竟走出了国门，走进了对翻译作品一向不太“感冒”的美国，并获得了重要的文学奖项的提名，这实在是中国当代文学的一件幸事。这样的突破之所以能够出现，与我国近几年在国际上越来越重要的国际地位以及所实施的“走出去”战略有关，也与中国作家能够在作品中观照对全人类来说更加具有普遍意义的主题以及作者独特的叙述技巧有着密切的关系。故事虽然讲的是中国一个普通城市中一个普通的京剧团中的一名演员的经历，却折射出作者对于“生存之疼痛”这一人类普遍问题的深刻思考。另外，中国以往的作品都是靠新奇、陌生的内容来迎合西方读者对于中国的东方主义的想象，而今，我们的作品也可以靠独特的叙事技巧和文学性手段以及对普遍性主题的关照来赢得读者。当然，译者的选择也是非常重要的。葛浩文是当之无愧的中国现当代文学首席翻译家，同时他还是一位研究中国现当代文学的专家、教授，热爱中国文学，热爱翻译事业，对于中国文学走进英语世界，他功不可没。获得诺贝尔文学奖提名的《丰乳肥臀》(莫言)、获得英仕曼亚洲文学奖的《狼图腾》(姜戎)、《河岸》(苏童)都得力于葛浩文的翻译。令人遗憾的是，像他这样大师级的译者太少了。如何吸引或鼓励精通英汉两种语言、文学、文化的汉学家从事中国文学的翻译工作，是我们目前亟待解决的重大问题。“如果能在汉学家与海外出版机构之间找个利益的平衡点”，就会有更多当代中国作家能够为西方读者所认识、了解，他们的知名度也会不断扩大；只有这样，更多像《青衣》一样的中国优秀的文学作品才能更好地融入世界文学，为丰富和发展世界文学做出我们的贡献。

# 泛乡土社会世俗的烟火与存在的深渊：西方语境下的毕飞宇小说海外传播与接受

/ 赵 坤

中国当代作家的海外影响上，毕飞宇算“势头正好”[1]。当很多作家还只是停留在部分作品被外译的阶段时，毕飞宇被外译和发行的单行本已经不下二十个语种了。[2]虽然相比莫言[3]和余华，毕飞宇的作品进入海外晚了将近十年，但从2003年作品《青衣》首次被外译，到2010年前后在全世界范围内被广泛译介，间隔不到十年，这在当代作家的海外传播中并不多见。

这首先与他进入西方视野的历史时刻有关。此时的海外市场正处于一个比较特殊的阶段，西方经济增长缓慢，出版业出现滞涨，中国经济形势却一片晴好。中西方经济形势的整体性逆转一方面让中国的主流意识形态觉察到提高本土文化影响力的急迫[4]；另一方面，也让西方的汉学研究明确表达了对中国当代文学作品新的期待。比如企鹅出版社中国区代表周海伦（Jo Lusby）曾谈到她的译介遴选原则：“在英美，关于中国的文学大部分是跑到国外的中国人写的‘文革’故事，但我们觉得中国文学有很多层次，并不只有一个类型。”[5]正是在这样的历史情境下，毕飞宇的作品进入西方文学视野，这使他的海外传播在最初便带有某种“文学史”的意味；同时，他并不依靠内刊外推，自始便被海外出版社主动译介的传播形式，又暗示了他作品中打通东西方阅读的“文学性”，一种在相对主义视野里，沟通普遍存在的本土表述方式。

---

1 “势头正好”出自毕飞宇的自我评价，《文学译介、文化交流与中国文化“走出去”——作家毕飞宇访谈录》，《中国翻译》2012年第3期。

2 数据引自毕飞宇的访谈，详情请参见《文学译介、文化交流与中国文化“走出去”——作家毕飞宇访谈录》，《中国翻译》2012年第3期。

3 刘江凯：《本土性、民族性的世界写作——莫言的海外接受》，《当代作家评论》2011年第4期。

4 原国家新闻出版总署制定的《“十二五”时期新闻出版发展的主要目标》中注明，在“十二五”期间，中国的版权输出品种要达到7 000种，并加大内刊外推的中国文化海外传播形式。

5 《“推销”中国文学》，《新京报》，2011年4月23日。

## 一、遍地“玉米”：毕飞宇小说的海外译介简录

根据毕飞宇作品的海外翻译及出版的情况，笔者列了一个“毕飞宇作品翻译统计列表”，表格以公开发表的资料为准，力求翔实地反映出毕飞宇作品的译介情况。受到资料以及语言等限制，表格难免有疏漏，比如毕飞宇本人曾经提到的“土耳其语”版本，以及2010年即已售出的挪威语版权，都因为缺少相关的翻译出版原始信息，本表未收录。表格对已知信息但尚未正式出版的译作也未收录。表格中未列的还有影视作品，比如2008年由慕尼黑的München Süddeutsche Zeitung出版社发行的电影*Shanghai Serenade*（《上海往事》）等。

从现有的资料来看，毕飞宇作品的翻译出版主要以单行本为主，也有少量短篇小说被收录于合集。单行本的发行，主要集中在欧洲和东南亚地区，被收录的选集则主要是美国和墨西哥的译本。其中，最为成熟的是法文译本，翻译得最早又保持着对作家作品的持续跟踪，迄今已有的六个单行本，基本上包含了毕飞宇最为重要的几部长（中）篇小说。尤其值得注意的是，最新的非虚构作品《苏北少年“堂吉诃德”》也于2016年出版了法语版。最早的一部《青衣》(2003)由法国著名的独立出版社毕基耶出版，由克洛德·巴彦翻译。这位曾经翻译过老舍很多经典作品的汉学家擅长准确而传神地转述异域故事里的市井传奇，正适用于毕飞宇那些从世俗烟火中沉淀出的中国故事，大概也因此，*L'Opéra de la lune*（《青衣》）之后，克洛德·巴彦差不多成了毕飞宇的御用法语翻译，陆续翻译了他的《玉米》、《上海往事》和《平原》三部小说。

与法语相比，欧洲其他语种的翻译稍显滞后，荷兰语三本，意大利语两本，西班牙语两本，德语仅一本。这种差异的产生与法国汉学研究的杰出传统及成就有关。与中国一样有着悠久的历史，又拥有巴尔扎克、雨果、福楼拜等文学巨匠的法兰西似乎更容易理解中国文学与文化，早在17世纪便有像《西儒耳目资》这样分析汉语音韵的书，19世纪更是在法兰西学院正式成立“汉语和鞑靼”的语言文学研究，尤其到了20世纪，像葛兰言（Marcel Granet）、马伯乐（Henri Maspero）、戴密微（Paul Demiéville）这样的中国学大师的出现，整体上决定了法国的汉学研究水平，因此会在法国产生《中国研究》(*Etudes Chinoises*)、《神州展望》(*Perspectives Chinoises*)以及《通报》(*Revue internationale de sinologie*)[1]等在欧洲地区影响很大的权威汉学研究期

---

1 *Etudes Chinoises*隶属于法国汉学研究中心（AFEC），*Perspectives Chinoises*隶属于法国现代中国研究中心（CEFC），*Revue internationale de sinologie*如今由法、荷双方出资共办，由莱顿大学负责编务。

刊。所以法译作品也通常是中国当代文学进入欧洲视野的第一站，莫言、余华等人的外译作品也都是以法译最为成熟。[1]一些小语种国家因为缺少汉语翻译人才，再加上本国对汉语文学的研究准备不足，也倾向于从更具权威的法语世界了解并转译中国作家的作品，比如毕飞宇的意大利语译本、西班牙语译本和德语译本等，早期都是直接从法文译本里选本并转译的，直至现在，这三种语言的翻译本也很少逸出法语的范畴。只有荷兰语译本例外，因为有着和法国类似的中国学研究传统，在当代也仍然是以学院派为研究主体推动译介，因此会比欧洲其他语种拥有更多的翻译和出版自由，这才有了荷兰语版本中的*Krekel Krekel*（《蛐蛐，蛐蛐》）（Breda: De Geus, cop. 2015）这部其他语种中不曾出现的作品。

无论是具有欧洲示范意义的法语选本，还是新增的荷兰语选本，就毕飞宇的作品年谱来看，欧洲对其译介首选的都是他告别先锋之后的现实主义作品，那些充满陌生化的中国故事里，小金宝、玉米、红豆或筱燕秋们关于生的挣扎或死的悲怆，触动的是欧洲自19世纪以来的存在谜题。比如法国知名出版社南方文献的中国文学丛书主编何碧玉感动于《雨天的棉花糖》，“一读就觉得写得太美了，于是决定要译过来。而且要亲自译”。[2]在这个中国古老的“杀子情境”的当代转换里，少年红豆因为敏感弱质而成为男孩中的异类，却并不见容于一个英雄崇拜的非理性时代。最终，“集体主义大于一切”的社会公共伦理以父之名的规范，摧毁了红豆自然蓬松的生命，扭曲、撕裂、错位、消失，小说哀伤而潮湿的调性中，欧洲人何碧玉读出了“主人公红豆失败的一生和他的内心世界”[3]里中国故事的泥泞与沉重。

**毕飞宇作品翻译统计列表[4]**

| 语种 | 中文书名 | 外文书名 | 译　者 | 出版社 | 年份 |
|---|---|---|---|---|---|
| 法语 | 青衣 | L'Opéra de la lune | Claude Payen | Arles: P. Picquier | 2003 |
| | 玉米 | Trois soeurs | Claude Payen | Arles: P. Picquier | 2004 |

1　刘江凯：《当代文学诧异“风景”的美学统一：余华的海外接受》，《当代作家评论》2014年第6期。

2　毕飞宇、何碧玉：《中国文学走向世界的路还很长……》，http://finance.ifeng.com/opinion/hqgc/20110521/4051185.shtml。

3　Bi Feiyu, De la barbe à papa un jour de la pluie, roman traduit du chinois par Isabelle Rabut, Arles: Actes Sud, 2004，是何碧玉在该书的法语版附上的“翻译者言”。

4　该表主要以世界图书馆联机检索（WorldCat）为主要数据来源，同时参考了各国国家图书馆、各国亚马逊网站，以及中国作家网和中国国家图书馆网站。表中空白部分为待确定的信息。

（续表）

| 语种 | 中文书名 | 外文书名 | 译　者 | 出版社 | 年份 |
|---|---|---|---|---|---|
| 法语 | 雨天的棉花糖 | De la barbe à papa un jour de pluie | Isabelle Rabut（何碧玉） | Arles: Actes Sud | 2004 |
| | 上海往事 | Les triade de Shanghai | Claude Payen | Arles: P. Picquier | 2007 |
| | 平原 | La plaine | Claude Payen | Arles: P. Picquier | 2009 |
| | 推拿 | Les Aveugles | Emmanuelle Péch | Arles: P. Picquier | 2011<br>2013 |
| | 苏北少年"堂吉诃德" | Don Quichotte Sur Le Yangtse | Myriam Kryger（柯燕梅） | Arles: P. Picquier | 2016 |
| 英语 | 玉米 | Three sisters | Howard Goldblatt<br>Sylvia Li-chun Lin | Boston: Houghton Mifflin Harcourt<br>London: Telegram<br>NY: Saqi | 2010<br>2011<br>2012 |
| | 青衣 | The Moon Opera | Howard Goldblatt<br>Sylvia Li-chun Lin | Boston: Houghton Mifflin Harcourt; Mariner Books | 2009<br>2011 |
| | 推拿 | Massage | Howard Goldblatt | Melbourne: Vic. Penguin Group. | 2014 |
| | 祖宗 | The ancestor（非单行本） | Howard Goldblatt | NY: Grove Press | 1995 |
| | | The ancestor（非单行本） | John Balcom（陶忘机） | NY: Penguin Books | 2013 |
| | 地球上的王家庄 | Wang Village and the World（非单行本） | Eric Abrahamsen | Chinese Literature Today | 2010 |
| | 记忆是不可靠的（散文） | Memory Is Unreliable（非单行本） | Zhang Xiaopeng | Chinese Literature Today | 2010 |

（续表）

| 语种 | 中文书名 | 外文书名 | 译　者 | 出版社 | 年份 |
|---|---|---|---|---|---|
| 英语 | 哺乳期的女人 | The Lactating Woman（非单行本） | Eric Abrahamsen | Chinese Arts and Letters | 2014 |
| | 怀念妹妹小青 | My Sister Xiaoqing（非单行本） | Kay McLeod | Chinese Arts and Letters | 2014 |
| | 相爱的日子 | Love Days（非单行本） | Jess Field | Chinese Arts and Letters | 2014 |
| | 睡觉 | Sleep（非单行本） | Kay McLeod | Portland, Maine: MerwinAsia | 2013 |
| 意大利语 | 推拿 | I maestri di tuina | Monica Morzenti; Maria Gottardo | Palermo: Sellerio | 2012 |
| | 玉米 | Le tre sorelle | Maria Gottardo | Palermo: Sellerio | 2014 |
| 西班牙语 | 玉米 | Las feroces aprendices Wang | Joan Artés Morata. | Barcelona Barcelona Verdeciel | 2007 |
| | 青衣 | Qingyi, ópera de la luna | Paula Ehrenhaus Faimberg | Barcelona Barcelona Verdecielo | 2007 |
| 荷兰语 | 青衣 | Maanopera | Mark Leenhouts（林恪） | Breda: De Geus, cop. | 2006 |
| | 玉米 | Drie zussen | Yves Menheere（孟逸夫） | Breda: De Geus, cop. | 2013 |
| | 蛐蛐，蛐蛐 | Krekel Krekel（非单行本） | Ilonka Reintjens | Breda: De Geus, cop. | 2015 |
| 德语 | 青衣 | Die Mondgöttin | Marc Hermann（马海默） | München: Karl Blessing | 2006 |
| 墨西哥语 | 哺乳期的女人 | En la lactancia（非单行本） | Liljana Arsovska（丽莉亚娜） | México, Centro de Estudios de Asia y África | 2013 |

（续表）

| 语种 | 中文书名 | 外文书名 | 译　者 | 出版社 | 年份 |
|---|---|---|---|---|---|
| 越南语 | 平原 | Binh nguyên | | Hà Nôi: Công an nhân dân | 2008 |
| 俄语 | 青衣 | Лунная опера/ Lunnai a opera | Aleksei Rodionov; OI ga P Rodionova | Sankt-Peterburg: Azbuka-Attikus | 2014 |
| 韩语 | 玉米 | 위미(YU’ MI) | Chi-un Paek | 문화동네 | 2008 |
| | 青衣 | Cheongeui | Eun Shin Kim | Paju: Munhakdongne | 2008 |
| 印尼语 | 玉米 | Three Sisters | | Elex Media Komputindo | 2014 |

相比之下，英语世界对毕飞宇的译介整体上较晚，构成也较为复杂。虽然早在1995年，毕飞宇就有作品（短篇小说《祖宗》）被译介到美国，由葛浩文翻译并收录到他本人选编的*Chairman Mao Would Not Be Amused*（1995），但如今看来那似乎更多是出于意识形态的考虑。直到2010年，《玉米》（*Three Sisters*）获得了第四届英仕曼亚洲文学奖，毕飞宇的作品才正式在英语世界开始出版发行，到目前已有三个长篇小说的单行本。

除了独立的单行本，收录于合集的短篇小说也是毕飞宇英译作品的主要构成。其中，被收录的短篇作品又分为英语世界的主动译介和本土的内刊外推形式。前者主要是由John Balcom翻译的《祖宗》（*The ancestor*, 2013），以及由Kay McLeod翻译的《睡觉》（*Sleep*, 2013）。和1995年葛浩文初次选录的情况对比，一个明显的变化是选译标准削弱了政治色彩，向语言或者文学本身靠拢。后者是以中国文学内部为主导的内刊外推形式，即国内主办或者中外联合，以译介优秀的当代作家作品为目的，在海外推出全英文刊物。比较知名的是北京师范大学文学院与美国俄克拉荷马大学的《当代世界文学》（*World Literature Today*）合办的全英文期刊《今日中国文学》（*Chinese Literature Today*）。该刊自2010年创刊起，定期推出作家专号，译介当代中国文学中最优秀的作家作品及评论文章。其中，毕飞宇的短篇小说《地球上的王家庄》（*Wang Village and the World*）与散文《记忆是不可靠的》（*Memory Is Unreliable*），与评论家李敬泽的《毕飞宇的声音》（“Bi Feiyu’s Voice” ）合成毕飞宇专辑，曾作为该刊创刊号的重要作家被推介到海外。还有一种内刊外推的形式是完全由国内主办，而后向西语世界推介。比如由江苏文学翻译与研究中心主办，联合江苏作协与南京师范大学等机构于2014年创办的全英文期刊《中华人文》(*Chinese Arts and Letters*)，以向海外推介江苏作家为主。毕飞宇有三个短篇由该刊向海外译介，《哺乳期的女人》(*The Lactating Woman*)、《怀念妹妹小青》(*My Sister Xiaoqing*)和《相爱的日子》(*Love Days*)。此外，自2011年开始发行的《人民文学》海外版《路灯》，也在2013年夏季号刊发过一篇毕飞宇访谈"A professional Interest in Suffering: A Conversation with Bi Feiyu"。从选本可以看出，内刊外推的作品似乎更带有本土的美学品位，《哺乳期的女人》里人类学天性与社会学伦理之间的冲突，《怀念妹妹小青》中人物的个体时间与物理时间被割裂，还有《相爱的日子》里可以交欢却不敢相爱的现代男女，都是当代中国在全球化进程中真实的疼痛经验，是后殖民语境中第三世界国家的审美共性。

与欧美等地相比，亚洲国家对毕飞宇作品的译介才刚刚开始，因此也并没有形成规模。韩语、印尼语和越南语加起来共有四部单行本，陆续在2010年前后出版，也都是选译毕飞宇被外译的重点作品。其中，值得一提的是韩语的版本，同宗的文化源流在翻译上发生了作用，比如小说名字的翻译，韩语用的是(Yu'mi)，即"玉米"的音译，这大概是海外版中唯一没有采用法语和英语中"三姐妹"译法的版本。

## 二、世俗的烟火与存在的深渊：西方语境下的毕飞宇研究

当代文学如何讲述中国故事，这是自20世纪以来困扰中国文学的老话题，与世界对话的本体要求，越来越多地出自本土写作的焦虑，尤其新文学的两次创作高潮都是受到西方文艺思潮的启蒙，被认为是"西方文学的外甥，跟他们有血缘却也不是嫡系的亲生儿子"[1]，对西方文学的复制是否还有资格参与到"世界文学"的多元存在中去，成为一个被质疑的问题。这也导致很长一段时间内，当代中国文学文本在西语世界只作为意识形态读本被接受。

从这个意义上说，毕飞宇海外接受的典型意义在于，他的作品并不带有西方世界所熟悉的"中国式气味"——激烈的情绪或敏感的词语，可以供西

1 《毕飞宇谈中国当代作家在西方》，2011年10月9日，中国作家网，http://www.chinawriter.com.cn/news/2011/2011-10-09/103052.html。

语世界索引和想象。虽然也有类似的按图索骥:“《玉米》三部曲是作者对‘文革’时期扭曲的权力意识的强烈批判，直到80年代(第三部《玉秧》的故事背景年代)，‘文革’影响依然在延续，人治下，每个人都是牺牲品”[1];“艰难地生活在共产主义中国的女性们”[2];或“揭露了中国乡村对女性的性剥削”[3];“是毛政权下中国姐妹的悲剧故事，所有的伤害和罪责都可视为一个观察共产主义统治下的中国乡村的视点”[4]。这些意识形态层面的解读，大多发生在普通读者群中，他们毫无创新的贴标签式解读方法似乎只是为了验证西方长久以来的固有观感。

更专业的评论能够发现毕飞宇的创作提供了一种“更为丰富的文学层次”[5]，一种日常的、俗世的、带着烟火之气的中国经验，发生在乡间、村落、城市、戏曲舞台上或盲人世界里的当代日常生活，以及泛乡土社会里各族群的现实生活图景。比如《玛吉尔书评》说“《青衣》情节迷人，内涵丰富，故事扣人心弦，读者一定会激动万分”[6];《柯克斯评论》发现小说《青衣》“令人饶有兴味地注意到中国的戏曲，以及社会主义国家改革开放迎接资本主义和一个表现自由的全新时代”[7];《出版人周刊》认为《青衣》执迷于故事情节:“筱燕秋在(告别舞台)二十年后失去了窈窕的身形，婚姻又不美满，再次出演二十年前的嫦娥角色也是出于一个戏迷——烟厂老板的经济支持……至此，小说因为一个老板的愚蠢癖好，在艺术与金钱的冲突中被推向高潮。”[8]泛乡土社会的中国语境里的困境，同样引起西方世界的情感共鸣，这是对故事中析出的人性主题的认同。比如对筱燕秋的个体悲剧，西方读者“惊讶地追寻着这个女人(筱燕秋)，看着她像一只蝴蝶一样燃烧翅膀……看到了这个女人内心的挣扎……看到她的无助、无奈、挣扎，到最后的自我沉沦”。[9]继而，也得出了深层的普遍人性论，“筱燕秋具体而微的个人悲剧是建立在普遍人性化的本质之上的”。[10]同样，在《玉米》的故事中，“少女们令人心碎的故事和弥漫

1　读者评论，引自http://www.amazon.fr/Trois-soeurs-Feiyu-Bi/dp/2877309525/ref=sr_1_1?ie=UTF8&qid=1447048357&sr=8-1。

2　Kristine Huntley, “Three sisters, ” *Booklist*.

3　读者评论，引自http://www.amazon.com/Three-Sisters-Bi-Feiyu/dp/9380070551/ref=sr_1_3?ie=UTF8&qid=1447055751&sr=8-3。

4　同上。

5　企鹅出版社中国区代表周海伦访谈，出自《“推销”中国文学》,《新京报》, 2011年4月23日。

6　Patrica Sweeney, “The Moon Opera,” *Magill's Book Review*, 2009, p1.

7　*Publishers Weekly*、*Kirkus Reviews*、*Library Journal*和*Booklist*被公认为美国图书出版行业的“四大巨头”，评价具权威性。

8　“The Moon Opera,” *Booklist*, Vol. 105 issue 6, Nov. 2008. Issue 43, October 27, 2008.

9　读者评论，见http://www.amazon.fr/LOpéra-lune-Feiyu-Bi/dp/2809700893/ref=sr_1_4?ie=UTF8&qid=1447051113&sr=8-4。

10　*Kirkus Reviews*, Nov. 15, 2008, Vol. 22.

着各种仪式、迷信和民间风俗的中国乡村日常生活”[1]首先打动了西方读者，即使是异域文化语境，依然会有移情的感动。他们觉得“玉米是个伟大的女性形象”，对“她的愤怒、仇恨和报复”都报以极大的谅解和同情。当玉米报复性地带着家里唯一的男丁弟弟依次出现在父亲王连方的情人们面前时，西方读者们心甘情愿地站在玉米一边，将其视为“对父亲众多情妇的一场非常有效的谴责”。当然，西方文学滋养下的读者们，并没有忽略曾经作为受害者的玉米，此刻正在以施害者的身份强行损害那些同样是受害者的女性（甚至胞妹），《出版人周刊》认为作者毕飞宇在《玉米》中“以清醒冷静的写作，描绘了一个封建权力意识侵蚀了的社会，以及女性自我贬抑的畸形的文化景观”[2]，也就是说，“受侮辱和受损害者”同时也在“侮辱和损害”他人，“这一普遍存在的苦痛根源在于人性深处，小说也揭示了这种痛苦是代代相传的”[3]，这是几乎只有中国读者才能发现的隐秘，一种为鲁迅所批判的国民性，一种经过岁月流转，沉淀在血液以及民族集体无意识中的“超稳定结构”。

自此，毕飞宇才感到自己真正地被西语世界所理解：“第一次有西方媒体跟我讨论小说美学，真真实实地讨论我的小说，我终于意识到他们是把我当作一个好作家来看待了，而不是一个作为政治传声筒或者把我想象成反抗体制的作家来看待。”[4]显然，世俗的烟火与存在的困境才是毕飞宇小说沟通中西方的两种基本方式。就像他最受西语世界欢迎的作品不是古老神秘的东方意象，而是关心整个人类的《推拿》。对此，菲利普·福雷斯特（Philippe Forest）在评价《苏北少年“堂吉诃德”》时表述得十分清楚，“作者通过展现过去的场景和回忆重返自己的童年。从某种意义上说，读者会有一种亲切感。因为所有的童年都差不多。”[5]就存在的意义来说，这类似李敬泽在《毕飞宇的声音》中的描述，“他笔下的人物都是活生生的现实中人，而不是寓言或者神话人物，他们坐在文本里，与现实世界平行，自在地形成一种独立于作者之外的生机勃勃”。[6]中国的故事里，讲述的是全人类的主题。

西语世界也因此发现了他的故事、语言，他的修辞和叙事艺术，“简洁的

---

1 Kristine Huntley, “Three Sisters”, *Publishers Weekly*, Vol. 106, No. 21, Jul. 2010.
2 同上。
3 Bi Feiyu, *Three Sisters*, Howard Goldblatt and Sylvia Li-chun Lin. Boston: Houghton Mifflin Harcourt, 2010.
4 《毕飞宇谈中国当代作家在西方》，2011年10月9日，中国作家网，http://www.chinawriter.com.cn/news/2011/2011-10-09/103052.html。
5 法国知名学者、作家菲利普·福雷斯特在《高跷上的毕飞宇》中的表述。
6 “Bi Feiyu’s Voice,” *Chinese Literature Today*, 2010.

叙事和道德伦理结构使小说具有寓言特质"[1]；"能够将叙事修辞与京剧这一久远的文化形式联系到了一起"[2]；"作者跟随着他的主角，尝试在当代中国中构建自我。尽管容量稍小，但本书是史诗的建构"[3]。《新观察家周刊》(*Le Nouvel Observateur*)甚至认为《推拿》贡献了新的文学形象："虽然是现实主义写作，但并非以悲悯的态度关注特殊弱势群体，而是从文学的角度贡献了一类具有新鲜审美经验的人物群。"[4]当西方读者群毫不吝惜语言地称赞他的写作，称赞他"杰出的才华，这种才华令读者在小说的词语、联想和人物的书写中，有代入感"；称赞他"语句短促准确，叙述有力量""不是作家，而是艺术家"[5]时，我们大体上就能理解为何毕飞成为《时代》杂志所认可的"你必须知道的六个中国作家之一"。[6]以及2008年的英国《独立报》外国小说奖，2009年法国《世界报》奖和2011年的英仕曼亚洲文学奖为何都集体颁给了这位泛乡土人生的书写者了。英仕曼亚洲文学奖评审会主席David Parker的授奖词在一定程度上代表了西语世界对毕飞宇的态度："作者对人性认识的严肃程度令人想起伟大的俄罗斯作家契诃夫的作品"。[7]

## 三、"之外"与"居间"的生存：毕飞宇作品的精神认同

在伊格尔顿的文学史观里，文本的接受情况直接参与作品的经典化，甚至是诗学问题，因为"没有读者就根本没有文学文本"[8]并不仅仅局限在"作品历史生命"内，更是关系到"从公认的审美规范到超越这些规范的新创造的永恒转变"[9]，这也是本文讨论毕飞宇海外传播与接受的基础，即另一重审美传统的阅读是如何参与到当代中国文学的研究与经典化过程的。

事实上，对于新世纪以来才逐渐进入世界文学视野的毕飞宇，现在谈他的海外研究问题似乎还早。且不说相比莫言、余华和苏童等人，毕飞宇进入

---

1 "The Moon Opera," *Publisher Weekly*, Vol. 255.

2 "The Moon Opera," *Booklist*, Vol. 105 issue 6, Nov. 2008. Issue 43, October 27, 2008.

3 *Kirkus Reviews*, Mar. 15, 2010, Vol. 6.

4 Dorian Malovic, "Immersion dans l'univers invisible," *La Croix*, 2011. 11. 16.

5 读者评论，见http: //www.amazon.com/Three-Sisters-Bi-Feiyu/dp/0151013640/ref=sr_1_1?ie=UTF8&qid=1438856625&sr=8-1。

6 "Made in China: Six Authors You Need to Know," *The Times* (London, England), Apr. 7, 2012, p.15.

7 David Parker的原文："In its understanding of women trapped by the petty cruelties of provincial life, 'Three Sisters' reaches the heights of the great Russian play its title echoes."

8 〔英〕特里·伊格尔顿：《20世纪西方文学理论》第二版（伍晓明译），北京：北京大学出版社，第65页。

9 H. R. Jauss, "Literary History as A Challenge to Literary Theory," in V. B. Leitech ed., *The Norton Anthology of Theory and Criticism*, W. W. Norton Company, Inc., 2001, p.1551.

海外视野晚了将近十年，就是西方汉学研究本身也依然十分边缘化。如果说著名的“百分之三”报告已经表达出一种强势文化对待非英语写作的态度，那么，在英国实际上只有百分之二的数据，似乎更恶化了非英文写作的整体形势，更何况是很小众的华语文学以及华语文学研究。[1]

无论承认与否，西语世界内部都存在一个“以西方文学为主体”的“世界文学”认知，“他们的本土主义就是他们的世界化”[2]，两希文学传统永远是被追溯的正典，甚至包括歌德提出“世界文学”时，也是西方文学本体论的态度。不同的是中国文学的变化。如果说陈季同在他的时代里主张“世界文学”，目的是为了避免本土文学传统过于嚣然自足，那么当代文学在讨论如何“讲述中国故事”时则明显带有本土写作的焦虑。毕竟，以西方文化为“父本”的百年新文学如果想找到属于自己的本土写作方式，首先要摆脱的就是西方中心主义的影响。

寻根文学是一次有效的尝试，反思了新文学伊始全面学习西方文化的激进态度，也明确了民族文化身份的认同。本土生存的写作立场重新组织了当代文学的写作，进而沉淀出“文学文本的理想时代”之90年代，一个公认的开始慢慢找回本土写作的时代，“1980年代的意气风发与风云激荡，演变为一种百感交集与感伤颓唐的深远意绪，一个由观念层面上寻找传统到从精神上体味与皈依传统的过程”！此时，“本土的自觉不再仅仅是一个题材和内容意义上的，而变成了文化与美学上的彻悟和缅想”。[3]也因此，90年代才开始陆续发表作品的毕飞宇，摆脱西方中心主义比80年代成熟的作家相对容易。正如《中国评论》(*China Review*)上“Latecomers, Conformity and Protest: Chinese Literature, 1998”一文对中国90年代文学的整体论述，认为毕飞宇这一批“Latecomers Generation”(晚生代)作家，“他们的创作表现了90年代中国的文化裂痕”。[4]戴锦华在“Imagined Nostalgia”一文中说得更具体，她认为“包括韩东、毕飞宇在内的‘60后’一代的童年印象并没有完整的‘文化大革命’记忆，因此，他们的怀旧感与自我建构(Nostalgic Feelings and the Construction of Individual)也自然与上一代不同”。[5]

---

1 冯强：《现代性、传统与全球化：欧美语境中的于坚诗歌海外传播》，《当代作家评论》2015年第5期。

2 西蒙·杜林：《后殖民主义和全球化》，王宁、薛晓源主编：《全球化与后殖民批评》，北京：中央编译出版社，1998年，第160页。

3 张清华：《中国身份：当代文学的二次焦虑与自觉》，《文艺争鸣》2014年第1期。

4 Helmut Martin and Simon Chen, “Latecomers, Conformity and Protest: Chinese Literature 1998,” China Review, 1999, pp.231–257.

5 Dai Jinhua and Judy T. H. Chen, “Imagined Nostalgia,” Vol. 24, No. 3, *Postmodernism and China* (Autumn, 1997), pp.143–161.

所以，尽管毕飞宇的创作有叙事方式上的变化，但在摆脱西方中心主义这一层面，自创作初期起，就在对现代性和传统的双重批判中完成了自我的精神认同。他从本土生存的立场出发，发现了全球化过程中泛乡土生存所受的威胁，“一种‘明’和‘硬’的征服，‘暗’和‘软’的感化”。[1]对此，“殖民到后殖民”的灾难在毕飞宇的作品里有一个连续性的表达。从《楚水》《明天遥遥无期》《遥控》，到《生活在天上》《彩虹》《睡觉》等作品，每一个危险的现代化时刻，都是自然生命的心理时间被共时结构的现代性空间严重改写，本土生存也因此居于一种霍米·巴巴（Homi Bhabha）所谓的“之外”（beyond）的处境，一种不具备确定性、充满临时性和变动性的空间，集合了“差异与认同，过去与当前，在内与在外，包容与排斥”[2]的不稳定时空。

但毕飞宇并没有因此而躲到狭隘的民族主义情绪中去，如果说他在对现代性的批判中确认了泛乡土社会整体性的“之外”状态，那么对传统的批判又使他不得不面对处于“居间”（in-between）之中的当代中国特殊的主体困境。就像在《哺乳期的女人》《雨天的棉花糖》《蛐蛐，蛐蛐》《平原》《玉米》《玉秀》《玉秧》等作品中，他所批判的隐藏于民族集体无意识中的劣根性，既无法抵抗后殖民主义，也无法建构民族文化美学依据，无不堪重任的“传统”。因此，在对现代性与传统的双重批判中，毕飞宇只能假设一种健康的人类学属性：“风是风的样子，水是水的样子，人像人一样生活”[3]，这是毕飞宇从俗世扎实的生活实际中获得的哲学体验，也是他对“之外”和“居间”处的本土生存最好的期待与想象。在无法摆脱“被贬抑的客体身份”，又不能以宗教的意识形态加深对抗时，对存在的体谅与敬畏，是他参与世界文学的方式，也是他作品最朴素的奥义。

---

1 王一川语，转引自赵勇：《透视大众文化》，北京：中国书籍出版社，2013年，第53页。
2 Homi K. Bhabha, “Introduction,” in *The Location of Culture*, Routledger (London/New York), 1994, pp.1–9.
3 毕飞宇：《沿途的秘密》，北京：昆仑出版社，2002年，第5页。

# 翻译美学视角下曹文轩作品英译的审美再现

/ 肖　辉　罗思宇

## 一、引言

2016年4月4日，中国著名儿童文学作家曹文轩教授在意大利博洛尼亚国际童书展上荣获世界儿童文学最高奖——有"儿童文学界诺贝尔奖"之称的"国际安徒生奖"。这是中国作家首次获此殊荣，实现了华人在该奖项上的零突破，标志着中国儿童文学"走出去"的成功一步。获此国际文学大奖，曹文轩作品的译介发挥了重要作用，其代表作《青铜葵花》英译版更是获得英国笔会翻译奖。然而，笔者经过研究，发现对中国儿童文学英译的研究甚少，对曹文轩作品英译的研究更是寥寥。

曹文轩作品的语言充满诗性，是优美的诗化语言。本文以刘宓庆教授的审美再现翻译理论为指导，对英国翻译协会会员汪海岚（Helen Wang）翻译的曹文轩代表作《青铜葵花》进行分析和研究，考察优秀中国儿童文学作品英译中的审美再现。本文从语音、词汇、句式、意象、意境等各层面，对曹文轩作品的英译进行较为全面的探讨，分析该译作如何再现原中文儿童文学作品中的美学价值，解析曹文轩作品和其译作在世界儿童文学界获得成功的原因。希望本文能为中国儿童文学的英译实践和英译研究提供一定的借鉴和参考，引起读者钻研并对外推广我国儿童文学的兴趣，有助于加快推动中国儿童文学"走出去"的步伐。

## 二、审美再现

根据刘宓庆先生的翻译美学理论，翻译的审美客体是指因具有审美价值而能够满足人们审美需要的审美客体，在翻译过程中就是指所要翻译加工的原文。翻译的审美主体则是指翻译过程中对审美客体进行审美活动的人，即翻译者。原文中一切形态的美学要素，都是译者在翻译过程中所要处理的审美对象。翻译审美客体的审美构成分为形式系统和非形式系统，就形式系统的审美信息而言，包括语音、文字、词语和句段层这四个不同层面；而非形式系统的审美信息往往是非物质形态的，可以从意境美、风格美等层面着手分析。

所谓的审美再现，并非刻意追求与原文形式结构上的完全对等，而是站在译文读者的角度，通过各种手段向其传达原文作者传递的美感，使其获得同原文读者相同的审美感受。

刘宓庆将文学翻译过程表达为：借助于感知的观览→借助于想象与联想的品位→借助于理解的领悟→借助于内模仿的再现，概括为观→品→悟→译。[1]而要完成最终的审美再现，译者就需要从整体把握，在译文中传递出原语不同层级的美。

## 三、曹文轩作品英译的审美再现

根据刘宓庆的观点，语言美通常表现在：高度和悦的视听感性、精美独到的结构形态、深刻巧妙的意义含蕴以及精心铸造的意象意境。译者要准确把握原文呈现的审美要素，不仅再现其语音、词汇、结构之美，而且要传递其意象意境之美。

### 1. 形式系统审美信息的再现

文学作品的魅力在于它是一个多层级的结构：就外在形式而言，有韵律美、形体美、结构美等。本文将从语音、词汇、句式层面来分析曹文轩代表作《青铜葵花》英译中再现的形式美。

（1）语音层的审美再现

语音是语言承载审美信息的基本形式手段之一，把握这个层级中所呈现的审美形式信息的目的是要求原语和目的语在语音美上的形式对应或效果对应。[2]

例：七岁女孩葵花走向大河边时，雨季已经结束，多日不见的阳光，正像清澈的流水一样，哗啦啦漫泻于天空。一直低垂而阴沉的天空，忽然飘飘然扶摇直上，变得高远而明亮。[3]

1 刘宓庆.翻译美学导论（修订本）[M].北京：中国对外翻译出版公司，2005：227.
2 刘宓庆.翻译美学导论（修订本）[M].北京：中国对外翻译出版公司，2005：90.
3 曹文轩.青铜葵花[M].南京：江苏少年儿童出版社，2009：1.

Sunflower was on her way to the river. The rainy season was over and the sky, which had hung so low and so dark, had lifted. Now it was big and bright and the sun, which hadn't been seen for days, seeped across it like fresh water.[1]

原文中，ABB式词语“哗啦啦”和AAB式词语“飘飘然”的使用使句子读起来朗朗上口，使用意义及形式对称的词语如“低垂而阴沉”和“高远而明亮”不仅增强了句子的结构美，而且带给读者听觉上的审美感受。由于中英文构词的差异，汉语中的叠词和对称的组词很难在英文中直接找到对应的表达方式，只能通过其他方式进行弥补。在译文中，译者首先巧妙地选用river、over构成尾韵。在翻译“低垂而阴沉的天空”时，译者用had和hung构成头韵，而两个so的使用，既加强了节奏感，又与sky形成头韵。同样地，big、bright以及sun、seen、seep的妙用实现了形式和音韵上的美，使译文读者收获类似原文读者的审美体验。

例：爸爸弯腰将她抱起，举得高高的：“看看，有边吗？”[2]

"Can you see where they end?" her father asked, holding her up high.[3]

原文中“举得高高的”不仅凸显出孩童的天真，而且增强了句子的音韵美。类似的叠字运用是汉语中实现声韵美的常用途径之一，不仅增添了语言的韵律美，也为文章增强了节奏感。由于汉字自身的单音节特点，可以通过简单的重复构成叠词，因此汉语叠词数量比英文多出许多。这种差异，使汉语中叠词的英译很难通过直接在英文中找到对应词实现，只能通过其他方式进行弥补，以再现原文的音韵美。在本例中，译者通过hold、her、high押的头韵得以再现原文中叠字带来的音韵美。

（2）词汇层的审美再现

刘宓庆指出，在原语的词语层，承载审美信息的基本手段可以涵盖在“用词”这个大题目中，而具有审美价值的用词往往符合“准”（appropriateness）、“美”（beauty）、“精”（compactness）这三条标准。[4]曹文轩在其作品中，用词生动形象，采用多种修辞手法，通过极富感染力的语言向读者传达出独特美感。

例：有时，天空干脆光光溜溜，没有一丝痕迹，像巨大的青石板。[5]

---

1 Helen Wang, *Bronze and Sunflower*[M]. London: Walker Books, 2015: 1.

2 曹文轩.青铜葵花［M］.南京：江苏少年儿童出版社，2009：6.

3 Helen Wang, *Bronze and Sunflower*[M]. London: Walker Books, 2015: 6.

4 刘宓庆.翻译美学导论（修订本）［M］.北京：中国对外翻译出版公司，2005：119–120.

5 曹文轩.青铜葵花［M］.南京：江苏少年儿童出版社，2009：2.

... but otherwise huge and unblemished, like a perfect turquoise gemstone.[1]

原文把光滑没有痕迹的天空比作青石板，青石板在中国的散文和现代诗中经常出现，极富诗意，但在英文语境下却没有该意蕴，在译文中，译者将其替换为“turquoise gemstone”，字面意思是“青绿色的宝石”，不仅形象生动地表现出天空的“光光溜溜，没有一丝痕迹”，而且更容易让目的语读者体会到原文传达出的美感。

例：那是初夏，芦苇已经长出长剑一般的叶子，满眼的绿。爸爸曾经带她去看过大海。她现在见到了另一片大海，一片翻动着绿色波涛的大海。这片大海散发着好闻的清香。[2]

The young reed leaves pointed up at the sky like swords, and as they swayed in the reed marsh, they reminded Sunflower of the ocean she had seen with her father. Here, in front of her, was another vast ocean, rippling with green waves and giving out a fresh fragrance.[3]

原文用了暗喻的修辞手法，将芦苇叶子比作长剑，将芦苇荡比作大海，十分形象地表现出叶子的狭长锋利状和芦苇荡“波涛”翻滚的景象。译文中，译者采用增译的策略，巧妙地增加了pointed up at the sky和sway，不仅具有动态美，更生动地展现出叶子如长剑一般刺向天空以及芦苇随风摆动的形态，同时sky、sword、sway构成头韵，增加音韵美。Ripple一词同样别出心裁，使芦苇在风中荡漾的美丽姿态跃然纸上。句尾处“好闻的清香”译为fresh fragrance，构成头韵，也营造出听觉美感。

例：流水的哗哗声与芦苇的沙沙声，仿佛是情意绵绵的絮语。流水在芦苇间流动着，一副耳鬓厮磨的样子。[4]

The river and reeds whispered and chuckled like best friends, teasing and twitching.[5]

原文中，作者运用拟人手法，用“情意绵绵的絮语”和“耳鬓厮磨”生动形象地呈现出汩汩的流水、摇曳的芦苇交织在一起的赏心悦目的景象。译者在处理此处英译时用词也极富韵味，whispered、chuckled、teasing、twitching赋予了流水和芦苇人的神态，让画面栩栩如生，再现了原文呈现的听觉美和视觉美，富有感染力。

---

1 Helen Wang, *Bronze and Sunflower*[M]. London: Walker Books, 2015: 2.
2 曹文轩.青铜葵花［M］.南京：江苏少年儿童出版社，2009：6.
3 Helen Wang, *Bronze and Sunflower*[M]. London: Walker Books, 2015: 6.
4 曹文轩.青铜葵花［M］.南京：江苏少年儿童出版社，2009：10.
5 Helen Wang, *Bronze and Sunflower*[M]. London: Walker Books, 2015: 10.

(3) 句式层的审美再现

蒋风曾指出:"儿童文学语言应当简单明了,通俗生动……语言应该具体、形象、简明,口语化。"[1]田华认为儿童文学作品的句式特点是"以短句为主并大量地运用叠句以及口语化的句式"。[2]佟慧廷在其论文中指出,曹文轩儿童小说语言的句式特点表现在四个方面:第一,以短句为主,长短结合;第二,以口语化的句式为主,整散结合;第三,复叠句的使用;第四,并列结构的广泛运用。[3]由此可以看出曹文轩儿童文学作品中语言句式的两大主要特点:长短句结合,平行结构的使用。

汉语比较注重主体意识,不执着于"意"与"形"的丝丝入扣,讲求"尽在不言之中"。[4]与之相对,英语在行文中注重逻辑严谨,这就要求译者在翻译过程中对句子进行结构调整,使其符合英语行文的习惯,同时再现原文句式呈现的美感。

例:草是潮湿的,花是潮湿的,风车是潮湿的,房屋是潮湿的,牛是潮湿的,鸟是潮湿的……世界万物都还是潮湿的。[5]

Everything was wet: the grass, the flowers, the windmills, the buildings, the buffaloes, the birds.[6]

原文中,作者通过数个句式相同的并列结构强调了"世界万物"的潮湿,呈现出形式上的整齐美。然而,英语中词语的重复使用不仅不能产生美感,而且不符合英语的使用习惯,容易产生拖沓感。因此,译者将everything was wet放于句首,修饰冒号后面的所有名词,形式上整齐精练,具有均衡美,同时符合英语行文习惯。

例:干校的人觉得大麦地的孩子很有趣,也很可爱,就招招手,让他们过来。胆大的就走出来,走上前去。干校的人,就会伸出手,抚摸一下这个孩子的脑袋。[7]

The Cadre School people thought the children enchanting and beckoned to them to come closer. The braver ones would step forward and the Cadre School people would reach out and pat their heads.[8]

原文的三句话中每句由若干小短句组成,符合儿童文学语言简明、口语

---

1 蒋风.儿童文学概论[M].长沙:湖南少年儿童出版社,1982:31—32.

2 田华.儿童文学作品的句式特点[J].淮南师范学院学报,2008(4):76—80.

3 佟慧廷.曹文轩儿童小说语言研究[D].开封:河南大学,2013:23—29. Analysis[C]. Newbury Park: Sage Publications, 1988: 275—304.

4 刘宓庆.翻译美学导论(修订本)[M].北京:中国对外翻译出版公司,2005:ii.

5 曹文轩.青铜葵花[M].南京:江苏少年儿童出版社,2009:1.

6 Helen Wang, *Bronze and Sunflower*[M]. London: Walker Books, 2015: 1.

7 曹文轩.青铜葵花[M].南京:江苏少年儿童出版社,2009:4.

8 Helen Wang, *Bronze and Sunflower*[M]. London: Walker Books, 2015: 4.

化的特点。在翻译过程中，如果直接按原文断句方式将每一个小句翻译出来，则会显得琐碎拖沓，不符合英语句式。因而，译文中，译者将短句进行整合，组成了两个意义连贯的长句子，便于译语读者理解，同时通过介词和连词的使用，使句子简练清晰，不失句段之美。

2. 非形式系统审美信息的再现

除了再现原作中呈现的形式系统的审美要素，译者还需把握与之对应的非形式系统的审美信息，包括具有象征感性的意象美、情景交融的意境美等，这些通常隐藏于表层的形式系统之下，需要译者与原作者进行视野融合，体味原文所要传递的深层信息，从而在译文中传达出来。

（1）意象审美再现

意象是指文学作品中熔铸了作者主观感情的客观物象，是作者内在的思想情感与外在的客观物象的统一。意象的翻译其实就是审美再现的一个过程，需要译者的理解、想象和最终的再现。

例：她望着它，看它的流动，看它的波纹与浪花，看它将几只野鸭或是几片树叶带走，看大小不一的船在它的胸膛上驶过，看中午的阳光将它染成金色，看傍晚的夕阳将它染成胭脂色，看无穷多的雨点落在它上面，溅起点点银色的水花，看鱼从它的绿波中跃起，在蓝色的天空，画出一道优美的弧，然后跌落下去……[1]

She watched it flow, she followed the ripples and waves, watched it carry off wild ducks and fallen leaves, watched boats of different sizes move upstream and down, watched the midday sun paint it gold and the setting sun stain it red, watched the raindrops splash up silver—specked spray, watched fish leap from its green waves, tracing beautiful arcs in the blue sky, then falling back into the water...[2]

原文为读者呈现了一幅生机勃勃的大河图，读者在阅读时，脑海中自动浮现出由波纹、浪花、野鸭、树叶、船、阳光、夕阳、雨点、水花、鱼等一系列意象构成的充满生气而富有生命力的画面。译者通过理解和想象，最终将原文意象表现为ripples，waves，wild ducks，fallen leaves，boats of different sizes，silver—specked spray 等，再现了原文中描绘的生意盎然的河流景象。

1 曹文轩.青铜葵花［M］.南京：江苏少年儿童出版社，2009：10.

2 Helen Wang, *Bronze and Sunflower*[M]. London: Walker Books, 2015: 10.

（2）意境审美再现

意境是一个具有中国文学特色的词，所谓意境，是指文学作品中呈现的情景交融的诗意空间。意境是作者的情感表达，作者通过对自然景色、人物形象等的生动描写传达其感情，寓情于景。译者在翻译文学作品的过程中需要把握作者的情感，实现整体上的风格再现，唤起译语读者的共鸣。

例：葵花很孤独，是那种一只鸟拥有万里天空而却看不见另外任何一只鸟的孤独。这只鸟在空阔的天空下飞翔着，只听见翅膀划过气流时发出的寂寞声。苍苍茫茫，无边无际。各种形状的云彩，浮动在它的四周。有时，天空干脆光光溜溜，没有一丝痕迹，像巨大的青石板。实在寂寞时，它偶尔会鸣叫一声，但这鸣叫声，直衬得天空更加的空阔，它的心更加的孤寂。[1]

She was alone, like a solitary bird in a vast blue sky with nothing for company but the sound of its own beating wings. In a sky that stretches on forever, broken occasionally by a cloud or two, but otherwise huge and unblemished, like a perfect turquoise gemstone. At moments of extreme loneliness the bird cries out, but its cry only makes the sky seem even emptier.[2]

原文中，作者通过对一只在天空飞翔的孤独鸟儿的描写，刻画出一幅空旷孤寂的图景，形象地反映出了女孩葵花内心的孤独感，情景高度融合，意境悲凉。多次出现的孤独、寂寞、空阔等词使原文弥漫着孤寂的色彩。在译文中，译者使用alone、solitary、extreme loneliness、emptier等词完全渲染出原文表现出的空旷孤独的意境，唤起译语读者的情感共鸣。

## 四、结语

本文在刘宓庆翻译美学思想指导下，从形式系统和非形式系统的不同层面对曹文轩作品所蕴含的审美信息进行了分析，并结合其英译文本的分析，对其英译过程中的审美再现进行了探讨。就形式系统层面而言，可以通过模仿手段或改写等补偿手段完成审美再现，比如用英语中的头韵和尾韵弥补汉语叠字韵律的流失，将汉语中的短句转换为逻辑严谨的长句等，以求最大限度上完成对原作的审美再现。而就非形式系统层面来看，则需要译者充分调动个人审美能力，把握整体，理解表层形式下蕴涵的深层信息，对其进行理解和传递，最终实现审美再现。

---

1　曹文轩. 青铜葵花［M］. 南京：江苏少年儿童出版社，2009：2.

2　Helen Wang, *Bronze and Sunflower*[M]. London: Walker Books, 2015: 2.

# 中国当代儿童文学在英语国家的译介模式探析：以曹文轩《青铜葵花》英译本为例

/ 董海雅

## 1.0 引言

新世纪以来，我国的童书出版进入前所未有的黄金发展期，无论是引进版童书，还是本土原创作品，在数量和品种上都比以往有了极大的增长，几乎90%的出版社都参与了童书出版。中国已逐渐成为少儿出版大国，与其他国家在童书版权引进与输出上的交流与日俱增，少儿出版对外版权日益活跃。在这一背景下，儿童文学的"引进来"与"走出去"引起了越来越多出版界人士的关注。尽管引进的数量和步伐远超于我国本土原创作品的对外输出，然而一个可喜的现象是，近几年来，随着国内优秀儿童文学作品的不断涌现，以及出版界人士的大力推介，儿童文学作品的版权输出也开始呈现增长的态势。曹文轩、高洪波、沈石溪、杨红樱、黑鹤等作家的作品已逐渐走向国际舞台，被翻译成多种语言，版权输出从传统的亚洲市场拓展到欧美市场。单以曹文轩为例，其作品《草房子》《青铜葵花》《红瓦黑瓦》《火桂花》《凤鸽儿》等相继被译为韩语、日语、法语、英语、希腊语、瑞典语、俄语、德语等十多个语种，作品版权输出五十余个国家。曹文轩目前已成为对外译介最多的中国儿童文学作家。IBBY国际儿童读物联盟执委张明舟（2016）在谈及中国儿童文学的对外输出时曾说："曹文轩让中国儿童文学有尊严地'走出去'。"

《青铜葵花》是曹文轩的长篇小说代表作，以中国"文革"时期的苏北农村为背景，讲述了毫无血缘关系的两兄妹青铜和葵花之间的故事，透着浓浓的亲情和人性之美。2005年在国内出版之后，好评如潮，获奖无数，成为少年儿童的必读图书之一。十年之后，该书英文版问世，由英国汉学家汪海岚翻译，英国沃克出版公司（Walker Books）出版，首次进入英语国家儿童的阅读视野。2016年曹文轩荣获"国际安徒生奖"，成为首位获此殊荣的中国作家。不可否认，《青铜葵花》法译本和英译本的相继出版对其获奖起了重要的作用。2017年1月25日，汪海岚更是凭借《青铜葵花》的英译荣获英国儿童文学界人士熟知的“马什儿童文学翻译奖”（Marsh Award for Children's Literature in Translation），这足以显示英译本所产生的重要影响。

《青铜葵花》是首部由英国本土儿童出版社引进的中国儿童文学作品，且为作者和译者都赢得了不小的声誉，是中国儿童文学作品走向英语国家的成功案例，其译介模式有重要的研究价值。本文将从译介主体、译介内容、译介途径、译介受众及译介效果这五方面着手，解析该译作如何成功跨越语言和文化的障碍，在英语世界继续发挥新的生命力，由此探讨中国当代儿童文学在英语世界的有效译介模式，期待为更多中国儿童文学作品走出去提供可资借鉴与参考的实例。

## 2.0 译介主体

译介主体大多指的是译者。《青铜葵花》的英译者汪海岚在英国约克郡出生并长大。她从小受英式教育，中学时学习过法语、德语和西班牙语，是班里的优等生，原本想学习考古或艺术史专业，但最终选择去伦敦大学亚非学院就读中文专业，获得学士学位。后来，她攻读了考古学博士学位，毕业后在大英博物馆工作多年，目前是东亚钱币研究员。汪海岚年轻时，嫁给了一位旅居英国的中国学者。她深谙中英文化差异，有很高的文学素养。2012年，她为英国知名儿童出版社埃格蒙特出版社（Egmont Books）翻译了沈石溪的《红豺》（*Jackal and Wolf*），展露了不凡的译笔。因此，当沃克公司为《青铜葵花》寻找合适的英译者时，有人推荐了她。事实证明，中英文语言功底俱佳、文学修养很高的汪海岚确实是最佳人选，她既能发挥英语作为母语的优势，译笔流畅，又熟悉中国儿童文学作家的写作风格，对原作的叙事特点与艺术风格有深层次的感悟。

汪海岚是纸托邦（Paper Republic）网站的主要发稿人之一，积极推广中国文学。从上世纪90年代至今，她翻译了近30部作品，其中包括曹文轩与沈石溪的长篇小说，以及余华、叶兆言、马原、张辛欣等作家的短篇或散文。2016年9月起，她与瑞典汉学家陈安娜等开创了一个名为“Chinese Books for Young Readers”的新项目，在专门创建的网站上用英文撰写、发布中国童书出版等资讯，积极推广中国童书。例如，2017年8月4日“第十届全国优秀儿童文学奖”揭晓后，她在短短两天之内就在该英文网站上图文并茂地介绍了18部获奖作品，使国外儿童出版界和研究者迅速地了解中国少儿出版及获奖情况的最新资讯。

## 3.0 译介内容

译介内容指的是"对原作的择取，译本的删减、变通等翻译策略等，从译什么到怎么译都不是译者单一的抉择，而是受制于以意识形态、诗学准则、赞助人为核心的多种内外部因素"。中外儿童文学在创作视角、题材选取、叙事方式、文化审美习惯和价值观念等方面均存在较大差异，因而中国儿童文学作品在外译的过程中，势必会遭遇一定程度的"水土不服"。是否能成功译介，取决于译者能否对译介的内容进行合理取舍，使译作既忠实再现原作的风格及内涵，又符合译语读者的审美和接受习惯。

《青铜葵花》是一部以"文化大革命"时期的苏北农村为背景的苦难小说，曹文轩通过讲述特殊年代青铜一家与葵花所遭受的一个又一个苦难，讴歌了青铜与葵花之间的兄妹情谊和人性之美。就主题而言，这有别于英国儿童文学传统中以丰富奇特的想象与幽默语言见长的幻想文学。此外，在语言层面，《青铜葵花》保持了曹文轩一贯追求纯净、唯美的个人风格，语言富有诗意，融入了作家本人的美学观。在叙事层面，故事的推进比较缓慢，文中不仅有大量的重复语句，还有许多富有意象的风景描写，并不单单为了展现美好的风景，而是承载着浓浓的情感，衬托故事主人公所经受的苦难。

面对这样一部充满浓郁时代气息的现实主义小说，汪海岚在不改变原文整体风格的基础上，灵活运用删减和变通的方法，对局部内容和结构进行了微调，提高了译作的可读性，尤其是叙事的张力。她在采访中透露，翻译《青铜葵花》的部分挑战在于对故事叙事性的把握。"我们在翻译的时候经常探讨语言和文化，但其实叙事同等重要。时机、张力、悬疑、长短、节奏、幽默和对话等因素都是故事的重要组成部分。"英译本中，景物描写中大量的重复语句被删去，叙事显得更加紧凑，减少了赘述之感。

例如，在故事开篇第二段，曹文轩通过对天气及周围景物的详细描写，介绍主人公葵花出场：

例 1. 草是潮湿的，花是潮湿的，风车是潮湿的，房屋是潮湿的，牛是潮湿的，鸟是潮湿的……世界万物都还是潮湿的。葵花穿过潮湿的空气，不一会儿，从头到脚都潮湿了。

译　文：Everything was wet: the grass, the flowers, the windmills, the buildings, the buffaloes, the birds, the air. Soon Sunflowers was drenched too.

在原作中，重复是实现文学审美的一种重要手段。"潮湿"一词共出现了9次。而在英国儿童文学作品中，重复性的语言常常出现在注重朗读性的低幼儿童图画书中，在面向青少年的作品中并不多见。英文版中，"wet"仅出现了一次，译者在表现葵花从头到脚都湿了的时候，改用同义词"drenched"，显然是有意避免复制原文的重复结构，更注重故事性和叙事的紧凑性。

此外，小说第一段在葵花一出场时就介绍了她的年龄，"七岁女孩儿葵花走向大河边时"；而在英文版中，译者并没有直接交代葵花的年龄和身份，而是在第一章第二小节的结尾才补充了葵花只有七岁的事实，"She was only seven, and the only child there"。这样做，很可能是为了引起英语读者的好奇。汪海岚在访谈中指出："相比于英语小说，中国小说常常透露太多的信息，太多的重复，英国读者对此并不习惯。这并不是说，哪种风格更好，只是中英读者有不同的期待和容忍度。"由此可见，汪海岚出于对译语儿童读者的关照，主动采用了对原文内容和结构进行重构的手段，增强译文的可读性。

当原作与译作在文化传统以及伦理价值上发生冲突时，译者和编辑也会主动地介入，删除或改写一些比较敏感可能引起争议的文字。《青铜葵花》中有几段非常细腻的细节描写，描写爸爸在葵花入睡后抚摸女儿以及给女儿洗澡的温馨场景，突出爸爸对葵花的怜爱之情。葵花五岁就失去了妈妈，爸爸独自抚养她长大，父女俩相依为命，因此在当时中国的时代背景和社会语境中，并不会让人觉得有悖伦理。曹文轩的描写真实而优美，字里行间透露出父女间的深情。例如，"直到今天，她的身上还散发着淡淡的奶香味，尤其是在她熟睡的时候，那气味会像一株植物在夜露的浸润下散发气味一般，从她的身上散发出来。他会用鼻子，在她露在被子外面的脸上、胳膊上，轻轻地嗅着"，再如"他在给女儿洗澡，看到女儿没有一丝瘢痕的身体时，心里会泛起一种说不出的感动"。然而，在非常注重儿童隐私的英美国家，这样的描写若原封不动地搬到英文当中，尤其是面对青少年为主体的读者时，很容易产生文化和伦理冲突，读者很可能认为葵花父亲的行为有悖道德伦理，进而对原作的艺术价值产生负面评价。因此，在与编辑商讨之后，汪海岚删除了上述大段的细腻描写，对女儿洗澡的敏感语句加以改写，译为"In daylight, when he saw her skin as flawless as the purest white jade, the thought of even a scratch on it tormented him"，有意将当时的场景模糊化，既避免了文化冲突，又能凸显父亲不忍心看到女儿受伤的心理。

再如，在描写青铜跟葵花学习写字的过程时，曹文轩采用重复和排比的手段，将汉字一一罗列出来，传递浓浓的中国文化信息。

例2. 从此以后，青铜将跟着葵花，将她所认识的字，一个个地吃进心里，并一个个地写在地上、写在本子上。他们的学习，是随时随地、无所不在的。看到牛，写"牛"。看到羊，写"羊"。看到牛吃草，写"牛吃草"，看到羊打架，写"羊打架"。写"天"，写"地"，写"风"，写"雨"，写"鸭子"，写"鸽子"，写"大鸭子"，写"小鸭子"，写"白鸽子"，写"黑鸽子"……

译文：Bronze was hungry to learn and gobbled up every character Sunflower knew, writing them out on the ground and in his notebook. The two of them never stopped. Whenever they went, whatever they saw, Bronze wanted to know what the characters were. He learned how to write the characters for buffalo and sheep. He also learned how to put characters tighter to build sentences.

不难发现，汪海岚在翻译这一段时别具匠心，早已超越了字词层面的简单对应，而是对内容进行了改写和浓缩，将原来比较散的中文句子融合成有机的整体，使句子的衔接和连贯更加紧密。第一句中的"hungry"一词将青铜渴望学写字的急切心情展现得淋漓尽致。面对不熟悉中国汉字及其意思的英国儿童读者，汪海岚灵活采用了多种手段，先是简要地概括了青铜从学写单字到学会组词的过程（见画线部分），而后通过紧随其后的一张图表补充汉字的拼音和释义，补充了每个汉字或短语对应的拼音及对应的意思，为英语读者搭建理解的桥梁，在传递中国文化的同时，提高了译文的可读性。图中共列出14个汉字与词组，逐条排列，一目了然，如下所示：

| | | |
|---|---|---|
| 牛 | niu | buffalo |
| 牛吃草 | niu chi cao | the buffalo's eating grass |
| …… | | |

由此可见，译者译什么、怎样译，很大程度上决定了作品将以什么样的面貌呈现在译语读者面前，对译介效果也会产生重要影响。熟悉英国儿童文学传统以及儿童读者心理的汪海岚在翻译过程中，通过增补、删减、重构等多种

手段实现译作的审美再现与叙事的紧凑性，增强其可读性。

## 4.0 译介途径

一般来说，中国文学作品在海外的译介途径主要有两种：中国官方机构主导下的“主动译出”和国外主流出版社主导的“海外出版”。前者是带有中国立场的文化输出，主动在海外推介中国文学，促进中华文化的传播，有时效果并不理想，译作大多收录在国外的图书馆里，很难在普通读者群中广泛流传。而后者指译作由较为知名的国外主流出版社出版，能够真正地做到让中国文学作品“走出去”。

《青铜葵花》并非曹文轩第一部被译成英文的作品，然而却是最有影响力的译本。究其原因，译介途径的差异也是一个不容忽视的因素。2006年，曹文轩代表作《草房子》出版了两个英译本，一个是美国长河出版社（Long River Press）出版的全译本*The Straw House*（共277页），另一个是由美国Better Link Press出版发行的汉英对照节译本（仅翻译了两章，共159页）。长河出版社是2002年由中国外文局在美国本土成立的第一家出版机构，主要从事中国哲学、历史、经济等主题的图书出版。Better Link Press同样具有中国出版背景，总部设立在纽约，专门翻译出版中国文学、艺术等方面的译作。两本书上分别印着“文化中国”和“文化中国汉英对照阅读系列”的字样，显然是“中国立场的文化输出”。两本书均在美国亚马逊网站上出售，然而在过去十年间，只有全译本有一条读者评论，汉英对照节译本无任何评论。2006年，中国儿童文学界以及出版业与国外同行的交流甚少，这两个出版社的影响力以及曹文轩在海外的知名度有限，因此，《草房子》英译本虽然走在了中国儿童文学走出去的前列，却并没有引起多大反响。

与《草房子》相比，《青铜葵花》的英译本无论是所处的时代语境，还是出版商的声望都大不相同。英国沃克出版公司是国际上著名的独立童书出版机构，在国内外享有盛誉，每年出版300多种童书，拥有大量的读者群，受众明确，还在澳大利亚和美国拥有姐妹公司。“出版社的性质和知名度能够反映出文学译本的质量和文学价值，能引导读者的阅读选择。”《青铜葵花》由沃克公司出版，无论是对其文学影响还是销量都有着重要的作用。

从译介途径上看，《青铜葵花》是中国版权代理人向英国主流出版社推广版权的成功案例。2011年9月起，受江苏凤凰少年儿童出版社委托（以下简称“苏少社”），时任新世界出版社版权主任的姜汉忠开始对《青铜葵花》

的英文版进行推广。当时这本书已经售出了法语版、越南语版和韩语版，唯独没有英文版。在向美国代理公司推广失败后，姜汉忠集中精力向英国图书代理商巴克曼推广。对方对小说的题材、时代和人物很感兴趣。巴克曼历经一系列波折并提供《青铜葵花》的法文版（2010）之后，最终沃克公司表示有兴趣出版，与苏少社签订了协议，但翻译费的一半需要向中国图书对外推广办公室申请资助。随后，经过精心的准备，苏少社申报的《青铜葵花》入选国务院新闻办、新闻出版总署共同启动的2012年下半年“中国图书对外推广计划”项目，为英译本的出版铺平了道路。在出版时，沃克公司将该书纳入其“世界的声音——全球最美小说系列”，并获得英国“笔会奖”。除了沃克公司的官方网站之外，英国其他媒体也对曹文轩、《青铜葵花》的英译本以及译者纷纷展开报道，对培育市场起到了积极作用。例如，英国纸托邦网站的创始人艾瑞克·阿布汉森（Eric Abrahamsen 中文名陶建）在2016年曹文轩获奖一周之后，便在纸托邦网站上发表了对汪海岚的专访，进一步扩大了译作的影响力。

由此可见，《青铜葵花》是我国出版社主动推介版权并由国外主流出版社海外出版双重模式下的产物。苏少社积极推介曹文轩及其作品版权，体现出我国少儿出版社渴望在世界少儿阅读的舞台传递中国声音的决心与文化自信，而英国沃克出版公司长期积累的良好口碑及成熟的发行渠道为英国儿童读者阅读此书搭建了良好的平台，保证译作能在普通读者群中广泛流传。

## 5.0　译介受众

沃克公司将《青铜葵花》英译本的读者定位为九岁以上的儿童，目标读者清晰。无论是译者汪海岚，还是长期从事儿童文学出版的沃克公司，都对英国儿童读者的阅读兴趣、阅读需求有着清晰的认识。常居伦敦的中国出版和媒体研究者李爽根据自己对英国教育领域和出版领域的观察，认为“相对于成人读者已成形的阅读习惯和阅读爱好，童书领域的读者反而更具有兼容性和可塑性”。英国长期以来实行多元文化的教育政策，英国儿童并不排斥陌生的文化，愿意接触并了解不同的文化。虽然中国“文化大革命”的历史背景、贫穷的乡村生活以及接二连三的苦难对当代英国儿童来说比较陌生，然而《青铜葵花》中所反映的人间真情以及人性之美却恰恰能跨越国界，吸引不同文化下的儿童，这也是儿童文学永恒的价值所在。2016年4月，曹文轩在获奖后接受《人民日报》记者采访时曾说：“我的作品是独特的，只能发生在中国,但它涉及的主题寓意全人类。这应该是我获奖的最重要原因。”的确,《青铜葵花》既具有民族性,又具有世界性,作品的艺术性和人性之美同样能引起英国小读者的共鸣。

值得一提的是,英文版请欧美知名度很高的华裔插画家苏美璐(Meilo So)重新打造了封面,在版面设计上充分考虑了目标读者的接受心理和期待,更凸显了中国元素。在远处青山的映衬下,青铜和葵花悠然地骑在水牛上,身旁芦苇丛摇曳,远处鸟儿飞翔。浓郁的中国文化色彩和兄妹间的情谊跃然纸上。封底是葵花教青铜用毛笔在地上写“家”字的场景。这样的插画设计,无疑拉近了译作和英国儿童读者之间的距离,吸引了读者的目光。

## 6.0 译介效果

在探讨中国文学的对外译介时,一个不容忽视的因素就是译介效果。一部作品单单译成英文在西方出版,这还远远不够,只有当它受到西方大众的接受和认可时,才是有效的传播。从译作的销量、媒体上的专业书评以及普通读者的书评等方面可以考量译介效果。

《青铜葵花》英译本自2015年4月出版之后,一直到10月底,共销售了1 600多册。当时曹文轩还未获得国际安徒生奖,在英国的知名度远不如现在响亮。对于一部翻译小说而言,在短短半年内能取得这样的销售佳绩非常难得。该书的美国版于2017年4月由沃克在美国的姐妹公司烛芯出版社(Candlewick Press)正式出版,意味着读者群进一步扩大。此外,汪海岚于2017年1月荣获“马什儿童文学翻译奖”,该奖项每两年颁发一次,授予两年内在英国出版的最出色的儿童文学译作,旨在推动不同文化间的交流,使英语国家的年轻读者读到世界各地的优秀作品。这也从侧面说明,《青铜葵花》英译本受到英国儿童文学界权威人士的好评。

此外,英美一些重要的书评杂志对英文版也给予了较多关注,专业人士的书评对引导儿童的阅读兴趣起了重要作用。爱尔兰童书协会在对该书的评论中,特意提及“优美的语言,能产生共鸣的故事,精妙的意象”(沃克网站)。而在《柯克斯评论》《出版人周刊》《书单》《学校图书馆杂志》等英美专业书评刊物的评价中,可以看到一些重要的关键词,如“闲适、舒缓的行文风格”,“无尽的快乐和残酷的现实”,“孝顺”,“感人的”,“亲密的家庭”,“好心的邻里”。“重要的中国文化价值,包括孝顺,尊敬老人,勤奋与教育等价值观”;“诗意且具有感染力”。虽然中西文化差异不可否认,然而从该书的相关评论中不难发现，西方评论家对于小说主题、时代背景、人物关系、艺术价值及审美风格等的把握都与国内评论界和读者对原作的评价基本一致。

无论是从英美亚马逊网站上的普通读者评论，还是从众多专业书评上的溢美之词，均可以看出，《青铜葵花》已跨越文化和语言的障碍，其文学价值和艺术魅力在另一个文化场里依然发挥着张力，带给英美儿童读者不一样的阅读体验和文化感受。当然，由于英译本刚刚出版不到两年，是否能成为他们心目中的经典之作或家喻户晓的作品，还有待时间的考验。

## 7.0 结语

近年来，“中国儿童文学走出去”一直是国内儿童文学界、出版界共同关注的热门话题。在众多的中国儿童文学作品中，除了图画书及个别作家的小说之外，被翻译成英文并获得认可的作品屈指可数，曹文轩《青铜葵花》在英美等国的成功译介，为今后中国儿童文学的对外传播提供了可资借鉴的经验和启示。

首先，就选材来看，对外译介的中国儿童文学作品应是优秀上乘之作，讲述的故事具有文化间相通的普世价值，有吸引、打动儿童的人性光辉，以及浓浓的童趣。好的故事是版权输出的前提条件。《青铜葵花》出版十余年间，数次获得国家级大奖，深受国内少年儿童的喜爱。而相比之下，国内有些童书虽然非常畅销，但内容较为浅薄，缺乏较深的文学性和艺术性感染力，还有些作品创意不足，说教气息很浓，这样的作品不具有跨越国界、感动心灵的特质。因此，国内出版社在向海外推介作品的同时，也应注重本土原创精品的培育。

其次，从译介途径上看，在现阶段，中国儿童文学的海外译介在很大程度上仍需依靠我国少儿出版社的大力推介，毕竟英美等国的童书出版机构对中国的儿童文学作家及作品总体上知之甚少。在版权输出方面，苏少社的经验值得借鉴。该社多次走出国门，积极参加国际书展以及国际儿童读物联盟大会，邀请曹文轩赴新西兰、美国、德国等国演讲，参加读书活动，与国外知名作家对谈，扩大作家及作品在西方国家的知名度。此外，该社积极寻找国外出版社的文学策划、版权代理等，选取优秀的作品进行重点推介。国内出版社最好能对英美等国的童书市场做充分调研，了解读者的阅读喜好与需求，采取“走出去”“请进来”的策略，谋求与兰登书屋、学乐、沃克、哈珀·柯林斯等欧美主流儿童出版社的合作。版权输出较为复杂，涉及诸多环节，与熟悉海外儿童出版市场的专业书探合作也不失为一种有效的途径。在推介过程中，英文宣传文稿与样稿的翻译质量与包装同样不容忽视，最好能邀请母语为英语，尤其是对儿童文学较为熟悉的人士参与。一般来说，在版权输出的前期，最大的投资往往是译稿，英文译稿的语言是不是地道，是否具有较高的文学性和儿童性，直接影响着英美出版社对于作品的整体印象与价值判断。

最后，儿童文学译者的人选以及翻译质量对于译介效果起着至关重要的作用。从目前的情况看，英美主流儿童出版社更倾向于寻找翻译经验丰富、熟悉儿童文学的汉学家担任翻译，力求使译作的语言地道、流畅，可读性强，贴近英语儿童读者的接受心理。汪海岚不仅仅是一位高水平的译者，更是一座搭建中国儿童文学与英国出版商和读者之间的桥梁。她对中国当代儿童文学作家及作品非常熟悉，深得英国儿童出版机构的信任，近年来通过纸托邦、推特、开设学术讲座等多种途径，积极推介中国儿童文学，还在维基百科上为中国作家创建英文词条，扩大作家在英语世界的知名度。而中国儿童文学的国际化之路，尤其是初期，正是需要她这样的桥梁。随着未来少儿出版版权输出步伐的加大，译者模式有望呈现多元化的态势，中国儿童文学翻译家可与汉学家联手，将更多优秀的作品推向世界儿童文学舞台。

# 莫言、余华和苏童小说在法国的译介

/ 蒋向艳

近年来，中国当代小说不断地被译介成各种外国语言文字，中国当代小说家越来越多地走出国门，走向世界。有着重视和保护文学艺术优秀传统的法国是译介中国当代文学的一大重镇。2004年3月19日至24日，由莫言、余华、苏童等26位大陆作家和6位学者以及9位台、港、澳作家组成的中国作家代表团，赴法国巴黎参加“第24届法国图书沙龙”。此次图书沙龙是“中国文化年”的重要活动之一，中国以主宾国的身份参加这次活动，沙龙的主题是“中国文学”。在这次活动中，莫言、余华、李锐三位中国作家被授予“法兰西艺术与文学骑士”勋章。

莫言、余华和苏童小说在法国的译介具有一些共同之处。

第一，他们的小说都是由于根据其改编的影视作品在国际上获得成功而开始了对外的译介。将三位作家的作品改编并拍摄成电影的均是导演张艺谋。莫言的小说，最早由法国出版社译介到法国的是《红高粱家族》(1990)。1987年，张艺谋根据莫言的小说《红高粱》导演了他的同名电影处女作。1988年，这部影片在第38届西柏林国际电影节上获最佳故事片“金熊奖”，成为中国第一部走出国门并获国际重要奖项的影片。电影《红高粱》使张艺谋在国际电影界一举成名，也使莫言的小说《红高粱家族》于1990年走进了法国读者的视野。小说《红高粱家族》的法译与电影《红高粱》的成功直接联系在一起。余华的小说也是这样。1993年，张艺谋根据余华的小说《活着》导演了同名电影。1994年，这部电影获法国戛纳电影节评审团大奖和最佳男演员奖，同一年，法国巴黎的法国休闲出版社（France loisirs）和法国总书店出版社（Librairie générale française）两家出版社分别出版了《活着》的法译本。1995年，里昂刺芹出版社（Chardon bleu）也出版了同一个译本。苏童的小说也不例外。张艺谋根据苏童的小说《妻妾成群》改编并导演了电影《大红灯笼高高挂》，于1991年获意大利第48届威尼斯国际电影节“圣马可银狮奖”。电影的成功同样带动了苏童的小说在法国的译介。1991年，弗拉马里翁出版社（Flammarion）出版了苏童的《妻妾成群》。1993年，法国总书店出版社也出版了这部小说的法译本。由张艺谋导演的电影在国际上的成功直接促成了莫言、余华和苏童这三位中国当代作家相关作品在法国的译介，并带动了他们其他作品在法国的进一步译介。正如莫言本人所说的：

> 实事求是地说，中国文学走向世界，张艺谋、陈凯歌的电影起到了开路先锋的作用。最早是因为他们的电影在国际上得奖，造成了国际影响，带动了国外读者对中国文学的阅读需求。各国的出版社都很敏感，他们希望出版因电影而受到关注的文学原著，我们的作品才得以迅速被译介。[1]

法国南方文献出版社编者甚至说，“（小说《活着》）因张艺谋的电影而不朽”（Immortalisé par le film de Zhang Yimou）。[2]

第二，这三位作家的主要代表作都得到了译介。莫言译介到法国的共有14部小说，它们是：

1.《红高粱家族》（南方文献出版社，1990）；
2.《透明的红萝卜》（毕基耶出版社，1993，2000）；
3.《筑路》（斯堪德狄讯出版社，1993；瑟伊出版社，2007）；
4.《十三步》（瑟伊出版社，1995，2004）；
5.《酒国》（瑟伊出版社，2000，2004）；
6.《铁娃》（瑟伊出版社，2004）；
7.《爆炸》（字符出版社，2004）；
8.《丰乳肥臀》（瑟伊出版社，2004，2005）；
9.《藏宝图》（毕基耶出版社，2004，2006）；
10.《天堂蒜薹之歌》（瑟伊出版社，2005）；
11.《师傅，你越来越幽默》（瑟伊出版社，2005；尖端出版社，2006）；
12.《檀香刑》（瑟伊出版社，2006；尖端出版社，2009）；
13.《欢乐》（毕基耶出版社，2007）；
14.《生死疲劳》（瑟伊出版社，2009）。

其中，《红高粱家族》《檀香刑》《丰乳肥臀》《酒国》《生死疲劳》这5部莫言的主要代表作品全部得以译介，而《檀香刑》《丰乳肥臀》《酒国》这3部小

1 术术.莫言、李锐：“‘法兰西骑士’归来”［N］.新京报，2004.4.15.
2 Yu Hua. *Vivre!*[Z]. trad. du chinois par Yang Ping. Arles: Actes Sud，2008，编后语.

说由两家出版社出版或由同家出版社再版。

余华译介到法国的主要是以下9部作品：

1.《活着》(法国休闲出版社，1994；法国总书店出版社，1994；刺芹出版社，1995；南方文献出版社，2008)；

2. 小说集《世事如烟》(毕基耶出版社，1994，2003口袋本)；

3.《许三观卖血记》(南方文献出版社，1997，2006)；

4.《古典爱情》(南方文献出版社，2000，2009)；

5.《河边的错误》(毕基耶出版社，2003)；

6.《在细雨中呼喊》(南方文献出版社，2003)；

7.《1986》(南方文献出版社，2006)；

8.《兄弟》(南方文献出版社，2008，2010口袋本)；

9.《十八岁出门远行》(南方文献出版社，2008)。

余华的主要代表作《活着》、《许三观卖血记》和《兄弟》都受到了重视。《活着》最受宠爱，分别由4家出版社出版。《许三观卖血记》和《兄弟》也分别由南方文献出版社再版。

苏童译介到法国的主要是以下7部作品：

1.《妻妾成群》(弗拉马里翁出版社，1991，2004；法国总书店出版社，1993，1997)；

2.《红粉》(毕基耶出版社，1995，2003)；

3.《罂粟之家》(友丰书店 Librairie You-Feng，1996)；

4.《米》(弗拉马里翁出版社，1998，2004；黎明出版社，2003)；

5.《纸鬼》(戴斯克莱·德·布鲁威出版社，1997)；

6.《我的帝王生涯》(毕基耶出版社，2005，2008；每月新书出版社，2005)；

7.《碧奴》(弗拉马里翁出版社，2009)。

苏童的主要代表作《妻妾成群》由两家出版社分别再版。

由此可见，不同家法国出版社对于中国当代作家及其作品有着各自的选择。在莫言译介到法国的14部作品中，9部由同一家出版社即法国瑟伊出版社译介和出版。瑟伊出版社成立于1935年，是法国出版社会科学和文学书籍的重要出版社，在法国乃至世界出版界拥有良好的声誉。它出版过拉康、罗兰·巴特等多位社科名人的书籍。法兰西学院院士、法籍华人作家程抱一的多部作品也由这家出版社出版。余华的小说则受到法国南方文献出版社的青睐。相对瑟伊出版社而言，这家成立于1978年的出版社属于后起之秀。

由巴黎东方语言学院何碧玉教授主持的“中国文学”丛书是这家出版社的一个亮点和特色。从1997年开始，法国南方文献出版社接连译介和出版余华的作品，到2008年已经出版了他的7部作品，几乎将余华的重要作品都囊括在内。苏童的情况跟莫言和余华都有所不同。他的7部作品分别由7家不同的法国出版社出版，其中出版苏童小说最多的是首次出版其小说的弗拉马里翁出版社，出版了他的3部重要作品。在已经被改编成电影的4部苏童小说中，法国译介了其中的3部，即《妻妾成群》、《红粉》和《米》，且由多家出版社分别出版或由同家出版社再版，显示了这些作品较高的接受度。

第三，这三位中国当代作家有着各自的创作风格。法国出版社对他们小说的介绍有着不同的着眼点和侧重点，法国读者也对这些小说做出了不同的解读。然而异中有同，法国各出版社在译介这三位中国当代作家的小说时，一开始是受张艺谋电影成功的影响，但此后则都不约而同地重视作品对中国历史或现实的描绘和表现。法国书店在推广这些小说时同样如此。如FNAC书店对莫言《生死疲劳》的推广语：

> 主人公（西门闹）不断地重新投胎为驴、牛、猪、狗、猴，他是中国社会从毛主义经“文化大革命”直至现今体制五十年的见证。[1]

再如法国读者对《丰乳肥臀》的评语：

> 这部小说通过一个被女人的乳房迷住了的年轻人叙述了中国20世纪的历史。这个充满了冒险和跳跃的故事以富于幽默的笔调，将读者吸引入最富喜剧性和悲剧性的情境之中。
>
> 这是一个虚构的史诗性故事。小说通过金童和他八个姐姐的故事展现了1938年至今中国农民的生活。时间从日本军队的入侵开始，到国内战争和共产党的到来，以及毛泽东时代的大跃进和“文革”……通过上官家族的激情生活，以一种幽默的方式展现了全部历史面目。[2]

南方文献出版社编者同样强调了余华小说所体现的时代背景：

---

1　摘译自FNAC网站：http://livre.fnac.com/a2686193/Yan-Mo-La-dure-loi-du-Karma?Fr=0&To=0&Nu=1&from=1&Mn=-1&Ra=-1。

2　摘译自FNAC网站：http://livre.fnac.com/a1723191/Yan-Mo-Beaux-seins-belles-fesses。

（小说伴随着）中国新体制创立30年以来的变迁，包括人民公社的实行和“文化大革命”。[1]

叙述了一个经历了从国民党到后毛时代的20世纪中国人的一生。

小说通过对两名在中国“改革”“开放”的喧嚣时代长大成人的青年的描绘，将20世纪60、70年代的中国和最近20年的中国做了对比。[2]

法国总书店出版社强调了苏童《妻妾成群》故事发生的背景：中国“依然封建”（encore féodale）和“异常古老”（incroyablement archaïque）[3]的20世纪20年代。弗拉马里翁出版社2004年再版《妻妾成群》时，同样突出小说故事发生的时代背景：

20世纪20年代，中华帝国继续以一种可以说是封建的形式存在着。[4]

相比而言，出版余华多部作品的南方文献出版社更为重视中国当代作家对当代中国社会尤其是社会现实变化的描写和表现。这家出版社所译介的中国当代作家作品，比如池莉的小说，同样反映了出版社对这一方面的重视和关注。

在对小说的阅读、理解和接受上，这三位作家的作品都得到了法国读者比较踊跃和正面的阅读反馈。莫言以其独特而高超的小说艺术，尤其是奇崛瑰丽的文学形式以及富于讽刺和幽默的语言风格，受到法国出版界、主流媒体和读者的高度评价。比如瑟伊出版社编者对莫言小说的艺术和风格做出了如下解读：

莫言的风格是一种暴力与温情、冷幽默、粗野与卑劣的极佳混合，再次表现了莫言在对比艺术上的创造性品位。他的小说艺术比从前更为出色，也更为肯定。他带着卓绝的热情，将具有普遍性的深度思考和富于现代性的惊人文学形式结合了起来。[5]

---

1 Yu Hua. *Le vendeur de sang* [Z]. Arles: Actes Sud，2006，编后语.

2 Yu Hua. *Vivre!*[Z]. Arles: Actes Sud，2008，编后语.

3 Su Tong. *Épouses et concubines*[Z]. trad. du chinois par Annie Au Yeung et Françoise Lemoine. Paris: Librairie générale française，1997，编后语.

4 Su Tong. *Épouses et concubines*[Z]. trad. du chinois par Annie Au Yeung et Françoise Lemoine, Paris: Flammarion，2004，编后语.

5 Mo Yan. *Le supplice du Santal*（《檀香刑》）[Z]. traduit par Chantal Chen-Andro, Paris: Éditions du Seuil，2006，编后语.

莫言的写作中有一些奇妙的东西，一种充满了传统文化和革命标语的无人能及的表达力。[1]

《费加罗报》(*Le Figaro*)夸赞莫言《檀香刑》具有一种“令人难以置信的形式美”，语言风格为“(具有)黑色幽默、泼辣而大胆”。又如FNAC书店对莫言《生死疲劳》的评价：

犹如魔鬼，又闪耀着智慧的光芒，令读者赞叹不已。[2]

跟中国评论界对《丰乳肥臀》的评价一致，法国读者也将莫言的《丰乳肥臀》比为一部“中国史诗”，认为这个“冒险和起伏的故事以富于幽默的笔调，将读者引入最富喜剧性，同时也最富悲剧性的情境之中”。[3]

法国主流媒体《世界报》(*Le Monde*)将莫言称为“中国最有才华和最多产的作家之一”，认为他的代表作《丰乳肥臀》以一种“富于批判性，又充满愤怒和色彩的视角叙述了最近的中国历史”。莫言小说的语言是“讽刺性、无视传统、拉伯雷式和热情洋溢的”。[4]莫言是一个极具写作天赋的作家，他与法国天才作家巴尔扎克相似，都具有惊人的创作力，他的《酒国》等小说则比较接近法国作家拉伯雷那种“嬉笑怒骂皆文章”的风格。莫言小说这种极尽讽刺之能事的艺术风格以及“拉伯雷式”的语言，是他的小说受到法国读者欢迎的一个重要原因。

法国一些报章杂志对余华的早期代表作之一《许三观卖血记》给予了热情洋溢的高度评价：

作者以其卓越博大的胸怀，以其简洁人道的笔触，讲述了这个生动感人的故事。(法国《新共和报》，1997年12月11日)

余华以极大的温情描绘了磨难中的人生，以激烈的形式表达了人在面对厄运时求生的欲望。(法国《两个世界》杂志，1998年5月)[5]

---

1 Mo Yan. *La dure loi du Karma*(《生死疲劳》) [Z]. Paris: Éditions du Seuil，2009，编后语.

2 摘译自FNAC网站：http://livre.fnac.com/a2686193/Yan-Mo-La-dure-loi-du-Karna?Fr=0&To=0&Nu=1&from=1&Mn=-1&Ra=-1。

3 摘译自FNAC网站：http://livre.fnac.com/al723191/Yan-Mo-Beaux-seins-belles-fesses?Fr=0&To=0&Nu=1&from=1&Mn=-1&Ra=-1。

4 《世界报》(*Le Monde*)，2009.10.3.

5 余华.《许三观卖血记》[Z].海口：南海出版社，2003，封底.

南方文献出版社编者对余华《许三观卖血记》的看法是：

> 中国新体制创立30年以来，人们在荣誉、孝道和奉献原则的影响下努力地活着，面对并对抗着一切，尽管不幸和苦难是普遍性的。——由此诞生了一部与自身以及自然、人文环境相妥协的具有人道主义的小说。[1]

与此相似，南方文献出版社编者认为余华通过《活着》“表达了人们在所有不幸和打击之下活下去的愿望”，《活着》和《许三观卖血记》是20世纪中国的两部重要作品。[2]

出版于21世纪的《兄弟》情况有些特殊。《兄弟》在中国国内的小说评论界毁誉参半，甚至毁多于誉。对此，南方文献出版社编者认为：

> 《兄弟》在中国受到一些文学批评家的抨击，他们批判小说某些场景不合适，将之视为“垃圾”，但小说也有辩护者，尤其是一些经济学家和社会学家，他们从中看到了有关当代中国进展的非常具有说服力的一幅画卷，同时这确实是正面触及这一国家现今真实情况的唯一一部小说。小说中的喜剧性比喻尽管荒谬，却是最准确的。从这个意义而言，《兄弟》是一部重要作品。[3]

这种评价显得比较公允和客观。小说法文本出版后，包括《费加罗报》和《解放报》在内的法国主流媒体对这部小说好评如潮。法国《书店报》将《兄弟》称为“当代中国的史诗”，称“余华作为新生代作家的一员，他和我们一起分享中国这个迷人国度最崭新的历史。借此机会，我们也可见识这个天才作家以及他那魔法般的讲故事才能”（2008年6月至7月）。法国《读书周刊》称之为一部“杰作”（2008年3月28日），极尽赞美之词。[4]《兄弟》还于2008年获得法国《国际信使》周刊首届最佳外国小说奖。中法两国对《兄弟》的评价出现如此之大的反差，既反映了两国人民不同的阅读和审美习惯，也反映了两国人民对中国当代小说关注点的不同。客观上，法国媒体对《兄

1 Yu Hua. *Le vendeur de sang*[Z]. Arles: Actes Sud，2006，编后语.
2 Yu Hua. *Vivre!*[Z]. Arles: Actes Sud，2008，编后语.
3 Yu Hua. *Brothers*[Z]. Arles: Actes Sud，2008，编后语.
4 摘录自余华新浪博客：http: //blog.sina.com.cn/yuhua。

弟》的好评以及小说在法国的获奖很好地推动了小说在法国读书市场的销售。在2008年小说法译本首版后两年，即2010年3月，南方文献出版社的口袋书系列“巴别文丛”再次推出此书，足见《兄弟》法译本在法国读者中的受欢迎程度。

相对而言，法国读者对苏童小说的反应比较平静，意见也更平和一些。比如FNAC书店这样评价苏童的小说《我的帝王生涯》：

> 以一种颇具电影风格的写作方式，生动地描写了一个既有趣又残忍的世界。[1]

莫言、余华、苏童这三位中国当代小说家的作品之所以接连在法国译介并受到读者欢迎，可以用莫言的话来解释其最根本的原因：

> 电影只是冲开了一条路，让灯光照在我们身上，能不能持续受到读者的欢迎还是看作品本身的文学价值。实际上，张艺谋也不仅仅改编了我们几个作家的作品，但是，不断被各国译介的就是这几个人，所以，最终还是文本本身的质量决定的。[2]

在翻译方面，各家出版社和译者根据这三位作家的小说风格做出了各具特色的译介。南方文献出版社的两名译者安必诺和何碧玉在翻译余华的《兄弟》时，针对原文中出现的一些人名、地名等专有名词以及具体文化背景，为译文附加了30页的注释，放在译文的最后。这是为了帮助法国读者更好地阅读和理解这部小说。这一现象在这三位作家作品的法译本中是唯一的，表现了该家出版社对这部获得法国《国际信使》周刊首届最佳外国小说奖作品的重视。

对莫言小说而言，最重要的是小说法译本是否能够成功地传达原作那汪洋恣肆、幽默生动、充满夸张和讽刺的艺术风格。莫言小说有多名译者，最主要的是两位，即普罗旺斯大学的杜特莱（Noël Dutrait）教授[3]和巴黎狄德罗大学—巴黎第七大学的教师尚德兰（Chantal Chen-Andro）。两位译者都来自法

---

1 摘译自FNAC网站：http://livre.fnac.com/a1672376/Su-Tong-Je-suis-l-empereur-de-Chine?Fr=0&To=0&Nu=2&from=1&Mn=-1&Ra=-1。

2 术术.莫言、李锐：“‘法兰西骑士’归来”［N］.新京报，2004.4.15.

3 有的小说由杜特莱教授及其夫人莉莉安娜（Liliane Dutrait）合译。

国高等院校，教授中国文学和翻译课程，他们翻译莫言小说，都比较重视小说的文学性，包括小说那具有鲜明特色、洋溢着个人风格的语言。试举《酒国》中的一段话为例：

> 亲爱的朋友们，亲爱的同学们，当得知我被聘为酿造大学的客座教授时，无比的荣耀像寒冬腊月里一股温暖的春风，吹过了我的赤胆忠心，绿肠青肺，还有我的紫色的、任劳任怨的肝脏。我能站在这个被松柏和塑料花朵装饰得五彩缤纷的神圣讲坛上为你们授课，多半是因为它的特殊才能。

法语译文以“Chers amis, chers camarades”开始，将原文这段颇具演说性质的话活灵活现地再现了出来。其中各个色彩鲜明的颜色词“赤”“绿”“青”“紫”的译文与原文一一对应，译文整体如行云流水般通晓、流畅，令人读来不忍释卷。小说译者杜特莱夫妇和尚德兰在翻译中国当代小说方面经验丰富。除了这部《酒国》，他们还合作翻译了莫言的《丰乳肥臀》以及其他中国当代作家的作品，包括高行健的《一个人的圣经》(1999)、《文学的理由》(2000)以及苏童的《米》(2003)等。比较成熟和稳定的翻译文风保证了这些被译介的中国当代小说的质量，也为它们赢来了更多法国读者。

# 在德语世界的旅行

/ 卢盛舟

江苏作家在德语世界的旅行始于上世纪90年代，陆文夫和苏童是先行者。《妻妾成群》在1992年即被翻译成德语，这部分得益于由小说改编的电影《大红灯笼高高挂》在国际上广受好评并获得多项国际电影奖项。1993年，陆文夫的《美食家》由汉学家高力希（Ulrich Kautz）译成德文，在瑞士著名的第欧根尼出版社（Diogenes Verlag）出版，后陆续再版；这部作品的另一个德译版本由哈泽贝尔根（Stefan Hase-Bergen）翻译，于1992年在波鸿的布洛克迈耶尔学术出版社（Brockmeyer）出版，哈泽贝尔根在1990年就撰写了一部关于陆文夫的学术专著——《苏州刺绣：作家陆文夫的生平与作品》。

1998年，苏童的《米》和《罂粟之家》德译本出版。经过一段时间的沉寂后，2003年，德国著名的苏尔坎普出版社带来了《活在当下：来自中国的新小说》。这本文集由汉学家樊克（Frank Meinshausen）编译，收录了毕飞宇、韩东、朱文和黄梵的四部作品，销路良好，现已告罄。2005年，顾彬主编的《袖珍汉学》（*Minima sinica*）第一期收录了毕飞宇的小说《男人还剩下什么》，译者为科隆大学汉学系教授黄伟平；毕飞宇的《元旦之夜》收录在汉学家马汉默（Marc Hermann）主编的《缄默之城：中国新都市文学》（2006）中。

苏童的《碧奴》德译本在2006年面世，毕飞宇《青衣》和黄蓓佳《我要做好孩子》的德译本于2008年出版。2009年，中国成为德国法兰克福书展的主宾国，各项译介和出版应运而生，异常活跃，这一年，朱文在A1出版社出版了《我爱美元及其他小说》德译本，李敬泽和王竞主编的《在路上：中国文学当下》于2009年在迪克斯出版社（Dix Verlag）出版，里面收录了鲁敏和范小青的短篇小说，《中国当代短篇小说集》（*Gela wird erwachsen und andere Erzählungen aus China*）的出版（收录了叶兆言的一部短篇作品）也是在这一年，毕飞宇的《是谁在深夜说话》收录于《给文本一个朋友：中国古代研究》学术文集中。2013年，梅伦思（Dietmar Mehrens）选编的作品集《清晨的翅膀》中收录了鲁敏的《铁血信鸽》，2016年，由马汉默翻译的《推拿》德文版在慕尼黑布莱辛出版社出版。

随着国际交流的力度加大，作家会紧随他们的文字至异域。近年来，毕飞宇在柏林、哥廷根、法兰克福、苏黎世等地办过多场朗诵会。2008年，歌德学院（中国）、德国哥廷根大学跨文化日耳曼学系和南京大学德语系组织的"文化接触——作家驻留"项目肇始，叶兆言、毕飞宇、韩东、鲁敏、曹寇、黄梵等作家先后前往德国，记录下在他国一时一地的见闻，读之颇有趣味。鲁敏记录了她和塞勒尔（Lutz Seiler）一起参加的一场家庭文学朗诵会，后者当时还只是巴赫曼奖的获得者，而2015年，他凭借《克鲁索》一举夺得德国图书奖。韩东素描了游哈尔茨山后的一场夜行——由于火车停运，他们被迫乘坐出租车返回哥廷根，回到哥廷根火车站时，自感犹如回返人间。在此，韩东依然贯彻了自己善于捕捉日常生活中"神显"（Epiphanie）的文风。相比于大学城哥廷根，曹寇似乎对柏林更感兴趣，戏称它是一座适合中国人在这里停留的城市，一座历史和现实交叉、相看两不厌的城市。早在2007年8月，苏童就应歌德学院之邀去莱比锡做驻市作家，在那里生活了三个月，所作《莱比锡日记》后收录于随笔集《河流的秘密》，长篇小说《河岸》也正是在这一期间开始动笔的。不难发现，虽然苏童深受美国作家影响，但在由他选目的《影响我的二十篇外国小说》中，德语作家依然占有一席之地，格拉斯的《左撇子》和卡夫卡的《饥饿艺术家》赫然在目。韩东虽然从未发出余华"卡夫卡拯救了我"的感叹，但他在随笔《向卡夫卡学习》中断言，"卡夫卡所有的著作都是习作，都是草稿，它们不仅呈现出习作和草稿的面貌，也是以习作和草稿的方式写成的"，这一观点和德语世界卡夫卡研究的通行之论暗合，令人叫绝。由此看来，德语作品作为资源对江苏乃至国内作家的影响，不失为一个值得深挖的议题。

来而不往非礼也，2007年"中德同行"文化年之后，德国作家前来南京的交流逐渐频仍，如2007年叶兆言对谈克里斯托弗·彼得斯（Christoph Peters），2009年毕飞宇、黄蓓佳、鲁敏、苏童、叶兆言五位作家和马塞尔·拜尔（Marcel Beyer）展开对话，2011年叶兆言、韩东和鲁敏对话魏杨特（Kai Weyand），2014年毕飞宇就"文学中的社会和社会中的文学"的问题对话莫妮卡·马龙（Monika Maron），2015年叶兆言对谈马丁·莫泽巴赫（Martin Mosebach）（苏童和毕飞宇也都参加了2013年由社科院外文所和柏林文学论坛组织的中德作家论坛），包括今年四月末刚刚结束的曹寇、叶子和德国传记作家海默·施维克（Heimo Schwilk）的谈话。在论及从未来过中国的黑塞将中国描绘为自己的第二故乡时，曹寇不无辛辣地声称，黑塞说中国是他的第二故乡，我还说月球是我的第二故乡呢。最迟在这里，我们有理由猜测，曹寇对哥廷根是手下留情的，他的前辈海涅曾给了哥廷根如是评价："整个城市很漂亮，但只有背对着它的时候，你才会喜欢上它。"

至于作品的接受方面，值得注意的是，部分作家作品正在逐渐超出汉学范畴，抵达目标语文学研究圈和普通读者。以毕飞宇为例，马汉默主编的《中国作家传记研究手册：生平和作品》收录了有关毕飞宇的词条，《和文本为友：中国古代研究》中也有关于毕飞宇的研究文章，《新苏黎世报》、《巴登日报》和德国广播电台文化台陆续评论过其在德出版的两部小说，这本不足为奇，但在《新苏黎世报》上为《青衣》和《推拿》撰写书评的作者吕特克豪斯（*Ludger Lütkehaus*）并非汉学家，而是来自德语文学界和哲学界。同时，由马尔堡大学德语文学教授安茨（Thomas Anz）创办的文学批评在线期刊 *literatur. de* 刊载了对《推拿》的书评，最先由海因茨·阿诺德发起的《外国当代作家批判辞典》于2016年也收录了关于毕飞宇长达十六页的词条文章。

吕特克豪斯将《推拿》归类为"社会小说"，并认为这部小说充满了"敏锐和洞见"。社会小说在德语文学史上有着悠久的历史和深厚的土壤，始于19世纪中后期的现实主义热潮，"城市小说"属于"社会小说"的一种特殊形式，德布林的《柏林亚历山大广场》算是开山之作。未来江苏当代作家在德语国家的译介与传播，在主题上，不妨继续"兵分两路"地走城市小说的路径，这一路是范小青、早期苏童和陆文夫笔下的苏州，另一路则是南京，是为魔都之外的"江南双城记"。转型后的毕飞宇和鲁敏不约而同地聚焦南京城，关注古城的现在时，和叶兆言笔下的金陵余韵互为补充。韩东和朱文这对双影人，他们对90年代的南京的独特描写，已经被录入了当代文学史。与韩东小说英译本相比[《扎根》2009，《花花传奇》(收录于《石城：中国城市短篇小说》)2016]，德译本需要迎头赶上。属于这一行列的还有曹寇，他的多篇小说横冲直撞地描绘南京郊县和城北的粗粝风光，2015年已出版了法文版小说集，希望德文版能在不久的将来问世。

在作品进入海外后，作家面对的是完全陌生的文学土壤。德语国家的当代文学生活（如书展、文学批评传统、文学节、文学类电视节目、受众心态等）到底呈现出如何一番形态，这有待研究者通过调查研究先驰得点。另一方面，德语文学对中国的想象由来已久，上溯歌德、席勒、维兰德、海涅，下至卡夫卡、黑塞、弗里施、德布林、卡内蒂，虽然中国文学作品在德国还远远算不上大众读物，但在全球化时代，不可否认的是，汉语作家在很大程度上接管了上一代德语文学大师对中国的想象，通过翻译作品肩负起在德语文学中对中国的书写，从这层意义上讲，他们责无旁贷。

# 中国当代小说在韩国的译介接受与展望
## ——以余华、苏童小说为中心

/［韩国］金旲南

## 一、韩中两国的文学交流历史及近况

韩中两国的文化交流历史源远流长。然而自进入20世纪以后，随着两国在政治、文化上的异质性深化，两国关系和交流逐渐衰弱下去。尤其是1950年韩国战争爆发以后，两国关系愈加恶化，以致断交，两国在相当长的时间内再无往来。所幸的是，1970年代以来，出现了东西方和解的潮流，韩中两国又重新开始了交流，1992年两国建交以后，在多方面进行了交流往来。

文学方面的情况也大致如此。20世纪以前，大量中国经典文学作品被介绍到韩国。这是韩国一向重视中国先进儒家文化的结果。而20世纪以后中国的文学作品中反映的内容却与韩国的面貌和体制有着极大的差异。

这对两国文学的交流产生了影响。20世纪中国文学的介绍受到了直接的冲击，直到1980年以后韩国文化学术界才重新开始关注中国作家与作品，并把其中很少的一部分翻译成韩文介绍到韩国。自从1992年中韩建交以来，两国在多方面开始了交流往来，两国文学也因此达到同步性交流。

当今韩国的出版量跻身世界前十。据大韩出版文化协会统计，2008年韩国共出版43 099种图书，计106 515 675册；2009年共出版42 191种图书，计106 214 701册。2008、2009年韩国均出版了4万多种图书，计1亿多册。[1]同时期中国出版了20余万种图书，计60多亿册，相比之下，韩国的出版数量没有中国多，但从比例上来说也并不算少。

中国图书在韩国比较受欢迎的是人文经世方面的书籍，比如易中天《品三国》(译本改名为《三国志讲义1、2》)，《于丹〈论语〉心得》，冷成金《智

1　参见《韩国出版年鉴》，大韩出版文化协会，2006—2009，见http://www.kpa21.or.kr。

典》、《辩经》(该书于2008年由"21世纪书籍"重刊为《CEO人学系列》5册本:《儒家人学》《道家人学》《纵横家人学》《法家人学》《兵家人学》)[1],刘再复《传统与中国人》(该书添加了"孔子与鲁迅的对决"副标题),等等,都可以说是从世界或者韩国的视角眺望中国的翻译书籍。另外,汉语语言教材也成为大量翻译的一个领域。汉语教材在韩国被区分为:汉语会话、汉语语法、HSK、BCT、C.TEST等等,这些基本上都是有关等级考试或者资格证考试方面的书籍。事实上,迄今为止,被翻译得最多的还是小说作品,尤其是2007年以来,主要是以余华、苏童、莫言、卫慧等人的作品为中心进行翻译。关于余华、苏童等作家及他们的作品,我将在本文第三部分做一下探讨。

## 二、中国现当代小说在韩国的翻译及接受情况

香港《亚洲周刊》编辑部于1999年6月列出一份有500多本书的参考名单,然后邀请海内外的14位评委,包括中国大陆的余秋雨、王蒙、王晓明、谢冕、刘再复,中国台湾的王杏庆、施淑,北美地区的郑树森、王德威,中国香港的刘以鬯、黄继持、黄子平,马来西亚的潘雨桐,新加坡的黄孟文[2],评出20世纪中国小说100强。整个评审过程历时大半年,最后公布的结果如下:鲁迅《呐喊》(第1位)、沈从文《边城》(第2位)、老舍《骆驼祥子》(第3位)、张爱玲《传奇》(第4位)、钱锺书《围城》(第5位)……余华《活着》(第96位)、马原《冈底斯的诱惑》(第97位)、林斤澜《十年十意》(第98位)、无名氏《北极风情画》(第99位)、二月河《雍正皇帝》(第100位)。对于其中的这些作家,除了鲁迅以外,韩国读者一般都不大了解。这是因为鲁迅早在很久以前就作为世界性的大文豪被介绍到韩国,因此韩国读者都知道鲁迅。而韩国读者另外还比较熟悉的作家是金庸、余华等人。金庸知名是因为1980年以来武侠小说的盛行,而余华是因为2000年以来他的作品被大量翻译并改编成电影。此外,他们亲自来访韩国,也提升了他们的知名度。由此可见中韩两国读者在视角上存在着不少差距。

1 中国统计年鉴[R].北京:中国统计出版社,2006.
2 中国统计年鉴[R].北京:中国统计出版社,2007.

**从1920年代到2000年代为止的韩文版中国现当代文学作品数(2008.8.27)**[1]

| 年代<br>体裁 | 1920年代 | 1930年代 | 1940年代 | 1950年代 | 1960年代 | 1970年代 | 1980年代 | 1990年代 | 2000年代 | 不明 | 合计 |
|---|---|---|---|---|---|---|---|---|---|---|---|
| 小说 | 1 | | 3 | 8 | 6 | 19 | 106 | 262 | 241 | 1 | 647 |
| 散文 | | | 1 | 7 | 12 | 25 | 34 | 50 | 63 | | 192 |
| 诗歌 | | | 1 | | | 2 | 15 | 17 | 24 | | 59 |
| 剧本 | | | 1 | | | | 1 | 4 | 18 | | 24 |
| 综合 | | | | | 5 | 18 | 16 | 1 | | | 40 |
| 合计 | 1 | 0 | 6 | 15 | 23 | 64 | 172 | 334 | 346 | 1 | 962 |
| 武侠 | | | | | 38 | 19 | 52 | 91 | 30 | 5 | 235 |

如上表格所示,20世纪70年代以前中国现当代文学作品的韩文版屈指可数,然而70年代以后作品数开始逐渐增长,到了1980年代,其作品数已增加几倍。值得一提的是,这些翻译作品的体裁大都是以小说为主,特别是严肃文学。其原因如下:一是当今韩国读者比较关心当代中国,小说体裁在某种程度上能够反映出中国现时的各种具体情况以及当代中国人的情绪和思想观念。二是小说结构本身容易引起读者的兴趣,而中国当代小说又恰恰能满足韩国人对中国社会和中国人的好奇心理。

金惠俊在《中国现当代文学的翻译和研究在韩国》一文里,对中国现当代小说在韩国的翻译特点概括得比较全面[2]:第一,偏重于大作家鲁迅类的经典小说或已有大名气的琼瑶的通俗小说。以鲁迅小说为例,《呐喊》《彷徨》《故事新编》等共33部(篇),到目前为止,不断地被重译,总共出版了80多部(个人69部,合集14部)。又如,琼瑶小说的韩文版达到71部,她的50多篇小说均被翻译过来。这样看来,仅这两位作家就已经占据了整个中国现当代小

1 [韩]姜惠兰.关于中国的出版物[J].企划会议231号,2008.
2 [韩]金惠俊.中国现当代文学的翻译和研究在韩国[J].韩中言语文化研究,2010(2).

说韩文版的30%以上。第二，1980年代以来，金庸、梁羽生、古龙等人的武侠小说被大量翻译，并拥有一定的读者群，而进入2000年以后，这些作品持续出版。尽管其间出现了不少的伪作、仿作，但进入21世纪这些作品正式获得版权后，翻译工作就由那些水平高而有经验的译者来完成。第三，出版社的商业性大规模策划值得注意。90年代以出版高阳的《慈禧全传》《胡雪岩》作为大规模策划的开端，到2000年以后大规模策划正式步入正轨，如二月河的"帝王系列"，马书辉、张英慧、郑文金等人的"小说36计系列"，还有岳南、杨仕、商成勇等人的"考古文学系列"，这些作品历时几年陆续出版就证明了这一现象。而这一现象反映了什么？一方面证明韩国读者容易接受规模宏大、现实性强、趣味性浓的以故事情节为主的中国小说，另一方面又说明在韩国具有一定水平和经验的译者在日益增多。

根据大韩出版文化协会统计的2008年的出版情况，从整体出版总数43 099（不含期刊和课本）来看，韩文版的比例占31%（13 391种）。具体来看，从日本引进的有4 160种，从美国引进的有3 990种，从英国引进的有1 129种，从韩国引进的有820种，从德国引进的有599种，从中国大陆引进的有507种。下面我们就以中国大陆、中国台湾、日本、美国为对象做一比较，以下表格依据大韩出版文化协会统计的2008年度出版情况数据，虽然不能保证这涵盖了整个出版界的情况，但为了保持统计的一贯性，暂且引用。

如表格所示，韩文版翻译作品中从日本和美国引进的占得最多。从整体引进数量上，中国远远不及日本和美国，但从哲学和历史领域上看却处于同等或者领先的位置，在文学领域也比较接近。这就表明韩国读者偏爱中国的哲学、历史以及文学方面的书籍。

进入2000年以后，中国图书在韩国才有了一定规模的出版，如2002年由德南出版社（音译，该出版社的网站地址http://www.thenanbiz.Com）发行的《商经》销售量总计达到了10万多部。据统计，到了2007年，有关中国的出版物急速增长，比上一年增加了173.5%。[1]此外，2008年5月1日的中韩作家会议、由中国主办的"首尔国际图书展"，以及为参加当年9月30日至10月1日"第一届韩中日东亚文学研讨会"而来韩的中国著名作家访问团，等等，这一系列活动一方面能够调动韩国读者关注当代中国文学的积极性，另一方面能使一群当代中国作家有了备受瞩目的机会。从此，被认为代表中国当代作家的不再只有余华，苏童、莫言、刘震云、阎连科等作家及作品也相继被正式

1 ［韩］金惠俊.中国现当代文学的翻译和研究在韩国［J］.韩中言语文化研究，2010（2）.

## 2008年度韩文版翻译图书发行情况[1]

| 国家（地区） | 区分 | 丛类 | 哲学 | 宗教 | 社会科学 | 纯粹科学 | 技术科学 | 艺术 | 语言学 | 文学 | 历史 | 学习参考 | 儿童 | 漫画 | 合计 |
|---|---|---|---|---|---|---|---|---|---|---|---|---|---|---|---|
| 中国大陆 | 种数 | 3 | 44 | 15 | 65 | 2 | 19 | 19 | 9 | 191 | 72 |  | 43 | 25 | 507 |
|  | 印数 | 5 500 | 71 000 | 29 100 | 150 750 | 3 000 | 34 400 | 31 300 | 74 000 | 318 390 | 144 600 |  | 101 500 | 6 700 | 970 240 |
| 中国台湾 | 种数 |  |  | 1 | 5 |  |  | 6 |  |  |  |  | 7 |  | 19 |
|  | 印数 |  |  | 1 000 | 6 500 |  |  | 10 000 |  |  |  |  | 19 025 |  | 36 525 |
| 日本 | 种数 | 27 | 44 | 17 | 370 | 39 | 188 | 85 | 39 | 837 | 54 | 8 | 48 | 2 404 | 4 160 |
|  | 印数 | 68 100 | 100 500 | 80 600 | 831 710 | 94 600 | 339 090 | 180 521 | 75 250 | 2 574 321 | 81 860 | 18 560 | 1 365 929 | 9 112 050 | 14 923 091 |
| 美国 | 种数 | 76 | 199 | 666 | 894 | 106 | 254 | 115 | 29 | 522 | 79 |  | 1 019 | 31 | 3 990 |
|  | 印数 | 106 030 | 373 812 | 1 951 622 | 1 997 666 | 168 812 | 414 066 | 200 237 | 57 180 | 1 283 582 | 146 200 |  | 3 145 545 | 90 500 | 9 935 252 |

1 ［韩］徐恩淑.韩国读者对中国文学翻译的认识和评价［J］.中国学研究，2009（12）.

介绍到韩国，尤其是阎连科《为人民服务》一书已经印至第6版。

2005年以后，韩国读者对余华、苏童、莫言、巴金、金庸等中国作家逐渐产生浓厚的兴趣。由此，几家韩国出版社迅速出版了他们的作品，韩文译本如下：余华《兄弟1—3》(2007年)、《许三观卖血记》(1999年初版，2007年重版)、《活着》(2000年初版，2007年重版，根据故事梗概，改名为《人生》)、《世事如烟》(2004年初版，2007年重版)；苏童《我的帝王生涯》(2007年)、《米》(2007年)、《红粉》(2007年)、《碧奴1—2》(2007年，改名为《眼泪》)。另外，其他作家的作品也在同时期出版，如哈金(原名金雪飞)《在池塘里》(*In the Pond*)、刘恒《贫嘴张大民的幸福生活》、刘震云《手机》等作品受到较大的关注，销量也很大。2008年以后，《兄弟1—3》开始受到很高的评价，销售量是35 000册左右。值得一提的是，在韩国出版这些书的动机，“并不在于它是中国著名作家的作品，而是作为作家和作品本身具有的潜在能力”(Agora出版社主编语)。

中国出版物在韩国面临的问题之一，就是缺乏精通中国文艺的专家，尤其是缺少从事中国文学研究的编辑。为了解决这样的问题，有人主张“不要只被动地接受进口中国出版物，针对中国市场系统地准备起码5年到15年，培养中国编辑专家，准备主动出口的长期计划”(Humanist出版社主编宣完圭语)。说得不错，因为在韩国从事中国研究的人不少，但精通中国出版的人才却不多。

那么，如今韩国进口中国图书的情况如何？从中国的版权进出口情况统计中(2006、2007年)可知，中国版权进口国(地区)也偏重于美国，接下来是中国台湾和日本。此外，购入中国大陆版权最多的是中国台湾和韩国。从严格意义上说，韩国是引进中国版权最多的国家。以下表格数据显示，韩国于2006年进口中国版权363种，于2007年进口334种。

**2006—2007年度中国的版权进出口情况**[1]

| 国家(地区) | 年度/区分 | 2006 | 2007 |
|---|---|---|---|
| 美国 | 进口种数 | 2 597 | 3 878 |
| | 出口种数 | 147 | 196 |

1　中国统计年鉴［R］.北京：中国统计出版社，2006；中国统计年鉴［R］.北京：中国统计出版社，2007.

（续表）

| 国家（地区） | 年度/区分 | 2006 | 2007 |
|---|---|---|---|
| 中国台湾 | 进口种数 | 749 | 892 |
| | 出口种数 | 702 | 630 |
| 日本 | 进口种数 | 484 | 822 |
| | 出口种数 | 116 | 73 |
| 韩国 | 进口种数 | 315 | 416 |
| | 出口种数 | 363 | 334 |
| 中国香港 | 出口种数 | 119 | 116 |
| 中国澳门 | 出口种数 | 53 | 38 |

韩国成为中国版权最大引进国的原因有两个：一是韩国读者对中国和中国图书的关注，二是中国版权费用低。2000年以前，中国对版权不大重视，版权费用低，管理宽松；然而21世纪以后，中国对版权问题开始高度重视，随着中国出版物在韩国持续增长的需求，韩国在中国版权上的投资费用陡然昂贵起来。因此，为了谋求利润，韩国出版社翻译迎合大众的低级趣味的图书，雇用的译者翻译水平低，且译本未经严格校对就直接出版，结果影响了中国出版物的声誉。

## 三、苏童、余华的小说在韩国

现代日本小说向来在韩国出版界占据着很大的优势，但随着它的出版量逐渐达到饱和状态，中国小说的出版量便开始与日本小说的出版量逐渐缩短差距。仅就中国当代严肃文学而言，2005年被翻译成韩文的中国当代作品有10多种，到了2007年迅速增加到30多种。具体作品如下：余华的《兄弟》（Humanist出版社），莫言的《生死疲劳》（创批出版社），阎连科的《为人民服务》（熊进出版社），曹文轩的《天飘》（杏树出版社），苏童的《武则天》、刘恒的《贫嘴张大民的幸福生活》、方方的《行为艺术》［秘彩出版社（音译）］，苏童的《碧奴》、毕飞宇的《青衣》（文学村出版社），《韩少功中短篇选集》（玄岩社），杨志军的《藏獒》（黄金狐狸出版社）。[1]

1　现在阅读中国［N］. 京乡新闻，2007.6.15.

刘震云、莫言、贾平凹、阎连科、王安忆、张炜、余华、苏童、方方、迟子建、朱文、韩寒等人的小说先后被介绍到韩国将近有20年了。他们当中大多数人曾数次访问过韩国。可是韩国读者所认识的中国作家实际上寥寥无几，除了余华、苏童、莫言有一定的知名度以外。余华的电影《活着》、莫言的电影《红高粱》被介绍到韩国以后，两位作家的作品也随之开始陆续出版。余华的《许三观卖血记》《活着》等作品自出版以来，一直在韩国畅销书中占据排名前10位的优势，因此十多年以来一直保持着较好的销量。另外苏童的《离婚指南》《米》也创下了排名前10位的良好纪录。比如，Yes24网（http://www.yes24.com）发布的2011年4月份的畅销书及长销书排名情况（见下表）。

**2011年4月中国现当代小说的韩文翻译本畅销书和长销书排名**

| 中国现当代小说的韩文版畅销书 | | | | 中国现当代小说的韩文版长销书 | | | |
|---|---|---|---|---|---|---|---|
| | 书名 | 作者 | 出版社 | | 书名 | 作者 | 出版社 |
| 1 | 许三观卖血记 | 余华 | 绿森林 | 1 | 许三观卖血记 | 余华 | 绿森林 |
| 2 | 阿Q正传 | 鲁迅 | 创批（音译） | 2 | 阿Q正传 | 鲁迅 | 创批（音译） |
| 3 | 鲁冰花 | 钟肇政 | 铁皮鼓 | 3 | 活着 | 余华 | 绿森林 |
| 4 | 活着 | 余华 | 绿森林 | 4 | 射雕英雄传 | 金庸 | 金宁社（音译） |
| 5 | 倚天屠龙记 | 金庸 | 金宁社（音译） | 5 | 水浒传 | 施耐庵 | 民音社（音译） |
| 6 | 阿Q正传 | 鲁迅 | 文学村 | 6 | 倚天屠龙记 | 金庸 | 金宁社（音译） |
| 7 | “小说36计系列”（全36卷） | 马书辉等 | 萤火虫 | 7 | 阿Q正传·朝花夕拾 | 鲁迅 | 东西文化社 |
| 8 | 华氏悲歌 | 苏童 | 秘彩（音译） | 8 | 阿Q正传·狂人日记 | 鲁迅 | 文艺出版社 |
| 9 | 小说大长征1 | 魏巍 | 玻璃 | 9 | 东周列国志 | 冯梦龙 | 松 |
| 10 | 鲁迅小说全集 | 鲁迅 | 乙酉文化社 | 10 | 鲁冰花 | 钟肇政 | 铁皮鼓 |

一般来说，就小说技巧和叙述方法而言，中国现当代小说稍微落后于美国和日本。韩国读者比较喜欢并且习惯阅读美国和日本小说，这是因为大多数韩国读者比较熟悉这两国的文化、政治背景。相对来说，对近在咫尺的中国反而陌生。这主要是因为政治、文化背景上的差异，给韩国读者的理解带来一定困难。但是为什么余华、苏童这两位作家不同于其他作家，他们的小说在韩国受到青睐呢？我认为原因在于他俩比较注重描写当代中国民间逼真而穷苦的生存状态、对此逆来顺受的书写姿态、既嘲讽现实又超越于现实的创作态度。在我看来，韩国读者历来喜爱民间故事，特别喜欢阅读从极为恶劣的环境给人们造成的极限性困境中摆脱出来的各种故事。遇到各种不同的艰难与危机意味着对人的一种考验，余华、苏童都有表现宏伟人生的长篇小说，韩国读者通过他们小说所反映的人生和作者对人生的看法与态度，并站在作品人物的位置上深思熟虑自己的人生、人生本真的意义，能够体会到中国社会的生活场景和气息，进而对当代中国生活产生细致而逼真的感受。余华、苏童都依靠着各自的创作才能，擅长描绘中国民间色彩浓厚的南方的人文景观，并把历史展现在眼前，这种写作方式得到不少读者的高度评价。如Yes24网的读者论坛上有读者留言说："余华小说到处都有好像涂有肾上腺素的感觉。"比较韩国人以前对中国文学的观点，这样的评价可以说是崭新而有好感的。因为以前韩国读者一向认为中国文学既生硬又难理解，与韩国和日本小说相比，具有浓厚的乡土气息，陌生的距离感太大。不仅如此，韩国读者一说起中国文学马上想起以《三国演义》《西游记》《水浒传》为中心的历史小说或者英雄传之类的武侠小说，并认为这些就是中国文学典范。正是这样的韩国文化气候，使得韩国读者感到难以接近以鲁迅作品或者"文化大革命"题材为代表的现当代文学作品，因为他们对20世纪以来中国历史和政治的了解相当贫乏。因此，韩国读者感到难以深入理解和陶醉于中国小说，甚至怀有排斥心理。这种印象性评价主要来自中国小说特有的气氛，就是说由作家具有的出众的表达才能、独特的文学素材以及文化政治背景等因素而组成的气氛。一般来讲，韩国读者对中国小说的普遍印象取决于小说所描绘的中国、中国文化以及和韩国大有不同的文学背景。通过阅读中国当代小说，韩国读者才能领会中国人和中国知识分子的生存处境和思维观念，进而看出当代中国社会对资本主义的透视，感觉到当今中国人看待世界的独特方式。

对于中国当代小说的特色，韩国出版界曾概括与评价道："一般来讲，中国现当代小说的优点在于作家的创作才能坚实。"文学村出版社海外文学组主编吴英娜（音译）认为：“依照中国固有的叙事力、表达力量，把过去故事展开得很有深度。”秘彩出版社的李永熙（音译）表示：“和日本小说相比，（中国当代小说在）技巧方面相对来说没有日本那么讲究，但读下去却很容易被吸引住。”“尽管故事内容不吸引人，但是幽默和机智还是一直发挥得很不错。”[1]

从某种意义上说，这样的评价大致等同于对余华、苏童两位作家的评价。迄今为止，韩国的中国现当代文学界有点偏重于对中国现代文学领域的研究，而对当代文学研究的成果却没有前者那么丰富。尽管如此，在当代文学研究方面对余华、苏童的研究却是例外，比较受重视，因此有关他们的研究成果比其他当代作家多得多。从1990年代末到现在，对余华、苏童的研究论文达到10多篇。众所周知，自余华的《兄弟》在2005年发表以来，曾在中国引起过不少争论和大不相同的评价，值得注意的是，一些韩国研究者也曾关注过该作品，有4位学者还对此发表过相关的评论（详见Yes24网的读者论坛）。

以余华研究为例就有：沈惠英：《1990年代余华小说的人道主义和美学》（《中国现代文学》，第12期）；沈惠英：《余华的〈兄弟〉与“两个空间”》（《中国现代文学》，第6期）；李宗珉：《对于余华的新的写作批判性考察》（《中国现代文学》，第6期）；柳京喆（音译）：《和“命运”直面的一些人物》（《中国现代文学》，第9期）；金震孔：《余华小说研究上的一些问题》（《中国现代文学》，第9期）；尹荣度（音译）：《对于〈兄弟〉的现实主义和其整体叙述》（《中国现代文学》，第10期）。再以苏童研究为例，则有：李永求、朴敏镐：《Phallus的移动和欲望的记号政治学》（《中国学研究》，第6期）；李赫朴、南勇：《苏童小说所反映出的基层人形象和蛇的意象》（《外国文学研究》，第7期）；金炅南：《苏童长篇小说论——以〈米〉〈我的帝王生涯〉〈碧奴〉为中心》（《外国文学研究》，第7期）；金炅南：《苏童小说的女性像》（《中语中文学》，第6期）等。

## 四、对中国现当代小说韩译的期待与展望

改革开放的深化发展、自由经济市场经济体系的巩固化，以及中国出版市场内部发生的体制大改革，给中国当代作家带来了空前的变化，尤其是1990年代以后，大多数作家不再大谈建构党性、社会主义精神文明的优越性、社会理想、终极关怀等一些政治意识形态类的宏大话语，作家转向对人本质

1 现在阅读中国［N］. 京乡新闻，2007.6.15.

的探索、女性与欲望、金钱与欲望、欲望本身的结构、个人与社会关系、困境中的当代城市现实等私人化的话题。所以西欧国家的出版界也对中国当代小说开始产生兴趣，尤其是中青年作家所写的很多种作品已被翻译出版。以前在韩国，中国文学在外国文学的翻译中所占比例较小，而最近有所增强，尽管如此，中国小说出版市场本身的规模还不算大，每一种译本大约还没能达到3 000册的发行量。有韩国出版商说："介绍新作品很有意义，而且市场变得更加细致而复杂，期待读者群会更加扩大，中国热将来还会持续。"[1]

如上所述，韩国图书翻译出版市场偏向西欧与日本。就中国图书翻译出版而言，有以下几个特点：一、人文书籍的翻译远远超过其他方面的书籍；二、文学作品的翻译还没有步入正轨，具体地说，以现当代小说为例，迎合市场逻辑、追求商业利润而导致了畸形格局，就是说以特定作家为主、跟随特定热点为主、以时效性强的争论话题为主。除此之外，还要关注一下韩国读者对中国小说韩译本的意见和不满："在阅读中国小说韩译本时，因翻译水平和语体表达方面的问题给读者带来不少阅读上的困难而很难读下去"；"尽管考虑到这是个译本，但对句子和词语的翻译方面还是感到很遗憾"；"在我看来，译者并不把这本书看作文学作品，而把它当成翻译书而已，他好像只看眼前的句子，没注意考虑整体文本之中的文理"。[2]这样的评价和限制，其实与中国出版物在韩国出版市场的实际情况息息相关。具体而言，韩国出版界有关中国方面的专业性翻译工作者（包括编辑在内）实在少得可怜。同时，韩国出版社为了谋取利润而把中国图书盲目地引进来，而且重复出版，这恰恰造成了一种激烈的竞争。另外，为了节省出版费用，韩国出版社雇用朝鲜族译者来翻译现当代小说，以致造成拙劣的韩文版本。在此，他们主要忽略了下面三点：首先，须要注意文学作品的翻译本身是一种高难度的翻译工作。其次，朝鲜族不一定适合做韩文翻译工作的原因是，他们对韩语的了解深度和表达能力其实很欠缺。最后，必须考虑到译者对世界文学的基本修养和理解能力。

不可忽略的是，在韩国，从某种角度上来看，西方国家研究者对中国研究的书籍更受欢迎，因为他们对中国现实有着整体性把握，因此比起中国研究者来说，他们的有关分析研究反而更透彻，更具客观性的说服力。然而，当今能够预测并把握中国发展动力以及中国未来的书籍实在少得可怜。而韩国

1 现在阅读中国［N］. 京乡新闻，2007.6.15.

2 这些意见来自Yes24（www. yes24. com）的读者评坛，主要针对《没有语言的生活》和《后悔录》韩文版翻译的意见。

读者本身又有问题，那就是自己过度依赖媒体报道，因此不能全面认识当今中国的真实面貌。为了促进两国之间的友好往来和交流合作，这些问题是迫切需要解决的。

总而言之，21世纪的中国通过举办奥运会和世界贸易博览会等一系列国际性的活动，大大增强了综合国力，提高了国际地位。与此同时，21世纪中国文学也通过探索新的途径和方法，跻身世界文学之列。这样的发展趋势会使韩国出版市场更加接近中国文学，并增加对中国和中国文学了解的机会和沟通的可能性。21世纪的今天，中国文学虽然是以她本身的特定的语言、文化以及历史来表达，但它在韩国的译介和接受超越了国境和文化上的差异，将有望走近更多读者。实际上，这样的期望不仅来自研究中国方面的专家，同时来自一般韩国读者。

# 中国文学“走出去”之译者模式及翻译策略研究

## ——以美国汉学家葛浩文为例

/ 胡安江

## 一、引言

从20世纪50年代《中国文学》英文版与法文版的创刊，到80年代中国文学出版社的成立及“熊猫丛书”系列译丛的策划发行，再到世纪之交“大中华文库”项目的设立，2004年中国外文局“对外传播研究中心”的创设，2010年初“中国文学海外传播”工程的启动，以及全国哲学社会科学规划办于2010年首次批准设立国家社会科学基金中华学术外译项目，世界与中国共同见证了中国文学走向世界的每一次不懈尝试，以及这些尝试背后的种种现代性焦虑与文学复兴压力。

应该承认，上世纪80年代策划发行的“熊猫丛书”是中国文学“走出去”战略中的标志性事件，因而在此过程中扮演了非常关键的角色。它不仅是中国文学海外传播的深度尝试，也为中国文学在当代为继续寻求“走出去”最佳方案积累了诸多宝贵经验。然而，不可否认，中国文学在“走出去”的历史进程中，一直以来都步履蹒跚。据80年代曾在外文出版社工作的英国汉学家杜博妮分析，这种尴尬局面的形成主要是因为翻译决策的失误以及读者对象的误置所致。杜博妮指出，当时制定翻译政策的人对英语语言知之甚少，对英语读者的阅读取向更是不明就里。与此同时，这些翻译决策者们对文学译本的实际读者少予重视，而只关注专业读者（如出版商、编辑、文学官员、审查员、批评家、学者）的可接受性。[1]

不言而喻，杜博妮所谓的“翻译决策的失误”与“读者对象的误置”，即指翻译决策者在文学文本、目标读者及翻译策略等一系列问题上的抉择性失误。说到底，文学文本及目标读者的选择与确定，在很大程度上取决于翻译

1 McDougall, Bonnie. Literary Translation: The Pleasure Principle[J]. 中国翻译，2007（5）.

决策者对于文学译者的模式选择。而非理想状态的文学传播效果，除去上述缘由之外，与决策者及文学译者对于翻译策略的选择不无关系。因此，本文将以译者模式及翻译策略的理性选择为关注焦点，重点探讨中国文学走出去的理论前提与客观保证。

## 二、本土经验与西方模式

无论媒体还是公众都承认：中国文学“走出去”，翻译是道坎。不过，论及翻译及翻译作品的时候，人们更多关注的似乎还是译本的语言表达质量问题。但问题的关键其实并不在这里。原中国出版集团总裁聂震宁曾指出：“中国文学‘走出去’，最紧缺的人才是中介人才，就是能够了解中国当代文学作品，同时又能够了解国际市场，和国际上的出版机构有很好的合作背景的中介机构……”[1]聂震宁所谓的“中介人才”主要指的是熟悉中国文学现状以及海外出版环境的职业出版经纪人。然而，除了出版经纪人，中国文学还需要熟悉“走出去”各个环节的各类优秀中介人才。如果我们将译者也视为其中的“中介人才”的话，相信无人否认，在这个文学与文化“中介”的连续体上，译者的角色无论怎么强调也不过分。可目前的情形却是，中国媒体与公众所具有的种种传播压力及文化焦虑，不适当地投射到他们对于译者模式的资质选择上。于是，文学译者对于中国本土文化的熟晓程度被过分强调；此外，媒体与公众对文学译者在翻译过程中能多大程度再现文学作品中“原汁原味”的中国元素一直心存芥蒂。如此一来，他们便想当然地寄予了土生土长的中国本土译者以厚望，希望他们在中国文学“走出去”中充当关键角色，后者的重要性因此被不恰当地放大了。

毋庸置疑，这种资质选择标准的形成明显是基于这样的认知：只有中国人才能完全理解中国文学——不管译者多么技巧纯熟，外国人依然永远无法完全理解中国作品，因为他们没有经历“文化大革命”、抗日战争，也没有经历过近年来的改革开放政策。[2]但具有中国文化背景的本土文学译者与保存文化异质性的“异化”翻译策略是否就可以确保中国文学与西方读者间的姻亲关系呢？以《红楼梦》英译本为例，杨宪益夫妇翻译的《红楼梦》一直是深受国内译界推崇的翻译文学经典。但是，有学者在对170多年来十余种《红

---

1 李芸.中国文学走出去，翻译是道坎［N］.科学时报，2007.09.06.

2 Goldblatt, Howard. Border Crossings: Chinese Writing, in Their World and Ours[A]. In Corinne Dale (ed.). *Chinese Aesthetics and Literature*[C]. N. Y.: State University of New York Press. 2004.

楼梦》英译本进行深入研究，并到美国大学图书馆进行实地考察后发现，杨译无论在读者借阅数、研究者引用数，还是在发行量、再版数等方面，都远逊于英国汉学家大卫·霍克思的译本。

可以说，中国文学"走出去"，亟须解决的首要问题就是文学译者模式的理性选择这一核心议题。换言之，翻译决策者们首先需要在译者人选上做出明智的择取。我们以为，考虑到中国文学的旅行目的地主要还是海外的"非华语地区"，因此，既熟悉中国文学的历史与现状，又了解海外读者的阅读需求与阅读习惯，同时还能熟练使用母语进行文学翻译，并善于沟通国际出版机构与新闻媒体及学术研究界的西方汉学家群体，是中国文学"走出去"的最理想的译者模式选择。

事实上，除去汉学家天然的语言与文化背景优势外，他们的研究者与批评家身份，则可以在海外学术研究领域以及西方大众传媒中最大限度地传播和拓展中国文学的影响及社会效应；此外，这些汉学家大多拥有西方大学里中国文学或东亚文学的教职，这种工作便利则可以使中国文学顺利进入西方大学讲堂，甚至这些中国文学译本还极有可能因此而被载入西方世界的翻译文学史以及各类文学史书写，使之成为"摹写典范"或某种"值得遵从"的文学模式。

## 三、汉学家模式的理论建构

毫不夸张地说，现代西方对于中国文学，甚至对于中国文明的理解与认知，主要还是建立在几个世纪以来西方的汉学家们所建构的中国形象的基础之上的。然而不难想象，并非汉学家中的所有人群都适合担任中国文学"走出去"这项工作。本文以美国汉学家葛浩文及其翻译实践为例，探讨该模式体系中文学译者的资质选择标准。

### （一）中文天赋与中国情谊

葛浩文出生于1939年，上世纪60年代在中国台湾学习汉语，后在印第安纳大学攻读中国文学博士学位，受业于中国新文学界前辈柳无忌教授。葛氏现为美国圣母大学讲座教授。

对于葛浩文的语言功底，柳无忌评说道："美国学者们讲说中国语言的能力，已比一般欧洲的学者为强，但能写作中文的人，依旧稀罕得有如凤毛麟角。至于以若干篇中文著作，收成集子而出版的，除葛浩文外，更不易发见了。”事实上，葛氏的第一部中文专著《漫谈中国新文学》早在1980年即在中国香港出版，作者于书中纵论中国新时期文学，除大量中国现当代作家的研究专论外，另有《文学与翻译家》《中国现代文学研究的方向》等专文，其中论东北作家群诸篇，尤其对中国女作家萧红（1911—1942）的研究让人印象深刻。1984年，葛氏于中国台湾出版其第二部中文个人研究专著《弄斧集》，该书延续前著之风格，精彩评点中国文学与作家，在中国学界反响热烈。

如果上述仅是对葛氏中文写作能力的简单描述，那么葛氏对于中国现当代文学历史与现状的了解，也不容丝毫置疑。早在1974年，葛氏就完成了奠定其汉学研究名声的《萧红评传》。1979年，《萧红评传》中文版在中国香港出版，次年在中国台湾再版。中国学界正是通过此书，才开始关注这位几乎被人遗忘的天才女作家的。1981年，在美国学者杨力宇和茅国权编辑的《中国近代小说》（*Modern Chinese Fiction*）中，葛氏独撰“中国现代小说概论：1917—1949”一章，详尽阐释他对于中国现当代文学的洞见。其中所论中国作家的社会角色可谓精彩而中肯：“简言之，作家本人即是反叛者和社会批评家。当时绝大部分作家都想引领着他们这一代人从暮气沉沉的儒家传统迈向一个以平等原则为基础而建立起来的国家富强时代。因此，一种新的正统——批判现实主义随之出现，进而出现了大批高度政治性、通常又教诲意义十足的作品。”而对于萧红及其作品，葛氏则显示出非凡的理解与同情：“无论从什么角度来看，《生死场》都比《八月的乡村》要好。一方面是因为作者有意避开那些浪漫的革命英雄角色，而专注于描写那些迷信无知、淳朴忠厚的庄稼汉们的赤贫生活；另一方面则是因为她有着描绘自然景色的非凡才华。”这样精湛的文学见解显然建基于作者对于中国文学的深度了解与精准把握之上。

此外，葛氏于1984年创办《中国现代文学》（*Modern Chinese Literature*）期刊，专旨介绍与刊载中国现当代文学的研究专论。1995年，葛氏与香港学者刘绍铭合编《哥伦比亚中国现代文学作品选集》（*The Columbia Anthology of Modern Chinese Literature*）。选集分小说、诗歌、散文三大专题，向西方读者系统地介绍中国现当代文学名家。

值得一提的是，葛氏对中国文学的未来一直充满信心：“中国文学今后的发展方向不会是退步，一定是进步；不会走向封闭，一定是更加自由。”在葛氏看来，尽管中国文学至今依然处于“第三世界”的位置，也无论中国文学需要经过多少个关卡，它依然能以其独特魅力启发中国以外的读者。

从葛氏的种种言论以及他为中国现当代文学的研究与推介所付出的实

际努力，可以见出葛氏对于中国文化的深厚情谊以及他对于中国文学的至诚热爱。综上所述，我们认为，汉学家译者模式的选择标准，大致应该以葛浩文为参照蓝本。总结起来，即是中国经历、中文天赋、中学底蕴以及中国情谊。这四者的结合，无疑是汉学家模式选择中最理想的一种类型。

（二）快乐原则与读者意识

葛浩文被汉学大师夏志清教授誉为“中国现当代文学之首席翻译家”，同时还被美国著名作家厄普代克喻为中国现当代文学的“接生婆”。对于中国文学的翻译，葛氏撰文说：“当我觉得某部作品让我兴奋不已的时候，我就不由自主地萌生一种将其译成英文的冲动。换言之，我译故我在。当我意识到自己是在忠实地为两个地区的读者服务时，那种满足感能让我在整个翻译过程中始终保持快乐的心情。因此，我乐于将各类中文书（好的、坏的、一般的）译成可读性强的、易于接近的，甚至是畅销的英文书籍。”其实，正是这里的“快乐原则”与“读者意识”，在很大程度上奠定了葛氏中国现当代文学翻译“第一人”的译者地位以及葛译的巨大成功。在30余年的中国现当代文学翻译生涯中，葛浩文共翻译过包括萧红、黄春明、白先勇、王祯和、李昂、杨绛、巴金、冯骥才、贾平凹、李锐、苏童、王朔、莫言、毕飞宇、阿来、朱天文、朱天心、姜戎等在内的20多位中国现当代作家的50余部作品。这种持久的翻译热忱与卓越的翻译成就在中国本土译者中也是罕见的；在西方汉学界，也只有中国古典文学翻译大家——英国汉学家阿瑟·韦利与美国汉学家伯顿·华生可与之媲美。此二人无疑也属本文所论的译者模式中最典型、最杰出的汉学家代表。

1. 目标读者与文本选择

至于目标读者，葛氏指出：“我认为一个做翻译的，责任可大了，要对得起作者，对得起文本，对得起读者……我觉得最重要的是要对得起读者而不是作者。”不言而喻，这是葛氏“快乐原则”与“读者意识”的另一种注解。

而对于文本选择，葛氏认为，确定选择标准（例如译谁？译什么？何时译？）是非常关键的。葛氏曾以林纾与韦利为例，强调翻译选材的重要性，并认为翻译家最要紧的，应该是受到自己翻译作品的感奋。按照他的说法，适宜而细心选择适宜的作品并加以传译，应该是翻译界的重要课题。在他看来，翻译一本劣书，根本不是错误，也非罪过，简直就是浪费。因此，在谈到文本选择与译者责任时，葛氏说：“翻译最重要的任务是挑选，不是翻译。我要挑一个作品，一定是比较适合我的口味，我比较喜欢的……美国一些书评家认为中国的文学有一个很普遍的问题，就是都是写黑暗的，矛盾的，人与人之间坏的，其实不是这样的，原因是大部分作品都是译者挑选的。这不是一个良好的现状，在这一点上我要负起责任来，可是我不能违背我自己的要求和原则。”正是有了这样的选材标准与翻译原则，葛氏在文本选择时特别注重目标读者的阅读取向。实际上，葛氏对美国读者的阅读兴趣有着非常清醒的认识：“所谓的知识分子小说他们（美国人）不怎么喜欢。他们喜欢的有两三种吧，一种是sex（性爱）多一点，第二种是politics（政治）多一点，他们很喜欢的。其他像很深刻地描写内心的作品，就比较难卖得动。……另外一种就是侦探小说。”除此之外，葛氏提到中国的历史小说也颇受欢迎；另外所谓美女作家如棉棉、卫慧、春树等的作品也很受追捧。而这些文本以及这些作家，几乎无一例外地都进入到葛氏的翻译视野之内。

应该承认，葛氏翻译的这50余部中国现当代小说，基本上都代表了他个人的喜好以及他个人所专注的那些文学领域。葛氏也曾自豪地宣称，他的译本基本上代表了英语读者所能接触到的中国长篇小说和短篇小说的精华。当然，葛氏在翻译文本的选择上，出于种种因素的考虑，也部分地主动迎合了美国读者的这种阅读兴趣。例如葛氏所译的中国作家苏童的多部作品，如《檀香刑》《酒国》《米》等都是善于表现人性中黑暗与邪恶一面的，其中也不乏色欲和暴力的场景。正如葛氏自陈，他本人的阅读兴趣也基本认同“人性本恶”的说法。此外，在个人的选择原则之外，葛氏也会兼顾出版商的利益以及图书市场的需求。例如葛氏所译的聂华苓的《桑青与桃红》、古华的《贞女》以及虹影的《饥饿的女儿》均属第三世界的性别话题，这样的选材无非也是为了赢取英语读者及海外出版商的青睐。葛氏坦言，很多时候一部作品能不能翻译，还得考虑出版社的市场利益。也许正是这样的合作姿态，使得葛氏与出版商长期维持了一种良好的工作关系。

事实上，也正是这样的译者眼光与读者意识，使得葛译在西方世界拥有不俗的市场业绩，其所译苏童的《红高粱》（*Red Sorghum*, Viking, 1993）自面世以来，已卖出近两万册。除了赢得大众读者的青睐，葛译也获得了书评家与研究者等专业读者的认可。他的多部译作如《尘埃落定》《我的帝王生涯》《丰乳肥臀》等的书评在《纽约时报》《华盛顿邮报》《纽约客》等西方主流媒体刊载。中国现当代文学也借此在英语世界有了良好的反响，由此开启了中国作家、中国文学与英语读者的广泛对话与深度交流。美国汉学家胡志德（Theodore Huters）曾对葛译《生死场》与《呼兰河传》有这样的评论：“在向英语读者介绍中国现代文学的过程中，这两部小说的翻译与出版可谓是一次标志性的事件。因为长期以来，中国现代小说都被人视为单纯的政治宣传品，正是通过萧红的这些作品，读者对于中国现代作家不得不面对的问题以及他们面对这些困境时所取得的成就有了完整的认识。”可以说，正是葛译在中国文学与西方读者之间架起了一座文化沟通的桥梁。

2. 准确性、可读性与可接受性

由此可见，译者对于文本、目标读者以及市场的理性选择与准确判断在很大程度上成就了译作的成功与传世。葛氏在谈到译者角色时曾说，“他并不是完全利他的人，却时常是默默无闻的人，他的功用可以说得上是代理人。……以通俗的譬喻来说，他们是世界文学中‘无人赞美的英雄’”。葛氏同时指出，不论别人认为译者的工作是一种技巧也好，或者是一种艺术也好，或二者兼而有之，译者是一位重要的“文化中介”(Cultural mediator)。葛氏认为，文学译者作为文化中介，他对于作者、文本以及读者的责任是通过他与一种文化中的文字、概念以及意象的角力，以及为另一种文化穿新衣的过程而得以调解的。这里的“角力”、“穿新衣”及“调解”等说，揭示了葛氏追求“准确性”、“可读性”以及“可接受性”的翻译美学思想。

实际上，葛氏尤其强调译者对于译文“准确性”的追求。他反对有意曲解原文的译法，并认为翻译家无权那样做，因为那会使西方读者对中国人和中国文学产生错误的印象。葛氏以1945年金恩(Evan King)将老舍《骆驼祥子》的结局从悲剧改译成喜剧为例，认为这种改写与失真是很危险的。当然，这种批评主要是基于内容层面的，而葛氏对于译者在翻译过程中的文体与风格失真，批评更是激烈：“(它)通常是无意出之，但或许是失真中最狡黠的，便是一种矫揉作态、古古怪怪，有时甚至是佶屈聱牙的译文，而原作中丝毫没有这种疵瑕。”在葛氏看来，因为文化各不相同，翻译家不能牺牲原著独到的文体；相反却应该尽心竭力，以证明作品背后的差异是在表达方式而非思维方式上。

对于葛译的文体风格，胡志德评论说：“葛氏的翻译清晰、准确，最重要的是它捕捉到了原作的神韵。如果有什么小小不足的话，我觉得在好几个地方，尤其是小说的起始部分，英语译本读起来比原作还好。实际上，这是我们对译者所表现出来的出色英语文体风格的敬意。”此外，有学者在评论葛译《溺死一只老猫》时说：“葛先生不仅是一位优秀的译者，而且还是一位能力极强的人。他成功捕捉到了作者那种幽默与感伤混杂的文体风格。原作的微妙与质朴在译文中完整无缺；而且，它们还被精巧地译成了地道的现代英语。西方读者获得了一次真切的、绝非虚妄的中国小说奇境之旅。译作获得了极大的商业成功，这无疑再次证明了译者对于译语语言以及原作内在节奏的高超驾驭能力。”

此外，葛氏同样强调“可读性”对于小说翻译的重要性。葛反对译作做古文字典式翻译，或俚俗近代式翻译这两种极端。他认为，翻译家希望自己的译作品质上能耐久，就一定要避免使用太过古旧或太过现代的语句，“决不可破坏读者容易接受的词句”，也正是这样的翻译理念，葛反对小说翻译中无端插入注释，认为最好将注释置于译序或文末尾注里，或者将其融入故事中，而切不可因注释而影响小说的可读性。在2009年的《青衣》译本中，葛氏就特意在书末附上词汇表，对“丑”“旦”等中国戏剧语汇及戏剧人物进行解释说明。此外，在葛氏的多部译作中，译者均善于使用意思相近的英语表达法来替换原作中的本土说法，以增强译作的可读性。在2008年《狼图腾》的翻译过程中，葛氏甚至对原文中过多涉及中国历史与文学典故的部分，一律做了删减处理；而在可能妨碍读者接受的地方，葛又有意识地在正文相应部分增补相关背景信息。很显然，译者始终是以读者的“可接受性”为其翻译行为的参照坐标。

由此可见，葛氏是以“准确性”、“可读性”与“可接受性”作为其文学翻译理念的。因此，在评论罗体模（Timothy Ross）所译的《旋风》时，葛氏就颇多微词。“这些误译使得文本意义全失，或不忍卒读。”据此，葛氏认为，理想的译作应当如美国学者弗伦兹（Horst Frenz）所言：“运用现代语汇与词序的当代作品，出之以我们这个时代的表现法，看上去不应当像是翻译。”葛氏的这种“归化式”翻译理念，与中国翻译家傅雷（1908—1966）所谓的“理想的译作仿佛是原作者的中文写作”如出一辙。不言而喻，这应该是两位翻译家及其译作深受译语读者喜爱的最重要理由之一。

总的来说，葛氏翻译时秉承与信守的“快乐原则”与“读者意识”，以及在此理念下葛译对于“准确性”、“可读性”与“可接受性”的追求与强调，构成了汉学家译者模式的另一种言说类型。它们与“中国经历”、“中文天赋”、“中学底蕴”以及“中国情谊”一道，完整诠释了我们对于汉学家译者模式的理论建构。

## 四、归化式译法的现实期待

论及翻译策略，历来有所谓“归化”与“异化”之争。前者主张在翻译过程中采用透明、流畅的风格，最大限度地淡化源语的陌生感与异质性。在这种机制下，“译者所要做的就是让他/她的译作‘隐形’，以产生出一种虚幻的透明效果，并同时为其虚幻身份遮掩：译作看上去‘自然天成’，就像未经过翻译一般”。而后者“通过干扰目标语盛行的文化常规的方法，来彰显异域文本的差异性”。

不可否认，翻译策略的选取与译者自己的文化立场有很大的关系。美国学者韦努蒂就对追求“透明”与“流畅”的“归化式”的翻译策略颇不以为然。在他看来，所谓“透明”与“流畅”的翻译，实质上是以本土文化价值观为取向对源文本进行的一种粗暴置换和暴力改写，因而它在很大程度上“消解”、“压制”并“同化”了源语言固有的文化基因，是英美文化政治霸权中帝国价值观的外在表现，其特点是不尊重文化“他者”和少数族裔的一种强势文化心理。

然而，归化译法却长期占据英美翻译界的主流。早在上世纪初，就有西方学者指出：“我们的翻译家对自己语言的惯用法的尊重远胜于对外国作品的精神的敬仰。”而韦努蒂也注意到这种归化在译本生产、流通与接受的各个环节都有体现。“首先，对拟翻译的异域文本的选择通常会排拒那些与本土特定利益不相符的文本和文学形式。接着，则体现在以本土方言和话语方式改写异域文本这一翻译策略的制定过程中。”对此，英国学者赫曼斯（Theo Hermans）分析道：“译者在翻译过程中遵守某个特定社团或领域既定的翻译规范，则意味着遵守代表正确观念的行为模式，我们可以分辨出这种模式背后该社团或该领域的主流价值观和思想态度。所谓的‘正确’翻译，换言之，就是按照主流规范进行的翻译行为，也就是说，遵守相应的、经典化的模式。”言下之意，归化即规范。因此，无论翻译选材还是语体选择，绝大部分译者均倾向于信守归化之原则。

事实上，不仅西方以“归化式”翻译为其主流翻译理念，中国译界在翻译介绍西方文学作品时，长期以来，也大都奉“归化”为圭臬。最典型的莫过于以傅雷为代表的那一代翻译家群体。而20世纪90年代以来，中国的翻译研究者们对其的探讨却表现出一种审慎的暧昧态度，即主张二者应互为补充，缺一不可。不过，同样有着丰富翻译经验的孙致礼教授则倾向认为：“我们在翻译外国文学作品时，应力求最大限度地保存原文所蕴涵的异域文化特色。在翻译中，语言可以转换，甚至可以归化，但文化特色却不宜改变，如果不是万不得已，特别不宜归化。”孙教授指出，21世纪中国文学翻译成熟的主要标志之一，就是对于异化译法的尊重。

然而，值得注意的是，孙教授主要是从外国文学“走进来”的角度而言的，其文化立场显然是积极的“拿来主义”。但中国文学“走出去”，面对的却是“多数派话语”的“西方中心主义”，以及在此文化规范中培育出来的读者群体。因此，异化译法是否同样适用于中国文学“走出去”，恐怕还需要认真思考目标读者的文化立场与阅读惯例。杜博妮曾意味深长地指出，中国文学译本所面对的，不仅仅是喜欢中国文化的英语读者，也不仅仅是那些学习英语的中文读者，它更多要面对的，也许还是对文学价值有着普世性期待的第三类英语读者，杜博妮称其为“公允的读者”（disinterested readers），杜博妮认为他们最易被人遗忘，中国的出版商也长期弃之不顾。但相对于前两类读者而言，此类读者数目不菲，而且基本上就是“非华语区读者”的代表。与前两类“受制的读者”（captive audience）相比，第三类读者阅读时通常不会太在意内容，他们更钟情于作品的可读性或文字风格。他们通常也不会拿译本同原作对比，而只会拿这些译本同英文原创作品或者那些从其他语言译入英语的文学译本进行对比。

换言之，此类读者阅读文学译本与阅读文学原创时的心态基本一致。他们在阅读时的关注重点，不在乎是否获得了如作者或译者所期待的文本交际效果，而在乎文字世界里是否有他们寻觅的某种酣畅淋漓与自然流畅的表达方式，从而获得某种阅读快感。基于此，杜博妮认为，不宜将翻译视为“沟通”手段（communication），而应该将其视为“说话”（articulation）或“表达”（expression）的方式，因为有创造力的作家从来就不是为读者而写作的。因此，给予此类追求纯文字感觉与纯审美体验的“公允的读者”以更多的关注，将会是文学译本获得文学市场、商业利润乃至翻译文学经典地位的重要保证。由此，如果文学译本采用虽然忠实但却拒绝流畅的“抵抗式”翻译策略，势必会影响到译本在此类读者中间的流通与接受，更遑论扩大该译本的文学与文化影响了。有学者更是指出，一旦如此，中国文学译本的出版更会因此而面临雪上加霜的绝境。

如果说，上面的讨论还仅仅是一种理论描述的话，那么现实中的此类读者是如何表达他们对于翻译及翻译作品的认知呢？有美国学者曾就美国的情况评论道：“大众读者和他们的代表仍然坚守‘译者隐身’的翻译信念，他们将成功的翻译定义为：透明到以至于看上去根本不像是外国作品的翻译。”由此看来，追求“准确性”、“可读性”与“可接受性”的“归化式”文学译本，仍然是美国等西方读者的主流期待。

实际上，葛氏的归化译法几乎见于他的每一部翻译作品。在1998年《玫瑰玫瑰我爱你》的翻译过程中，葛氏就对于书中频繁出现的双关、首音互换（语词滑稽误用）以及某些迂回说法，采取了“归化式”的改写译法。葛氏自陈:"其实,中英文并不存在完全类似的说法,或者说他们的意思完全相异。我的目标就是要复制出原文的语气。……可能连王祯和本人也从未料到他的讽刺杰作在语言层面有了那么大的改动。"《当代世界文学》(*World Literature Today*)杂志称葛氏的这部译作:"一部1984年初版的让人捧腹的滑稽小说,被译成了一部优雅生动的文学读本。"再以葛氏1986年所译的《杀夫》(*The Butcher's Wife*)、2002年的《尘埃落定》(*Red Poppies: A Novel of Tibet*)以及2005年的《香港三部曲》(*City of the Queen: A Novel of Colonial Hong Kong*)之书名翻译为例,葛氏将"夫"改写为"妇",将《尘埃落定》改写为《红罂粟:西藏故事》,将《香港三部曲》改写为《皇妃之城:香港殖民故事》,其归化痕迹跃然纸上。就英语世界而言,这样的书名在很大程度上迎合了西方对于中国的所谓"东方主义"想象。事实上,这三部书在西方世界不俗的销售业绩,再次证明了葛氏遵守译语主流文化规范的归化式译法起了重要的作用。

## 五、结语

英国汉学家葛瑞汉(A. C. Graham)在上世纪60年代曾说:"分析中国诗歌时,我们不宜太过放肆;但如果是翻译,我们则理应当仁不让。因为翻译最好是用母语译入,而不是从母语译出,这一规律几无例外。"实际上,多数比较语言学家也将译者应该使用母语翻译视为理想状态,除非找不到本土译者,否则绝不会使用第二语言进行翻译。事实上,基于语言转换及传播流通等多重因素的考虑,汉学家译者无疑是中国文学"走出去"的理想翻译群体;而着眼于"准确性"、"可读性"与"可接受性"的归化式译法也应成为翻译界的共识。诚如有学者指出的那样,我们的出发点理应是先以归化式译法让中国文学译本走近西方读者,从而走入西方主流文化,让西方读者首先了解我们的文化常规与思维方式,然后再谈进一步的改造与影响西方文学创作模式等后续问题。

当然,如何吸引或资助西方汉学家进行中国文学的翻译工作,是中国政府与知识界需要共同思考的重大问题。除了资助国外出版机构翻译出版中国图书的"金水桥"计划,某些学者建议的"汉学家翻译工作坊",以及"汉学家翻译基金"等项目宜适时启动。当然,如果能在汉学家与海外出版机构之间找到某个利益的平衡点,那将是中国文学最大的福祉。此外,在让中国文学"走出去"的同时,还必须要西方读者"走进来",让他们亲历中国历史与文化，也许这样才可以实现文化与文学的双向了解和良性互动。正如有论者所言："我们对于世界文学舞台的渴望和期待，更多的还是平等地沟通、交流和学习，从而获得更加深入的相互间的了解。"

# 杜迈可对中国文学“走出去”的译介贡献

/ 朱振武　王　颖

翻译活动在中国可谓源远流长，在西方也历史悠久。译家所采用的翻译策略虽花样繁多，各有千秋，但大体都可分为异化和归化两种类型。翻译家孙致礼早在2002年就曾这样判断：“随着国力的增强以及英语读者对中国文学理解的深入，异化策略将居于主导地位。”[1]其实，此前的几十年里，不少国外汉学家在译介中国文学作品时，就已经采用异化为主的翻译策略。加拿大汉学家、翻译家杜迈可[2]（Michael S. Duke）则是应用异化翻译策略的典范。他不仅进行了大量的汉学研究，成果丰硕，还翻译了巴金的散文《怀念萧珊》，苏童的中篇小说《妻妾成群》《一九三四年的逃亡》《罂粟之家》，以及香港作家陈冠中的政治寓言小说《盛世：中国2013》。这些作品在英语世界得以顺利传播，难道是译者杜迈可对之进行了改头换面式的过度归化处理吗？仔细比对原语与目标语，我们发现答案恰恰相反。

## 一、异化为主，释译为辅

《妻妾成群》(《大红灯笼高高挂》)、《一九三四年的逃亡》和《罂粟之家》是中国当代作家苏童的代表作。作为中国当代先锋派新写实主义的代表，苏童的作品既有历史书写，又有现实关怀。虽然选材不同，但其作品的着力点在于营造文化意象，实现美学理想。杜迈可在翻译《大红灯笼高高挂：三个中篇》[3]时，采用异化为主的翻译策略，格外注重苏童作品意象的翻译，追求意象翻译的神形兼备，以便目标语读者从译作中感受到苏童作品中原汁原味的中国风韵，体验中国文化的独特魅力。

---

1　孙致礼.中国的文学翻译：从归化趋向异化［J］.中国翻译，2002（1）：40.

2　杜迈可（1940—　），加拿大汉学家、翻译家。1975年毕业于美国加州大学伯克利分校。在校期间主攻中国古代文学，尤以研究陆游的诗见长。上世纪80年代起，他逐渐将研究重心转向中国当代文学，先后出版著作4种，发表论著及论文4篇。

3　即《大红灯笼高高挂》、《一九三四年的逃亡》和《罂粟之家》。

"忠实乃动态对等之结果。""忠实的译文可使接受语读者产生与源语读者读原文的体验基本相同的反应。"[1]杜迈可在着手翻译时，首要原则就是尽可能地忠实原作。这一忠实性不仅体现在对原作风格和叙事角度的忠实上，也体现在对原文本意象的翻译过程中。他尽可能地保留原作中所用意象的完整性，极力表现语言的个性化，同时，对于目标语读者不易理解的部分，杜迈可则使用解释性的语言加以补充说明，自然、流畅地与译文融为一体，从而避免了脚注，进而保留了作品的美感和完整性。对原文本和译本中的几个典型案例进行分析，可以更直观地了解其特色。

（1）父亲把手上的静脉割破了，很轻松地上了黄泉路。[2]

Her father had slashed his wrists open and gone effortlessly down to the Yellow Springs of the Dead.[3]

（2）她说陈家上下忌讳这些事，大家都守口如瓶。[4]

She said everybody high and low in the Chen family avoids the subject; everybody's lips are sealed tight as a jar.[5]

（3）身正不怕影子歪，无事不怕鬼敲门，怕什么呀？[6]

If you stand upright, you needn't fear a crooked shadow; if you've done nothing wrong, there's no need to fear a ghost knocking at your door; what're you afraid of?[7]

（4）这叫做以其人之道还治其人之身，书上说的，不会有错。[8]

This is known as "using someone's own methods to control them"; it's written in the classics and can't be wrong.[9]

例（1）中，"黄泉"是非常中国化的一种说法，在汉语语境中指人死后所居住的地方。古人打井至深时，地下水往往呈黄色，而且人死后通常埋于地下，故古人以地极深处黄泉地带为人死后居住的地下世界。作者在采用异化

---

1 Eugene A. Nida, Charles R. Taber. *The Theory and Practice of Translation*[M]. Shanghai: Shanghai Foreign Language Education Press, 2004: 203.

2 苏童.苏童精选集［M］.北京：北京燕山出版社，2008.

3 Su Tong. *Raise the Red Lantern: Three Novellas*[M]. Trans. Micheal S. Duke. New York: Harper Perennial, 1993.

4 苏童.苏童精选集［M］.北京：北京燕山出版社，2008.

5 Su Tong. *Raise the Red Lantern: Three Novellas*[M]. Trans. Micheal S. Duke. New York: Harper Perennial, 1993.

6 苏童.苏童精选集［M］.北京：北京燕山出版社，2008.

7 Su Tong. *Raise the Red Lantern: Three Novellas*[M]. Trans. Micheal S. Duke. New York: Harper Perennial, 1993.

8 苏童.苏童精选集［M］.北京：北京燕山出版社，2008.

9 Su Tong. *Raise the Red Lantern: Three Novellas*[M]. Trans. Micheal S. Duke. New York: Harper Perennial, 1993.

的手法进行翻译时把"黄泉"对应译为"the Yellow Springs of the Dead",做到了对原文的忠实。但杜迈可在翻译过程中体现的忠实性并不是"愚忠",因为目标语读者通过"the Yellow Springs of the Dead"中的"Dead"一词可以读懂其含义,同时还可以激发对中国文化的兴趣,主动了解具有中国文学作品特色的意象。这一翻译策略既保留了传统文化的内涵,同时又不会引起读者的困惑,可谓一举两得。例(2)中的"守口如瓶"出自《摩诘经》:"防意如城,守口如瓶。"意为闭口不谈,像瓶口塞紧了一般,指说话谨慎,严守秘密。在英语中,有"as close as an oyster"这一固定用法与其对应。但杜迈可并没有直接使用"as close as an oyster"进行翻译,而是另辟蹊径,译为"are sealed tight as a jar"。因为在中国,牡蛎(oyster)并不是文学作品中的常用意象,这与东西方的文化差异有关。为了使译文既能通其意,又能传其神,杜迈可采用原文中的意象对应翻译,读者眼前就能形象地浮现出瓶口紧塞的场景。这一比喻一方面形象地表达了"守口如瓶"的内涵,做到了忠实原文,另一方面还能令目标语读者耳目一新,同时又做到了准确地传情达意。例(3)将汉语中的谚语用相同的意象进行翻译,既浅显易懂,又使目标语读者眼前一亮,感受到一个新的语词世界。在翻译例(4)时,杜迈可在领会中国俗语的基础上进行意象对应翻译,准确地传情达意的同时,又因为意象的新颖,增添了几分语言的魅力。

从上述几个例子中,我们可以看出,杜迈可巧妙地运用了对应原文意象的方法进行翻译,展现出中国文学的东方美与东方特色,避免了误解与误读。同时,他所使用的表达方式易于被西方读者接受,不会使译文晦涩难懂,也不易引起误读。

上述几个例句体现出杜迈可的异化翻译策略在意象翻译中的应用。异化作为一种常用的翻译策略,在翻译中国文化中的意象时可以选择使用,但要运用恰当。如若运用得不好,则会起到适得其反的作用。如《诗经》中的"手如柔荑,肤如凝脂,领如蝤蛴,齿如瓠犀,螓首蛾眉"(《卫风·硕人》)就描绘了一个典型的中国美人形象,近代英国著名汉学家詹姆斯·理雅各(James Legge)将其译为:

Her fingers were like the blade of the young white-grass; her skin were like congealed ointment; her neck was like the tree-grub; her teeth were like melon seed; her forehead cicade-like; her eyebrows like (the antennae of) the silkworm moth.[1]

---

1 James Legge. *The Book of Ancient Poetry*[M]. London: Trubner, Co., Ludgate Hill, 1876: 96.

在此，译者詹姆斯·理雅各虽然忠实于源语的文化意象，但由于并没有考虑到源语和译语两种文化的合理转换。译文虽然将文化意象完整地保存了下来，但对于初次接触该译文的目标语读者而言，则会是丈二和尚摸不着头脑，非但不能想象出一个美目盼兮的女子，反而会在脑海中浮现出一个异域的女怪物形象。

杜迈可极尽个人之努力忠实于原文的意象和意义，还表现在对不易理解的部分使用解释性的语言，使译文清晰明了，读者读起来简单晓畅。"解释性翻译可以把要解释的内容融合到译文中去，与译文一气呵成，巧妙地传达出原文的含义和风格。"[1]这样就避免了不必要的脚注，增强了行文的连贯性。

（5）梅珊房里的人都跑过来看个究竟。[2]

Coral, her maids, and Feilan all ran over to see what had happened.[3]

对地道的汉语使用者而言，"梅珊房里的人"这一指代是非常清晰的，作者想要表达的就是梅珊、她的用人和儿子飞澜三人。但形成这一理解的前提是对汉语和中国文化有足够的了解，否则就无法准确理解其意义；对目标语读者而言，他们并没有这种文化环境，只译表面含义很容易一头雾水，不知所云。因此，杜迈可在翻译时注意到了这一点，他把所指代的人物一一列举，在尊重原文的基础上适当补充，易于西方读者的理解。他曾在译文的序言部分表达过，对于需要做解释的语言，他尽量选择解释性的语言，而不是做脚注，因为解释性的语言可以融入译文，从而保持译文结构的完整性和整体的流畅度。

## 二、形神兼备，灵活变通

杜迈可在《大红灯笼高高挂：三个中篇》的序言部分还坦言道："苏童作品的一个显著特点就是大量运用长句和复杂句，并使用多个逗号加以切分。"但落实到具体的翻译过程中，由于两种语言在句子切分等多个层面上存在较大的差异，因此很难做到逐句对应。

在汉英文学语料中，句子标点划分1：1对应的比例为54%—82%，平均为63.3%。这种中英文句子在断句、标点上的差异是影响汉英1：1对应以及

1 方梦之.应用翻译研究：原理、策略与技巧［M］.上海：上海外语教育出版社，2013：362.

2 苏童.苏童精选集［M］.北京：北京燕山出版社，2008.

3 Su Tong. *Raise the Red Lantern: Three Novellas*[M]. Trans. Micheal S. Duke. New York: Harper Perennial, 1993.

导致中文一句对两句甚至多句现象多发的主要原因。[1]

汉语与英语的标点使用方法存在着明显的差异，文学翻译更应注意到这一点。汉译英时，我们往往需要采用一些变通手法来实现汉语的竹式结构与英文的树状结构之间的合理转换，其中最常用的方法就是“断句法”，也就是“切分断句”（见译事十法）。[2]同时，我们还发现，在苏童的作品中，句式特点表现为频繁使用长句，并用多个逗号加以切分，使句子有绵延起伏、意味深长之感。因此，为了使译文尽可能地保留苏童作品的特色，杜迈可巧妙地运用了分号进行句子切分，这一翻译策略可以更贴切地表现苏童的作品风格。既能酣畅淋漓地体现句式特点，又能将竹节式的汉语句子和树干式的英语句子灵活转换。

（6）她抬起胳膊擦着脸上的汗，仆人们注意到她擦汗不是用手帕而是用衣衫，这一点给他们留下了深刻的印象。[3]

She raised her hand and wiped off her face; the servants noticed that she wiped the sweat not with a handkerchief but with her sleeve; this minor detail made a deep impression on them.[4]

（7）颂莲说，你也别太狠心了，她其实挺可怜的，没亲没故的，怕你不疼她，脾气就坏了。[5]

Lotus said, “You shouldn’t be too cruel to her; she’s really quite pitiful; she has no other family, and she’s afraid you don’t care about her, so she’s developed a bad temper.” [6]

例（6）中，这一个长句由三个短句整合而成，表达了连续的动作及其含义，是形式和意义的统一。而在英文句式中，完整的动宾结构通常情况下是用句号加以分割的。但如果按这种方式进行翻译，无疑会失去原作者的句式风格与特点。在这种情况下，杜迈可另辟蹊径，用分号来挽救僵局，成功地兼顾了汉语与英语两种语言的特点。

例（7）这个句子是颂连为梅珊向陈佐千陈老爷求情时说的话。一句话共32个汉字却用了五个逗号。短句紧凑、连贯，整体含义表达流畅。翻译时，

---

1 王克非.双语对应语料库研制与应用［M］.北京：外语教学与研究出版社，2004：103.

2 朱振武.相似性：文学翻译的审美旨归——从丹·布朗小说的翻译实践看美学理念与翻译思维的互动［J］.中国翻译，2006（2）：28—32.

3 苏童.苏童精选集［M］.北京：北京燕山出版社，2008.

4 Su Tong. *Raise the Red Lantern: Three Novellas*[M]. Trans. Micheal S. Duke. New York: Harper Perennial, 1993.

5 苏童.苏童精选集［M］.北京：北京燕山出版社，2008.

6 Su Tong. *Raise the Red Lantern: Three Novellas*[M]. Trans. Micheal S. Duke. New York: Harper Perennial, 1993.

杜迈可运用两个分号和三个逗号遥相呼应，既能根据句子的意义进行切分，同时又使用分号和逗号区分出层次感，可谓是妙手偶得、浑然天成。

不同的语言在语音、语法、词汇等具体层面上千差万别，给译者带来了难以逾越的障碍。文化意象往往具有较强的民族性或隐喻性。同等效应原则着眼于“效果”，即泰特勒所说的“使得译文文字所属国家的人能够明白地领悟，强烈地感受，正像使用原作语言的人们所领悟和感受的一样”。[1]杜迈可在翻译整部作品时都尽可能地贴近原文的意象与语言风格，但这并不意味着一味地机械对等，更不是“愚忠”。“我们强调忠实源语，但对那种过分拘泥于原文的‘愚忠’则应给予抨击。一味‘愚忠’的做法是简单地从原文出发，其实并没有真正读懂原文。”[2]任何句子都有其特定语域，不能只见树木不见森林。孤立处理、机械对等实在是文学翻译的大忌。在某些情况下，如果直接对应翻译无法恰当地表达原意时，可以适当进行意象替换，以方便理解。

（8）颂莲也笑，梅珊你可真能逗乐，心里却像吞了只苍蝇。[3]

Lotus laughed and said, “Coral, you really know how to amuse people.” But in her heart she felt like she’s just swallowed a hornet.[4]

在汉语中，“吞苍蝇”用来表示心里特别不是滋味，有苦难言的意思。而“hornet”这一英文单词指的却是“大黄蜂”。那么，我们不禁要问，译者为什么要对意象进行替换呢？其实在英语中，“hornet”不仅有“大黄蜂、马蜂”之意，还暗含引起麻烦、使人不满的意思。这就和上文中“吞苍蝇”之意一致了。“做到了翁显良先生所说的‘用字不同而寄寓同’。巴斯奈特曾明确指出，若直译的译文无法产生与原文对等的联想，采用意译法或转换形象，追求最大程度的近似显然更为现实。”[5]

由于文化背景和思维方式不同，中英两种语言的文学作品在表达特定含义时选用的意象也会稍有差异。翻译活动的主要目的之一是通过译文让目的语读者与源语读者在品读之后得到同样的感受，产生共鸣。因此，杜迈可灵活巧妙地运用意象替换的方式，译出了原作的本意，是可取之章。

---

1 谢天振.译介学［M］.上海：上海外语教育出版社，1999：16.

2 朱振武.文学翻译的良心与操守：朱振武教授在北京大学的演讲［N］.解放日报，2012.04.22（08）.

3 苏童.苏童精选集［M］.北京：北京燕山出版社，2008.

4 Su Tong. *Raise the Red Lantern: Three Novellas*[M]. Trans. Micheal S. Duke. New York: Harper Perennial, 1993.

5 朱振武.相似性：文学翻译的审美旨归——从丹·布朗小说的翻译实践看美学理念与翻译思维的互动［J］.中国翻译，2006（2）：28—32.

## 三、书名可点睛，人名有深意

为了吸引更多的目标语读者，达到最佳的阅读效果，拓宽传播广度，杜迈可在翻译《大红灯笼高高挂：三个中篇》的书名时，着实下了一番功夫。起初，杜迈可在翻译《妻妾成群》这一部中篇小说的标题时，采用了直译的方法，译为*Wives and Concubines*，但是在香港和台湾再版时，我们发现，这个中篇三部曲的标题翻译就改为*Raise the Red Lantern*或*Da Hong Denglong Gaogao Gua*（较少使用）。这和同名电影的推动作用密不可分。据苏童所言：

> 我的第一部被翻译的作品是《妻妾成群》，大约在1991年或者1992年，它们分别被翻译成法语和意大利语，因为是在张艺谋的电影《大红灯笼高高挂》之前翻译出版的，所以书名仍然叫《妻妾成群》（*Wives and Concubines*）。英文版的翻译接洽其实也是在电影之前，但周期拖得很长，恰好赶上改编电影在欧美大热，所以搭了顺风车出笼，书名自然也被改成了《大红灯笼高高挂》。[1]

对这一标题的翻译进行修改，不仅是搭乘了电影的顺风车，而且还符合以下几个方面的考虑。首先，要符合目标语读者的阅读习惯，吸引其兴趣。中国和英语国家在婚姻制度方面的历史沿革不同。在中世纪，欧洲的基督教权势巨大，甚至凌驾于王权之上（查理大帝横扫欧洲，仍要罗马教皇加冕），当时欧洲几乎人人都是教徒，而不受教会管制的异教徒则会受到教会的残酷镇压和排挤。因此，欧洲从制度上要求一夫一妻制（无妾）。在中国封建时代，王权凌驾于一切权力之上，而宗教在中国从来就没有真正占据过统治地位，所以东方社会普遍是男权社会下的一夫一妻多妾制。不光是中国，包括日本、朝鲜在内的许多东方国家，在封建时代，一夫一妻多妾制度也是公开的、合法的。因此，对标题进行直接对应性翻译并不能很好地为西方读者所接受。而翻译成《大红灯笼高高挂：三个中篇》，用典型的东方意象表达文化之美，吸引目标语读者阅读，意韵深刻。“红灯笼”这一意象不仅能够体现出东方文化的神奇魅力，还为东方文化披上了一层神秘的面纱，增加了吸引力；而且，“红灯笼”这一意象在本部中篇小说中反复出现，具有代表性，对揭示小说人物主题、展现主人公的性格起到了画龙点睛的作用。因而，虽然译文

---

1 高方．苏童：“中国文学有着宿命般的边缘性”［N］．中华读书报，2013.05.03（06）．

标题并未与原作的标题做到完全对应，但译出了其神韵与本真，这种不拘泥于文字表面翻译而是挖掘其精髓的翻译方法生动地表现了作品的主旨，赢得了一定的目标语读者。而且吸引了很多看过该电影的观众的阅读兴趣，拓宽了目标语读者的受众群体。苏童坦言道："我甚至收到过来自美国的读者来信和明信片。"[1]

在阅读《大红灯笼高高挂：三个中篇》的译文时，我们发现，杜迈可在进行人名翻译时也是下了很大一番功夫。的确，杜迈可在深入了解中国文化内涵，与作者进行了多次交流之后，意识到人名在作品中不仅起着指代的作用，而且具有特定的文化内涵。"每个民族的姓名都打上了其民族的烙印，反映出该民族文化、历史和风俗习惯，是各民族文化的有机组成部分。"[2]

小说中的人物姓名翻译与普通的人名翻译不同，小说浓缩了社会生活的多个层次，同时反映出实际的社会生活和风土人情。人物命名对揭示人物性格、命运及其与作品的背景、结局等关系往往有着特定的意义。因此，杜迈可在进行人名翻译时，既需要传达出中国文化的要素，同时要增进目标语读者的理解。比如在翻译《大红灯笼高高挂》的过程中，在对主要的女性角色的姓名进行翻译时，杜迈可使用自然之物的名称进行意象对应翻译，如二太太"卓云"翻译成"Cloud"，三太太"梅珊"翻译成"Coral"，四太太"颂莲"翻译成"Lotus"，颂莲的使唤丫环"雁儿"翻译成"Swallow"，后来娶的五太太"文竹"翻译成"Bamboo"。一方面，这些名字都对应原作中女性人名的单个字，"Cloud"对应"云"、"Coral"对应"珊"、"Lotus"对应"莲"、"Swallow"对应"雁"、"Bamboo"对应"竹"，是对人名中单个字的逐字对应翻译；另一方面，通过对人名的翻译，揭示出这些女性虽然美丽，但仍然逃不过大自然的主宰与命运的安排，美丽终将枯萎，终将像花儿一般凋零。但值得注意的是，对大太太"毓如"这一名字的翻译则不同于对上述几位女性的人名翻译，杜迈可将其译为"Joy"，读过原文我们就会发现，大太太日子过得清苦，和快乐丝毫不沾边，那又为何译为"Joy"呢？实际上，这是对大太太的讽刺。大太太年老色衰，一双儿女又不在家，孤零零地生活在陈家大院里，怎么会感到快乐呢？她只能每天颂佛念经，聊以度日。从对女性的人名翻译中，我们能体会到译者对文本和文化内涵，以及人物性格和命运的深刻把握。

相反，在翻译男性角色的人名时，杜迈可没有采用相同的方法，而是直接使用了汉语拼音直拼的方法，将汉语人名以拼音的形式对应为英文名。如

1 高方.偏见、误解与相遇的缘分——作家苏童访谈录［J］.中国翻译，2013（2）：46—49.
2 耿智.汉语姓名英译刍议［J］.外语教学，1999（3）：43—46.

“陈佐千”翻译成“Chen Zuoqian”,“飞浦”翻译成“Feipu”,“飞澜”翻译成“Feilan”。这一方面是由于男性在作品中处于主导地位,他们的命运没有比喻性的象征含义;另一方面则是因为译者想要通过对人名的不同翻译方式来表现汉语人名的趣味性和寓意的多样性。

在《一九三四年的逃亡》和《罂粟之家》中,我们同样可以发现杜迈可运用这两种策略进行人名翻译。《一九三四年的逃亡》中,他把陈宝年的妹妹凤子译为“Phoenix”,把狗崽译为“Dingo”,其他主要人物则按照拼音直拼的方法进行翻译。凤子和狗崽都是两个悲剧式的人物,凤子生了三个怪胎之后自己也遭遇了暴死。把凤子译为“Phoenix”是一种反讽,与人中凤凰的美誉相差甚远,更加渲染出凤子的悲剧色彩。而狗崽,则过早悬在了“女人”这个轨迹点上,甚至搭上了性命。由于文化的差异,英文中的dog和汉语中的狗崽含义很不相同,而Dingo是一种澳洲野犬,同时还有怯懦、逃避的意思,这就和狗崽的本义相对应,表现出他不为世事所容的悲惨命运。在《罂粟之家》中,只有翠花花的名字根据表面意翻译为“Jade Flower”,其他人物则采用汉语直拼的方式。翠花花这个人物是《罂粟之家》这部中篇小说中的关键人物,是小说中这段历史的经脉,所有的男人像拴蚂蚱一样串起来在翠花花的经脉上搭建起一座座桥。她不仅和多个男性人物有着千丝万缕的关系,而且和其他女性也有着敌对的关系。“Jade Flower”可以表现出一个年轻美丽的女性形象,但其悲剧式色彩也是一种冷冷的讽刺,恰如其分地将苏童寄寓在人物名字中的深意表达了出来。

杜迈可在人名的翻译上主要运用了意象对应翻译和拼音直拼这两种方法。首先,意象对应翻译的方法可以挖掘出苏童在给人物起名方面的独特用心,使读者能更深刻地理解人物名字对传情达意起到的促进作用。而且,在不影响理解的前提下,对部分姓名进行拼音直拼也不失为一种可取的办法。杜迈可在深刻理解作品内涵的基础上进行文本翻译,从细节着手,在人名翻译上倾注了许多心思,从而为目标语读者理解人物性格和故事情节的发展起到了推动作用。

## 四、“译”路漫漫,上下求索

杜迈可坚持异化为主的翻译理念,翻译了多部优秀的中国文学作品。这些作品不仅包括我们所熟知的苏童的中篇小说集《大红灯笼高高挂:三个中篇》,而且早在1983年,他就翻译了巴金怀念亡妻的散文《怀念萧珊》。凭借着对中国文学文化的热爱，退休之后，杜迈可仍笔耕不辍，于2011年翻译出版了香港作家陈冠中的政治寓言小说《盛世：中国2013》。他的作品始终贴近原作，从原文本的风格与特点出发，尽可能地保持译文风格特点的一致性。虽然三部译作时代不同，风格迥异，题材有别，但是杜迈可所采用的以异化为主的策略是一样的。只是根据不同的作品选择不同的处理方式，以便更好地传达原作之意。

在这里，我们还要提到另一位著名汉学家、翻译家葛浩文。他不仅翻译了莫言的多部鸿篇巨制，而且还操刀完成了苏童的另一部作品——长篇小说《米》——的翻译。虽然两位汉学家都广受欢迎，但是他们的译作风格和翻译观却并不完全一致。杜迈可的译作以异化的翻译策略为主，忠实性极强，对文章内容的调整极少。相比较而言，葛浩文对翻译书目与策略的选择则较多考虑市场需要和文化差异，但同时在文本的真实度上做得也相当出色。葛浩文曾详细探讨过此话题，他说：

> 重要的还是选择，这话没错。中国每年不知道要出多少小说，我们只能选三五本，要是选错了的话，就错上加错了。美国人对中国不了解的地方已经够多了，还要加上对文学的误解，那就更麻烦了。因为一个国家的评价标准或者说文学观，跟另外一个国家的文学观当然是有差异的。[1]

葛浩文的标准很明确，从读者角度决定取舍："一部中国作品，哪怕中国人特别喜欢，但是如果我觉得在国外没有市场，我也不翻[译]。"我基本上还是以一个"洋人"的眼光来看中国文学。[2]

的确，葛浩文成功地译介了更多的中国现当代文学作品，其翻译时也较多地采用异化策略，当然我们研究发现其归化译法也几乎见于其每一部译作。在翻译过程中，葛浩文对原文中过多涉及中国历史与文学典故的部分，多处做了变通处理；而在可能妨碍读者接受的地方，葛浩文又有意识地在正文相应部分增补相关背景信息。他灵活地结合了归化和异化这两种翻译策略，从而更好地满足了英语读者的阅读需求。

另一位善于使用异化策略的翻译家是美国汉学家白睿文。他翻译了余华的《活着》、王安忆的《长恨歌》和叶兆言的《一九三七年的爱情》等作品。以《活着》英译本为例，该译作就很好地体现出了异化的翻译策略在译文中

1 季进.我译故我在——葛浩文访谈录[J].当代作家评论，2009(6)：45—56.
2 高峰.葛浩文，帮莫言得奖的功臣[J].环球人物，2012(28)：81—82.

的运用。白睿文采用音译、直译、直译加注等方法，在译文中成功地再现了原作的艺术特点。原作的语言形式，特别是修辞手法，如明喻和暗喻，在译本中都得到了忠实再现。

在文化层面，白睿文同样用异化的翻译策略，通过对特定的文化词汇和习语的处理，将必要的文化信息传达出来。白睿文的译作基本保留了原作的文体风格，在叙事手法上也能与原作保持一致，体现了他对原作和中国文化的尊重。[1]

与白睿文、葛浩文等汉学家一样，杜迈可研究汉学数十载，著译丰赡。在对中国当代文学的译介中，他始终从忠实性的角度出发，采用异化为主的翻译策略，从形式、内容、书名、人名等方面着手，探索能够原汁原味表达中国文学作品特点、同时便于目标语读者理解的翻译方法，为中国文学走出去提供了很好的借鉴。

仔细考查中国文学这些年的外译情况，我们可以得出这样的结论：中国文学走出去的译介策略经历了三个动态过程。从早期译家主要采用归化策略，以此赢得西方读者对中国文化和文学的兴趣，到改革开放之后逐渐采用一些异化策略，再到归化策略和异化策略协同并用，互为补充，从而"使英语读者了解到更多具有中国特色的文学内容、风格，感受中国文化的丰富多彩"[2]，这一过程的转变既是译者的选择性，同时也和英语读者对中国的了解程度密不可分。随着中国开放程度的深化，英语世界对中国文学文化的了解持续加深，对中国文学文化表现出越来越浓厚的兴趣。这样的社会语境给译者也提出了不同的要求，异化策略将会更有阅读市场。不错，异化策略的使用在再现原作语言特色、传播原作文化元素等方面具有明显优势，在中国文学作品的翻译中会逐渐成为一种趋势。在当前和未来的翻译事业中，我们需要像杜迈可一样，善用异化翻译策略，更多地展现中国文化的独到风格与韵味。

---

1 赵月.中国当代小说翻译中的异化趋势——以余华小说《活着》的英译本为例［D］.北京：中央民族大学，2010.

2 彭萍.翻译伦理学［M］.北京：中央编译出版社，2013：300.

# 附 录

## 当代江苏作家在海外研究类汇编

### Bi Feiyu 毕飞宇

曹丹红：从风格视角看法国对毕飞宇的翻译和接受，《小说评论》，2014年第11期。

曹茜茜：图里翻译规范理论视角下的《青衣》英译本探析，《海外英语》，2017年第16期。

柴立珍：从会话含义理论看《玉米》英译本人物对话的翻译，《语文学刊（外语教育教学）》，2017年第2期。

柴立珍：葛浩文翻译观探析——以《玉米》英译本为例，《时代文学（上半月）》，2013年第4期。

产晓：生态翻译学视阈下《玉米》译本的研究，《铜陵学院学报》，2014年第3期。

陈基阿诺：从《玉米》英译本看小说幽默讽刺风格的传译，《剑南文学》，2013年第5期。

韩雪：毕飞宇《青衣》英译本的生态翻译学解读，《江苏外语教学研究》，2015年第2期。

韩雪：从接受美学看小说《青衣》中的修辞及其英译，《淮海工学院学报》，2017年第10期。

李晗佶、闫怡恂：《青衣》英译本的翻译整合适应选择度，《绵阳师范学院学报》，2014年第12期。

李诗雨：关联理论视角下葛氏《青衣》英译策略赏析，《英语广场》，2016年第2期。

孙会军、郑庆珠：《玉米》的叙述人称及其在英译本中的处理，《解放军外国语学院学报》，2013年第4期。

孙会军、郑庆珠：从《青衣》到*The Moon Opera*——毕飞宇小说英译本的异域之旅，《外国语文》，2011年第4期。

汤达：中国叙事、语言辨识度与现实主义——毕飞宇作品及其翻译传播研讨会综述，《广东外语外贸大学学报》，2016年第3期。

吴攸、张玲：中国文化“走出去”之翻译思考——以毕飞宇作品在英法世界的译介与接受为例，《外国语文》，2015年第4期。

吴赟：西方视野下的毕飞宇小说——《青衣》与《玉米》在英语世界的译介，《学术论坛》，2013年第2期。

杨佳思：浅析忠实与变通相结合翻译策略——以葛浩文《青衣》英译本为例，《英语广角》，2013年第2期。

张晨晨、郭书法：认知翻译学视域下文学作品翻译的语言移情研究——以《玉米》英译本为例，《常州工学院学报》，2017年第2期。

张迟：浅析《青衣》诗意化的口语叙事及其在英译本中的表现，《安徽文学》，2013年第7期。

赵坤：泛乡土社会世俗的烟火与存在的深渊——西方语境下的毕飞宇小说海外传播与接受，《当代作家评论》，2016年第3期。

周晔：小说语言的韵致与翻译再现——以毕飞宇小说《玉米》英译本为例，《西安外国语大学学报》，2014年第2期。

周晔：细节之美：翻译中文学性的传达——以毕飞宇小说《青衣》英译本为例，《北京第二外国语学院学报》，2014年第1期。

朱波：小说译介与传播中的经纪人，《小说评论》，2014年第3期。

Anon. “Review of *Three Sisters*.” *Publishers Weekly*. 4/12/2010, Vol. 257 Issue 15, p.29.

——. “Review of *Three Sisters*.” *Kirkus Reviews*. 3/15/2010, Vol. 78 Issue 6, p.219.

——. “Review of *The Moon Opera (Qingyi)*.” *Kirkus Reviews*. 11/15/2008, Vol. 76 Issue 22, p.1171.

——. “Review of *The Moon Opera (Qingyi)*.” *Publishers Weekly*. 10/27/2008, Vol.255 Issue 43, p.33.

Hickling, Alfred. “Review of *Three Sisters*.” *The Guardian*, April 16, 2011 Pg. 19.

Hong, Terry. “Review of *Three Sisters.*” *Library Journal*. 3/15/2010, Vol. 135 Issue 5, p.92.

Hooper, Brad. “Review of *The Moon Opera (Qingyi)*.” *Booklist*. 11/15/2008, Vol.105 Issue 6, p.31.

Huntley, Kristine. “Review of *Three Sisters.*” *Booklist*. Jul 2010, Vol. 106 Issue 21, p.34.

Irvine, Lindesay. “Review: Literature in China (Bi Feiyu & Han Dong).” *The Guardian*, April 14, 2012, p.14.

Popescu, Lucy. “Tragicomedy as a sleeping giant awakes: Review of *Three Sisters*.” *The Independent*, August 9, 2010, p.14.

Li Jingze (李敬泽). "Bi Feiyu's Voice." Trans. Su Jing. *Chinese Literature Today* (Summer 2010): 13–15.

Yardley, Jonathan. "Country girls, city women: Review of *Three Sisters*." *The Washington Post*, August 15, 2010, Pg. B08.

Rabut, Isabelle, «Bi Feiyu (1964–)», in *Encyclopædia Universalis*, en ligne. Disponible sur http://www.universalis-edu.com/encyclopedie/bi/.

阿頼耶順宏「中国映画『スケッチ・オブ・Peking』と『上海ルージュ』」東洋文化学科年報 11, 1996.11, pp.39–51.

賀蘭「当代中国文学：新時期小説の流派について」二松学舎大学人文論叢 64, 2000.3, pp.178–202.

## Bian Zhilin 卞之琳

梁圣涛:《发现卞之琳》一书中有关《圆宝盒》分析之商榷,《齐齐哈尔大学学报》,2015年第5期。

周发祥: 英语世界里的卞之琳,《中国文化研究》,2001年第4期。

Fung, Mary M. Y. "Editor's Introduction." In *Bian Zhilin, The Carving of Insects*. HK: Renditions Books, 2006, 11–34.

Haft, Lloyd. *Pien Chih-lin: A Study in Modern Chinese Poetry*. Dordrecht: Foris Publications, 1983.

Hsu, Sang-fu. "The Less Mystery the Better." In Hualing Nieh, ed., *Literature of the Hundred Flowers*, Volume II: Poetry and Fiction. NY: Columbia UP, 1981, 195–198.

Jung, Woo-Kwang. *A Study of The Han Garden Collection: New Approaches to Modern Chinese Poetry*. Ph.D. diss. Seattle: University of Washington, 1997.

Liao, Christine M. *Bian Zhilin and Ai Qing: A Comparative Study of Selected Poems, with Reference to Focus and Classical Cohesion*. Ph. D. diss. University of Melbourne, 1982.

Liu, Lang. "We Don't Like This Poetic Style." In Hualing Nieh, ed., *Literature of the Hundred Flowers*, Volume II: Poetry and Fiction. NY: Columbia UP, 1981, 192–194.

## Cao Wenxuan 曹文轩

董海雅: 中国当代儿童文学在英语国家的译介模式探析——以曹文轩《青铜葵

花》英译本为例,《山东外语教学》,2017年第5期。

杜明业、王炳炎:曹文轩作品海外传播及其启示,《科技与出版》,2017年第5期。

孙宁宁、李晖:中国儿童文学译介模式研究:以《青铜葵花》为例,《中国矿业大学学报》,2017年第4期。

王佳欣:世界的认可——曹文轩文学作品频频走向海外,《全国新书目》,2012年第9期。

张岩、梁耀丹、何珊:中国文学图书的海外影响力研究——以近五年(2012—2016年)获国际文学奖的作家作品为视角,《出版科学》,2017年第3期。

朱璐:中国儿童文学图书"走出去"的现状、障碍和解决之道,《编辑之友》,2011年第8期。

佚名:法国掀起《青铜葵花》热,《出版参考》,2011年第11期。

## Chen Baichen 陈白尘

Kuoshu, Harry H. "Visualizing Ah Q: An Allegory's Resistance to Representation." In Harry Kuoshu, *Lightness of Being in China: Adaptation and Discursive Figuration in Cinema and Theater*. NY: Peter Lang, 1999, 17–49.

Weinstein, John B. "Ding Xilin and Chen Baichen: Building a Modern Theater through Comedy." *Modern Chinese Literature and Culture* 20, 2 (Fall 2008): 92–130.

## Fan Xiaoqing 范小青

Anon. "Fan Xiaoqing." *Chinese Literature Today*, 4.2 (2014): 18–19.

賀蘭「中国当代文学：九十年代における長編小説の基本傾向」二松学舎大学人文論叢 67, 2001.10, pp.215–237.

## Gao Xiaosheng 高晓声

Decker, Margaret H. *The Vicissitudes of Satire in Contemporary Chinese Fiction: Gao Xiaosheng*. Ph.d. diss. Stanford University, 1987.

Faurot, Jeanette L. "Shoes That Fit — The Stories of Gao Xiaosheng." In Mason Y.H. Wang, ed., *Perspectives in Contemporary Chinese Literature*. Michigan: Green River Press, 1983, 77–87.

Feuerwerker, Yi-tsi Mei. “An Interview with Gao Xiaosheng.” *Modern Chinese Literature* 3, 1/2 (Spring/Fall 1987): 113–136.

Feuerwerker, Yi-tsi Mei. “Reassessing the Past in the ‘New Era’ : Gao Xiaosheng.” In Feuerwerker, *Ideology, Power, Text: Self-Representation and the Peasant “Other” in Modern Chinese Literature*. Stanford: SUP, 1998, 146–187.

Kuiper, P.N. “A Critical Writer Feasted by his ‘Characters’ : Gao Xiaosheng’s Novelette *Hutu* (Foolishness).” In Helmut Martin, ed., *Cologne Workshop 1984 on Contemporary Chinese Literature: Chinesische Gegenwartsliteratur*. Koln: Deutsche Welle, 1986.

Li Guoqing（李国庆）. “Roots in the Same Land: On Hwang Ch’un-ming and Kao Hsiao-sheng’s Stories.” *Chinese Culture* 38, 3 (1997): 117–135.

Wagner, Rudolf G. “Rewriting the Republic’s Foundation Myth — Gao Xiaosheng’s “Li Shunda Zaowu (Li Shunda Builds his House).” In Rudolf G. Wagner, *Inside a Service Trade: Studies in Contemporary Chinese Prose*. Cambridge: Council on East Asian Studies, Harvard University, 1992, 431–480.

Curien, Annie, «Gao Xiaosheng» [高晓声], in Béatrice Didier (dir.), *Dictionnaire universel des littératures*, Presses universitaires de France, Paris, 1994, p. 1282.

Curien, Annie, «Gao Xiaosheng» [高晓声], in André Lévy (dir.), *Dictionnaire de littérature chinoise*, Presses universitaires de France, coll. «Quadrige – Référence», Paris, 2000, p. 90.

天野節「高晓声の「探求」したもの(研究ノート 1)新たな文学サークル活動：探求者」日本中国当代文学研究会会報 (27), 64–74, 2013–11.

天野節「高晓声の「探求」したもの(研究ノート 5)文革……「新“世説”」」日本中国当代文学研究会会報 -(25), 39–50, 2011–12.

天野節「「『漏斗戸』主」について」明星大学研究紀要．日本文化学部・言語文化学科 9, 2001.3, pp.57–64.

天野節「高晓声の略歴と作品」日本中国当代文学研究会会報14, 2000.9, pp.15–32.

## Ge Fei 格非

褚云侠：在“重构”与“创设”中走向世界——格非小说的海外传播与接受,《当代作家评论》,2015年第5期。

何红梅、户思社：翻译：写作之隐喻——以普鲁斯特、西蒙、格非为例，《南昌航空大学学报》，2016年第4期。

Choy, Howard Y. F. "Typography and Topography: The Textual Body in the Works of Su Tong and Ge Fei." In Choy, *Remapping the Past: Fictions of History in Deng's China, 1979–1997*. Leiden: Brill, 2008, 214–227.

——. "Tibetan Plateau: Historical Alternatives by Tashi Dawa, Alai, and Ge Fei." In Choy, *Remapping the Past: Fictions of History in Deng's China, 1979–1997*. Leiden: Brill, 2008, 103–132.

Iovene, Paola. "Why Is There a Poem in this Story? Li Shangyin's Poetry, Contemporary Chinese Literature, and the Futures of the Past." *Modern Chinese Literature and Culture* 19, 2 (Fall 2007): 71–116.

——. "Futures en Abyme: Poetry in Strange Loops." In Iovene, *Tales of Futures Past: Anticipation and the Ends of Literature in Contemporary China*. Stanford: Stanford UP, 2014, 107–134.

——. "A Clean Place to Die: Fog, Toxicity, and Shame in End of Spring in Jiangnan." In Iovene, *Tales of Futures Past: Anticipation and the Ends of Literature in Contemporary China*. Stanford: Stanford UP, 2014, 135–162.

——. "Ge Fei." In Thomas Moran and Ye (Dianna) Xu, eds., *Chinese Fiction Writers, 1950–2000. Dictionary of Literature Biography*, vol. 370. Detroit: Thomson Gale, 2013, 81–87.

Jing, Wendong. "The Myriad Things Retain Their Mystery for Me." Trans. Denis Mair. *Chinese Literature Today* 4, 1 (2014): 29–31.

Kong, Shuyu. "Ge Fei on the Margins." B.C. *Asian Review* 10 (1996/97).

Yang, Xiaobin. "Ge Fei: Indeterminate History and Memory." In Yang, *The Chinese Postmodern: Trauma and Irony in Chinese Avant-garde Fiction*. Ann Arbor: University of Michigan Press, 2002, 168–187.

Wang, Jing. "The Mirage of Chinese 'Postmodernism': Ge Fei, Self-Positioning, and the Avant-garde Showcase." *positions: east asia cultures critique* 1, 2 (1993): 349–388.

Zhang, Ning. "The Psychic Split in Chinese Contemporary Literature: Ge Fei and Zhang Ning in Diaologue." Trans. Denis Mair. *Chinese Literature Today* 4, 1 (2014): 16–23.

Zhang, Xudong. "Fable of Self-Consciousness: Ge Fei and Some Motifs in

Meta-Fiction." In Zhang, *Chinese Modernism in the Era of Reforms*. Durham: Duke UP, 1997, 163–200.

## Han Dong 韩东

Harman, Nicky. "Han Dong." *The Literary Review* 50.1 (2006): 34–35.

Irvine, Lindesay. "Review: Literature in China (Bi Feiyu & Han Dong)." *The Guardian*, April 14, 2012, p. 14.

Klein, Lucas. "Review of *A Phone Call from Dalian*." MCLC Resource Center Publication, April 2014. http://u.osu.edu/mclc/book-reviews/dalian-phone-call/.

Song Mingwei, "Review of *Banished!*" (扎根, Trans. Nicky Harman, University of Hawai'i Press, 2008), MCLC Resource Center Publication, August 2009. http://u.osu.edu/mclc/book-reviews/banished/.

Stenberg, Josh. "Review of *A Phone Call from Dalian (*来自大连的电话*by Han Dong); Doubled Shadows*." *World Literature Today*, *87*(5), (2013), 68–70.

Twitchell, Jeffrey & Huang Fan. "Avant-garde Poetry in China: The Nanjing Scene 1981–1992" . *World Literature Today* 71(1) (1997): 29–35.

van Crevel, Maghiel. "Desecrations? The Poetics of Han Dong and Yu Jian (part One)." Studies on Asia Series III, 2, 1 (2005): 28–48. Revised as "Desecrations? Han Dong's and Yu Jian's Explicit Poetics." In van Crevel, *Chinese Poetry in Times of Mind, Mayhem and Money*. Leiden: Brill, 2008, 365–397.

——. "Desecrations? The Poetics of Han Dong and Yu Jian (part Two)." *Studies on Asia Series III,* 2, 2 (2005): 81–96. Revised as "Desecrations? Han Dong's and Yu Jian's Explicit Poetics." In van Crevel, *Chinese Poetry in Times of Mind, Mayhem and Money*. Leiden: Brill, 2008, 365–397.

——. True Disbelief: The Poetry of Han Dong." *Tamkang Review* 36, 4 (2006): 107–140. Revised as "True Disbelief: Han Dong." In van Crevel, *Chinese Poetry in Times of Mind, Mayhem and Money*. Leiden: Brill, 2008, 63–89.

## Huang Beijia 黄蓓佳

Li Meng, "Estrangement: A Possible Lens through which to Understand the Femininity of Contemporary Chinese Intellectual Women." *Frontiers of Literary Studies in China*, Mar 2013, Vol. 7 Issue 1, 87–116.

## Lu Wenfu 陆文夫

卢盛舟：在德语世界的旅行,《书城》,2017年第6期。

Wu, Taichang. "Lu Wenfu and his Fiction." In Ying Bian (殷边), ed., *The Time is Not Ripe: Contemporary China's Best Writers and Their Stories*. Beijing: Foreign Languages Press, 1991, 149–154.

Goldfiem, Jacques de, «Lu Wenfu» [陆文夫], in Jacques de Goldfiem, *Personnalités chinoises d'aujourd'hui*, L'Harmattant, coll. «Sinologie», Paris, 1989.

Chapuis, Nicolas, «Lu Wenfu» [陆文夫], in Béatrice Didier (dir.), *Dictionnaire universel des littératures*, Presses universitaires de France, Paris, 1994, p. 2111.

Chapuis, Nicolas, Notices, in André Lévy (dir.), *Dictionnaire de littérature chinoise*, Presses universitaires de France, coll. «Quadrige – Référence», Paris, 2000, «Lu Wenfu» [陆文夫], pp. 205–206.

Hase-Bergen, Stefan, Suzhouer Miniaturen—Leben und Werk des Schriftstellers Lu Wenfu. Bochum: Brockmeyer, 1990.

釜谷武志「陸文夫とその文学について」富山大学教養部紀要. 人文・社会科学篇 19(2), 1986, pp.77–95.

廣野行雄「"右派" 作家の作品を読む：陸文夫の場合」駿河台大学論叢 11, 1995, pp.137–159.

廖大国「漫談陸文夫的散文」花園大学文学部研究紀要 30, 1998, pp.19–29.

廖大国「陸文夫作品中的方言」花園大学文学部研究紀要 29, 1997.3, pp.165–192.

廖大国「試論陸文夫塑造知識分子形象的三篇小説」花園大学文学部研究紀要 29, 1997.3, pp.113–123.

萩野脩二「張賢亮著，大里浩秋訳，土牢情話，日本アジア文学協会，1993年3月刊，296頁，2060円 / 陸文夫著，釜屋修訳，消えた万元戸，日本アジア文学協会，1992年12月刊，205頁，2060円」中国研究月報 47(6), 1993.6, pp.40–41.

## Su Tong 苏童

曹文刚：苏童作品的海外翻译与接受,《佳木斯职业学院学报》,2015年第5期。

丁英英：从操纵理论看葛浩文英译本《河岸》,《海外英语》,2015年第20期。

杭零、许钧：翻译与中国当代文学的接受——从两部苏童小说法译本谈起，《文艺争鸣》，2010年第6期。

侯羽、廉张军：国内外语料库译者风格研究现状分析，《燕山大学学报》，2017年第4期。

蒋向艳：莫言、余华和苏童小说在法国的译介，《东方翻译》，2010年第6期。

金炅南：中国当代小说在韩国的译介接受与展望——以余华、苏童小说为中心，《中国比较文学》，2013年第1期。

李梓铭：苏童《米》译文中的意象流变与审美价值重构，《辽宁师范大学学报》，2015年第5期。

李梓铭、张学昕：想象中国的方法——英语世界碧奴人物形象的流变及价值重构，《中国比较文学》，2016年第3期。

刘小蓉：苏童长篇小说《米》中的概念隐喻翻译策略研究，《语文建设》，2016年第22期。

刘云虹、杜特莱：关于中国文学对外译介的对话，《小说评论》，2016年第5期。

王文强、汪田田：苏童小说海外传播研究——以英法世界为例，《当代作家评论》，2015年第3期。

魏春梅：汉语文化负载词翻译研究——以苏童小说《米》英译本为例，《语文学刊》，2015年第6期。

徐娜：葛浩文的文化身份与《米》的翻译研究，《英语广场》，2014年第2期。

杨雅君：苏童《米》德译本评析，《文学教育（上）》，2016年第7期。

郑贞：《米》中叙事场景的翻译研究，《英语研究》，2012年第2期。

郑贞：苏童《米》中的叙述类型及其在翻译中的再现，《英语研究》，2011年第2期。

郑贞、钱佳静：《米》中停顿的翻译研究，《英语广场》，2011年第11期。

郑贞、钱佳静：《米》中预叙的翻译研究，《英语研究》，2010年第2期。

Choy, Howard Y. F. “Gastrotext: Food and the Body in the Fictions of Mo Yan, Su Tong, and Liu Heng.” & “Typography and Topography: The Textual Body in the Works of Su Tong and Ge Fei.” In Howard Y. F. Choy, *Remapping the Past: Fictions of History in Deng's China, 1979–1997*. Leiden: Brill, 2008, pp. 188–201、214–227.

—— “Maple Village and Fragrant Cedar Street: Su Tong's Southern Decadence.” In Howard Y. F. Choy, *Remapping the Past: Fictions of History in Deng's China, 1979–1997*. Leiden: Brill, 2008, 136–158. in “Chapter Three — From the country to the city”, pp. 133–184.

Deppman, Hsiu-Chuang. "Body, Space, and Power: Reading the Cultural Images of Concubines in the Works of Su Tong and Zhang Yimou." *Modern Chinese Literature and Culture* 15, 2 (Fall 2003): 121–153.

Kinkley, J. C. "Review of *Rice*." *World Literature Today*, *70*(2),1996, 469–470.

—— "Review of *Tattoo: Three Novellas*." *World Literature Today*, *84*(5), 2010,66.

Knight, Deirdre Sabina. "Decadence, Revolution and Self-Determination in Su Tong's Fiction." *Modern Chinese Literature* 10, 1/2 (1998): 91–111.

——. "Absolute Career Change." Review of *My Life as Emperor* by Su Tong. Trans. Howard Goldblatt. (NY: Hyperion East, 2005). *PRI's The World* (June 4, 2008).

——. "Review of *Contemporary Chinese Fiction by Su Tong and Yu Hua: Coming of Age in Troubled Times,* by Hua Li" (Brill, 2011). *Journal of Asian Studies* 71, 2 (2012): 528–529.

Krist, Gary. "The Junior Wife's Story: Review of *Raise the Red Lantern: Three Novellas.*" *New York Times*, 25 July 1993: BR12.

Leenhouts, Mark. "The Contented Smile of the Writer: An Interview with Su Tong." *China Information* 11, 4 (Spring 1997): 70–80.

Li, Hua. *Contemporary Chinese Fiction by Su Tong and Yu Hua: Coming of Age in Troubled Times*. Leiden, Boston: Brill, 2011, "Chapter Three — Fallen Youth: A Solitary Outcast." (75–130)、"Chapter Five — Tragic and Parodistic Bildungsroman." (187–206).

——. "A Conversation with Su Tong." Trans. Hua Li. *Chinese Literature Today* 3, 1/2 (2013): 58–61.

——. "Introduction to Su Tong." *Chinese Literature Today* 3, 1/2 (2013): 51.

Lu, Tonglin. "Femininity and Masculinity in Su Tong's Trilogy." In Lu, *Misogyny, Cultural Nihilism and Oppositional Politics: Contemporary Chinese Experimental Fiction*. Stanford: Stanford University Press, 1995, 129–154.

Tang, Xiaobing. "The Mirror of History and History as Spectacle: Reflections on Hsiao Yeh and Su T'ung." *Modern Chinese Literature* 6, 1/2 (1992): 203–220. Rpt. in *Chinese Modernism: The Heroic and the Quotidian*. Durham: Duke UP, 2000, 225–244.

——. "Residual Modernism: Narratives of the Self in Contemporary Chinese Fiction." *Modern Chinese Literature*, 7(1), 1993, 7–31.

Visser, Robin. "Displacement of the Urban-Rural Confrontation in Su Tong's Fiction." *Modern Chinese Literature* 9, 1 (1995): 113–138.

Xiao, Hui Faye. "Midlife Crisis and Misogynist Rhetoric in Male Intellectuals'

Divorce Narratives." In Xiao, *Family Revolution: Marital Strife in Contemporary Chinese Literature and Visual Culture*. Seattle and London: University of Washington Press, 2014, 52–84.

Xu, Jian. "Blush from Novella to Film: The Possibility of Critical Art in Commodity Culture." *Modern Chinese Literature and Culture* 12, 1 (Spring 2000): 115–163.

Zhang, Xuexin. "Su Tong's Aesthetics." Trans. Hua Li. *Chinese Literature Today* 3, 1/2 (2013): 62–64.

Zhang, Yingjin. 1994. "Review of Raise the Red Lantern: Three Novellas." *Chinese Literature: Essays, Articles, Reviews* (CLEAR) 16: 185–187.

Lafirenza, Fiorenzo. "Il personaggio 'Io' in La casa dei papaveri da oppio di Su Tong: un caso di serendipit." *Asiatic Venetiana* 2 (1997): 81–92.

Wang, Frédéric, «Fuir la campagne, mourir dans la ville: errer avec Su Tong [苏童] », in Chantal Chen-Andro, Cécile Sakai & Xu Shuang (éd.), *Imaginaires de l'exil dans les littératures contemporaines de Chine et du Japon*, éditions Philippe Picquier, Arles, 2012, pp. 159–173.

阿頼耶順宏「張芸謀『紅燈』をめぐって：激情から沈潜へ」東洋文化学科年報7, 1992.11, pp.29–43.

福家道信「Book Review「涙」に神性を付与した新たな孟姜女像—[蘇童著/飯塚容訳]『碧奴』」東方333, 2008.11, pp.32–35.

和田和久「森岡優紀「蘇童の中編小説『井中男孩』について」(「会報」第18号合評より)(〔日本中国当代文学研究会〕例会報告の概略) — (1月例会(第187回)(2005/1/22))」日本中国当代文学研究会会報 19, 2005.11, pp.60–62.

賀蘭「当代中国文学：新時期小説の流派について」二松学舎大学人文論叢64、2000.3, pp.178–202.

森岡優紀「蘇童の中篇小説『井中男孩』について」日本中国当代文学研究会会報18, 2004.11, pp.37–43.

森岡優紀「「先鋒派」における「文革」—蘇童の小説から」現代中国 76, 2002, pp.60–71.

森岡優紀「「一朵雲」から「蝴蝶與棋」へ—蘇童の小説における人物の自意識の考察」野草 68, 2001.8, pp.116–127.

森岡優紀「蘇童の小説における叙述の二重構造」野草 66, 2000.8, pp.177–189.

森岡優紀「中国文学あれこれ(50)蘇童の小説における「視点」と「視線」」季

刊中国 59, 1999.12, pp.69–76.

森岡優紀「蘇童の小説における「感覚」と叙述手法—「光」と「闇」を通して」未名 17, 1999.3, pp.93–110.

森岡優紀「蘇童の文学と資料に関するノート」未名16, 1998.3, pp.127–151.

蘇童, 森岡優紀, 青野繁治[他]「才子の風格—蘇童 (特集作家の生の声を聞く) — (中国作家紀行99 インタビュー四編)」野草 66, 2000.8, pp.39–50.

蘇童, 藤井省三 [訳]「香草営[含作家紹介賀紹俊] (日韓中・三文芸誌による文学プロジェクト 文學アジア3×2×4(第1回)「都市」篇)」新潮 107(6), 2010.6, pp.50–67.

孫若聖「方法としての中国文学：新時期小説翻訳誌『季刊中国現代小説』」中国研究月報69(6), 2015.6, pp.16–30.

遠藤佳代子「「先鋒文学」作家のその後—その主要作品における技法的展開—」人文研紀要第79号, 2014.9, pp.31–62.

遠藤佳代子「蘇童「1934年的逃亡」における語り手の働き」人文研紀要第77号, 2013.10, pp.45–75.

遠藤佳代子「「先鋒文学」の技法」中国研究月報64(2), 2010.2, pp.3–16.

田畑佐和子「尾崎文昭編, 山川出版社,『規範からの離脱—中国同時代作家たちの探索-』, 2006年1月刊, 233ページ, 税込1,890円」中国研究月報60(9), 2006.9, pp.45–48.

竹内良雄「「先鋒派文学」からの離脱—蘇童小伝そして余華 (中国現代文学の越境) — (中国現代小説界の中核) 」アジア遊学 94, 2006.12, pp.30–36.

## Wang Zengqi 汪曾祺

Day, Steven. “Wang Zengqi.” In Thomas Moran and Ye (Dianna) Xu, eds., *Chinese Fiction Writers, 1950–2000. Dictionary of Literature Biography*, Vol. 370. Detroit: Thomson Gale, 2013, 245–254.

FitzGerald, Carolyn. “Imaginary Sites of Memory: Wang Zengqi and Post-Mao Reconstructions of the Native Land.” *Modern Chinese Literature and Culture* 20, 1 (Spring 2008): 72–128

Curien, Annie, «Traditions d’actualité dans l’œuvre de Wang Zengqi [汪曾祺]», in *La Littérature chinoise contemporaine : tradition et modernité*, Publications de l’université de Provence, Aix-en-Provence, 1989, pp. 19–22.

Goldfiem, Jacques de, «Wang Zhengqi» *[sic]*, in Jacques de Goldfiem, *Personnalités chinoises d'aujourd'hui*, L' Harmattant, coll. «Sinologie», Paris, 1989.

Curien, Annie, «Wang Zengqi» [汪曾祺], in Béatrice Didier (dir.), *Dictionnaire universel des littératures*, Presses universitaires de France, Paris, 1994, p. 4093.

Curien, Annie, «Wang Zengqi» [汪曾祺], in André Lévy (dir.), *Dictionnaire de littérature chinoise*, Presses universitaires de France, coll.«Quadrige – Référence», Paris, 2000, p. 318.

## Wu Mingshi 无名氏

Bu Shaofu, ed. *Wumingshi yanjiu* (Research on Wumingshi). HK: Xinwen tiandi, 1981.

Rojas, Carlos. "Wu Mingshi (Bu Baonan)." In *Dictionary of Literary Biography—Chinese Fiction Writers, 1900–1949*. Ed. Thomas Moran. NY: Thomson Gale, 2007, 228–234.

——. "Wumingshi and Pictorial Fetishism." In Rojas, *The Naked Gaze: Reflections on Chinese Modernity*. Cambridge, MA: Harvard University Asia Center, 2008, 111–135.

Rosenmeier, Christopher John. *Shanghai Avant-garde: The Fiction of Shi Zhecun, Mu Shiying, Xu Xu, and Wumingshi*. Ph. D. diss. London: University of London, 2006.

——. *On the Margins of Modernism: Xu Xu, Wumingshi and Popular Chinese Literature in the 1940s*. Edinburgh: Edinburgh University Press, 2017.

Wang, Xiaoping. "An Alienated Mind Dreaming for Integration: Constrained Cosmopolitanism in Wumingshi's 'Modern Literati Novel.' " *Journal of Australian Popular Culture* 2, 3 (Sept. 2012).

## Ye Zhaoyan 叶兆言

Berry, Michael. "A Tale of Two Cities: Romance, Revenge, and Nostalgia in Two Fin-de-Siècle Novels by Ye Zhaoyan and Zhang Beihai." In Carlos Rojas and Eileen Cheng-yin Chow, eds., *Rethinking Chinese Popular Culture: Cannibalizations of the Canon*. NY: Routledge, 2009, 115–131.

Xu, Gary G. "The Writer as a Historical Figure in Modern China: Ye Zhaoyan's Passionate Memory and Fictional History." *Neohelicon* 37, 2 (Dec. 2010): 405–418.

賀蘭「当代中国文学: 新時期小説の流派について」二松学舎大学人文論叢 64, 2000.3, pp.178–2021.

遠藤佳代子「「先鋒文学」の技法」中国研究月報 64(2), 2010.2, pp.3–16.

## Zhang Xian 张弦

Roberts, Rosemary A. "Politics and Pathos: The Reappearance of Tragedy in Chinese Rural Literature"(deals with "A Corner Forsaken by Love" 被爱情遗忘的角落). *The Australian Journal of Chinese Affairs* 13 (1985): 85–95.

Louie, Kam. "New Forms of Realism in Chinese Literature: The St John's University Conference". *The Australian Journal of Chinese Affairs* 9 (1983): 99–113.

## Zhu Sujin 朱苏进

Zhu Sujin (Author), Quingyun Wu (Translator), Paul Ropp (Foreword), *A Novel About the Chinese People's Liberation Army: The Third Eye*, Lewiston, New York: Edwin Mellen Press (November 10, 2010), p.123.

## Zhu Wen 朱文

Lovell, Julia. "Filthy Fiction: The Writings of Zhu Wen." *The China Beat* (Aug. 5, 2009).

Visser, Robin. "Urban Ethics: Modernity and the Morality of Everyday Life." In Charles Laughlin, ed., *Contested Modernities in Chinese Literature*.New York: Palgrave, 2005. 193–216. [deals with fiction by Qiu Huadong, He Dun, and Zhu Wen (Shenme shi laji, shenme shi ai)]

Steinglass, Matt. "Review of *I Love Dollars and Other Stories of China*". The Nation (US magazine). 8/4/2008, Vol. 287 Issue 4, 30–33.

Quan, Shirley N. "Review of *I Love Dollars and Other Stories of China.*" *Library Journal*. 3/1/2008, Vol. 133 Issue 4, p77.

Olson, Ray. "Review of *I Love Dollars and Other Stories of China.*" *Booklist*. 2/1/2008, Vol. 104 Issue 11, p27.

Williams, Philip F. "Review of *I Love Dollars and Other Stories of China.*" *World*

*Literature Today*. Nov2007, Vol. 81 Issue 6, pp.66–68.

Spence, Jonathan. "Like Father, Unlike Son: Review of *I Love Dollars and Other Stories of China*." *London Review of Books*. 9/6/2007, Vol. 29 Issue 17, pp.12–13.

Veg, Sebastian. "Review of *I Love Dollars and Other Stories of China*." *China Perspectives*. 2007, Vol. 2007 Issue 1, pp.118–121.

Anon. "Review of *I Love Dollars and Other Stories of China*." *Publishers Weekly*. 9/18/2006, Vol. 253 Issue 37, pp.31–31.

——. "Review of *I Love Dollars and Other Stories of China*." *Kirkus Reviews*. 9/15/2006, Vol. 74 Issue 18, pp.929–929.

——. "Review of The Matchmaker, The Apprentice and the Football Fan." Trans. Julia Lovell. NY: Columbia UP, 2013, 184 pages.

——. "Review of *The Matchmaker, The Apprentice and the Football Fan*." *World Literature Today*. Jan/Feb 2014, Vol. 88 Issue 1, p.79.

Coleman, Jamie. "Review of *The Matchmaker, The Apprentice and the Football Fan*." *Publishers Weekly*. 6/3/2013, Vol. 260 Issue 22, p.36.

Li, Yiyun. "Review of *The Matchmaker, The Apprentice and the Football Fan*." *TLS*. 7/12/2013, Issue 5754, p.21.

McCulloch, Alison. "Review of *The Matchmaker, The Apprentice and the Football Fan*." *New York Times Book Review*. 9/1/2013, p.30.

Sacks, Sam. "Review of *The Matchmaker, The Apprentice and the Football Fan*." *Wall Street Journal* (Eastern Edition). 6/29/2013, Vol. 261 Issue 151.